2015

平湖年鉴

中国共产党平湖市委员会
平 湖 市 人 民 政 府 主办

平湖市地方志编纂委员会编

图书在版编目(CIP)数据

平湖年鉴. 2015/平湖市地方志编纂委员会编.
—北京:中华书局, 2015.10
ISBN 978-7-101-11304-4
Ⅰ. 平… Ⅱ. 平… Ⅲ. 平湖市-2015-年鉴
Ⅳ. Z525.54

中国版本图书馆CIP数据核字(2015)第244929号

责任编辑:朱 慧
封面设计:沈吕峰

平湖年鉴(2015)

平湖市地方志编纂委员会编
(浙江省平湖市行政中心5号楼内 邮政编码:314200)
电话0573-85061359 传真85631355
E-mail: shizhiban@pinghu.gov.cn

中 华 书 局 出 版
(北京市丰台区太平桥西里38号 邮政编码:100073)
http: // www. zhbc. com. cn
E-mail: zhbc@zhbc.com.cn

平湖市亨达印刷有限公司印刷
2015年12月第1版 2015年12月第1次印刷
787 * 1092 1/16 印张:36.25印张 字数:750千字
印数:1—2200册 定价:120元
ISBN 978—7—101—11304—4

编辑说明

一、《平湖年鉴》是中共平湖市委员会、平湖市人民政府主办，由平湖市地方志编纂委员会编纂的综合性年鉴，具有政府公报性质的大型资料性工具书。

二、《平湖年鉴》的编辑方针是：以马列主义、毛泽东思想、邓小平理论和“三个代表”重要思想为指导，全面落实科学发展观，坚持党的基本路线，如实地记述党的方针政策的贯彻实施情况，逐年记述各行各业的新变化、新成就、新问题，客观地反映社会主义物质文明、精神文明、政治文明、生态文明建设的历史进程，使年鉴既能为现实服务，又能为后人提供借鉴。

三、《平湖年鉴》2015 版，记载时限从 2014 年 1 月 1 日至 12 月 31 日。全书除特载、专记、大事记、人物・名录、文件选编、国民经济统计资料不设条目外，其余篇目均采用条目体，分篇目、分目、条目 3 个层次，共设 38 个篇目、236 个分目、1151 个条目。篇目之首一般设“综述”，分目之首一般设“概况”，记述各行各业的总体情况。全书前有目录，后有索引。索引使用方法详见说明。

四、《平湖年鉴》2014 版，根据变化了的情况，对部分篇目、分目作了调整。在“工业”篇增设“汽车零部件工业”分目；取消“城乡建设”篇中“城市新区建设”分目，另设“新市镇建设”“南市新区建设”分目；在“金融”篇增设“国有政策性银行”“其他金融机构”分目；取消“社会・生活”篇中“人力资源”“城乡合作医疗”分目，另设“人力资源和社会保障”篇。

五、《平湖年鉴》的文稿，由各镇（街道）、部门（单位）落实专人撰写，文后署作者姓名或单位名称，并经各自单位领导审阅。各种统计数字，凡《平湖统计年鉴》发布的，以统计年鉴为准，其中生产总值增长率按可比口径；统计年鉴未收录的，由各专业部门提供；个别数据由于来源、统计口径等方面的不同而与统计年鉴不一致的，经市统计局校定确认。工业、农业产值未注明不变价的，均系当年价（现价）。计量单位一般用法定计量单位，因考虑地域特点，土地面积计量单位仍沿用“亩”，蘑菇栽培面积用“平方尺”。

六、市级和镇（街道）机构及负责人名单集中在“人物・名录”篇，由市委组织部提供。收录范围为：市几套班子领导成员，一级局正副职，二级局正职，镇（街道）党委、人大、政府（办事处）正副职（均不含协理员）。凡在 2014 年职务有变动的，姓名后加括号注明任、免职时间。

七、《平湖年鉴》的编纂工作，在市委、市政府的领导下和编纂委员会的直接指导下，得到全市各镇（街道）、部门和其他有关单位的大力支持和帮助，广大撰稿人员付出了辛勤劳动，我们在此深表感谢！同时，希望广大读者对书中存在的疏漏、差错提出宝贵意见，以进一步提高《平湖年鉴》的质量。

《平湖年鉴》编辑部

2015 年 10 月

9月18日，省委书记、省人大常委会主任夏宝龙（中）考察南六企业（平湖）有限公司。

（平湖经济技术开发区 供稿）

7月15日，省委副书记、省长李强到平调研产业结构调整机制创新工作并实地考察企业。

（浙江依爱夫纺织有限公司 供稿）

5月21日，共青团中央书记处第一书记秦宜智（左一）到平湖市青年社会组织培育园实地考察。（团市委 供稿）

1月11日至14日，平湖市第十四届人民代表大会第三次会议在市行政中心举行。

（王强 供稿）

1月10日至13日，中国人民政治协商会议平湖市第十二届委员会第三次会议在市行政中心举行。

（王强 供稿）

9月26日，浙江独山港经济开发区举行揭牌仪式，平湖独山港区正式晋升为省级经济开发区。

（独山港经济开发区 供稿）

7月2日上午9时28分，浙江莎普爱思药业股份有限公司股票在上海证券交易所挂牌上市。（市经信局 供稿）

11月28日上午，阿里巴巴·平湖产业带正式上线启动仪式在市行政中心举行。（市经信局 供稿）

3月18日，平湖市汽车零部件行业协会成立。

（市经信局 供稿）

9月25日，举行2014中国·平湖西瓜灯文化节投资贸易洽谈会暨经贸签约仪式。

（市经信局 供稿）

6月26日，位于平湖经济技术开发区的斯凯孚驱动系统(平湖)有限公司举行超精密轴承生产线投产庆典仪式 。

（市经信局 供稿）

11月3—4日，省新型农作制度推广现场会在平召开。

（市农经局 供稿）

1月，平湖市全面启动新一轮村级法律顾问工作并组建"民生律师"服务团。

（市司法局 供稿）

1月，独山港区煤炭码头内河港码头完工。（王强 供稿）

码头全景图

12月，新华北路和福臻路交叉口环岛改造完成。（王强 供稿）

省重点项目——杭平申线航道平湖段改造工程快速有效推进。

（市交通运输局 供稿）

12月28日，平湖市汽车客运中心正式启用。

（市交通运输局 供稿）

8月至10月，举行平湖市青年电子商务创业大赛。（团市委 供稿）

9月25日，西瓜灯文化节开幕式暨服装设计大赛总决赛。（王强 供稿）

4月起，团市委、市志愿者协会每月开展一期“公益集市”活动。

（团市委 供稿）

5月起，市文明办、市妇联主办“寻找百个特色家庭及最美家庭”活动。

（市妇联 供稿）

3月13日，市市场监督管理局联合市消保委在大润发超市广场举行以“携手共治、畅享消费”为主题的大型宣传咨询活动。

（市市场监督管理局 供稿）

全民参与“五水共治”。　　（林埭镇 供稿）

广陈塘机械化保洁作业。
（广陈镇 供稿）

志愿者创卫义务劳动。
（新埭镇 供稿）

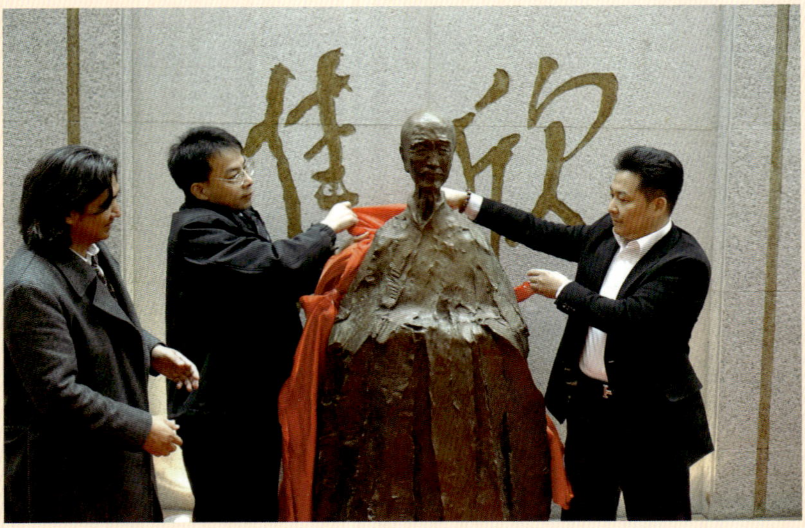

12月7日，中国侨联副主席、银帝集团董事局主席朱奕向平湖市捐赠李叔同（弘一大师）塑像。

（李叔同纪念馆 供稿）

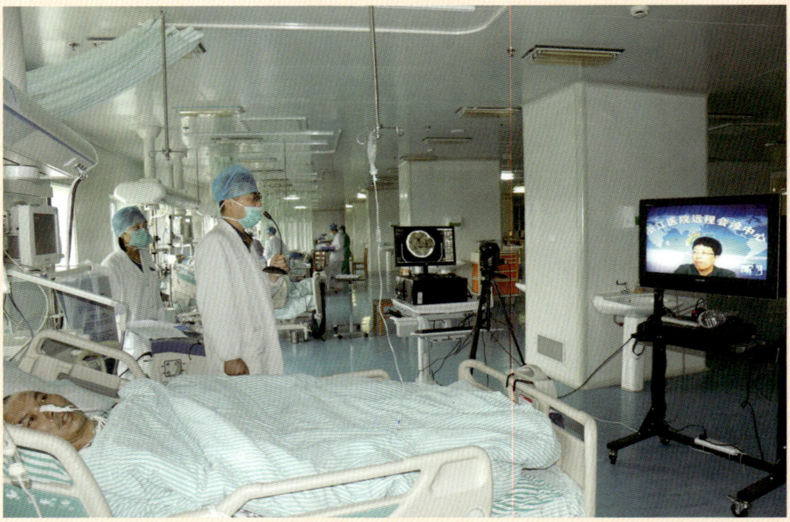

10月，全省第一家“基于卫生专网的对口医院信息共享平台”在浙江医院平湖分院启用，率先实现对口医院信息互通与共享。图为远程会诊现场。

（市卫生局 供稿）

年内，平湖市在各镇街道新建10个自助式“健康小屋”。图为广陈镇“健康小屋”。

（市卫生局 供稿）

新社区建设——虹桥景苑。　　（市农经局 供稿）

嘉 兴 港 区

△ 嘉兴市委书记鲁俊来港区调研

△ 公共自行车投入使用

△ 嘉兴市首个全高层安置小区中山花苑投入使用

2014年，嘉兴港区在嘉兴市委、市政府的正确领导下，深入贯彻落实党的十八届三中、四中全会精神，进一步解放思想，积极融入改革大势，扎实开展党的群众路线教育实践活动，深化产业发展攻坚年、城市功能提升年、效能建设深化年“三年”活动和“十大”专项行动，推进港产城统筹发展、融合互动，“二次创业”、转型发展各项目标任务取得了突破性进展。全年完成公共财政一般预算总收入19.47亿元，其中地方级收入10.61亿元，同比增长10.1%；完成规上工业总产值532.59亿元；完成固定资产投资91.35亿元，同比增长18.3%，其中工业生产性投入

△ 与翰林控股集团签约铜精矿项目

61.06亿元，同比增长8.2%；完成合同利用外资2.18亿美元，同比增长241.5%，实际到位外资1.11亿美元，同比增长0.7%，引进市外内资13.56亿元；浙商回归引进资金13.75亿元，同比增长17%；乍浦港区完成货物吞吐量4958万吨，同比增长5.4%，集装箱106万标箱，同比增长6%。

△ 海滨新城

嘉兴学院平湖校区

△ 嘉兴学院党委书记黄文秀来校区调研

△ 中科院院士郭光灿教授来校区举办报告会

△ 平湖国际箱包城成为校区毕业生实习就业基地

嘉兴学院平湖校区设置有教育系、外语系、经济管理系、艺术设计系、公共基础教学部、计算机与网络管理中心6个教学单位及党政综合、教务管理、学生工作、校园管理、科研与社会服务、教学督导、规划与评估、财务与资产管理8个职能办公室。2014年，物流管理本科专业招生，现有学前教育、小学教育、物流管理3个本科专业，学前教育、文秘、会计、物流管理、商务英语、应用日语、电脑艺术设计（服装艺术方向和数字媒体艺术方向）7个专科专业，全日制在校学生2300余人，杭州、临安、湖州、德清、安吉、平湖等6个“学前教育3+2”合作办学教学点在校学生700余人。

重视人才培养质量，立项校级学生SRT重点项目3项，一般项目14项，学前教育本科学生申报的“功能性构音障碍儿童矫治对策研究”获“2014年度国家级创新训练计划项目”立项。80多人次在全国大学生英语竞赛、省大学生艺术节、省大学生职业生涯规划大赛、省大学生数学竞赛、省大学生工业设计竞赛、省大学生多媒体作品设计竞赛等省级及以上活动中获奖。2014届毕业生就业率96.26%，专升本录取78人。

加强产学研联盟建设，“嘉兴学院——浙江华城实业投资集团有限公司艺术学实践教育基地”获批2014年省级大学生校外实践教育基地建设项目，新增平湖国际箱包城为毕业生实习就业基地，举办“中国服装城之夜”——嘉兴学院平湖校区2014届服装设计专业毕业设计动态汇演，承办平湖市首届大学生童车设计大赛，参加并协办2014中国·平湖服装设计大赛校企对接活动等。

△ “中国服装城之夜”——嘉兴学院平湖校区2014届服装设计专业毕业设计动态汇演

△ 秋月合唱团获省大学生艺术节声乐类甲组一等奖

△ 校区志愿者参加首届沪嘉杭高校志愿者交流会

平湖市经济和信息化局

△ 组织企业参加“机器换人”现场会

△ 阿里巴巴·平湖产业带正式上线，推进传统产业转型升级

2014年，市经信局围绕市“三年”活动、“九大专项”总体部署要求，以产业结构调整机制创新省级试点为契机，抓住“工业强市”建设主线，稳增长、调结构、促转型，全力构建高新技术为先导、先进制造为支撑、信息化与工业化深度融合、生产性服务业与制造业协调发展的现代工业体系，全年工业经济保持了较快增长，产业结构调整成效显现。

△ 2014中国·平湖服装博览会顺利举行

一是产值效益快速增长。全年实现规上工业总产值1285.8亿元，同比增长8.2%，不含嘉兴港区和嘉兴电厂，实现产值753.2亿元，同比增长15.3%；利税总额51.1亿元，增长25.1%；利润总额29亿元，增长42.2%，增速均列嘉兴市首位。**二是投资引资有效推进**。全年完成工业投资118.6亿元，增长21.9%，增速位列嘉兴首位；全年累计引进内资项目130个，实到内资50.52亿元，增长10.6%。**三是节能降耗顺利完成**。全年规上工业等价综合能耗125.7万吨标准煤，同比增长7.7%，单位工业增加值能耗下降4.4%，完成单位能耗下降目标任务。

2014年，市经信局获评全省工业投资和“机器换人”技术改造一等奖、全省经济和信息化工作优秀单位、嘉兴市利用内资工作先进单位、嘉兴市工业投资先进管理部门等荣誉。

△ 分布式光伏发电全面推进

△ 我市全省首创“企业事马上办”平台，浙江新闻联播等相继报道

△ “三名”企业培育上新台阶，莎普爱思成功上市

平　　湖　　市

△ 5月12日，省委副书记、政法委书记王辉忠到平湖检查亚信峰会安保工作

△ 廉政文化教育

2014年，市公安局认真贯彻党的十八届三中、四中全会精神，深入开展党的群众路线教育实践活动，紧紧围绕市委、市政府“三年”活动和“九大专项行动”，维护全市社会政治和治安稳定。全年刑事警情、“两抢”发案同比分别下降9.1%、41.9%，命案仅发1起为嘉兴最少，同比下降83.3%，连续7年全破。用仅占嘉兴7.3%的刑事警情数打击了14.8%的犯罪嫌疑人，采取刑事强制措施、移送起诉、治安拘留同比分别上升7.4%、5%、18.9%，人均打处数嘉兴第一。在服务中心工作中继续发挥“刀把子”作用，查处阻碍“三改一拆”违法犯罪人员15名，打击涉及“五水共治”、污染环境犯罪嫌疑人26名，打击食药犯罪64名，打击欠薪逃匿企业主10名，查处利益诉求群体中的违法犯罪人员17名，嘉善塘河长制治水考评成绩位居16条市级河道第三。成功处置各类不安定因素149起，化解各类矛盾纠纷13000余起。经嘉兴市公安局委托第三方测评，平湖市群众安全感满意度位居嘉兴第一，当湖派出所安全感满意度位居嘉兴79个派出所之首。荣获全省县级公安机关执法质量优秀单位“十四连冠”、全省公安机关队伍正规化建设优秀单位、全省公安机关信访工作优秀单位、嘉兴市优秀公安局等荣誉。

△ 五水共治社区民警清理河道

△ 从外省押解回涉嫌销售假药的犯罪嫌疑人

公　　　安　　　局

△ 创建零发案社区，民警向义务巡逻队了解治安情况

△ 出入境微信扫二维码

△ 我局破获系列网上售卖假药案

△ 嘉兴市我最喜爱的人民警察宣传活动

△ 交警在长途大巴上做平安宣传

平湖市民政局

△ 7月3日，嘉兴市副市长祝亚伟来平调研村社区减负工作

△ 8月15日，市委副书记、市长朱林森率队调研96345社区服务工作

2014年，平湖市民政（社会）工作紧紧围绕市委市政府中心工作，按照上级民政部门要求和结合全市经济社会发展实际，全力以赴建设现代大民政，全心全意服务保障大民生，充分发挥了民政保障基本民生、优化社会服务、创新社会治理的重要职能作用，顺利完成了各项工作目标任务。连续第八年获得全省民政工作先进县（市、区），连续第九年在嘉兴市考评中被评为民政（社会）工作优秀市，连续第三轮获得省双拥模范城荣誉。

全市城乡居家养老服务照料中心已分别建成40个和60个，占城乡社区（村）总数的85%和69%。有低保对象2953户4698人、低保边缘对象1360户3722人，城乡居民最低生活保障标准统一调整为每人每月588元，全年发放低保金2171万元。先后被省民政厅列为全省“三社联动”示范观察点、全省现代社会组织体制建设创新示范观察点。96345社区服务中心成为我市机关事业单位中首个被评为省级工人先锋号的集体，市老年公寓被评为嘉兴市级巾帼文明岗，市老年活动中心年接待老年人活动突破10万人次。

△ 退役士兵认真阅读退伍报到手册

△ 到申请低保户家庭现场核查

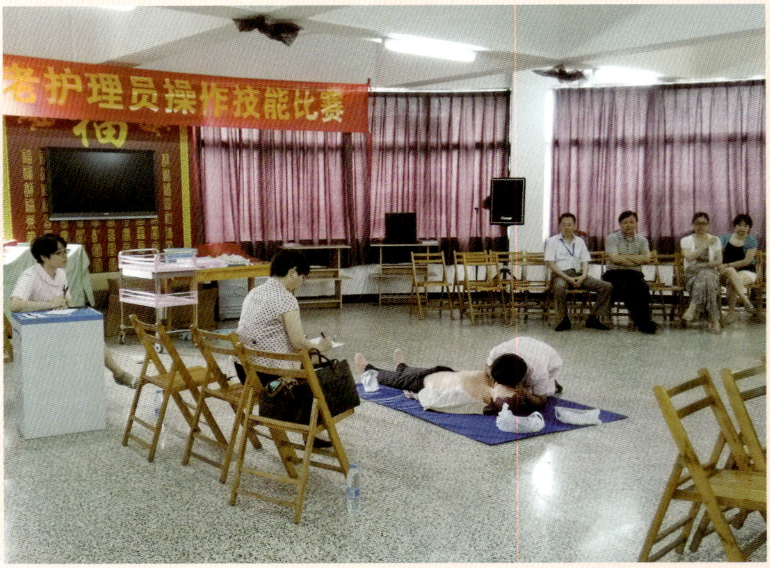

△ 举办养老护理员技能比武

平湖市司法局

△ 3 月18日，民生律师服务团聘任仪式

△ 6月9日，一队三所签约仪式

2014年，平湖市司法局按照省厅、嘉兴市局以及平湖市委市政府的统一部署，围绕中心，结合实际，整合资源，凝聚力量，深入开展党的群众路线教育实践活动，充分发挥司法行政部门在法治建设和经济发展中的积极作用，进一步提升司法行政创新发展能力和服务大局的水平。

△ 1月21日至1月24日村级法律顾问签约仪式

△ 法律进军营

△ 12月4日，全国宪法宣传日

△ 助力“五水共治”

平湖市住房和城乡规划建设局

△ 葛家塘绿道

△ 松风台千年古银杏

△ 胜利路

2014年，平湖市住房和城乡规划建设局在市委、市政府的正确领导下，建设系统广大干部职工上下同心，攻坚克难，锐意进取，围绕建设上海南翼开放型经济强市、杭州湾北岸现代化港口新市、江南水乡生态型文化大市的城市定位，建设和谐幸福的现代化“金平湖”目标，加大规划编制力度，强化规划管理，全力推进“五水共治”、交通拥堵治理、住房保障等民生工程建设，规范房产、建筑、物业三大产业，切实加强行业管理，保质保量完成市委市政府下达的各类目标任务，城市形象和城市品位进一步提升。全年，全市完成房地产开发投资61.16亿元，同比增加20.20%；建筑业总产值完成135.88亿元，同比增长4.25%；物业服务行业营业总收入达到8569万元，同比增长26%；新华路与福臻路交叉口改造和“阳光嘉苑”保障房二期1077套等重大决策执行力项目竣工。

△ 福臻路与新华路交叉口

△ 总部经济区

△ 省“优秀园林工程”金奖项目——白马湖公园

平湖市综合行政执法局

△ 局长为虹霓村送垃圾桶

△ 数字城管

△ 五四青年节活动

△ 凤凰菜场周边整治

2014年，平湖市综合行政执法局在嘉兴市局和平湖市委市政府的正确领导下，精准发力瞄准争先创优工作目标，抓改革、促发展、强队伍、推项目，高标准、高质量地完成了年度各项目标任务，被嘉兴市政府授予嘉兴市城管执法先进单位，在平湖市委、市政府和嘉兴市城管执法系统考核中被评为优秀单位，并高分通过嘉兴市级文明单位考核。

△ 东湖半岛违章建筑“主动改错”公示

△ 综合行政执法局揭牌成立

△ 环卫保洁

平　湖　市　交

△ 1月18日，省政协副主席汤黎路视察杭平申线平湖段施工现场

△ 3月6日，平湖市委副书记、市长朱林森，市委常委、常务副市长王道平及发改局、财政局有关负责人一行来交通运输局调研

2014年，平湖市交通运输局围绕“大投入、大建设、大发展”工作主线，认真贯彻落实平湖市“三年”活动、“九大专项”行动部署，按照加快推进现代交通“五大建设”的具体要求，凝心聚力，攻坚破难，改革创新，突出做好五大工作：强化交通建设，实现基础性投入最大的一年，全年共完成交通建设投资7.7亿元；突出公交优先，完成政府实事项目最多的一年，有力推动站场建设、线路优化、运力投放惠民生、显民意、贴民心；深入攻坚克难，争取要素保障力度最强的一年，全年共争取到上级资金补助达3.55亿元、解决用地指标561亩；以深入依法行政为抓手，维护行业安全稳定；以提升交通形象为方向，推进队伍建设工作。一年来，交通运输部门继续在全市经济社会发展中发挥基础性、全局性、战略性作用，在全面转型升级道路上迈出坚实步伐。

△ 8月5日，平湖市交通运输局局领导慰问高温作业一线人员

△ 2月28日，平湖市召开交通运输工作会议

通 运 输 局

△ 9月26日，平湖乍浦至上海兴塔公路工程一期工程（01省道～三港新城段）举行简单开工仪式，正式拉开工程建设序幕

△ 6月26日，平湖海事处开展水上救助、船舶防污染综合应急演练

△ 7月31日，公共自行车服务系统二期工程39个网点正式投用

△ 3月22日，平湖市交通运输局局机关积极参加社区义务劳动

12月28日，平湖市客运中心正式启用

平湖市农经局

△ 市领导调研农村生活污水治理工作

2014年，市农办、农经局以“改革赋权、转型强农、治水美村、惠民增收”为工作要求，全面深化改革，促进农民增收，扎实推进“三农”转型发展、城乡融合发展。先后获得浙江省社会主义新农村建设优秀单位、嘉兴市深化城乡统筹加快新农村建设先进县等多项荣誉，被列为农业部信息进村入户试点县，成功创建为省级生态循环农业示范县、省级农业标准化示范县、农业社会化服务示范县和首批平安渔业示范县。2014年农村居民人均可支配收入达到24758元，同比增长10.1%。

农业“两区”建设持续推进，生猪减量转型升级。全年新建粮食生产功能区21个、面积2.33万亩，省级现代农业园区1个。继续推进生猪养殖减量提质，开展“无猪镇街道、村”创建，开发建设全省首个“生猪信息化管理平台”，病死动物无害化处置中心建成并投入运行。全市拆除违章猪舍163万平方米，年底生猪存栏量7.9万头，养殖户转产转业1.7万人。

“美丽乡村”建设深入推进，农村生活污水治理全面开展。稳步推进“两新”工程建设，优化完善“1+×+n”村庄布点规划，全年新增农房集聚2134户，完成土地综合整治1050亩。深入推进“美丽乡村”建设，广陈、林埭通过嘉兴市美丽乡村先进镇考核验收，完成年度平原绿化8600亩。强势推进“五水共治”，新增农村生活污水治理受益农户1.3万户。

农村产权制度改革全面推进，农村经济活力进一步释放。全面深化以“三权”为核心的农村产权制度改革，完成全国土地承包经营权登记试点工作，农村宅基地确权登记和农村住房确权登记全面启动。进一步健全土地流转促进机制，全市土地流转面积达14.7万亩，流转率46%。村级集体资产产权制度改革全面完成，2014年全市村级集体经常性收入7338万元，经常性收入100万元以上的村22个，薄弱村脱贫转化率87.5%。

△ 全省新型农作制度现场会

△ 违章猪舍拆除现场

△ 当湖金家现代农业

△ 虹桥景苑

平湖市国土资源局

2014年，全市国土资源工作紧紧围绕市委、市政府关于“三年”活动、“九大专项”行动的总体部署，始终坚持节约优先战略，牢牢把握“稳中求进、转中求好、改中求活”的工作主基调，保障发展主动高效，保护耕地严格规范，各项工作亮点纷呈，特色鲜明，成效显著。平湖市人民政府获2014年度嘉兴耕地保护目标责任制考核先进单位、2014年度节约集约用地考评先进单位和“两退两进”工作先进集体一等奖；市国土局2013年、2014年连续两年获得嘉兴市县级国土部门工作目标综合绩效考核优秀奖，连续九年获平湖市级机关优秀部门称号。

△ 省国土资源厅厅长陈铁雄来平调研国土工作

△ 嘉兴市国土资源局局长汪善明来平调研指导国土工作

△ 召开表彰总结大会

△ 强制拆除违章猪舍，腾退土地

△ 市国土局局举办第24个全国土地日活动

平湖市水利局

2014年是“十二五”水利发展的攻坚之年，也是平湖市水利建设投资历史最大的一年。全市水利工作紧紧围绕市委市政府“五水共治”和“两美”建设总体部署，在水环境综合整治、防洪减灾体系建设以及水利建设管理方面取得了明显的成效。全年完成河道清淤疏浚305公里、综合整治90.1公里；实施建设19个圩区，面积15.33万亩；全面完成南市圩区工程建设；完成7个镇街道12个村的农村饮水安全工程，改造铺设管道107公里，受益人口1.39万人。做好平湖塘延伸拓浚工程征迁工作；顺利完成全国深化小型水利工程管理体制改革试点工作和全省限制纳污控制红线试点工作。

2014年，全市水利建设总投资3.89亿元，同比增长25.48%；市财政水利建设资金安排2.1亿元，同比增长16.7%，创历史新高。年内争取省级以上资金补助8500万元，其中，获2014年度农田水利建设省补助资金1250万元，资金补助量位居全省县（市）区第二位，嘉兴市县（市）区首位，为全市水利建设提供了良好的资金保障。是年，平湖市水利局共获得嘉兴市级以上表彰5项、省级2项，被市委市政府授予目标绩效考核优秀部门和工作特别奖。

△ 广陈塘机械化保洁作业

△ 新增的防汛物资

△ 在建的杉青港圩区东湖漾闸站

△ 河道综合整治后的跃进河

△ 建成的新塘圩区李王浜闸站

△ 河道综合整治后的乌沙漾港

平湖市统计局

2014年，在市委、市政府的正确领导和上级统计部门的有力指导下，全市统计工作以科学发展观为统领，紧紧围绕市委、市政府工作中心，认真贯彻全国、全省和嘉兴市统计工作会议精神，全面加强和改进统计工作，夯实统计基层基础，提高统计数据质量，提升统计能力和服务水平，直面压力、奋发有为，较好地完成了全年各项统计工作任务，取得了可喜的成绩。市统计局连续12年在市委、市政府目标绩效考核中被评为优秀部门，连续12年获嘉兴市统计系统综合考核先进单位称号，并连续三年获考核第一名。在嘉兴市统计局、国家统计局嘉兴调查队统计调查工作考核中，同时获县（市区）两个第一。2014年，我市第三次经济普查领导小组办公室被国务院第三次全国经济普查领导小组授予“第三次全国经济普查先进集体”荣誉称号，是嘉兴全市县（市、区）、乡（镇、街道）两级唯一的全国先进集体。

△ 省统计局副局长竺园一行来平湖调研经济形势和统计工作

△ 嘉兴市统计局局长李国明来平湖督查统计“双落实”工作并调研国际进口商品城

△ 市人大常委会主任胡水良一行来局调研上半年经济形势

△ 组织局中层以上干部和镇（街道）中心主任赴余杭、萧山等统计工作先进地区开展学习交流

△ 认真召开党的群众路线教育实践活动领导班子民主生活会

△ 平湖市第三次经济普查荣获全国先进集体

平湖市文化广电新闻出版局（体育局）

△ 台湾“张老师”基金会一行参加李叔同纪念馆

△ 台湾南投县南投市竹丰村客人参观钟埭街道

△ 西瓜灯展示

△ 西瓜灯刻制一

△ 西瓜灯刻制二

△ 2014年8月，舞蹈《着癞子》参加韩国 亚洲音乐舞蹈艺术节暨大赛并获大奖

平湖市卫生局

2014年，我市继续深化医药卫生体制改革、推进基本药物制度，构建区域医联体，鼓励民营医疗机构发展，不断完善覆盖城乡的公共卫生和医疗服务体系；努力建设以群众需求为导向、以健康促进为中心、以质量效益为内涵的卫生事业，巩固省“卫生强市”创建成果。

△ 市一院与上海市儿童医院合作签约

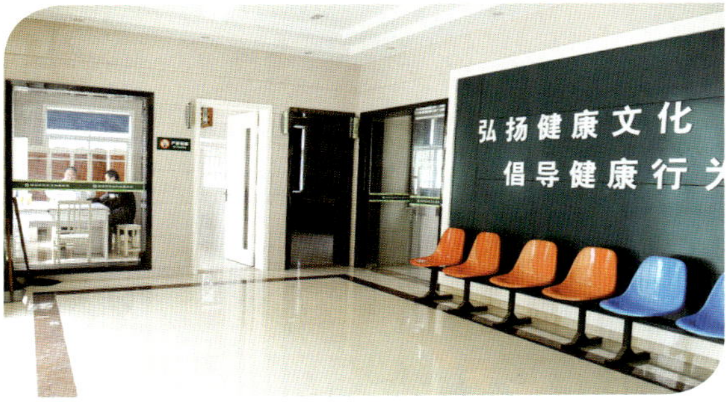

△ 规范化社区卫生服务站

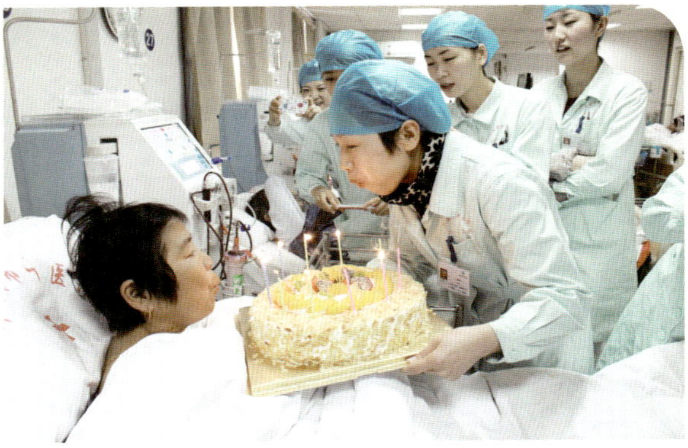

△ 平湖市中医院医务人员为病人过生日

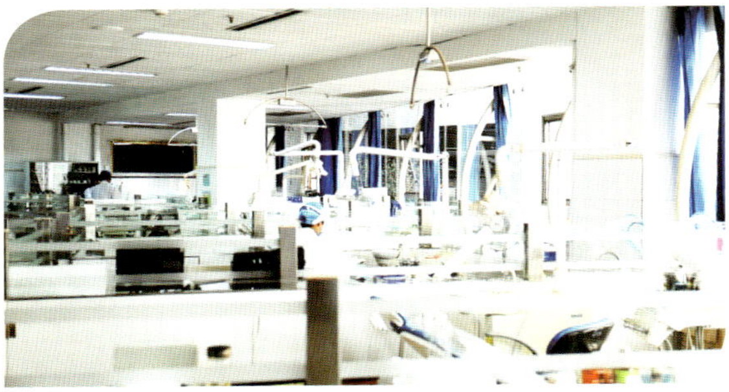

△ 嘉兴市基层特色专科——平湖市当湖中心医院口腔科

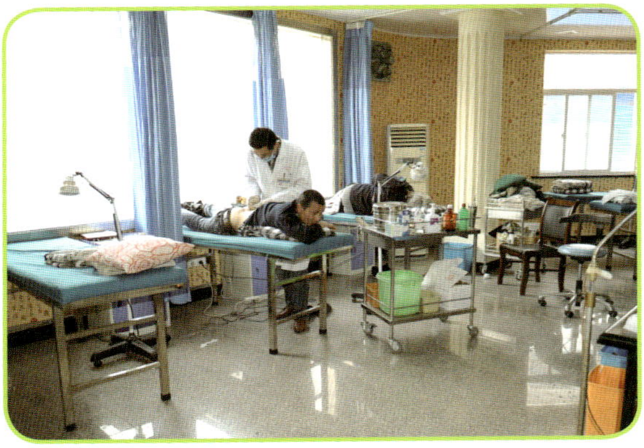

△ 基层中医特色诊疗

△ 预防接种规范化管理

平湖市环保局

△ 市领导督查危废处置工作

2014年，市环保局以改善环境质量为目标，以促进转型升级为重心，以推进机制创新为动力，狠抓环境质量改善。8个市控以上断面全年高锰酸盐指数、氨氮、总磷浓度分别比上一年度下降4.77%、26.5%和33.8%；其中，3个断面全年水质达五类，摘掉了全部断面劣五类的黑帽，实现行政交接断面水质考核优秀。大气环境质量稳中趋好，全市环境空气质量优良率69.4%，较上一年度提高7.2个百分点，PM2.5年均浓度嘉兴地区最低。成功创建成为嘉兴市首个省级环保模范城市。连续第二年荣获市委市政府工作目标绩效考核优秀。

△ 环境日里开展《环保现场我是目击者》活动

△ 联合公安查办违法犯罪案件

△ 环保局长宣讲新修订《环境保护法》

△ 2014年环保工作主要荣誉

△ 环境质量信息发布系统上线运行

△ 服务企业获肯定

平湖市市场监督管理局

平湖市市场监督管理局于2014年3月组建，划入原市工商行政管理局、市食品药品监督管理局、市食品安全委员会办公室承担的职责，同时划入市质量技术监督局承担的生产加工环节食品安全监督管理职责。

2014年平湖市市场监管局顺利完成“三定”方案制定、内设机构组建、双聘工作实施和基层市场监管所（分局）成立等工作，食药监管体制改革调整完善工作走在嘉兴市前列。平湖市市场监管局按照“横向到边、纵向到底”和“机关瘦身、基层强身”要求，在平湖市八个镇(街道)设立市场监管所（分局），目前管辖全市八个乡镇、街道的三万六千余户市场主体。

△ 执法人员检查乳粉标签标识

△ 执法人员检查农村超市办理证照情况

△ 3.15国际消费者权益日大型宣传咨询活动

△ 食品药品检测中心工作人员做食品中铅检测

平湖市安监局

△ 参观五水共治图片展

△ 2013年度安全先进集体

2014年，平湖市安监局牢固树立科学发展和安全发展理念，围绕“强化红线意识、促进安全发展”主题，以“基层基础建设年”活动为载体，强化责任落实，强化日常监管，严格依法监管，加强基层基础工作，深化隐患排查治理，加大宣传教育培训，着力构筑我市安全生产工作基础，努力稳定全市安全生产形势。全市累计发生各类事故（不含火灾）140起，同比下降5.41%；死亡43人，同比下降8.51%；受伤121人，同比下降5.47%；直接经济损失263.11万元，同比下降18.75%。查处生产安全事故4件7起，受理审查行政许可312份，开展各类培训班36期，培训人员3697人，完成安全标准化创建企业221家。

△ 市安监局开展“清三河见行动”义务劳动

△ 全国第十三个安全生产月宣传活动

平湖市质监局

△ 省质监局局长高鹰忠调研省光机电质量检测中心

△ 服务指导浙江依爱夫游戏装文化产业有限公司争创嘉兴市市长质量奖

△ 实验室开放日

△ 开展“诚信计量进市场”活动

△ “蓝剑”党员志愿服务进菜场

2014年，市质监局紧紧围绕市委、市政府“三年活动”、“九大专项”工作要求，以质量为根本、安全为己任、作风为保障，围绕“为民、务实、清廉”，积极开展党的群众路线教育实践活动，深入推进“质量强市、大质量、大监管、大平台”和“法治质监、科技质监、和谐质监”建设，努力推动各项工作上新台阶。截止目前，全市拥有浙江名牌20个（其中省区域名牌1个）、嘉兴名牌56个、平湖名牌65个；3家企业获得嘉兴市市长质量奖。被授予嘉兴市文明单位等荣誉称号。

△ 特种设备安全知识进校园

平湖市人民防空办公室

平湖市人民防空办公室为平湖市国防动员委员会的办事机构，也是市政府人民防空工作的主管部门。内设综合科（兼法制科）、指通科二个科室，下设一个全额拨款事业单位——人防设施建设管理站同时挂化救站牌子。现有行政编制人员9人，事业编制人员5人。

近年来，该办紧紧围绕市委、市政府中心工作，坚持以科学发展观统领全局，坚持学先进、转观念、树标杆、争先进，以“融入经济、融入城建、融入民生”为目标，科学决策，大胆创新，扎实工作，全市人防各项事业取得快速、健康和协调发展。连续被嘉兴市人防办评为先进单位。2013年、2014年连续两年被平湖市政府考核为良好部门（单位），并荣获嘉兴市人防“准军事化”先进单位、嘉兴市级文明单位、市级文明单位、文明机关、先进党组织、浙江省示范数字档案室和依法行政先进单位。

面对新形势新任务，平湖人防将认真贯彻落实第六次全国人防会议精神和市委、市政府决策、部署，紧紧围绕人防（民防）建设目标任务，以高昂的工作姿态，加倍的工作干劲，努力推进人防事业又好又快发展，为实现平湖科学发展、进位赶超、绿色崛起作出应有贡献。

△ 参加全省基层人防（民防）规范化建设的领导在参观平师附小科普馆

△ 人防干部接受廉政警示教育

△ 学生疏散演习

△ 民防专业队应急救险

△ 防灾防灾文艺演出

△ 人防警报器

△ 在建人防工程

△ 平湖市人防疏散(避难)基地

平湖市旅游局

△ 市委书记翁建荣调研旅游工作

△ 澳多奇农庄

平湖旅游资源丰富，古迹名胜历史悠久，人文景观深邃厚实。有集山、海、岛、沙滩、森林及古迹于一体的高端精品旅游休闲胜地--九龙山度假区；有反映江南水乡特色并具有现代气息的东湖景区；有金龙门、澳多奇等为代表的乡村生态农业旅游观光体验园区；有国家重点文保单位、保存最完整的江南晚清封闭式宅第群莫氏庄园；还有李叔同纪念馆、陆维钊书画院、吴一峰艺术馆、博物馆、民俗风情馆、报本禅寺等，展示了平湖悠久的历史文化。

△ 九龙山高尔夫

△ 东湖景区

△ 九龙山

平湖市妇联

2014年，市妇联紧扣党政工作中心，围绕“党政所急，妇女所需，妇联所能，组织所为”工作要求，以联系妇女、服务妇女、教育妇女、维护妇女儿童合法权益为根本任务，各项工作取得了新进展。市妇联先后被评为嘉兴市妇女工作目标责任制考核优秀单位、平湖市年度目标责任制考核良好部门、平湖市统筹城乡发展工作先进集体、平湖市平安建设工作先进单位等荣誉。

△ 3月21日，省妇联主席劳红武来平调研

△ “六一”节市长朱林森看望儿童

△ 8月15—16日，市妇联举办“亲子同步成长训练营”活动

△ 12月17—18日，召开平湖市第十四次妇女代表大会

3月6日，举行平湖市“十大美丽女性”颁奖典礼

共青团平湖市委

2014年，共青团平湖市委在市委市政府的正确领导下，在各部门的支持下，以“双网互动”为统揽，以党的群众路线教育实践活动为推动，围绕中心工作、服务青年需求，着力抓好“活动引航、青春建功、志愿平湖、双网互动”四大品牌工作，激励凝聚全市团员青年为建设和谐幸福的现代化“金平湖”发挥了积极作用，各项工作取得了新的成绩。团中央书记处第一书记秦宜智来平专题调研，肯定我市共青团网络宣传引导和“双网互动”工作；获浙江省“五四红旗团委”、浙江省共青团工作、青年工作创新奖、浙江省先进少工委、浙江省共青团信息工作先进单位，获嘉兴市团建工作先进县、嘉兴市共青团工作创新奖等荣誉；“双网互动”提升为全省示范点工作，承办全省“双网互动”工作现场推进会。

△ 2014年5月，团中央第一书记秦宜智来平调研

△ 承办全省“双网互动”工作现场会

△ 平湖市纪念五四运动95周年主题团日暨青春榜样表彰活动

△ 青春助力“五水共治”启动仪式

△ 公益集市

平湖市档案局（馆）

平湖市档案（局）馆是国家一级综合档案馆、全国中小学档案教育社会实践基地、浙江省国家综合档案馆爱国主义教育示范基地、嘉兴市级爱国主义教育基地。2014年，成功创建浙江省文明单位。

查档电话：
0573-85061387

平湖市科学技术协会

△ 6月26日，中科院平湖籍院士费维扬来平作科学治水科普报告

△ 11月13日，“问情、咨政、服务”院士专家恳谈会

△ 11月14日，中国科学院学部科学普及与教育工作委员会一届七次会议在平湖召开

△ 5月16日，中国工程院段宁院士指导浙能嘉电公司减排工作

△ 5月17日，2014年平湖市科技（科普）活动周启动仪式暨科普大集市活动

△ 12月18日，第29届嘉兴市青少年科技创新大赛终评展示活动在平湖举行

2014年，市科协紧紧围绕“三年”活动和“九大专项”行动的工作要求，在市委的正确领导和省、嘉兴市科协的精心指导下，深入开展党的群众路线教育实践活动，按照“三服务一加强”的工作定位，组织和动员广大科技工作者，积极推进科协事业改革与发展，各项工作取得了新进展。市科协荣获全省科协工作先进单位、嘉兴市县（市）科协工作目标责任制考核优秀单位称号，开展的“全民科普知识网络竞赛”被中国科协评为2014年全国科普日活动优秀网络在线活动，我市科技工作者赵浩荣获“全国优秀科技工作者”称号。

△ 9月19日，2015年平湖市全国科普日活动启动仪式

目　　录

中共平湖市委员会

平湖市人民代表大会

平湖市人民政府

政协平湖市委员会

民主党派·工商联无党派人士

主要群众团体

地方军事

政　法

农　　业

水　　利

工　　业

经济开发区

交通运输·邮政

通　信

国内贸易

对外经济贸易

旅　　游

城乡建设

环境保护

嘉兴港区

财政·税务

金 融

综合经济管理

教　育

科学技术

文化·体育

新闻传媒

卫 生

社会·生活

人力资源和社会保障

镇·街道

人物·名录

文件选编

国民经济统计资料

特　　载

改革创新求突破　转型升级促发展
加快建设和谐幸福现代化“金平湖”

在市委十三届五次全体(扩大)会议上的报告

中共平湖市委书记　　翁建荣

(2013年12月28日)

同志们:

这次全会的主要任务是,深入学习党的十八大和十八届三中全会精神,贯彻落实中央经济工作会议、省委十三届四次全会精神,回顾总结今年工作,研究部署明年任务,进一步解放思想、改革创新,凝心聚力、奋力拼搏,加快建设和谐幸福的现代化“金平湖”。

下面,根据市委常委会讨论的意见,我主要讲三个方面:

一、攻坚克难、创新实干,经济社会稳中求进

今年以来,面对严峻复杂的宏观经济形势,全市上下以十八大精神为指引,深入贯彻落实科学发展观,以加快转变经济发展方式为主线,全力开展有效投入攻坚、城乡环境提升、创新实干奋进“三年”活动,扎实推进“九大专项”行动,全市经济社会保持了良好的发展态势。预计,全年实现生产总值465亿元,增长11%;财政总收入85.3亿元、公共财政预算收入42.3亿元,分别增长15.5%和11.2%;城镇居民人均可支配收入41000元、农民人均纯收入20300元,均增长9.5%;实现社会消费品零售总额138亿元,增长13.5%。

回顾一年来的工作,我们重点抓了几件大事:

一是用十八大、十八届三中全会和习近平总书记系列重要讲话精神统一思想和行动。我们把深入学习贯彻党的十八大、十八届三中全会和习近平总书记系列重要讲话精神作为重大政治任务,多次召开市委常委扩大会议、理论学习中心组会议、领导干部会议,进行专题学习交流,推动广大党员干部和社会各界把思想和行动统一到中央精神上来,统一到“两富”现代化、建设和谐幸福现代化“金平湖”的奋斗目标上来。在具体工作中,结合平湖实际,坚决把中央和上级精神贯彻落实好,坚持以改革开放和创新驱动为动力,推进各条各线创先争优、勇争一流,推动全市经济社会科学发展、转型发展。

二是聚焦重点工作,攻坚克难有突破。紧紧围绕省委“2+7”重点工作部署和市委市政府“三年”活动、“九大专项”中心工作,创新载体、强化措施、狠抓落实,通过开展“承诺践诺评诺”、系列百日攻坚、争先进位现场观摩会等活动,扎实推进招商引资、项目推进、转型升级、“三改一拆”、城市有机更新、交通治堵、水环境整治、畜禽养殖减量提质、“四边三化”“个转企”等重点工作,取得了明显实效。招大引强有了新突破,全年共引进世界500强、行业龙头企业投资项目和1亿美元以上项目3个;积极向上争取,4个项目列入2013年省重大产业项目名单,1个项目列入省浙商回归重大项目;“两退两进”、农村土地复垦、“个转企”等工作超额完成了年度计划;完成“三改一拆”772万平方米,其中拆除违章猪禽舍83万平方米,生猪减量28万头,征收拔钉清障227户,全面完成主城区解放东路北侧等多个地块征收扫尾任务;坚持铁腕治水、铁心治污,扎实推进水环境综合整治,河道水质比上年有所改善,跨行政区域交界断面考核结果合格;平台建设也有新的突破,平湖经济开发区升格为国家级经济技术开发区,独山港区列入省级开发区管理序列,上海张江平湖科技园正式启动。

三是叫响“四敢一不怕”精神,深化作风建设。大力弘扬“四敢一不怕”精神,倡导立说立行、创新实干、勇争一流三大作风,持续深入抓队伍、抓作风,评选“四敢一不怕”优秀干部典型,动真碰硬实施末位告诫淘汰,今年共评出末位人员172名,实施告诫23名,退出领导干部10名;继续开展应知应会考学、“五百干部下一线”等活动,实施干部值夜住夜、办事无休日制度;领导干部作表率,带头深入一线,领衔各项重点工作。结合党的群众路线教育实践“三同步”活动,扎实开展“七个先行”,大力推进行政审批提速提效,非许可事项再减少54.1%、产业投资类项目再提速51.4%。严格执行中央八项规定、省委28条办法、六项禁令等改进作风有关规定。全市上下心齐气顺、劲足实干的局面得到巩固发展。

四是积极应对,稳妥处置突发应急事件。今年以来,面对黄浦江死猪、“8·30”事故、“菲特”强台风等突发事件,我们坚持执政为民,始终把人民群众的生命财产安全放在首位,第一时间组织、第一时间到位、第一时间处置,切实抓好各项应急措施的落实,确保了社会和谐稳定。特别是在应对“菲特”强台风的过程和灾后抢险中,认真防范、准备充分,行动迅速、措施有力,妥善安置受灾群众,科学组织灾后重建,把损失减少到了最低。在硬仗面前,我们广大党员干部,尤其是受灾严重地区的基层党组织和共产党员始终奋战在抗台抗洪救灾第一线,勇挑重担、冲锋在前,充分发挥了战斗堡垒和先锋模范作用。

在具体工作中,我们还主要抓了以下几个方面:

(一)在推动转型升级中促进经济持续健康发展。一年来,我们主攻有效投入,坚定不移抓招商、抓项目、抓要素保障,稳增长、促转型。更加突出投入的有效性。强化招商机构与招商队伍建设,完善招商引资、重点项目推进、“两退两进”工作机制,实施有效投入与招商引资、浙商回归、“两退两进”的“1+3”捆绑式考核。不含嘉兴港区,1—11月,合同外资3.9亿美元、增长21%,实到外资2.66亿美元、增长43%;引进内资43亿元、增长25%;引进浙商回归项目28个,到位资金28.4亿元。预计全年完成固定资产投资197亿元、增长21%,工业生产性投资103亿元、服务业投资92亿元,分别增长22%和21%。全年共腾退建设用地2496亩,其中直接收回1474亩。更加突出产业结构优化升级。工业强市建设扎实推进,实施创新驱动发展战略,制定工业强市建设、智慧城市发展规划,出台“强平工程”、加快民营企业“二次创业”等一系列政策意见,启动产业结构调整机制创新试点,大力推进“四换三名”和“个转企”“小升规”等工作。预计全年规上企业实现产值1160亿元、增长12%,其中三大主动力产业占比67.3%,高新技术产业占比达到37.2%。实现“个转企”638家、注册资金1.37亿元,申报“小升规”企业68家。连续第七次获全国科技进步考核先进市,成为首批国家知识产权试点市。市科创中心成功升格为国家级孵化器，二期工程启动建设；成立服装文化创意园、箱包产业研究院等研发平台。“国千”人才培育实现零的突破，新增“省千”人才3人、嘉兴市级创业创新领军人才8名。服务业发展“五大工程”扎实推进，独山港物流园区和城北商务市场区分别成为省、嘉兴市现代服务业集聚区，圣雷克大酒店通过五星级验评，中国·平湖服装城创建成为省五星级旅游市场，举办首届服装、箱包皮具博览会，电子商务蓬勃发展。农业“两区”建设扎实推进，新广省级农业综合园区通过省验收，新建省级现代农业综合区1个，主导产业示范区2个，特色精品园5个，建成粮食生产功能区2.5万亩。加快构建新型农业社会化服务体系，创建成为首批全国农业农村信息化示范基地。

（二）在推进城乡统筹发展中改善生态环境。一年来，我们坚持生态优先，突出抓统筹、抓整治、抓环境优化，构建城乡一体发展新格局。城乡建设同步推进。坚持“四化同步”，加快推进中心城区、新市镇、新农村建设。以规划为引领，高起点谋划市域布局，编制主城区控制性详规及老城区城市有机更新规划、南河头和老市政府地块保护特色规划等。以“三改一拆”、交通治堵等重点工作为抓手，加快推进中心城区26个地块、33个点的有机更新步伐。新仓镇、独山港镇列入嘉兴市小城市培育试点。稳步推进以农村土地综合整治为龙头的“两新”工程，新增集聚农户2000户，完成土地整治1500亩。城乡公共基础设施配套进一步完善，杭平申线平湖段、南环线一期等交通工程加快推进，汽车客运中心主体工程建成，实施城南路、当湖路等路段的交通组织改造提升，启动建设农村圩区15个，改造提升农村公路34.4公里、乡村农贸市场8个。完成土地利用总体规划实施评估工作，推进全国农村集体土地确权，完成“两新”社区宅基地登记发证1525件。发展壮大农村集体经济，新增强村计划项目19个。城乡环境同步提升。突出治水和拆违，结合国家卫生城市创建和“三改一拆”“四边三化”“四位一体”保洁试点、“美丽乡村”建设等载体，统筹抓好城乡环境整治，继续实施城区绿化、亮化、美化工程，全面实施“河长制”，加大畜禽养殖污染、工业污染和生活污染治理，共整治河道148公里，封堵排污口28500多个，新建污水管网37公里，关闭各类污染企业53家，电镀、造纸行业整治通过嘉兴验收，新增绿化面积43万平方米，国家卫生城市创建通过国家级技术评估，创建省重点培育示范中心村2个、嘉兴市示范性城乡一体新社区2个、优美庭院示范村8个，城乡环境和形象得到进一步提升。

（三）在推进民生改善中促进社会和谐。一年来，我们围绕增进百姓福祉，突出抓社会保障、社会事业、社会管理，确保社会和谐稳定。民生事业全面加强。针对群众关心关注的热点问题，我们突出办好民生实事，坚决维护老百姓的切身利益。预计全年财政民生支出达到25亿元，占公共财政预算支出的75.2%。加快保障房建设、公共自行车服务系统一期工程建设等十大政府实事项目，全面推进就业、社会保障、教育、卫生等社会事业发展，社会养老保险覆盖率和城乡居民医疗保险率分别达到99.4%和99.6%。开工建设残疾人综合服务中心，第一人民医院完成整体搬迁。进一步完善民生台账、便民服务中心、驻村工作室、网络问政、民情导航图等一系列惠民利民制度，启用“百姓事马上办”平台，不断提升基本公共服务均等化水平。加快文化强市建设，文化馆新馆投入使用。健全文明创建长效机制，扎实推进“五城同创”，开展农村星级文明家庭评创、城市精神大讨论、“志愿平湖”“东湖女儿回乡行”等活动。社会管理创新进一步深化。围绕省平安市“九连冠”目标，以“平安平湖”建设为抓手,突出社会治理、公共安全建设,健全基层服务体系,启用社会组织创益园,举办首届社工节,开展全国志愿服务记录制度试点,制定新居民积分制管理办法,深化重大决策社会稳定风险评估和"网格化管理、组团式服务"工作,开展矛盾纠纷化解专项行动,坚持领导约访下访、信访工作例会等制度,排摸各类纠纷4888起、调处成功率达98.1%,完善社会治安防控体系,严厉打击各类刑事犯罪,切实加强网络舆情管理,牢牢掌握网上舆论主动权和话语权,群众安全感、满意度进一步提升。

(四)在推进争先进位中全面加强党的建设。一年来,按照提升党的建设科学化水平的要求,突出抓基层、抓队伍、抓作风,为经济社会发展提供坚强保证。牢牢把握党的执政能力建设、先进性和纯洁性建设这条主线,把坚定理想信念作为党建工作的重中之重,加强党员干部理论培训和党性教育,广泛深入开展党的十八大精神和"中国梦"主题宣讲、党的群众路线教育实践"三同步"等活动。坚持党委总揽全局、协调各方,支持人大、政协各项工作,巩固和壮大爱国统一战线,充分发挥工青妇等人民团体的桥梁纽带作用,加强双拥、人武、老干部等工作。打响外资企业党建、青春党建等品牌,进一步扩大了基层党组织的覆盖面和影响力。认真组织,抓好村级组织换届等工作。狠抓干部队伍建设,创新干部选拔任用提名方式,开展重点工作项目跟踪考察干部,注重从基层一线、急难险重岗位选拔干部,干部队伍活力进一步激发。健全干部监督管理,被中组部列为干部日常监督管理示范点。开展正风肃纪专项检查,加强和创新督查考核,突出工作实绩与考核结果直接挂钩,提高重点工作、创新工作在年度目标责任制考核中的分值占比,实行一票评优、一票否优。厉行节约、反对铺张浪费,"三公"经费同比下降23.7%。反腐倡廉工作进一步加强,创新实施党风廉政建设责任制考核办法,开展重点工作权力运行制衡机制建设,推进镇街道纪检监察组织规范化建设,建成东湖廉洁文化景观线。严肃查处各类违纪违法案件,今年共查处党员干部各类违纪违法案件54起。

回顾这一年,在宏观经济形势如此严峻的情况下,全市经济社会保持"稳中有进"的良好态势,成绩来之不易。这其中,凝聚着全市党员干部群众的智慧和力量、心血和汗水。在此,我代表市委、市政府,向奋战在各条战线上的广大党员干部群众,向给予我们倾力支持的老领导、老同志以及社会各界人士,表示衷心的感谢并致以崇高的敬意!

在肯定成绩的同时,我们也要看到当前发展还面临不少困难和问题,主要有:

一是经济增长面临不少压力:主要表现为要素保障矛盾突出、有效投入不足、转型升级不快。当前,我市土地、资金、人才等要素资源紧缺,成为制约经济发展最大的瓶颈;项目投资储备偏少,特别是大项目、好项目不多,投资增量少,直接影响到经济发展后劲;企业自主创新能力弱,民营企业"二次创业"的意识和氛围尚不浓厚,龙头企业、上市公司少,总体竞争力不强,传统产业转型升级、退低进高难。二是统筹城乡建设仍有不少差距。一方面,城市的能级、品质以及城市项目建设的推进速度、城市的精细化管理水平与周边县市相比还有差距;另一方面,城乡环境提升也面临较大压力,尤其是水环境整治仍然任重而道远。三是民生改善、社会管理还有不少任务。社会发展、民生保障的需求与财力增长矛盾突出,安全生产、环境污染等引发的问题增多,同时社会治安、网络舆论、信访等方面出现的新情况也需要引起高度重视。四是干部队伍建设和作风建设还有待进一步加强。与反"四风"要求相比,干部作风存在一定差距,特别是部分干部的思想解放程度还不够，面对问题和困难时，敢于负责、勇于担当的意识不强，缺少激情、缺乏干劲，执行力、创新力亟待加强；个别干部违纪违法现象仍时有发生，等等。对以上的问题，我们一定要引起足够的重视，在今后的工作中采取有力措施，认真加以解决。

二、研判形势、抢抓机遇，坚定发展方向和目标

分析当前形势，我们还面临着不少挑战：全球经济复苏艰难，国际经济环境仍然严峻复杂，国际关系的调整对我市开放型经济发展也带来持续性影响；同时，国内经济进入“结构性减速”阶段，经济发展中的长期结构因素和短期周期性因素交织，保持经济平稳较快增长和加快转变经济增长方式难度增加；此外，区域间经济竞争更加激烈，“标兵渐远、追兵渐近”态势也更加明显，争先进位难度不断加大。

在积极应对挑战的同时，也要看到，我们仍然处于可以大有作为的重要发展期。一是改革将激发内生动力。党的十八届三中全会和省委十三届四次全会对全面深化改革进行了重要部署，必将为我们下一步的发展带来巨大的改革红利。同时，中央和省委出台的一系列深化改革、推进城镇化、促进经济转型升级等政策措施、上海自贸区的设立以及我市正在积极争取的省级产业结构调整机制创新试点等，都为我市下一步转型发展带来了难得的机遇。二是创新将增强发展活力。今年以来，全省上下深入实施创新驱动战略，我市结合实际，围绕打造新兴产业集聚区、与沪同城先行区、创业创新引领区和“826”奋斗目标，加大产业战略布局、科技企业主体培育、创新平台建设、人才培育引进、科技合作、发展环境保障等重点工作推进力度，并取得明显成效。科技创新必将进一步提升企业核心竞争力，进而为我市科学发展、转型发展提供强大支撑。三是自身发展有了一定实力。经过多年的发展，我市的开放型经济取得了巨大的成绩，光机电、临港、生物食品(医药)三大主动力产业集群发展势头强劲，产业发展有了一定基础。同时，通过我们一以贯之地抓作风、抓队伍，我们的发展环境进一步优化，全市上下一心一意谋发展、聚精会神搞建设、心无旁骛抓落实的氛围更加浓厚。这些都将成为我市加快发展的最大优势。

因此，我们要坚定信心，进一步增强改革创新的意识，勇于改革、善于创新，最大限度地破除束缚发展的体制机制，以改革创新形成新的发展红利。进一步增强争先进位的意识，摈弃小富即安、小进即满的观念，奋力拼搏、勇争一流，努力在激烈的区域竞争中走在前列。进一步增强以人为本的意识，更加注重生态环境保护、民生改善、社会治理创新，不断提升人民群众的幸福感和满意度。

明年是贯彻落实党的十八届三中全会精神、全面深化改革的第一年，也是实施“十二五”规划的关键一年，做好明年工作意义重大。明年全市工作的总体要求是：全面贯彻党的十八大、十八届三中全会和中央经济工作会议精神，坚持“稳中求进、改中求活、转中求好”，把改革创新贯穿于经济社会发展各个领域各个环节，以开展党的群众路线教育实践活动为契机，深入推进“经济转型提升年”“人居环境优化年”“作风建设深化年”活动，大力实施招商引资、有效投入、“四换三名”“三改一拆”、治水治污、矛盾化解、正风肃纪、提能增效、进村入企“九大专项”行动，弘扬“四敢一不怕”精神，解放思想、凝心聚力，敢闯敢试、真抓实干，努力实现经济社会又好又快发展，加快建设和谐幸福的现代化“金平湖”。

明年工作的主要预期目标：生产总值增长10%；固定资产投资增长15%，其中不含嘉兴港区，工业生产性投资增长15%以上；公共财政预算收入增长8%；社会消费品零售总额增长14%;研究与试验发展经费占生产总值2.4%以上;不含嘉兴港区,合同外资5亿美元以上,实到外资3亿美元,引进内资45亿元,注册资金25亿元;城镇登记失业率控制在3.8%以内;城乡居民收入分别增长10%。主要约束性指标完成上级下达任务。

三、改革创新、真抓实干,全力做好明年各项工作

围绕明年工作总体要求和目标任务,我们要着力抓好以下几方面工作:

(一)以贯彻落实上级精神和推进体制机制创新为重点,全面深化改革

要深刻领会党的十八届三中全会和省委十三届四次全会关于全面深化改革的决策部署和意见精神,密切结合我市实际,加快研究有关贯彻落实方案,提出切合实际的改革举措,努力争创发展新优势。

一要认清深化改革的现实意义。改革是发展的最大红利,深化改革是我市发展的必然选择。回顾历史,没有改革开放,我们不可能有今天的大好局面;着眼当前,我市发展面临严峻考验和挑战,深化改革解决发展中面临的矛盾问题势在必行;放眼周边,各地都在创造条件抢抓新一轮发展机遇,向改革要生产力,谋取更大跨越。为此,我们必须统一思想,全面深化改革,以改革的突破推进转型发展、争先进位。

二要找准深化改革的突破方向。中央和省委关于深化改革的谋篇布局,特别是已经明确的改革任务,必须不折不扣抓落实。同时,深化改革要以实际问题为导向,我们要结合实际,深入调研、深入思考,找准我市目前深化改革的突破方向,解答好哪些必须改、为什么改、怎么改的问题,重点是要把改革举措深化细化具体化,全力破解制约经济发展的瓶颈、解决群众反映强烈的突出问题。要积极向上对接争取列入改革试点,找到符合"顶层设计"与我市"摸着石头过河"探索之间的最佳结合点和突破口。

三要明确深化改革的主攻重点。全面深化改革,不能面面俱到,必须抓住关键重点突破。当前我们需要重点抓好以下几项改革:一是开展产业结构调整机制创新试点。这是我市积极向省政府争取的改革试点。我们要深入研究,加大体制机制创新力度,建立健全企业绩效分类评价体系、差别化政策引导机制等一系列政策措施、工作机制,加快推进产业结构调整,推动经济转型升级。二是深化统筹城乡综合配套改革。这也是嘉兴在全国层面的改革试点。我们要积极主动参与,特别是要结合中央城镇化工作会议精神,通过深化改革,提高城镇化建设水平,推进以人为核心的新型城镇化和工业化、信息化、农业现代化"四化"同步,推动平湖城乡一体化工作走在全国前列。三是深化政府机构改革和行政审批制度改革。这是从上到下都在抓的一项转变政府职能的重要改革。我们要深化政府机构改革,强化重点领域机构和职责整合,推进行政审批制度改革和基层综合行政执法体制改革;要按照"能减则减、能放则放"、简政放权的要求,上下联动抓审改,特别是要探索开展以负面清单管理为核心的"一般工业投资项目零审批"试点,真正实现从事前审批到事后监管的转变;要大力推进网上招投标、中介机构与部门脱钩、中介机构市场化运行监管等改革,规范公共资源交易秩序。四是深化水环境治理领域改革。这次省委全会提出治污水、防洪水、排涝水、保供水、抓节水"五水共治",这对我市来说尤其具有针对性。水的问题是我市生态环境治理的核心问题,我们要扎实开展环境功能区划省级试点,进一步创新推进"五水共治",强化反向倒逼和正向牵引,建立长效机制。五是深化对外开放领域改革。可以说,我市的改革开放史就是一部接轨上海的历史,下一步的发展我们要继续发挥这一优势,深入实施"与沪同

城”战略，特别是要借势借力上海自贸区进一步做好我市的开放型经济这篇文章。国家设立上海自贸区，重在制度创新，将会形成一整套与国际投资贸易充分衔接的制度框架，这必将对紧邻上海的我市产生直接而深远的影响。如何承接其“溢出效应”，应对“虹吸效应”，需要我们认真思考、加快对接。特别是要在交通基础设施、产业平台、公共服务等方面的对接上下功夫，实现“搭车分红”，等等。

（二）以有效投入和实施创新驱动战略为重点，加快经济转型发展

发展是第一要务。现在中央和上级讲“不唯 GDP 论英雄”，淡化发展速度，更关注的是有质量的发展；不是不要 GDP，而是要更加注重绿色 GDP；淡化总量 GDP，是要更加重视人均 GDP。我们要坚定不移实施“工业强市”和创新驱动发展两大战略，强势主攻有效投入，加快推进经济转型升级，努力打造平湖经济升级版，建设创新型城市。

乘势而上，主攻有效投入。有效投入事关经济发展的后劲。要坚持以招商引资和项目推进为抓手，进一步扩大有效投入，做大经济总量。要继续加大项目招引力度。坚持一二三产联动、内外资并重、招商引资与招才引智、招商引税相结合，深入实施招商引资专项行动，开展“五百”招商活动。加强市级招商机构建设，整合市、镇街道和部门招商力量，配强配好招商队伍，继续突出产业招商、蹲点招商，提高招商专业化和实效性。按照“招大引强选优”的要求，主攻大项目、产业链项目和浙商项目，确保引进世界 500 强、行业龙头企业投资项目和 1 亿美元以上大项目 3 个、力争 5 个，浙商回归到位资金达到 33 亿元；三大主动力产业占工业引资总量的 70%、服务业引资占全市总量的 30%。外贸进出口总额增长 10%，出口增长 8%。要继续加大项目推进力度。进一步完善市领导“三个一”项目联挂和重大项目会商、协调、督办、通报等工作机制，突出项目全过程管理，紧盯合同履约、项目报批、开工建设、竣工投产四个环节，探索建立重大项目执行监察平台，缩短有效投入产出周期。加强项目服务，及时协调解决项目推进中遇到的资金、供电、环保等各类困难和问题，确保重大项目进展顺利。

顺势而进，加快推进转型升级。加快经济转型发展是提升区域竞争力的现实需要。我们必须切实转变发展观念，坚持转型升级不动摇。要加快“智慧城市”建设和运用。实施创新驱动战略和“智慧城市”发展规划，发挥通信运营商主力军作用，加快通信、网络等基础设施改造提升，搭建公共服务基础平台，实现信息资源共享。要加快推进信息化在智慧政务、智慧民生、智慧城管、智慧文教、智慧物流、智慧电网等重点领域的运用，全面提升城市智能化水平，提高城市发展水平和竞争能力。要加快推进产业的转型升级。加快工业强市建设，推动“两化”深度融合，深入实施战略性新兴产业、服务业和大企业发展三大倍增计划，做大做强三大主动力产业，推动传统产业转型提升。加快推进科创中心二期、外资企业研发基地、上海交大平湖科技园和光机电特色基地等产业平台建设。要加快推动企业的转型升级。经济发展，企业是主体。要扎实开展“四换三名”专项行动，加快民营企业“二次创业”步伐，加大政策扶持，引导企业牢固树立“实业为本”的理念，排定并推进一批空间换地、腾笼换鸟、机器换人、电商换市项目，继续做好“小升规”“规改股”“股上市”等各项工作，加强知识产权、标准化和品牌建设，加大扶持培育小微企业，鼓励企业做大做强。力争明年新增规模以上企业 80 家、亿元企业 10 家、超 10 亿元企业 2 家；新增国家高新技术企业 10 家、上市企业 1 家、股改企业 2 家、小升规 60 家；新增省级

名牌、著名商标4个。

借势而发，增创发展新优势。面临发展制约，我们需要坚持以改革的勇气、创新的思维、有效的手段攻坚克难、超越突破。要全面提升平台能级。平台是提升项目集聚和产业升级的主阵地。要推进开发区“二次创业”，切实发挥国家级经济技术开发区主平台作用，提升平台承接大项目和大企业的能力，努力打造现代产业集聚区；独山港区要加快基础设施和项目建设，力争口岸开放，成为海洋经济发展主平台。上海张江平湖科技园要加快建设进度，争取早日有实质性进展、早日出形象。要优化要素资源配置。实行统一的市场准入制度，放宽民间资本市场准入，加强民资与国资、外资的对接嫁接。实施土地二轮规划修编，推进建设用地科学配置，加强地价管理，严格土地批后监管。加快推进“两退两进”和农村土地综合整治，腾退建设用地2000亩、完成建设用地综合整治1000亩。推进土地储备机构抵押融资改革，拓宽政府融资渠道。整合政府专项资金，构建多元金融创新体系。鼓励引导小额贷款公司发展，加快科技金融创新，推进科技创业风险投资、科技金融信贷、科技担保等。深入实施“金平湖英才计划”，引育“千人计划”和“万人计划”人才4名，嘉兴市级以上创业创新领军人才10名。

(三)以城乡建设和环境整治为重点，统筹城乡发展

以城乡一体发展和环境更加优美为目标，以人为本、优化布局、生态文明、传承文化为原则，加快推进城市有机更新、美丽乡村建设，进一步做优城乡人居环境。

致力城乡一体统筹建设。坚持把新型城市化作为提升城市功能、促进城乡统筹发展的重要举措，扎实推进。要进一步强势推进“三改一拆”。坚持规划引领，以新一轮市域总体规划为总纲，继续完善中心城区规划编制，理顺城市开发建设管理体制，完善老城区基础设施建设，提升东湖新区城市功能，重点推进南市新区开发建设。以“三改一拆”为抓手，注重拆改建结合，加快推进城北路两侧、老市政府地块、南市路两侧和零星地块的城市有机更新，力争完成城南路改造最后一个地块(孟秀新村1号地块)的征收工作，重中之重要加快南河头地块的有机更新，“划定红线、限定时限”，责任制、项目化推进，确保明年有明显成效；开展无违章镇街道、无违章村社区、无违章小区、无违章河道、无违章道路创建，完成农村“一户多宅”违建户的整治，彻底清理整治占用基本农田、禁养区范围内的违章猪舍。要稳步推进“两新”工程建设。加快实施小城市培育试点三年行动计划，争取独山港区列入省第二批小城市培育试点，加快新仓、新埭等中心镇发展。坚定集聚方向，以土地综合整治为龙头，推进农村新社区发展，加快推进虹霓、马厩、鱼圻塘3个省级农房改造示范村建设。推进现代农业园区和粮食生产功能区建设，培育壮大专业大户、家庭农场、农业专业合作社、农业龙头企业，做精现代生态农业。加强农村集体土地确权，做好集体建设用地入市前期工作，有序保障农民合理建房用地需求。推进杭平申线改造、南环线、南市路延伸段等重大交通项目建设，开工建设乍兴公路一期工程，建成新客运中心和新华南路延伸段。

加快城乡一体环境改善。坚持生态环境和城乡建设同步推进，积极打造宜居宜业的城乡环境。要全力推进水环境整治。创新“五水共治”工作体制机制，围绕“行政交界断面水质考核良好”的目标，重点突出治污水，深入实施“河长制”和项目化管理，全面落实河长、河长单位和联挂部门责任。加快河道清淤和水系沟通，大力整治黑水河、臭水河、垃圾河，以排污口封堵、污水管网建设和畜禽养殖污染治理为抓手，加大污染行业、农

业面源污染和农村生活污水整治，鼓励养殖户转产转业，加快推进生猪养殖减量提质，生猪存栏总量控制在30万头以内；新建污水管网144公里、实现“三年规划、两年完成”，新增污水入网量257万吨，大幅提高城乡污水入网率和农村污水微动力处理能力。完善城市防洪体系，加快全国中小河流治理重点县十大项目区和农村圩区建设。要联动推进城乡环境提升。围绕确保国家卫生城市创建成功、国家园林城市通过复检的目标，加大创卫力度，加快绿道、绿网建设，加强城市精细化管理，进一步提升城市形象。以“四边三化”“四位一体”保洁为抓手，深化“美丽乡村”建设。扎实开展清洁空气行动，联动开展治霾攻坚，加强禁燃区管理，实现35T以上燃煤锅炉脱硫脱硝全覆盖，加快淘汰黄标车等高污染机动车，采取有效措施制止农村秸秆焚烧等行为。

营造城乡一体文明新风。发挥文化惠民、文化育民的作用，加强公共文化服务，提升城乡精神文明水平。深入推进城乡文明建设。坚持党管意识形态不动摇，牢牢掌握舆论主导权，围绕社会主义核心价值体系建设，深入开展以“中国梦”为主题的宣讲活动，大力弘扬新时期平湖城市精神，实施文明素质提升工程，开展“凡人善举”“道德模范”等评选活动，进一步凝聚社会正能量。精心制作城市宣传片，拍摄城市形象微电影，提升城市知名度和美誉度。深入推进以全国文明城市创建为龙头的“五城同创”，扎实开展镇街道系列示范、星级村、星级文明家庭等评创活动，争创省文明市和全国双拥模范城。进一步提升公共文化服务水平。实施文化惠民工程，加快城乡公共文体设施建设，加快构建公共文化服务体系，加大文化产业扶持力度，广泛开展群众性文化活动，打响“欢乐平湖”等群众性文化品牌，满足人们群众的精神文化需求。

（四）以改善民生和创新社会治理为重点，构建和谐社会

“民生的事，再小也是大事”，保障和改善民生是一切工作的出发点和落脚点，强化需求导向、问题导向、满意导向，推进社会各项事业，千方百计助民富，全力以赴促民享，持之以恒保民安。

健全社会保障体系。围绕城乡居民收入倍增目标，积极拓宽就业、创业、社保、帮扶等增收渠道。加大就业保障力度。深化省级创业型城市建设，以创业促就业，健全促进创业就业体制机制，重点做好高校毕业生、就业困难人员、退役军人就业帮扶。把完善社会保障作为改善民生的关键举措，推进养老、医疗保险本地户籍人口全覆盖，加强社保基金“阳光监督”。健全住房保障体系，确保阳光嘉苑二期1077套保障性住房的交付使用。加大救助服务力度。推进“阳光救助”，加大低收入群体和困难群体帮扶力度，不断完善助学、助残、助医、济困等社会救助体系。进一步优化养老服务，健全“以居家养老为基础、社区服务为依托、机构养老为支撑”的养老服务体系，推进民办养老服务机构建设。

加强社会事业建设。健全为民办实事长效机制，加大公共财政投入力度，优化公共资源配置，加快实施一批政府实事项目。优化教育、卫生公共服务。深化不同学段教育改革，加强教师队伍建设，创建成为教育基本现代化市。深化医疗卫生体制改革，推动本市医疗机构与上海、杭州等地的横向协作，提升医疗服务水平，加强卫生公共服务体系建设，创建省慢性非传染性疾病综合防控示范区。协同推进其他各项事业。加快推进市民文化中心建设，启动建设市民健身中心（游泳馆）。坚持计划生育的基本国策，按照上级精神进一步完善生育政策，深入推进幸福家庭关爱工程，促进人口长期均衡发展。加强爱国卫生、人防、统计、史志、档案、气象和老

年人、关心下一代、残疾人、慈善等工作。

创新社会治理体系。着眼于维护广大群众根本利益,创新社会治理体系,增强社会发展活力,全面推进平安建设,确保人民安居乐业、社会安定有序。要继续加强"法治平湖"建设。健全法治工作协调机制,加强民主法治建设,支持和保证人大通过人民代表大会行使权力,充分发挥政协协商民主重要渠道作用。巩固和发展最广泛的爱国统一战线,做好民主党派、工商联、民族、宗教、侨务、对台等各项工作。坚持党管武装,加强和改进新形势下党对法院、检察院以及工会、共青团、妇联、科协等的领导。深入开展"六五"普法,推进依法行政和法治政府建设,深化政府机构和行政执法体制改革,在镇街道建立综合行政执法机构。创新基层民主建设载体,深化和谐社区、民主法治村创建活动,完善村级重大事务决策机制,发挥村务监督委员会作用,推进政务公开、村务公开、厂务公开。要进一步创新社会治理方式。坚持系统治理、依法治理、综合治理、源头治理,推进"德治、法治、自治"建设,以德治春风化雨、以法治定分止争,以自治化解矛盾。完善"百姓事马上办"平台,健全民生问题快速反应反馈机制。推进"三社"互动和"两工"联动,开展社会组织公益创投,大力发展社会组织,加大政府购买公共服务力度。全面深化居住证制度改革,推行新居民积分制管理,提高动态化管理水平。强化特殊人群服务管理,全面实施重点人员分类管理服务。要持续深化"平安平湖"建设。坚持一手拿经济报表,一手拿平安报表。围绕省平安市创建"十连冠"目标,坚持和发展"枫桥经验",加强基层基础工作,完善"网格化管理、组团式服务"和重大决策社会稳定风险评估机制。深入开展矛盾化解专项行动,开展信访"三无"镇街道、村社区创建活动。加强社会管理创新,以"七张网"建设为重点,创新一体化社会治安防控体系。加强安全生产,全面抓好企业、学校、交通、消防、食品药品、公共卫生和危化品等重点领域的安全监管。加强应急联动机制建设,提升应急处置能力。加大依法管理网络力度,确保网络和信息安全。

(五)以深化作风建设和提升干部能力为重点,全面加强党的领导

改革创新、转型发展关键在于加强党的建设。全市各级党组织要认真贯彻落实党的十八大和十八届三中全会精神,切实加强和改善党的领导,加强党的执政能力和先进性、纯洁性建设,不断提升引领发展的能力,增强服务发展的合力。

深入开展党的群众路线教育实践活动,凝聚合力树形象。作为第二批活动单位,根据安排,我市将于明年上半年开展以"为民务实清廉"为主题的党的群众路线教育实践活动。我们必须充分认识这一活动的重要意义,牢牢把握"照镜子、正衣冠、洗洗澡、治治病"的总要求,紧密联系实际,突出作风建设这一重点,突出领导带头这一关键,突出群众满意这一标准,不折不扣把中央和省、嘉兴的部署落实到位。要严格做好规定动作,把握三个环节,重点突出三个字:一是"学",重点要学习十八大、十八届三中全会和习近平总书记系列重要讲话精神,学习中国特色社会主义理论体系,学习马列主义基本观点和基本方法,深化宗旨意识。通过学习,进一步牢固树立群众观点,自觉站稳群众立场,始终坚持群众路线。二是"查",针对"四风"问题,要以敢于揭短、亮丑的勇气和敢于较真的态度认真查,要善于开门搞活动,自觉接受群众监督,自己找不准、找不透的,请别人帮助找,请群众帮助找。要认真开展批评和自我批评,开好专题民主生活会。三是"改",对存在的问题要及时整改,从现在做起,从我做起,从领导带头做起,说到做到、马上就改,小有小改、大有大改。要着力形成实践成果、制

度成果，确保联系群众改进作风的常态化、长效化。要结合实际，认真谋划自选动作，创新开展一批活动载体，形成一批有效制度和长效机制，如完善“三民”工作机制，实行部门联挂村“真联真挂”，开展“一村一部门、百村百项目”活动等。

加强基层基础建设，固本清源强保障。党的基层组织是党全部工作和战斗力的基础。要围绕建设学习型、服务型、创新型党组织目标，创新基层党建，夯实基层基础。要加强基层组织建设。巩固外资企业党建、青春党建等品牌，进一步扩大基层党组织覆盖面，结合新一届村(社区)换届工作，加强基层党组织书记和书记后备人员队伍建设，造就一支高素质带头人队伍。继续实施强村计划，推进经济相对薄弱村跨镇街道抱团发展项目。加强党员日常管理，探索建立党员电子成长系统，严把党员发展入口关，健全不合格党员处置工作机制。加大干部培养力度，深化干部立体式考察，建立健全领导干部任期制和中层干部跨部门交流任职机制，充分发挥退二线干部作用。要强化服务基层能力。继续加大深入一线、深入基层、服务群众、服务企业力度，深化“千名干部帮千户”等活动，打造“红色义工”队伍，开展“进村入企”“提能增效”等专项行动，继续选派一批年轻干部到急难险重一线岗位锻炼。

弘扬“四敢一不怕”精神，锤炼作风抓执行。区域发展的竞争，归根到底是干部能力的比拼。“一分部署，九分落实。”全市党员干部要进一步发扬“四敢一不怕”精神，在改革创新中抓落实，在真抓实干中求突破。

善学善思，在解放思想中提升创新能力。面对新形势、新任务、新要求，不学习就跟不上时代的步伐，不创新就难以突破发展的瓶颈。十八届三中全会全面开启了改革创新的新篇章，改革创新，绝不是喊口号，也不是做文章，而是要落到行动上、落实在工作中，引导我们的干部从先进理论中找动力，从先进地区中找差距，从先进典型中找经验，努力把学习化为解放思想、创新思路的行动，化为审时度势、总揽全局的本领，化为善抓机遇、善谋良策的能力，更好地担负起科学发展的重任。当前我们的很多工作、遇到的很多问题，都需要我们的干部敢于突破陈规、勇于开辟新路、善于用活政策，来破难题、强保障、促发展。明年，继续开展应知应会考学和创新奖评比活动，市几套班子领导至少要牵头一项以上改革事项，推动全市干部善于学习、勇于创新、敢于突破，以实质性的成果推动全市各项工作。

敢抓敢管，在破难前行中提升担当能力。事业发展靠奋斗，大事难事看担当。我们的“四敢一不怕”精神，强调干部要敢于负责、敢于担当、敢于破难，不怕得罪人。当前改革发展稳定任务艰巨，可谓进入到“深水区”，遇到的阻力必然越来越大，面对的暗礁、险流也越来越多，我们必须要有“舍我其谁”的豪气、守土有责的志气，要有“逢山开路、遇河架桥”的闯劲，要有“抓铁有痕、踏石留印”的恒劲，进一步强化责任意识、担当意识，多说“我行、我能行”，多说“我做、我来做”。多一点这样的干部，我们的工作才能打开局面，平湖的发展才有希望。

苦干实干，在勇争一流中提升执行能力。“空谈误国、实干兴邦”。我们需要立说立行、雷厉风行的干部，需要苦干实干、求真务实的干部，需要真正把谋划工作有思路、面对工作有激情、推进工作有实绩的干部推出来、选上来、用起来。要坚决做到政令畅通、令行禁止，牢固树立大局观念、全局观念，严肃纪律，严格执行上级和市委、市政府的各项决策部署。要深入推进正风肃纪专项行动，开展文风会风治理、提能增效、提振领导干部精气神等集中行动。要进一步精简文件、简报，取消一般性纸质简报，简报确需必要的，以电子形式报送;要精简会议,继续实行无会月、周一无会日制度,除了年初召开的全市三级干部大会暨产业机构调整机制创新试点动员会议、开展群众路线教育实践活动暨深化作风建设动员大会、党委系统的工作部署会、政府系统的工作部署会等几个重要会议外,能减则减,能并则并,条线会议原则上不召开全市性大会,具体工作由分管领导召集具体分管人员抓好研究部署,镇街道、部门主要领导集中精力抓工作落实。实施市委、市政府重大决策执行力指数考核,推进年度中心工作的开展。各条线、各专项办公室要提早把明年的工作项目化、具体化,要明确提出工作目标、工作任务、具体项目、责任单位、责任人和完成时限,并与考核工作相结合。督考办、作风办要整合督考力量,加大工作督查和作风、效能检查力度,特别是中央“八项规定”、党政机关厉行节约反对浪费条例、省委28条办法等执行情况。要引导干部创先争优、勇争一流,继续咬定“学赶富阳、争先进位”和全年的目标任务不动摇,以先进为榜样,变压力为动力,继续以末位告诫淘汰制为抓手倒逼干部急起来、动起来。对明年的目标责任制考核体系要做一次大的调整,既要按照十八届三中全会和中组部《关于改进地方党政领导班子和领导干部政绩考核工作的通知》明确的考核导向要求,又要结合我市实际,分门别类实施差别化、项目化考核,在工作实绩和条线改革创新性、品牌化工作上适当增加权重,进一步激发各条各线创先争优的动力。要进一步加强考核结果运用,对工作中不作为、慢作为、乱作为的单位和个人,严格问责,严肃追究。

勤政廉政,在身体力行中提升自律能力。打铁还需自身硬。要大力弘扬清正廉洁之风,按照“干部清正、政府清廉、政治清明”的要求,始终保持严惩腐败的高压态势,筑牢拒腐防变的廉政底线。认真落实党风廉政建设责任制,加快推进新一轮惩防体系建设,突出权力风险防控,深化岗位廉政风险防范和权力公开运行、制衡机制建设,努力从源头上预防腐败,切实把权力关进制度的笼子里。严格执法执纪,抓好网络反腐工作,严肃查办违法违纪案件,以反腐倡廉的实际成效取信于民。要大力弘扬艰苦朴素之风,严格落实党员领导干部廉洁自律和党政机关厉行节约反对浪费有关规定,加强政府债务管理,严格“三公”经费支出,推进“三公”经费管理和财政预决算公开事项。

同志们,实干成就业绩,创新引领未来。让我们进一步解放思想、敢于担当、齐心协力、攻坚克难,为加快建设和谐幸福的现代化“金平湖”而努力奋斗!

政府工作报告

2014 年 1 月 11 日在平湖市第十四届人民代表大会第三次会议上

平湖市人民政府市长　　朱林森

各位代表：

现在，我代表市人民政府向大会作工作报告，请予审议，并请市政协各位委员和其他列席人员提出意见。

2013 年工作回顾

刚刚过去的 2013 年，是平湖"十二五"发展承前启后、加快转型的关键一年。一年来，在中共平湖市委的坚强领导下，全市上下以科学发展观为指导，牢牢把握"稳中求进、转中求好、能快则快"的工作总基调，大力弘扬"四敢一不怕"(1)精神，全力开展有效投入攻坚、城乡环境提升、创新实干奋进"三年"活动，扎实推进"九大专项"行动(2)，全力以赴谋发展、优环境、惠民生，较好地完成了市十四届人大第二次会议确定的年度目标任务。全年生产总值预计实现 465 亿元，增长 11%；公共财政总收入 84.7 亿元、地方公共财政预算收入 42.2 亿元，分别增长 14.6% 和 11.1%；城镇居民人均可支配收入、农民人均纯收入预计分别达到 41000 元和 20300 元，均增长 9.5%；实现社会消费品零售总额 133 亿元，增长 13.5%。主要污染物减排和能耗指标完成上级下达任务。

一年来，我们紧扣"发展"这一主题，全力以赴抓投入、促转型，综合实力持续增强。

三次产业协调发展。深入实施"三大倍增"发展计划(3)，全面实施"强平工程"，预计全年规上企业实现产值 1173.2 亿元、增长 13.5%，光机电、临港、生物食品（医药）三大主动力产业占比 67.3%。推进服务业发展"五大工程"(4)，实现服务业增加值 155 亿元、增长 8%。独山港物流园区和城北商务市场区分别成为省、嘉兴市现代服务业集聚区。服装城创建为省五星级旅游商品购物点，圣雷克大酒店通过五星级验评。平湖服装"好衣购"电子商务平台顺利上线，成功举办首届服装、箱包皮具博览会。全年接待游客 520 多万人次，预计实现旅游综合收入 50 亿元。房地产市场平稳健康发展。加快现代农业园区和粮食生产功能区建设，新广省级农业综合园区通过省验收，新建省级现代农业综合区 1 个、主导产业示范区 4 个、特色农业精品园 8 个，建成粮食生产功能区 21 个、2.2 万亩。粮食播种面积 60 万亩、总产量 26.3 万吨。创建为首批全国农业农村信息化示范基地。平台能级不断提升，平湖经济开发区升格为国家级经济技术开发区，独山港区列入省级开发区管理序列，口岸开放报国务院审批，上海张江平湖科技园正式启动，九龙山旅游度假区创建为嘉兴首批文化产业园区。

发展后劲持续增强。开展有效投入攻坚年活动，加快推进"三个百亿"工程(5)重大项目，预计全年完成固定资产投资 197 亿元、增长 21.4%，其中工业生产性投资和服务业投资分别增长 22.5% 和 21%。嘉盛新材料、箱包城二期等 4 个项目列入 2013 年省重大产业类项目。平湖石化、浙江国利、泽鑫锻造等一批重点项目加快建设。加强招商选资，支持浙商回归，全年完成合同外资 5.1 亿美元、实到外资 3.1 亿美元，引进市外内资 45.7 亿元，浙商回归实到资金 28.4 亿元，引进世界

500强、行业龙头企业投资项目和1亿美元以上项目4个。加快"两退两进",实施土地精细化管理,完成土地利用总体规划中期评估,全年腾退低效建设用地2495.8亩,其中直接收回1348.1亩。深化政银企合作,出台房地产顺位抵押政策,启动海河联运集疏运体系工程融资项目,组建交通投资集团,引进金融机构2家,新建中小微企业担保公司1家,2家民营企业试水私募债融资,存贷款总量分别达到665亿元和510亿元,新增贷款59亿元。

创新活力不断激发。大力实施创新驱动发展战略,制定产业结构调整机制创新试点方案,成立服装文化创意园、箱包产业研究院,市科创中心成功升格为国家级孵化器,二期工程启动建设。全面推进"四换三名"(6)、民营企业"二次创业"等工作,"机器换人"完成投资20亿元,实现"个转企"832家,申报"小升规"68家。加快信息化与工业化"两化"融合,全省率先发布县级"智慧城市"发展规划。引进培育高层次人才186名,国家"千人计划"人才培育实现零突破,新增省"千人计划"人才3名、嘉兴市级创业创新领军人才10名。新增院士专家工作站1家。研究与试验发展经费占生产总值比重达2.3%,预计全年高新技术产业实现产值437.7亿元、增长37.8%、占比提高7.3个百分点。新增国家高新技术企业6家。全年专利申请量、授权量分别增长42.9%和58.5%,连续第七次获全国科技进步考核先进市,成为首批国家知识产权试点市。景兴纸业获嘉兴市长质量奖,新增省著名商标2件、名牌产品1个,主导制定国家标准2个。

一年来,我们突出"环境"这一重点,持之以恒抓建设、强整治,城乡环境持续提升。

城市品质日益优化。突出规划引领,高起点谋划市域布局,完成中心城区10个单元控规和老城区城市有机更新等专项规划编制以及南市新区空间策划与城市设计。依法推进"三改一拆"(7),完成"三改"374.6万平方米、拆违144.3万平方米,拆除农村"一户多宅"428户。重点推进中心城区"三路、两块、多点"(8)有机更新,加快国有资产清租回收,全面完成解放东路北侧、县后底、君悦北侧等重点地块征收扫尾。加大城市交通治堵,优先发展公共交通,完成城南路、当湖路等路段交通组织优化改造,新增小区、道路等各类停车泊位4000多个,启用公交首末站2个、港湾式停靠站18个,优化调整5条城市公交、7条城乡公交线路,公共自行车服务系统一期建成并投入运行。"数字城管"完成二期扩面,国家卫生城市创建通过国家级技术评估。

城乡建设统筹推进。全面加强基础设施建设,完成疏港公路新建工程,杭平申线平湖段、南环线一期、平黎公路拓宽、新华南路延伸段等一批重大建设项目加快推进,农村公路学生接送车途经路段等级提升工程11个项目开工建设,新汽车客运中心完成主体工程,对接上海轨道交通22号线和嘉兴高铁南站2条公交快线相继开通。推进小城市培育发展,新仓镇、独山港镇列入嘉兴小城市培育试点。加强"美丽乡村"建设,创建省重点培育示范中心村2个、嘉兴示范性城乡一体新社区2个、优美庭院示范村8个。深化村庄整治,2个街道、10个村通过整治验收。提升改造村级农贸市场8个,改造建设农村垃圾收集(转运)站7座。发展壮大村级集体经济,新增强村计划项目19个。开展全国农村土地承包经营权确权登记工作试点,成立农村产权交易中心,完成"两新"社区宅基地登记发证2007件,土地流转1.1万亩。加快防洪减灾保障工程建设,南市圩区主体工程基本建成,启动建设农村圩区15个,受益面积11.7万亩。稳步推进农村土地综合整治,完成土地整治1620.7亩。

生态环境持续改善。以治水倒逼转型升

级，全面推行“河长制”(9)管理，完成河道综合整治31公里、清淤疏浚148公里，封堵排污口3.2万多个，河道水质持续改善，行政交界断面水质考核合格。实施全国中小河流整治重点县工程，启动广陈塘航道保洁试点。加强农村环境整治，探索建立“四位一体”长效保洁机制。强化农业面源污染治理，推进生猪养殖减量提质，拆除违章猪(禽)舍83万平方米，生猪减量28万头，养殖户转产转业6110户。印染、造纸、制革、化工四大行业整治成效显著，电镀行业整治通过嘉兴验收，关闭各类污染企业59家。全省率先发布县级PM2.5(10)空气质量信息。启动城乡污水处理工程建设三年计划，加快实施工业污水全入网和城乡一体化生活污水收集工作，铺设污水管网37公里，新增污水入网量134万吨。抓好“四边三化”(11)工作，完成独黎公路北侧、市民文化中心一期地块等绿化工程，新增绿化造林6558.8亩，城市绿地43.4万平方米，农村绿化4036.9亩，公路绿化657.3亩，河道绿化1213.9亩。实施葛家塘、海盐塘、曹兑港等绿道提升工程，新建市区绿道13.4公里、市域绿道试验段10公里。

一年来，我们抓牢“民生”这一根本，千方百计抓服务、优管理，人民生活持续改善。

社会事业繁荣发展。加快教育现代化建设，创建为全国义务教育发展基本均衡县。加强国际合作办学，开办平湖中学—圣玛丽国际部。完成平湖技校一期迁建、嘉兴学院平湖校区体艺楼建设、职业中专教学楼改建，第一幼儿园顺利搬迁，东湖中学育才校区、东湖小学文欣校区开工建设。市民学习在线平台投入试运行。深化医药卫生体制改革，建立区域临床检验和双向转诊系统。市第一人民医院完成搬迁，并与浙江医院建立全面托管式合作办医机制。合并成立当湖中心医院，完成19个社区卫生服务站标准化建设。市食品药品检测中心开工建设。出生人口性别比偏高治理达到上级指标。成功举办西瓜灯文化节、首届中国平湖派琵琶文化论坛。文化馆(科普活动中心)投入使用，中心城区7所学校9个校区体育设施面向社会开放。广电、新闻出版、民族、宗教、气象、供销、统计、地方志、档案等工作扎实推进，国防动员、民兵预备役、双拥、人防、外事、侨务、对台等工作取得新成绩，妇女儿童、残疾人、关心下一代、慈善等事业继续发展。

社保体系逐步健全。坚持让发展成果更好惠及全市人民，加大公共预算对社会民生投入力度，全年财政民生支出达到32.7亿元，占公共财政预算支出的75.9%，政府实事项目扎实推进。认真做好第三次全国经济普查工作。大力实施增进百姓福祉专项行动，开展低收入家庭帮扶行动计划，帮扶困难家庭456户。新增就业岗位1.8万个，推出公益性岗位268个，帮助2146名困难人员实现就业，城镇登记失业率控制在2.9%以内。社会保险持续扩面，本地户籍养老、医疗保险基本实现全覆盖。城乡低保标准稳步提高，重特大病种救助政策全面落实。社会养老服务体系不断完善，新增居家养老服务照料中心42个，民办养老机构实现零突破。实施残疾人家庭“宜居工程”(12)，完成残疾人综合服务中心主体工程建设。加强住房保障，“阳光嘉苑”保障房竣工758套，交付使用561套。人才公寓一期完成申报入住，二期加快建设。

社会保持和谐稳定。加强和创新社会管理，打造“志愿平湖”(13)品牌，开展全国志愿服务记录制度试点，社会组织创益园正式启用，首届社工节、航天国防教育“五进”、东湖女儿回乡行等活动成功举办。抓好村级组织换届选举。健全文明创建长效机制，开展农村星级文明家庭评创、城市精神大讨论。制定新居民积分制管理办法。深化重大决策社会稳定风险评估和“网格化管理、组团式服务”工作,开展矛盾纠纷化解专项行动,加强信访积案化解和网络舆论管理引导,排摸各类纠纷4888起、调处成功率达98.1%。深入开展安全生产大排查大整治,积极防范并严厉处置欠薪逃逸。社会应急联动体系不断完善,应急预案实现重点领域全覆盖。全力做好持续高温天气、“菲特”台风防洪救灾等应对处置工作。全面实施“一体化警务”(14)机制建设,严厉打击各类违法犯罪,刑事警情数下降19.8%,“平安市”创建有望实现“九连冠”。

一年来,我们把握“效能”这一关键,坚定不移抓作风、提形象,执政能力持续提高。

坚持依法行政,严格依法履行政府职责,自觉接受人大依法监督和政协民主监督,坚持重大事项向人大报告和政协通报制度。办理人大代表议案建议201件、政协提案214件,办复率100%,议案建议、提案办理结果满意和基本满意率均为99.5%。不断推进政府职能转变,深化新一轮政府机构改革,实施省行政审批改革试点,行政审批服务事项减少34.3%,产业投资类项目审批再提速51.4%。完成市国民经济和社会发展“十二五”规划中期评估。深化政务公开,加强行政复议和行政调解工作,清理规范性文件326件。结合党的群众路线教育实践活动,大力开展创新实干奋进年活动,实行部门重点创新工作公开承诺践诺评诺、干部住夜值夜和办事无休日等工作制度,组织“五百干部下一线”(15),启动“百姓事马上办”平台,切实解决了一批事关群众、企业利益的现实问题。严格执行中央“八项规定”,厉行节约,从严控制行政经费,“三公”经费同比下降22.3%。稳步推进其他事业单位绩效工资工作。实行政府投资项目开工廉政约谈、政府招投标资格后审等制度,全力预防和治理腐败。落实党风廉政建设责任制,强化行政监察和审计监督,完成新一轮地方政府性债务审计。全面落实干部考学和末位告诫、淘汰制度,干部队伍建设得到进一步加强。

各位代表!刚刚过去的一年,政府工作取得了一系列新成绩和新突破,这是市委总揽全局、正确领导的结果,是人大、政协有效监督、全力支持的结果,是全市上下团结一心、奋勇争先的结果。在此,我代表市人民政府,向全市广大干部群众,向各位人大代表和政协委员,向所有关心、支持、参与平湖发展的各界人士和海内外朋友,致以崇高的敬意和衷心的感谢!

在肯定成绩的同时,我们必须清醒看到,平湖正处于转型攻坚期和矛盾凸显期,当前经济社会发展中还存在不少矛盾和问题,主要是:经济结构性、素质性矛盾仍然突出,传统产业提升和新兴产业培育步伐不快,产业集聚度不高,项目投资储备不足,经济发展缺少大项目、好项目的支撑;节能降耗、污染减排任务艰巨,资源要素紧缺、环境容量制约等问题仍十分突出;城市化水平不高,城市规模档次有待提升,污水管网、城乡路网、农村圩区等公共基础设施建设步子还不够快;教育卫生、住房保障、治水治污、城市交通等方面与群众期盼还有一定差距,违法用地和违章建设仍时有发生,安全生产基础还不够牢固,维护公共安全和社会稳定的任务还十分繁重;政府效能建设需要进一步加强,个别部门联动和履职意识不足,部分干部思想解放程度还不够,决策力、创新力、执行力有待提升。对此,我们将在今后的工作中重点研究,以更强的执行能力、更高的工作标准和更优的服务效能,采取有力措施切实加以解决。

2014年目标任务和主要工作

2014年是全面贯彻落实党的十八届三中全会精神、全面深化改革的第一年,也是实施“十二五”规划的关键一年。当前,国际经济环境仍然严峻复杂,国内经济进入“结构性减速”阶段,经济发展中的长期结构因素和短期周期性因素交织,区域间经济竞争更加激烈,新一年的发展将面临更多困难和更大挑战。正视困难和挑战,我们也必须看到有利于发展的因素在增多,机遇大于挑战的态势没有改变。我们面临着党的十八届三中全会和省委十三届四次全会全面深化改革、释放改革“红利”的机遇;面临着城乡统筹、新一轮城镇化发展的机遇;面临着中国(上海)自由贸易试验区设立后,带动长三角全面融入世界经济、加速产业调整的机遇。对此,我们必须善于在纷繁复杂的变化中把握大势,在困难挑战中捕捉机遇,进一步强化赶超跨越的思想自觉、责任自觉和行动自觉,开拓创新,扎实进取,全力以赴做好今年的各项工作,努力向全市人民交出一份满意的答卷。根据市委十三届五次全体(扩大)会议精神,今年政府工作的指导思想是:全面贯彻党的十八大、十八届三中全会和中央经济工作会议精神,坚持“稳中求进、改中求活、转中求好”,把改革创新贯穿于经济社会发展各个领域各个环节,以开展党的群众路线教育实践活动为契机,深入推进“经济转型提升年”“人居环境优化年”“作风建设深化年”活动,大力实施招商引资、有效投入、“四换三名”“三改一拆”、治水治污、矛盾化解、正风肃纪、提能增效、进村入企“九大专项”行动,弘扬“四敢一不怕”精神,解放思想、凝心聚力,敢闯敢试、真抓实干,努力实现经济社会又好又快发展,加快建设和谐幸福的现代化“金平湖”。

建议今年全市经济社会发展的主要预期目标为:生产总值增长10%;固定资产投资增长15%,工业生产性投资增长15%以上;地方公共财政预算收入增长8%;社会消费品零售总额增长14%;研究与试验发展经费占生产总值2.4%以上;合同外资5亿美元以上,实到外资3亿美元,引进内资45亿元,注册资金25亿元;城镇登记失业率控制在3.8%以内;城乡居民收入分别增长10%。主要约束性指标完成上级下达任务。

根据今年政府工作的总体要求和主要目标,我们将全力做好九个方面的工作。

一、强化改革创新。坚持市场化改革方向,依靠创新驱动推动发展方式转变。实施产业结构调整机制创新省级试点,大力实施“四换三名”专项行动,建立工业投资项目准入标准动态调整机制,建立健全企业绩效分类评价体系和差别化政策引导机制,推动企业转型升级。深化行政审批制度改革,探索开展以负面清单管理为核心的“一般工业投资项目零审批”(16)试点,加快简政放权,加大网上审批工作力度,实行投资项目审批代办,积极推动政府职能从事前审批向事中事后监管转变。深化政府机构改革,强化重点领域机构和职责整合。健全完善政府向社会购买服务的体制机制,鼓励民间资本进入教育、医疗卫生、社会养老等社会事业领域。加快统筹城乡综合配套改革,稳步开展农村承包地、农村集体用地确权登记试点,深化农村集体产权制度改革,农村产权交易平台实现联网全覆盖。推进土地储备机构抵押融资改革,拓宽融资渠道,完成三期“城投债”申报。鼓励引导小贷公司发展,加快科技金融信贷创新。深入实施创新驱动发展战略,加快建设科创中心二期,启动外资企业研发基地、上海交大平湖科技园和光机电特色基地等产业平台建设。全面实施“金平湖英才计划”,引进培育“千人计划”和“万人计划”人才4名,嘉兴市级以上创业创新领军人才10名。深入推进人才强企,加强院士专家工作站、博士后工作站和技能大师工作室建设,切实提高企业自主创新能力。新增国家高新技术企业10家、省科技型企业25家。大力实施品牌战略,新增注册商标500件以上,中国驰名商标1件,省著名商标2件、知名商号1个、名牌产品1个。加强产学研成果转换,全年专利申请量达到3800件以上,授权专利3500

件以上。开展"智慧城市"建设,加快信息化与工业化"两化"融合,实施企业"机联网"工程(17),探索建立平湖"政务云"(18),实现16个公共服务场所免费无线上网。

二、扩大有效投入。深入实施招商引资专项行动,坚持"巩固日本、拓展欧美、提升台韩"思路,主攻机械制造、生物食品(医药)、化工新材料等重点产业,加大成套设备和终端产品项目引进力度,积极打造一批特色产业链和产业集群。开展"五百"招商系列活动(19),优化招商布局,积极发挥北京、上海、深圳招商点作用,注重引资引技引智相结合,完善市领导招商机制,探索招商人员企业化管理,突出服务招商、蹲点招商、委托招商、以商引商、产业链招商。突出浙商回归创业创新,浙商回归到位资金33亿元。年内引进世界500强、行业龙头企业、1亿美元以上项目3个、力争5个,争取落户20亿元以上项目2个,其中50亿元以上1个。三大主动力产业占工业引资总量70%以上、服务业引资占全市总量30%。积极发展开放型经济,外贸进出口总额增长10%,其中出口增长8%。大力实施有效投入专项行动,278个重大项目当年计划完成投资148亿元,其中126个亿元以上重大项目当年计划完成投资112亿元,重大项目投资占比达60%以上。争取列入省级以上各类重大(重点)项目20个。完善重大项目联挂推进机制,探索建立重大项目执行监察平台,突出项目全过程管理,强化实时预警和责任倒逼,加快项目落地产出。科学编制政府投资项目库,有序推进政府投资项目建设。强化土地供应保障,开展土地利用总体规划修编,加强土地节约集约利用,推进建设用地科学配置,积极对上争取用地指标。稳步实施"两退两进",全年供应各类建设用地2500亩以上,腾退低效建设用地2000亩,其中直接收回800亩。

三、提升产业层次。不断深化"工业强市"战略,大力实施"强平工程",推进工业强镇(区)建设,全力推动县域工业经济由大向强跨越。深入实施新兴产业倍增计划,做大做强光机电、临港、生物食品(医药)三大主动力产业,大力发展新能源、新材料、节能环保等产业,确保新兴产业投资占比达70%以上。加快传统产业转型升级,积极推进"机器换人",设备投资、技术改造占工业生产性投资比重分别达60%、50%以上,全员劳动生产率提高10%。扎实推进"四转一市"(20),推动民营企业"二次创业",重视新生代、知名企业家和非公经济人才培养,加强大企业大集团培育,力争新增规模以上企业80家,其中完成"小升规"60家,新增亿元企业10家、超10亿元企业2家,上市企业1家、股改企业2家。继续推进服务业发展"五大工程",探索建立南市新区金融产业集聚区,加强中国服装城市场培育,加快国际箱包城、香都进口商品城等专业市场建设,积极对接阿里巴巴·平湖服装产业带平台项目(21)。促进楼宇经济和商贸服务业繁荣发展,加快恒利广场、总商会大厦等建设。引导房地产、餐饮、建筑业等行业健康规范平稳发展。突出创意研发、电子商务、现代物流等生产性服务业,促进工业和服务业融合发展。大力推进都市型农业建设,深化现代农业园区和粮食生产功能区建设,新建主导产业示范区6个,特色精品园1个。巩固粮油战略产业,新建粮食生产功能区20个、面积2.3万亩。提升"4+3"特色优势产业,继续创新做大农业社会化服务,发挥12316为农公共服务平台作用,培育壮大专业大户、家庭农场、农民专业合作社和农业龙头企业,广辟农民增收渠道,争创省级生态循环农业示范县。

四、推进平台建设。坚持平台建设外延扩张与内涵提升并重,不断做大承载能级、做高亩均产出。发挥国家级开发区体制机制优势,推进开发区"二次创业",制定完善开发区城市和产业发展战略，提高园区资源要素配置效率，着力提升规模总量、发展质量和开发形象，努力打造现代产业集聚区。全力打造海洋经济主平台，坚持“港产优先、港口适度、港城适时”理念，加大独山港区码头、疏港公路、供热、供水、供气和化工管廊建设力度，加快推进省市共建独山港综合物流园，着力引进一批优质临港产业项目，口岸开放力争通过国务院审批，重点打造中国液化石油气资源综合利用基地，加大投入力争早出形象、快出效益。加快九龙山海洋世界、游艇湾度假中心等项目建设，壮大海洋休闲旅游产业，稳步推进国家级旅游度假区创建工作。把握中国(上海)自由贸易试验区设立机遇，积极承接上海产业转移，加快上海张江平湖科技园建设，启动园区一期征迁，完成征迁1平方公里，开工建设张江大道。扎实做好镇街道工业园区扩容和形象提升，推进小微企业创业园建设。

五、优化人居环境。开展人居环境优化年活动，努力打造生态平湖。扎实推进环境功能区划省级试点，深入实施治水治污专项行动，完善治污水、防洪水、排涝水、保供水、抓节水“五水共治”工作机制，深入实施强化“河长制”和项目化管理，大力整治臭河、黑河、垃圾河，全面加强河道保洁，年内消灭垃圾河，逐步改善河网水体水质，行政交界断面水质考核良好。实施城乡污水处理工程建设三年行动计划，编制污水专业规划，全面完成重点河道两侧排污口封堵治理任务，推进工业企业污水全入网，新建污水管网144公里，新增工业污水入网企业371家、污水入网量257万吨，大幅提高城乡污水入网率和农村污水微动力处理能力。推进生猪养殖减量提质，坚决拆除违章猪舍，鼓励养殖户转产转业，建成病死动物无害化处置中心，生猪存栏量控制在30万头以内。加快全国中小河流治理重点县项目区建设，完成河道综合整治80公里、清淤疏浚150公里。深入推进“四边三化”行动，做好国家园林城市复检和平原森林城市建设，实施市民文化中心、疏港公路等十大重点绿化项目，启动新07省道高速出入口至主入城口沿线环境景观提升改造。新增绿化面积5700亩，全市林木覆盖率达到19.4%。强化节能降耗，推行能源“双控”精细化管理，探索实施阶梯式工业水电价制度，引导重点用能企业开展能源审计和能源管理体系建设。以印染、造纸、化工、砖瓦四大行业整治为重点，加快淘汰落后产能，推进节能技术改造和应用。扎实开展清洁空气行动，强化禁燃区管理，加快无煤区建设，实现35T燃煤锅炉脱硫脱硝全覆盖。联动开展治霾攻坚，加快淘汰黄标车等高污染机动车，采取有效措施制止农村秸秆焚烧，提升PM2.5等空气质量监测水平。

六、提升城市能级。以新一轮市域总体规划为总纲，继续完善中心城区70平方公里控制性详规编制，理顺城市开发建设管理体制，完善老城区基础设施建设，提升东湖新区城市功能，重点推进南市新区开发建设。实施“三改一拆”专项行动，加大中心城区旧住宅区、旧厂区、城中村等改造力度。启动新一轮国有资产清租回收。完成老市政府、城北路两侧区块和南市路沿线大舟制衣等地块的城市有机更新，力争完成城南路改造最后一个地块孟秀新村1号地块征收工作。加快推进南河头区块有机更新，启动南河头历史文化街区保护更新建设。完成龙湫公园建设。南市新区规划主要道路全面开工，加快建设市民文化中心和南市新区景观湖工程。加快交通路网建设，继续推进杭平申线平湖段改造、三港大桥、平黎公路拓宽、乍兴公路一期、南环线以及南市路延伸段等重大基础设施项目建设。完成新华路与福臻路交叉口改造和新华南路延伸段建设。深化城市道路畅通工程，优先发展公共交通，新汽车客运中心建成并投入使用,筹建出租车服务中心,新建改造市区候车亭144个、电子站牌85个,完成公共自行车服务系统二期,新增网点40个,便利群众低碳出行。继续开展中心城区主要道路沿街破旧立面改造。韩家埭、沐阳东区等安置房完成建设。加快电力、天然气、通信、网络等基础设施改造建设,推进地下空间开发利用。加强城市精细化管理,进一步提升城市形象,创建成为国家卫生城市。

七、建设美丽乡村。推进新市镇建设,深化扩权强镇改革,加快实施小城市培育试点“三年行动”计划,启动2个小城市试点城镇总规、控规修编,力争独山港镇列入省第二批小城市培育试点。深化相对集中行政处罚权扩权划转工作,探索设立乡镇综合执法机构,推进执法重心下移,完成新埭、独山港城管执法中队派驻。积极创建美丽乡村示范县,提升精品线建设水平,启动连线成片创建区块2个,争创美丽乡村建设先进镇1个、示范性城乡一体新社区2个。深入推进省“812”土地整治工程,完成农村土地复垦1000亩、垦造耕地800亩。稳步推进“两新”工程,坚持新市镇“1+X”空间规划布局,规范有序推进农房改造集聚,加强农房建设审批管理,加快推进虹霓、马厩、鱼圻塘3个省级农房改造示范村建设。积极开展“五无”创建(22),着力实施沿河、沿路拆违改造和农村“一户多宅”整治,坚决遏制和严厉打击“两违”行为。继续实施新一轮村级集体经济发展三年计划,强化“三资”管理,发展适度规模经营,完成土地流转1万亩以上。加强农田水利基础设施建设,开展全国深化小型水利工程管理体制改革示范县建设,加快推进平湖塘延伸拓浚工程,完成新埭姚浜等8个农村圩区建设并投入运行,基本完成独山港跃进等7个农村圩区主体工程,启动林埭徐家埭等4个农村圩区建设,切实提高防洪排涝能力。完成通村通组道路硬化35公里,农村危桥改造23座。继续实施农贸市场改造提升工程,完成徐埭、金桥、钟埭3个村级农贸市场和黄姑综合市场改造提升。启动农副产品综合批发市场省级改造项目。

八、加强公共服务。统筹城乡义务教育资源均衡配置,推进学前教育、高中教育、职业教育和成人教育改革发展,努力创建省基本实现教育现代化市。积极引进名校、名校长,深化校长教师队伍流动机制。加快推进东湖小学文欣校区、东湖中学育才校区和新埭中学、东湖小学等6所中小学风雨操场建设。深入推进医药卫生体制改革,加快区域卫生信息化建设,深化接轨沪杭合作办医,新增民营医院2家。提升公共卫生服务能力,创建省慢性非传染性疾病综合防控示范区,加快精神康复中心建设,新建“健康小屋”10个,完成20个社区卫生服务站标准化建设。按照上级精神完善计划生育政策,计划生育率保持96%以上。深入实施文化惠民,积极推进市民健身馆(游泳馆)新建、吴一峰艺术馆迁建等项目,加快农村文化礼堂和网上博物馆建设。围绕城乡居民收入倍增目标,积极拓宽就业、创业、社保、帮扶等增收渠道。深化创业型城市建设,实施大学生就业创业圆梦行动,全年新增城镇就业7200人,帮助城镇失业人员实现再就业3200人,其中就业困难人员1200人。加快基本医疗保险制度城乡统筹,强化社保基金“阳光监管”。加强住房保障,“阳光嘉苑”二期完成建设并交付使用。积极推进“阳光救助”。加快社会养老服务体系建设,鼓励发展老年产业,建立智慧养老服务平台,新增持证养老护理员60名以上,培训居家养老服务人员450人次以上。实施殡仪馆改扩建项目。坚持惠民利民,尽心办好2014年政府实事项目。扎实做好国防动员、民兵预备役和人防工作。加强统计、气象、供销、地方志、档案、广电、新闻出版和外事、侨务、对台、民族、宗教、关心下一代、慈善等工作。支持工青妇、科协、残联等群团组织发展。

九、创新社会治理。改进社会治理方式，推进德治、法治、自治建设，探索建立“三社”互动、“两工”联动(23)服务运行新机制。围绕省平安市创建“十连冠”目标，坚持和发展“枫桥经验”，深入开展矛盾化解专项行动，加强基层基础工作，完善“网格化管理、组团式服务”和重大决策社会稳定风险评估机制。深化“六五”普法教育，健全公共法律服务体系。深入推进以全国文明城市创建为龙头的“五城同创”(24)，全面实施文明素质提升工程，扎实开展镇街道系列示范、星级村社区、星级文明家庭等评创活动，争创省文明市和全国双拥模范城。积极开展以“中国梦”为主题的宣讲活动，大力弘扬“平和报本、勇猛精进”的新时期平湖城市精神。全面深化居住证制度改革，实施新居民积分制管理。积极开展“双爱”(25)活动，健全企业欠薪预警机制，着力构建和谐劳动关系。强化互联网信息综合管理，提高网络舆论引导和管控能力。加强安全生产，全面抓好企业、学校、交通、消防、食品(药品)、公共卫生和危化品等重点领域的安全监管，提高突发公共事件应急处置水平，“四项指标”(26)实现零增长。完善金融风险和企业经营风险的预警化解机制，切实维护区域经济金融稳定。加强社会治安防控体系“七张网”(27)建设，新增沿街路面治安视频监控点位1680个，严密防范和严厉打击各类违法犯罪活动。

全面加强政府自身建设

各位代表，新形势下政府工作面临新的挑战，我们将按照全面深化改革、转变政府职能、建设法治政府的要求，深入开展以“为民务实清廉”为主题的党的群众路线教育实践活动，带头践行“四敢一不怕”精神，大力倡导善思善学、敢抓敢管、苦干实干、勤政廉政四种风气，坚持以解决问题为导向、以满足需求为目标、以项目化为手段推动各项工作提速提质提效，努力塑造“情况明、数字准、责任清、工作实、作风正”的政府新形象。

大力倡导善思善学、敢于创新的风气。坚持学习为先，注重理论联系实际，把调查、学习、研究有机结合起来，加强对国内外形势和上级政策的分析研究，增强把握下情的准确性、出台措施的针对性，敢于突破陈规、勇于开辟新路、善于用活政策，不断提升规划统筹能力、政策设计能力、资源整合能力，努力从体制机制层面，谋求重点工作的新突破，创新要素盘活的新机制，促进资源配置市场化、高效化，真正做到干当前、谋长远。

大力倡导敢抓敢管、敢于担当的风气。坚持执行为要，不断增强大局意识，树立“舍我其谁”的豪气、“守土有责”的志气、“不怕得罪人”的胆气，切实强化部门联动协作，以制度完善不断提升团队凝聚力，全面营造目标同向、上下同心的工作局面。建立执行力指数考核机制，实施政府工作项目化推进、精细化管理、全程化督查、刚性化问责，加大工作督查和作风、效能检查力度，严肃治理权责不对应和行政不作为、慢作为、乱作为，切实推进政策快落实、项目快推进、矛盾快处理。

大力倡导苦干实干、敢于破难的风气。坚持务实为本，始终把人民利益放在首位，把群众满意作为政府工作的最高标准。深入开展进村入企专项行动，继续实施部门重点创新工作承诺践诺评诺、干部住夜值夜和办事无休日等工作制度，完善民生台账、驻村工作室、驻组工作站等惠民利民载体，发挥“百姓事马上办”平台作用，紧贴基层帮助排忧解难，面向企业落实帮扶措施，以工作实绩取信于民。坚持依法行政，主动接受人大及其常委会的工作监督、法律监督和政协的民主监督，广泛听取各民主党派、工商联、无党派人士和人民团体的意见建议，高度重视新闻舆论监督和社会公众监督，切实提高人大代表建议议案和政协提案办理质量,确保政府工作作风更加扎实、各项工作更加富有成效。

大力倡导勤政廉政、敢于负责的风气。坚持清廉为基,认真落实党风廉政建设责任制,突出权力风险防控,深化岗位廉政风险防范和权力公开运行、制衡机制建设,严厉查处各类违法违纪案件,努力从源头上预防腐败。严格执行政府投资项目管理办法,深化招投标制度改革,继续强化对重要领域、重点部门、重点资金使用和重点项目的行政监察和审计监督。大力弘扬艰苦朴素之风,严格落实党政机关厉行节约反对浪费条例和中央“八项规定”,坚决抵制“四风”(28),严格“三公”经费支出,腾出资金保重点、保民生、保发展。

各位代表,全面深化改革的号角已经吹响,形势催人奋进,发展时不我待。让我们在市委的坚强领导下,大力弘扬“四敢一不怕”精神,紧紧依靠全市人民,解放思想、锐意进取,齐心合力、奋勇争先,为加快建设和谐幸福的现代化“金平湖”而努力奋斗!

名词解释

(1)“四敢一不怕”:指敢于负责、敢于担当、敢于破难、敢于创新,不怕得罪人。

(2)“九大专项”行动:指2013年我市开展的招商引资、项目推进、“两退两进”、城市有机更新、城乡环境整治、增加百姓福祉、矛盾化解、作风改进、企业帮扶“九大专项”行动。

(3)“三大倍增”发展计划:指“十二五”服务业倍增发展计划、“十二五”新兴产业倍增发展计划、“十二五”大企业倍增发展计划。

(4)服务业发展“五大工程”:指专业市场培育、服务业大企业培育、城市商贸综合体建设、服务业集聚区建设、星级酒店提升。

(5)“三个百亿”工程:指工业转型升级百亿工程,现代服务业百亿工程,基础设施、现代农业和社会民生百亿工程。

(6)“四换三名”:“四换”指腾笼换鸟、机器换人、空间换地、电商换市,“三名”指培育名企、名品、名家。

(7)“三改一拆”:“三改”指旧住宅区、旧厂区、城中村改造,“一拆”指拆除违法建筑。

(8)“三路、两块、多点”:“三路”指城南路、解放西路、南市路,“两块”指老市政府、城北路区块,“多点”指多个零星节点。

(9)“河长制”:指由各级领导担任“河长”,负责辖区内河流的污染治理。

(10) PM2.5:指环境空气中空气动力学当量直径小于等于2.5微米的颗粒物,也称细颗粒物、可入肺颗粒物。

(11)“四边三化”:“四边”指公路边、河边、山边、村镇边,“三化”指洁化、绿化、美化。

(12)残疾人家庭“宜居工程”:指包括危旧房改造工程、无障碍进家庭工程、居家环境优化工程,主要为符合条件的重度残疾人进行房间整修,提供康复用床、生活轮椅和配置必要的家用电器等。

(13)“志愿平湖”:指我市志愿者服务的一大品牌,主要是开展以“爱志愿·爱运动”“微心愿认领”“公益跳蚤市场”“金平湖·雷锋服务站”“金平湖·志愿服务日”等为主题的具有创新性、长效性的志愿服务项目。

(14)“一体化警务”:指情报信息一体化、城乡防控一体化、专业合成一体化、网上网下一体化、训练实战一体化等五个一体化。

(15)“五百干部下一线”:指百名干部驻基层、百名干部进项目、百名干部抓招商、百名干部攻征收、百名干部破难点。

(16)“一般工业投资项目零审批”:指今后对不涉及重大环境、安全、能源等领域的所有工业投资项目取消前置审批,放宽准入门槛,对于能够通过市场调节、自由竞争实现的事项和行为应该不再通过行政审批来实现。

(17)"机联网"工程:指应用物联网、自动化、云计算、现代通信等技术,对企业制造设备、工艺流程以及动力、空调、照明、仓储等辅助生产系统进行智能化改造,并与企业管理信息系统集成协同,形成连续生产、联网管理、集中管控、资源共享的现代化智能制造模式。

(18)"政务云":指对政府管理和服务职能进行精简、优化、整合,并通过信息化手段在政务上实现各种业务流程办理和职能服务,为政府各级部门提供可靠的基础IT服务平台。

(19)"五百"招商系列活动:指百场活动密集招商、百名干部一线招商、百家企业合作招商、百位客商以商引商、百项增资二次招商。

(20)"四转一市":"四转"指无照转有照、个体工商户转企业、规下企业转规上企业、有限公司转股份公司,"一市"指企业上市。

(21)阿里巴巴·平湖服装产业带平台项目:指阿里巴巴中国产业带的一个组成部分,阿里巴巴中国产业带是一个全新的B2B子站点,通过聚合特色产业带的好商好货,帮助采购商直达原产地优质货源,帮助平湖服装企业提升竞争力,降低竞争成本和电子商务门槛,强化平湖服装产业聚集效应。

(22)"五无"创建:指创建无违建镇街道、无违建村社区、无违建小区、无违建河道、无违建道路。

(23)"三社""两工":"三社"指社区、社团、社工,"两工"指社工、志愿者(义工)。

(24)"五城同创":指争创全国文明城市、国家卫生城市、全国"双拥"模范城、国家环境保护模范城市、国家历史文化名城。

(25)"双爱":指企业关爱职工、职工热爱企业。

(26)"四项指标":指全市各类生产安全事故起数、死亡人数、重伤人数、直接经济损失四项安全生产绝对控制指标。

(27)"七张网":指街面巡逻防控网、城乡社区村庄防控网、单位和行业场所防控网、技术视频防控网、网络社会防控网、区域治安协作网、个体心理防控网。

(28)"四风":指形式主义、官僚主义、享乐主义和奢靡之风。

平湖市人民代表大会常务委员会工作报告(节录)

2014年1月12日在平湖市第十四届人民代表大会第三次会议上

平湖市人民代表大会常务委员会主任　胡水良

各位代表:

我受平湖市人民代表大会常务委员会的委托,向大会报告常委会工作,请予审议。

2013年工作回顾

2013年是全面贯彻党的十八大精神的开局之年,也是实施"十二五"规划承前启后的关键一年。一年来,在中共平湖市委的领导和上级人大的指导下,常委会以邓小平理论、"三个代表"重要思想、科学发展观为指导,按照市十四届人大二次会议确定的目标任务,认真履行法定职责,切实发挥代表作用,全力助推"三年"活动、"九大专项"行动。全年共举行常委会会议10次,召开主任会议18次,审议"一府两院"专项工作报告36个,依法作出决议决定19项,任免国家机关工作人员29人次,组织专题视察、调研19次,提出审议意见和工作建议6件,为加快建设和谐幸福的现代化"金平湖"作出了积极贡献。

一、围绕中心,积极助推科学发展

常委会坚持从全市改革发展的大局出发,找准人大工作与经济社会发展的切入点和结合点,着力促进市委决策部署和全市中心工作的落实。

重视"十二五"规划中期评估审议。建立审议工作领导小组,分别对《平湖市国民经济和社会发展第十二个五年规划纲要》和服务业、交通运输、现代农业、水利、科技、教育、卫生等7个重点专项规划的执行情况进行调研,全面了解主要指标中期完成情况。认真审议评估报告,形成"1+7"审查报告,对预计能完成的22个指标,要求提高完成质量;对完成有难度的10个指标,要求调整对策思路,加大攻坚力度。同时,提出要强化规划审批的程序性、执行的严肃性,切实把"十二五"规划目标任务细化到年度工作计划中。借助上海自由贸易区建设和产业结构调整机制创新试点等契机,全面实施创新驱动战略,确保完成"十二五"规划各项目标任务。

重视政府全口径预算决算审查监督。积极贯彻落实党的十八大提出的关于加强对政府全口径预算决算审查监督的新要求,扩大监督范围,完善监督内容,创新监督方式,注重程序性监督与实质性监督的结合。人代会上恢复听取公共财政预算报告,首次把市级部门预算和街道预算上会审查。通过专业审、集中审、大会审,逐步提高审查质量。加强对预算执行、决算和审计意见整改落实情况的跟踪监督,保证预算下达数与上会数的一致。调研国有资产管理工作,为国有资本经营预算上会审查作准备。制定出台《关于加强街道预算监督的意见》,授权人大街道工委对街道财政预算决算进行监督。

重视对政府重大投资项目的监督。在上会征求2013年拟新建政府重大投资项目意见的基础上,常委会听取和审议市精神康复中心、杭平申线航道(平湖段)改造等12个政府重大投资项目,注重把好财政资金投入关,首次把上级立项地方配套资金的政府重大项目列入监督范围,进一步规范政府投资行为。听取和审议2013年政府重大投资项目进展情况、政府实事项目完成情况的报告,对政府实事项目的拟定和安排提出要求,进一步加大对政府投资项目的监督。常委会在调研中关注政府性投资管理方面的问题,提出意见建议,对此,市政府高度重视,制定出台《关于进一步加强政府投资项目管理的实施意见》等制度,修订完善建设工程招投标管理、跟踪审计等办法。通过多种监督、持续监督,完善政府重大投资项目的监督管理,进一步推进政府投资项目决策的科学化、民主化、制度化。

重视经济社会年度目标任务的推进。听取市政府关于2013年上半年全市经济社会发展情况和下阶段主要工作安排的报告,审议提出要坚定不移实施创新驱动,集中精力推进重大项目,持之以恒改善社会民生,确保完成全年目标任务。在畜禽养殖污染治理和违章猪(禽)舍拆除、征收和城市有机更新、重大项目推进、督查考评等中心工作中,常委会倾力助推,增强组织力量,加大推进力度。

二、以人为本,扎实推进民生改善

常委会坚持从人民群众的切身利益出发,关注民生,维护民利,促进民生问题解决,使人大工作更顺应民意。

全力助推水环境治理。在市十四届人大二次会议上举行水环境治理专题询问会,作出《关于进一步加强水环境治理工作的决定》,并把许萍英等37名代表提出的《关于进一步加强水环境治理工作的议案》列为大会议案,深入调查研究,提出处理意见。同时,根据省、嘉兴市人大常委会统一部署,上下联动,开展饮用水水源保护执法检查,并将水环境治理纳入执法检查范围,对畜禽养殖污染治理、污水收集入网、河道长效保洁、"河长制"实施以及饮用水水源保护等,开展视察调研。市政府重视审议意见的落实,与嘉善县建立太浦河水质信息互通机制,研究推进北市河拓浚工程、古横桥水厂与广陈水厂备用水源联网工程。在全市各级人大代表中,开展"关心河道水系,查找水污染源,恪尽代表职责"主题活动,对全市河道"走一遍、看一遍、查一遍",对畜禽养殖污染治理暨清理违章猪(禽)舍专项行动进行视察调研,收集意见建议200多条,经梳理后交政府办理,有效发挥人大代表在治水工作中的作用,饮用水水源保护得到进一步加强,全市水环境质量逐步好转。

全力保障食品安全。根据省人大常委会统一部署,组织开展食品安全审议意见落实情况跟踪监督,重点检查长效监管机制建设、农产品安全监管、餐厨废弃物监管、学校和企业食堂监管等方面的整改落实情况。组织召开座谈会,视察审议意见落实情况,听取专项报告并开展满意度测评,对食品药品检测中心建设开展专项工作评议。市政府重视审议意见的落实,调整食品安全监管的机构和职能,改造完成牛集中屠宰场,建设市食品药品检测中心,启动病死动物无害化处置项目,保障全市人民的身体健康和生命安全。

全力推进城乡建设。提升城市品位,建设美丽乡村,是全市人民的共同期盼。听取和审议2013年城乡规划实施情况、新一轮土地利用总体规划情况,提出要统一思想,严格规划的执行,强化集约节约用地,加快城乡建设步伐。常委会持续关注城市道路畅通和交通安全管理,组织开展视察,对市十四届人大一次会议大会议案办理落实情况进行"回头看"。建议政府进一步治理突出问题,创新管理理念,努力打造现代化城市道路畅通模式。组织开展对公共自行车系统建设和运营情况的视察,并进行专项工作评议,充分肯定这一惠民工程取得的成效,建议政府加快实施二期工程。常委会重视雾霾天气对环境的影响,听取关于燃煤锅炉环境污染整治工作情况的报告,建议政府加快淘汰燃煤锅炉,取缔违规经营开水房。

全力促进社会事业。加大对教育、文化、卫生等社会事业的关心、支持,一直是常委会工作的着力点与出发点。针对义务教育优质均衡发展,听取专项工作报告,对城乡师资配备不均衡、部分区域资源配置不足等问题提出意见建议,促进省教育现代化市创建工作。着力推进文化强市建设,提出审议意见,推动政府出台政策意见,建立公共文化事业专项资金和文化产业发展专项资金,启动编制历史文化名城保护规划。调研全民健身活动情况,推动政府筹建市民综合健身馆和游泳馆,向社会定时开放学校体育设施,为市民创造更好健身条件。听取关于医疗质量管理工作情况的报告,推动政府完善财政投入保障机制,加强专业人才队伍建设,切实提高医疗质量和水平。视察养老服务体系建设,提出要进一步明确发展思路、发展重点和发展职责。调研人口和计划生育工作,要求政府落实集体户计生管理各项措施。调研广电及其网络工作,建议加强广电网络国有资产监管,提高新时期新闻宣传工作水平。

三、保障法治,努力促进社会和谐

常委会坚持从推进法治建设的需要出

发,以保证宪法和法律法规的贯彻执行为重点,强化法律监督,营造良好法治环境。

依法行使人事任免权。坚持党管干部与依法行使任免权的有机统一,认真落实任前法律考试、成绩通报、任前了解、颁发任命书等制度,为全市经济社会发展提供组织保证。在市委的重视和支持下,积极探索人大任命干部任后监督途径,首次在任命的政府部门"一把手"中开展述职测评工作,8 位政府部门主要负责人作口头述职报告,其他 19 位作书面述职,常委会组成人员逐一测评打分,真正打破"一任了之"。通过述职测评,进一步增强任命干部的法律意识、责任意识和公仆意识,有效推进依法行政,此项工作得到省人大、嘉兴市人大的充分肯定。

依法加强司法监督。常委会以促进司法公正为重点,积极推进法治平湖建设,为我市改革发展营造良好的法治环境。审议民商事案件审判工作,提出要坚持民本司法,化解社会矛盾,健全审判机制,落实公正司法。听取预防职务犯罪工作情况的报告,指出要突出重点领域,全面落实预防措施,大力开展宣传教育,通过严肃查处案件来警示广大党员干部。调研全市社会治安情况,提出要着力完善防控体系,强化基层基础,提升队伍形象,不断提高人民群众的安全感。以"六五"法制宣传教育中期督查为契机,深入调研,听取相关工作报告,提出要切实提高普法工作的针对性和实效性,推动法制宣传教育工作理念创新、机制创新、手段创新。积极配合上级人大开展畜禽养殖污染防治、机动车排气污染防治等立法调研,确保法律法规的贯彻实施。

依法维护群众利益。常委会进一步健全司法机关特定案件备案和重大事项报告制度,对 358 件特定案件进行备案。认真贯彻监督法的规定,对 10 件规范性文件进行备案审查。重视人大信访工作,把处理群众来信来访作为识民意、解民忧、聚民心的一项重要工作,一年来共受理群众来信来电 20 件,接待来访 29 批 40 人次。通过交办、联办、督办,及时转交"一府两院"及有关单位处理,切实维护群众合法权益,努力解决群众合理诉求。坚持代表参与信访接待,改进代表旁听法院庭审方式。

四、夯实基础,充分发挥代表作用

常委会坚持从人大代表履职的实际出发,进一步健全和落实加强代表工作的各项制度,支持保证代表依法履职,不断提高代表工作水平。

重实效,拓展代表培训新形式。常委会高度重视人大代表的学习培训,要求把代表学习培训列入各代表小组年度活动计划。举办为期 2 天的集中培训,邀请省人大有关专家就人大代表制度理论和实践、代表法与代表履职、增强议案建议提出针对性等专题进行辅导,并请 5 名代表介绍履职经验,进一步引导人大代表在加强学习、提高素质上下功夫,在联系选民、反映民意上下功夫,在本职示范、准确履职上下功夫,在发挥专长、提高水平上下功夫。

重基础,搭建联系沟通新平台。制定人大代表联系选民制度,对联系的方式和内容作了明确规定。印制发放联系选民卡,公开代表基本信息,方便选民联系代表。组建预算审查、教科文卫两个代表专业小组,出台活动暂行规定,发挥代表专业特长。建设市人大代表活动中心,积极推广运用"浙江人大代表履职服务平台",进一步拓宽代表联系选民渠道。组织代表列席市人大常委会会议、市政府常务会议,参加人大组织的执法检查、视察等活动。继续开展常委会领导接待代表、常委会组成人员联系代表、代表向选民述职等活动,改进代表小组定向调研方式。常委会领导带头,一年两次开展联系选民活动,带着课题听取选民意见,把收集到的 60

多条意见建议,经梳理后交政府办理,做到“事事有回音、件件有回复”。

重解决,完善议案建议办理新机制。认真抓好议案建议办前、办中、办后的指导,健全常委会领导重点督办、代表工委日常督查、其他工委联系催办的工作机制,通过走访代表问意见、相关工委抓进度、主任会议听汇报、办理结果“回头看”,促进办理工作顺利进行。督办市十四届人大二次会议人大代表议案建议 226 件,得到解决和部分解决的 124 件,占 54.9%;列入计划逐步解决的 83 件,占 36.7%;作出说明或解释的 19 件,占 8.4%,问题解决率明显上升,首次突破 50%。

五、与时俱进,切实加强自身建设

常委会坚持从提升履职能力的现实出发,探索新途径,创设新机制,以常委会自身建设的新举措促进人大工作的新发展。

加强学习,提升工作动力。全面贯彻党的十八大和十八届三中全会精神,坚定道路自信、理论自信、制度自信,深刻理解全面深化改革的重要意义,注重把握新时期人大工作的新要求新任务。认真学习全国人大、省人大领导关于人大“一线”工作的重要讲话精神,进一步增强做好人大工作的责任感和使命感,树立人大“一线”工作理念,保持“一线”工作状态。积极开展调查研究,完成 25 个课题调研,组织人大理论研讨征文活动。指导市人大理论与工作研究会换届,支持研究会开展调查研究和理论研讨。

注重实践,提升创新能力。探索与“一府两院”的“互信式”监督机制,找准人大工作与政府工作的结合点,寓支持于监督之中。按照中央“八项规定”要求,制定改进文风会风 21 条意见,提高办文效率、办会质量和办事能力。安排常委会兼职委员参与视察、调研等活动,为委员更好地履职搭建平台。常委会审议设定中心发言人,作主题发言。开展“我为人大工作献一计”活动,广纳佳言良策,共谋人大工作科学发展。

优化阵地,提升宣传实效。重视人大新闻宣传工作,充分利用“人大在线”电视专题、“人大视窗”报纸专版,宣传人大制度和常委会工作。改版“人大在线”互动网站,创办人大手机报,利用现代网络媒体,加大宣传频率,提高宣传时效。健全信息宣传队伍,举办业务培训,完善信息考核奖励办法,人大信息工作迈上新台阶。

加强联系,提升工作水平。切实加强对镇人大工作的指导和街道工委工作的领导,发挥基层人大的职能作用。定期召开联系会议,共同商讨问题,交流工作体会。指导代表小组开展活动、定向调研等,提高代表活动出勤率。深化与总工会的联系,定期举行会议,交流工作,探讨议题。密切与其他县(市、区)人大的交流。

各位代表,过去一年常委会工作所取得的成绩,是市委正确领导,常委会组成人员和全体代表共同努力的结果,是市政府、市法院、市检察院大力支持,各镇人大、街道工委密切配合的结果,也是全市人民和社会各界广泛参与的结果。在此,我谨代表市十四届人大常委会,向所有关心、支持和帮助人大工作的各级各部门和社会各界人士,表示衷心的感谢和崇高的敬意!

回顾一年来的工作,我们深知常委会工作与新形势、新任务的要求相比,与人大代表和广大选民的期望相比,还有一些差距和需要改进的地方,主要是:监督议题的选择还需更加科学合理,监督手段在注重程序性的同时,需更多刚性监督、实质性监督,兼职委员、人大代表参与常委会工作的渠道还需进一步拓宽,闭会期间代表意见建议的交办、督办机制有待进一步探索,自身建设还需进一步加强。对此,我们将虚心听取代表意见,认真研究加以解决。

中国人民政治协商会议
平湖市第十二届委员会常务委员会
工作报告(节录)

2014 年 1 月 10 日在政协平湖市
第十二届委员会第三次会议上
政协平湖市委员会主席　　徐春林

各位委员、同志们:

我代表政协平湖市第十二届委员会常务委员会,向大会作工作报告,请予审议,并请列席会议的同志提出意见。

一、2013 年工作回顾

2013 年,市政协常委会在中共平湖市委的领导下,紧紧围绕市委、市政府"三年"活动、"九大专项"行动总体部署和人民群众关注的热点难点问题,牢牢把握团结和民主两大主题,认真贯彻落实中共十八大对政协工作提出的新要求,组织广大政协委员和政协各参加单位切实履行政治协商、民主监督、参政议政职能,不断推进政协事业发展,为我市经济、政治、文化、社会和生态文明建设作出了积极贡献。

(一)协商议政进一步求精,为加快转型发展献智力

常委会坚持"少而精、专而深、重实际、求实效"的要求,精心选题,深入调研,充分协商,为市委、市政府科学民主决策提供智力支持和民意支撑,履职成果得到了市委、市政府领导的充分肯定。

围绕重点工作献计出力。"繁荣发展专业市场,促进传统产业转型升级"是市委交题、政协调研的课题。常委会组织开展深入调研和充分协商,提出了要充分发挥"政府的主导作用、市场开发管理者的主体作用和企业经营者的主角作用"的"三个作用",以及"创新市场管理体制和投资机制、完善市场功能、加大宣传推介力度"等 12 条建议,并以主席会议建议案的形式向政府建言。针对上半年我市工业生产性有效投入开工项目和新批项目少,大项目缺乏,土地、环境和能耗容量等要素保障压力大的现状,市政协经科委与政府相关部门开展以我市工业生产性有效投入为主题的对口协商,提出有效投入要与招商引资、产业转型升级、要素资源节约集约利用相结合,进一步优化项目准入报批流程,加快建立向上争取的快速有效通道,努力构建促进项目投入倒逼机制等建议。

针对热点工作议政建言。改善水环境质量是我市实现科学发展最为紧迫的任务之一。市政协组织委员实地视察卫国河整治现场和独山港镇清洁河道现场,营造加快推进全市水环境整治工作氛围。围绕"加强水环境综合治理,提升水环境质量"主题,以"生活污水治理和污水管网建设"为切入点,举办政情咨询资政会。会前,组织 19 个委员活动组和市民代表开展实地调研视察,进一步提高咨询资政的针对性。会后,将咨询资政会询答内容摘要和纪实分别通过报刊、电视进行宣传,让更多的市民了解关心参与这项

工作。

聚焦难点工作出谋划策。“应对我市人口老龄化趋势,构建多层次养老服务体系”是市政府点题、政协调研的课题。在深入调研的同时,常委会实地视察了当湖街道老年福利服务中心、水洞埭社区居家养老服务照料中心和市老年公寓,并开展协商讨论,提出要把养老事业发展规划纳入社会发展总体规划,完善保障性养老服务体系,推进社区化养老与居家养老相结合,引导养老产业发展等建议。围绕“进一步提升市民公共文明素质”开展主席会议协商。会前调研首次采用委托第三方问卷调查的形式,更加科学地了解市民公共文明素质状况。会议提出的加强宣传教育、严格监督管理、深化道德实践三方面建议,为我市创建全国文明城市提供参考。

(二)服务群众进一步求实,为致力民生福祉集众力

常委会坚持履职为民的宗旨,始终把关注民生、为民服务贯穿履行职能的全过程。

不断加大推进提案办理落实力度。坚持主席会议督办重点提案、专委会督办重要提案、民主监督员协同参与提案督办的多层次工作机制;积极争取市委支持,创新开展市委领导领办民主党派重点提案;开展提案办理工作“回头看”专项民主监督;拓宽提案办理民主评议范围,并将评议结果向全体承办单位通报,切实推动提案办理落实。市政协十二届二次会议以来246件提案已全部办复。提案所提建议被采纳的150件,占61.0%,部分采纳或列入计划采纳的91件,占37.0%。

努力提高履职为民活动实效。以“界别活动月”为载体,组织各界别深入基层,开展文体下乡、送教助学、医疗义诊等活动,同时广泛了解民情民意,反映民生诉求,帮助解决基层实际困难。组织30名委员先后参与市领导信访接待日活动,并组织参与接访委员赴市信访局和市长电话受理中心听取工作介绍,让委员们直面群众诉求,进一步增强履职为民的针对性。部分委组通过“联系群众走访服务周”等活动、“联系基层单位工作驿站”等平台,加强委员与群众之间的沟通交流,并积极开展结对帮扶、送医下乡等活动,为困难群众提供实实在在的帮助。

切实改进社情民意信息工作。修订完善社情民意信息工作考核奖励办法,从社会各界人士中聘请10名政协特约信息员,定期召开社情民意信息工作例会。各委组通过建立内部激励机制,组建社情民意信息撰写核心组,开展专题培训辅导等途径,提高社情民意信息质量。一年来,共收到社情民意信息363条,以专报和摘报形式编发23期28条,以委员来信形式转部门作工作参考134条,向嘉兴市政协上报社情民意信息78条,其中《关于房地产调控“国五条”的意见建议》等11条信息被转报省政协。社情民意信息工作在嘉兴市政协考核中首次获得第一名。

注重维护群众根本利益。围绕“城市有机更新”“公共文化建设”“三改一拆”等事关百姓切身利益的问题,开展主席调研日专项视察和委员视察,了解工作的进展情况、存在困难,推动相关问题解决。支持民主监督员小组更好地发挥作用,组织参加水价调整方案听证会、拆迁听证会、农村土地整治验收等活动;对受派部门开展效能检查,推动部门作风转变。推进镇街道委员小组民主评议基层站所工作,促进基层部门增强服务意识,提高服务水平。

(三)履职方法进一步求新,为推动事业发展添活力

常委会坚持改革创新,积极探索履职新途径、搭建活动新平台、拓展工作新领域,推动政协事业新发展。

开展基层民主协商新实践。围绕“加快推进生猪养殖产业转型发展,促进农户转产

增收”和“在农村新社区中‘种文明’，培育小城镇‘新居民’”工作，分别在曹桥街道和新埭镇开展基层民主协商试点。曹桥街道联络室通过实地走访和召开各个层面的座谈会，共收集意见建议48条，组织养殖户代表和街道办事处相关负责人面对面协商，提出的落实治污设施建设、适度发展规模养殖、加快发展生态高效农业和坚持长效管理等建议，得到街道办事处的采纳。新埭镇联络室组织政府相关负责人走进社区，与居民群众就建设农村新社区开展交流，听取意见建议，着力提升农村新社区建设水平，培育现代新居民，省政协《联谊报》以“八仙桌旁说说‘最美社区’”为题作了宣传报道。

搭建履职为民新平台。先后成立的3个实体委员工作室和1个网上委员工作室，分别发挥各自特长，在联系界别群众、开展法律法规咨询、医疗卫生服务和收集社情民意等方面发挥了积极作用。委员工作室成立半年多来，共收集社情民意20条，举行开放日活动6次，接待群众100余人次，办理法律援助案件25件，成为社情民意的“传声器”、服务群众的“中间站”和政协工作的“助推器”。邀请市民代表旁听政协全会、参加政情咨询资政会等活动，听取他们对全市工作和政协工作的意见建议，使政协履职更好地“接地气”。

拓展政协文史资料与宣传工作新领域。召开全市文史工作会议，修订《关于进一步加强文史工作的意见》，成立平湖市文史研究会，更好地发挥文史工作者作用。一年来，共征集文史资料39篇，16余万字。出版《平湖市政协志》《金色浪花——纪念平湖改革开放35周年》和《平湖历代风情诗词选(续编)》，完成《平湖方言汇编》初稿，编好《平湖政协》文史栏目；做好《钱塘江古(名)镇》关于我市新埭、新仓、独山港3镇相关史料的征集整理工作；《平湖市创新发展“新仓经验”纪实》等6篇文史材料入选《岁月的记忆——嘉兴撤地建市30年来的发展》一书，实现文史工作新突破。召开政协宣传工作座谈会，邀请新闻界人士就加强和改进政协宣传工作出谋划策。创新开设每半月一期的《政协新时空》电视栏目，充分展示履职工作亮点。重视新媒体宣传，创办《平湖政协手机报》，及时反映政协工作动态。继续办好《平湖政协》季刊和《嘉兴日报·平湖版》“政协之窗”栏目，积极向上级政协报刊投稿，全年被省政协《联谊报》录用稿件23篇，扩大平湖政协影响力。

(四)团结联谊进一步求广，为促进社会和谐聚合力

常委会坚持团结和民主两大主题，认真做好团结各方、凝聚人心的工作，为促进社会和谐聚合力。

密切与各党派团体的合作共事。继续开展政协领导走访各民主党派、工商联、无党派人士联谊会、人民团体活动，听取他们对全市工作和政协工作的意见建议，以及自身的愿望和诉求；召开各党派团体负责人座谈会，征集集体提案，听取对新一年政协工作的意见建议，并开展相互交流；注重为党派团体履职搭建平台，创造条件，努力营造团结和谐的政治氛围。市政协十二届二次会议以来，市各民主党派、工商联、无党派人士联谊会、人民团体认真履职，形成了《加快科技中介服务体系建设，推进科技成果产业化》《加快推进小微企业创业园建设，打造“小微梦工厂”》《推进民营企业“二次创业”，打造民营经济升级版》等7篇调研报告，提交集体提案21件，其中有6件被列为重点提案和重要提案，有4件被评为年度优秀提案，履职水平进一步提高。创新思路，精心组织，积极稳妥推进协进职业技术学校办学机制改革。

增进与党委政府和社会各界的联系。通过召开市政府市政协联席会议，邀请市委、市

政府领导参加政协重要会议、重大活动，以及政协领导受邀参加市委、市政府重要会议等途径，加强与市委、市政府的沟通交流。推进政协专委会与政府部门对口联系、对口协商，加强政协委组和党政部门的联系、交流与协作。关心支持部门、镇街道的工作，及时向市委、市政府反映基层工作中的困难和问题。举办全市各界人士迎新茶话会，联络感情，增进团结。视察宗教场所，走访民族宗教代表人士，促进民族团结、宗教和睦。加强同新社会阶层的联系，继续开展政协领导走访“两新”组织代表人士活动，不断扩大团结面。

加强与广大委员的联络联谊。开展政协领导定期走访委员活动，关心委员工作、学习和生活。以“走进智慧城市”“社区卫生服务”为主题，举办委员沙龙，增进委员之间的交流互动。支持和鼓励委组、界别之间开展联谊活动，为委员们相互了解、加强联系搭建平台。支持政协之友联谊社组织学习、考察，发挥老委员在政协事业和社会建设中的作用。组织书画摄影联谊会开展作品创作与交流，承办“浙江平湖·江西贵溪书法联展”，促进文化事业发展。

（五）自身建设进一步求强，为提高服务水平增能力

常委会坚持把自身建设摆在首位，夯实履职基础，着力增强服务大局、求实创新的工作能力。

加强学习培训工作。推进“学习型政协”建设，坚持常委会议、主席会议学习制度，组织学习中共十八届三中全会精神和全省、嘉兴市政协工作会议精神。围绕加强政协常委会自身建设主题举办常委会读书会，更好地发挥常委会集体领导作用。通过“委员活动日”这一平台，组织委员听取市政府主要领导通报全市经济社会发展情况，邀请有关专家作国内外经济形势报告，开展委员履职经验介绍、社情民意信息工作专题辅导。注重政协理论研究，3篇文章在嘉兴市政协理论研讨会上获奖。

增强委组基础作用。加强专委会建设，充实专委会力量，专题召开专委会工作会议，探索开展专委会年度工作向常委会议述职。各专委会根据市政协重点工作和自身职责，组织开展调研视察，举办委员约谈会，积极开展对口联系、提案办理检查等活动，做好所联系委员活动组工作指导。引导、鼓励各委员活动组创先争优，各委员活动组通过开展委员领办专题活动，组织“道德讲堂”和“微课堂”培训，制订委员履职量化积分考核办法，建立委员小组所在镇街道政府工作通报制度等，使委员活动组工作更加活跃、更富成效。

加强机关干部队伍建设。认真贯彻落实中共中央关于改进作风的八项规定和省、市相关要求，弘扬勤俭节约、务实高效的工作作风。切实加强机关党建工作，认真开展与村、企业党组织结对共建活动。组织机关干部积极参与水环境整治、“三改一拆”、畜禽养殖污染治理和安全生产大检查等中心工作，继续开展创卫义务劳动、“双休日社工”等活动，增强服务群众意识。建立机关学习例会制度，创办机关文化讲堂，坚持开展机关干部书画习练活动，举办“翰墨飘香庆元旦”政协机关书画展，着力培育特色性机关文化。

各位委员、同志们，回顾一年来的工作，我们取得了一定的成绩。这是全体政协委员、政协各参加单位团结合作、共同努力的结果；是中共平湖市委加强领导，市人大、市政府大力支持，各部门、各方面配合协作的结果。在此，我代表市政协常委会，向为政协工作付出心血和汗水的全体委员和各界人士致以崇高的敬意！向关心支持政协工作的领导和同志们表示衷心的感谢！

在总结一年来工作的同时，必须清醒地看到，与新形势新任务的要求和人民政协肩负的责任相比，我们的工作还存在一定差距，

主要是:协商民主的实践有待进一步探索;民主监督职能发挥有待进一步加强;提案质量有待进一步提高,办理落实的力度有待进一步加大;部分委员履职意识有待进一步增强;政协工作的激励机制有待进一步完善等。对于这些不足,需要我们在今后的工作中,采取有效措施,认真加以解决。

专　　记

“三改一拆”行动

2014年，平湖市认真贯彻落实省委、省政府及嘉兴市委、市政府的决策部署，全市上下大力践行“四敢一不怕”精神，以背水一战的勇气和抓铁有痕的举措，全面投入“三改一拆”行动及“无违建”市创建攻坚战。全市共拆除各类违法建筑面积213.43万平方米（其中拆除违建猪舍163.84万平方米），拆违总量位居嘉兴市第三；拆后土地利用率87.39%，其中复垦复绿123.93万平方米，启动改建62.6万平方米。“三改”累计开工面积212.13万平方米，其中：实施旧住宅区改造面积39.56万平方米；旧厂区改造面积144.6万平方米；城中村改造面积27.97万平方米。不仅拆出了发展空间，改出了生态环境，也有力地促进了民生改善和公平正义，推动了经济社会转型升级。

“无违建”创建工作开展以来，平湖市申报创建省“无违建县（市、区）”，8个镇（街道）全面进行“无违建镇（街道）”创建活动。经过省“无违建县（市、区）”创建工作先进单位考核验收组到平验收，平湖市获2014年度省“无违建县（市、区）”创建工作先进集体；钟埭街道、新仓镇获2014年度嘉兴市“无违建”镇（街道），林埭镇、当湖街道、广陈镇获嘉兴市“无违建”镇（街道）创建工作先进集体。

目标明确　狠抓落实

目标明确，以强大的合力狠抓落实。将“三改一拆”和“无违建”市创建工作纳入市委、市政府“三年”活动、“九大专项”工作总体部署。召开全市“无违建”市创建动员会，对“无违建”市创建进行具体部署。同时，进一步深化市领导联挂镇（街道）制度，全市出动机关干部2万多人次参与违法建筑的拆除工作，安排全体市委常委、市级机关部门（单位）党员“一把手”到全市87个行政村兼任村党组织“第一书记”，沉到一线、联挂包干、“面对面”指导参与和推动“无违建”创建工作。各镇（街道）和村（社区）干部坚持“白+黑”“5+2”，通过镇（街道）班子人员联村包片、联村干部及村干部包组包户、镇（街道）干部到村、到户签名制等具体举措，进村入户开展政策宣传，思想动员、现场测量、催拆助拆等工作，形成强大的工作合力。

狠抓落实，以最铁的手腕抓拆违。开展违章猪舍整治百日攻坚行动。上半年以拆除违章猪舍为重点，在人力、物力、财力上加大政策倾斜力度，以“自拆+助拆+代拆”等模式推进违章猪舍拆除，顺利完成嘉兴市定的100万平方米任务，全市累计补助转型发展资金2.6亿元。开展五大领域拔钉清障行动，市主要领导连续5周带队，在全市各镇（街道）开展推磨式督查。开展“五大专项行动”百日攻坚，确定以中心城区、镇（街道）集镇、公路沿线、码头堆场、企业等五个领域作为非农领域违法建筑的切入点。开展宗教违建处置工作，依法处置和拆除猛将庙等51处，2728平方米的宗教违法建筑，拆除省第二批督查项目——平湖林场的宗教违法建筑“文昌阁”。推进高速公路沿线违法广告牌专项整治工作。

创新机制　加强指导

创新机制,以全面的体系抓保障。一是政策上敢突破。制订出台《平湖市创建“无违建”村社区违法建筑处置若干意见(试行)》,对存量违法建筑实施分类处置,是嘉兴市较早出台的县(市、区)之一;创新出台《平湖市畜禽养殖退养人员就业和社会保障工作实施细则》,全年下发畜禽养殖退养人员生活补贴2154.5万元;出台《农民建房用地管理办法》,进一步规范农村农民建房,全市各相关部门(单位)共出台20个配套政策文件。二是监控上重到位。对新增违建沿用“网格化”管理机制,将城区30平方公里划分为28个网格区域;在农村,建立106个管理网格并落实三级网格责任人。同时,积极组建市级巡查队伍,确保第一时间发现、制止、处置。2014年,全市即查即拆违法搭建325处,涉及面积3.2万平方米。对生猪养殖的监控主要依托去年开发建设的“生猪信息化管理系统”,实现时时监控、天天更新。三是监督上敢落实。开展机关企事业单位、党员干部违法建筑“零报告”制,同时公布“两违”、农村“一户多宅”等举报电话,接受群众监督。市纪委牵头组成督查组,开展专项实地督查,定期通报,确保工作落实。诫勉谈话干部37名,按照干部管理权限免职5人。四是机制上重激励。除纳入全市三干会议表彰奖励外,对创建成功“无猪镇”“无猪村”“无违建”镇(街道)的镇(街道)、村(社区),额外再给予相应资金奖励。同时,继续实施5—7元每平方米的工作经费奖励。

加强指导,以坚决的行动抓创建。一是摸清存量违建底册并分类处置。根据省“无违建”市创建要求,重点加大全市存量违法建筑的依法分类处置。根据全市面上和各镇(街道)出现的一些具体问题,对照嘉兴市“无违建”镇(街道)创建验收标准和《嘉兴市创建“无违建”镇(街道)考核验收流程》,加强依法分类指导,为“无违建”市创建夯实基础。二是市领导带队开展模拟验收。由5名市领导带队对“无违建”市创建进行全面督查,检验“无违建”市创建成果,提出督查意见,开展内部整改。三是接受嘉兴市对平湖8个镇(街道)“无违建”创建工作的验收。经过实地检查、暗访、民意测评、查阅台账资料、听取汇报等方式,平湖市“无违建”创建工作得到验收组肯定,针对各镇(街道)存在的问题已书面反馈并限期整改。各镇(街道)对反馈问题及时整改到位。

多措并举　重点攻坚

多措并举,以有效的措施抓推进。一是运用行政手段。专门成立由市委常委、常务副市长任组长的联合执法指挥部,定期分析、研究部署重大违法建筑案件的查处、代履行和组织拆除等事项,百日攻坚阶段各责任主体以每周不少于2起代拆冲刺“无违建”市创建。通过自愿拆除一批、“助拆队”助拆一批、断电断水和停止放贷等强拆一批,全年累计组织各类联合执法行动274次,停电停水194起,依法强制拆除3.2万平方米。二是运用法律手段。全市运用法治思维和法治方式做好“三改一拆”和“无违建”市创建,全年共对67宗“两违”案件作出行政处罚。加大对暴力抗法当事人的打击力度。对新埭镇殴打记者、暴力抗拍的两名当事人,依法分别处以5天和10天的行政拘留,全年累计刑事拘留或行政拘留26人,达到“拆除一个、震慑一方、教育一片”的社会效果。全市实现群体性事件、越级上访、网络负面炒作等“涉稳”

事件“零记录”。三是运用自治手段。把“三改一拆”“无违建”村(社区)创建等写入村规民约,投入村集体资金改善村容村貌,推进“三改一拆”工作,建立群众自我教育、自我管理的长效机制。

重点攻坚,以强劲的力度推重点。在上半年重点进行违章猪舍拆除和全面完成农村“一户多宅”攻坚扫尾后,下半年着力攻坚“五大领域”:一是着力抓好中心城区拆违。重点整治永丰路、梅园路等无理拒不接受征收政策,妨碍重大工程项目、有机更新和民生项目建设的违法建筑;重点整治占用公共土地乱搭建,存在严重安全隐患的违法建筑;重点整治高档小区内违法搭建的违法建筑。二是着力推进集镇拆违整治。以违法建筑的拆除为重点,结合治理乱搭乱建、乱摆乱占、乱停乱放等现象,全面开展集镇专项整治工作,重点整治镇(街道)政府(办事处)所在地集镇。三是着力攻坚公路沿线违建。重点拆除辖区内高速公路、省道、主干道路两侧的违法建筑。四是全面开展码头堆场清理。对不符合“三改一拆”“五水共治”行动总体要求、不符合土地利用总体规划、污染排放不达标及影响重大项目推进等的违法码头堆场、混凝土搅拌站,一律限期拆除并复垦到位,恢复土地原状。五是重点开展工业企业拆违。对国有集体企业、国资出租企业中开展违法用地和违法建筑专项整治行动,民营企业重点整治严重影响公共安全、消防安全的无证经营,事故隐患突出、环境污染严重的小企业、小作坊和双租赁企业中的违法用地和违法建筑。

拆改结合　舆论引导

拆改结合,以务实的方法抓治违。一是注重拆后与土地综合利用相结合。对于近期难以实施开发建设的土地,进行临时绿化处理,防止土地闲置和新的违建产生。对于不符合城乡规划和土地利用总体规划违法建筑占用的土地,做到拆后保质保量复垦到位。全市拆后土地利用率达到87.39%。二是注重拆违与治水治污相结合。拆除沿河违法建筑3.9万平方米,特别是以拆除违章猪舍倒逼生猪减量提质,年底生猪存栏量减到8万头以内,从源头上减少污染源;同时,加强治污设施建设,全力推进144公里一级、二级污水管网建设,并相应配建毛细管网,推进农村生活污水截污纳管,河道水质明显改善。三是注重拆违与惠民、企业转型相结合。以在平湖开展的省级产业结构调整机制创新试点为契机,对存在违法建设的重污染企业和一些“低小散”、存在安全生产隐患的企业进行集中整治,倒逼企业转型升级。坚持“拆改惠民”理念,结合有机更新、“退二进三”,腾退中心城区企业低效用地8.1万平方米,引入投资8亿元的碧桂园商业房产项目、启动原中百商都地块商业用房和街心绿地项目、编制南河头历史文化保护规划等,真正做到拆出环境、改出成效。

舆论引导,以浓厚的氛围抓合力。一是主要媒体和传统媒体同步。在广播电视、报纸等主要媒体开辟“三改一拆”在行动、“治水拆违曝光台”“无违创建擂台晒承诺”等专栏,全年共刊播宣传报道510篇(条)次;积极利用横幅、橱窗、电子广告屏、广告墙体等媒介不断加大氛围宣传;利用“三改一拆”官方网站、简报等,宣传推广好经验、好做法。全年亮点工作共获领导批示12次。二是着重加强法制宣传。在舆论宣传上突出上级决策部署、相关法律法规、政策制度、专项整治等工作,将“无违建”创建与法治建设紧密结合,理直气壮、挺直腰杆执法,对一些群众反响强烈,相关当事人又拒绝配合自拆的违法建筑,在风险评估充分的情况下依法进行强拆,用鲜活的案例作为普法宣传教育的题材,以起到震慑和教育作用,营造全社会懂法尊法守法的良好氛围。三是开展亮诺晒诺倒逼推进。在各责任主体中开展"定诺、晒诺、践诺"专项行动,在电视、报纸等主要媒体晒出各责任主体限期清理的承诺,接受群众和社会监督。对落实行动慢、限期未完成的责任主体,加大追踪报道,形成"三改一拆"及"无违建"市创建的浓厚氛围。

(方周庭)

群众路线教育实践活动

在全党深入开展以为民务实清廉为主要内容的党的群众路线教育实践活动,是党的十八大做出的战略部署,是新形势下坚持党要管党、从严治党的重大举措。根据中央、省委和嘉兴市委的部署,平湖市共有67个单位、1465个基层党组织、26206名党员,其中党员领导干部(含党组成员、国企副总)485名参加了第二批教育实践活动。

浙江省委和嘉兴市委高度重视平湖市教育实践活动。中央第七巡回督导组派员到平开展座谈测评、检查指导。嘉兴市委常委、秘书长孙贤龙作为联系领导,先后3次专程到平指导,多次听取活动汇报,全程参与市委常委会专题民主生活会。省委督导组坚持以"忠于职守当关公、敢唱黑脸当包公、雪中送炭当济公"为履职标准做好督导工作,受到省委书记夏宝龙、秘书长赵一德的批示肯定,为平湖市开展好教育实践活动提供有力保障。

平湖市委把开展教育实践活动作为全面贯彻落实党的十八大、十八届三中全会精神和习近平总书记系列重要讲话精神的重大政治任务,作为加快转型发展、创造美好生活、建设"江南水乡美丽金平湖"的重大机遇,坚持高起点、高标准、高质量,精心谋划、周密部署、有序推进,圆满完成各环节工作任务,实现预期目标。

领导带头　以上率下

精心组织动员。2014年2月24日,中共平湖市委书记翁建荣主持召开教育实践活动部署大会,全市机关公务员,事业单位、村(社区)主要负责人等3000多人参加,为活动开局营造了浓厚的氛围和宏大的声势,使干部尽快进入状态。带头真学深思。认真研读中央和省委规定书目,深入学习党的十八大报告及十八届三中全会精神、习近平总书记系列重要讲话精神,持之以恒学习弘扬焦裕禄精神、红船精神等。市委理论中心组坚持每月理论学习1次、集中夜学1次。先后组织开展39次集中学习讨论,时间累计20天。市四套班子领导集体赴嘉兴南湖开展"红船旁的课堂"主题教育活动,重温"红船精神"。带头听取意见。每位市委常委集中利用4天时间,深入基层开展蹲点调研和暗访式问题调研活动,分别牵头主持召开老同志、镇(街道)党委(党工委)书记、市级机关部门(单位)主要负责人、党外人士、"两代表一委员"等17个不同层面的座谈会,征求到各类意见建议72条2532条次。带头开展批评。专题民主生活会前,每位市委常委自己动手撰写个人对照检查材料,普遍修改8次以上,有的修改了13次。市委常委会利用3个半天召开专题民主生活会,各常委班子成员坦诚相见,敢于揭短亮丑,自我查找“四风”问题191条次,相互提出批评意见181条次。带头整改落实。市委常委班子活动初期即提出10项作风问题率先整改,并在《嘉兴日报·平湖版》公示,接受群众监督。专题民主生活会后,制订常委会“两方案一计划”,围绕解决市委常委班子查摆出的“四风”方面13个突出问题提出21项整改任务。履行一岗双责。市委常委和其他市级党员领导干部认真履行“一岗双责”,全程参加指导联系点和分管部门开好专题民主生活会。此外,还以普通党员身份参加所在支部专题组织生活会,并参加指导1个基层党组织的专题组织生活会,切实推进基层开展活动。

深化学习　打牢基础

快学提认识。注重学习内容的时效,提高学习的政治敏锐性。第一时间学习领会习近平总书记重要讲话精神,中央和省委、嘉兴市委关于教育实践活动会议文件精神,贯彻落实上级战略部署。深学促真知。注重消化吸收,融会贯通,坚持集中学习和个人自学、领导领学和专家讲学、现场教学和反思深学以及深入基层上党课等方式,反复多次深入学。邀请中共浙江省委副秘书长施利民等领导专家到平湖讲学。开展“坚定理想信念、敢于担当克难”主题教育。开办镇(街道)干部轮训班,打造“全科型”镇(街道)干部队伍。督学保质量。严格督查各级组织的学习情况,各督导组派员参加督导单位的学习活动,并通过听取汇报、随机抽查等方式,了解党员干部学习情况。对没有按时间、按标准、按要求组织或参加学习的单位及个人予以重点督查,确保必学内容不漏项、集中学习不跑偏、规定时间不缩水,提升学习教育质量。考学验效果。在各单位开展考学的基础上,省委督导组和市委活动办对8家单位进行抽考。对考试平均成绩低于60分的单位,重新组织学习,重新安排考试,直到及格为止。开展“三比三提”党员干部轮训考学活动和应知应会考试,全面检验学习效果。

换位体验　听取意见

深入一线广泛听。把“面对面”听意见和“背靠背”提意见相结合,采取召开座谈会、设立意见箱、开通网上邮箱、个别访谈等方式,广泛征集意见建议。4100多名党员干部积极参与到“走村不漏户、户户见干部”“联系不漏户、党群心贴心”“点亮微心愿、共筑中国梦”和“六进六问六查”基层大走访等活动,全市8.7万户农户基本走访到位,解决实际问题3000多件,共认领“微心愿”2300多个。畅通渠道及时听。畅通“96345”社区服务热线、“12316”为农服务热线、“96871”企业服务热线和“百姓事马上办”网络平台,向社会提供民生诉求的“快车道”。主动从平湖网、平湖18楼等社会网站中听意见、找问题,广泛收集网络舆情。针对村民有喝早茶、到茶室“灵事面”的习惯,走进“民情茶室”,原生态了解百姓关切,从中梳理出“四风”方面问题的意见建议。抓住关键反复听。突出听取执法监管部门、窗口单位和服务行业等部门意见,重点听取在“五水共治”“三改一拆”等工作中群众反映强烈的干部作风问题,多次召开座谈会、下基层了解情况。换位体验重点听。部分市级领导和政府部门的“一把手”参加了门诊挂号体验“看病难”、乘城乡公交体验“出行难”、到闹市区体验“停车难”、进企业咨询体验“政策落实难”、报警体验“处警难”、办证体验“窗口办事难”等活动。活动期间,全市召开座谈会1200多个,征求到意见建议22160多条,其中"四风"类意见建议17665条(次),民生类意见建议4495条(次),教育实践活动类意见建议1210条(次)。

从严从实　深查"四风"

从工作问题中探究"四风"问题。对照"五水共治""三改一拆"等中心工作的要求,重点反思争先进位意识强不强,做功好不好,工作实不实,方法对不对;反思教育实践活动与中心工作是不是"两促进,两不误"。启动问责机制,对因作风不实造成工作推动不力的2名村书记分别给予免职和降职,2名分管农业副镇长给予诫勉谈话的处理。从民生问题中透视"四风"问题。重点反思政策的落实、群众呼声的回应、服务的质量和管理的流程等与作风问题的关系,真正找准存在的"四风"问题,通过解决"四风"问题来避免民生问题的累积,从而更好打通联系群众"最后一公里",服务群众"最后一步"的问题。从下级问题中倒排"四风"问题。按照"下查一级"的思路,从根子上深挖造成问题的原因。如针对基层反映的负担过重问题,各单位反思本单位或党员领导干部应承担的责任,是不是过分强调部门或条线利益,有没有把重视基层、倾斜基层变成向基层压担子、交任务、推责任,从而更好地审视部门职能,切实解决基层负担过重问题。从腐败案例中反思"四风"问题。召开全市领导干部警示教育大会,重点剖析领导干部走上犯罪的思想根源。认真组织学习在教育实践活动中发生和通报的典型案例,特别是近年来查处的典型腐败案例、正风肃纪查处的典型事件,以"身边人,案中事"审视自身问题。市级党员领导干部共梳理出"四风"问题475条,其他乡科级党员领导干部普遍列出个人"四风"问题15条以上。

发扬整风精神　开展批评与自我批评

自我剖析深刻到位。全市党员领导干部联系思想实际和工作实际,按照见人见事见思想的要求,自己动手撰写个人对照检查材料,写清"四风"突出问题。所有乡科级党员领导干部的对照检查材料都通过市委督导组、联络组、联系市领导等"三道审核关",每份对照检查材料一般都经过5、6次的退回修改,多的甚至超过10次。谈心谈话深入全面。坚持把功夫下在会前,按照"四必谈＋约谈"要求,各单位集中1—2天时间,各党员领导干部拿出"问题清单"和对其他班子成员的批评要点,反复沟通交流,把问题谈开、思想谈通、意见谈好,为开好专题民主生活会和组织生活会奠定基础。开展批评真刀真枪。下发指导意见,进一步严格开会条件、程序和标准,各单位"一把手"带头开展批评与自我批评,每位班子成员都改变以往会风,不遮遮掩掩、不评功摆好、不讲官话套话、不搞无原则纷争,提意见开门见山,点问题直指要害,真正达到了脸红出汗、加油鼓劲、团结——批评——团结的目的。党性体检"把脉"治病。制订机关事业、农村(社区)、企业、社会组织四类党性体检"八面镜子",让党员有镜可照。同时从机关单位、外资企业、农村等领域确定14个示范点提前召开基层专题组织生活会,为指导全市面上工作提供样板。探索利用远程视频、QQ视频、微信现场连线等方式,创新组织生活会形式。加大不合格党员处置力度,对41名在专题组织生活会民主评议中被评为不合格的党员,按规定程序进行除名处置。

聚焦"四风"　抓好整改

明确责任落实整改。按照班子集体问题与班子个人问题相统一的要求，对班子“四风”问题进行分析整理，认真制订《活动整改方案》《专项整治方案》《制度建设计划》等“两方案一计划”和《个人整改清单》，提出具体整改措施，并通过媒体、单位网站和党务政务公开栏等途径向群众公开。梳理难题专项整改。加大对全市层面“四风”顽疾整治力度，梳理出“八大难题”，后期又排定19项专项整治项目，形成“8+19”专项整治格局。对整改事项逐一制订工作方案，明确任务书、时间表、路线图和整改责任人，着力解决发生在群众身边的不正之风问题、关系群众切身利益问题和联系服务群众“最后一公里”问题。正风肃纪高压整改。采取日常巡查和节点督查、飞行检查和交叉互查、组织监管和公众监督“三位一体”的模式，对单位和个人落实中央“八项规定”精神情况、执行工作纪律情况以及重点工作推进中暴露出的“四风”问题，开展明察暗访，对有令不行、有禁不止、顶风违纪的，发现一起查处一起，并及时进行通报和公开曝光。活动期间，共开展各类检查78次，发现问题34起，通报13起，处理违纪人员12人次。群众参与督促整改。整改方案和成效在各单位网站、党务政务公开栏等地方公开的同时，先后在《嘉兴日报·平湖版》和平湖电视台上开设“即知即改看作风”和“整改进行时”栏目，集中报道各镇(街道)、各部门(单位)抓好整改落实情况。实行整改事项“销号”制，认真办理反馈通过调研等渠道征求到的160条意见建议，做到群众不认可的不销账，群众不满意的不放过。

完善制度体系　建立长效机制

建立作风建设长效机制。针对教育实践活动中查摆出来的突出问题，结合“八大难题”的专项整治，做好对已有制度全面梳理和“废、改、立”工作，出台精简和规范会议活动、严肃党内组织生活等53项制度，确定完善市委工作规则、进一步从严管理干部的若干意见、严肃党风廉政建设责任追究制度等5个方面28项新建制度计划。探索形成服务联系群众的长效机制。建立以镇(街道)驻村干部和村干部为主，市、镇、村三级干部及农村党员先锋站党员参与的分类分层大走访制度。完善“百姓事马上办”办理平台，严格办事问责，提升办事效率。2014年，共受理各类民生问题2446件，经研判交办2037件，办结2027件，办结率99.5%。健全夯实基层基础长效机制。建强基层党组织班子，市委常委带头，全市机关部门党员“一把手”到联系村兼任“第一书记”，抽调87名机关干部到村任治水指导员，帮助解决具体问题。5个软弱涣散村党组织得到有效整顿转化。分领域开展群众路线教育实践活动专题轮训，举办村(社区)、两新党组织书记专题培训班，实现党组织书记全员培训。健全基层服务型党组织经费保障机制。提高党员教育活动经费、全面实施村(社区)干部住房公积金制度、健全两新组织党建经费保障机制、健全党内关爱经费保障机制和探索建立党员互访机制等，确保基层党组织有资源有能力为群众服务。

严督实导　不走过场

保障力量抓督导。挑选党性强、作风正、经验丰富的45名同志，组建11个督导组，负责全市67个单位教育实践活动督导工作。加强对督导组的联系指导，定期开展业务培训和督导工作交流会议。传导压力抓督导。加强与督导单位联系沟通，及时明确地将活动标准、措施、纪律等要求传导给督导单位，特别要求“一把手”履行好第一责任人职责,形成“一把手”抓班子、班子抓单位,层层落实责任的良好局面。督促各部门单位切实做到时间服从质量、科学把握进度。突出重点抓督导。按照“六个不放过”标准,重点对实施方案、部署会议、民主评议、学习教育、听取意见、会议方案、对照检查材料、整改措施等进行严格审核。活动期间,督导组共发放征求意见表4100余份,召开座谈会70余个,个别谈话2000余人次,收集意见建议13300余条次,其中反映“四风”问题的9600余条次。

加强宣传　营造氛围

整合资源筑强宣传大平台。有效整合“一报两台”传统媒体宣传阵地,开设“贯彻群众路线、加快改革发展”栏目,集中报道教育实践活动开展情况。积极运用新兴媒体,开设平湖群众路线网网络专题,动态更新“平湖先锋”官方微博,在《嘉兴日报·平湖版》开设群众路线专辑,力求“声、屏、报、网”全方位展示教育实践活动动态。注重发挥先进典型示范引领作用。挖掘教育实践活动中涌现出的先进典型,评选表彰10名“四敢一不怕”优秀干部、10名“十佳村社区书记”。开展“向身边的典型学习”活动,宣讲优秀干部典型事迹,提振全市干部精气神,以教育实践活动引领作风建设,推进全市经济社会持续健康发展。加大力度保持宣传常态化。抓住活动推进工作中的亮点做法,深度挖掘,提高宣传信息质量,活动情况在中央电视台《新闻联播》播出1次、中央活动办简报刊登1次、省和嘉兴市简报各刊登2次、《浙江日报》刊发14次、省级电视播出6次。保持高密度、高频率宣传态势,出刊专报7期、简报16期,每周工作动态29期;本市广电台播放报道120多条,《嘉兴日报·平湖版》刊发新闻100多篇,平湖群众路线网上传各类信息630多条;省群众路线网录用45条,嘉兴群众路线网录用466条。

工作显著　群众满意

根据中央和省委的部署要求,这次活动的主要任务基本完成,达到了预期效果。一是党员干部普遍受到一次精神洗礼,宗旨意识、大局意识、忧党护党意识得到进一步增强。二是党员干部切实践行群众观点和群众路线,努力解决“最后一公里”问题,党同人民群众的血肉联系进一步密切。三是党内生活得以规范、严肃和振奋,批评与自我批评的党内优良传统得到进一步弘扬。四是“四风”突出问题得到了有效解决,党员干部的良好形象在人民群众心目中得以进一步确立。五是党员干部大力发扬“四敢一不怕”精神,推动经济社会健康发展的精神状态进一步迸发。中央第七巡回督导组对平湖市教育实践活动抽样调查结果显示:全市干部群众对教育实践活动总体评价“好”的占100%,对解决“四风”问题特别是群众反映的突出问题评价“好”的占100%。　　(陈　谕)

创建国家卫生城市

2014年,平湖市的国家卫生城市创建工作在2013年通过全国爱卫办技术评估组技术评估的基础上,着力在巩固提升上下功夫,继续形成创卫合力,狠抓督查督办,不断落实长效管理的各项制度,使整体的创卫工作继续得到推进。

明确目标任务 全面落实整改工作

4月18日,市委、市政府连续第五年召开了创建国家卫生城市再动员大会,对全年的创卫任务进行再分解、再部署,明确了各街道、部门的工作要求、牵头领导等。在市委、市政府的高度重视下,2014年,全市的创卫工作继续保持强劲的推进势头,创卫的三个“十大系列工作”得到有效推进。

加强督查督办 着力推进创卫各项任务

为使创卫工作不断得到巩固提高,市四套班子主要领导坚持每月一次带队督查创卫工作,先后提出30多条整改意见。市创卫办和各街道部门也分别通过交办单、督办单等形式,着力推进创卫难点问题的落实。2014年,市创卫办共发出交办单123份,收到市民投诉4起,百姓事马上办2件,市长电话7件。年内,所有交办单、市民投诉、市长电话等都已办理完成。

形成创卫合力 全面推进三个“十大系列工作”

根据《平湖市2014年创建国家卫生城市实施计划》,首先围绕城中村、老小区和农贸市场及市政环卫等硬件设施,督促有关部门抓好养护维修工作。其次,针对检查中发现的问题,先后对51处垃圾房(桶)进行维修、更换;对31家小餐饮店的油烟乱排放进行设施改造,提出九条城区小河小浜的整治要求。第三是推进城乡结合部环卫设施的改造提升,在大力拆除乱搭建、乱设摊、占道经营的同时,改造两座公厕、三个垃圾中转站,新设置一千多只垃圾桶。通过每周巡查及每月督查,督促市政、园林、环卫、物业等单位修复了一大批城市基础设施。先后开展城区交通秩序专项整治、关帝庙商城专项整治、“门前三包”专项整治、水果摊店外设摊专项整治等10多个专项整治行动,清除乱设摊、乱堆放及占道经营、无证照经营等违法违规现象,不断提升城市形象。

为营造浓厚的创卫氛围,组织开展形式多样的创卫宣传教育活动,提升市民的文明卫生意识。市级新闻媒体持续强化宣传力度。市创卫办采取各种形式,加大创卫宣传力度。全市设置户外创卫宣传广告19块,文化墙面积2.8万平方米。28个创卫牵头部门继续组织开展环境卫生综合整治活动,基本做到每月一次利用周末时间到责任区开展义务劳动。全市各部门、街道共计开展各类义务劳动100多次,参加人数近八千人次。各牵头部门和社区结合各自特点,开展形式多样的创卫宣传教育活动,举办各种健康知识讲座和义诊活动近30场,受教育居民近一万人次。其次是举办各种创卫知识竞赛和广场文艺演出活动,共举办各种知识竞赛20多场次,发放创卫知识宣传品一万多份,受教育人数近五万人次。

坚持以人为本 持续开展创卫民生问题办理工作

始终坚持“创卫为民,创卫惠民”的原则,不断加大对民生问题的办理力度,在持续4年办理好1500多个民生问题的基础上,2014年继续开展127个创卫民生问题集中办理活动。到年底基本办理完成。

狠抓长效管理 不断巩固提升创卫成果

首先针对创卫重点部门和网格式管理

部门的工作重点,制订出长效管理的“五大制度”,即创卫责任部门每月义务劳动制;社区每日巡查制,责任区块评比制,创卫工作每月例会制,创卫每月督查制。确保抓长效有平台、有载体,坚持每周、每月、每季开展。其次是加强日常工作检查和考核,并纳入年终考评结果。在检查过程中,坚持考核与整改相结合,检查问题与查找原因相结合,评分与后续管理相结合。

(张耘翔)

“五水共治”

2014年,平湖市按照省委、省政府“治污水、防洪水、排涝水、保供水、抓节水”战略决策部署,狠下决心、铁腕治水,全面打响以“清三河、两覆盖、两转型和两提升”为主要内容的“五水共治”攻坚战,取得明显成效。全年出境断面水质高锰酸盐指数、氨氮、总磷三项主要评价指标同比分别改善10.4%、30.5%和31.7%,行政交接断面水质考核首次取得优秀;至2014年底,16条市级河道单月总平均水质类别均达到四类,2013年同期为劣五类;市人大民意调查显示,市民对水环境治理工作和成效满意率达99%。

坚持治污先行　全力治理水污染

突出“三河”治理。组织调查摸底,1月上旬初步排摸,排摸出145条“三河”;3月对照“三河”认定标准,再次组织调查,又排摸“三河”557条;全市共计“三河”702条,总长369.7公里。其中垃圾河525条、289.3公里;黑臭河213条、91.7公里,全部在媒体上予以公示。从2月20日起至5月底,开展“清三河百日会战”,集中大量人力、物力、财力,全力“清三河”。5月中旬启动验收工作,由督查组对申报河道分批次逐一验收,对验收中存在的问题及时反馈,待整治达到标准后重新验收,确保清“三河”质量。全年治理垃圾河525条、289.4公里,全面完成治理任务;治理黑臭河213条、91.7公里,验收销号182条、77.6公里,占总量的85.4%、84.6%。

推进生猪减量提质。组织实施“清理违章猪舍百日会战”,按照“应拆尽拆”原则,全年拆除违章猪舍162万平方米,完成年度任务的162%。全面推进生猪养殖“三个一”制度。启动“无猪镇(街道)”“无猪村”创建。开发建设全省首个“生猪信息化管理平台”,探索生猪养殖动态管理、实时监管新模式。各镇(街道)组建畜禽废弃物收集处置服务中心和收集处置服务队,嘉兴市首个采用热解炭化工艺的病死动物处置中心建成投产,并配套建设新埭、新仓、独山港、广陈、林埭、曹桥6个暂存冷库。实行畜禽养殖退养人员生活补贴,推出一系列创业就业政策,鼓励养殖户转产转业,全市劳动年龄段生猪退养21913人。生猪存栏总量从2014年初的43.2万头减少至7.96万头。

开展截污纳管。推进工业污染治理,投资1.2亿元的电镀行业集聚点建成投产,全市17家电镀企业整治验收5家、关闭9家、进点3家。全面完成印染、造纸、制革、化工四大行业整治提升任务,造纸、制革行业已通过嘉兴市整体验收。深入实施废塑料加工行业整治,关闭废塑料造粒点43个。深入实施污水处理工程建设行动三年计划,开展城区污水治理“回头看”,加快推进工业企业污水全入网。全年铺设污水管网151.5公里,占年度任务的105.2%,占嘉兴市400公里总任务的37.9%;新增入网单位680家,占年度任务的149.5%;新增污水入网总量500万吨,占年度任务的193%。推进农村生活污水治理,按照“全覆盖、广受益”原则,全面完成农村生活污水治理政策制定、规划编制、工艺选择等工作,全年开展农村生活污水治理的农村新社区、自然村落等项目点121个,新增受益农户13217户。

狠抓水质监测断面周边环境整治。在2013年出台《平湖市出境水质监测断面周边区域整治方案》基础上,2014年进一步加大整治力度,出台《关于进一步加强出境水水质监测断面周边水环境治理方案》,整治范围由新埭青阳汇、广陈小新村两个出境监测断面周边各1平方公里核心区域扩大到上海塘西侧、上海塘与广陈塘之间、广陈塘东侧50平方公里。突出整治重点,抓好两个出境监测断面周边环境治理,深化畜禽养殖污染专项整治、封堵排污口,主干河道及支流两侧污水全入网;全面清淤疏浚支流河道;实施农村环境综合治理示范项目;加快土地流转,优化种养殖结构,减轻农业面源污染。广陈镇、新埭镇开展废弃农药包装物回收处理试点,广陈镇还开展生态补偿试点。强化政策支持,对出境断面周边的河道疏浚、管网建设、生猪减量、污水入网以及长效保洁等工作,从项目和资金安排上予以重点倾斜和支持。

推进防洪排涝供水节水　保障水安全

加快建设防洪排涝体系。推进农村圩区工程建设,全年完成投资12900万元,完成年度计划的100%。加快南市圩区工程建设,完成曹兑港闸站和北河溇水闸工程扫尾和配套工程,启动西塘港水闸建设。实施新一轮河道清淤疏浚工程,结合全国中小河流治理重点县综合整治项目实施,基本完成嘉善塘综合治理主体工程,启动曹兑港南段治理工程建设,重点推进“三河”、小河小浜和断头浜疏浚。全年完成河道清淤疏浚296公里,占年度任务的148%。

强化供水保障。加强太浦河水源地保护、利用,与嘉善建立水源地水质监测联动机制,由平湖、嘉善两地共同做好日常水质监测。加强广陈塘备用水源地周边环境整治,广陈塘水源地一级保护区内的27户农户全部搬迁,周边农户完成生猪退养。完成古横桥水厂、广陈水厂两个水厂实施工艺改造,古横桥水厂日供水量达到5.08万吨,广陈水厂完成生物预处理池不锈钢挡栅工艺改造,确保高峰供水期供水安全。独山港区工业水厂一期竣工投产。做好管网维护,全年新建和改造供水管网298.5公里,有效解决居民用水“黄水”问题。

提高用水效率。稳步推进水价综合改革,以列入省产业结构调整机制创新试点为契机,出台工业企业用水差别化水价和超计划加价、复合计收污水处理费办法,以差别化水价政策优化水资源配置,倒逼产业结构调整。抓加大中水回用,占全市工业生产废水排放量50%以上的5家造纸企业,平均重复用水率达到90%以上,处于行业领先水平。注重农田水利新技术引进和推广,开展南方水稻灌区节水防污新技术试验,以节水灌溉和水肥耦合综合调控相结合,达到节水、增产、削减农业污染物排放等效果,建立核心示范区100亩,推广辐射面积1.7万亩。大力发展喷滴灌,不断提高田间用水效率,全年推广喷滴灌1080亩。

完善长效机制　力促治水常态化

完善组织保障机制。成立以市委书记、市长为组长的"五水共治"工作领导小组,下设办公室,建立作战室。深化"河长制"管理,创新开展"河长制"项目化治水,"河长制"治水实现全覆盖。市四套班子领导带头,94名党员领导干部到联挂村兼任"第一书记",村村下派治水指导员,同时多次召开全市性的动员会、推进会和专题会议,确保"五水共治"工作顺利推进。加大财政投入,明确"三公"经费节约部分全部用于治水,82个"五水共治"工程项目已完成投资14.7亿元。

完善工作督考机制。市委、市政府将"五水共治"工作列入目标责任制考核内容,完善"五水共治"工作考核办法和"河长制"考核办法,对"清三河"进度、"河长制"河道水质实行月通报、年考核。2014年初市纪委牵头成立12个督查组,对机关党员干部下村入户助推"清三河"专项行动开展督查;3月开展河长现场履职集中行动,由16位市级河道河长分别带队,到一线开展现场巡河活动,进一步推进"清三河"行动;市治水办成立"五水共治"综合督查组,分4个组每组每周至少开展一次定向督查,对督查中发现的问题,及时以实地督办、督办单催办、"清三河"通报等形式告知责任单位,限期整改。

完善长效保洁机制。全面推行涵盖集镇、公路、河道、村庄四大领域"四位一体"的大环卫保洁机制,实行"一个领导统筹、一个机构管理、一个要求操作、一个标准考核"。出台政策,明确保洁人员配置、工资福利发放、保洁设施配备等标准,以及相关资金补助办法。2014年全市有河道保洁员556名,河道保洁任务人均3~5公里,保洁员月均收入最低标准达到1200元;市级层面对镇(街道)、镇(街道)对部门和村、村对保洁员三级监管考核体系全面建立,监管逐渐走向常态化。在全省率先开展航道保洁,稳步扩大航道保洁范围。

完善全民参与机制。利用报纸、电视、网站等宣传媒体,加大治水工作典型、经验报道力度,及时更新治水内容。在电视、报纸开设"治水治污进行时"专栏,宣传正面典型,曝光黑臭河道和各类破坏水环境违法行为。动员全市上下参与"五水共治",广泛开展"千名干部联千河""千企联千河"活动,倡导发起"五水共治"捐款,社会各界认捐4967.2万元。开展"五水共治·美丽平湖"文化下乡专场巡演,先后组织演出80场。将"五水共治"内容纳入村规民约,与"十星级文明户"评创挂钩,号召农户做污水监督员、治水先锋员、护水宣传员。策划青春助力"五水共治"、"五水共治"公益广告设计大赛、"五水共治"摄影大赛和"五水共治"成果图片展等系列活动,营造全民治水的浓厚氛围。　(王利燕)

产业结构调整机制创新试点

2014年3月16日,浙江省人民政府办公厅批复同意在平湖市开展产业结构调整机制创新试点,为全省县域产业结构调整和经济转型升级提供经验和示范。按照经批复的《平湖市产业结构调整机制创新试点方案》,试点的总体思路是以工业转型升级为突破口,以企业分类评价为基础,以要素价格差别化为手段,全面推进"四换三名”,逐步形成资源要素高效利用、生态环境不断改善、产业结构持续优化的体制机制;试点的主要目标是到2017年成为全省县域经济转型升级先行区,到2020年形成以高附加值、低能耗、低排放产业为主体的工业结构。

2014年,平湖市按照试点方案要求,坚持市场主导与政府推动相结合、创新集成和简便易行相结合、反向倒逼和正向激励相结合、循序渐进和重点突破相结合的原则,抓紧部署,积极推进。全年完成“机器换人”项目170项、“空间换地”项目100项、“腾笼换鸟”项目95项、参与“电商换市”企业170家,完成技改投资66亿元、同比增长33.8%,减少低端用工6000多人。全年三次产业比例调整为3.5∶62∶34.5;三大主动力产业产值比重已经达到67.5%,五大传统产业占比降至17.9%;战略性新兴产业、高新技术产业产值分别比试点前增长11.3%和15.8%,产业结构调整初见成效。试点工作得到了省政府研究室、省发改委、省经信委、嘉兴市发改委等省市相关部门的大力支持和悉心指导。2014年7月15日,浙江省委副书记、省长李强到平湖调研经济发展工作时,专题听取产业结构调整机制创新试点工作情况汇报并给予充分肯定。

成立领导小组　指导实施方案

2014年2月14日,平湖市召开全市三级干部大会暨产业结构调整机制创新试点工作动员大会,成立由平湖市委、市政府主要领导担任组长,28个部门和单位主要负责人为成员的平湖市产业结构调整机制创新试点工作领导小组,并下设办公室,具体负责对试点工作的综合协调、组织实施和督查考核等工作。2014年4月22日,平湖市委、市政府根据试点方案,编制印发《平湖市产业结构调整机制创新试点实施方案》(平委办发〔2014〕59号),详细列明“四换三名”及配套机制、要素价格形成机制、重大产业平台建设、政府管理流程再造等四个方面70项具体改革任务,并分解落实到各职能部门。8月6日,印发《产业结构调整机制创新试点工作新增重点任务分解表》,新增16项重点任务并进行分解落实。各职能部门按照分解任务,加快落实推进,2014年共出台相关文件、办法和方案共计40个,初步形成了一套较为系统的推进机制。

建立三大机制　探索改革路径

机制一:以规范“准入标准”为突破口,完善产业增量优化机制。重点是建立健全统一的空间准入标准、清晰的行业准入导向、便捷的项目准入机制。通过建立“统一、清晰、便捷”的投资准入标准,进一步激发企业投资意愿和信心,不断提升新进项目的内涵和质量。在全面实施全省环境功能区划试点的基础上,积极推动经济社会发展规划、城乡规划、土地利用规划与环境功能区划的“多规合一”。委托北京赛迪方略公司开展《平湖市重点产业定位和招商对象研究(2014—2020)》课题研究,编制产业链“补链、强链、延链”的招商项目指导目录,绘制详细的产业链招商地图,选出重点招商对象,指导全市更有效地开展招商工作,积极推动产业生态从简单的企业集聚向产业集群转变,力争通过三年的努力,打造出若干个在全国具有较强核心竞争力的现代产业集群。建立项目准入标准的年度动态调整机制,修订出台《平湖市工业投资项目准入评价实施办法》《2014年平湖市工业投资项目分行业准入标准》,2014年全年通过准入评价工业项目58项,亩均投资强度450.2万元/亩,同比提高8.1%。出台实施《平湖市服务业项目准入评价实施办法(试行)》,2014年全年通过准入评价服务业项目8项。出台《平湖市农业投资项目准入管理实施办法(试行)》。

机制二:以实施“四换三名”为主抓手,完善产业存量调整机制。重点是建立精准化的筛选诊断机制、差别化的政策引导机制、社会化的专业服务机制。建立企业分类指导制度,采用反向倒逼和正向激励相结合的方法,综合运用政策引导与社会服务相结合的手段,充分调动企业的主体积极性,变“要我换”为“我要换”。形成以工业企业综合绩效评价办法为基础,腾笼换鸟、机器换人、空间换地、电商换市、三名工程5个专项实施方案为主体,“四换三名”综合扶持政策为保障的“5+1”的政策体系。开展2013年度工业企业综合绩效评价,460家规上企业评价A类57家、B类277家、C类102家、D类24家;688家规下企业评价A类35家、B类391家、C类194家、D类68家;对460家规上企业进行评价诊断,发放诊断意见书。制订《关于开展工业企业综合绩效评价推进要素资源差别化配置的意见(试行)》,出台工业用能、差别化电价、差别化水价、主要污染物总量控制和平衡、差别化用地、复合计收工业企业污水处理费等管理办法和实施意见,修订排污权交易办法、排污权交易办法实施细则,各项办法均已开始实施。制订出台《关于开展调整城镇土地使用税政策 促进土地集约节约利用试点工作的实施意见》,计划2015年起实施。陆续成立“四换三名”企业综合服务中心、科技大市场、企业转型升级研究院等服务平台,指导推动企业实施“四换三名”项目,实现转型升级。

机制三:以用好“有形之手”为总原则,完善产业监管服务机制。重点是简化事前审批程序、优化事中服务机制、强化事后监管机制。按照产业发展全流程服务的要求,紧紧围绕事前、事中、事后等各个环节,画好“流程图”、做好“加减法”,着力构建系统集成、高效运行的产业管理服务的新机制。实施“一般工业企业投资项目零审批”改革,2014年共有21个项目进入“零审批”程序,其中8个项目开工建设,并有1个项目完成验收投产。建立涉企审批“中介超市”,实行“会员制管理、网上网下结合、淘宝店式经营”的新模式,2014年共有来自全国各地的132家单位入驻,真正形成充分竞争的中介市场格局,2014年5月投入运行后,涉企收费较以往降低30%,服务时间较以往缩减50%。探索建立项目推进“监管日志”制度,明确事中监管服务的时间节点、服务内容和工作要求,发改、经信、规划建设、环保、安监、消防等9个部门,对所服务的企业投资项目做到实时跟踪、动态服务、经常监督。强化事后监管机制,有序推进综合行政执法工作。

全力攻坚克难　取得创新突破

一是资源要素配置改革方面。平湖市列入浙江省资源要素市场化配置综合改革扩面地区,并成为13个先行委托下放土地管理相关审批权限的地区之一。平湖市资源要素市场化配置综合改革扩面的总体方案获批,同步享受海宁、德清试点相关政策。二是重大产业平台建设方面。独山港经济开发区在2014年6月被正式列入省级经济开发区。张江平湖科技园成为国内首个跨省界实体开发的产业功能区,园区总体规划在2014年初通过三方评审,一期核心区块1.66平方公里基本完成征收,张江快速路及连接线工程项目得到浙江省发改委批复,各项前期工作有序推进。三是区域生态考核制度方面。平湖市率先完成环境功能区划编制,全市划分为6大类27

个环境功能区,分别制订了分区环境质量和保护目标,以及环境管控措施和负面清单。对全市饮用水源保护区所在的广陈镇,制订《关于开展广陈镇生态补偿试点的意见》,在全省率先探索镇域生态补偿机制,强化生态考核在镇(街道)综合绩效考核中的权重。四是综合行政执法方面。出台《平湖市全面开展综合行政执法工作方案》,明确从4个相关执法机构划转事项139项,划转编制21名到综合行政执法局,着力建立权责统一、权威高效的行政执法体制。

(周雯婷)

大　事　记

2014 年大事记

·1 月·

1 日　平湖汽车客运南站在部分发往杭州的长途班车上改用天然气，这是全市第一次在中短途客运中使用天然气作燃料。

3 日　市第三次经济普查上门登记工作全面铺开，全市 619 名普查员和普查指导员开始对 5 万多个普查对象开展经济普查上门登记工作。

4 日至 5 日　市区城北路两侧地块与老市政府地块被征收户的安置房抽签仪式在市委党校举行。

7 日　副省长朱从玖到平调研政策性农业保险工作。

8 日　省政协副主席汤黎路到平视察杭平申线航道改造工程。

同日　平湖市 2014 年度金融与地方经济社会发展工作恳谈会暨项目推介会、银企（区、项）合作签约仪式举行，在平的 14 家银行与 235 个项目单位签订合作协议，签约授信总额 187.83 亿元。

同日　平湖市智慧养老服务平台正式启动。

9 日　市政协举行《平湖市政协志》首发式。

同日　民政部下发《关于确定首批全国社会工作服务示范地区、社区和单位的通知》，当湖街道南市东村社区被评为首批全国社会工作服务示范社区，市和谐家庭社工事务所被评为首批全国社会工作服务示范单位。

同日　平湖市确诊一例人感染 H7N9 禽流感病例，第一时间启动应急预案，成立防控工作指挥部。27 日起，全市暂停主城区农贸市场活禽交易，暂时关闭主城区农贸市场活禽交易区以及花鸟市场禽鸟交易区。31 日起，各镇（街道）的农贸市场活禽交易区全面暂停。

10 日至 13 日　市政协十二届三次会议召开。

11 日至 14 日　市十四届人大三次会议召开。

14 日　市委决定撤销中共平湖市城市新区开发建设工作委员会。

17 日　市河道清洁专项行动工作总结暨河道保洁现场会召开。

21 日　省委常委陈德荣在嘉兴市委书记鲁俊的陪同下，到平调研产业结构调整机制创新、“两新”工程建设等工作。

23 日　“最美浙江人——2013 年度浙江骄傲人物评选”结果在杭州揭晓，因公殉职的平湖援藏干部干爱忠被授予浙江骄傲年度致敬人物。

26 日　全市“实施单独二孩政策”工作部署会议召开。28 日，嘉兴市首张“单独二孩”《再生育证》在乍浦镇长安桥村发出。

27 日　新埭镇箱包产业园获“嘉兴市箱包产业园”称号，成为平湖唯一入选首批嘉兴市特色产业园的单位。

28日　上海合作组织实业家俱乐部考察团到平考察。

同日　全市首个镇级记忆展示馆——乍浦记忆展示馆正式对外开放。该馆通过文字、图片、实物等方式，展示千年古镇灿烂的文明历史。

•2月•

6日　由平湖选送的民间舞蹈“手马灯”在北京第三十一届春节龙潭庙会全国优秀民间花会展演中获金奖，同时该舞蹈还获得最佳编导、最佳道具、最佳表演奖，是唯一获得4个奖项的参演节目。

9日　省、市党的群众路线教育实践活动联合督导组进驻平湖指导党的群众路线教育实践活动。

10日　市委成立11个党的群众路线教育实践活动督导组，对全市镇（街道）、市级机关部门（单位）教育实践活动进行督导。

同日　《平湖市文化志》举行首发仪式。

14日　全市三级干部大会暨产业结构调整机制创新试点动员大会召开，市委书记翁建荣作题为《全面深化改革，加快转型发展，建设和谐幸福的现代化“金平湖”》的主题报告。

17日　平湖市环境功能区划编制试点工作会议召开，研究平湖环境功能区划的编制背景、要求和时间安排。

20日　农业部副部长于康震到平调研。

22日　全市党的群众路线教育实践活动暨深化作风建设部署会议在市体育馆召开。市委书记、市委党的群众路线教育实践活动领导小组组长翁建荣作《坚持群众路线，深化作风建设，以“四敢一不怕”精神推动平湖经济社会转型发展》动员讲话。

同日　市委、市政府印发《关于成立平湖市“五水共治”工作领导小组的通知》，决定成立平湖市“五水共治”工作领导小组，翁建荣、朱林森任组长。

22日至23日　市级机关各部门（单位）组织党员干部到联系挂钩的镇（街道），与镇（街道）、村（社区）干部一起开展“清三河”行动。

23日　“古李十番棋”第二局在平湖开赛。中韩围棋的领军人物古力和李世石进行对决，李世石胜出。中央电视台第五套节目进行现场直播。

24日　市第八批援疆干部人才启程赴疆。他们分别是副科级领导干部苏海强，市职业中专年级组长、二级教师吴娟，市中医院副主任中医师费德升。其中，苏海强将执行为期3年的援疆任务，其他两人将执行1年半的援疆任务。

24日至25日　全省工会劳动保护工作会议在平召开。

26日　全省利用外资工作现场会在平召开，副省长梁黎明等出席。

27日　平湖市台商联谊会2014年新春酒会暨“五水共治”台商捐款启动仪式举行，伊诺华橡胶（平湖）有限公司、浙江荣成纸业有限公司、泽鑫精密锻造（平湖）有限公司等企业现场带头捐款。

•3月•

2日　市委党的群众路线教育实践活动领导小组发出通知，要求在全市各级干部中开展“六进六问六查”基层大走访活动。

5日　为纪念“学雷锋日”，市委党的

群众路线教育实践活动领导小组办公室、市委组织部、团市委等单位联合举办“点亮微心愿·共筑中国梦”微心愿认领活动,共征集各个群体167个微心愿。市四套班子领导带头各认领一个微心愿,机关党员干部踊跃参与。

同日　平湖市成功创建嘉兴首个省级农业标准化综合示范县。

6日　纪念“三八”国际劳动妇女节104周年大会暨“平湖市十大美丽女性”风采演绎活动在市行政中心举行。全国维护妇女儿童权益先进集体平湖市新仓镇、全国巾帼现代产业科技示范基地平湖市新埭镇三丰果蔬专业合作社等先进集体与个人受到表彰。

7日　平湖市农业技术推广基金会成立大会举行。

同日　省经信委编制印发《2014年浙江省技术改造重点项目计划》,全市共有6个项目列入省级重点。

8日　平湖市“清三河百日会战”现场会召开。与会人员先后查看林埭镇沈四房河黑河整治现场和当湖街道虹霓村车路径港疏浚现场。

13日　平湖市机关中层干部全员竞岗和一般干部全员双向选择工作动员会召开。至4月中旬工作结束时,全市共有83名干部跨单位交流,132名干部内部轮岗,67名干部落岗或提前退任。

14日　省农业厅公布2013年(首批)省级示范性家庭农场名单,平湖市新苑绿色农庄、平湖市萃贞水产养殖场、平湖市新埭镇盛龙果蔬园艺场3家入围。

16日　省政府决定在平湖市开展产业结构调整机制创新试点,试点方案同时印发。

18日　平湖市汽车零部件行业协会成立,协会会员47家。

19日　新一轮城市开发建设征收工作动员大会召开。会议部署2014年征收工作任务。

21日　平湖市正式启动出入境管理市县同权审批工作。这是公安部2013年部署该项工作后,全国首家启动实施的县级单位。

同日　平湖市“星级文明家庭”评创表彰大会暨“最美平湖人”颁奖典礼在市广电剧院举行,100户星级文明家庭示范户和10位“最美平湖人”受到表彰。

22日　“平湖市青春助力‘五水共治’暨全市百场志愿服务活动”启动仪式在东湖景区举行。

28日　全市17个项目举行开工、开业、投产典礼,市四套班子领导赴联系挂钩镇(街道),出席部分项目的开工、开业、投产仪式。一季度全市共有27个项目集中开工、开业、投产,总投资达58亿多元。

同日　平湖市全面推行权力清单制度动员会召开。会议要求各部门要在4月底前完成权力事项梳理,形成权力原始清单;7月底前基本完成权力清单的审核审定工作;8月底在中国·平湖门户网站上向社会公布权力清单。

同日　2014·平湖投资环境(上海)说明会暨浙商回归投资洽谈会在沪举行。会上共签约项目16个,总投资44.7亿元,其中外资项目7个,总投资1.45亿美元,市外内资项目9个,总投资35.7亿元。

29日　全市农村工作暨“五水共治”“无违建县市”创建工作会议召开。

31日　全省建设平安浙江会议暨建设平安浙江10周年纪念大会召开。会上,平湖市被省委、省政府命名为2013年度省级“平安市”并获“平安银鼎”,同时还获得2004—2013年度省级平安创建工作先进单位称号。市委书记翁建荣在杭州主会场参会并上台领取“平安银鼎”。

•4 月•

2 日　平湖市举行乡科级协理员“二次择岗”集体谈话活动。2014 年,全市开展乡科级协理员“二次择岗”工作。根据工作需要,市委成立乡科级协理员管理工作办公室,并设立重点工作推进组、房屋征收组、项目推进组、党建指导组、信访调处组、活动督导组等工作组,发动全市乡科级协理员进行“二次择岗”。

同日　《浙江日报》第三版刊发标题为《平湖:资源要素往哪儿流》的文章,报道平湖市在产业结构转型升级方面的做法和经验。

7 日　清理违章猪舍百日会战部署会召开。全市计划在一百天之内按照“应拆尽拆”的要求,集中精力、时间和力量,继续加大违章猪舍清理力度,实现禁养区内违建猪舍全面拆除、限养区内违建猪舍基本拆除的目标任务。

9 日　市委书记翁建荣就省产业结构调整机制创新试点工作接受浙江经视专访。

18 日至 22 日　市委书记翁建荣深入基层联系点开展蹲点调研,先后到当湖街道梅兰苑社区和独山港镇周圩村,与村、社区党员代表一起座谈。

21 日至 23 日　市委副书记、市长朱林森到钟埭街道,深入基层联系点开展蹲点调研。

24 日　副省长熊建平到平调研环境功能区划编制试点工作。

25 日　市委副书记、市长朱林森接受浙江人民广播电台浙江之声“改革面对面——书记、市长访谈”栏目专访。

26 日　2014 年“百名博士平湖行”系列活动暨企业转型升级对接会举行,来自沪杭两地包括浙江大学、上海交通大学等在内的多所高校 40 余名博士到平开展交流对接活动。

是月　平湖市开展河长现场履职集中行动,全市市、镇(街道)、村(社区)三级河长和河长单位组织带领党员干部、群众开展现场履职、志愿服务,通过现场巡查、问题督办等形式在一线解决问题,推进责任河道“五水共治”工作。

•5 月•

1 日　全市首个大型综合性主题游乐园开业运营。该游乐园位于当湖街道当湖公园内,拥有过山车、海盗船、大摆锤等 15 个游乐项目,填补平湖市域内无大型游乐场所的空白。

5 日　市委办下发通知,组织党员领导干部下村兼任“第一书记”,全力推进“五水共治”“三改一拆”、生猪养殖减量提质和发展壮大村级集体经济等中心工作。村党组织“第一书记”兼任时间到 2014 年 12 月底止。

7 日　平湖市服装品牌“伊思佳”服饰冠名浙江省体操队。未来 4 年,浙江省体操(艺体、蹦技)队将冠名“伊思佳”队参加国内外赛事。

同日　民政部公示,平湖市和谐家庭社工事务所申报的“婚姻危机调试专业社工服务项目”入选“李嘉诚基金会大爱之行”项目援助计划,共获援助资金 10 万元。这是平湖市社工服务项目首次获得的国家级基金会资助。

12 日　省委副书记、省委政法委书记王辉忠到平检查上海亚信峰会临沪安保新埭泖口水上卡点。

14日　全市“依法信访”主题宣传月活动动员会召开。此次宣传月活动从5月1日至5月31日,主题为“依法信访、理性维权”。

19日　2014中国·平湖服装设计大赛正式启动,大赛主题为“设计·繁荣·共生”。

21日　市政府办下发通知,决定开展全市印染行业整治关停处置“零点行动”。通知要求5月31日前全市范围内未通过整治验收的印染企业一律停产,6月30日前未通过整治验收的予以关闭。至6月底,全市21家印染企业中,6家完成关闭,14家完成整治提升,1家停产。

同日　共青团中央书记处第一书记秦宜智到平调研共青团网络引导服务工作。

24日　2014首届长三角运动休闲体验季第三站即浙江平湖九龙山站举行启动仪式。2014首届长三角运动休闲体验季活动时间为4月至6月,共分5站举行。在平期间,体验者在九龙山旅游度假区体验马术、游艇、高尔夫等高端运动休闲项目。

26日　平湖市被教育部评为首批国家级农村职业教育和成人教育示范县。

30日　国内首套烟气超低排放装置在浙能嘉兴电厂8号机组投运。该机组采用“多种污染物高效协同脱除集成技术”,烟气主要污染物的排放水平达到或优于燃气机组排放标准。

•6月•

5日　全市2014年职业技能竞赛开赛。竞赛内容涉及服装制作工、污水处理工、中式烹调师、汽车修理工、维修电工等10个职业工种,近200名选手参与竞技。竞赛活动时间持续到10月。

同日　省委副书记王辉忠到平调研“三位一体”农村合作经济工作。

8日　全市首家专业老年康复护理机构——平湖绿康老年康复护理院奠基开工。

13日　市委全面深化改革领导小组第一次会议召开。

14日　市“基层好声音”宣讲活动正式启动。此次宣讲活动从各机关单位选派20名讲师,围绕市委、市政府中心工作与重点工作,通过讲讲好政策、说说百姓事、聊聊心里话、暖暖群众心4个大类21个课题的形式,把党委、政府的声音传达到基层。

20日　浙江景兴纸业股份有限公司中水回用工程试运行,这是国内箱板纸行业投运的第一套采用超滤反渗透膜处理工艺的造纸废水回用工程,工程总投资约1500万元,工程投运后,企业吨纸废水排放量可降至4吨左右。

26日　平湖籍中科院院士、清华大学化工系教授费维扬受邀到平,就“五水共治”工作进行专题讲座。

28日　平湖市举行浙商回归特色平台推介会,邀请20多名来自上海、河南、台湾等地的浙商参加,宣传平湖市投资环境,引导浙商回乡创业创新。

29日　平湖市首家民营医院——平湖新华医院正式开业。该院位于平湖经济技术开发区内,是一家集医疗、康复、保健等功能于一体的综合性二级医院,规划编制床位600张。

30日　平湖市举行2014年名校研究生挂职及社会实践动员会。来自清华大学、北京大学、浙江大学、上海交通大学、同济大学等5所国内名校的40名研究生到平挂职及社会实践。

同日　曹桥街道蘑菇精品园创建点通

过省农业厅考核验收。

同日　钟埭街道新群村与台湾南投县鹿谷乡竹丰村举行《两岸邻里友好结对交流协议书》签约仪式。这是平湖市与台湾地区首次签订村级友好结对协议。

•7 月•

1 日　市农业废弃物处置中心建设正式建成并投入使用。该中心位于新埭镇，于是年 3 月动工，总投资 1600 万元，占地面积 6.5 亩，平均每天可处理 5～6 吨病死畜禽。这是嘉兴市首个采用热解炭化工艺的农业废弃物处置中心。

2 日　浙江莎普爱思药业股份有限公司 A 股股票在上海证交所成功上市，这是平湖市第三家上市企业。此次莎普爱思共发行 1635 万股，发行价为 21.85 元。

同日　省经信委公布 2014 年度浙江省“小升规”重点县（市、区）及重点乡镇街道（园区）名单。平湖经济技术开发区入围，成为全市镇街道中首个入选省“小升规”重点乡镇街道（园区）的单位。

同日　市政府成立平湖市市域外引水工程分指挥部。

5 日　平湖市首家供销社农超对接生鲜超市——“餐餐乐”生鲜超市正式开业。该超市位于市区三港路，营业面积约 300 平方米。

10 日　省经信委公布 2014 年浙江省电子信息产业百家重点企业名单，平湖市日本电产芝浦（浙江）有限公司、关东辰美电子（平湖）有限公司、浙江恒业电子有限公司 3 家企业榜上有名。

11 日　平湖临沪产业园管理委员会与中先联园－易厂网（上海）工业投资顾问有限公司签署协议，建立国内首个集设计研发、智能制造、销售贸易、交流论坛、服务外包、国际物流于一体的可穿戴智能设备及其关联产品产业集聚基地。

15 日　省委副书记、省长李强到平调研产业结构调整机制创新试点工作，实地考察日本电产芝浦、津上精密机床、莎普爱思药业等企业。

同日　国家园林城市省级复查专家组到平检查国家园林城市复评工作。

同日　为期 12 天的 2014 年“中国寻根之旅”夏令营浙江营浙北分营在平开营。来自美国、葡萄牙、墨西哥、意大利等国的 28 名海外华裔青少年，开展经典诵读、平湖一日游、体验裹粽子、学习瓜灯雕刻等活动，了解和感悟中华传统文化。

16 日至 18 日　市第五届残疾人运动会举行。来自各镇（街道）的 8 个代表团 170 多名参赛人员参加了田径、游泳、乒乓球、羽毛球等项目的比赛。

18 日　浙江平湖枫叶国际学校签约仪式在平湖经济技术开发区举行，这是平湖市首所联合办学的国际学校。该项目总投资 2 亿元，办学规模按在校小学 900 人、初中 800 人、幼儿园 300 人、教师公寓 100 套进行建设，面向全国招生，优先招收平湖市学生。

21 日　住建部、国家发改委等 7 部委共同发布最新一批全国 3675 个重点镇名单，浙江共有 137 个镇入选，平湖市新埭、新仓两镇入选。

24 日　浙江医院糖尿病中心平湖分中心在市第一人民医院成立。

25 日　全市推进生猪减量提质暨实施“三个一”制度工作会议召开。会议要求全市从 8 月 1 日起全面实施生猪养殖“三个一”制度，即养殖户持《生猪养殖证》、“生猪养殖污染处置费缴费凭证”“准予阉割防疫检疫证明”申报动物检疫和阉割防疫。

26日　市第一人民医院与上海市儿童医院签约,共同成立上海市儿童医院医疗技术协作医院。

29日　市重点工程新华南路延伸段二期工程一号桥顺利合拢。9月24日,新华南路延伸段二期道路正式全线通车,这标志着市本级主城区与新客运中心正式接通,新华南路至此全线贯通。

同日　平湖市创建省级环保模范城市工作通过省考核组验收。

31日　平湖市公共自行车服务系统二期工程39个网点全面投入运行。至此,全市公共自行车网点共有69个,自行车达2000辆。

同日　平湖市广陈塘小新村地表水自动监测站通过验收,成为全省第一个地表水交接断面水质自动监测系统完善工程中通过验收的站点。

•8月•

1日　市委书记翁建荣带领市四套班子领导,各镇(街道)、各有关部门主要负责人赴海宁学习考察重点工作推进和环境建设。

5日　清华大学党委书记陈旭在浙江清华长三角研究院院长王涛的陪同下,到平看望清华大学在平任职及社会实践的研究生。

6日　平湖市曙光应急救援中心组织的救援队抵达云南省鲁甸县地震灾区,实施救援。在完成各项救援工作后,于13日返回平湖。

同日　平湖市首次将2宗经营性海域在市公共资源交易中心进行挂牌公告。本次挂牌出让海域分别为嘉兴3#海上风电场测风塔、嘉兴港独山港区A区3号区块,总面积为0.15公顷和6.02公顷,起始价为11万元和250万元(不含论证等前期费用)。

8日　国家(省级)公共文化服务体系示范区创建平湖市推进会召开。

同日　省科技厅公布第一批科技大市场建设工作试点名单,平湖市高新技术创业服务中心发展有限公司成为全省26家首批试点单位之一。

同日　省人民政府同意设立浙江独山港经济开发区,实行现行省级经济开发区的政策。9月10日,"独山港区管委会"更名为"浙江独山港经济开发区管委会"。9月18日,市委决定撤销中共平湖市委独山港区开发建设工作委员会,建立中共平湖市委独山港经济开发区工作委员会。9月26日,浙江独山港经济开发区举行揭牌仪式。

9日　在2014"建国杯"第四届全国大型音乐展演活动中,平湖市音乐家协会名誉主席马宏军作曲的《畲乡的美丽》(薛霄九作词)荣获作曲金奖。

12日　"美丽浙江·美好生活"全国知名网络媒体采访团到平。全国各地23家网络媒体的近30名编辑记者在平开展采访活动。

15日　全市"无违建"市创建百日攻坚系列行动推进会召开。此次行动自8月初至11月中旬,集中清理中心城区、镇(街道)集镇、公路沿线、码头堆场、工业企业等五大领域的违章建筑。

16日　安徽淮南市谢家集区孤堆回族乡驻平湖市新仓镇流动党支部创新组织生活会形式,运用"e线牵两地"远程视频互动平台,与家乡地党组织共同召开专题组织生活会,进行实时视频互动,实现了两地党组织共同参与、两地党员共同互评、两地领导共同点评,成为全国首个跨省召开的专题组织生活会。

16日至17日　全市3400多名机关事业单位在编干部(工作人员)参加应知应会考试。

20日　由新仓镇选送的民俗文艺节目“着瘢子”参加亚洲音乐舞蹈艺术节展演,并获得舞蹈类金奖。亚洲音乐舞蹈艺术节由新加坡国际音乐舞蹈交流促进会主办,此次比赛共有来自中国、韩国、印尼等国家和地区选送的100多个节目参加。

21日至22日　全国地名公共服务示范申报单位测评验收组到平,对全国地名公共服务示范县创建工作开展实地测评。

•9月•

3日　上海市张江高新区管委会常务副主任曹振全率队到平考察对接工作。

5日　全市高中教育工作座谈会召开。

11日　曹桥供销专业合作社获“国家农民合作社示范社”称号。这是平湖市供销系统首家荣获国家农民合作社示范社的单位。

15日　平湖钹子书表演唱《一只生蛋鸡》荣获“第五届全国小戏小品曲艺大展”银奖。

17日　中央巡回督导组到平开展教育实践活动群众测评工作。

19日　省委书记、省人大常委会主任夏宝龙到平调研。省委常委、秘书长赵一德,嘉兴市委书记鲁俊,嘉兴市委副书记、市长肖培生等陪同调研。夏宝龙一行先后考察科世科汽车部件公司、依爱夫游戏装文化产业公司、德西福格汽车配件公司、三星精密不锈钢(平湖)公司、南六企业(平湖)公司等企业。夏宝龙强调,有效投资是经济增长与转型的重要引擎。全省各级各部门要从全局和战略高度深刻认识扩大有效投资对推进经济发展的关键作用,进一步振奋精神,咬定目标、克难攻坚、改革创新、精准服务,全力打好扩大有效投资攻坚战,为促进经济发展、产业转型、社会和谐提供有力支撑。

25日至27日　主题为“欢乐平湖·瓜灯有约”的2014中国·平湖西瓜灯文化节举行。文化节先后举办瓜乡供月华、平湖国际进口商品博览会、平湖购物游启动仪式、2014第二届中国(平湖)箱包皮具节暨箱包皮具博览会、平湖市投资贸易洽谈会、2014中国·平湖西瓜灯文化节开幕式暨服装设计大赛总决赛等活动,节日期间共签订投资项目47项,总投资191.9亿元。其间,中国皮革协会授予平湖市为“中国旅行箱包之都”称号,标志平湖成为中国三大箱包生产基地之一。

27日　平湖市首个儿童文化旅游产业项目——“伊佳林开心梦工场”在平湖经开区开园。中国侨联副主席、省政协副主席吴晶等领导参加开园典礼。“伊佳林开心梦工场”是全国首家以情景变装为主题,融合角色扮演、育乐拓展的综合性少儿游乐场所,于10月1日正式对外开放。

30日　当天是全国首个“烈士纪念日”,平湖市在福陵园公墓内举行向烈士纪念碑敬献花篮仪式。

同日　环保部发布《关于国家级生态乡镇的公告》,公布2012—2013年度国家级生态乡镇名单,平湖市当湖街道、钟埭街道和新埭镇3个镇(街道)榜上有名。至此,包括2011年获得该称号的新仓镇在内,全市8个镇(街道)中已有4个获得“国家级生态乡镇”称号。

•10 月•

11 日　市委召开全市党的群众路线教育实践活动总结大会。

13 日　中国少年先锋队平湖市第十次代表大会召开。

18 日　位于平湖经济技术开发区的中国虫草博物馆正式开馆。该馆作为全球第一家专业虫草展示馆,是目前国内最大的以民营资本投资建设的科普类虫草博物馆,占地面积 15000 平方米,建筑面积 12000 平方米,总投资 1000 万元。

18 日至 19 日　“美丽非遗,梦圆平湖——首届中国·平湖琵琶邀请赛”举行。首届中国·平湖琵琶邀请赛于 2014 年年初策划启动,分为初赛和决赛两个阶段。截至 8 月底,共收到来自全国 7 个省市的参赛作品共 79 件。9 月 18 日至 19 日,进行 4 场金银奖角逐,评出金奖 14 个、银奖 20 个。

31 日　阿里巴巴·平湖产业带首批企业入驻动员会召开。经过近一年的筹备协调,阿里巴巴·平湖产业带项目建设各项准备工作初步就绪。11 月 28 日,阿里巴巴·平湖产业带正式上线。

•11 月•

1 日　全市正式推行干部网上工作日志制度。网上工作日志以党政机关协同办公系统为主要载体,由干部本人记录每日工作内容及完成情况,实行一日一记。该制度主要在镇(街道)、市级机关部门(单位)现职乡科级领导干部中施行,镇(街道)、市级机关部门(单位)中层及其他干部职工可参照执行。

3 日至 4 日　省新型农作制度推广现场会在平召开。与会人员到新仓镇仓秦果蔬专业合作社基地、平湖市电力集体资产经营中心金穗园基地以及平湖市三丰果蔬专业合作社基地参观新型农作模式现场,学习考察果园套种大豆模式、稻鳖共生种养模式以及大棚瓜菜—水稻轮作模式。

5 日　省政府党组副书记、省政府顾问王建满到平调研“五水共治”工作。

7 日　2014 年浙江平湖高层次人才创业环境(上海)说明会在上海张江召开。会议推介平湖市创业环境、人才政策以及长三角科技城(上海张江平湖科技园)的相关情况。会上,上海 14 名高层次人才与平湖市进行创业创新项目签约。

10 日　市委召开全市领导干部会议。嘉兴市委书记鲁俊宣布省委、嘉兴市委关于平湖市委主要领导职务变动的决定,盛付祥任中共平湖市委委员、常委、书记,翁建荣不再担任中共平湖市委书记、常委、委员职务。

11 日　全省人大电子政务工作座谈会在平召开。

13 日至 14 日　中国科学院学部科学普及与教育工作委员会会议暨“问情·咨政·服务”院士专家平湖行活动在平举行。

17 日　省委督查组到平开展为期一周的督查工作。

22 日　平湖经济技术开发区(钟埭街道)钟埭村水利服务专业合作社获“全国农民用水合作示范组织”称号。平湖市天郎果蔬专业合作社、平湖市曹桥供销专业合作社获“国家农民合作社示范社”称号。

26 日　嘉兴市 2014 年下半年“双推”活动走进平湖。嘉兴市领导鲁俊、刘冬生、高玲慧、胡海峰等率市级有关部门负责人、其他县(市、区)党政负责人现场观摩平湖市 2014 年以来扩大有效投资、“五水共治”、养殖业转型发展、“三改一拆”等重点工作的推进情况。

27日　数字平湖地理空间框架建设项目验收暨成果推广会召开。

28日　2014年平湖投资环境推介会在上海举行。

·12月·

3日　市社科联成立大会暨第一次代表大会举行。会议审议通过《平湖市社会科学界联合会章程》,选举产生市社科联第一届领导班子。

7日　李叔同(弘一大师)塑像捐赠仪式举行。中国侨联副主席、银帝集团董事局主席朱奕龙,中国美术馆馆长、中国雕塑院院长、中国美术家协会副主席吴为山等为塑像揭幕。此次捐赠的李叔同(弘一大师)塑像,由朱奕龙个人珍藏,吴为山创作。

11日　市工会第十六次代表大会召开,选举产生新一届市工会领导班子。

12日　平湖新仓农业产业合作组织综合党委正式成立。该组织是全市首个农业产业合作组织综合党委。

15日　韩国KR摩托车平湖项目签约仪式举行。本次韩国KR摩托车项目注册资金5000万美元,总投资1.08亿美元,是平湖经济技术开发区光机电产业园区成立以来第一个机动车整车项目。

18日　平湖市第十四次妇女代表大会召开,选举产生新一届执行委员会。

20日　平湖市陆稼书研究会成立暨展示馆启动仪式在当湖高级中学举行。

同日　2014年浙江·平湖特色农产品推介会在沪召开。

同日　2014年中国·平湖投资环境(东莞)说明会在广东省东莞市举行。

23日　平湖市人民政府第三次经济普查领导小组办公室被国务院第三次全国经济普查领导小组授予“第三次全国经济普查先进集体”荣誉称号。这是嘉兴市县(市、区)、乡(镇、街道)两级唯一的全国先进集体。

28日　平湖汽车客运中心正式投入使用。市客运中心按一级客运站标准建设,概算总投入16878万元,设计日发旅客1万人次至2.5万人次。

同日　“上海人游平湖”启动仪式在九龙山旅游度假区举行。

29日　市第七次台胞台属代表大会举行,会议选举产生市台联新一届理事会。

全市概况

•行政建置•

【建置沿革】 平湖历史悠久,春秋时为越武原乡地。秦王政二十五年(公元前222年)置海盐县,今平湖市境为海盐县之一部分。秦末或西汉初,县治陷为柘湖,移治武原乡地域(今平湖市当湖街道东湖一带)。东汉永建二年(127年)县治陷为当湖,迁治齐景乡故邑山(今乍浦附近)。东晋咸康七年(341年),县治从故邑山移治马嗥城(今海盐县武原镇东南)。明宣德五年(1430年)从海盐县分出大易、武原、齐景、华亭四乡,建为平湖县,因其地汉时陷为当湖,"其后土脉坟起,陷者渐平,故名平湖"。以后,建置长期不变,境域基本稳定。

解放后,平湖县境有三次变动。1950年,调整区乡规模时,划骑莲乡10个村归海盐县、埭乘乡4个村归嘉善县;1958年,建立人民公社时,海盐县西塘公社和嘉兴县钟埭、曹桥公社划入县内;1961年,西塘公社仍划归海盐县。1991年6月,经国务院批准,撤销平湖县,设立平湖市。

【行政区划】 2014年末,全市辖乍浦、新埭、独山港、新仓、广陈、林埭6个镇,当湖、钟埭、曹桥3个街道,95个村、59个社区。市人民政府驻当湖街道。

•地理环境•

【地理位置】 平湖市位于浙江省北部杭嘉湖平原东端,在北纬30°35′~30°52′和东经120°57′~121°16′之间。南临杭州湾,东北与上海市金山区交界,西与嘉兴市南湖区接壤,西南与海盐县为邻,西北与嘉善县相接。南北长约30.8公里,东西宽约30.6公里,土地总面积537平方公里。

【人口】 人口自然增长率保持较低水平。全年出生人口4584人,死亡3422人,人口自然增长率2.37‰。年末全市户籍总人口49.14万人,其中男性240853人,女性250526人。非农业人口240435人,占总人口的48.93%,比上年提高0.236个百分点;农业人口250944人,占51.07%,比上年下降0.236个百分点。全市常住人口68.36万人。全年计划生育率99.44%。

•气象•

【概况】 2014年,全市年平均气温较常年(指1981年至2010年30年平均值,下同)偏高,降水量偏多,日照时数显著偏少。冬季气温偏高,日照偏少,降水偏多(前期温高少雨多日照,后期低温阴雨寡照);春季温暖少雨少日照,气候偏好;夏季气温低,降水多,日照少,梅雨降水集中,凉夏特征明显,东风系统影响引发大暴雨,灾害偏重;秋季温高少雨,气候适宜。年内,达到影响台风标准1个。总体来说,2014年气候条件属偏差年景。

【主要气候要素】 气温:年平均气温16.6℃,较常年偏高0.3℃,比上年低1.0℃。6月、7月、8月、12月气温较常年偏低、其余各月均较常年偏高。平均气温较常年偏高1.0℃或以上的月份有4个月,其中,1月平均气温6.1℃,较常年偏高1.9℃,仅次于2002年同期的6.2℃历年最高极值(历年,指

1954年以来的气象记录,下同)。8月平均气温26.2℃,较常年偏低1.8℃,仅次于1980年同期的24.8℃历年最低极值。年极端最低气温-5.3℃,出现在1月22日。年极端最高气温34.4℃,出现在8月4日。终霜日出现在3月14日,初霜日出现在11月18日,全年无霜期244天。

连续5天滑动平均气温≥10℃的初日出现在3月15日(进入春季),连续5天滑动平均气温≥22℃的初日出现在5月22日(进入夏季),连续5天滑动平均气温≤22℃的初日出现在9月21日(进入秋季),连续5天滑动平均气温≤10℃的初日出现在12月3日(进入冬季)。冬季(1—2月)平均气温6.1℃,较常年偏高1.1℃,属暖冬年份,比上年偏高0.4℃。其中,1月平均气温6.1℃,较常年偏高1.9℃;2月平均气温6.0℃,较常年偏高0.2℃。春季(3—5月)平均气温15.6℃,较常年偏高0.9℃,比上年偏低0.3℃。其中,3月平均气温11.0℃,较常年偏高1.7℃;4月平均气温15.1℃,较常年偏高0.4℃;5月平均气温20.8℃,较常年偏高0.8℃。夏季(6—8月)平均气温25.7℃,较常年偏低1.0℃,比上年偏低3.3℃。其中,6月平均气温23.6℃,较常年偏低0.3℃;7月平均气温27.4℃,较常年偏低0.9℃;8月平均气温26.2℃,较常年偏低1.8℃。夏季无≥35.0℃高温天气出现,1997年后第一次无高温日年份。秋季(9—11月)平均气温19.2℃。较常年偏高1.0℃,比上年偏低0.4℃。其中,9月平均气温24.0℃,较常年偏高0.3℃;10月平均气温19.4℃,较常年偏高1.1℃;11月平均气温14.2℃,较常年偏高1.6℃。连续3天日平均气温≤20℃的秋季低温初日出现在10月8日。12月平均气温5.4℃,较常年偏低1.0℃。

降水:年降水量1438.0毫米,较常年偏多168.3毫米,比上年偏多243.8毫米。年雨日128天,较常年少12天。冬季降水量198.6毫米,较常年偏多54.6毫米,较上年偏多70.5毫米。其中,1月降水量31.0毫米,较常年偏少38.3毫米;2月降水量167.6毫米,较常年偏多92.9毫米。季雨日21天,较常年少2.3天。春季降水量397.7毫米,较常年偏多62.5毫米,比上年多99.9毫米。其中,3月降水量73.1毫米,较常年偏少45.2毫米;4月降水量107.3毫米,较常年偏多6.2毫米;5月降水量88.0毫米,较常年偏少23.5毫米。季雨日32天,较常年少9.1天。夏季降水量748.1毫米,较常年偏多248.2毫米,比上年多388.7毫米(降水量时空分布不匀,降水偏多的时间主要出现在7月中旬、8月上中旬)。其中,6月降水量206.3毫米,较常年偏多20.5毫米;7月降水量162.9毫米,较常年偏多9.9毫米;8月降水量378.9毫米,较常年偏多217.8毫米。季雨日42天,较常年少2.6天。秋季降水量214.9毫米,较常年偏少34.2毫米,比上年少128.5毫米。其中,9月降水量115.5毫米,较常年偏少9.9毫米;10月降水量50.9毫米,较常年偏少12.1毫米;11月降水量48.5毫米,较常年偏少12.2毫米。季雨日28天,较常年少0.2天。12月降水量8.0毫米,较常年偏少37.8毫米。月雨日5天,较常年少3天。年内,日降水量≥25.0毫米的大雨降水出现20次,日降水量≥50.0毫米的暴雨降水出现3次,日降水量≥100.0毫米的大暴雨降水出现1次,日最大降水量125.4毫米,出现在8月8日。

日照:年日照时数1556.7小时,较常年偏少432.4小时(属异常偏少年份,突破1954年的1649.6小时最少极值记录),比上年偏少566.1小时。按季节分布:冬、春、夏、秋四季均较常年偏少。全年光照条件属异常偏差年份。冬季日照时数217.6小时,较常年偏少20.4小时,比上年多28.3小时。其中,1 月日照时数 150.0 小时,较常年偏多 28.5 小时;2 月日照时数 67.6 小时,较常年偏少 48.9 小时。春季日照时数 397.7 小时,较常年偏少 80.4 小时,比上年少 132.0 小时。其中,3 月日照时数 158.4 小时,较常年偏多 23.8 小时;4 月日照时数 122.9 小时,较常年偏少 45.9 小时;5 月日照时数 126.4 小时,较常年偏少 58.3 小时。夏季日照时数 376.4 小时,较常年偏少 251.6 小时,比上年少 347.9 小时。其中,6 月日照时数 88.5 小时,较常年偏少 69.6 小时;7 月日照时数 170.4 小时,较常年偏少 65.9 小时;8 月日照时数 117.5 小时,较常年偏少 116.1 小时。秋季日照时数 396.3 小时,较常年偏少 104 小时,比上年少 139.8 小时。其中,9 月日照时数 86.4 小时,较常年偏少 94.0 小时;10 月日照时数 196.2 小时,较常年偏多 22.9 小时;11 月日照时数 113.7 小时,较常年偏少 32.9 小时。12 月日照时数 168.7 小时,较常年偏多 24.0 小时。

2014 年气象要素统计

要　素	单　位	数值
年降水量	毫米	1438.0
年雨日	天	128
年雪日	天	5
年日照时数	小时	1556.7
年平均气温	℃	16.6
年极端最高气温	℃	34.4
年极端最低气温	℃	-5.3
年无霜期	天	244
年平均风速	米/秒	3.3
年平均相对湿度	%	82
年平均最高气温	℃	20.2
年平均最低气温	℃	13.7

【重要气候事件】 连阴雨。2 月,出现 3 次连阴雨天气过程,分别出现在 2 月 6—13 日、16—19 日和 24 日—3 月 1 日,过程雨量分别为 34.9 毫米、75.0 毫米和 75.6 毫米,日照分别为 8.8 小时、0.0 小时和 0.0 小时。4 月中旬初至下旬后期出现持续降水天气,过程总降水量 104.5 小时,雨日 11 天,日照时数仅为 36.7 小时。2—3 月的连阴雨过程为典型的冬春季连阴雨,持续时间之长、过程光照之匮乏均属历年少见。长时间阴雨,光照匮乏,田间积水,渍害较重,给设施大棚及露天作物生长均带来较大影响。11 月 24 日至 30 日出现连续降水,过程雨量 38.1 毫米,对晚稻收晒不利。

降雪。2 月 9 日全市出现初雪,10 日早晨有明显积雪,最低气温为 -2.1℃,桥面与部分道路有严重结冰现象,11 日雨雪止,12 日再次降雪,后期转雨。18 日全市出现了明显的降雪天气,短时雪量大,并出现积雪。

强冷空气。11 月 30 日夜,受强冷空气影响,12 月 1 日起气温大幅下降,日平均气温从 11 月 30 日的 14.6℃下降到 2 日的 2.6℃,过程降温幅度 12.0℃。并出现内陆 6—7 级、沿海 7—8 级偏北大风,11 月 30 日发布了寒潮蓝色预警信号。12 月中旬,冷空气影响频繁:10—13 日受中等强度冷空气影响,过程降温幅度 6.1℃,14 日最低气温 -2.4℃;15 日冷空气再次影响,过程降温幅度 6.6℃,16 日市气象台发布了大风黄色预警信号,全市出现内陆 8 级、沿海 9 级偏北大风,18 日早晨最低气温 -4.3℃;19 日又受中等强度冷空气影响,过程降温幅度 6.2℃,22 日最低气温降至 -2.9℃。

梅雨。6 月 17 日入梅,7 月 7 日出梅,入梅时间较常年略偏迟(常年入梅 6 月 12 日),梅雨持续期 20 天,梅雨日 14 天,梅雨量 224.8 毫米,较常年略偏少(常年 262.5 毫米)。梅雨降水主要出现在 3 个时段,分别出现在 6 月 20—21 日、26—27 日和 7 月 4 日,并都伴有暴雨降水,过程雨量分别为 81.0 毫米、86.6 毫米和 23.9 毫米,其中,7 月 4 日最大降水量出现在钟埭(降水量 93.6

毫米)。

强对流。7月,天气多变,大风、短时暴雨、强雷电等强对流天气多发,月内出现二次雷雨大风、强对流天气,分别出现在13日和24日,其中,13日极大风速达24.8米/秒(10级),给设施农业带来一定影响。9月2日傍晚,受强对流天气影响,全市大部分地区出现强雷电、雷雨大风和短时强降水天气,全市普遍出现8级以上雷雨大风,极大风速25.1米/秒(广陈),全市大部分地区通信网络、有线电视等弱电设施受强雷击影响,损失严重。

凉夏。8月8日至20日出现历史同期少有的阴雨寡照凉爽天气,阴雨寡照持续时间长达13天,过程雨量达336.0毫米,日照时数仅13.9小时。8月中旬平均气温25.4℃,较常年偏低3.6℃,为历年少有的凉夏,日照时数突破1980年同期14.9小时的最少极值记录。

台风。7月24—25日,受台风"麦德姆"外围环流影响,出现7.4毫米降水和风力增大过程,内陆最大风力7级,没有给全市造成明显影响。7月30日20时—8月2日8时,受12号台风"娜基莉"外围影响,全市普降大到暴雨,全市面雨量44.7毫米,有6个区域自动站累计雨量超过50毫米,最大降水量73.5毫米(曹桥),达到影响台风标准。9月22—23日,受台风"凤凰"外围环流影响,出现中等降水,过程雨量25.4毫米,内陆出现5—6级、沿海6—7级东北风。

大暴雨。8月8日受东风系统影响,全市出现大暴雨。日雨量125.4毫米。低洼地区受淹,灾情较重。

灰霾:全年出现灰霾天气52天,主要出现在1月、11月和12月,占全年灰霾日的77%。1月大气层结稳定,污染物扩散条件差,灰霾天气显著增多,月内灰霾日多达11天,其中2—5日和17—20日出现持续性灰霾天气,气象台连续多天发布霾预警,提醒广大市民出行注意防范。11月灰霾天气9天。12日气象台发布灰霾黄色预警,22日、23日早晨全市出现大雾,气象台两次发布大雾橙色预警。12月是灰霾天气最为集中出现的月份,受冷空气频繁南下影响,月内共出现灰霾天气20天。灰霾天气持续多发,空气质量较差,呼吸道疾病患者明显增多。

【气候对交通运输的影响】 2月9日出现初雪,由于气温较低,最低气温为-2.1℃,10日早晨有明显积雪,桥面与部分道路有严重结冰现象,对交通运输有一定影响。2月18日,出现明显降雪天气,短时雪量大并出现积雪,对交通运输也有一定影响。

【气候与农业生产】 1月,气温异常偏高,雨量明显偏少,日照偏多。月内以晴好天气为主,大小麦、油菜等冬种作物长势良好,大棚草莓进入采收旺季,大棚西甜瓜等早春瓜果蔬菜栽培工作有序进行。农户在冷空气来临前普遍采取防寒保暖措施,没有对全市设施农业造成影响。2月,气温偏高,雨量明显偏多,日照明显偏少,月内出现持续阴雨天气,对农业生产不利。连续降水导致田间渍害严重,大小麦、油菜等春花作物生长不利,播种、移植等田间作业无法进行,延误春耕生产进度。阴雨寡照使大棚内增温效果不明显,棚内潮湿的环境诱发病害,降低了草莓的品质,延缓了西甜瓜生育进程。3月,气温偏高,雨量偏少,日照偏多,月内晴好天气为主,有利于春耕备耕工作的开展。气温回暖,光照充足,大小麦进入抽穗期,油菜处于盛花期,大棚瓜果作物长势好。3月19—20日受冷空气影响,21日早晨气温较低,出现霜冻,对设施大棚育苗带来不利影响。4月,气温明显偏高,雨量正常,日照偏少,晴雨相间天气为主,较有利于春粮作物生长和春耕生产。中旬受连续降水影响,大小麦赤霉病发生率有局部增多趋势,农业部门利用晴天有利时机,开展大小麦类赤霉病大范围施药防治,效果良好。5月,气温偏高,雨量偏少,日照偏少。天气晴雨相间为主,气温高,光照足,有利于春粮、油菜的成熟收割。下旬收割旺季无明显降水过程,对夏收农事生产有利。6月,气温正常,雨量正常略偏多,日照明显偏少,气象条件对农业生产有不利影响。梅汛期降水集中,单季晚稻赶在梅汛期强降水来临前播种并出苗,梅雨对夏播影响较小,但20—21日、26—27日的2轮暴雨,田间大量积水,加上天气潮湿,造成大棚瓜果蔬菜发病率提高,品质下降。6月早熟葡萄品种正待成熟上色,下旬的连续阴雨寡照天气不利于葡萄成熟,使其上色较慢,甜度不够,品质受到一定的影响。7月,气温偏低,雨量偏多,日照偏少,气象条件对农业生产利弊参半。月内天气多变,大风、短时暴雨、强雷电等强对流天气多发,给设施农业带来一定影响。7月6日前受梅雨带影响,以阴雨天气为主。24—25日受台风"麦德姆"外围环流影响,部分地区出现阵雨和风力增大过程。本月气象条件总体有利于晚稻生长,但多雨少日照的天气条件不利于水果的成熟上色和品质提升。8月,气温明显偏低,雨量显著偏多,日照时数明显偏少,气象条件对农业生产较为不利。月内出现历史罕见的凉爽多雨天气,温度条件略有不足,部分迟播田块的晚稻生育期有所推迟;长时间阴雨寡照天气导致晚稻、蔬菜及水果等农作物病虫害发生蔓延,不利于产量和品质的提升。8月8日受东风系统影响,全市出现大暴雨,日雨量125.4毫米。低洼地区受淹,灾情较重。9月,气温略偏高,雨量略偏少,雨日偏多,日照时数显著偏少,气象条件对农业生产较为不利。月内持续阴雨寡照天气导致晚稻、蔬菜及水果等农作物病虫害开始发生和蔓延,尤其是晚稻纹枯病和稻纵卷叶螟,主要危害部分迟熟的晚稻田块。10月,温高光足,昼夜温差大,对各类作物生长和成熟有利,适宜秋收冬种,晚稻收割和油菜播种进展顺利,但土壤墒情不断下降,对油菜播种和秧苗生长有一定影响;下旬后期降水增多,土壤墒情有一定的改善。11月,气温明显偏高,降水偏少,有利于晚稻收割和油菜移植、大小麦播种,秋收冬种工作进行顺利。12月,气温偏低,雨量明显偏少,日照充足,月内冷空气影响频繁,但农户在冷空气来临前能及时做好防寒保暖工作,故没有明显的气象灾害发生。

【气象工作】 2014年度,市气象局获浙江省气象系统"防雷减灾工作先进集体";嘉兴市气象局"综合目标二等奖""综合业务竞赛团体第一""市级测报先进集体""树形象、创一流"活动先进集体、"市级行政许可工作先进集体";嘉兴港区"安全生产先进集体";平湖市"行政服务中心重点工作先进集体"等称号。

履行公共气象服务职能,做好重要天气过程和重要活动的气象保障服务。开展春运、两会,冬季连阴雨,高、中考,梅汛期、台汛期的气象保障服务。通过气象灾害预警系统、手机信息平台、气象信息电子显示屏、广播电台、电视气象节目、气象网站等多种方式及时将各类气象信息传送至气象灾害应急指挥部成员单位、有关部门、农业渔业种养大户及社会公众。年内,共发布预警信号33次,预警短信、提醒短信、天气预报等各类气象服务短信220余万条;发布《春运天气趋势预测》《气象信息内参》《重要天气报告》《气象呈阅件》《专题服务材料》《三农气象专题服务》等230期。

气象观测业务调整。以气象业务现代化为契机,以"提质增效"为抓手,推进气象监测设施建设和气象观测业务改革。2013年12月31日20时起,正式启用新观测站址

(八字观测站),完成新型自动气象站业务切换。

区域自动站改造,灰霾、大气电场等新型观测系统建设。3 月,完成大气成分灰霾观测系统建设,业务数据实时上传,实现全省共享;4 月,完成新址、乍浦老站和当湖站大气电场仪安装;10 月,完成新型闪电定位仪安装;12 月,完成激光雪深传感器和称重式降水传感器的安装。

航危报业务调整。随着气象业务现代化的推进和观测业务改革的深入,6 月 30 日 20 时后正式停发航危报。

特色现代农业气象服务。制订周年服务方案,开展多种跟踪气象服务,在春播、夏收夏种、汛期服务中发挥作用。

直通式点对点气象为农服务。完善气象为农服务平台,拓展为农服务对象,走访调研 99 家重点为农服务对象,并纳入直通式服务范畴,免费提供 72 小时天气预报短信、一周天气短信、转折天气提醒短信、预警短信等。

气象灾害监测预警。完善农业气象服务体系,维护好全市范围内设立的 10 个全球眼实景监控点,报送上级部门推广应用。完成 65 块气象信息电子显示屏(村、社区)的建设。

气候品质认证。以"三农气象服务专项"为契机,开展省级农产品气候品质认证工作。6 月上旬,"绿野""九龙"两家专业合作社基地生产的"金比特""拿比特"西瓜品种通过省气象局气候中心认证,气候品质为优等级并实现贴牌上市。

气象防灾减灾重点单位管理。确定 2014 年气象防灾减灾重点单位(5 家)名单,建立重点单位联系人制度并开展服务。完成 2013 年 10 家气象防灾减灾重点单位应急准备认证,并通过上级验收。

气象协理员管理。召开由乡镇分管领导和气象协理员参加的气象协理工作总结会议,完善气象协理单位考核办法,部门联络员、村级气象信息员信息,录入中国气象局信息员网站。

气象防灾减灾标准镇、村(社区)建设。完成 7 个防灾减灾标准村(社区)建设,其中 3 个村,4 个社区。实现全市气象灾害防御示范(标准)乡镇全覆盖建设。

气象科普宣传。利用"3·23"世界气象日、"防灾减灾日"等科普宣传活动日,进社区、学校,下乡镇开展气象科普宣传活动。发放各类科普资料 2 万余份、展出宣传图板 35 块次、接待市民 2000 余人。举办 5 场防灾减灾知识培训讲座,受众人数 280 余人次。开展千场电影下乡活动,累计播放 1207 场次,受众近 19 万人次。

山洪地质灾害防治气象保障工程。根据省局统一部署,实施中小河流洪涝气象保障工程 2014 年度项目,细化暴雨洪涝灾害风险普查,开展县级气象综合业务平台预警预报系统建设。结合"三农"专项,开展易灾地区粮食生产气象保障服务系统,为农业稳产增产提供气象技术支撑。

气象行政审批制度改革。简化审批流程,压缩审批时限,推行"办事无休日"制度,实行"延时服务",开辟重点项目"高速绿色通道"。6 家防雷技术服务单位进驻平湖市中介超市网络平台,供企业自由选择。窗口行政审批服务时效在法定时限内均提速 90% 以上。

防雷安全社会管理。3 月,完成防雷重点单位目录。与市安监局、嘉兴港区安监局联合发文开展防雷重点单位防雷安全检测。召开全市防雷安全工作会议,开展一般性工业企业防雷装置安全性能年度检测,建立防雷设施安全隐患排查台账。

防雷技术服务。开展新建(构)筑物防雷装置验收,对防雷重点单位和加油站、化工厂等易燃易爆危化场所防雷防静电装置的安全隐患及时督促整改,做到排查不留死角,整改不留后患。检测和隐患整改率100%。

规范防雷社会管理。落实省局"五项禁令"、全国气象部门"七个严禁",开展防雷综合治理自查,规范防雷社会管理和技术服务。开展防雷技术服务第三方回访工作,全年防雷服务回访满意度100%。 (陶建强)

•水文•

【概况】 2014年,积极践行"大水文"发展理念,全面助力"五水共治",水文服务水利、服务社会的能力不断提升,水文现代化稳步推进。水文测验、分析和计算、资料整编、预测预报和防汛抗旱等业务有序开展。水雨情报汛和水文测验质量依然稳居全省前列,河网水情预报预测和应对突发水污染事件能力不断加强。雨量、水位监测数据全部实现自动化采集,固态存储数据用于整汇编,5月完成国家基本站遥测设备升级改造,均新安装备用语润3000遥测系统一套,人工观测同时进行。6个地下水位监测数据实现自动采集,模块资料首次用于整汇编。继续开展水功能区19个监测断面、3个边界考核断面、2个重要水源地水量水质同步监测和边界水文巡测。青阳汇水文站多普勒监测系统升级完成,SonTek M9走航式声学多普勒剖面流速仪继续用于青阳汇和广陈站流量比测。首次与嘉善县和金山区实行三地区域水文联动,实现技术合作、实时信息及预测预报成果的共享,提高防汛指挥决策效率。

【水情】 全市河网月平均水位在0.76米~1.35米之间,平湖站全年平均水位1.05米,汛期平均水位1.14米,均高于常年。全年最高水位出现在8月,最低水位在1月,汛期最低水位出现在4月。汛期7月底开始至8月,全市受台风、冷空气和强对流天气影响,一直以阴雨天气为主,期间伴随着强降雨,因此长时间处于高水位运行,8月20日15:52出现本年度最高水位1.79米,超过危急水位0.03米。全年河网水位共有47天超警戒水位,集中出现在6月至10月,其中7月和8月各有1天超保证水位。平湖、青阳汇和乍浦(塘)站的年最高水位分别为1.79米、1.92米和1.82米;年最低水位分别为0.59米、0.30米和0.61米;杭州湾乍浦站最高和最低潮位分别为4.95米和-2.93米。

(陈宇峰)

•国民经济和社会发展•

【概况】 2014年,全市实现生产总值478.21亿元,同比增长6.5%。不含嘉兴港区和嘉兴电厂增长10.1%。按户籍人口计算,人均生产总值97494元,同比增加5088元,折合15871美元(按常住人口计算,人均生产总值69996元,同比增加3760元,折合11395美元)。其中,第一产业增加值16.48亿元,同比下降4.9%;第二产业增加值289.69亿元,同比增长6.4%,其中工业276.63亿元,同比增长6.4%;第三产业增加值172.03亿元,同比增长7.9%。全市实现财政总收入90.41亿元,同比增长6.8%,其中一般公共预算收入45.68亿元,同比增长8.2%。全市城镇居民人均可支配收入43192元,同比增长8.9%;农村居民人均可支配收入24758元,同比增长10.1%。城镇和农村居民恩格尔系数分别为33.8%和29.1%。有效投资较快增长。全年完成固定资产投资297.28亿元,同比增长17.5%。其中不含嘉兴港区和嘉兴电厂完成投资223.70亿元,同比增长16.9%。全年完成工业生产性投资161.9亿元,同比增长17.1%,不含嘉兴港区完成投资118.60亿元,同比增长21.9%。第三产业投资完成

132.65 亿元,同比增长 17.4%,不含嘉兴港区完成投资 102.36 亿元,同比增长 11.1%。全年计划总投资亿元以上在建项目 150 个,共完成投资 140.4 亿元,占总投资的 47.2%。计划总投资 3000 万元以上亿元以下在建项目 220 个,共完成投资 61.3 亿元,占全社会总投资的 20.6%。内外市场增长平稳。全年实现社会消费品零售总额 149.66 亿元,同比增长 12.0%。其中,批发和零售业零售额 124.02 亿元,同比增长 12.38%,住宿餐饮业零售额 17.04 亿元,同比增长 12.69%。其中,城镇和乡村消费品零售额均比上年增长 12%。全市外贸进出口总额 82.13 亿美元,同比增长 3.8%,出口总额 40.73 亿美元,同比增长 6.3%。全年外贸和出口依存度分别为 104% 和 51.6%。全年出口服装及衣着附件 11.61 亿美元,同比下降 12.9%,出口机电产品 11.68 亿美元,同比增长 16.7%,出口旅行用品及箱包 5.35 亿美元,同比增长 19.7%。在出口总额中,高新技术产品出口 2.12 亿美元,同比增长 18.8%。金融市场运行稳健。新增绍兴银行嘉兴平湖支行 1 家金融机构。12 月末,全市金融机构本外币存款和贷款分别为 726.64 亿元和 549.22 亿元,同比分别增长 8.6% 和 7.6%,其中,人民币存款和贷款分别为 695.55 亿元和 494.79 亿元,同比分别增长 8.4% 和 10.3%。其中城乡居民储蓄余额 336.46 亿元,同比增长 10.08%。

【三次产业协调发展】 深入实施“三大倍增”发展计划,三次产业比例调整为 3.4 : 60.6 : 36.0。农业生产基本稳定。2014 年,全市农业实现总产值 26.01 亿元,同比下降 3.0%。全年农作物播种面积 75.54 万亩,同比下降 6.06%。其中,粮食播种面积 56.53 万亩,同比下降 5.75%,粮食总产量 24.85 万吨,同比下降 0.8%,产量连续 9 年超 22 万吨。油菜籽播种面积 4.64 万亩,同比下降 21.8%;蔬菜播种面积 11.65 万亩,同比下降 1.25%。粮经面积比为 74.8 : 25.2。全年生猪饲养量 43.54 万头,同比下降 39.7%,年末生猪存栏 8.64 万头,同比下降 75.8%,肉类总产量 2.3 万吨,同比下降 7.9%,家禽饲养量 115.7 万只,同比下降 32.4%,年末家禽存栏 42.2 万只,同比下降 17.7%。水产品产量 2.5 万吨,同比下降 17.1%。加强现代农业园区、粮食生产功能区建设,基本建成省现代农业综合区 1 个、主导产业示范区 5 个、特色精品园 9 个,建成粮食生产功能区 21 个、面积 2.3 万亩。创建为省级农业标准化综合示范县、省级生态循环农业示范县。工业生产稳步增长。全市 635 家规模以上工业企业全年实现总产值 1298.57 亿元,同比增长 8.62%,不含嘉兴港区和嘉兴电厂实现产值 771.32 亿元,同比增长 17.26%。全市规上工业中,装备制造业实现产值 271.23 亿元,同比增长 16.04%;高新技术产业实现产值 541.00 亿元,同比增长 22.15%,占全市规上工业总产值比重 41.66%;战略性新兴产业产值 537.84 亿元,同比增长 19.26%;临港产业实现产值 587.44 亿元,同比增长 6.09%,其中石油化工行业实现产值 409.21 亿元、同比增长 13.69%,造纸行业实现产值 66.65 亿元、同比增长 8.73%,电力行业实现产值 111.57 亿元、同比下降 15.78%;光机电行业实现产值 260.76 亿元,同比增长 16.22%;服装行业实现产值 152.14 亿元,同比增长 2.55%。光机电、临港和生物食品(医药)三大主动力产业共实现产值 867.43 亿元,增长 9.25%。新能源、新材料和节能环保三大新兴产业实现产值 81.48 亿元,同比增长 10.77%。服装、箱包、童车、洁具和纸制品五大传统行业共实现产值 236.9 亿元,同比增长 3.1%。服务业平稳发展。实施服务业发展“五大工程”,全年实现服务业增加值172.03亿元、同比增长7.9%,服务业增加值占GDP比重达34.5%,占比同比提升0.6个百分点。其中,批发和零售业、交通仓储邮政业、金融业高于GDP增速,分别增长11%、9.4%和11.4%;营利性、非营利性服务业和住宿餐饮业保持平稳增长,分别增长5.3%、5.9%和5%;房地产业则下降1.1%。稳步推进九龙山旅游度假区建设,积极培育国际进口商品城等专业市场。平台建设取得新突破,平湖经济技术开发区加快产城融合,独山港区获批省级经济开发区、口岸开放获国务院批准,张江长三角科技城总体规划通过评审、一期征迁进展顺利。

【改革创新步伐加快】 开展产业结构调整机制创新省级试点,探索建立"增量优化、存量调整、监管服务"工作机制和政策体系,实施"四换三名"专项行动,完成"机器换人"项目170项、"空间换地"项目100项、"腾笼换鸟"项目95项,参与"电商换市"企业107家,全年完成技改投资66亿元、同比增长33.8%,减少低端用工6000多人。阿里巴巴·平湖产业带上线运营。高新技术产业实现产值687.2亿元、同比增长15.8%,占规上工业产值的53.4%。实施创新驱动发展战略,推进民营企业"二次创业"、股改上市、工业化与信息化"两化"融合等工作。全年新增规上企业80家、"个转企"238家,股改企业2家,浙江莎普爱思药业股份有限公司在上交所挂牌上市。引进培育国家"千人计划"人才4人、省"千人计划"人才2人,嘉兴市级创业创新领军人才20人、重点创新团队1个,新建院士专家工作站1个,举办中国科学院院士专家平湖行活动。科创中心二期完成主体工程,资源要素交易中心、科技大市场等平台建成运行,成立省技术交易中心首个县级分中心。全市财政用于科学技术经费支出1.7亿元,同比增长13.3%;企业研发经费(R&D)投入12.3亿元,增长13.8%,占生产总值比重达2.5%。新增国家级高新技术企业8家、省科技型企业26家。全年发明专利授权48件、同比增长71.4%,新增省著名商标4件、名牌产品3个。浙江依爱夫游戏装文化产业有限公司获嘉兴市长质量奖。同步推进各项改革任务。开展"多规合一"试点,推进土地利用总体规划修改完善,编制实施环境功能区划。开展土地承包经营权确权登记全国试点,累计完成土地流转14.7万亩。深化政府机构和行政审批制度改革,推进"四张清单一张网"建设,创新"前台+后台"政府管理模式,完成食品药品监管体制调整、综合行政执法体制改革,涉企审批"中介超市""企业事马上办"等一批服务平台建成运行。深化政银企合作,实施金融服务实体经济专项活动和"普惠金融工程"三年行动计划。

【城乡发展统筹推进】 城市建设有序推进。注重城市规划,完成中心城区13个单元控规、市域绿地系统、南市新区空间策划与城市设计、城乡供水安全保障等专项规划。深入实施"三改一拆"专项行动和"无违建"系列创建,完成"三改一拆"425万平方米,其中拆违213万平方米。中心城区有机更新和新区开发加快推进,基本完成老市政府、城北路等区块房屋征收,城南路改造最后地块孟秀新村1号地块、南市路沿线地块等房屋征收工作有序推进,解放西路已征收地块加快改造建设。南市新区"四纵四横"路网桥梁工程建设全面推进,南环线一期、新华南路延伸段、梅园路三期等项目顺利建成。南东湖龙湫桂香公园建成开放,南市新区景观湖、市民文化中心等项目加快建设。深化城市道路畅通工程,完成新华路—福臻路等交叉口拓宽改造。优先发展公共交通,汽车客运中心建成运营,新建改造市区公交候车亭144个、电子站牌85个,公共自行车服务系统二期建成投运。加快“智慧城市”建设,“数字平湖”地理信息空间框架通过省级验收,完成15个公共免费无线上网热点建设。加强城市精细化管理,“数字城管”完成二期扩面。国家卫生城市创建成功。城乡融合全面深入。城乡基础设施不断完善,平湖大道拓宽、乍兴公路、三港大桥、青阳汇大桥及连接线、杭平申线平湖段等工程加快建设。沪乍杭铁路前期工作有序推进。硬化通村通组道路37公里,改造农村危桥23座。加大新仓镇、独山港镇小城市培育力度。深化“美丽乡村”建设,完成2个连线成片创建区块、3个精品线节点项目,新增省级美丽宜居示范村3个。“两新”工程稳步推进,完善市域村庄布点规划,规范农民建房用地管理,农村“一户多宅”全部整治到位,新增集聚农户2134户。完成农村土地综合整治1050亩。开展土地承包经营权确权登记全国试点,累计完成土地流转14.7万亩。联动治水治气治违。“五水共治”合力推进,全面完成“清三河”年度任务,治理垃圾河525条、289公里,黑臭河213条、92公里,河道综合整治90公里、清淤疏浚305公里,河道水质持续改善,行政区域交接断面水质考核达到优秀。加大污水管网建设力度,新建一、二级污水管网151公里,新增污水入网量501万吨、入网单位680家,新增农村生活污水治理受益农户1.3万户。建设改造城乡供水管网299公里,独山港工业水厂投入使用。推进全国中小河流治理重点县工程建设,全面完成市级河道嘉善塘治理主体工程。农村圩区加快建设,新建成圩区8个、在建11个。强化农业面源污染治理,推进生猪养殖减量提质,养殖户转产转业1.1万人,拆除违章猪舍163万平方米,生猪存栏量减少到7.9万头。农业废弃物无害化处置中心建成运行。完成印染、造纸、制革、化工四大行业整治,关停各类污染企业137家。全面禁止秸秆焚烧并启动综合利用试点,加大“无煤区”建设,淘汰燃煤锅炉50台、黄标车2818辆。建成空气质量实时发布系统,城市空气质量优良率达69.4%。实施环境提升“十大工程”,深化“四边三化”“四位一体”城乡环卫保洁,新增城乡绿化面积8568亩,新建城市绿道40公里,国家园林城市通过省级复检。坚持多规融合,推进土地利用总体规划修改完善,编制实施环境功能区划,探索建立生态补偿机制,创建为省级环境保护模范城市。新埭镇、当湖街道、钟埭街道获评国家级生态镇。

【社会事业更趋均衡】 全年财政用于民生支出34.9亿元,同比增长6.8%,占公共财政预算支出的77.7%。完善“百姓事马上办”平台运作,完成防洪减灾保障工程、公共自行车二期等政府实事项目。开展低收入家庭创业就业帮扶行动计划,落实畜禽养殖退养人员转产转业等扶持政策,新增城乡就业1.4万人,帮助城镇失业人员实现再就业4620人,其中就业困难人员1770人,城镇失业率控制在2.9%以内。优化公共就业服务,举办各类招聘会56场次,进场招聘单位3574家次,推出就业岗位4.24万个次。新增农村劳务合作社8家,新建创业基地12个,对全市144家企业用工情况进行动态监测。社会保障体系不断完善,社会养老保险、医疗保险覆盖率均保持在99%以上,低保标准实现城乡统一。年末,职工基本养老、基本医疗、失业、工伤、生育保险参保人数分别为38.4万人、30.5万人、18.8万人、28.6万人和21.9万人,城乡居民社会养老保险参保11.7万人。全年发放城乡居民最低生活保障金2344.3万元;实施农村医疗救助10102人次(其中大病救助1399次),救助金额498.94万元;城镇医疗救助9145人次(其中大病救助905人次),救助金额349.5万元。

全市共7252人次残疾人享受残疾人基本生活保障工程,残疾人综合服务中心完成建设。加强住房保障,阳光嘉苑二期1077套保障房竣工,人才公寓二期完成主体建设。公共服务不断优化。稳步推进基本实现教育现代化市创建,高考第一批上线人数和上线率均创历史新高。东湖中学育才校区迁建、东湖小学文欣校区建设工程和6所中小学风雨操场项目加快建设。加强合作办医,新增民营医院2家,市精神康复中心完成主体建设,智慧养老服务平台正式启用,新办民办养老机构1家。稳妥实施"单独两孩"政策,出生人口性别比偏高治理达到上级指标。群众文化活动蓬勃开展,筹建市民健身中心,举办西瓜灯文化节、"欢乐平湖"群众文化系列活动,累计建成文化礼堂40家,打响"欢乐平湖"品牌,打造"琴棋书画"之乡,被命名为省民间文化艺术之乡。社会治理不断创新。推进法治、德治、自治建设,深化"三社联动",创新社会组织创益园建设,培育孵化社会公共机构(项目)15个,政府购买服务力度持续加大。深化平安建设,完善"网格化管理,组团式服务"和重大决策社会稳定风险评估机制运行,深入开展矛盾化解专项行动。切实抓好安全生产、疾病防控、防台防洪等工作,加强网络安全和舆论引导。深入推进"一体化警务",完善社会治安防控"七张网"工程。圆满完成亚信峰会"环沪护城河"、世界互联网大会等安保任务,成功摘取平安银鼎,实现省平安市"十连冠"。 (杨雪勤)

•精神文明建设•

【有序推进文明创建】 2014年,全市城市文明程度指数测评列嘉兴各县(市、区)首位,获全省"春泥计划"实施工作先进市称号。

【发挥公益宣传广告效应】 深入推进"讲文明树新风"活动,围绕社会主义核心价值观、"中国梦"主题,结合省文明市创建,全面深入开展"讲文明树新风"公益广告宣传,共制作大型宣传标语15面、文化墙2160多米、活动展板200块、遵德守礼提示牌1700块,印发"争创省文明市、争当文明市民""图说社会主义核心价值观"等市民宣传教育资料12万份,发动各文明单位利用宣传橱窗、楼宇电视、LED电子屏播发公益广告1300余条。组织开展讲文明树新风公益广告创作征集活动,选送嘉兴市文明办的《文明之心》获平面类作品最佳主题奖,《争创浙江省文明市》等3件作品获平面类优秀作品奖。精心打造市图书馆"德耀平湖"特色主题道德文化园。依托现有各类宣讲团队和爱国主义教育基地、基层党校、文化礼堂、道德讲堂、市民讲坛、社科基地等阵地,广泛深入地开展各类主题宣讲活动,推动社会主义核心价值观融入人们日常生产生活,使其像空气一样无所不在、无时不有。

【发挥道德典型森林效应】 把"身边好人"选树活动列入年度重点创新突破项目,建立"全员化评选、多样化奖扶、长效化运作、常态化宣传"四大机制,以榜样力量,引领社会价值取向,弘扬社会主旋律。2014年,全市共评选"平湖好人榜"42人,其中推荐入选"浙江好人榜"5人,入选人数列嘉兴各县(市、区)第一;入选"嘉兴好人榜"15人,占"嘉兴好人榜"年度好人总数的25%。进一步加大道德模范、身边好人事迹宣传,开展"道德模范与身边好人基层巡讲"活动,利用"道德讲堂"、文化礼堂等载体,开展各类巡讲、巡演、巡展。全市共开展好人巡讲150余场次,受众13000余人。《嘉兴日报·平湖版》开设"寻找身边好人""文明百家星"等专栏,每周四在报刊上刊登好人候选人事迹,平湖电视台在收视品牌栏目《民生直通车》开设身边好人人物专栏，报道获选好人典型事迹。在各村(社区)、各级文明单位、各中小学校设立“善行义举榜”，在好人所在单位、村(社区)开展“红榜进基层”主题活动，营造人人学先进、赶先进的良好氛围。在“身边好人”选树活动的基础上，组织开展“德耀平湖·身边好人”——2014全市道德模范评选表彰活动，共评出10名道德模范和8名提名奖获得者并进行表彰。

【发挥传统美德社会效应】 实施文明餐桌、文明交通、文明旅游、文明网络四大文明引导行动，引导市民从身边做起，从基本道德规范做起，把良好道德行为落实到日常生活和工作之中，养成良好道德习惯。倡导节俭美德，开展“节俭养德、全民节约”行动，倡导“节约一滴水”“节约一粒粮”“节约一分钱”“节约一度电”“节约一张纸”，设计制作1500份“俭以养德”文明餐桌海报在各大餐饮酒店、宾馆、食堂及文明单位中进行宣传、张贴，营造节俭养德的良好布局氛围。召开文明旅游联席会议，围绕“文明旅游观光、人与自然和谐”的主题，开展“做一个谦恭有礼的旅游人”主题活动。设立每周三、周日为文明交通劝导日，组织志愿者到全市17个主要交通路口开展文明出行劝导活动。加强网络文明传播，实现全市92个嘉兴市级以上文明单位网络文明传播志愿者队伍的全覆盖。开展“我们的家训——平湖百姓重家风”活动，倡导孝敬美德。共收集整理优秀家训54条，并将新埭镇清官陆稼书的家风家训制作成展板在各村巡展，使“家训”这一优秀传统文化得到有效的传承与弘扬，成为人们立身处世、持家治业和道德教育的传家法宝。倡导诚信美德。围绕“诚实立身、信誉兴业”主题，以褒扬诚信、惩戒失信为重点，加强社会信用体系，深化诚信缺失专项教育治理活动，完善长效工作机制和运行机制，营造讲诚实、守信用的舆论环境、经济环境、社会环境。

【发挥志愿服务集群效应】 推动志愿服务制度化建设，建成“志愿平湖”网站和“公益储蓄银行”注册系统，整合网上注册、信息发布、供需对接、服务记录、积分管理、星级认定、风采展示等功能，逐步实现志愿服务管理的规范化、信息化。截至2014年底，全市实现网上登记注册的志愿者29420人，占主城区人口的18%，登记注册的志愿服务组织238个。落实志愿服务嘉许制度，为所有在“公益储蓄银行”登记注册的志愿者购买人身意外保险，在嘉兴市范围内率先实现志愿者人身意外保险的全覆盖，解决志愿者后顾之忧。围绕“关爱他人、关爱社会、关爱自然”的“三关爱”志愿服务主题，开展“邻里守望”“点亮微心愿 共筑中国梦”微心愿认领活动、“冰桶挑战”关爱残疾青年、“暖冬行动”等各类大型主题志愿活动12次，志愿者人数超6万人次，志愿服务时间超18万小时。推进志愿服务阵地化建设，建成3个“红立方”党员志愿者服务驿站，27个社区志愿服务工作站，新增15个“金平湖·雷锋服务站”(便民服务点)，推动便民利民志愿服务活动进商场、进超市、进社区、进农村、进企业、进学校、进家庭，定时、定点、定项目，成果丰硕。在嘉兴市范围内率先推出“金平湖公益成长计划”，扶持和培育曙光应急救援中心等多个社会公益组织，并借助民间公益组织，创新推出并扶持了“弯腰30度 文明一大步”“爱在平湖——我们相约在夏天”“爱心后备箱”等17个志愿服务项目，助推了志愿服务在民间生根发芽。

【抓好省文明市创建龙头工程】 2014年，市委、市政府制订下发《中共平湖市委平湖市人民政府关于开展创建省文明市活动的实施意见》。成立以市委书记、市长任双组长，市委副书记任常务副组长,市委、市政府相关分管领导任副组长的创建领导小组,抽调人员成立市创建办,由各分管市领导牵头成立七大专项组,建立一系列工作制度,推进省文明市创建工作。启动省文明市创建十大专项行动,由相关局办具体牵头负责实施。结合国家卫生城市创建和城市文明程度指数测评两项工作,条块结合,合力推进。坚持创建让城市更美好,强化城市科学管理,新建立原北门菜场路段夜排档疏导点、水洞埭自捕水产疏导点以及重新规划选址滨湖疏导点,加强硬件设施和配套管理方案,规范摊点经营。重点就创建氛围营造、"讲文明 树新风"公益广告、镇容镇貌、农贸市场、窗口服务等方面开展5轮督查指导,并针对督查中发现的问题下发督查通报,推进全市面上的创建工作。召开创建省文明市工作资料收集专题培训会,对相关档案进行收集整理。

【开展系列文明创建细胞工程】 按照创建高标准、复评严要求的原则开展群众性文明创建工作。部署和规划新一轮全国、省和嘉兴市三级系列文明创建工作,市文明办对各创建单位开展实地调研和上门指导,召开文明单位集中展示评审会,提升创建质量。2014年,新埭镇姚浜村、平湖经济技术开发区(钟埭街道)花园村成功创建成全国文明村;市档案局、总工会和浙江依爱夫游戏服装有限公司等3家单位成功创建成省级文明单位,平湖经济技术开发区(钟埭街道)沈家弄村、新仓镇友联村等2个村成功创建成省级文明村,当湖街道百花社区成功创建成省级文明社区;市综合执法局、市粮食局等11家单位成功创建为嘉兴市级文明单位,新埭镇鱼圻塘村等6个村成功创建为嘉兴市级文明村,林埭镇成功创建成嘉兴市级文明镇。市检察院等23家单位成功通过省级文明单位复评,独山港镇穗轮村(因2013年8·30事件从全国降为省级)成功通过省级文明村复评。加强文明单位动态管理,全面规范"道德讲堂""文明餐桌"、学雷锋志愿服务、遵德守礼提示、网络文明传播工作。强化文明单位社会责任意识,在践行社会主义核心价值观、开展"讲文明树新风"公益宣传、思想道德风尚建设等重点领域发挥示范引领作用,强化为民服务理念,提升服务质量,塑造良好社会形象。

【推进核心价值观"三进"工作】 围绕社会主义核心价值观"三进"(进教材、进课堂、进学生头脑)目标,在全市未成年人中组织开展培育和践行社会主义核心价值观"八个一"系列活动。市行知小学举办核心价值观班级文化墙、手抄报、书法大赛、图说核心价值观等活动,让社会主义核心价值观融入乡村学校少年宫建设;市实验小学以"红领巾相约中国梦"为主题举行校园文化梦想节,开展社会主义核心价值观"三进"系列活动,并与其文明结对村通界村举办"小手拉大手唱响主旋律"——社会主义核心价值观红领巾传唱进村(社区)活动。积极参与嘉兴市未成年人弘扬"社会主义核心价值观"公益广告设计大赛,获一等奖2名,二等奖2名,三等奖22名,平师附小荣获优秀组织奖。开展"爱劳动、爱学习、爱祖国"活动。推进"三爱"主题教育进乡村学校少年宫、"三爱"主题教育充实德育课堂、"三爱"主题教育融入课堂教学。7月11日,在当湖街道虹霓村举行"三爱"活动开幕式,并以"三爱"为主题,设计开展"春泥计划"系列实践活动和"良好家风·伴我成长"等主题实践活动。

【拓展未成年人思想道德建设活动阵地】 提供春泥计划菜单式服务,开展"春泥计划"星级评定。全市"春泥计划"村实施率100%,建成乡村辅导室204家,专兼职辅导员1380余人。新埭暑期返乡大学生志愿团队获省暑期“春泥计划”志愿服务优秀团队称号,俞美、沈劭成、王敏获省暑期“春泥计划”志愿服务优秀个人称号。乡村学校少年宫建设不断深化,指导市行知小学做好2013年度中央专项彩票公益金支持乡村学校少年宫项目自查总结工作,组织文化志愿者走进乡村学校少年宫。在嘉兴市率先尝试首个社工化家庭教育服务模式,挂牌成立“田奶奶谈心室”暨平湖市青少年心理与家庭教育咨询中心。充分发挥老同志、老专家作用,深入农村、基层学校开展“青少年心理健康”家庭教育讲座、现场咨询等活动,全年共开展80多场,受训11000余人。

【优化未成年人健康成长环境】 以“我们的节日”为主线,结合中国梦主题教育,抓住重要时间节点开展各类活动。清明节期间,在开展网上祭英烈的基础上,组织开展“缅怀施奇、共建美好未来”清明扫墓活动。六一期间开展“认星争优”美德少年评选活动,评出平湖市“美德少年”100名,2人被评为浙江省“美德好少年”,13人被评为嘉兴市“美德好少年”。七一期间组织开展“童心向党”歌咏活动,参与优秀童谣征集活动,获省级二等奖1篇,三等奖2篇;获嘉兴市级一等奖5篇,二等奖5篇,三等奖10篇。国庆期间开展“向国旗敬礼”活动,全市共31432名学生参与活动,参与率90.38%。举办校园文化艺术节、第十届未成年人读书节,开展“悦读之星”评选、“书游记”悦读之星体验图书馆活动,丰富未成年人精神生活。推进特殊群体未成年人关爱工程,协同市妇联开展“母亲援助工程”“假日妈妈”等失母儿童关爱活动。加大家长学校建设力度,全市共有家长学校192所,其中学校家长学校43所,农村家长学校87所,社区家长学校46所,企业家长学校15所,机关网络家长学校1所。发挥相关部门职能,开展校园周边环境治理专项行动,对校园周边百米范围内乱停车、乱设摊、乱搭建、乱抛洒等违规行为实施集中查处。加强网吧管理,加大对非法网吧的查处取缔力度,着力净化未成年人成长环境。

【健全未成年人思想道德建设工作机制】 创新推出未成年人思想道德建设项目领办制度,制订《关于印发 < 平湖市开展未成年人思想道德建设工作示范点项目领办工作的实施方案(试行) > 的通知》,在全市德育工作校长会议下发,编印工作指导手册2000多册,召开未成年人思想道德建设项目领办工作现场会,推动项目领办的顺利开展。每季度对各学校领办项目工作开展情况进行抽查。开展未成年人十年工作回顾。2014年是党中央、国务院下发《关于进一步加强和改进未成年人思想道德建设的若干意见》10周年。根据上级统一安排,平湖市对十年来未成年人思想道德建设工作进行认真回顾,召开部门座谈会,编印《立德树人——平湖市未成年人道德教育花开十周年》画册,并在《嘉兴日报·平湖版》专版刊登题为《十年风雨培育道德“种子”引导未成年人阳光成长》的总结回顾文章,中国文明网以专题形式进行报道。

【文化礼堂打造精神家园】 围绕“文化地标,精神家园”的定位,坚持“一堂多用、一室多用、灵活多样”的原则,以展览展示和文明礼仪活动为主要内容,以“三评一馆”(五星村评创、最佳文化礼堂评比、文化礼堂特色活动评选以及乡村记忆馆建设)为创新亮点,把文化礼堂打造成农村文化综合体和农民群众的精神家园。出台《最佳农村文化礼堂和文化礼堂特色活动评比》,筹集20万专项资金,对文化礼堂的活动组织进行评比和奖励。全年全市建成农村文化礼堂40家,完成行政村覆盖率的45%,市本级获省级文化礼堂先进县,2个村成功创建省级重点农村文化礼堂样板村,4个村获评嘉兴市农村文化礼堂建设先进单位。

【星级评创助推乡风文明】 以“村村争五星”“户户创十星”等星级评创,统筹乡风文明建设。在村一级层面,由市农办牵头开展“村村争五星”活动,围绕“生态环境好、产业发展好、社会和谐好、管理创新好、乡风文明好”新农村建设的五个要求,分别由相应职能部门牵头组织实施“环境优美星、富民强村星、社会和谐星、民主管理星、乡风文明星”五星评定,将社会主义新农村建设的要求细化融入到五星村创建中。2014年共评出五星村6个、四星村13个。在农户一级层面,由市文明办牵头在全市农村开展以守法星、致富星、卫生星、孝敬星、和睦星、公益星、义务星、诚信星、文教星、绿色星等为主要内容的“十星级文明户”评创活动,打造“星级文明家庭”评创的“升级版”,在星级数量、类别设置、评创流程上进行调整优化。同时开展“百个特色家庭暨最美家庭”评选活动,进一步叫响最美品牌。结合乡风评议活动,新组建村一级“十星级文明户”评创协会,具体负责农户的评星议星,让广大农户在参与乡风评议的过程中辨是非、改陋习、讲文明、重品德,解决影响农村社会风气和道德风尚的突出问题。2014年共评出平湖市级十星级文明示范户、特色家庭各100户,最美家庭10户;镇(街道)级十星级文明示范户1595户,十星级文明户26835户。平湖市乡风评议工作获省文明办肯定及经费支持,统筹城乡精神文明建设工作得到嘉兴市委领导的批示肯定。

【双百结对推动城乡共建】 围绕推进城乡一体化建设要求,发挥各级文明单位示范带动作用,创新活动载体,深化文明共建工作。把文明结对共建作为以城带乡、城乡联动的重要举措来抓,不断推进城乡文明协调发展。开展第三轮“双百结对、共创文明”活动,实施党建、文明、科普、法律、卫生、教育、文化、人才等资源的共享互动。全市所有516个文明单位、文明行业、文明社区分别与87个村结对,实现两个100%。开展结对五个一活动(即进行一次对接,签订一份协议,作一次商量,制订一份计划,开展一系列活动)。各结对单位都签订协议书、制订结对帮扶的计划措施,全市各文明单位落实共建资金合计380万元,开展技术培训、结对文体活动200余场次。 (钱云翔)

中共平湖市委员会

·综述·

【概况】 2014年,中共平湖市委坚持以邓小平理论、“三个代表”重要思想和科学发展观为指导,围绕建设和谐幸福现代化“金平湖”的奋斗目标,学习贯彻落实党的十八大、十八届三中四中全会精神和习近平总书记系列重要讲话精神,进一步统一思想、指导实践、推动改革发展稳定各项工作;贯彻中央大政方针和省市部署要求,认真组织开展党的群众路线教育实践活动,扎实推进产业结构调整机制创新省级试点,研究部署落实省委“两美”建设决定、打造“江南水乡美丽金平湖”工作,深入实施“三年”活动,扎实推进“九大专项”行动,全市经济社会保持了良好的发展态势,经济实力继续增强,社会和谐稳定局面得到巩固,各项工作取得新的进展。

全市实现生产总值478.21亿元,同比增长6.5%;财政总收入90.41亿元、公共财政预算收入45.68亿元,同比分别增长6.8%和8.2%;城镇居民人均可支配收入43192元,同比增长8.9%;农村居民人均可支配收入24758元,同比增长10.1%;全市完成固定资产投资297.28亿元、同比增长17.5%,不含嘉兴港区和嘉兴电厂固定资产投资223.70亿元,同比增长16.9%;工业生产性投资161.89亿元、同比增长17.1%,同比回升13.8个百分点;服务业投资132.65亿元,同比增长17.4%;全市社会消费品零售总额149.66亿元,同比增长12%;合同利用外资(不含嘉兴港区)5.02亿元、同比下降0.9%,实到外资3.40亿美元、同比增长9.7%。全市进出口总额82.13亿美元,同比增长3.8%。

加快经济发展,提升综合实力。围绕争先进位目标,坚定不移攻招商、推项目、抓投入。围绕做大做强目标,全力以赴强平台、优产业、增后劲。平湖经济技术开发区加快产城融合,独山港区升格为省级经济开发区、口岸开放获批,张江长三角科技城总体规划通过评审,一期征迁工作进展顺利。推进“工业强市”建设,推进服务业发展“五大工程”,推进农业“两区”建设,粮食生产和保障能力进一步增强,创新发展“新仓经验”,创建成为省级农业标准化综合示范县和省级生态循环农业示范县。扎实开展省级改革试点,探索建立“增量优化、存量调整、监管服务”工作机制和政策体系,“四换三名”扎实推进,产业结构加快调整,质量效益持续提高。莎普爱思公司成功上市,依爱夫公司获嘉兴市长质量奖。同步推进各项改革任务,积极开展“多规合一”试点,推进土地利用总体规划修改完善,编制实施环境功能区划。深入开展土地承包经营权确权登记全国试点,累计完成土地流转14.7万亩。深化政府机构和行政审批制度改革,扎实推进“四张清单一张网”建设,创新“前台+后台”政府管理模式,完成食品药品监管体制调整、综合行政执法体制改革,涉企审批“中介超市”“企业事马上办”等一批服务平台建成运行。深化政银企合作,实施金融服务实体经济专项活动和“普惠金融工程”三年行动计划。深入实施创新驱动发展战略,预计R&D投入占GDP比重达2.5%,规上工业企业新产品产值率达到38.9%。引进培育国千人才4人、省千人才2人。科创中心二期主体工程基本建成,建成省技术交易中心首个县级分中心。

统筹城乡发展,优化生态环境。统筹规

划建设管理。坚持“四化同步”和城乡一体发展,推进“江南水乡美丽金平湖”建设。完成城乡供水安全保障规划、污水专业规划、南市新区空间策划与城市设计,完善市域村庄规划布点。加快推进老城区有机更新和新区开发建设,南环线一期、汽车客运中心等项目顺利建成,平湖大道拓宽等工程加快推进。加大新仓镇、独山港镇小城市培育力度,“两新”工程稳步推进,完成土地综合整治复垦1050亩。深化城市精细化管理,实施“数字城管”扩面和城市道路畅通工程。联动治水治气治违。“五水共治”合力推进,全面完成“清三河”、河道整治、污水管网建设、行业整治年度任务,拆除违章猪舍163万平方米,生猪存栏减少到8万头左右,行政交接断面水质考核优秀。治气治霾联动推进,加大“无煤区”建设,淘汰燃煤锅炉50台、黄标车2818辆,强化城区建筑垃圾密闭运输管理,启动秸秆综合利用和禁烧试点。深入实施“无违建”系列创建,完成“三改一拆”425万平方米,其中拆违213万平方米。启动实施环境提升“十大工程”,推进美化洁化绿化,深化美丽乡村建设和“四边三化”“四位一体”城乡保洁,新增绿化面积8568亩、新建绿道40公里,林木覆盖率达到19.4%。创建成为省环保模范城市,国家卫生城市创建进入最后公示。

维护民生民利,增强百姓福祉。办好民生实事,坚持问题导向、需求导向、满意导向,财政用于民生支出34.9亿元,占公共财政预算支出的77.7%。完善“百姓事马上办”平台运作,完成防洪减灾保障工程、公共自行车二期等政府实事项目。加强社会保障,开展低收入家庭创业、就业帮扶行动计划,落实畜禽养殖退养人员转产转业等扶持政策,城镇失业率控制在2.9%以内,社会养老、医疗保险覆盖率均保持在99%以上。实现低保标准城乡统一,阳光嘉苑二期1077套保障房项目竣工,人才公寓二期完成主体建设。优化公共服务,稳步推进基本实现教育现代化市创建,高考第一批上线人数、上线率均创历史新高;加强合作办医,新增民营医院2家,市精神康复中心完成主体建设,智慧养老服务平台正式启用,新办民办养老机构1家。健全文明创建长效机制,深化“五城同创”,启动省文明市创建,省级双拥模范城实现三连冠。群众文化活动蓬勃开展,成功举办西瓜灯文化节,累计建成文化礼堂40家,打响“欢乐平湖”品牌,打造“琴棋书画”之乡,被命名为省民间文化艺术之乡。创新社会治理,推进法治、德治、自治建设,深化“三社联动”,创新社会组织创益园建设,培育孵化社会公共机构(项目)15个,政府购买服务力度持续加大。深化平安建设,完善“网格化管理,组团式服务”和重大决策社会稳定风险评估机制运行,深入开展矛盾化解专项行动。切实抓好安全生产、疾病防控、防台防洪等工作,加强网络安全和舆论引导。深入推进“一体化警务”,完善社会治安防控“七张网”工程。圆满完成亚信峰会“环沪护城河”、世界互联网大会等安保任务,成功摘取省平安银鼎,2014年又实现省平安市“十连冠”。

开展教育实践活动,加强党的建设。坚持党要管党、从严治党,高标准、严要求开展党的群众路线教育实践活动,严格贯彻中央八项规定和省28条办法,“四风”问题得到有力整治。开展机关中层干部全员竞岗和一般干部全员双向选择,探索实行重大决策、重大项目执行力指数考评,努力打造“四敢一不怕”干部队伍。深化“两新”组织党建,做优外资企业党建、青春党建品牌,扩大基层党组织的覆盖面和影响力。切实加强民主法治建设。坚持民主集中制,修订完善《市委工作规则》,按规则议事、决策、办事,用制度管权、管事、管人。支持人大、政协、法院、检察院依法依章程履行职能。密切与民主党派、工商联、无党派人士的团结合作,巩固和壮大爱国统一战线,充分发挥工青妇科等人民团体作用,指导完成市总工会、妇联换届,双拥、人武、老干部等工作得到新加强。认真抓好党风廉政建设。全面落实党风廉政建设党委主体责任和纪委监督责任,推进纪检监察体制机制改革,出台《建立健全惩治和预防腐败体系 2013—2017 年工作方案》,始终保持惩治腐败和正风肃纪的高压态势,严肃查办违纪违法案件 56 起,涉及机关事业单位党员干部 23 人。

• 重要党务和决策 •

【市委十三届五次全体(扩大)会议】 2013 年 12 月 28 日,市委召开十三届五次全体(扩大)会议。市委书记翁建荣作题为《改革创新求突破 转型升级促发展 加快建设和谐幸福现代化“金平湖”》的主题报告。会议深入学习党的十八大和十八届三中全会精神,贯彻落实中央经济工作会议、省委十三届四次全会精神,回顾总结 2013 年工作,研究部署 2014 年任务。

【市委十三届六次全体(扩大)会议】 7 月 31 日,市委召开十三届六次全体(扩大)会议。市委书记盛付祥作题为《加快转型发展 共创美好生活 为建设江南水乡美丽金平湖努力奋斗》的主题报告。会议贯彻落实党的十八大、十八届三中全会和省委十三届五次全会、嘉兴市委七届八次全会精神,回顾总结近年来生态建设成效和上半年工作,审议通过《中共平湖市委关于深入贯彻省委“两美”建设决定 打造“江南水乡美丽金平湖”的实施意见》,研究部署下半年工作任务。

【全市三级干部大会】 2 月 4 日,市委、市政府召开全市三级干部大会。会议以党的十八大、十八届三中全会精神为指导,贯彻上级有关会议和市委十三届五次全会、市“两会”精神,总结 2013 年工作,表彰奖励 2013 年全市各条战线的先进集体和个人。市委书记翁建荣作题为《全面深化改革 加快转型发展 建设和谐幸福的现代化“金平湖”》的主题报告。

【党的群众路线教育实践活动暨深化作风建设部署会议】 2014 年 2 月 22 日,市委召开全市党的群众路线教育实践活动暨深化作风建设部署会议。会议以党的十八大、十八届三中全会精神为指导,学习贯彻中央、省委党的群众路线教育实践活动第一批总结暨第二批部署会议和嘉兴市委党的群众路线教育实践活动部署会议精神,对全市扎实开展党的群众路线教育实践活动进行全面动员部署,进一步深化作风建设,大力弘扬“四敢一不怕”精神。市委书记翁建荣作题为《坚持群众路线 深化作风建设 以“四敢一不怕”精神推动平湖经济社会转型发展》的主题报告。

(陈　伟)

• 纪检监察工作 •

【市纪委十三届四次全体(扩大)会议】 3 月 10 日,中共平湖市纪委召开第十三届纪律检查委员会第四次全体(扩大)会议,深入学习贯彻党的十八大、十八届三中全会和习近平总书记系列重要讲话精神,回顾总结 2013 年全市党风廉政建设和反腐败工作,表彰年度纪检监察工作先进,研究部署 2014 年主要工作任务。全会审议通过市委常委、市纪委书记徐春华代表市纪委常委会向大会所作题为《聚焦中心强监督,创新机制提能力,深入推进党风廉政建设和反腐败工作》的工作报告。市委书记翁建荣在会上讲话,肯定 2013 年全市反腐倡廉取得的成绩,就做好 2014 年工作提出要求。

【推动落实党风廉政建设主体责任】 协助市委制订出台落实“两个责任”的实施意见，明确党委领导班子、主要负责人、领导班子成员责任和纪委监督责任四张清单。全市所有镇(街道)和部门都报了书面报告，其中，全市所有镇(街道)和41个部门党委(党组)向市纪委面对面、一对一报告履行主体责任情况。各镇(街道)和市级权重部门共45个单位，选择风险较大的节点或重点工作，构筑阳光工程暨权力运行制衡机制建设。连续16年由市委、市政府全体领导带队开展责任制实施情况检查考核，对2013年度年终党风廉政考核被“一票否决”的6个单位、对落实主体责任不到位的党政主要负责人进行约谈，对一个连续案发的单位实施“一案双查”。健全完善落实党风廉政建设考核网上考评系统，将考核工作贯穿平时，此项工作获嘉兴市纪检监察工作“三转”推进奖，平湖市获嘉兴市落实党风廉政建设责任制考核第一名。

【严肃查处党员干部违纪违法案件】 2014年，全市各级纪检监察组织共受理群众信访举报236件，查处违纪案件56件，涉及机关事业单位党员干部23人，为国家和集体挽回直接经济损失500万余元。重点查处了政府奖补资金系列违纪违法案件。在查办案件中，严格依纪依法、安全文明办案，成立案件监督管理室，严格落实案件查办以上级纪委为主的要求，明确下级纪委线索处置和案件查办在向同级党委报告的同时必须向上级纪委报告。继续加强案件审理工作，加强案件跟踪协审，把好案件质量关，组织实施处分决定执行情况专项检查。查办案件工作列嘉兴市县(市、区)考核第一。

【开展党风廉政巡查工作】 探索实施党风廉政建设专项巡查，巡查的视角聚焦在问题集中的单位，凡是上年度案发的单位、群众信访问题多的单位、审计建议整改不力的单位为必巡查单位。2014年，先后对上年度案发的经信局、科技局实施政府奖补资金管理情况专项巡查，对供销社实施资产管理情况专项巡查，对独山港镇、水利局实施工程建设管理情况专项巡查，共发现问题54个，提出整改建议30条。

【加大“四风”纠正力度】 加大正风肃纪、公开通报、责任追究力度，将落实中央八项规定精神、惩治“四风”问题作为重点，一个节点一个节点开展监督检查和正风肃纪工作，全年共开展正风肃纪和明察暗访87次，通报14起，责任追究21人次。加强对“酒局”“牌局”和“三公”问题的监督，严格党政机关办公用房清理，开展乡科级领导干部个人有关事项核查。全市“三公”经费实际支出同比下降39.13%，其中公务接待费同比下降57.59%，腾空办公用房1.5万平方米，责令6名个人有关事项报告不实的干部作出说明。

【加大监督执纪问责力度】 强化执行力建设，3月20日，市委办下发《平湖市重要工作和重点项目执行力指数评估实施办法》。按照文件要求，市纪委对8大类349个项目实施重要工作和重点项目执行力指数评估，并围绕全市“五水共治”“清三河”、生猪减量提质、“三改一拆”、国资清租、土地卫片执法检查等重点难点工作，以及“百姓事马上办”等途径群众反映强烈的突出问题和市领导交办的问题，组织开展了38项专项调查，对发现的问题责令整改纠正。平湖市“建立监督执纪问责工作流程图”获2014年度嘉兴市纪检监察工作“三转”推进奖。

【推进党员干部廉洁自律工作】 注重对党员干部的日常教育、监督和提醒,在抓早抓小中关心关爱干部。对全市乡科级领导干部操办婚丧喜庆提出"五不准"要求,并实行事前承诺、事后备案和责任追究制度,全市23名领导干部向组织作了事前承诺和事后备案报告。规范"三礼"的收缴和管理,全市党员干部有90人次主动上交"三礼"折合人民币30余万元,对历年来党员干部上交的难以处置物品进行公开拍卖。注重抓早抓小,制订出台关于加强党员干部廉勤预警的工作办法,建立廉勤谈话点,对33名党员干部进行了廉勤谈话,防止小问题变成大问题。通过信访核实,为10名党员干部澄清了事实。

【加强党风廉政教育宣传】 注重以"身边人、案中事"警示党员干部,两次召开千人警示教育大会,六次组织相关岗位的党员干部参加庭审现场警示教育活动,举办三期新提拔领导干部廉政关爱教育培训。加大反腐倡廉宣传力度,建立网站、微博、微信"三位一体"廉政宣传教育展示平台,建成东湖廉洁文化景观线网上展示厅,主动向社会传播反腐倡廉"正能量"和纪检监察工作"好声音",宣传工作列全省县(市、区)第一。

【优化纪检监察内部机构和基层组织建设】 市委专门设立纪律检查体制改革专项小组,制订出台实施意见,支持纪检监察机关转职能、转方式、转作风。先后两次开展各类议事协调机构进行清理,市纪委监察局参与的议事协调机构从164个减少到18个。全面重组优化市纪委监察局内设机构,撤销纪检监察室,增设纪检监察一室、二室、三室;撤销党风廉政建设室、纠风室、执法(效能)监察室,设立党风政风监督室;撤销干部管理室,设立干部室;把主要工作力量集中到监督执纪一线。调整后,市纪委监察局机关内设机构10个。加强基层纪检组织建设,实施监督力指数考核,开展优秀监督案例评选活动,把基层纪检监察工作导向监督执纪问责一线,主抓主业。创新对纪检监察干部能力的培训方式,举办监督案例讲堂,通过模拟式培训、讲坛式交流、案例式讲学、实战式演练,提升纪检监察干部的履职能力。 (王 芳)

•组织工作•

【概况】 2014年,全市组织工作以开展党的群众路线教育实践活动为契机,以"四敢一不怕"好干部培养、服务型党组织建设为重点,积极探索,大胆实践,各项工作取得明显成效。作为全国六个单位之一,受中组部邀请参与全国外资企业党建工作实施意见的起草工作。考察对象财产公示、干部德行信息库建设分别在中组部座谈会和全省干部监督工作会议上作经验交流。年底止,全市有党委(党工委)82个、党组31个、党总支121个、党支部1316个;有党员26764名、比上年增加2.13%,其中女党员8087名、占比30.2%,35周岁以下党员7051名、占比26.3%。全年发展新党员426名。

【选优配强领导班子】 围绕行政管理体制改革、部分空缺岗位充实、结构性干部政策性安排、超职数配备消化及末位人员交流和淘汰,选优配强各级领导班子。全年人事任免涉及乡科级领导干部162名,其中提拔任职33名、轮岗交流58名、有8名干部被淘汰出领导岗位。

【加大干部培训培养力度】 全年举办各类培训班103期、培训23000多人次(其中主体班次15期、"金平湖讲坛"11期、"平湖青年干部论坛"20期),选调参加上级各类培训20批73人次。建立由52名部门领导组成的本地干部教育培训师资库,开展镇(街道)干部全员轮训。继续开展以百名干部助治水、百名干部推项目、百名干部抓招商、百名干部攻征收、百名干部破难点为主要内容的"五百干部下一线"活动,选派1名干部赴国家科技部、4名干部赴省级机关挂职锻炼。

【深化干部人事制度改革】 在全市范围内开展机关中层干部全员竞岗和一般干部双向选择工作,有83名干部跨单位交流任职,132名干部内部轮岗,75名一般干部走上中层岗位,52名中层副职提任正职,67名干部落岗或提前退任,22名落岗的一般干部跨单位双向选择。出台《关于实行机关中层干部任期制 进一步推进干部交流工作的意见》,明确中层干部任期为三年,期满后重新择岗聘任。开展乡科级协理员"二次择岗"工作,在全市设立重点工作推进组、项目推进组、房屋征收组、党建指导组、信访调处组、活动督查组等6个工作小组,38名市级机关部门协理员择岗参与各工作小组,33名镇(街道)协理员参与所在镇(街道)中心工作。

【强化干部日常监督管理】 抓好领导干部年度考核工作,对考核结果进行综合排名,并以"一表式"形式反馈单位主要领导和被考核对象。全年对16名领导干部进行经济责任审计,对2013年度21名领导干部审计结果分等评定和书面反馈,办理领导干部离任经济事项交接手续12人。严格执行末位告诫淘汰办法,2013年度共评出末位干部166名(其中乡科级领导干部17名),末位告诫24人、末位淘汰8人。认真落实领导干部日常行为量化监督管理规定,2013年度有35名领导干部被计分。严格执行拟提任干部家庭财产申报审核制,对38名考察对象家庭财产申报进行审核,并在本单位公示。在全市乡科级领导干部中推行"网上工作日志"制度,对干部工作实施痕迹化管理。出台《平湖市乡科级领导干部个人有关事项报告办法(试行)》,每年按5%的比例随机确定核查对象,当年核查20人,其中6人因申报内容和核查情况不一致,被要求作出书面说明及予以量化计分。开展对国家工作人员配偶移居国外情况的专项整治和对退(离)休领导干部社会团体兼职问题的专项整治。

【优化人才工作机制】 推进金平湖英才计划,7项子计划齐头并进,全年引进各类高层次人才460名,其中引育国家千人计划4名,培育省千人计划2名、国家科技创新创业人才1名、嘉兴领军人才20名、平湖领军人才10名。推进"人才强企"工程,牵头举办"百名博士平湖行"、高层次人才创业环境(上海)说明会等活动,对接高层次人才200多名,20多家企业与博士展开深度合作,新增院士专家工作站1家,入选嘉兴市重点创新团队1个。深化名校优生引才,邀请清华大学、北京大学等五所名校51名研究生到平挂职实践,择优选拔1名研究生担任副科级领导干部。完善人才工作运行机制,建立人才工作定期报告、季度通报和专项督查等制度。出台领军人才项目管理办法,科学设置考核目标,健全属地管理、部门配合的推进机制。全年落实人才发展资金3048万元,比上年增长46.88%。加快推进平湖经济技术开发区领军人才创业园建设,2幢5300平方米孵化楼建成并投入使用,张江长三角科技城核心区一期1.66平方公里征迁工作基本完成,市科创中心二期工程4.7万平方米标准厂房基础设施建设顺利推进。

【加强基层服务型党组织建设】 在全市87个村调整设立438个农村党员先锋站,建立健全干部联站、定期活动、先锋评议、党员联户、民情收集五大制度。分批举办全市村社区、两新组织党组织书记等专题培训班。实施村干部“领雁工程”，按照新任职、示范村书记等类型，分类举办村书记“领雁论坛”；组织20名村主职干部重点培养对象赴嘉善、海宁脱产挂职；以纪念建党93周年为契机，开展“十佳村社区书记”评选表彰活动。安排市委常委、机关部门“一把手”等领导干部到87个村兼任第一书记，督促抓好村班子队伍建设以及发展壮大村级集体经济、“五水共治”“三改一拆”等重点工作。下派87名市、镇(街道)两级干部到村担任“治水指导员”，助推农村基层组织建设和农村环境卫生整治。开展新一轮“千名干部帮千户”活动。出台《关于进一步健全基层服务型党组织经费保障机制的实施意见》，提高党组织书记岗位津贴、党员教育活动经费标准，保障两新组织党组织工作经费，每年落实党员关爱专项资金100万元和创业贷款贴息资金25万元。为全市村社区干部办理住房公积金。建成15村抱团“飞地”标准厂房项目，每年为15个经济薄弱村各增加经常性收入24.8万元。

【做优两新组织党建品牌】 全面推行“三联三会”制度，推进党群工作一体化。深化外商投资企业党建品牌建设，做实外资企业党组织服务联盟，集中解决企业党组织反映的各类问题47个；下派23名专兼职党建工作指导员，初步建成川电钢板、关东辰美等新的党建示范点。继续推进党务红领资格认证工作。深化青春党建工作，打造“网上发动、网下活动，网上诉求、网下实现”青年党员活动新常态，成立青年志愿者服务队，积极参与“治水护水、扮美家园”、青春助力“五水共治”等活动。推进外资企业党组织红色微信群建设，成立平湖经济技术开发区外资企业党群工作研究中心。加强和改进社会组织党建工作，成立嘉兴市首个社会组织综合党委，完善“三纳入双孵化”工作制度，制订实施公益类民办非企业单位党组织工作标准指导目录。

【严格党员队伍管理】 全年举办入党积极分子专题培训班9期，组织865名入党积极分子参加党的基本知识在线测试，开展认领微心愿、义务植树、“五水共治”义务巡查等志愿服务。组织100名新党员代表到南湖革命纪念馆进行集中宣誓活动。试行发展党员市级联审制度，严格发展党员资格审查。严肃党内组织生活，建立领导带头、出勤公示、派员参会等制度，规范“三会一课”等组织生活。在8个镇(街道)建立青春党支部，集中抓好返乡青年党员的教育管理。开展“点亮微心愿·共筑中国梦”四季主题活动，建成3个“红立方”党员志愿服务驿站，开展周末常态化便民服务。严格党员管理，明确不合格党员具体情形、认定标准和处置程序，在全市层面梳理出165名后进党员进行帮扶转化，109人实现转化、15人转出组织关系、41人受劝退或除名处置。

【推进党代表任期制工作】 继续实行党代表提案制度，7个镇(街道)共办理提案33件。深化党代表民情联动办理工作机制，依托“百姓事马上办”平台及时做好党代表民情事项交办工作。开展党代表“先锋站里面对面”“假日送亲情”等接待活动。安排市委常委参加镇(街道)党代会年会和党员代表会议。

【提升远程教育工作水平】 加强远教站点基础设施建设，积极拓展延伸远教站点，并对学用情况开展督查。发展党员电子成长系统与时代先锋网慕课云平台实现技术对接，完成党性慕课试点工作。抓好远教精品课件选送，制作《群众路线群众唱》《稻－菇－笋循

环农业》等电教片。调整优化金平湖党建电视栏目,制作播出16期。（朱 磊）

•宣传工作•

【概况】 2014年,全市宣传思想工作深入贯彻党的十八届三中、四中全会精神,紧紧围绕全市“三年”活动、“九大专项”行动,以党的群众路线教育实践活动为统领,坚持唱响主旋律、打好主动仗,为加快建设和谐幸福的现代化“金平湖”提供坚强有力的思想保证、精神动力、舆论支持和文化条件。获得全省文化礼堂建设先进县(市)、“春泥计划”实施工作先进市称号,城市文明程度指数测评位列嘉兴各县市首位。

【深化理论武装】 推进“中国梦”、社会主义核心价值观、党的十八届三中四中全会精神等宣传教育活动。开展以“讲讲好政策、说说百姓话、聊聊心里事、暖暖群众心”为主要内容的“基层好声音”理论宣讲活动。修订完善《市委理论学习中心组学习制度》,通过常委会专题学习会、“平湖论坛”报告会、夜学等多种形式,组织开展学习43场(次)。牵头开展机关事业干部应知应会知识测试。探索基层理论宣讲主体社会化新路径,长红孝德公益文化发展中心被评为浙江省思想政治工作优秀单位。成立平湖市社科联,组织开展第一届社科优秀成果评选,有30项作品获奖。开展弘扬践行新时期平湖城市精神“九个一”系列活动。

【主题宣传重点突出】 围绕全市党的群众路线教育实践活动、“三年”活动、“九大专项”等中心工作和重点工作,开展集中宣传报道。在嘉兴以上纸质主流媒体刊发稿件300余篇,其中省级以上100多篇;嘉兴以上电视主流媒体播出700多条,其中浙江卫视57条,央视25条,《浙江日报》《嘉兴日报》头版刊发稿件量居嘉兴各县(市、区)前列。成功举办“古力——李世石十番棋”平湖专场比赛,中、韩两国23家知名媒体到平采访。先后承办全国知名网媒浙江行、浙江省第五届对外传播易地采访等有一定影响力的外宣活动。开展优秀外宣品评选活动,“平湖发布”微信公众平台投入试运行。

【启动省文明市创建】 下发《中共平湖市委 平湖市人民政府关于开展创建省文明市活动的实施意见》(平委发〔2014〕26号),成立以市委书记、市长任双组长,市委副书记任常务副组长,市委、市政府相关分管领导任副组长的创建领导小组,并抽调人员成立市创建办,由各分管市领导牵头成立七大专项组,建立一系列工作制度,开展十大专项行动,全面推进省文明市创建,当年,城市文明程度指数测评列嘉兴市五县市第一。积极培育和践行社会主义核心价值观。深入开展身边好人选树、道德模范评选和星级文明家庭评创活动,分别评出身边好人42人、道德模范10人、市级十星级文明示范户100户。以“做一个谦恭有礼的平湖人”为主题,深入开展文明交通、文明旅游、文明餐桌和网络文明活动。积极做好省级、嘉兴市级文明村镇、文明社区、文明单位评创工作,2个村、3个单位和1个社区获省级文明单位,1个镇、6个村和11个单位获嘉兴市级文明单位。实行未成年人思想道德建设项目领办工作,打造示范点项目品牌。春泥计划实施质量不断提高,获2014年度全省“春泥计划”实施工作先进市称号。

【文化发展日益繁荣】 完成文化服务业投资6.58亿元,同比增长50.8%,完成年度任务的124.2%;8个项目列入《2014年嘉兴市文化产业投资目录》,涉及投资14.22亿元;全年共引进文化产业项目11个,总投资9.7

亿元;文化发展指数(CDI)考核在嘉兴市的排名较上年前移一位。市财政局出台《平湖市文化产业专项资金暂行管理办法》,6 家单位 8 个文化产业项目获 132.9 万元的专项资金扶持。成功举办 2014 中国·平湖西瓜灯文化节。积极打造"琴棋书画"之乡和"欢乐平湖"文化品牌,创刊综合性文艺刊物《当湖》,组织"叔同故里""平湖秋月"两合唱团参加"我和我的祖国"2014 浙江省群众合唱大赛,双双获得嘉兴初赛金奖。开展公共历史文化资源商标注册,"南村书堆""南河头""平湖西瓜灯会"等 40 件历史文化资源作为商标加以注册保护和推广利用。

【深入推进农村文化礼堂建设】 以创建省级农村文化礼堂先进县为目标,建成农村文化礼堂 40 家,平湖供电公司成立嘉兴市首家企业文化礼堂;建制村文化礼堂建设覆盖率达到 45%,新埭镇在嘉兴市率先实现农村文化礼堂全覆盖,配备村(社区)专职文化管理员 95 名;全年有 120 余名文化志愿者和 50 多支业余文化团队走进农村文化礼堂,组织开展各类活动 600 余场次。引入的"乡村记忆"模式入选省创新案例,工作多次得到省委宣传部和嘉兴市委宣传部领导批示肯定,获 2014 年度全省文化礼堂建设先进县(市)称号。

【网络阵地建设和管理不断加强】 以"平湖发布"为龙头,整合全市 85 个政务微博,辐射带动属地微博、微信、论坛等近 130 个新媒体资源,形成舆论引导新格局。将"平湖网"打造成本土网上新闻舆论主阵地,"微博平湖"被中国信息化研究与促进网等第三方机构评为"2014 年度中国优秀政务微博"。市委宣传部出台《平湖市网络舆论管理引导工作考评细则(试行)》,强化热点问题和敏感舆情早发现、早研判、早处置。实施网评员队伍建设"385"工程,组建一支由 30 名核心、85 名骨干、545 名基层网评员组成的三级阶梯队伍,积极稳妥应对处置突发事件和热点问题舆情 71 起。协调公安、经信、文广新局等涉网管理部门资源力量,加强对政府门户网站、新闻网站、部门网站、广播电视网络等重要网络和信息系统的隐患排查和技术防范,加大网络谣言打击力度,净化网络空间。开展"我为网络增添正能量"微论坛、"网友沙龙"等各类正能量主题活动 8 次。

【开展基层好声音宣讲活动】 深入推进宣讲服务进文化礼堂,以"讲讲好政策、说说百姓话、聊聊心里事、暖暖群众心"为主题,开展"基层好声音"理论宣讲活动,开具 4 大类 21 个课题供基层点单,全年共开展宣讲 200 多场,受众 2.2 万多人次。

【深化"星级文明家庭"评创工作】 以十星级文明户(致富星、道德星、法纪星、信用星、计生星、义务星、卫生星、科教星、文体星、生态星)评创为抓手,深入推进农村精神文明建设,使群众行有方向、评有标准、做有要求、创有目标、学有榜样,并在参与中得到自我教育、自我完善、自我提高,不断提升乡风文明。全市有 135289 户农村家庭参与评创活动,占总户数的 93.43%,评出市级十星级文明示范户 100 户,镇(街道)十星级文明示范户 1122 户、十星级文明户 7093 户。

【开展"身边好人"选树活动】 积极探索设立"群星耀平湖"身边好人榜,通过评好人、帮好人、管好人、做好人,引导广大市民见贤思齐、争做好人,推进社会主义核心价值体系建设。全年共评出"身边好人"42 人,其中 15 人入选"嘉兴好人",5 人入选"浙江好人",7 人入选"中国好人"候选人。工作得到省委宣传部和嘉兴市委宣传部领导高度肯定,并代表嘉兴市参加全省“最美浙江人”主题宣传活动推进会,作书面经验交流。

(彭建伟)

•统战工作•

【概况】 2014年,全市统战工作充分发挥统一战线优势作用,围绕市委、市政府中心工作,服务大局谋发展,凝心聚力促和谐,为推进平湖经济社会全面走上科学发展之路发挥了积极作用。当湖街道朝阳路社区获2014全国侨务工作明星社区,市知识分子联谊会获浙江省优秀知识分子联谊会,市工商联获全省工商联系统先进单位、第一批全省“五好”县级工商联,市台胞台属联谊会获嘉兴市台联工作先进集体。

【服务中心谋发展】 一是注重为招商引智牵线搭桥。开展“上海留学生企业协会生物医药、光机电产业专家平湖行”“上海市欧美同学会专家平湖行”“省外浙籍侨联之友联谊会平湖行”活动,邀请美国、加拿大、日本等国家(地区)120多名高层次人才和侨商到平考察投资创业环境,并主动对接海外知名专家学者,列出近20项技术需求“菜单”与企业对接。接待重点台商10批次200多人到平湖开展项目考察。二是着力帮扶联挂村解难题惠民生。开展“服务基层、联村到户”活动,走访钟埭街道新群村131户农户,为村全体党员上“微型党课”4次。开展“吹响同心集结号”系列为民服务活动,提供义诊、教育咨询、中医养生保健讲座等一批志愿服务项目。发起“侬爱夫亮灯工程”,安装66盏路灯解决钟埭街道新群村村民夜间出行困扰。三是助推“五水共治”。发出《全市统一战线“五水共治”倡议书》,开展“五水共治·台商同行”“五水共治·侨来搭桥”“千企连千河·共建美丽金平湖”“五水共治·宗教同行”等活动,鼓励统战成员认建捐资4430万元。开展“我为五水共治献一策”金点子活动,收到建言献策50条,农工党一党员的《警惕“五水共治”带来二次污染》的意见建议获副省长黄旭明批示。

【巩固和发展多党合作事业】 组织党风廉政建设、“三改一拆”、交通运输(公交建设)工作等情况通报会10次,完善各民主党派、工商联和无党派人士联谊会与15个政府部门对口联系机制,明确对口联系的范围、主要内容和要求;15名市级党员领导干部与46名民主党派、工商联和无党派人士联谊交友;34名党外人士组成15个民主监督小组担任平湖15个政府部门(单位)民主监督员。深化民主党派主要负责人参加重大调研活动机制,各民主党派主委受邀参加市委书记牵头的“进企业破难题”、农村污水处理等调研活动。全年党外人士提出意见建议180多条,形成调研报告8篇。对民盟平湖市总支、民进平湖市委会、农工党平湖市总支三个民主党派领导班子开展届中回访工作。

【依法管理民族宗教事务】 做好对武义县桃溪镇锦源村少数民族低收入群众的增收帮扶工作。做好少数民族中高考学生身份证明、变更工作,为34人出具少数民族身份证明,为8人变更民族成分。全年审批许可的10场宗教活动均安全有序。做好回民墓地迁移工作,涉及的17个墓地全部搬迁完成。全市共拆除宗教领域违法建筑12处,违章建筑面积812平方米,转作其他用途和关停37处1916平方米,包括乍浦汤山文昌阁等省重点督查场所的拆除。成功抵御摩门教组织到平湖开展非法活动。开展“宗教政策法规学习月”、宗教慈善周、“寻梦中国·正言正行”、民族团结进步宣传等活动。

【推进非公有制经济统战工作】 开展非公有制经济人士理想信念教育实践活动,组织非公有制经济人士赴浙江大学、香港理工大学、中央社会主义学院等高等院校研修学习。完成非公有制经济人士综合评价工作,做好嘉兴市第五届优秀中国特色社会主义事业建设者推荐评选工作。举办新生代企业家管理和传承创新专题研修班;组织新生代企业家参加全国商会大会、浙洽会,参加中国国际日用消费品博览会等各项活动;与宁波慈溪"创二代"联谊会进行交流并结成友好组织;组织"忘年交""传帮带"活动,邀请政府部门负责人、父辈企业家、律师等专业人士传授经验。支持工商联创建全省第一批"五好"县级工商联。完成新埭商会、新仓商会换届工作。支持工商联参与劳动关系三方协调机制。鼓励和引导非公有制经济人士回报社会,累计开展公益项目22个,捐赠金额6.2亿元。

【两岸交流与合作】 举办第4届"平湖·南投——两岸邻里节",邀请台湾南投县鹿谷乡村民到平湖交流访问;平湖西瓜灯应邀赴南投参加2014"马耀南投"元宵灯会。钟埭街道新群村与鹿谷乡竹丰村结对为两岸友好村。接待台湾南投县代理县长陈志清,台湾大学经济学博士、中央电视台《海峡两岸》节目特邀评论嘉宾邱毅,金门县议员周子杰等重点人物及重点社团到平参访。完善台资企业资料库,赴台湾、东莞等地举办平湖投资环境推介会。新批台资项目5个,增资项目7个,总投资2.46亿美元。开展"政策进台企"系列活动,组织台资企业参加新环保法、人力资源管理、社会保险政策等专题讲座。组织台商赴江苏淮安等地参观考察,参加嘉兴市台商沙龙、两岸同胞裹粽子友谊赛等活动。

【深化侨务工作】 做好陈意子(林书豪外婆)、大数据专家冯雷、医学博士冯武威等重点华人华侨到平探亲考察接待工作。举办"梦想·传递·分享——聆听我的留学故事"交流活动,邀请海外在读留学生为平湖学子讲述海外留学经历。妥善处理侨胞侨眷有关落实生活补贴、"三侨生"认定、华侨身份证明等方面的求助20余件,及时反馈"双非儿童"问题。在"乌克兰危机"和"越南打砸中资企业事件"期间,及时排摸了解情况,开通热线电话、电邮,及时传递国内外讯息。走访企业20多家,了解企业经营发展情况和海创人士的工作生活情况。开展好中华寻根之旅夏令营浙北分营活动,帮助30名华裔青少年学习中文。及时将调查结果转换为基本侨情调查数据库,并完成基本侨情调查分析。开展"侨务培训进社区"活动,指导当湖街道朝阳路社区成功创建2014全国侨务工作明星社区。

【"同心"活动丰富多彩】 深入开展"同心送温暖""同心解难题""同心送服务""同心园"等活动110多次,引导统战成员立足岗位建功,自觉担负起转型升级、创新发展的重任。支持统战成员积极投身扶贫帮困、支持新农村建设等促进社会和谐的生动实践,开展"爱心包包""爱心助学""爱心衣服"等形式多样的同心聚力活动,走访困难群众300余户,解决帮扶资金38万元,资助20名贫困学生上学。

【宣传"同心"先进典型】 在全市统战成员中发掘推选出一批先进典型事迹,在电视台、报刊、互联网上进行宣传。省委统战部、浙江卫视《新闻联播》"浙商义行天下"栏目宣传报道平湖市非公企业家热心公益、传承传统文化的典型事迹;浙江电视台国际频道"黄金时间"栏目宣传报道新生代企业家工作和基本侨情调查工作,浙江经视《风云浙商面对面》栏目专题采访报道平湖市浙商回归典型人物;在平湖电视台策划"新生代企业家风采"专题片、"海归创业在平湖"系列报道,在《南湖晚报·平湖周刊》策划报道27期"对话精英"栏目,集中宣传平湖市新生代企业家、海归企业家创业干事的优秀事迹。

【加强无党派人士联谊会(知联会)工作】 按照"合心、合智、合力"的目标要求,发动无党派人士联谊会会员开展"圆梦微心愿,汇聚正能量" 服务社会活动3次,帮扶孤寡老人、困难户5户。召开会员所在单位中共党组织负责人座谈会,开展走访各镇(街道)分会负责人活动,收集对联谊会工作的意见建议50余条。

【开展群众路线教育实践活动】 组织机关干部积极参与党的群众路线教育实践活动,切实遵守中央"八项规定"和省委"六个严禁",认真对照"四风"查找问题,整改到位。建立健全统战干部网上工作日志制度、统战系统部门工作每月点评制度、统战部重点工作每季度督查通报制度,坚持工作部署与跟踪督查配套推进。开展干部蹲点调研、义务劳动、结对帮扶、当社工等活动,支持干部职工积极参与"五水共治"、创卫、维稳、"三改一拆"等中心工作630人次。

【加强对全市统战工作的指导】 下发《2014年度全市基层党委(党工委)党建工作综合考核统战工作评分细则》,明确全年统战工作内容和要求,并进行考核。健全统战工作创新机制,指导基层党委(党工委)探索基层统战、部门统战工作的新机制、新方法。定期召开统战工作例会,听取统战工作汇报,指导解决相关问题。为平湖市第14期中青班学员讲授统战工作知识,提高全市中青年干部对统战工作的了解和认识。

【加强对统战工作和统战方针政策的宣传】

努力使全市的统战工作在报纸上有稿、电台上有声、电视上有影、网络上有文。坚持办好平湖统战手机报,巩固统战宣传新阵地,得到省委统战部领导充分肯定。年内,市统战工作在省级以上媒体刊登报道160多篇。《情系中华》《钱江侨音》《浙江对台工作》《浙江侨声报》《浙江民族与宗教》,中国网、新华网、中新网、中国日报网等媒体均刊登了平湖市统战工作好的做法。其中,《情系中华》有29篇(条)。 (马亮春)

·老干部工作·

【概况】 2014年末,全市有离休干部85人,其中男80人、女5人,平均年龄88.62岁。抗战前期参加革命1人,抗战后期参加革命15人,解放战争时期参加革命69人;享受副厅级待遇2人,享受副处级待遇41人,享受科级待遇42人。另有嘉兴市直属管理的离休干部20人,易地安置到外地7人,外地离休干部易地安置平湖5人。

【加强老干部思想政治建设】 依托老干部政治理论学习小组、离退休干部党支部、老干部党校等,通过报告讲、讨论讲、学习讲等,组织离退休干部深入学习党的十八大和十八届三中四中全会,习近平总书记系列重要讲话以及党的群众路线教育实践活动精神等。全年,组织老干部理论学习组学习40多次,参加900多人次;举办时政班4期、党员骨干培训班1期、理论读书班1期,参加1300多人次。市委、市政府领导通报经济形势、党风廉政、组织、宣传和"五水共治"工作等6次,专家教授作辅导7次。向老干部发放《之江新语》《论群众路线——重要论述摘编》《改革热点面对面》等书籍800多册。

【加强离退休干部党支部建设】 连续七年开展“三级联创”，完成第四轮“五好”离退休干部党支部创建，全市创建率94%。连续10多年开展市和镇(街道)部门两级“上下联动”创“五好”老干部活动，表彰70名“五好”老干部先进个人。经济和信息化局离退休干部党支部、卫生局机关、经济技术开发区(钟埭街道)机关和财政(地税)局退休干部党支部等4个党支部和吴乃复、田锦梅、鲁韵玉、沈金龙、陆保荣等5人被评为嘉兴市第二批“五好”离退休干部党支部和优秀离退休干部党员。组织支部书记考察嘉兴南湖革命纪念馆和镇(街道)“五水共治”工作。重视基层创新，开展“一支部一特色”活动。

【落实老干部生活待遇】 完善离休干部离休费、医药费和财政支持“三个机制”。调整离休干部护理补贴费标准，抓好离休干部公用和特需经费的发放使用工作并公开使用情况。落实老干部医疗保健制度，办好老干部医务室，坚持老干部家庭病房、每周住院排摸和探访制度。为老干部提供法律咨询、理发、扦脚等特色服务。5月，集中为全市140多名离休干部和县处级退休干部进行体检。全年，走访住院老干部150多人次，家庭病房服务老干部40多人次，协调处理7名病逝离休干部相关后事，向老干部发放健康书籍400多本。深化社区“四就近”工作。百花社区、南河头社区和李凤琴、马小英被评为嘉兴市首批离退休干部“四就近”服务市级示范社区和2012—2013年度嘉兴市离退休干部“四就近”服务优秀社区工作者。

【开展四联四访四评活动】 对所有离休干部和县处级退休干部实行联区(老干部所在社区及居住地)、联户(每位老干部家庭)制度，对离休干部(社经室、部分退休干部)各学习组、离退休干部党支部实行“联组”“联支部”制度。坚持普遍访问与特殊访问相结合，开展“四访”，即普访(春节、高温“两大走访”全覆盖)、专访(问题专访)、家访(家庭病房走访)、联访(联合社区走访)，并开展中秋、国庆、重阳“三节”走访工作。全年，共上门走访慰问老干部330多人次。

【推进文化养老工作】 老干部活动中心组织开展好每月、每周的政治理论学习和“相约星期三”学习。组织老干部开展“春游看东湖”“喜看乍浦港”“视察行政服务中心”、走进“五水共治”等“走、看、促”活动。举办“庆新春乐元宵游园会”“重阳游园会”“重阳祝寿会”“庆祝建国65周年”等节庆主题活动。利用宣传橱窗、黑板布置“晒幸福展风采”“我的中国梦”等展览。老年大学组织师生骨干参加时政班、党员骨干培训班等。召开老年大学校务委员会会议，研究解决老年大学发展中的重大问题，调整充实校务委员会成员。统一和规范收费标准，建立完善教学调研听课、教学研讨、楼层班主任等制度。加强校园安全建设，完善日常医疗应急措施和办法。办好老年大学二十周年校庆系列纪念活动。

【引领老干部为党和人民事业增添正能量】 重视发挥老干部在助推全市“五水共治”“三改一拆”、党的群众路线教育实践活动等中心工作中的重要作用。组织离休干部、社经室老干部和离退休干部党支部书记130多人到平湖经济技术开发区等地视察调研“五水共治”工作。社经室老干部围绕减轻基层负担、养老医疗服务、农业农技队伍建设等深入部门和基层开展专题调研，形成4个调研报告。全年，组织老干部开展“走、看、促”就近考察11次，参加800多人次。

【完善老干部工作保障机制】 落实市领导通报情况、走访慰问、征求意见、调研考察等制度。下半年,联合相关职能部门开展老干部工作问题调研,形成调研材料,向市委作了汇报。市委先后明确重阳节、老干部生日、春节慰问、就近考察等待遇。做好老年大学二期建设方案的报批,经市长办公会议讨论通过,进入前期规划设计阶段。

【加强部门自身建设】 认真开展党的群众路线教育实践活动。组织全局机关干部积极参与全市"清三河""清理违章猪舍"等中心工作。开展青年干部"导师制"活动。完善调研信息考核办法,撰写调研报告10篇,报送信息262篇,被《浙江老年报》及省、嘉兴市老干部工作网站、简报录用444篇次。在局机关开展"创新实干"先进科室和"五星服务"先进个人评选表彰活动。 (姚秀平)

•党校工作•

【概况】 2014年,市委党校(市行政学校、市社会主义学校)围绕全市"三年"活动、"九大专项"工作大局,认真贯彻落实市委主要领导对党校工作批示精神,秉持"打造红色学府"的发展思路,以质量立校、人才强校、创新活校、从严治校,争创全省一流特色县级党校为目标,全面实现年初提出的3项重点工作和1项创新破难工作承诺,充分发挥市委党校在助推和谐幸福的现代化"金平湖"建设中的应有作用。按照市委部署,扎实开展党的群众路线教育实践活动,成立校领导小组和办公室,认真抓好学习,加深领会文件精神,通过多种形式征集到90条意见建议,归纳为18个突出问题,12项整改整治任务,年底前全部整改完成。深化党风廉政建设,落实"两项责任",坚持每周检查,推动廉洁自律。精简会议内容,严控"三公"经费等各项经费支出,全年公务接待支出为预算安排的8.14%,同比下降90.87%。当年,市委党校获全省党校系统工作创新奖、档案目标管理省二级认定单位、创建成"浙江省工会示范职工书屋";嘉兴市党校系统教学工作、信息化建设获年度考核一等奖(连续三年),科研工作二等奖。

【巩固干部教育培训主阵地】 拓展主体班次,探索推进专题化、小班化、个性化的新主体班次,继续开展学员论坛、情景模拟、成长对话、调研成果交流等特色教学活动,推行精细化教学管理,广泛运用研讨式、互动式和现场教学等现代教学方式,创新办学特色。全年配合纪委、组织、宣传、统战等部门举办各类培训班112期、受训1万余人次。其中,主体班次32期、对外培训4期、社会培训76期,举办"金平湖讲坛"11期、自主选学人员8738人次,党校干部培训主阵地作用得到充分发挥。年内,安徽省涡阳县干部教育培训基地挂牌成立,与该县长期开展干部师资培训合作。深化理论宣讲,提升教学质量。围绕群众路线教育实践、十八届三中四中全会精神、习近平总书记系列重要讲话精神等主题开展基层宣讲活动,进一步优化"菜单式""点菜制"和"微型党课"等宣讲模式,提升宣讲效果。启动微型党课推广工程,承办全市"弘扬践行城市精神·党员干部的责任担当"微型党课大赛;启动"学习十八届四中全会精神·志愿送课进村社区"活动,全年开展社会宣讲115场次、听众近万人次。实施名师名课工程,组织实施精品课、教学案例和现场教学基地开发建设,建立新专题生成集体备课制度,全年开发系列专题20余个,教学专题更新率超过50%。

【建设科研咨政服务思想库】 课题立项数

量明显增长。年初制订《教研人员全年个人科研计划》，明确工作目标任务，全年申报立项党校、社科联等系统各类课题19项，获准立项19项。课题论文质量明显提升。全年完成党校、社科联等系统立项课题结题19项，其中获奖7项。全年入选地市级以上理论研讨会论文28篇（其中省级理论研讨会16篇）。获奖论文省级6篇，嘉兴市党校系统2篇，平湖市奖项8项。在各类报刊发表论文20篇，其中，6篇在省级期刊发表。咨政服务水平明显提高。全年出刊《调研成果参阅》8期，获市领导批示肯定3次；获嘉兴市党校系统优秀调研成果二等奖1项、三等奖2项；完成与市有关部门合作课题4项；编辑出刊《平湖学刊》3期。认真做好市党建研究会秘书处工作，组织开展党建课题研究，撰写的论文获嘉兴市党建研究会重点调研课题优秀论文二等奖、三等奖各2篇，优秀奖10篇。

【提升信息化服务新水平】 以打造“智慧党校”为目标，以服务党校、服务学员、服务社会为落脚点，扎实推进信息化建设。坚持每季度1次校信息化建设领导小组会议和每月1次信息化工作例会制度。将平湖市干部理论学习平台打造成集学习、培训、考核于一体的公共服务平台。全年上传专题讲座视频文件42个，年点击次数达18539次；承担全市2253名机关公务员《危机管理与舆情引导》教育培训在线学习培训以及新提拔乡科级领导干部廉政知识在线考试。发挥网站宣传主阵地作用，新增群众路线教育、档案之窗等专栏，共发布动态信息156条、《党校动态》8期，收集、上传理论动态文章15篇。发挥电教室作用，举办全市《数字化档案室管理系统》软件使用培训班4期、参训120人次。在省委党校《党校信息化研究》电子刊物刊发论文2篇，；上报嘉兴市委党校市情70篇、教学资源片1个。

【提升队伍素质和服务水平】 制订完善校委理论学习计划，建立校委班子领学制度和校委班子成员主体班次随堂听课制度；实施中层干部全员竞岗和一般干部全员双向选择工作，向有关高校和市有关综合部门输送优秀中青年干部2名，选派副校级领导担任两新组织兼职党建工作指导员和正科级协理员担任两新组织专职党建工作指导员各一名。1名讲师被评定为高级讲师、1名助理讲师被评定为中级讲师。组织党校工作人员参与全市“五水共治”“三改一拆”等中心工作，为联系挂钩村（社区）提供“五水共治”、社区创卫、扶贫帮困、爱心捐款等支持资金10万余元；做好5大名校硕（博）士研究生到平挂职、社会实践入住党校等后勤服务工作。

（富佳育）

•史志工作•

【概况】 2014年，市史志办认真贯彻落实党的十八大和十八届三中、四中全会精神和全国党史研究室主任会议、第五次全国地方志工作会议精神，紧密结合平湖实际，提高党史编研和地方志编纂水平，加强史志队伍建设和宣传教育工作，以党的群众路线教育实践活动成效来推动史志工作的开展，充分发挥“存史、资政、教化”的作用，取得较好成绩。

【开展《中国共产党平湖历史大事记（2000—2012）》征编工作】 2013年下半年启动党史大事记征编，2014年抽调人员组成编撰队伍，制订编撰方案，按照分块指导、分段包干的原则，落实编撰人员，对全市各镇（街道）和部门等96个重点供稿单位进行业务指导。组织编撰人员到桐乡等地学习取经，每月召开党史工作交流例会，汇报交流征编进度。

年内完成全书资料长编收集,形成大事记初稿。

【启动改革开放新时期党史专题征编】 年内,按照上级党史研究部门指示精神,结合地方实际,拟订平湖改革开放新时期党史专题征编规划。在整理修改基础上形成《平湖市改革开放新时期党史专题征编规划》,列入规划的征编专题191个,分担征编任务的部门单位共73个。

【《平湖年鉴(2014)出版】 该书由中华书局于2014年10月出版发行,共77.85万字。全书设37个篇目、234个分目、1524个条目。根据经济社会发展新情况,对《平湖年鉴(2014)》的纲目设置作了调整补充:“平湖市人民政府”篇中设“人事人才和社会保障工作”篇,撤销“社会·生活”篇中的“劳动和社会保障”分目、“卫生”篇中的“城乡合作医疗”分目。“工业”篇中新增“浙能嘉华发电有限公司”,“综合经济管理”篇中新增“能源管理”分目,“金融”篇中新增“湖州银行嘉兴平湖支行”“平安银行嘉兴平湖支行”等条目。根据年度党委、政府中心工作,设立5个专记,分别为“三改一拆工作”“水环境治理”“两退两进工作”“创卫工作”“2013中国·平湖西瓜灯节文化节”。

【持续推进二轮修志工作】 年内出版《平湖市国税志》《平湖市供销志》《平湖市工业志》《平湖市科技志》《平湖市商业志》5部专业志,累计出版23部。《平湖市统战志》《平湖市城乡建设志》完成终审,《平湖市人事志》《平湖市劳动和社会保障志》《平湖市人口与计划生育志》完成二审。针对乡镇志编纂工作中碰到的困难和问题,年初召开乡镇志编纂工作汇报交流会,加强工作督促和业务指导,至年末,未完成的6部乡镇志基本完成初稿。村志、企业志编纂试点工作有进展,钟埭街道《沈家弄村志》基本完成初稿,林埭镇《巨龙垫圈公司志》开始资料收集。

【继续做好旧志及地方文献整理】 10月,《当湖文系初编》通过出版社审稿付印。该书由清道光、咸丰年间学者朱壬林等编纂,于光绪十二年刊行,共十二册,50多万字,收录作者百余人,录文五百余篇,始自南朝顾野王,迄于清咸丰初年。此次重新整理,对原文进行断句、标点,订正了个别谬讹。整理出版《当湖历代画人传》。继续对明天启、清光绪《平湖县志》和民国《平湖县续志》原整理本进行补充和订正。

【创新史志宣传工作】 探索利用新媒体宣传平湖地方史志。8月18日,开通史志办公众微信号“平湖史志”,每周推送1次,内容开设“平湖史话”“平湖名人”和“当湖竹枝词”三个栏目。继续做好“平湖史志”彩信的编发工作,对平湖史志网站进行更新维护,出刊《平湖史志工作动态》简报。加强信息报送工作,全年共报省、嘉兴市各类信息56条,被录用42条。

【编纂出版《〈浙江日报〉平湖史料(1949—1978)》】 年底,市史志办出版《〈浙江日报〉平湖史料(1949—1978)》一书。该书整理汇总了1949年5月《浙江日报》创刊以来所刊登有关平湖的报道材料,给广大读者提供一个了解研究平湖历史文化的新途径。

【开展纪念邓小平同志诞辰110周年学术征文活动】 4月,市史志办与市委组织部、市党的建设研究会联合发文,在全市组织开展纪念邓小平同志诞辰110周年学术征文活动。在收到的应征论文中评选出一等奖1篇、二等奖2篇、三等奖3篇,并进行表彰。

同时将优秀论文报送省委和嘉兴市党史研究室，2篇论文入选浙江省党史系统学术研讨会。（黄　艳）

•信访工作•

【概况】 2014年，全市共受理群众来信1138件，其中镇(街道)、部门受理708件，市信访局受理430件(联名信28件次，署名群众650人)。在市信访局受理的群众来信中，市领导亲自阅批209件(占来信总数的48.6%)，亲自阅批率100%。全年共受理群众来访3770批次9182人次，其中部门受理1607批次3777人次，镇(街道)受理1200批次2890人次，市信访局受理963批次2515人次(登记接待来访1519批次3790人次)。在市信访局受理的群众来访中，集体上访113批次1311人次。群众越级到嘉兴市及以上登记上访66批次140人次，其中通报非正常上访(简称"非访")2批2人。市人民政府收到信访复查复核申请28件，对其中符合条件的19件实施了信访复查。

【信访形势特点分析】 全年，信访数量主要表现为"两升两平一下降"：一是全市信访总量有所上升。共受理群众信访4908件(批次)，比上年上升13.3%。其中受理来信件数比上年上升0.62%，来访批次、人次比上年分别上升17.78%和18.6%。二是网上信访受理量上升。群众通过网上各个渠道反映诉求问题的明显增多，特别是向上级直接反映的网上信访量也有一定占比。全年承办上级各类网上信访转办、交办件共152件次，比上年上升141.27%(其中国家投诉中心25件、省重要网站网民留言2件、省长信箱66件、嘉兴市重要网站网民留言4件、嘉兴市政府市长信箱53件、嘉兴市信访局实名邮箱2件)。三是到市信访基本持平。市信访局共受理群众信访1393件(批次)，比上年上升4.19%。其中受理来信件数同比上升13.46%，来访批次上升0.52%、人次下降2.9%。四是受理集访基本持平。市信访局受理群众集体上访批次同比上年上升6.6%，人次下降7.74%。五是越级上访明显下降。全年发生越级登记上访批次、人次分别下降34%和42.62%；进京"非访"形势有所好转，被通报"非访"批次、人次分别下降83.33%和88.24%。群众信访反映的内容主要涉及社会保障、规划建设、征收安置、环境保护、劳资纠纷、民经纠纷、城市管理、农村宅基地审批、"两违"整治、住房问题、生活和医疗困难以及涉法涉诉、历史遗留等方面问题。

【落实信访工作领导责任制】 市委、市政府高度重视信访工作，市委书记办公会议、市委常委会议定期听取信访工作情况汇报，分析形势，研究重大问题。年初召开全市信访(市长电话)工作会议，明确工作目标、部署工作任务，市委、市政府主要领导与各镇(街道)党政主要负责人、重点部门主要负责人"双签"《2014年度信访工作目标管理责任书》，并集中交办一批重点信访积案。各镇(街道)和信访重点部门"一把手"就信访工作作书面述职。严格目标管理考核，将信访工作列入市委、市政府对镇(街道)、市级机关部门(单位)绩效考评、"平安平湖"以及全员维稳考核体系，严格实行信访工作"一票否决"制并列入重要评选活动条件之一，纪检、组织部门也将信访工作列入对各单位和领导干部的考核内容。加强基层基础建设，继续以"三无"县市、镇(街道)创建为契机，依托镇(街道)社会服务管理中心、村(社区)"网格化管理、组团式服务"工作以及基层网络队伍，强化各类矛盾和信访苗头的联排联防和预测预警，推进信访工作关口前置、重心下移,营造“一级抓一级、层层抓落实”的大信访工作格局。

【深化领导干部“大接访”】 继续深入开展各级领导干部“大接访”活动,推进信访问题及时就地化解。一是接待日定点接访。坚持市领导信访接待日制度,市人大代表、政协委员和信访志愿者、律师等社会力量参与接待,相关镇(街道)、部门联动接访,全年市领导信访接待日共接待来访群众629批次1373人次,其中市四套班子领导亲自接待548批次1204人次。二是重要时段带班处访。在各重要时段,坚持由市四套班子领导轮流带班接处访,凡遇重大疑难信访问题,由带班市领导亲自接待或协调处理,各镇(街道)和部门(单位)同步实施班子领导接处访制度。三是重点人员主动约访。对稳定有影响的重点人员、化解有难度的牵头人员以及信访老户,市领导不定期进行下访或主动约访。对部分信访老户或牵涉面较广、群众反映较强烈的信访事项,市相关领导安排时间主动约谈,听取群众反映诉求,针对性地进行调处化解和思想稳定等工作,及时疏导信访人情绪。市委办、市政府办联合下发《平湖市领导预约接访制度(试行)》,进一步完善“领导点”和“信访人约”的双向畅通机制,推动建立“畅通、有序、务实、高效”的信访工作新秩序。四是深入一线下访走访。结合党的群众路线教育实践活动,市委、市政府领导坚持每月下访接待群众制度,以带案下访、现场办公、专题协调、调研座谈、上门走访、入户夜访等多种形式,深入一线、为民解忧。全年,先后有203人次的市领导接访、走访或下访群众213批次425人次,大批信访苗头事项在基层一线得到及时处理和解决。

【合力化解信访积案】 继续在全市部署开展信访积案化解工作,将“深入整治信访积案问题”列入全市群众路线教育实践活动19个专项整治内容之一。全年,上级交办的3件省挂牌积案全部承诺息访,2件滚动新增件实现基本稳控;市信访联席会议集中排查交办的50件积案和重复信访件(其中36件由市领导包案,14件由相关责任单位包案),解决、基本化解或程序终结实现有效稳控的37件,占74%。活动中,实行滚动排查、动态管理,定期梳理新增重点难点问题以及重要越级信访事项,列入信访积案范围进行交办调处。至年底,滚动排查新增的8件,解决、基本化解或程序终结实现有效稳控的6件,占75%。全年,由市领导亲自召集信访协调会67次,与会市领导78人次,切实推进了一批疑难问题的解决或化解。

【确保重要时段信访稳定】 在全国“两会”、南京青奥会、亚洲相互协作与信任措施会议第四次峰会、十八届四中全会、北京APEC会议以及世界互联网大会等重要时段,进一步加大排摸、预警、化解、稳控工作力度,健全各级领导带班接处访、信访维稳形势分析研判、每日信息“零报告”、重点人员分级管理及突发事件应急处置等机制,全力确保各重要时段的信访稳定。

【做好上级巡视组交办件办理及省市群众路线督导组驻平期间信访接待工作】 认真落实中央巡视组驻省期间转办交办的信访事项,对转办交办的55件来信来电信访件按照要求及时办理和落实回访,并会同事权单位做好化解稳控工作。派出人员协助做好省第一巡视组驻嘉兴期间的信访接待和受理、办理等工作。落实专人参与省市群众路线督导组驻地信访接待及后勤保障等工作,其间共协助接待群众来访98批次200人次,其中集访8批次72人次。

【推进信访工作“双向”规范】 规范信访工作行为，推进信访事项规范化办理。围绕信访事项按期办理率、差错率、被通报率、满意率四项考核指标，通过举办专题业务培训、每月集中交办、分片落实专人催办、定期检查通报等形式，确保每一个信访件办理都及时进入程序和得到处理，初信初访办结率达到100%。严把复查复核关口，对进入复查复核程序的信访件，会同职能部门认真做好事前调查、处理意见起草等工作，严格把好关口。为加强和规范群众反映事项的督查督办工作，落实事权单位的责任，年内制订下发《平湖市信访局群众反映事项督查督办工作规定》（平信〔2014〕10号），从制度层面明确督查督办工作运作程序。实行联系挂钩工作制度，信访局领导班子成员和中层干部分别联系、挂钩各镇（街道）及信访任务较重的市级机关有关部门，及时帮助基层协调、解决好调处工作中碰到的问题与困难。规范信访群众秩序，大力引导“依法逐级有序走访”。在做好宣教和引导工作的同时，严肃处理、依法打击非访、闹访等违法上访行为，及时纠正部分信访群众存在的“大闹大解决”“小闹小解决”“不闹不解决”等错误思想。全年，公安机关依法对2人次进京非访分别给予训诫教育和行政拘留十天的处罚。

【部署开展“依法信访”主题宣传月活动】 5月，在全市范围部署开展以“依法信访、理性维权”为主题的宣传月活动。市委、市政府召开动员会议作部署，市信访局、市委宣传部、司法局、市法制宣传办等四部门联合下发《关于开展“依法信访”宣传月活动的通知》，对活动提出具体要求。宣传月期间，全市各级共发放宣传折页1万份、宣传海报900多份、宣传小礼品1500份，拟制依法信访宣传标语20多条，结合法律进机关、进学校、进乡村、进社区、进企业、进单位、进市场、进家庭“八进”活动，采取论坛讲座、法律咨询、展览展示、文艺下乡、上街服务、知识竞赛等形式，面对面向基层群众进行走访、宣教，着力营造学法、守法、遵法、用法的良好氛围。

【深化“信访志愿者”工作】 进一步探索实践第三方参与信访工作的方式方法，点面结合发挥志愿者队伍作用。5月29日，市信访局召开有关方面和信访志愿者座谈会，组织与会人员总结交流参与信访工作的成功经验及面临的困难和问题，重点讨论如何更好地开展志愿服务活动，提出针对性的意见建议。全年滚动排出24户重点信访老户，与24名信访志愿者，分8个结对小组开展心理疏导或参与调处化解等工作，30多人次志愿者先后牵头或参与约访、接待信访群众，部分信访人情绪得到缓解或有效稳控。

【定期分析梳理热点难点】 充分发挥信访部门直面群众的信息资源优势，加强分析研判，主动为有关方面决策提供服务和参考。年内围绕水环境治理、三改一拆等全市中心工作展开调研，综合群众诉求和部门意见提出建议；对群众反映强烈的“住改商”、小餐饮业扰民等民生疑难问题进行调研，先后提出《关于进一步加强和规范小餐饮服务业管理工作的意见》和《关于开展“住改商”无证照经营整治工作的意见》。定期分析信访形势和民生热点，编印《平湖信访》和《民生问题专报》内刊，为市领导和有关部门决策提供参考。

【加强“百姓事马上办”工作】 2013年1月1日，市委、市政府在网上开通“民生问题办理系统”，受理市民提出的各类民生诉求。同年12月5日扩容升级为“百姓事马上办”平台，以此为抓手，直接对外受理网民反映，群众参与度和社会关注度明显提升。2014

年,平台共接收各类民生问题2449件,比上年上升104.94%,经研判交办1939件,办结率99.59%,2个工作日按期办理率达95%。工作中,相继建立了联席会议、市领导“每日阅签”、疑难件协调处置、办理跟踪回访、考核效能督查以及媒体跟踪报道等工作制度,并出台《“百姓事马上办”考核办法(试行)》《“百姓事马上办”工作责任追究暂行规定》等文件,进一步推进民生问题的及时有效解决。该项工作被推选为省第三届公共管理创新案例以及群众工作法案例的申报项目,并先后被《人民信访》《共产党员》《浙江日报》《嘉兴日报》等报刊杂志刊登推介。

【提升市长电话工作】 全年,市长电话共受理15630件,比上年上升3.6%,平均每个工作日受理62件。其中受理来电13840件(当场答复6697件,占48.39%;交办7143件,占51.61%),“网上信访”(含“书记、市长信箱”电子邮件、政务微博、网民留言交办件)474件,手机短信1037件,办理嘉兴市市长电话办公室交办件279件。各网络单位承办按时反馈率99.93%。经抽查,市民对网络单位服务态度满意率为99.6%,办理结果满意率为96.3%。坚持市政府领导和镇(街道)、部门领导值机制度,全年有47人次市领导及镇(街道)、部门领导到市长电话受理中心值机,接听处理市民来电774个。出台《关于进一步规范投诉举报类反映件办理工作的意见》,严格投诉举报受理、办理、保密等工作制度,提高投诉举报件办理质量和效率。深化与新闻媒体的联动机制,加强与电视台、电台、报社、平湖网等的合作,定期报道部分市民来电的调处反馈情况,提高“12345”在群众中的影响力和信誉度。市政府发文表彰10名热心市民,召开第十一批“热心市民”座谈会,进一步激发群众为全市发展建言献策的热情。 (范 萍)

•市直机关党建工作•

【指导推动机关党组织教育实践活动】 在党的群众路线教育实践活动中,机关党工委发挥职能作用,秉持“加强上下衔接、抓好自身建设、搞好总结宣传”的思路方法,为机关党组织积极参与活动提供指导性意见。重视抓好宣传教育,邀请省直机关党工委书记施利民作专题报告,市领导和党员干部500多人参加;设立网站专栏,上传文件、简报专刊、图片信息等资料;评选最具创意党组织生活12例、群众工作典型案例19例,树立典型样板。指导机关党组织开好专题组织生活会,强调党员领导干部过好双重组织生活,党工委领导班子成员分3个组到基层党组织指导工作;认真审定基层党组织的整改方案、专项整治方案和制度建设计划,督促抓好整改。

【抓好学习培训和信息调研工作】 把思想建设摆在机关党建的重要位置,着重抓好党章、党的十八大和十八届三中、四中全会精神、习近平总书记系列重要讲话精神的学习。4月24日、25日,举办机关入党积极分子、新党员培训班,240多人参加。指导市公安局、规划建设局等单位举办党建业务专题培训。4月,市委组织部、机关党工委组织人员赴发改局等20个机关部门(单位)开展党建工作调研。年内有4篇调研文章在省、嘉兴和平湖市党建征文中获奖,党工委书记周其明在全省机关党建与国家治理现代化座谈会上作交流发言。办好机关党建网站,重视信息采集、报送,当年获全省县(市、区)机关党建信息工作一等奖。

【加强基层组织建设和党员日常教育管理】 深入贯彻《中国共产党和国家基层组织工作条例》和省“实施意见”,进一步抓实基层组织建设。年内指导成立市民政局机关党委等3个党组织，按时完成6个机关党组织领导班子换届。推动机关党组织和党员干部积极参与创先争优工作。通过“双创双争”和星级组织评定，年末评定规范化党组织67个，先进党组织22个，优秀共产党员150名，优秀党务工作者16名，星级党组织176个。推行机关党员量化积分考核管理和党员先锋指数考评，落实党员修积学分制和“一人一卡”电子成长系统。全年发展新党员53名，预备党员转正40名。强化“三会一课”、支部组织生活、民主评议等党内组织生活的管理。会同市委组织部对党员参加组织生活出勤公示情况进行检查，对8个镇(街道)、20个机关部门开展基层组织工作督查。升级党建在线考核系统，确定6个方面、24项考核指标，加强工作考核的客观性、针对性。组织参与省文明城市创建工作，举办“弘扬城市精神、建设幸福家园”主题演讲。开展机关文化主题月系列活动，指导机关文体俱乐部举办书画培训、体育比赛等活动。走访慰问党代表、患病退休干部和党务干部。

【深化机关作风建设】 加强党风廉政建设，配合市纪委处置违纪党员，开展正风肃纪专项检查。通过专题学习、“一把手”上党课、警示教育提醒等形式，推动廉政文化进机关。制订机关党员干部基本行为规范，明确6个方面、23条要求，为规范机关党员干部日常行为提供指导。组织机关党组织和党员干部积极参与“五水共治”“三改一拆”等中心工作，参加“双休日社工”“微心愿”认领、文明出行劝导、义务献血等志愿服务活动，树立党员干部良好形象。

【创新工作有亮点】 2014年，机关党建加大创新工作力度，市级机关有72个单位申报创新项目，创新破难活动取得明显成效。围绕平湖省级产业结构调整机制创新试点，开展“一支部一品牌”建设，有62个机关党组织参与，丰富、充实党组织活动内容。机关党工委总结的“实施品牌化管理，提升机关党建科学化水平”的做法在全省党建理论研讨会上作交流发言，并获嘉兴市机关党建“十佳创新成果奖”。深入开展“红色互动·携手共建”和“三结对三服务”活动，通过系统联动、上下联动、领导干部联挂等形式，推动机关党组织和城乡社区、“两新”组织党组织结对互动，提升党建工作水平，培育党建示范点，破解为基层为企业服务“最后一公里”问题。开展“红色互动·携手共建”活动的做法，分别在《中直党建》《浙江机关党建》刊登，获省直机关党工委书记施利民批示肯定，7月4日，市委副书记潘川弟在第六次全省县(市、区)机关党建工作交流会上发言介绍平湖做法。探索实施青年干部成长导师制，会同市委组织部、人力社保局等部门，组织全市180名领导干部、专业骨干与201名青年干部结对，并组织公文写作比赛、拓展训练、爱国主义教育等活动，助推青年干部成长。

（郑　欢）

•机构编制工作•

【概况】 2014年，全市机构编制工作围绕“三年”活动和“九大专项”，按照创新体制机制、服务科学发展的要求，不断深化行政体制改革，积极推进事业单位改革，努力创新机构编制管理工作，为加快建设和谐幸福的现代化“金平湖”提供坚实的体制机制保障。12月23日，嘉兴市编委办会同有关部门到平湖考核机构编制目标责任制实施情况。考核组充分肯定平湖市机构编制各项重点工作，对综合行政执法改革措施实、进展快、成效好给予高度评价。推进基层综合行政执法体制改革，获市委、市政府2014年度创新破难工作考核三等奖,信息宣传工作考核列嘉兴市第1名,全省第6名。

【探索建立镇(街道)"前台+后台"的行政管理体制新模式】 见第106页【建立"前台+后台"的政府管理运行机制】

【改革完善食品药品监管体制】 按照"精简、统一、效能"的原则,理顺职责关系。整合工商、食品药品监管、质监等机构和职责,组建市场监督管理局。重新制订、印发市场监管局和质监局的"三定"规定,共梳理主要职责24条,其中划转1条,加强5条。市场监管局理顺生猪定点屠宰管理体制。局机关内设办公室、政策法规科等12个职能科室。在新埭、新仓、独山港镇、平湖经济技术开发区(钟埭街道)设市场监督管理分局,在当湖街道、广陈镇、林埭镇、曹桥街道设市场监督管理所。市食品药品检测中心挂牌运行。

【推进综合行政执法体制改革】 根据《平湖市人民政府关于印发平湖市全面开展综合行政执法工作方案的通知》精神,设立平湖市综合行政执法局,挂平湖市综合行政执法大队牌子。改革主要内容:一是整合行政执法职能,扩大执法领域。在原有基础上,先行增加集中行使土地管理、水行政管理、安全生产管理、环境保护管理等4各方面的部分行政处罚权及相关行政监督检查,行政强制职权。二是健全执法机构。全面部署中队派驻并开展工作,镇(街道)成立综合行政执法中队,并挂综合行政执法办公室牌子,实行以块为主的双重管理体制,年度工作考核由综合行政执法局会同镇(街道)共同进行,镇(街道)的考核权重为60%。三是划转人员编制。从4个相关执法机构(土地、水政、环保、安全生产监察大队)划转编制21名,划转人员13人。四是制订出台综合行政执法局"三定"规定,明确主要职责、内设机构和人员编制。11月19日上午,市综合行政执法局揭牌成立,各镇(街道)综合行政执法中队全部挂牌成立,局抽调80名队员派驻到8个镇(街道)综合执法中队。

【全面推行"两张清单"制度】 推行权力清单制度,实行"五步"连走,即"清权",梳理政府及部门职责;"确权",编制权力目录和运行流程图;"配权",对现有权力进行调整、优化权力流程;"晒权",公开权力清单和流程;"制权",建立健全事中事后监管制度。通过"三报三审三回",确定全市36个政府部门行政权力4729项,比原有权力精简51.9%。在此基础上编制责任清单。经部门梳理上报、相关部门协商、编办审核反馈、部门修改完善等程序,35个列入责任清单编制范围的市级部门(单位)共有主要职责483项、具体工作事项2171项,厘清有关部门的职责边界395项,建立事中事后监管制度351项,提供公共服务事项223项。

【推进机构编制管理方式创新】 制订出台《平湖市事业单位机构编制管理暂行办法》,对机构设置、编制管理、审批程序、监督管理等方面作出明确规定。进一步优化教育、卫生等资源配置,做好机构编制调整完善工作,从初中学校划转编制100名到小学学校,从职业中学划转编制42名到技工学校,从社区卫生服务中心划转编制90名到第一人民医院和精神康复中心等。加强机构编制监督检查。9月开展专项检查,在各部门自查基础上,联合组织部、纪委(监察局)、人力社保局和财政局对经信局、独山港镇等14个机关部门、镇(街道)开展机构编制实地专项检查。通过核查,督促机关部门、镇(街道)按要求建立台账资料,及时维护实名制数据库。清理在编不在岗人员,对63名在编不在岗人员，根据不同情况分别按返回原单位、解聘、办理借用手续、请病假等方式处理。强化机构编制管理考核，将执行机构编制管理情况纳入镇（街道）和部门年度目标绩效考核内容。

【推行事业单位年度报告公开】 积极推行事业单位年度报告公开制度。4 月，教育、卫生等系统中 27 家事业单位作为试点单位，在多级网站公布年度报告。规范事业单位年检工作，做到法制宣传全程化，内容程序标准化，服务方式多样化。完善事业单位网上登记管理，强化服务意识，加强事业单位印章管理，提升登记档案管理水平。2014 年对全市近 500 份事业单位登记档案进行重新整理、归档。做好党政机关网站开办审核、资格复核和网站标识管理工作。（杨永健）

平湖市人民代表大会

•重要会议•

【市十四届人大三次会议】 平湖市第十四届人民代表大会第三次会议于2014年1月11日至14日在市行政中心举行。出席代表206名,列席人员168名。会议听取和审查市长朱林森所作的政府工作报告,书面审查平湖市2013年国民经济和社会发展计划执行情况及2014年国民经济和社会发展计划草案的报告,听取和审查市财政局局长唐华荣受市人民政府委托所作的平湖市2013年财政预算执行情况和2014年财政预算草案的报告,听取和审查市人大常委会主任胡水良所作的市人大常委会工作报告,听取和审查市人民法院院长赵阳所作的市人民法院工作报告,听取和审查市人民检察院检察长沈小平所作的市人民检察院工作报告。会议批准上述报告,并作出相应决议。

会议补选梁晓军为平湖市第十四届人民代表大会常务委员会委员。

会议期间,代表和列席人员畅所欲言,共商全市经济社会发展大计,对全市各方面工作提出了许多建设性意见。会议收到代表各类议案、建议、批评和意见203件。

【市人大常委会会议】 2014年,平湖市第十四届人民代表大会常务委员会举行会议9次,审议"一府两院"专项工作报告31个,作出决议决定11项,形成审议(评议)意见10件,依法任免国家机关工作人员51人次;召开主任会议15次,开展执法检查、视察5次,提出工作建议9件。

市十四届人大常委会第十九次会议于1月7日召开。会议听取市发展和改革局局长徐锦连、经济和信息化局局长刘皆安、民政局局长谢龙华、司法局局长蔡哲斌、交通运输局局长姚金根、农业经济局局长周玉根、水利局局长邱志根、民族宗教事务局局长张永良8名政府工作部门负责人作的述职报告,其他19名人大常委会任命的政府工作部门负责人提交了书面述职报告。会议组织常委会组成人员对上述27名政府工作部门负责人进行了测评。

市十四届人大常委会第二十次会议于1月21日召开。根据市长朱林森的提请,会议决定任命周新根为市科学技术局局长、屠保林为市商务局局长,免去邹勤良的市科学技术局局长职务、肖建华的市商务局局长职务。根据市人大常委会主任会议的提请,会议决定任命梁晓军为市人大常委会财政经济工作委员会主任,王国忠为市人大常委会办公室副主任、市人大常委会教育科学文化卫生工作委员会副主任,毛原华为市人大常委会城乡建设农村经济工作委员会副主任;免去刘平的市人大常委会财政经济工作委员会主任职务,吴建林的市人大常委会城乡建设农村经济工作委员会副主任职务,王亚英的市人大常委会教育科学文化卫生工作委员会副主任职务。会议接受刘平、沈伟强辞去市第十四届人民代表大会常务委员会委员职务,报市十四届人大四次会议备案。会议接受刘平、沈伟强、周新根、屠保林辞去市第十四届人民代表大会代表职务。根据市人民法院院长赵阳的提请,会议决定免去陈晓伟的市人民法院审判委员会委员、市人民法院新埭人民法庭庭长、审判员职务。

市十四届人大常委会第二十一次会议于2月22日召开。会议听取和审议嘉兴市人民检察院副检察长李越所作的《关于报请许可采取强制措施的报告》。会议表决通过许可对市十四届人大代表陈引发采取刑事拘留等强制措施。会议听取和审议市水利局局长邱志根受市人民政府委托所作的《关于防洪排涝工程建设情况的报告》,听取和审议市人民政府常务副市长王道平代表市人民政府所作的《关于将平湖市保障房及基础设施 BT 项目回购资金列入回购年度市级财政预算的报告》,同意报告提出的意见,通过了相关决议。会议组织市人大常委会组成人员进行了书面述职,书面通报市人大常委会当湖街道工委、钟埭街道工委、曹桥街道工委 2013 年工作总结和 2014 年工作要点。会议书面通报市人民政府《关于 2013 年度市人大常委会审议意见、工作建议办理落实情况的报告》。会议审议通过《市人大常委会专项工作评议暂行办法(草案)》《市人大常委会部分工委组成人员调整事项(草案)》。

市十四届人大常委会第二十二次会议于 3 月 25 日召开。会议听取和审议市水务集团董事长富国权受市人民政府委托所作的《关于嘉兴水务集团上市涉及我市有关情况的报告》,作为备案。根据市长朱林森的提请,会议决定任命王惠明为市市场监督管理局局长,彭星华为市质量技术监督局局长;免去陆建芳的市食品药品监督管理局局长职务。根据市人民检察院检察长沈小平的提请,决定免去何国梁、任钧成、居国强的市人民检察院检察员职务。会议接受陈引发辞去平湖市第十四届人民代表大会代表职务,根据《选举法》第五十三条规定,其平湖市第十四届人民代表大会常务委员会副主任职务相应终止,并予以公告。

市十四届人大常委会第二十三次会议于 4 月 30 日召开。会议听取市人民检察院检察长沈小平所作的《关于宽严相济刑事政策贯彻执行情况的报告》,结合书面提出的市人大常委会法工委相关调查报告进行审议。听取市人民政府常务副市长王道平所作的《关于国有资产运行情况的报告》,结合书面提出的市人大常委会财经工委相关调查报告进行审议。听取和审议市人防办主任徐在法受市人民政府委托所作的《关于拟建启元路社区人防工程(公共停车库 A 区)的报告》,平湖经济技术开发区管委会副主任、钟埭街道办事处主任邹勤良受市人民政府委托所作的《关于拟建平湖经济技术开发区新华北路(平成路—福嘉公路)景观提升工程的报告》,独山港区管委会副主任、独山港镇镇长胡泓恬受市人民政府委托所作的《关于拟建独山港区集港路一期工程的报告》,城投集团董事长李寿林受市人民政府委托所作的《关于拟建平湖市兴阳花苑安置房建设工程的报告》《关于拟建平湖市东方绿洲(暂定名)安置房建设工程的报告》《关于拟建平湖市南市新区景观湖及配套建筑工程的报告》《关于拟建平湖市东方大桥及引道工程的报告》《关于拟建平湖市怀橘路(梅园路—长胜路)工程的报告》。会议原则同意上述报告,将报告的 8 个项目纳入 2014 年市级重大投资项目实施范围。根据市人民政府市长朱林森的提请,会议决定任命杨晓鹏为市人民政府副市长(挂职)。根据市人民法院院长赵阳的提请,会议决定任命万卫忠为市人民法院民事审判第三庭庭长、丁喜林为市人民法院速裁庭庭长、薛挺为市人民法院行政审判庭庭长、黄士忠为市人民法院审判监督庭庭长、陈志芳为市人民法院行政审判庭副庭长、朱洪潮为市人民法院执行庭副庭长、何永梅为市人民法院执行庭副庭长;免去万卫忠的市人民法院速裁庭庭长职务,薛挺的市人民法院执行庭庭长职务,黄士忠的市人民法院行政审判庭庭长职务,钱强敏、杨仙林的市人民法院审判员职务。审议通过市人大常委会《关于开展“清三河”专项工作评议的实施方案(草案)》。书面审议市人大常委会代表资格审查委员会《关于提请暂时停止张来喜执行平湖市第十四届人民代表大会代表职务的报告》,会议决定暂时停止张来喜执行平湖市第十四届人民代表大会代表职务,其拘役情形在代表任期内消失后,恢复其执行代表职务。审议通过市人大常委会主任会议《关于调整市人大常委会钟埭街道工作委员会组成人员的议案》。

市十四届人大常委会第二十四次会议于6月25日至26日召开,会期一天半。会议听取市财政局局长唐华荣受市人民政府委托所作的《关于平湖市2013年财政决算的报告》,结合市审计局局长沈祥根受市人民政府委托所作的《关于平湖市2013年度财政预算执行和其他财政收支的审计工作报告》、市人大常委会财政经济工作委员会书面提出的《关于2013年财政决算的审查报告》,进行审议。书面审查重点上会部门农经局、商务局关于2013年预算执行情况的报告。听取市科学技术局局长周新根受市人民政府委托所作的《关于贯彻实施〈浙江省科学技术进步条例〉情况的报告》,结合市人大常委会教育科学文化卫生工作委员会书面提出的相关调查报告进行审议。听取和审议市交通运输局局长姚金根受市人民政府委托所作的《关于拟建平湖乍浦至上海兴塔公路一期工程(01省道至三港新城)的报告》,平湖经济技术开发区管委会副主任、钟埭街道办事处主任邹勤良受市人民政府委托所作的《关于拟建平湖经济技术开发区北国之春(陆家桥)安置房工程的报告》,独山港区管委会副主任、独山港镇镇长胡泓恬受市人民政府委托所作的《关于拟建独山港区海涛路(一期、二期)工程的报告》,市城投集团总经理徐海飞受市人民政府委托所作的《关于拟建平湖市化纤厂地块安置房建设工程的报告》。会议原则同意上述报告,将报告提出的4个项目纳入2014年市级重大投资项目实施范围。根据市人民法院院长赵阳的提请,决定任命黄海力为市人民法院审判员、新埭人民法庭副庭长,张好文为市人民法院审判员;免去杨海伦的市人民法院新埭人民法庭副庭长、审判员职务,吴平的市人民法院审判委员会委员、审判员职务,夏明观、茆仲义的市人民法院审判员职务。决定任命宋长育等60人为市人民法院人民陪审员。根据市人民检察院检察长沈小平的提请,决定任命杨海伦、茆仲义为市人民检察院检察员;免去张好文、黄海力的市人民检察院检察员职务。听取市人大常委会财政经济工作委员会主任梁晓军受主任会议委托,就《平湖市人民代表大会常务委员会关于政府重大投资项目监督暂行办法(草案)》所作的说明,结合书面提出的暂行办法草案,进行审议。会议表决通过暂行办法草案。书面审议市人民政府关于"十二五"规划中期评估审议意见的办理落实情况的报告。决定恢复张来喜执行平湖市第十四届人民代表大会代表职务。

市十四届人大常委会第二十五次会议于8月27日召开。会议听取市人民政府市长朱林森所作的《关于2014年上半年全市经济社会发展情况和下阶段主要工作安排的报告》,结合书面提出的市政府《关于平湖市2014年上半年国民经济和社会发展计划执行情况及下半年工作的报告》和市人大常委会财经工委的相关调查报告进行审议。听取和审议市财政局局长唐华荣受市人民政府委托所作的《关于2014年上半年财政预算执行情况的报告》。听取和审议市人民政府办公室主任何健受市人民政府委托所作的《关于2014年政府实事项目进展情况的报告》。听取市教育局副局长陈付林受市人民政府委托所作的《关于拟迁建平湖市福臻中学的报告》,市城投集团副董事长张云华受市人民政府委托所作的《关于拟新建三港新城农贸市场工程的报告》,结合市人大常委会城建农经工委书面提出的《关于2013年以来政府重大投资项目建设情况的督查报告》进行审议。同意将平湖市福臻中学、三港新城农贸市场工程2个项目纳入2014年市政府重大投资项目实施范围。书面审议市人民政府《关于防洪排涝工程建设情况审议意见落实情况的报告》《关于国有资产运行情况审议意见落实情况的报告》以及市人民检察院《关于落实市人大常委会宽严相济刑事政策贯彻执行工作情况审议意见的报告》。根据市人民政府市长朱林森的提请,决定任命严政为平湖市人民政府副市长(挂职)。

市十四届人大常委会第二十六次会议于10月30日召开。会议听取和审议市发展和改革局局长徐锦连受市人民政府委托所作的《关于2014年政府重大投资项目实施情况的报告》。书面审议市人民政府《关于2014年政府实事项目建设情况审议意见处理情况的报告》。听取和审议市人民政府常务副市长王道平所作的《关于2013年度预算执行和其他财政收支审计整改情况的报告》,并进行满意度测评(测评结果为:满意15票、基本满意6票、不满意1票)。听取和审议市水利局局长邱志根受市人民政府委托所作的《关于拟建白沙湾至水口标准海塘加固工程情况的报告》,会议同意将这一工程纳入2014年市级政府重大投资项目实施范围。会议书面通报《关于新华南路延伸段二期Ⅰ标段工程施工合同价调整情况的说明》。听取和审议市财政局局长唐华荣受市人民政府委托所作的《关于提请增加2014年地方政府债券收支预算的议案》。会议同意议案提出的意见。审议通过市人大常委会《关于有关法官检察官法律职务任职工作暂行办法(草案)》。根据市人民法院院长赵阳的提请,决定任命钱利娟为市人民法院刑事审判庭副庭长,朱跃飞为市人民法院民事审判第一庭副庭长,何丹萍为市人民法院民事审判第二庭副庭长,汪佳铭、高美霞为市人民法院审判员;免去张慧的市人民法院民事审判第一庭副庭长职务。

市十四届人大常委会第二十七次会议于12月25日召开。会议听取市人民政府办公室主任何健受市人民政府委托所作的《关于市十四届人大三次会议议案建议办理情况的报告》,结合市人大常委会书面提出的《关于市十四届人大三次会议议案建议办理工作的报告》进行审议。听取市人民政府副市长胡志梁所作的《关于水环境综合治理工作的报告》、市人大常委会副主任陶明方受市人大常委会“清三河”专项工作评议领导小组委托所作的相关调查报告,观看“清三河”调查纪实片。然后进行“清三河”专项工作评议,并进行满意度测评(测评结果为:对年度工作目标完成情况,满意19票、基本满意2票、不满意0票;省市断面水质考核情况,满意17票、基本满意4票、不满意0票;对“清三河”中期评价建议落实情况,满意14票、基本满意7票、不满意0票;对污染源治理情况,满意8票、基本满意13票、不满意0票;对河道长效保洁机制落实情况,满意5票、基本满意15票、不满意1票)。听取和审议市住房和城乡规划建设局局长张国跃受市人民政府委托所作《关于〈新埭镇历史文化名镇保护规划(2012—2020)〉编制情况的报告》,会议同意《新埭镇历史文化名镇保护规划(2012—2020)》。根据市人民政府市长朱林森的提请,决定任命吴海勤为市综合行政执法局局长,免去其市城市管理行政执法局局长职务。根据市人大常委会主任会议的提请,接受沈跃田辞去平湖市第十四届人民代表大会常务委员会委员职务,报市十四届人大四次会议备案,其市十四届人大常委会代表资格审查委员会委员资格自动终止。接受王碎社、沈跃田辞去平湖市第十四届人民代表大会代表职务。根据市人民法院院长赵阳的提请,决定任命王宗明为市人民法院新埭人民法庭庭长、黄士忠为市人民法院巡回人民法庭庭长。

•重要工作•

【出台专项工作评议暂行办法】 2月22日,市十四届人大常委会第二十一次会议通过《关于专项工作评议的暂行办法》。该办法共21条,主要对专项评议的内容、目的和依据、概念及原则等作了明确规定。特别细化了评议的程序及要求等。以制度规范评议,以评议推动工作,为人大常委会依法监督“一府两院”工作再增刚性力度。《办法》规定,专项评议的议题由主任会议确定,市人大常委会组织实施,一般分准备、调查、评议、整改四个阶段。市人大常委会在确定专项工作评议议题后通知被评议单位。被评议单位要开展自查,常委会邀请有关专家成立专项工作评议调查组开展调查工作。专项评议首先由被评议单位作专项工作报告,再由专项工作评议调查组作调查报告,最后由常委会组成人员评议,以无记名形式,按满意、基本满意和不满意对被评议单位的专项工作进行表决,表决结果当场公布。被评议单位在收到评议意见之日起15日内,向市人大常委会报送书面整改方案,根据评议意见确定的时限进行整改,并向市人大常委会提交书面整改情况报告。市人大常委会对整改情况进行满意度表决,并可适时开展“回头看”工作。

【开展“清三河”专项工作评议】 本次专项工作评议自2014年4月开始至2015年2月结束。2014年5月16日,召开活动动员会,下发《关于开展“清三河”专项工作评议活动的实施方案》。评议内容为全市整治黑河、臭河、垃圾河工作,评议目的为全面了解、掌握全市整治黑河、臭河、垃圾河工作的进展情况,及时发现问题、提出意见建议。专项工作评议分评议准备、评议调查、集中评议、整改落实4个阶段开展。评议主体是市人大常委会,评议对象是市人民政府。每个镇(街道)分别选取6条河道,各代表市级、镇(街道)级、村级的黑河、臭河、垃圾河,作为定点跟踪调查河道。5月下旬,市人大常委会两个检查组第一次对48条定点河道进行检查。8月中旬,第二次对48条定点河道进行检查。8月29日,“清三河”专项工作评议领导小组召开会议,听取各镇人大、人大街道工委自查和互查情况的汇报以及两个检查组前后两次检查对比情况的汇报。12月25日,常委会第二十七次会议听取分管副市长的汇报和评议领导小组的调查报告,观看“‘清三河’检查实录”专题片。评价意见为:一是成效明显、群众认可。截至11月底,全市全面完成垃圾河治理目标,黑河、臭河治理完成总量的95.8%。二是严格验收、防治反弹。纳入整治的“三河”确立了严格的治理和验收标准。三是控源求效、重点突出。开展截污纳管,强势推进生猪减量,全面推行“四位一体”长效保洁,切实加快河道清淤疏浚。

【深化财政审计监督】 市十四届人大三次会议上,公共财政、政府性基金、国有资本经营、社会保险基金四本预算全部上会,并将部门预算上会扩大到11个经费补助单位,实现市级预算审查全覆盖。强化审计发现问题的整改落实,首次在市十四届人大常委会二十六次会议上开展满意度测评,满意率为91.3%。在市十四届人大常委会二十三次会议上,审议国有资产运行、专项资金使用情况,推进市政府出台市级国有资本经营预算管理办法等制度,不断规范国有资产管理。

【出台政府重大投资项目监督暂行办法】 6

月26日，市十四届人大常委会第二十四次会议审议通过的该暂行办法，共18条，对监督原则、范围、审查批准、跟踪监督、罚则等均作出明确规定。规定对拟新建的、投资规模2000万元以上的市级社会事业类项目和投资规模5000万元以上的市级基础设施类项目进行监督。对政府报送重大投资项目年度计划草案的内容作了详尽规定，要求计划草案包括项目名称、建设依据、建设规模以及建成后的预期目标、对环境和社会的影响等，特别要求同时提交政府投资预算草案。对投资规模超概算10%以上（或绝对额超500万以上）的项目，应按规定程序进行审批，并及时提请市人大常委会审议。全年共审议同意15个项目纳入2014年市级政府重大投资项目实施范围，涉及投资规模共计51.25亿元（其中BT安置房项目4个、总投资28.31亿元）。对2亿元以上的项目——白沙湾至水口标准海塘加固工程项目，首次实行票决制。市十四届人大常委会第二十五次会议听取和审议市政府关于政府重大投资项目、政府实事项目完成与进展情况的报告，对2014年的11个政府实事项目和2013年以来常委会审议通过的22个政府重大投资项目，全面开展督查，形成督查报告和审议意见，督促政府及相关部门加强协调。12个市代表小组分别跟踪监督12个政府实事项目或政府重大投资项目，通过实地视察、听取汇报、收集问题、提出建议、交办意见等方式，督促项目加快建设进度。

【举办纪念人民代表大会制度建立60周年系列活动】 9月10日，市人大常委会在李叔同纪念馆举办书画展，入展作品31件，其中书法26件、美术3件、篆刻2件。9月13日，市人大常委会召开座谈会，邀请在职和退休的人大领导，以及各级人大代表，畅谈人大发展历史。10月22日，由嘉兴市人大常委会主办的书画巡回展在市图书馆展出，展出作品120余幅，平湖有25幅书画作品参展。12月，出刊《光辉履程——纪念人民代表大会制度建立60周年》，该书分“往事回首”“监督纪实”“代表风采”“理论探讨”4个部分，附录平湖市（县）人民代表大会各次会议简介。

【督办市十四届人大三次会议议案建议】
在市十四届人大三次会议期间，人大代表向大会提出议案建议192件，其中10人以上联名提出的议案59件，旁听公民提出意见11件。经大会议案审查委员会审议，将59件议案按建议件办理。截至年末，已经解决或部分解决的121件，占63%；列入计划逐步解决的58件，占30.2%；由于条件限制或其他原因暂时不能解决而作解释说明的13件，占6.8%。《关于要求加快水环境治理，加强河道疏浚的议案》等19件议案建议被市人大常委会评为优秀议案建议。

【“查找不适应全面深化改革要求的法律法规条文”主题活动】 4月，根据省人大常委会统一部署，开展“查找不适应全面深化改革要求的法律法规条文”主题活动。全市各级人大代表提出涉及市场秩序、金融改革等多个方面的立、改、废建议138条次，提交省人大常委会相关部门处理。

【人大代表联络站建设实现三个“全覆盖”】
截止8月底，全市9个镇（街道）建立代表联络站，实现镇（街道）代表联络站建设全覆盖。每个联络站都配备站长和联络员，负责联络站日常群众来信来访接待、收集汇总群众的意见建议和做好联络站活动组织记录、材料报送等管理工作。市人大常委会与浙江天卓律师事务所、平湖市法律援助中心、浙江东港律师事务所签订法律顾问聘用合同，选聘4名政治素质高、业务能力强的法律专家和优秀律师,担任全市各代表联络站法律顾问,实现镇(街道)人大代表联络站法律顾问聘任全覆盖。每位人大代表按计划全员参与联络站接待活动。通过手机短信、网站、电视、电台宣传和代表走访座谈宣传等形式,实现代表参与和群众知晓全覆盖。

【出台有关法官、检察官法律职务任前工作暂行办法】 10月30日,市十四届人大常委会第二十六次会议通行该暂行办法,决定对拟提请任命市人民法院审判委员会委员、庭长、副庭长、审判员,市人民检察院检察委员会委员、检察员的人员,进行任职资格审查,具体工作由市人大常委会法制工作委员会和市人大常委办公室组织实施。考察组通过走访、座谈等形式,了解被考察对象的情况,并通过网络、电话、发征求意见函等途径征集对被考察对象的意见和建议,抽查、查阅被考察对象自考察之日前三年办理的案件,旁听被考察对象案件的庭审,抽看被考察对象审理案件的庭审录像,综合考察情况,提出考察意见,提交市人大常委会审议。该暂行办法自通过之日起施行。 (金在良　李亚洲)

平湖市人民政府

·重要政务和决策·

【市政府常务会议】 2014年,市人民政府召开常务会议10次,研究和决定事项43件。

1月2日,市十四届政府第十七次常务会议讨论和决定的主要事项有:辞退市公安局盛海峰事项,浙江省重要海岛开发利用与保护规划平湖市实施方案,关于加快主城区公交候车亭和电子站牌建设的实施意见,城南路2-2-B地块征收决定方案。

2月11日,市十四届政府第十八次常务会议讨论和决定的主要事项有:平湖市一般工业企业投资项目零审批改革实施方案(试行)等事项,改革完善平湖市食品药品和工商质监行政管理体制的实施意见。

4月4日,市十四届政府第十九次常务会议讨论和决定的主要事项有:平湖市行政机关合同管理办法,平湖市工业企业污水治理三年计划实施方案,推行政府部门权力清单制度的意见,给予陆华中、周阅行政开除处分。

5月30日,市十四届政府第二十次常务会议讨论和决定的主要事项有:平湖市大气污染防治行动实施方案,平湖市农村圩区工程运行管理办法(试行),进一步加强防震减灾工作的意见,平湖市市长质量奖评审管理办法,平湖市建设工程招投标实施办法,严厉打击非法捕捞行为的通告。

7月4日,市十四届政府第二十一次常务会议讨论和决定的主要事项有:城南路1号地块征收决定方案,加快发展养老服务业的实施意见,平湖市机动车停放服务收费管理办法,工业企业用水实行差别化水价和超计划加价的实施意见(试行),复合计收工业企业污水处理费的实施意见(试行),平湖市2014年接轨上海工作实施方案,平湖市创建"无违建"村社区违法建筑处置若干意见。

8月7日,市十四届政府第二十二次常务会议讨论和决定的主要事项有:促进全市物业管理健康发展的实施意见,防洪排涝工程建设情况的审议意见,关于国有资产运行审议意见落实情况,平湖市行政事业单位国有资产管理暂行办法,平湖市行政事业单位国有资产处置管理暂行办法,平湖市农民建房管理办法(试行)。

9月20日,市十四届政府第二十三次常务会议讨论和决定的主要事项有:促进全市房地产市场平稳健康发展意见,平湖市加强行政审批层级一体化改革事中事后监管实施意见,平湖市建筑垃圾管理办法,做好工业经济稳增长工作的若干意见,平湖市"十三五"规划前期研究重大调研课题。

10月25日,市十四届政府第二十四次常务会议讨论和决定的主要事项有:市级部门行政权力清单,平湖市事业单位机构编制管理暂行办法,给予柳春、谢明建、廖善才等人行政开除处分。

11月28日,市十四届政府第二十五次常务会议讨论和决定的主要事项有:平湖市工会经费(筹备金)拨缴管理暂行办法,平湖市大气重污染应急预案,提高燃煤废气排污费征收标准。

12月15日,市十四届政府第二十六次常务会议讨论和决定的主要事项有:加快建立废旧商品回收体系的实施意见,平湖市政府职能转变和机构改革方案,给予马军磊行政开除处分。 (严 彬)

【荣获浙江省社会主义新农村建设优秀单位】 2014年,平湖市农村居民人均可支配收入24758元,全市粮食播种面积60.85万亩、总产量26.50万吨。全年新增农房集聚2134户,完成土地综合整治1050亩,土地流转面积达14.7万亩、流转率46%。完成年度平原绿化8600亩,全面完成“清三河”年度任务。完成全国土地承包经营权登记试点工作,农村宅基地确权登记和农村住房确权登记全面启动,村级集体资产产权制度改革全面完成,全市村级集体经常性收入7338万元,经常性收入100万元以上的村22个。完善政府购买公共服务机制,城乡师资交流、村级标准卫生服务站、农村文化礼堂建设、农村社区“一站式”服务管理等工作不断推进,新创建省级民主法治村(社区)3个。年内,成功创建为省级生态循环农业示范县、省级农业标准化示范县、农业社会化服务示范县和首批平安渔业示范县,荣获2013年度浙江省社会主义新农村建设优秀单位。

【推进生猪减量提质】 2014年,平湖市累计拆除违章猪舍163万平方米,年底生猪存栏量7.9万头,50头以上养殖户从1393户下降到75户。8月1日起,全面实施生猪养殖“三个一”制度,建成并投入使用全省首个“生猪信息化管理平台”。建成农业废弃物处置中心,构筑起较为健全的“村收、镇集、市处理”的收集处理体系,实现病死动物无害化处理“收集无遗漏、处置全覆盖、监管常态化”。拓宽转产转业途径,在嘉兴市率先实施对生猪养殖退养人员发放生活补贴,实行退养人员就业创业扶持和转产能力提升培训,编印《平湖市农业转产转业技术指导手册》,养殖户转产转业1.7万人。

【大力推进“五水共治”】 2014年,平湖市按照“治污水、防洪水、排涝水、保供水、抓节水”的战略决策部署,全面打响以“清三河、两覆盖、两转型和两提升”为主要内容的“五水共治”攻坚战,大力实施“河长制”,强势推进清理违章猪舍百日会战行动,加快农村圩区建设,全面完成“清三河”年度任务。全年出境断面水质高锰酸盐指数、氨氮、总磷三项主要评价指标同比分别改善10.4%、30.5%和31.7%,行政交接断面水质考核首次获得优秀。至2014年底,16条市级河道单月总平均水质类别均达到四类(2013年同期为劣五类)。市人大民意调查显示,市民对水环境治理工作和成效满意率达99%。

(李　峰)

【成功创建省级环保模范城市】 自2008年启动省级环保模范城市创建工作以来,平湖市始终把“创模”工作作为推进生态文明建设的重要抓手,结合省级产业结构调整机制创新试点和省环境功能区划编制试点,不断创新环保工作制度,建立健全长效监管机制,深入推进水气污染防治,强化城乡环境综合整治。2014年累计关停污染企业135家,其中在六大行业整治中关停24家;环境质量日趋改善,跨行政区域河流交接断面水质考核达到优秀,空气质量(API)优良率达到90%;基础设施不断完善,市区生活污水入网率达到89%,全市工业污水入网率达到99%。8月,平湖市成功创建为嘉兴市首个“省级环保模范城市”。

【全省双拥模范城实现三连冠】 7月31日,在浙江省纪念建军87周年暨双拥模范城(县、区)命名表彰大会上,平湖市连续第三次被省委、省政府、省军区授予“双拥模范城”称号。近年来,平湖市先后组织解放路“双拥一条街”军民共建签约活动,调整充实民营企业拥军协会,成立市双拥文化艺术协会;连续第七年举办面向退役军人、军嫂的专场招聘会，现场达成就业意向130多人；组织开展农技、科普、卫生、法律、文化进军营系列活动；相继出台《在乡重点优抚对象生活保障和义务兵家属优待办法》《军人抚恤优待实施办法》，建立完善重点优抚对象优待抚恤标准、义务兵家属优待金、退役士兵安置补偿标准三项自然增长机制，不断调整提高优待抚恤标准。（鄢圣利）

【独山港区升级为省级经济开发区】 平湖独山港区牢牢把握浙江海洋经济发展上升为国家战略的有利契机，充分发挥特有的区位交通和港口岸线优势，深化浙沪两地合作，围绕“构筑大平台、引进大项目、培育大产业、发展大物流”的发展思路，加快完善平台功能，拓展发展空间，提升服务水平、承载能力，创新驱动活力和产业集聚引力。疏港道路加快建设，海河路西段拓宽、通港路一期、卫星路等完成建设，“四横八纵”路网格局基本形成。完善公用设施配套，化工公共管廊一期、特勤消防站竣工投入使用，工业水厂投入运行。2014年，完成生产总值55.1亿元，工业总产值192亿元，固定资产投资56亿元；公共财政预算总收入7.8亿元，地方公共财政预算收入3.2亿元；完成合同外资1.6亿美元，实到外资3666万美元，引进市外内资28.8亿元。8月8日，经省政府批准设立浙江独山港经济开发区，规划面积7.1平方公里，四至范围：东至汇港路，南至一线海堤，西至独山港排涝应急河，北至海河路。

【平湖独山港区口岸对外开放获国务院批复同意】 12月24日，平湖独山港区口岸对外开放获国务院批复，开放岸线15.2公里。独山港区是国家一类开放口岸嘉兴港的重要组成部分，是浙北地区唯一的深水良港，拥有岸线16.3公里，其中12.6公里为可建3万—5万吨泊位的深水岸线，规划集装箱、化工、散杂货等43个生产性泊位。已建成上港集装箱码头、独山港务码头、嘉港物流、平湖玻璃码头等14个生产性泊位，其中万吨级泊位9个，设计年通过能力2259万吨，2014年货物吞吐量达1384万吨。

【推动莎普爱思药业股份有限公司A股上市】 见第206页【莎普爱思A股上市】。
（傅志坚）

【成功创建为首批国家级农村职业教育和成人教育示范县】 平湖市职业教育和成人教育以服务地方经济和社会发展为主旨，通过搭建“大职教”网络平台、“产学研”一体平台、“订单式”人才培育平台、“直通式”晋升平台等，抓好“学历教育、技能培训、社区教育”三大模块，成功实现覆盖三次产业的城乡一体化职教整体功能。2014年5月，被教育部确立为首批国家级农村职业教育和成人教育示范县。该项创建活动由教育部于2013年3月正式启动，全国共有28个省(自治区、直辖市)的98个县(市、区)参与申报，经过专家评审，最终确定59个地区为首批国家级农村职业教育和成人教育示范县，平湖市是浙江省入选的三个县(市、区)之一。
（朱　磊）

【人大代表议案、意见、建议和政协提案办理】 2014年，市人民政府及政府各部门办理的人大代表议案建议173件、政协提案213件，合计386件。所有议案、建议、提案均按时办结，办复率100%，办理结果满意和基本满意率均为100%。（张冯跃）

•政府法制工作•

【概况】 2014年，市政府共收到行政复议申请13件，受理11件，其中维持原具体行政行为8件,驳回复议申请1件,申请人主动撤回复议申请2件。各级各部门认真办理信访事项,对进入复查复核程序的信访事项,市政府积极协调处理,依法维护信访人合法权益,努力化解矛盾争议。全年共收到信访复查复核申请28件,受理19件,均已全部办结。

【全面推行政府权力清单和责任清单制度】 通过"清权"(梳理政府及部门职责)、"确权"(编制权力目录和运行流程图)、"配权"(对现有权力进行调整、优化权力流程)、"晒权"(公开权力清单和流程)和"制权"(建立健全事中事后监管制度)"五步"连走方法,确认政府部门行政权力4729项,比初报时的9837项下降51.9%。通过细化部门主要职责、厘清部门职责边界等措施,确认35个列入责任清单编制范围的市级部门(单位)共有主要职责494项、具体工作事项2195项,与有关部门的职责边界限97项,履职案例196个,事中事后监管制度338项,公共服务事项223项。

【建立"前台"+"后台"政府管理运行机制】 为进一步推进政府管理机制改革,在对执法和服务机构进行适当整合的基础上,探索建立"前台"+"后台"运行机制。"前台"为综合执法机构和行政服务中心等"窗口"机构,直接面向企业开展日常监管和提供公共服务,履行政府的行政执行权;"后台"则是经过整合后的发改、经信、商务、规划建设等部门,履行政策指导、政令传递、监督问责等内部行政职能,主要行使政府的决策权和监督权。"后台"为"前台"提供政策辅导,"前台"按规定履行监管和服务企业的职能,并接受"后台"的监督。市编委办开展课题研究,形成《改革完善镇(街道)行政管理体制的思考——探索创建"前台+后台"政府管理新模式》调研报告,提出意见建议。市委办、市政府办出台《平湖市经济技术开发区管理体制改革工作实施方案》,在不增加现有行政事业编制总数的基础上,完善组织框架,设立党政办公室、政治处、综合行政执法办公室和便民服务中心等10个内设机构,其中综合行政执法办公室和便民服务中心为2个"前台"机构,履行外部行政执行功能,其余8个为"后台"机构。在平湖经济技术开发区先行一步基础上,逐步扩大改革试点范围,年内已完成独山港经济开发区"前台+后台"管理模式改革方案的拟订。

【开展综合行政执法改革】 全面推进综合行政执法改革,制订出台《平湖市全面开展综合行政执法工作方案》,成立综合行政执法局(综合行政执法大队),共划转行政处罚权340项,同时,在各镇(街道)成立综合行政执法中队。

【推行依法行政考核新机制】 按照《浙江省人民政府关于印发浙江省法治政府建设实施标准的通知》要求,开展依法行政"体检",着力推进依法行政考核模式改革。由法制办、人大法工委、政协社法委、监察、检察院等部门,联合对政府执法部门开展依法行政"体检",并逐一打分,形成"体检"报告,最后"对症下药",将发现的问题逐件加以解决。

(张冯跃)

•经济体制改革•

【持续推进新市镇建设】 2014年,新市镇建设秉持"梯度培育、特色发展"的思路,实行分类推进。第一梯队是独山港镇、新仓镇2个嘉兴市小城市培育试点镇,第二梯队是独山港镇、新仓镇、新埭镇3个省级中心镇培育单位,第三梯队是独山港镇、新仓镇、新埭镇、广陈镇、林埭镇5个新市镇建设单位。年内工作以小城市培育试点为重点，将该项工作列入年度全市经济社会发展主要任务，分解责任到相关部门和镇(街道)；以三年行动计划为导向，指导、督促试点镇按照年度目标推进各项工作；加大各项政策帮扶力度，建立“部门—试点镇”协调联动机制；2013年度嘉兴市小城市培育考核中，独山港镇、新仓镇分别获合格、良好等次，在嘉兴市12个试点镇中列第11位、第8位。对省级中心镇的培育工作，市研究、制订《平湖市强镇扩权改革实施方案》，理顺管理体制，赋予与中心镇人口和经济规模相适应的县级管理权限；明确工作牵头部门，成立专项工作组，负责具体指导和综合推进，协调处理工作中出现的矛盾和问题。新市镇建设工作，坚持按“产业强镇、特色活镇、生态立镇”的基本原则推进工作。2014年，五镇实现GDP149.92亿元，同比增长7.39%，其中，新仓镇、林埭镇、广陈镇、独山港镇增幅高于全市平均水平；完成固定资产投资97.82亿元，同比增长17.06%，其中，广陈镇、新仓镇、林埭镇、新埭镇增幅高于全市平均水平；实现财政总收入18.88亿元，同比增长17.28%，其中林埭镇、新埭镇、独山港镇增幅高于全市平均水平。

【加强行政审批改革事中事后监管】 根据嘉兴市相关文件精神和工作部署，制订出台《平湖市加强行政审批层级一体化改革事中事后监管实施意见》《关于建立行政审批层级一体化改革事中事后监管联席会议制度的通知》等文件。建立联席会议制度，明确联席会议成员单位及办公室，负责组织协调全市的事中事后监管工作。分批部署、安排试点单位。指导各部门对应权力清单和责任清单制订加强事中事后监管的实施细则。明确监管重点。结合省级产业结构调整机制创新试点工作，探索、研究将事中事后监管工作的重点放到项目上，聚焦完善新进项目开工许可、施工监管、竣工验收等阶段的事中事后监管机制。

【积极推进政策性农业保险】 重点扩大农业保险覆盖面、鼓励支持试点创新、完善政策制度方面进一步加大工作力度。年内增加露地蔬菜、葡萄、大棚西瓜3个新险种；水稻保险扩面及增设高温干旱责任；大幅度降低水稻、大小麦、大棚、大棚蔬菜等险种的免赔率；推出蘑菇种植保险新险种，通过省级评审，被列为嘉兴市特色试点险种。（徐　娉）

•档案工作•

【概况】 市档案局把档案工作主动融入市委、市政府中心工作，突出抓好重大事件的档案管理，指导镇(街道)、村推进“三改一拆”“五水共治”“美丽乡村”建设、推广“新仓经验”，以及党的群众路线教育实践活动的建档、展示、利用工作。联合有关部门，在全市范围内征集有关平湖“历史上的治水”老照片，举办“五水共治”专题展。服务“三改一拆”，把涉及农村宅基地审批档案全部进行数字化处理，拓展民生档案专题数据库，在全市设立163个服务点，农户查档可就近申请，远程办证。积极探索传统业务与新技术的结合，将“1+X数字档案馆室一体化平台”项目列为局2014年度局馆创新破难重点工作和平湖市信息化建设重点项目，通过数字档案馆室联动，机关、企事业单位与档案馆之间档案信息资源共享，实现在线业务指导、监管与档案移交接收，为各数字档案馆室提供全天候档案利用查阅服务。发挥档案工作及档案爱教基地优势，结对村、社区、企业文明共建，以“6·9”国际档案日、9月档案宣传月、平湖档案微信平台等载体，推动档案进社区、档案融社区等彰显档案文化特色的主题宣传活动，文明建设成果凸显，当年成功创建为省文明单位。

【丰富档案文化建设内涵】 巩固“乡村记忆馆”示范基地成果,组织开展“走进乡村记忆馆”活动,充分发挥档案文化资源“记得住乡愁、留得住乡情”的独特作用。围绕“6·9”国际档案日,以“阅读平湖”为主题,依托档案馆爱教基地功能,开展名人档案征集活动、书画比赛、“走进档案馆爱教基地”“五水共治”摄影大赛等7项活动。推进“平湖记忆”家庭建档工作,树立两个家庭建档特色户典型。联合市文广新局在市博物馆举办“平湖记忆——民间个人档案实物展”,得到市委领导及省档案局领导的肯定和关注。6月5日,开通“平湖档案”微信平台,推送公众喜欢的、关注的话题,讲述档案背后的故事,重现平湖重要历史时刻;全年共推出69期,关注人数500多人,其中《记忆中的平师》一期阅读人数达6000多人。

【抓实档案基础工作】 年内,共接收2004年前镇(街道)以卷为单位的文书档案11327卷,接收公证处业务档案48680卷、原工商局业务档案35306卷、市婚姻登记处2011—2013年婚姻档案17623件。改进民生档案接收工作,提早接收学籍档案、计生奖扶档案、劳模档案等民生档案,为民生档案资源库建设和利用夯实基础。继续开展基层档案室档案目标管理认定工作。2014年,有13家单位通过档案目标管理认定,其中省一级6家(含“五年回头看”复查单位4家)、省二级4家、平湖市一级3家。数字档案馆建设基本建成。馆藏档案数字化累计达700万页左右,数字化率达80%以上。数字档案室规范化创建有序推进,年内完成12家数字档案室创建工作,其中省示范数字档案室3家、嘉兴市规范化数字档案室9家。涉民专业档案“四化”建设示范点创建工作开展顺利,完成二胎审批、病残儿鉴定、计生奖扶、独生子女、劳模、安监行政审批(处罚)等项目纸质档案规范化管理和数字化转换工作。累计有12种涉民档案完成数字化并上线投入使用。100%完成进馆单位档案电子文件登记备份工作,完成重点涉民电子业务档案登记备份17家,业务系统25个,重点工程档案7个,专利档案3个;在线日备3家,备份数据总量达3.09TB。部分涉民单位业务数据及馆藏重要档案数据连续3年异地异质备份到嘉兴市档案馆、山东崂山区档案馆。

【加强档案执法检查指导工作】 由市人大教科文卫工委、市政府法制办、档案局、发改局等部门组成联合检查组,对规划建设局、平湖经济技术开发区、团市委、经信局、科技局、机关党工委等6个机关单位开展档案执法检查。由市府办组织召开全市政府投资项目档案工作会议,邀请省档案局专家作专题讲座;联合市发改局,对涉及政府投资项目主管单位、列入2014年度竣工验收的政府投资建设项目进行建档辅导。75个政府投资项目单位开展项目建档工作,其中66个政府投资项目竣工档案通过专项验收。

【提升档案专业化队伍素质】 举办局科室业务轮训。开展全市机关、部分企事业文书档案员龙宇档案管理软件专项培训,对申报档案目标管理认定和复查的单位进行辅导;组织全市基层档案员开展档案业务专业培训;协助镇(街道)开展村(社区)档案员业务培训。全年共组织开展基层档案员各类业务培训、知识更新培训,187个单位400余人次参加。积极鼓励、推荐全市档案工作者参加上级部门组织的各类档案业务管理培训、专业技术培训等,进一步提升档案队伍的业务素质与档案管理水平。 (王怡蓝)

·外事工作·

【概况】 全年审核办理因公出国(境)团组17批40人次,调整压缩2批2人次。出访16批38人次,其中自行组团9批29人次、上级组团7批9人次。

【主要出访和重要到访】 主要出访:11月18日至25日,副市长钱勇彪率团赴日本、韩国开展为期8天的经贸交流活动。重要到访:1月10日,森永食品(浙江)有限公司董事长山下拝一行到访,市领导翁建荣、朱林森、钱勇彪等参加会见,双方就森永公司在平今后发展交换意见。1月27日至28日,上海合作组织实业家合作中心副总裁戈尔巴诺夫斯基带领上合组织实业家俱乐部考察团一行到平考察九龙山旅游度假区,市领导朱林森、钱陈等参加会见,双方签署实业家论坛合作协议。2月14日,葡萄牙、西班牙、厄瓜多尔、意大利、土耳其、秘鲁、日本、保加利亚等多个国家领事官员、商会代表、企业代表到平参加香都·平湖国际进口商品城举办的啤酒节暨爱百分连锁超市样板店开业盛典。3月27日,英国驻沪副总领事傅伯诗一行到平考察九龙山马球场所及配套设施,与九龙山马球赛马俱乐部共同商讨计划在此举办面向英国高级别团组的马球赛事。7月22日,日新制钢株式会社社长三喜俊典一行到访,市领导翁建荣、钱勇彪参加会见,双方就日新制钢在平投资进展情况进行交流。12月15日,韩国KALAO集团会长吴世荣一行到访,市领导朱林森、钱勇彪参加会见,双方就KALAO集团旗下子公司KR Motors株式会社在平投资设立的摩托车项目进行洽谈。

【友好学校】 10月18日,比利时珀潘斯特皇家中学与新华爱心中学签订友好合作意向书。

【一批境内外人士获"荣誉市民"等称号】 9月25日,在2014中国·平湖西瓜灯文化节投资贸易洽谈会暨经贸签约仪式上,平湖市政府授予日本电产科宝电子(浙江)有限公司总经理高野和行、日本电产东测(浙江)有限公司总经理石田博之、嘉兴金利精密电子有限公司总经理杜锦元、嘉兴大友汽车座椅有限公司总经理濑川喜史等4人平湖市"东湖之友"奖章。 (陈　敏)

·侨务和港澳工作·

【概况】 2014年,市侨务部门按照上级侨务部门工作要求和平湖市委、市政府工作部署,发挥侨务平台优势,努力加强"侨界服务全市发展"和"全市服务侨界民生"两个服务,努力加强侨务部门自身建设,推动侨务工作再上新台阶,当湖街道朝阳路社区成功争创为国侨办"明星社区"。侨办副主任、侨联副主席周虹被省外侨办评为"最美侨务人"。

【引资引智活动】 牵头举办"上海留学生企业协会生物医药、光机电产业专家平湖行""上海市欧美同学会专家平湖行"活动,吸引2批次40位海外高层次人才到平考察投资环境,促成上海留学生企业协会汤兴俊博士"纯天然提取植物香精"等重大项目落户平湖,牵线上海市欧美同学会与平湖市企业就20项技术需求"菜单"进行对接。组织侨商参加在宁波举行的第十六届浙洽会海外华商专场活动,借助其投资洽谈、展览交易、会议论坛等作用,拓展与海外华商的联谊交往,寻觅引才引智商机。接待中国侨商会副会长、浙江省侨商会会长、澳门银润控股集团有限公司董事长廖春荣,中国侨联副主席、银帝集团董事局主席朱奕龙等重点侨商,寻求与侨商侨团的交流合作。

【入选国侨办"明星社区"】 见第409页【朝阳路社区入选全国社区侨务工作明星社区】。

【扎实开展侨情调查工作】 按照全省统一部署,扎实开展基本侨情调查工作。一是抓网络,强领导。在全市上下形成统一领导、分工协作、分级负责、共同参与的工作网络;制订《平湖市基本侨情调查工作实施方案》,细化工作、落实责任;加强对镇(街道)侨情调查工作的领导,在全市8个镇(街道)分别建立基本侨情调查工作组;配强调查员队伍,组建一支186人的侨情调查员队伍;举办培训班,详细讲解侨情调查基本要求、注意事项和调查指标等内容,提升调查人员的业务能力。二是抓宣传、重引导。充分利用电视、广播、网络等媒介,做好调查的氛围营造和发动工作,悬挂横幅360条,张贴宣传海报3000多张,发放侨情调查告知书2000份;制作调查专题片3期,拍摄"入户调查第一天"专题片等,1月19日,浙江电视台国际频道新闻部到平拍摄专题片并在《黄金时间》栏目播出。三是抓指导、解疑惑。建立侨情调查QQ群,及时解答调查员提出的问题;接受专家吴瑞君教授关于平湖市基本侨情调查样卷的检查指导后,深入各镇(街道)开展面对面交流指导,检查入户调查表,听取调查员讨论交流工作中遇到的问题,指出调查需改进的地方。四是抓查缺、勤补漏。扎实做好自查工作,3月底,平湖市侨情调查数据录入工作基本结束,接着开展调查数据的"回炉"自查工作,查缺补漏、甄别错误,切实把牢调查数据质量关。

【开展华文教育】 完成赴外支教任务。3月27日,市侨办推荐的两名外派教师回平,圆满完成为期一年的赴菲律宾支教任务。两人在菲律宾马尼拉的两所华文学校开展幼儿教学期间,克服了台风地震等自然灾害及政局不稳定等困难,完成当地华文教育中心赋予的各项工作任务,得到省市各级侨务部门的充分肯定。

【拓展海外联谊】 7月15日,2014年"中国寻根之旅"夏令营浙北分营活动在平湖市澳多奇农庄正式拉开帷幕。该活动为平湖市首次承办"中国寻根之旅"夏令营分营活动。来自美国、法国、瑞典、意大利等国家的近30名海外华裔青少年参加活动。此次夏令营分营活动由平湖市侨办联合长红孝德公益文化发展中心共同承办,海外华裔青少年在为期12天的活动中了解、学习和感受琴棋书画、篆刻、刺绣、剪纸、饮茶、农耕、包粽子、刻西瓜灯、跳民族舞等中华传统文化,参观李叔同纪念馆、莫氏庄园、西塘古镇等景区。通过活动,进一步增强海外华裔青少年对中华文化和中华民族的认同感,搭建连结祖(籍)国、家乡情感和友谊的桥梁。平湖长红孝德公益文化发展中心在开营仪式上获授"嘉兴市海外华裔青少年培训基地"牌匾。

【牵线系列"侨爱工程"】 支持经济上有实力的侨资企业和侨界人士履行社会责任,积极参与"亮灯工程"、新农村建设、捐资帮建助学等公益慈善事业。依爱夫企业连续开展两期"亮灯工程",捐建66盏路灯解决钟埭街道新群村村民夜间出行困挠,实现该村环村主干道"全照明";海创会名誉会长、侨商陈坚捐赠100万元助学金,帮助贫困学生完成学业;4月19日,浙江省慈善总会侨爱分会成立,平湖市海创会会长汪维佳为侨爱分会捐赠启动资金50万元人民币,并当选侨爱分会一届一次理事会副会长;美籍华人陈意子(林书豪外婆)连续18年为平湖中学捐赠"陈惟俭、沈雪如奖学金"共计80多万元。

系列“侨爱工程”赢得了社会各界的支持和赞誉。

【助力“治水”“拆违”】 发挥侨务资源优势,积极服务“五水共治”“三改一拆”等重点工作。“五水共治”工作中,侨界积极响应,发起“治水·侨来搭桥”捐献、“我为‘五水共治’献一策”等活动,募得515万元治水资金及项目,侨眷《警惕“五水共治”带来二次污染》的意见建议获省领导批示肯定。“三改一拆”工作中,发挥侨界“娘家人”优势,当好拆迁工作的宣传员、调解员、服务员,成功化解新加坡华侨戴振海家属征迁等涉侨拆迁难题。

【为侨服务深入细致】 组建侨界专业人士服务团,每季度举办1至2次为民服务活动,深入侨资企业、村(社区)开展医疗义诊、教育咨询、养生保健知识讲座、“送影下乡”等服务,开展4次“送医进侨企”活动,为侨企员工义诊800人次;开展面向广大侨胞的“暖侨行动”,搞好对侨界重点人士的联络联谊,接待接访10位回乡的海外高层次人才,主动联络著名数学家、平湖籍华人张益唐,并与其国内亲属保持着经常性的联系。

(程　谦)

·涉台工作·

【概况】 2014年,平湖市台办紧紧围绕全市中心工作,牢牢把握两岸关系和平发展主题,以争取台湾民心为主线,大力推进对台经贸文化交流合作,着力推动两地交流交往,全市各项对台工作取得了良好成绩。

【全力深化对台经贸】 2014年,全市新引进台资项目5个,增资项目7个,总投资2.46亿美元,同比增长238%,合同台资1.1亿美元,同比增长130%。截至是年底,全市累计引进台资企业130多家,实有台资企业83家,总投资14.97亿美元,合同台资6.9亿美元。3月下旬,南六企业(平湖)有限公司增资3000万美元生产特种纤维水刺无纺布项目举行签约仪式;9月25日,在2014中国·平湖西瓜灯文化节暨投资贸易洽谈会上,共签订重大台资项目4个,总投资2.52亿美元,签约项目包括游艇配件项目、五星级酒店和造纸等。12月下旬,市政府在广东东莞举行投资环境说明会,市台办邀请东莞市台商投资企业协会会长翟所领等36名东莞市优秀台资企业负责人参加,鼓励台资企业积极到平湖考察兴业。年初,信易电热机械有限公司等9家台资企业被列入2014年平湖市“强平工程”企业名单,浙江荣成纸业有限公司等7家台资企业被列入平湖市工业龙头骨干企业培育对象。

【服务台企发展】 9月18日,省委书记、省人大常委会主任夏宝龙,嘉兴市委书记鲁俊以及省、嘉兴市台办等领导,先后到南六企业、泽鑫精密锻造有限公司、浙江荣成纸业等台资企业开展上门走访调研,关心企业生产经营,了解台商工作生活,为台商台企加油鼓劲、提振信心。5月和9月,市台办连续开展台资企业服务推进月活动,以“稳增长、调结构、优服务、促转型”为主题,集中上门走访台资企业,突出招商引资、政策宣导、破解难题、推进转型四个重点,共走访企业100家(次),与300位台胞台商进行了座谈沟通,发放政策宣传资料200份。

【大力推进转型升级】 深入开展“政策进台企”服务,利用台商工作例会平台,通过邀请环保、经信等职能部门负责人,到会介绍相关企业转型升级成功案例、先进经验,引导台企通过采购先进生产设备,改进生产工艺,淘汰落后设备和产能,加快转型升级目标。向全市台资企业发放了《企业生产经营情况及难题调查表》,收集到针对转型升级和对现行政策的建议12条,通过意见征求活动,集思广益,为党委、政府决策提供参考。针对企业反映的产品销售、寻求合作伙伴等方面的问题,及时宣传“电商换市”、有关优势和优惠政策,服务台企转型升级。当年,台资项目泽鑫精密锻造(平湖)有限公司等3家企业被评为“2013年度平湖市明星企业”,川源(中国)机械有限公司等3家企业被评为“2013年度平湖市转型升级十佳企业”,台商郑德明被授予“平湖市优秀企业家”称号。

【合力助推“五水共治”】 按照市委、市政府“五水共治”工作部署,向全市台商发出《平湖市台商“五水共治”倡议书》,引导广大台商出资出力,从自身做起,共同保护好水资源和水环境。为更好的起到带头示范作用,引领其他更多企业、个人参与到“五水共治”中来,举行“五水共治·台商同行”爱心捐款启动仪式,伊诺华橡胶(平湖)有限公司等5家台资企业,现场带头捐款70万元。作为专业从事水治理行业的台资企业川源机械有限公司,主动与曹桥街道建立合作关系,通过组织专家团对污染河道进行实地勘察,免费提供河道治理技术方案和一体化集成设备,共享台湾在河道治理方面的经验,为打造生态平湖贡献力量。

【加大与台湾知名人士联络工作】 一是接待台湾南投县代理县长陈志清一行到平考察。6月26日至27日,台湾南投县代理县长陈志清携该县文化局局长等一行8人,来平湖开展考察参访活动。市领导朱林森、姚田宝、钱勇彪等参加接待。市长朱林森致辞,希望以陈志清先生此次来访为契机,进一步推动双方合作向更宽领域、更高层次发展,推动两地友谊和合作更加紧密,为两地同胞带来更多福祉。二是邀请台湾邱毅博士到平考察并作专题讲座。6月28日,台湾大学经济学博士、上海交大策略与危机管理研究所所长、中央电视台《海峡两岸》节目特邀评论嘉宾邱毅应邀来平湖作《新形势下的公共关系与危机管理》专题讲座,全市千名机关干部参加。市委常委、统战部长姚田宝参加接待,并陪同邱毅一行参观考察平湖莫氏庄园和李叔同纪念馆。三是接待台湾重点团组到访。4月1日至2日,台湾财团法人“张老师”基金会一行21人,在董事长张德聪带领下到平湖开展交流访问。市领导姚田宝、金玉珍等参加接见。“张老师”基金会一行与市民政局、平湖市社会组织创益园和平湖长红孝德公益文化发展中心等公益组织开展交流座谈,围绕公益性社会组织发展、项目开展、人才培育、资金筹措等方面的问题,进行互动交流,双方达成良好的合作意愿。9月,台湾南投县手工艺职业工会理事长余宜蓁一行38人到平湖参观访问,市委常委、统战部长姚田宝接待,并介绍平湖的基本情况,双方进行友好交流和会谈。

【加强两地文化领域交流】 一是平湖西瓜灯应邀赴台湾参加2014“马耀南投”元宵灯会。2月,台湾南投县举办的2014“马耀南投”元宵灯会期间,平湖市派出4名刻瓜老师进行现场西瓜灯雕刻表演,并与台湾民众进行互动交流,现场雕刻40只瓜灯,雕刻内容有台湾风光、平湖风景等。西瓜灯雕刻技艺和展览效果得到台湾组办单位和民众的一致好评,同时也传播了平湖地方特色文化,促进了两岸文化艺术的交流。二是举办第四届两岸邻里节活动,平湖与台湾第一次签订村级友好协议。6月30日,台湾南投县鹿谷乡参访团团长林茂延一行25人,到平湖参加第四届平湖·南投两岸邻里节活动,并举行钟埭街道新群村与鹿谷乡竹丰村友好结对签约仪式。三是举办"台湾农博士服务平台平湖培训班"。5月中旬,市台办、市农经局联合举办"台湾农博士服务平台平湖培训班",邀请台湾农业专家、台湾中兴大学博士黄泮宫到平讲授蔬菜栽培先进技术。各镇(街道)农技水利服务中心负责人、蔬菜科技示范户代表共100多人参加培训,学习借鉴台湾精致农业和有机农业的理念,拓宽了蔬菜栽培的思路。四是接待台湾金门县议员周子杰一行。牵线周子杰与市旅游部门负责人进行商谈,双方就平湖与金门两地旅游合作事项进行对接。五是组织参加端午"海峡两岸同胞裹粽友谊赛"。端午节前夕,组织20多名在平投资、工作生活的台胞、台属,参加嘉兴市"海峡两岸同胞包粽子友谊赛",两岸同胞以裹粽技艺展示为平台、以端午民俗节庆为载体,共同品味中华传统文化的独特韵味,加深两岸同胞之间的情谊,增进文化认同和感情融合。

【深化入岛交流工作】 一是做好公务团组赴台考察。2014年,全市共组织公务赴台团组7个,公务赴台总人数53人次,涉及经贸招商、现代农业、医疗卫生、文化教育等领域的交流合作。10月,由副市长钱勇彪带队,实地考察10家重点企业,针对精密机械、现代农业和生物科技、环境科技等项目开展专项招商考察活动,达成已落户台资企业的项目增资,推动在谈项目的落户进度。7月下旬,新华爱心高级中学21名师生赴台开展两岸高中生文学营公益参访交流活动,促进两岸青少年之间的交流。二是推进企业人才技术合作。4—5月间,平湖市第一人民医院12名骨干医生赴台湾耕莘医院,针对医疗、护理等部门开展实地作业,并进行考察学习,互相了解双方医疗业务发展,进行优势互补。全年共审批企业商务赴台25批79人次,商务赴台批次和人数创历年新高。三是拓宽民间交流渠道。2014年全市居民赴台旅游人数达1000人次。

【深入开展对台宣传教育】 一是组织参加涉台干部培训班。5月上旬,组织全市各镇(街道)统战委员、涉台干部,参加嘉兴全市涉台干部培训班,听取上海国际问题研究院台港澳研究所执行所长严安林、浙江省台办经济处和交流处负责人,就当前台海形势、对台经贸合作形势、对台交流工作的专题辅导,并赴江苏昆山实地参观台资项目,与当地涉台部门就台资转型创新工作进行座谈交流,提高涉台干部政治素养和业务能力。二是开辟对台宣传新途径。5月下旬,台湾政治大学教授宋国诚一行到平,作"美丽中国的浙江实践——一个台湾学者看浙江"课题调研,市台办主任钟菲接待并陪同调研。宋国诚从平湖区位、文化、投资环境、产业结构等方面,全面介绍平湖经济社会发展取得的成就,以一位台湾人的所见所闻宣传平湖,增进岛内同胞对大陆对平湖的了解,扩大平湖的知名度。

【提升信息和调研水平】 完成调研课题《关于进一步促进全市对台招商工作的思考》,通过对台招商现状、面临的机遇与挑战等相关数据资料分析,提出有操作性的意见建议,更好的为全市对台招商引资工作提供借鉴参考。《平湖市台资企业发展动态调查》一文,被《浙江对台工作》2014年第一期全文录用刊登,并获嘉兴市统战理论研究优秀成果二等奖;《以经促统 以情促统 以文促统——平湖市努力开创对台工作新局面》一文被嘉兴市政府专报录用刊登。平湖台办被省台办评为年度《浙江对台工作》最佳用稿单位。

【加强台商联谊会建设】 一是组织台商赴

江苏淮安进行交流考察。3月中旬,应江苏省淮安市台商协会、淮安市淮安区政府的邀请,市台商考察团一行30人赴江苏淮安进行为期2天的交流考察活动。通过实地考察参访当地台资项目发展情况,帮助台资企业更好的转型升级,拓宽发展思路,寻找互利双赢的发展商机。二是健全台商例会制度,全年召开台商工作例会8次,研究部署联谊会工作,同时组织开展政策咨询活动,邀请市环保局、公安局交警大队、出入境管理大队等部门负责人开展政策法规宣传教育活动。市台办5次组织在平台商参加嘉兴市台商沙龙,听取"人力资源管理和社会保险政策""企业经营管理能力"、《新环保法》政策讲座等,做好政策引导服务。三是积极开展慈善公益活动。开展台商爱心助学活动,结对帮扶平湖市贫困家庭学生20名,每人每年捐助1000元,在学习生活上给予帮助支持。春节前夕,向新仓镇贫困家庭庄晨缘母子送上爱心款6000元,帮助其渡过难关,弘扬中华民族扶贫帮困的传统美德,体现两岸同胞"血浓于水"的亲情。

【加强台胞台属联谊会建设】 安排台属企业家参加市政协"产业结构调整机制创新试点"专题议政会,为试点工作和有关政策建言献策;组织台联界别委员和理事参与政协"界别活动月"活动,到新仓镇为"五水共治"献计策,上报建议3条。完成市台胞台属联谊会六届理事会换届选举工作。12月29日,市台联会召开第七次代表大会,听取六届理事会工作报告,修改《平湖市台胞台属联谊会章程》,选举产生市第七届台联理事、会长、常务副会长、副会长和秘书长,柯卫明当选市第七届台联会长。 (马国健)

•电子政务•

【门户网站群系统升级改版】 2014年,平湖市电子政务办公室围绕提升政府网站传播力,强化信息发布更新,做好浙江服务网建设,推进政府信息公开,提高系统的政务应用效能,并努力做好电子政务系统的技术维护和安全保护工作。

【推进"中国·平湖"门户网站群建设】 做好中国·平湖门户网站"今日平湖""政务公开"等10余个栏目的信息更新工作,全年发布"今日平湖"信息2200条、政务动态信息10258条、各类公告提示便民信息100余条、招标采购信息1000余条。重点推出"创建省示范文明城市展示专题""2014中国平湖西瓜灯文化节""H7N9禽流感疫情防控信息专题""平湖城市精神表述语"等专题专栏。做好中国·平湖门户网站英文版升级和数据迁移工作。加强政府网站集群建设,通过对平湖市"百姓事马上办"子网站SEO(搜索引擎优化)的百度排名优化,2014年"百姓事马上办"关键词在百度搜索排名第一。以中国·平湖新仓镇网为试点,实现镇级网上为民服务大厅和全市民生问题办理系统对接。完成中国·平湖新埭网站建设。

【推进政府信息公开】 贯彻落实《中华人民共和国政府信息公开条例》《浙江省政府信息公开暂行办法》各项规定,以"四张清单一张网"以及与市民生活密切相关的政府信息公开为重点,建立健全政府信息公开工作机制,把政府信息公开工作列入年度考核范围,督促各有关部门及时发布信息,全年共发布政府信息公开内容18800多条,梳理和发布36个市级部门4584项行政权力清单、1334项部门责任清单。

【建成启用党员干部网上工作日志系统】 10月,党员干部网上工作日志系统建成启用,该系统旨在加强对干部工作的日常交流和监督管理,实现工作提质增效新模式,内容包括个人日志和部门日志,每位领导干部按照"一事一记、一日一记"的记录方式,实施工作痕迹化。市级领导可以随时查阅每位干部的工作情况,每位干部可以按时间回顾检索工作内容。至2014年底,全市500多名乡科级干部全部启用该系统。

【建设启用"企业事马上办"交办系统】 为进一步加强服务企业水平,11月建成启用"企业事马上办"交办系统,该系统两端分别为企业用户和政府各部门,具备解答咨询、受理投诉、解决诉求、听取建议四个方面的功能,主要包含事项拟办、待办、流程监控和统计等内容。企业用户既可对涉企政策进行咨询,反映企业急需解决的问题和诉求,也可对政府服务提出意见和建议。至2014年底,办结事项19件。

【开发"百姓事马上办"手机智能终端应用系统(APP)】 通过开发,安卓(android)和苹果(ios)两个版本的"百姓事马上办"手机APP成功上线运行,并进驻苹果AppStore、安卓市场、安智市场、乐蛙安卓市场等软件平台。

【加强电子政务网络与应用系统运维保障】 2014年,市电子政务办公室根据需求部署政务网络设备更新方案,对部分核心设备进行更新。原有千兆防火墙更新为天融信TG－62442万兆防火墙。更换一组UPS新电池,在硬件上保证互联网出口畅通。加强信息安全管理,严格遵守"涉密不上网、上网不涉密"原则。加大安全巡查力度,提高对网络攻击、病毒入侵、系统故障等风险的安全防范和应急处理能力,做到安全威胁早发现,安全事件早处理。在业务系统数据安全上,对oracle和sqlserver数据导出备份进行重新规划,统一进行定时备份,有效增强灾难恢复能力。 (翟群英)

•行政服务中心•

【概况】 2014年,市行政服务中心(包括分中心,以下简称中心)共办理各类行政审批和服务事项901136件(含四个分中心),事项进驻率93.46%,按时办结率和审批准确率均为100%,满意率99.9%以上,进驻事项实际办理时间比法定时间提速86.33%,一审一核率为87.29%,同比提高7.07%;既受理又能办理审批事项比例为93.46%,同比提高2.18%,中心大厅收取各类规费40949.2万元。平湖市审改工作得到省及嘉兴各级领导批示肯定。7月16日,省长李强到平调研听取产业结构调整机制创新试点汇报时,对平湖市"涉企中介服务超市"运作模式给予充分肯定,认为"平湖模式很好,值得继续探索"。市行政服务中心已打造成为嘉兴市范围内最大的便民服务、审批服务、公共资源(要素资源)、涉企中介服务超市、行政效能监察"五位一体"的综合性市民服务中心,方便了企业、群众办事,实现了"一门办成"。

【成立涉企中介服务超市】 3月6日,出台《平湖市行政审批中介机构管理办法(试行)》《平湖市行政审批中介机构信用等级评价管理办法(试行)》。5月12日,涉企中介服务超市(以下简称中介"超市")揭牌运行,实行"会员制管理、网上网下结合、淘宝店式经营"的新模式。至年末,有132家来自全国各地的中介机构入驻网上中介"超市",涵盖工程咨询、评估类,工程勘察、设计类,工程测量类,工程检测类,工程图审类,工程监理类,市场准入类中介机构及符合《浙江省社会中介机构管理办法》规定的与行政审批相关的其他中介机构等15类项目。25家单位入驻市行政服务中心实体中介“超市”。入驻中介“超市”的中介机构涉企收费同比降低30%以上,服务时间同比缩减50%以上。

【开展行政审批层级一体化改革】 按照《关于加强嘉兴放权事项承接能力建设的实施意见》,已有20个部门(单位)承接嘉兴市下放的全部行政审批事项260项(其中许可事项198项,非行政许可事项62项),承接省以上审批事项152项,并全部实现运作。

【开展以负面清单管理为核心的一般工业企业投资项目“零审批”改革】 2014年2月制订出台《平湖市行政审批制度改革领导小组办公室关于印发平湖市一般工业企业投资项目零审批改革实施方案(试行)的通知》,即“1+10”改革实施方案,包括1个综合改革方案及正负清单、备案管理、准入公示、建设许可联合审验、投产综合验收、过错责任追究等10个配套措施,对负面清单以外的民资、外资和国资投资的一般工业企业项目列入“零审批”范围,积极打造变“事前审批”为“事后监管”“先批后建”为“先建后验”“严进宽管”为“宽进严管”的审批管理新模式。改革后,一般工业项目从启动零审批程序到开工的时间从原来的6个月以上缩短至2个月,其中涉及行政审批部门的只要10个工作日即可完成。截至年底,有21个项目进入“零审批”程序,其中8个项目开工建设,1个项目投产。

【建立项目推进监管日志工作制度】 3月31日,出台《关于建立监管日志工作制度的通知》,要求审批部门在日常监督检查工作中记录工作日志,对所批项目实时跟踪、动态服务、经常监督。市审改办通过网络,采用各部门(单位)网站监管日志公示内容的办法,在市行政服务中心网站首页集中公示,便于各级领导、相关部门了解项目审批后的监管情况,接受部门、业主、公众的相互监督。

【平湖经济技术开发区(钟埭街道)开展集中行政审批等工作】 9月26日,出台《平湖市人民政府办公室关于印发平湖经济技术开发区(钟埭街道)开展集中行政审批工作实施方案的通知》,涉及国土资源局、规划建设局等16个部门145项审批服务事项下放到平湖经济技术开发区(钟埭街道)进行试点。开发区便民服务中心统一受理、集中办理包括市派驻机构在内的行政审批事项,以及需要到市行政服务中心或职能部门办理但可以不由本人亲自前往办理的事项,为企业、群众提供“一站式”服务。全部事项高效运作。

【实施商事登记制度改革】 实施“证照合一”。将个体工商户、个人独资企业原需办理的“食品流通许可证”“餐饮服务许可证”及“营业执照”进行合并核发“营业执照”,并标明相关许可证号及有效期限,审批时间大大缩短,审批效率大幅提高。申请人在各市场监管所(分局)注册窗口办理食品流通、餐饮服务相关行业的,只要一次性递交所有申请材料,即可享受“证照合一”的便捷登记流程。年内已为6家经营者核发“证照合一”的营业执照。实施“先照后证”。依据国务院《关于取消和调整一批行政审批项目等事项的决定》,迅速落实113项工商登记前置审批事项调整或明确为后置审批,实施“先照后证”,涉及餐饮服务许可、食品生产流通许可,机动车维修和驾驶员培训服务许可、从事出版物批发零售许可等共计82个项目。已为11个行业的212家企业和个体工商户颁发“先照后证”营业执照。

【国土资源窗口实行首席审批员制度】 11月,制订出台《平湖市国土资源行政审批制度改革实施细则(试行)》,建立“首席审批代表”制,由局分管行政审批的领导担任首席审批代表,负责局所有行政审批事项的批签。按照“两集中、两到位”的要求,专设用地审批服务中心,整建制入驻行政服务中心,实行一站式服务,一体化管理。负责局行政许可事项、非行政许可事项和其他服务事项的集中受理、统一办理、审核审批、报批备案等工作。 (王　进)

政协平湖市委员会

·重要会议·

【市政协十二届三次会议】 中国人民政治协商会议平湖市第十二届委员会第三次会议于2014年1月10日至13日在市行政中心举行。出席委员218名，应邀列席会议137人。会议听取并审议通过政协主席徐春林所作的政协平湖市第十二届委员会常务委员会工作报告和政协副主席王华根所作的政协平湖市第十二届委员会常务委员会提案工作情况报告。与会人员列席市十四届人大三次会议，听取并讨论市长朱林森所作的《政府工作报告》，听取并讨论计划、预算报告和法院、检察院工作报告，会议赞同这些报告。会议期间，市政协民盟、民进、农工党和农业界别委员围绕"秸秆焚烧综合整治"与市府办、农经局、环保局等部门开展联组讨论，市政协乍浦镇委员小组全体委员围绕"互动建设乍浦港城"与市交通局、农经局、九龙山度假区、旅游局以及嘉兴港区规划建设局、经济发展局、社会发展局、服务业发展局、国土资源局、乍浦镇政府等部门(单位)开展专题讨论。大会收到委员以提案形式提出的意见建议304件，经提案委员会审查，立为提案的221件。会议补选俞鑫岗为政协平湖市第十二届委员会秘书长，补选杨永明、周佳音、贺向鹏为政协平湖市第十二届委员会常务委员。会议通过市政协十二届三次会议决议和提案审查报告。市委书记翁建荣在大会闭幕时讲话。

【全市政协工作会议】 2014年4月29日，市委召开政协工作会议，市四套班子主要领导、市委常委、市政协全体领导出席会议。市委书记翁建荣、市政协主席徐春林分别代表市委、市政协讲话，市委副书记、市长朱林森主持会议并讲话。会议认真贯彻落实党的十八大、十八届三中全会精神和省、嘉兴市政协工作会议精神，回顾总结近年来市政协工作取得的成绩和经验，研究部署新形势下加强和改善党对政协工作的领导，切实推进人民政协履行职能制度化、规范化、程序化建设，加强政协自身建设，不断开创全市政协事业发展的新局面。会前，市委印发了《中共平湖市委关于加强新形势下人民政协工作的意见》。

【市政协常委会会议】 2014年，市政协常委会共召开4次会议。

市十二届政协常委会第十次会议于1月13日上午举行。会议听取市政协十二届三次会议期间各组对政府工作报告和其他报告讨论情况的综合汇报；听取各组对政协常委会工作报告和提案工作报告审议情况的综合汇报；听取各组对市政协十二届三次会议选举办法草案和市政协十二届三次会议总监票人、监票人名单草案的讨论意见汇总；听取各组对市政协十二届三次会议补选秘书长、常务委员候选人名单草案提出的意见汇总，确定候选人选；会议审议通过市政协提案委员会关于市政协十二届三次会议提案审查情况的报告(草案)、市政协十二届三次会议决议(草案)和政协平湖市委员会2014年工作要点；会议审议通过有关人事事项，决定任命杨永明为市十二届政协经科委副主任(兼)、工业组组长。

市十二届政协常委会第十一次会议于1月27日上午举行。会议听取市委统战部副部长张永良所作的《关于调整政协平湖市第十二届委员会委员、常务委员的情况说明》,以举手表决形式,同意姚真言、俞爱华因工作调动原因,辞去政协平湖市第十二届委员会常务委员、委员,报政协平湖市第十二届委员会第四次会议备案;同意金球、叶保龙、诸建林因工作调动原因,辞去政协平湖市第十二届委员会委员;同意增补靳南军、傅祎慧、方丽娟、朱新达、王伟明为市十二届政协委员;决定靳南军任市政协办公室副主任、委员工作委员会主任,费瑞瑞任市政协提案委员会副主任,王伟明任市政协独山港镇联络室主任,严洪芳任市政协曹桥街道联络室副主任,免去宋怡玲的市政协办公室副主任、委员工作委员会主任职务,免去金球的市政协独山港镇联络室主任职务;决定宋怡玲任市政协副秘书长、文教卫体与文史委员会副主任(兼)、教育组组长,方丽娟任市政协经济科技委员会副主任(兼)、农业组组长,朱新达任市政协委员工作委员会副主任(兼),张杰任市政协文体组组长,免去其市政协教育组组长职务,朱立军任市政协科技组副组长,免去其市政协文教卫体与文史委员会副主任(兼)、文体组组长职务,褚卫国任市政协服务业组副组长,王伟明任市政协独山港镇委员小组组长,免去姚真言的市政协经济科技委员会副主任(兼)、农业组组长职务,免去叶保龙的市政协委员工作委员会副主任(兼)职务,免去姜忠良的市政协科技组副组长职务,免去诸建林的市政协医卫组副组长职务,免去金球的市政协独山港镇委员小组组长职务。

市十二届政协常委会第十二次会议于6月25日下午举行。会议协商审议“优化教育资源配置,提高教育满意度”工作。在听取协商讨论意见后,市长朱林森、市政协主席徐春林、副市长顾玉峰作了讲话。

市十二届政协常委会第十三次会议于9月11日举行。会议协商审议“推进新型城镇化建设,进一步提升城乡统筹发展水平”工作。上午,市委常委、常务副市长王道平代表市人民政府作“关于我市新型城镇化建设工作情况”的专题通报。市政协专题调研组成员方卫东、杨永明、金莉、屠云飞和农工党平湖市总支委员毛仲华分别代表5个专题调研组作“我市新型城镇化发展布局和功能形态研究”“产城融合集约发展推进我市新型城镇化建设的现状和对策研究”“我市农村产权制度改革的现状和对策研究”“我市农村居民收入、生产和生活现状及对策研究”“我市生态文明和谐发展的现状和对策研究”调研情况汇报。在听取专题通报和5个专题调研情况汇报后,市委书记翁建荣作了讲话。下午,调研组成员张洪琪代表专题调研组作了“我市城乡基本公共服务均等化的现状和对策研究”调研情况汇报。市政协经济科技委员会主任徐家祺代表市政协专题调研组向会议汇报了“关于推进新型城镇化建设,进一步统筹城乡发展的建议案(草案)”。与会人员分成两个小组进行讨论。在听取协商讨论意见后,市政协主席徐春林、常务副市长王道平作了讲话。会议以举手表决的形式审议通过《关于推进新型城镇化建设,进一步提升城乡统筹发展水平的建议案》。会议听取市政协秘书长、办公室主任俞鑫岗关于《政协平湖市委员会关于委员密切联系群众的意见(草案)》有关情况的说明,以举手表决的形式审议通过该《意见》。

•重要工作•

【开展庆祝人民政协成立65周年系列活动】

召开庆祝人民政协成立65周年座谈会,制作《继往开来携手共进》专题宣传片,举办“纪念建国·政协成立65周年”书画摄影作品展等活动。通过常委会议、主席会议、政协读书会、委组工作会议、机关文化讲堂等平台,组织学习习近平总书记在庆祝人民政协成立65周年大会上的重要讲话精神。邀请省政协机关领导作“提高政协履职能力的若干问题”专题辅导。

【广泛开展协商讨论】 7月24日下午,第四十七次主席会议围绕“实施有效的品牌战略,助推区域经济转型升级”课题开展协商审议,经信局局长刘皆安代表市政府作市品牌建设工作情况的通报,市政协经科委副主任张健良代表市政协专题调研组作“实施有效的品牌战略,助推区域经济转型升级”调研情况的汇报。与会人员进行了协商讨论。在听取协商讨论意见后,市政协主席徐春林、副市长钱勇彪作了讲话。会后,向市政府提交《关于实施有效的品牌战略助推区域经济转型升级的报告》。

5月12日上午,市政协工商联、台联、科协科技界和经济界的16名委员重点围绕“我市产业结构调整机制创新试点工作”与市试点办、市委政研室、经信局、财政(地税)局、国土资源局、环保局和行政服务中心等部门开展界别协商,会后向市政府提交《关于产业结构调整机制创新试点专题界别协商会情况的报告》。7月15日下午,市政协文教委就“构建和谐医患关系”工作与市卫生局开展对口协商暨委员约谈;8月14日,市政协社法委就“四位一体”长效保洁工作与市城乡环境卫生管理工作领导小组成员单位城管执法局、农办(农经局)、财政局、水利局、交通运输局、商务局、环保局等部门开展对口协商暨委员约谈;10月29日下午,市政协经科委就促进全市融资性担保行业规范发展工作与法院、金融办、经信局、财政(地税)局、工商联、市场监管局、人行、银监办等部门开展对口协商暨委员约谈,会后形成《促进我市融资性担保行业规范发展协商会议纪要》。转发嘉兴市政协《关于基层政协委员联络室开展民主协商工作的意见》,推进基层民主协商科学化、组织化、规范化建设。各镇(街道)联络室结合各自实际,制订协商计划,以座谈会、协商会、问政会等形式,分别围绕土地征收与人员安置、加强农村环境整治、加快圩区建设、实施“四位一体”长效保洁等议题开展基层民主协商,积极推动党委政府的科学民主决策和重大民生项目的实施。

【举办政情咨询资政会】 11月6日下午,市政协以“推进城乡环境卫生整治”为主题举行政情咨询资政会。市政协主席徐春林,副主席王华根、柯卫明、方晓烈、俞明祥、邱其良,秘书长俞鑫岗出席会议,市委副书记、市长朱林森,市委常委、常务副市长王道平应邀参加会议。会上有15名委员和1名市民代表即席提问,综合执法局、环保局、农办(农经局)、供销社、水利局、规划建设局、交通运输局、商务局、财政(地税)局、市场监管局等部门负责人予以答复。会后,政情咨询资政会询答、资政内容摘要和纪实分别通过报刊、电视、政协刊物进行宣传,让更多市民了解关心参与这项工作。

【组织各层次调研视察】 围绕全市公共交通实事项目建设、农村生活污水治理工作、中华老字号——平湖糟蛋(龙牌糟蛋)运营情况、工业重大投资项目开工建设情况、公共文化服务体系示范区创建工作、禁毒防毒工作面临形势等主题开展6次主席调研日专项视察。以“政协建议”的形式向市政府提交《关于平湖糟蛋非物质文化遗产传承与保护的建议》《关于进一步深化我市禁毒防毒工作的建议》。各专委会、委员活动组和党派团体认真开展调研,形成调研报告和大会发言材料38篇,其中,在《平湖政协增刊》刊发9篇,27篇作市政协十二届四次会议大会发言。

【加强提案工作】 市政协十二届三次会议以来,政协委员和政协各参加单位以提案形式提交意见建议310件,经审查立案260件,并案处理后为225件。经办理,提案所提意见建议被采纳的150件,占66.7%;列入计划逐步解决的68件,占30.2%。提案者对办理答复和办理结果均表示满意或基本满意。深化市领导领办重要提案制度,首次开展市委书记领办民主党派《关于重点推进农村水环境治理的建议》提案;抓好提案征集协商,许多党派团体和委员活动组将大会发言转化成提案,注重从政协专委会的专题调研报告中提炼提案;加大提案办理协商,11件重要提案与承办单位开展协商;出台《提案工作"双评"暂行办法》,实现提办双方互为主体、双向评议;修订《委员活动组提案工作考核细则(试行)》,对各委员活动组提案工作开展量化考核;开展提案办理工作"回头看"专项民主监督;对公安局提案办理绩效进行民主评议。

【改进社情民意信息工作】 调整充实特约信息员队伍,强化学习培训,坚持信息工作例会制度和点题约稿制度,与市委、市政府搭建起信息共享平台,加强与省、嘉兴市政协信息工作对接。全年共收到各类社情民意信息306条,以专报或者摘报形式送市委、市政府作工作参考14期19条,以委员来信形式转部门作工作参考64条;向嘉兴政协报送72条,其中30条被嘉兴采纳,5条被省政协采纳,3条被转送全国政协办公厅。在嘉兴政协社情民意信息工作考核中蝉联第一名。

【深化民主监督工作】 按照省政协"三级政协联动、万名委员同行、助推'五水共治'"民主监督行动要求,精心制订方案,统筹安排会议协商监督、提案办理监督、民主评议监督等9个方面监督形式共27项具体工作,扎实开展监督活动,全力助推"五水共治"决策落实。以助推"五水共治"为主题开展"界别活动月"活动,各界别组织委员深入查找影响水环境质量的十大现象,评议治水成效,营造治水氛围。综合监督情况,形成"五水共治"民主监督报告报市政府。9月24日下午,市政协围绕南河头历史文化街区保护开发、重点围绕街区水环境整治工作开展主席会议专项民主监督活动,首次开展跨年度建议案落实情况主席会议专项民主监督,通过前后对比的方式对2012年《关于实施南河头河道综合治理改善水环境质量的建议案》落实情况进行"回头看",推进政协重点建议办理落实。改进民主监督员委派方式,出台《关于调整民主监督员委派部门(单位)的通知》,除继续向若干部门委派民主监督员外,首次向污水管网建设项目、"清三河"工作、科创中心二期工程等重大工程、重点项目、重要工作委派6个民主监督员小组。建立政协领导联系民主监督员小组制度,加强对民主监督员工作的领导和支持。修订《政协平湖市委员会民主监督员工作考核办法》,增加"民主监督建议书"的考核内容,出台《民主监督建议书》实施办法(试行),全年向市政府和相关部门报送民主监督建议书16份,进一步提高监督的成效。

【深化服务群众工作】 会同民进平湖市委员会设立"协进助学金"。8月21日上午,举行发放仪式,首次为20名品学兼优、家境贫困学生提供就学资助。调整完善"3+1"委员工作室,支持鼓励各委员工作室请进来、走出去,为居民群众提供实实在在的服务,全年共举行开放日活动22次,接待群众140余人次。组织30名委员先后参与市领导信访接待日活动,召开2次参与信访接待委员座谈会,组织参与接访委员赴信访事项较多的当湖街道和规划建设局听取工作介绍,进一步增强履职为民针对性。部分委组通过“暖冬千里行,捐衣献爱心”“助苗”“护苗”等活动为载体,开展结对帮扶、送医下乡等活动。鼓励广大委员开展扶贫济困、爱心助学等社会公益活动,组织机关干部开展走访基层群众、参加社区义务劳动,“双休日社工”等活动。

【密切各界联系】 召开市政府、市政协联席会议,邀请市委、市政府领导参加政协重要会议、重大活动,加强与市委、市政府的沟通交流。推进政协专委会与政府部门对口联系,引导各委员活动组积极争取党委政府重视和支持政协工作。举办全市各界人士迎新茶话会。走访部分宗教场所和台资企业,召开各党派团体负责人座谈会和“两新”组织代表人士座谈会,走访各民主党派、工商联、无党派人士联谊会、人民团体。启用政协委员活动中心,制订《政协委员活动中心管理办法》,全年开展各类活动46次,参与人数586人次。围绕“关注公益,奉献爱心”“畅谈委员活动组工作体会”主题,先后举办2次委员沙龙。创设主席接待日制度。政协领导每季度走访委员,全年共走访72人,年底集中走访各委员活动组。邀请市民代表旁听政协全会,参加政协活动,听取意见建议。注重与周边政协开展资料交流,友好往来,与秀洲区政协联办“五水共治”书画摄影展。

【开展委员届中履职情况评估】 首次开展委员届中履职情况评估,对本届政协成立两年半以来委员履职状况进行量化评估,对部分履职量化成绩靠后的委员进行约谈提醒。初步建成政协委员履职服务管理系统,包含“委员基本信息、提案、反映社情民意信息、履职管理”四大功能模块。

【做好政协文史和宣传工作】 召开文史研究会全体会议。发挥文史征集员作用,进一步加强文史征集编辑,全年征集、整理、编辑文史资料近58万字,出版《平湖方言汇编》,启动《平湖风物菁华》《平湖近现代名人》征编工作,做好《平湖政协》“文史园地”“文化艺苑”“当湖人物”等文史栏目稿件编发。召开“为政协宣传工作献一计”恳谈会。全年共播出“政协新时空”电视专题节目25期,编辑发送《平湖政协手机报》24期,刊发《嘉兴日报·平湖版》“政协之窗”栏目12期,出版《平湖政协》季刊4期,形成“天天有动态、每周有传播、月月有报道、每季有综合”的政协宣传工作新格局。全年被全国政协《人民政协报》录用稿件8篇,省政协《联谊报》录用稿件24篇。

【党的群众路线教育实践活动】 政协党组通过政协常委会议、主席会议、读书会、委组工作会议、机关文化讲堂等平台,深入学习中共十八大、十八届三中四中全会和习近平总书记系列重要讲话精神,切实把思想和行动统一到中央要求和部署上来。聚焦形式主义、官僚主义、享乐主义和奢靡之风,广泛征求政协各参加单位、政协委员和广大群众的意见建议,查摆了13个大类的“四风”问题。严格按照要求开好民主生活会,政协党组和机关党支部主要负责人带头,党员领导干部严肃开展批评和自我批评。针对存在问题,扎实推进6个方面17项整改任务的落实。制订、修改政协机关理论学习制度、精简和规范文件及会议活动管理办法、关于委员密切联系群众的意见、政协机关财务管理办法等10项制度。政协领导和机关工作人员深入联挂镇(街道),积极参与“三改一拆”“五水共治”“两退两进”、生猪减量提质、口岸开放等中心工作和重点工作,努力提升服务群众“最后一公里”能力和水平。 (夏竹青)

民主党派·工商联·无党派人士

·中国民主同盟平湖市总支委员会·

【学习实践活动】 开展坚持和发展中国特色社会主义学习实践活动。召开全体盟员大会进行动员;结合平湖实际出台实施方案。参加市委统战部举办的各民主党派、工商联和无党派人士学习实践活动报告会。继续开展盟史盟章学习。

【自身建设】 以加强自身建设为目标,组织丰富多彩的活动。争创“活力支部”“特色支部”;组织新盟员参观南湖革命纪念馆和沈钧儒纪念馆;组织在职盟员参观钱伟长、费孝通故居,接受民盟传统教育。9月20日举行纪念平湖民盟成立30周年大会,民盟省委组织部长俞逸敏,民盟嘉兴市委主委柴永强、副主委孙卫斌,中共平湖市委副书记潘川弟、市委常委统战部长姚田宝、政协副主席王华根出席了纪念大会。其间还举办了盟员书画作品展,编撰出版《平湖民盟30年》和《纪念平湖民盟30周年特刊》。选送部分民盟骨干参加民盟嘉兴市委的培训和思想宣传工作特约通讯员培训;选送2名青年盟员参加平湖市优秀专业人才高级研修班培训。踊跃参与2014年民盟嘉兴市委会举办的羽毛球、乒乓球比赛,均获第四名;组织全体盟员参观民盟嘉兴市委举办的民盟书画展。发展了三位新盟员。

【参政议政】 在省、嘉兴市和平湖市的“两会”上共提交省人大议案2件,嘉兴市人大议案1件,平湖市人大议案9件;嘉兴市政协提案4件,平湖市政协提案22件,包括总支集体提案3件。其中《关于着力打造三大公共服务平台,加快推进“电商换市”的建议》《关于加快实施我市国有建设用地使用权弹性出让和租赁办法的建议》为重点提案,总支《关于创新管理机制,积极推进政府购买服务工作的建议》《多部门联动,进一步推进我市特殊教育工作发展》为重要提案。这些议案和提案促使了有关政策出台。省人大代表徐卫卫在省人大十二届二次会议上提交了《关于采取立法等措施有效解决秸秆焚烧问题的建议》《关于出台限制或禁止燃放烟花爆竹规定的建议》等2件建议引起了省多家媒体的关注,《浙江日报》《今日早报》《都市快报》、浙江之声、浙江电视台经济生活频道等5家媒体先后7次进行采访报道。在平湖市政协全体会议上委员朱立军代表民盟平湖市总支作《加快科技中介服务体系建设,推进科技成果产业化》的发言,委员吴小娟代表市政协工业组作《加强产业公共服务平台建设,促进产业转型提升》的发言。部分人大代表、政协委员积极参与信访接待,积极参加各委、组举办的考察、调研、提案办理等各项活动。盟员李小娟、张福观、钱海英获平湖市政协2013年“三好”委员,盟员徐卫卫、张洪琪获平湖市政协2013年社情民意信息工作先进个人。

【岗位奉献】 1月,姜忠良由平湖市科技局调任平湖市发改局副局长,同时抽调到平湖市产业结构调整机制创新工作领导小组办公室任专职副主任,直接参与产业结构调整机制创新省级试点工作的前期调研和试点实施方案的制订,并具体负责有关工作协调和重点任务分解,得到了省发改委领导的高度肯定。盟员吴建伟被选为嘉兴市第六批新世纪专业技术带头人,金美萍列入专业技术带头人后备人才名单。张洪琪结合自身的工作积极推进院士工作站建设,先后牵线大明玻璃和院士金国藩进行联系、景兴纸业与院士陈克复沟通联络、泛亚生物与院士唐希灿合作建立院士工作站,为中科院8位院士平湖行做好服务工作,助推平湖创新型城市和经济转型发展。在2014年的三级干部大会上,朱立军获固定资产投资工作考核奖项目推进先进个人、方臻明获加快美丽乡村建设提升新农村建设水平考核奖农村环卫长效保洁工作先进个人、张洪琪获党政领导科技进步与人才工作目标责任制考核奖先进个人、钱海英等4人获金桥工程项目奖三等奖、吴建伟等5人获科技进步奖三等奖。

【参与“五水共治”】 积极响应市委、市政府的号召,参与“五水共治”。及时学习和出台文件。发动全体盟员捐款,共计捐款13650元。组织盟员察看河道,并积极进行参政议政、献计献策,写出有关“五水共治”方面的意见建议或社情民意。参加市政协开展的“你寻找,我整治;你点评,我整改;我治理,你评议”活动。动员全体盟员主动参与镇(街道)、村(社区)的“清三河百日会战”行动。

【社会服务】 举办知识讲座。有盟员参与的平湖市统一战线同心·专家服务团为钟埭街道新群村村民作儿童保健讲座。徐卫卫应邀前往平湖市新仓幼儿园、平湖市中医院、嘉兴市交通投资集团有限责任公司、平湖经济技术开发区中心幼儿园以及平湖市当湖街道作《礼仪与形象》《让生命开花——女教师的幸福之旅》等五个讲座。开展送医、送教、送文化、献爱心活动。文卫支部盟员12人赴老年公寓送去“冬暖晚晴·文艺汇演”以及医疗咨询活动;赴新仓镇中华村进行文艺下乡演出及医疗咨询活动;到林埭中心小学看望培智班师生,并开展第三年的结对活动。教育支部开展送教下乡活动,到外来民工子弟学校(平湖市育新小学)开展“音乐课”教学,并聘请外籍教师为学生上外语课。

(张洪琪)

•中国民主促进会平湖市委员会•

【概况】 2014年,民进平湖市委会带领全体会员,高举社会主义、爱国主义伟大旗帜,求真务实,扎实工作,全面履行参政党职能,为实现全面建成惠及全市人民的小康社会、建设富裕和谐的现代化强市的目标作出了应有的努力,取得了一定的成效。

【加强思想政治和组织建设】 市委会充分利用每月一次集中学习制度,组织全体委员认真学习社会主义核心价值观、习近平重要论述、全国“两会”以及各级统战工作会议精神,深入学习中国特色社会主义理论、中国共产党领导的多党合作和政治协商理论。购买《之江新语》等书籍,在抓好自身学习的同时,下发到各支部组织会员学习。结合浙江省民主党派成员五起违法典型案例,组织全体市委会委员进行了一次法纪教育。各支部结合自身特点,定期组织会员开展学习讨论活动。各工作组利用三八妇女节、母亲节、重阳节、中秋节等节日组织活动之机,有针对性地开展学习教育。

制订《坚持和发展中国特色社会主义学习实践活动实施方案》,明确学习实践活动的指导思想、总体目标、主要任务,成立学习实践活动领导小组,落实学习实践活动责任人。4 月 15 日,邀请中共平湖市委常委、统战部长姚田宝为全体会员作《注重实效,创出特色——深入开展坚持和发展中国特色社会主义学习实践活动》主题报告。8 月 11 日,组织骨干会员参加中共平湖市委统战部组织的“坚持和发展中国特色社会主义学习实践活动”暑期读书会。

注重加强会内宣传阵地建设,办好会刊《平湖民进》,及时传递工作动态和有关情况,2014 年共编辑《平湖民进》会刊 4 期;做好工作信息宣传,全年共撰写各类信息 58 篇,部分信息被民进浙江省委会、民进嘉兴市委会、平湖市政协以及中共平湖市委统战部录用;参加第二届省统战系统廉政文化宣传教育书画作品展,发动会员创作书画作品 7 件,其中有 5 件书画作品被中共浙江省委统战部评为优秀作品,并颁发了荣誉证书;认真收集会员照片,配合嘉兴民进搞好会员墙的制作。

调整充实市委会和支部两级领导班子成员,把年纪轻、工作能力强的骨干会员吸收到班子队伍中。落实领导联系基层支部和工作组制度,加强对各支部和工作组的工作指导,调整青年工作委员会成员;适当加大对支部班子成员的培养力度,注重给他们压任务、压担子,使他们在磨练中成长。12 月,卫生支部被民进中央表彰为民进全国组织建设先进基层组织。市委会积极采取“走出去学习”的方法,进一步拓宽组织建设的工作思路。10 月 17 日至 18 日,组织部分在职会员分两批赴民进全国先进基层组织——民进临海市科技经济支部和民进建德市新安江支部学习先进工作经验。通过听取经验介绍、观看工作视频、察看工作资料、现场询问交流等形式,学习了解他们自身建设、参政议政、社会服务等方面的经验做法。

在组织发展上,坚持“发展为了工作,在工作中发展”的原则,坚持发展与巩固相结合,有计划、有步骤地吸收 5 名同志加入民进组织。建立后备干部培养机制。全年选派 5 名骨干会员参加培训。同时,加强对新会员的教育培训,使新会员尽快适应会务工作的需要。

【开展调查研究和参政议政】 一是主动参与,拓宽政治协商渠道。市委会多次参加由中共平湖市委、市政府举行的民主协商会、意见征求会、座谈会、情况通报会等政治协商活动,以及市委、市政府工作要点、政府实事项目和重点民生工程建设等重大部署、重要决策的意见征询和协商,并积极建言献策。市委、市政府关于开展“五水共治”的决策出台以后,市委会积极响应,向全体会员发出倡议,要求全体会员争做“五水共治”的倡导者、参与者、实践者和监督者;发动会员为“五水共治”献计献策,共征集到包括“政府与企业共建污水处理系统”“举行‘五水共治,你我共拍’活动”“承包到户,适时检查”等 7 条意见建议。认真落实对口联系部门制度,定期邀请相关部门举行座谈会,开展专题调研活动,围绕全市教育、文化和卫生事业的发展情况开展深入交流和协商。

二是健全机制,提高参政议政能力。建立健全参政议政工作机制,强化参政议政队伍建设,提高参政议政能力。发挥各支部、青工委、老年组的作用,组织会员深入到社区、农村、企业等基层一线,开展走访交流、调查研究,广泛收集社情民意。在平湖市政协十二届三次会议上,提交《关于加强对平湖名人文化的挖掘和宣传的建议》《关于推进我市教育国际化进程的建议》《平湖市精神病防治康复工作面临的问题及建议》及《关于打造“平湖服装”区域品牌核心竞争力的建议》等 4 个提案,其中《关于打造“平湖服装”区域品牌核心竞争力的建议》被市政协列为重点提案。9 月 21 日,主委顾玉峰率部分会员赴平湖市精神病防治康复中心调研,实地察看平湖市精神病防治康复中心建设进展情况,听取市卫生局领导关于全市重性精神障碍病人管理、当前精神康复中心建设、运行中遇到的困难和问题的情况介绍。市委会确定“关于新高考背景下的教学对策研究”“对医闹现象的分析与对策研究”“关于进一步加强农村文化礼堂建设的建议”“民主党派基层组织发展问题研究”等4个课题作为2014年调研课题,明确调研组人员和调研计划,组织开展调研,至11月底全部形成调研报告。会员中的政协委员积极参与平湖市政协“优化教育资源配置,提高教育满意度”和“推进新型城镇化建设,进一步提升城乡统筹发展”等课题的专题调研。

三是当好中共净友,努力提高民主监督水平。坚持把民主监督寓于政治协商、参政议政工作中,利用提案回复面商、政府召开情况通报等机会,以反映意见、提出问题的方式积极开展民主监督。同时,重视意见、建议和批评提出后的情况反馈和整改效果,使民主监督真正落到实处。还通过会员担任监督员发挥民主监督作用,共有11名会员担任13个部门的特邀监督员、行风监督员和特邀审计员。这些会员积极参加各种检查、行风评议等民主监督工作,并向有关部门提出意见和建议。

【开展各类社会服务活动】 2014年,市委会充分利用界别优势,积极组织会员,采取多种形式,热心为社会做实事、办好事。鼓励和发动会员中的优秀老师为平湖市协进职业技术学校义务辅导授课,实验小学支部两位会员坚持自愿为平湖市培智学校的特殊儿童义务上课,免费赠送学习用品等。积极组织会员开展“义诊”活动。9月5日,组织医卫界会员,在平湖市“教工之家”为全市的退休教师开展医疗咨询和义诊活动,设置眼科、心血管内科、呼吸内科、骨科和泌尿外科等专科特色服务,共服务退休教师50名。鼓励会员与贫困学生开展资助和结对活动,积极做好孤儿的心理疏导、生活资助和学习辅导。春节前夕,与民盟、农工两个兄弟党派前往平湖市老年公寓,举办“冬暖晚晴”文艺联欢活动,为老年人送去慰问和祝福。以中共平湖市委统战部“同心工程”活动为载体,积极参与“五水共治”活动。4月26日,作为“同心专家服务团”的成员,部分民进会员走进平湖市钟埭街道新群村,为“五水共治”活动宣传政策,解答问题,引导村民共同参与“五水共治”,发动会员为“五水共治”活动捐款献力,共捐得款项1万元。2014年,市委会被中共嘉兴市委统战部评为嘉兴市统一战线“同心·建功”先进集体。 (李在林)

•中国农工民主党平湖市总支委员会•

【概况】 2014年,农工党平湖市总支团结带领全体党员,扎实推进坚持和发展中国特色社会主义学习实践活动,坚持以政治学习带动思想觉悟的进一步提高,坚持以自身建设带动党员素质的不断提升,坚持以社会服务展示民主党派的良好形象,认真履行参政党职能,各项工作取得了新的成绩。

【思想建设】 坚持每月20日集中开展政治学习,认真学习中国特色社会主义理论体系,新时期统战理论、各级“两会”精神,认真学习十八大和十八届三中、四中全会精神和习近平同志系列重要讲话精神,贯彻农工党十五大、十五届三中全会精神,积极参加市委统战部、农工党嘉兴市委会组织的各种活动,进一步增强农工党员走中国特色社会主义发展道路、坚持中国共产党领导的多党合作和政治协商制度的信念,不断夯实团结奋斗的共同思想基础。

【推进组织建设】 坚持团结民主，加强班子建设，坚持集体领导，明确个人分工，同时注重支部班子建设，实行正副主委指导支部工作制度，开展形式多样的活动，组织党员调研、医疗义诊、结对帮贫、送戏下乡、法律咨询等活动，增强了组织的凝聚力，扩大了社会影响力。全年共召开8次班子会议，努力把领导班子建设成为理论成熟、政治坚定、团结有为的坚强集体，着力提高班子成员的政治把握能力、参政议政能力、组织协调能力和合作共事能力。坚持组织发展与后备干部队伍建设相结合，培养3名同志入党。

【参政议政】 1. 深入调查研究，积极参政议政。向市人大提交联名议案和个人建议3件，有2件被评为市人大优秀议案；向市政协提交27件提案，其中有5件提案获市委书记批示。总支集体提案《关于重点推进农村水环境治理的建议》列为重点提案，由市委书记翁建荣亲自领办。这是平湖政协提案办理工作继2008年实行市长领办，2013年由市委常委、市委副书记领办重点提案后，提案办理方式的又一提升。《努力提高服务水平，促进中小微企业转型发展》和《关于发展农产品深加工产业的建议》分别刊登在《嘉兴日报·平湖版》1月9日、12日"两会新闻"专栏。《关于在全市实行法律顾问全覆盖的建议》刊登在《嘉兴日报》1月22日"两会新闻"专栏。《关于平湖市精神性疾病管理现状的调研报告》得到了翁建荣的批示。2. 加强信息工作，反映社情民意。全年向市政协提交"社情民意"59件。夏竹青撰写的《关于扩大排污费征收范围，改善环境质量的建议》等5条社情民意均上报嘉兴市政协，其中2条上报省政协，《建议警惕"五水共治"带来的二次污染》得到了副省长黄旭明的批示。胡跃奇撰写的《关于劳教制度废除后的若干问题思考》等6条被嘉兴市政协录用，其中2条转报省政协录用，《关于加强对司法活动的法律监督的建议》被农工党中央报送全国政协。3. 参与民主监督，拓展议政渠道。5名党员担任市政协派驻部门民主监督员，8名党员担任市检察院、市纪委、政府部门特约监督员，积极参加明察暗访、监督调查、民主评议等工作，为促进全市机关效能建设、行风建设和党风廉政建设尽心尽责做好工作。民主监督员先后到人力社保局、市场监管局等部门开展民主监督活动，对全市医保定点药店进行全面检查，对发现的问题提出限期整改意见。

【宣传工作】 把宣传信息工作放在突出位置，发挥好信息员及写作骨干的作用，办好《平湖农工》，一批重要信息及时向市政协、统战部，农工党嘉兴市委会报送。加强与媒体合作，主动邀请电视台、报社对总支重要活动采访报道。

【拓展社会服务】 1. 发挥专业特长，真诚服务群众。注重发挥党员专业特长，每月中旬到当湖街道直属党总支开展义诊活动，先后组织30次。到老年公寓开展"冬暖晚晴"慰问活动；走进失独家庭，参加统战部同心专家服务团活动；到社区开展健康讲座，开展"送文化，送健康"服务活动。2. 立足本职岗位，竞相建功立业。共有35人次获平湖市级及以上荣誉，有"嘉兴市优秀政协委员""平湖市三八红旗手""平湖市卫生系统第三批学科带头人"等。全年共发表78篇论文，其中13篇论文在国家级杂志发表，35篇论文在省级杂志发表。 （胡跃奇）

·平湖市工商业联合会(总商会)·

【概况】 2014年,平湖市工商联(总商会)围绕市委、市政府“三年”活动、“九大专项”行动工作中心,引导会员企业加快转变经济发展方式,积极助推“四换三名”“五水共治”“三改一拆”等重点工作,为促进非公有制经济健康发展和非公有制经济人士健康成长,建设和谐幸福的现代化“金平湖”而努力工作。市工商联被评为2014年度全省工商联系统先进单位、首批全省“五好”县级工商联。在嘉兴市商会系统开展的年度优秀调研成果评选活动中,获一等奖、二等奖、三等奖各1个。

【培育非公经济新生代】 以“民营企业家与中国梦”主题讨论及奉献社会活动为抓手,引导非公经济人士听建议、忆成长、话梦想、做贡献。发现并树立一批“转方式、调结构、促发展”的非公企业先进典型,通过《南湖晚报·平湖周刊》财经专栏“对话精英”栏目、平湖电视台“新生代企业家风采”、《嘉兴日报·平湖版》“创二代风采”、新生代浙商访谈节目《财经新周刊·浙商新力量》及浙江卫视《给诚信点赞》等,大力宣传企业及企业家先进事迹;编印题为《新常态、新作为、新梦想》的宣传画册,通过典型示范引导会员企业加快转型升级。突出新生代企业家的培育。围绕“切实抓好新生代企业家的教育培养”工作目标,启动“平湖市新生代企业家素质提升工程”。为新生代量身定制年度培训方案,开展企业组织能力建设、提升企业生产效率、转型升级企业现场观摩等培训,200多位新生代参加。牵头在浙江大学举办为期5天的市委主体班次《平湖市新生代企业家管理与传承创新研修班》,43名新生代企业家参加。召开市新生代企业家联谊会理事(扩大)会议2次,组织参观2家企业,围绕转型升级等内容进行座谈交流。组织开展“一进一听三促”走访活动,走访全市50多位新生代企业家,了解企业经营情况。组织2名新生代参加全省新生代企业家联谊会骨干培训班;12位企业家参加嘉兴举办的2014胡润全球禾商财富榜首发峰会。

【拓展建言新渠道】 一是借助“两会”平台参政议政。“两会”前夕,通过印发文件、走访座谈等形式,鼓励引导非公经济人士中的人大代表、政协委员积极撰写提案议案意见建议。“两会”期间,提交集体提案3件,会员企业中的人大代表、政协委员共提交人大议案51件、建议22件,政协提案39件。《加强新生代企业家培养 完善企业传承机制》的集体提案被评为政协优秀提案。二是围绕全市产业结构调整机制创新省级试点工作,开展推进全市工业企业“机器换人”工作调研;承接市政协“推进新型城镇化建设”子课题《产城融合集约发展 推进全市新型城镇化建设的现状和对策研究》及市领导课题《关于新生代企业家创业创新的调查与思考》2项市级层面的调研任务。协助市人大组织企业家召开“查找不适应全面深化改革要求的法律法规条文”意见征求会;组织工商联界别政协委员在林埭镇开展助推“五水共治”现场民主监督活动。同时,认真完成上级工商联部署的非公有制企业法律服务、行业协会商会承接职能等调查,并做好30家全国工商联中小微企业监测点工作。三是畅通会员诉求反映渠道。开展上规模民营企业调研、光彩事业调研和军民两用调研,从而更加全面深入地了解全市非公经济发展的现状及存在的问题。

【开展群众路线教育实践活动】 扎实开展群众路线教育实践活动,认真贯彻落实中央、省委和市委统一部署要求，以“为民务实清廉”为主旋律，以“照镜子、正衣冠、洗洗澡、治治病”为总要求，坚持问题导向，坚持立说立行，坚持教育和实践并重，深入抓好学习教育，深入走访联系群众，深入听取意见建议，广泛开展谈心谈话，围绕“四风”问题，深刻剖析梳理，认真对照检查，开好专题民主生活会和专题组织生活会，开展批评与自我批评。在此基础上，班子反复研究，统一思想，理清思路，明确了整改措施和努力方向，坚持即知即改、立行立改，扎实做好建章立制和整改落实。在整个教育实践活动中，工商联党组始终坚持高标准、严要求，一把手领导率先垂范，亲力亲为，亲抓亲管，领导班子和成员坚持开门搞活动，树好标杆，作好表率，确保了活动扎实推进。

【积极参与“五水共治”】 根据省委、市委“五水共治”决策部署，制订“千企联千河 共建美丽金平湖”专项行动方案，及时召开会长会议进行专题部署，邀请市领导做动员、提要求，发挥龙头企业示范带动作用。各级商会协会迅速行动，在非公经济人士中营造全员参与水环境治理的氛围。通过层层发动，全市非公经济企业、人士共为五水共治捐款3721.3万元。同时，与新埭镇杨庄浜村挂钩结对，组织全体机关干部下村参与“清三河”及生猪减量提质工作。春节期间，组织开展全市商会系统“同心·送温暖”惠民活动，会员企业共走访困难家庭300多户，慰问2所敬老院老人，送去慰问金及慰问品38.13万元。

【支持浙商回归工作】 加强内引外联。应2014全国商会大会亚洲“新丝路”——中东商贸投资论坛邀请，组织浙江鸿禧光伏科技股份有限公司、平湖英厚机械有限公司等21家企业的新生代企业家出席论坛，和与会的中国行业领袖、商界精英与外国嘉宾共同探讨全球化背景下亚洲经济的新格局与中东投资的未来，重点关注中国制造如何抓住中东建设期的机遇，抱团走进中东、开拓国际市场。支持浙商创业创新。发挥商会联系广泛的优势，以商引商，引导浙商回归创业。继续做好支持浙商创业创新公益项目统计工作，进行充分的筹划和调整，制订完善支持浙商创业创新公益项目统计办法，健全统计信息员队伍，明确任务分工。组织会员参加浙禾商大会，浙江天运机电科技有限公司董事长王士相获嘉兴市浙禾商创业创新奖，市工商联获平湖市2014年度支持浙商创业创新工作考核一等奖。2014年，全市共完成浙商公益项目22个。

【商会建设】 一是商会、协会规范化建设。按时召开执委会议、会长会议和基层商会、行业协会秘书长工作例会；完善基层商会工作考评办法，制订经济类行业协会考核评比细则；做好市领导挂钩联系行业协会（商会）工作。指导相关协会、商会参加民政部门社会组织年检工作，加强规范化建设。3月，指导成立平湖市汽车零部件行业协会。11月，举办为期2天的基层商会、行业协会秘书长培训班，围绕十八届四中全会精神解读、调研报告撰写、加快转型升级等主题开展培训。各基层商会结合《平湖市基层商会换届工作指导意见》，按照基层商会换届工作的要求，积极组织筹备，在7月新埭商会换届试点的基础上，新仓、平湖经济技术开发区、曹桥、乍浦、广陈、温州、林埭等商会依次进行了换届工作。二是加强异地商会建设和业务指导。平湖市温州商会自成立以来，充分发挥自身优势，在做好会员服务工作的同时，积极参与平湖的经济建设、招商引资和社会公益事业，为平湖经济发展做出了贡献。 （徐晨丽）

•市无党派人士联谊会•

【概况】 2014年,平湖市无党派人士联谊会(简称"知联会")发挥自身特点和优势,推进坚持和发展中国特色社会主义学习实践活动,坚持以政治学习带动思想觉悟的进一步提高,坚持以自身建设带动会员素质的不断提升,坚持以社会服务展示"知联会"的良好形象,认真履行参政职能,各项工作取得新的成绩。被浙江省"知联会"评为"浙江省优秀知联会"。年末,实有会员61人,均为有一定社会影响的无党派人士。

【学习培训工作】 2014年,平湖市无党派人士联谊会根据省知联会和平湖市委统战部坚持和发展中国特色社会主义学习实践活动统一部署,制订下发《平湖市无党派人士联谊会坚持和发展中国特色社会主义学习实践活动》实施方案,以争做"学习之星""岗位之星""建言之星""奉献之星"为载体,组织会员开展学习实践活动,参加统战部举办的《注重实效,创出特色——深入开展坚持和发展中国特色社会主义学习实践活动》主题报告会,听取嘉兴党校副教授徐连林作中共十八届四中全会精神专题讲座,进一步加深会员对中国特色社会主义的理解和开展学习实践活动重要性的认识,坚定政治信念。

【完成换届工作】 根据《平湖市无党派人士联谊会章程》,针对一届会员中因加入中共、民主党派、即将退休及其他原因减少会员10人的实际情况,及时发展了18名新会员。8月30日,召开平湖市无党派人士联谊会二届一次会员大会,审议通过市无党派人士联谊会第一届理事会工作报告、章程,选举产生平湖市无党派人士联谊会第二届理事会。理事会人数由原来的7人增加到15人。会长由方卫东担任,副会长由原来的3人增加至5人,5名副会长中有三位为80后,增强了联谊会开展活动的生机与活力。

【开展"五水共治"专项活动】 平湖市无党派人士联谊会积极响应市委、市政府关于开展"五水共治"的决策部署,发出"五水共治"倡议,倡议全体会员争做"五水共治"的倡导者、参与者、实践者和监督者,并发动会员为"五水共治"献计献策。共征集到包括"关于建立和完善污水收集处理考核机制的建议""家家户户总动员 你我参与共节水""承包到户,适时检查"等在内的7条意见建议;主动为五水共治捐款1.5万元。

【参政议政工作】 2014年,平湖市无党派人士联谊会继续围绕市委、市政府的重点工作以及人民群众关心的热点问题开展调查研究,履行参政议政职能。在年初召开的"两会"上,联谊会提交的《关于理顺环卫体制,加大农村环境卫生整治力度,推进人居环境优化年的建议》《关于在基层民警中开展心理疏导工作的建议》等2个提案,被市政协评为优秀提案。《关于落实中小学校食堂财政补助政策,确保学生午餐营养供给的建议》《关于做好政府投资项目限额设计的建议》被列为重要提案。《潜在吸毒人群依然较大 禁毒基础工作仍需加强——我市禁毒工作的现状与对策建议》被市委办《调查与研究》刊登。2014年,共收集反映社情民意21条,其中《关于大力发展我省混合所有制经济的意见建议》专报省政协、《加强出租车行业管理的建议》刊登在平湖政协专报上,针对市民关心的加油站计量器的准确率,建议对较频繁使用的加油机作定期更换,得到中石化平湖分公司的理解,2014年更新七个站35台(110枪),确保加油量的准确率。

【拓展社会服务工作】 2014年,平湖市无党派人士联谊会依靠全体会员,开展帮困助学、送教送医送文化下乡等社会服务活动。联谊会理事会为独山港韩庙村的贫困群众、孤寡老人发起“圆梦微心愿,汇聚正能量”活动,为17户贫困户送去慰问品。发动会员为身患罕见疾病,急需换肝的小朋友陆天成捐款,使他顺利筹集手术费,摆脱疾病困扰。积极参与“慈善一日捐”“千名干部帮千户”等活动,走访孤寡老人、困难户、新居民等,送上慰问金和慰问品2万元。林埭分会一会员组建平湖曙光应急救援队驰援云南地震灾区,事后被云南省民政厅备案为常备救援队。文化界会员完成弘一法师佚文《阿弥陀经义疏撷录》的挖掘、发现、研究和整理工作,填补了弘一大师研究在这一课题上的空白。医卫界会员无私奉献,开展健康知识讲座54次,直接受益人群超过4000人。农业线上的会员埋头苦干,努力探索实践,获省、嘉兴市、县(市)各级农业科技进步奖4项,为平湖市格林芦笋精品园建设与基于能量自收集WSN节点的温室大棚环境监控系统研发争取到省以上扶持资金70万元;撰写的《平湖蘑菇产业发展情况报告》《平湖市菜稻轮作模式推广应用现状及发展对策建议》在国家和省级技术交流会上作了典型交流。教育界会员辅导学生在国家、省、市各项比赛中获奖,14人被评为嘉兴市、平湖市学科带头人、先进个人等。 (汪潇云)

主要群众团体

•平湖市总工会•

【概况】 截止2014年底，全市共有24个系统(局)工会，8个镇(街道)总工会，15个市直属工会，4个行业工会联合会。全市已建工会1609家，覆盖单位5913家，工会会员24.57万人，工会组建率97.99%，入会率96.57%。

2014年，市总工会获全国“安康杯”竞赛优秀组织单位、浙江省文明单位等；市总工会职工学校获浙江省首批工会职工教育培训基地；平湖经济技术开发区总工会被全总授予落实建会三年规划先进集体；新埭镇总工会被授予全国职工教育培训示范点等。市总连续三年获市目标绩效考核优秀部门和嘉兴市工会重点工作考核特等奖，2014年在嘉兴市总考核中，重点工作和创新工作评比均获第一名。

【劳动竞赛】 连续第十年举办平湖市职工职业技能大赛，围绕加快转变经济发展方式，在“五水共治”、实施创新驱动等重点领域、重大项目，开展以促进经济转型升级为主要内容的“1+8+X”劳动竞赛活动，涉及叉车、服装制作、污水处理、焊接技术、维修电工等15个项目，共有65家企业168名选手参赛；有380家企业开展了专项竞赛，1500家企业组织职工开展岗位竞赛，产生15名平湖市职业技能操作能手和12名嘉兴市级操作能手。选拔优秀职工参加嘉兴市第六届职工技能运动会，并获县(市、区)总成绩第一。在“五水共治”专项行动中，向全市职工发出倡议书及开展金点子征集活动，共征集金点子105个，4个金点子在嘉兴市总“我为治水献一计”活动中获奖。筛选42个金点子制作KT版，在各镇(街道)及企业巡展。

【职工素质提升工程】 发挥工会“大学校”作用，切实提高职工队伍整体素质。以职工创新工作室为引领，以“三单式”培训为载体，加强培训、竞赛、技能晋级一体化机制的有效运作，开展免费培训63班(期)，受训职工5620人，有3800人获职业技能资格证书。为农村富余劳动力、转产转业生猪养殖户“私人定制”农产品经纪人、蔬菜园艺工等20多个培训课程，解决“五水共治”转产转业农民的后顾之忧。开展平湖市第四届职业技能带头人评选，广泛开展名师带徒、师徒结对等技能帮带活动。积极培育职业技能带头人、高技能人才创新工作室、劳模工作室、杰出职工等。以职工名字命名的嘉兴永成制衣有限公司刘建英高技能人才(劳模)创新工作室被认定为嘉兴市高技能人才(劳模)创新工作室。

【韩其芳等4人被评为浙江省劳模】 4月29日，浙江晨光电缆股份有限公司总工助理韩其芳、浙江金丝娘水果专业合作社副社长盛喜华、伴宇实业股份有限公司董事长黄德荣、平湖市公安局独山派出所民警汪东晓在浙江省庆祝“五一”国际劳动节暨劳动模范表彰大会上被评为浙江省劳动模范；12316平湖市为农服务中心被评为浙江省模范集体。

【调整离退休劳模荣誉津贴标准】 市政府下发《关于调整离休退休劳动模范荣誉津贴标准的通知》，进一步提高离休、退休劳动模范荣誉津贴标准。此次调整的劳动模范是指获平湖市(县)级及以上劳动模范和按规定享受劳动模范待遇的个人;省先进生产(工作)者是指1956年至1964年期间获得省先进生产(工作)者称号的个人。调整后,离休、退休并保持荣誉的劳动模范、省先进生产(工作)者荣誉津贴标准为:全国劳动模范,每月享受荣誉津贴500元,满60周岁且无固定收入的全国农业劳动模范,每月享受荣誉津贴600元;省部级劳动模范,每月享受荣誉津贴400元,满60周岁且无固定收入的省部级农业劳动模范,每月享受荣誉津贴500元;1956—1964年获得省先进生产(工作)者称号的,每月享受荣誉津贴250元;嘉兴市级劳动模范,每月享受荣誉津贴250元,满60周岁且无固定收入的嘉兴市级农业劳动模范,每月享受荣誉津贴300元;平湖市(县)级劳动模范,每月享受荣誉津贴150元,满60周岁且无固定收入的平湖市(县)级农业劳动模范,每月享受荣誉津贴200元。获得多项荣誉称号的,按最高一档标准计发荣誉津贴,不重复享受。调整政策从2014年1月1日开始执行。

【小微企业工资集体协商】 以组织实施区域性工资集体协商作为突破口,在非公有制小微企业、劳动密集型企业集中的镇(街道)、村(社区)和工业园区建立区域性小微企业工资协商机制。2013年9月,钟埭街道花园村首份村域企业工资专项集体合同的成功签订突破了全市村域工资集体协商的难题。2014年10月,召开全市小微企业职工工资协商推进会暨广陈镇小微企业职工工资协商现场会,推进全市区域性小微企业工资集体协商工作,实现了建制率、规范率、履约率“三提高”,职工增收、企业增效、社会和谐“三赢”局面初步显现。截止年底,全市签订区域性工资集体协商合同154份,覆盖企业2991家,覆盖职工71246人。平湖市区域性小微企业工资集体协商被全总列入全国典型案例和浙江省工资集体协商工作成果展,受到嘉兴市副市长祝亚伟的批示肯定,认为“做法很好,值得推广”。

【扶贫帮困】 职工服务中心实现创优达标升级,完成市、镇(街道)、村(社区)三级维权帮扶网络建设。建立职工医疗互助保障制度,有3.3万名职工参与医疗互助保障。深化“立体式”帮扶工作模式,连续三年共为困难职工家庭推出331个“虚拟岗位”,每月给予300~500元的“虚拟工资”,为其实现“虚拟就业”。该活动特别为配合“五水共治”“三改一拆”中心工作,对主动拆除猪舍和违建的困难职工家庭提供23个“虚拟岗位”。“虚拟岗位”帮扶作为浙江省送温暖活动的典型案例,由全总推荐给中央媒体进行报道。组织“春风行动”招聘会,全市144家企业提供3284个就业岗位,帮助563名就业困难人员实施再就业。职工服务中心共接待职工信访18批(次),处结率100%。

【职工医疗互助保障】 9月18日,平湖市召开职工医疗互助保障协会成立大会。来自职工医疗互助保障协会(筹)30家会员单位的工会主席(副主席)参加会议。平湖市职工医疗互助保障协会是由平湖各基层工会自愿组织的、专门从事职工群众互助互济活动的非盈利性的社会组织,旨在动员和组织职工发扬团结互助精神,开展互助互济活动,对因各种原因造成生活困难的职工给予多种形式的帮助,达到减轻职工负担,促进多层次社会保障体系的建立。保障协会的成立为规范有序推进职工医疗互助保障事业提供了坚强的组织保证。会议审议并通过《平湖市职工医疗互助保障协会章程》,选举产生首届理事会与监事会。

【安全生产劳动保护分级亮牌】 2014 年,在全省率先推出安全生产劳动保护评估分级亮牌工作新模式,实施分级抓、分层管、分类查,发挥工会组织在安全生产监管中的作用,得到上级肯定。全省工会劳动保护工作现场会在平湖市召开,11 个市(地)总工会、省产业工会参加会议并实地参观一个乡镇、两家企业,会上,平湖作典型经验介绍,得到与会人员的一致好评。新华网、全总《工会信息》《浙江日报》《嘉兴日报》等都对这项工作进行报道,《浙江工人日报》以整版刊登介绍做法。市人大常委会与市总工会第五次联系会议专门将安全生产劳动保护评估分级亮牌工作列入会议议题进行研究,在全市开展安全生产劳动保护人大执法检查,从源头保障职工的安全生产劳动保护权益。该项工作被评为平湖市创新破难工作三等奖。

【社会公益服务活动】 以职工联谊会为平台,充分发挥"金平湖"职工服务队、女性生活馆、"蓝草"艺术团作用,组织下基层送教育宣讲、送法律宣传、送技能培训、送健康服务、送维权帮扶、送心理辅导、送文艺演出等系列活动 150 场次,受益职工 3 万人次。利用"三微一网"工会宣传平台,开展向职工送电影、送报刊、送图书、送文艺、送知识等活动 230 场次。在嘉兴市总举办的"中国梦,劳动美"主题征文、摄影大赛中,全市共有 10 幅职工作品获奖。

【工会干部资格认证和分级管理】 贯彻落实全总《关于新形势下加强基层工会建设的意见》精神,深入基层抓调研,探索工作找亮点,推动工作新发展。2014 年,在基础扎实、条件好的镇(街道)总工会开展加强基层工会建设试点,全面提高基层工会干部的专业化素质。指导平湖经济技术开发区(钟埭街道)立足工作实际,探索在辖区内建立基层工会干部资格认证和分级管理新举措,为基层工会创新发展注入新活力。全年面对 243 名基层工会干部进行资格认证,持证上岗;59 名企业工会主席进入级别化管理,获初级、中级、高级的相应工作津贴。嘉兴市总工会党组书记、副主席张心桥,平湖市委副书记潘川弟等领导专门对该项工作作出批示。

【工会干部队伍建设】 强化和提升工会系统作风效能建设,开展"进基层、转作风、办实事"一线蹲点活动,市总领导带头执行基层调研制度,工会干部身体力行,深入镇(街道)、企业,了解民情民意,帮助化解社会矛盾和现实问题。选派一名中层干部到林埭镇新庄村担任"治水指导员"。在林埭镇新庄村、当湖街道建国门社区等分别建立民情工作联系点,定时、定点、定人上门收集资料,提供帮助,解决问题。2014 年,市总工会全体机关干部平均每月下基层 5 天。

【嘉兴市职工气排球比赛】 5 月 15—16 日,由嘉兴市总工会主办、平湖市总工会协办的嘉兴市职工气排球比赛在平湖市体育馆举行。来自嘉兴各县(市、区)产业工会以及市直属基层工会的 34 支职工气排球队,共 260 多名运动员参赛。经过激烈角逐,海宁市代表队获工会干部混合组和男子乙组冠军,南湖区代表队获男子甲组冠军,女子组冠军花落平湖市代表队。海宁市和桐乡市代表队被授予"优秀团队奖"称号。大赛组委会还特别授予平湖市总工会和南湖区总工会"优秀组织奖"。

【平湖市工会第十六次代表大会召开】 12 月 11—12 日,召开平湖市工会第十六次代表大会,全市各行业 300 多名工代会代表参加会议。大会回顾总结了十五届工会委员会以来的工作，研究确定了今后五年工会工作的奋斗目标和主要任务，平湖市委书记盛付祥、市委副书记、市长朱林森等四套班子领导出席开幕式。市政协副主席许静当选市总工会第十六届委员会主席，朱洪宝、严学贤、曹新萍当选市总工会第十六届委员会副主席。曹新萍当选为市总工会第十六届经费审查委员会主任。

【工会宣传工作】 2014 年，共编印《工会信息与动态》15 期，其中《工会信息与动态》专刊 3 期。对外宣传报道 300 余篇，其中领导批示 3 个，调研报告 6 个，新闻稿件 110 余篇。多篇文章在《工人日报》《中国组织人事报》《浙江工人日报》《浙江日报》《嘉兴日报》等媒体刊登。（查伟豪）

·共青团平湖市委员会·

【概况】 2014 年，团市委以“双网互动”为统揽，以党的群众路线教育实践活动为推动，全面履行四项基本职能，围绕中心、服务大局，务实创新、创先争优，各项工作取得新的成绩。团中央书记处第一书记秦宜智到平专题调研，肯定平湖市共青团网络宣传引导和“双网互动”工作；获浙江省“五四红旗团委”、浙江省共青团工作、青年工作创新奖、浙江省先进少工委、浙江省共青团信息工作先进单位，获嘉兴市团建工作先进县、嘉兴市共青团工作创新奖等荣誉；“双网互动”提升为全省示范点工作，承接全省“双网互动”工作现场推进会、嘉兴市团干部培训班暨“双网互动”工作、“共青示范河”创建工作现场会；《中国青年报》两次报道肯定平湖市共青团工作。年末，全市共有团组织 1191 个，基层团委 63 个（团工委 2 个），其中二级团委 38 个。

【青少年思想引领工作】 抓好对青少年的思想政治教育工作，以践行社会主义核心价值观为主线，发挥青年讲师团的宣讲作用，通过多种形式，组织引导青少年学习宣传党的十八届三中、四中全会精神，系统学习贯彻习近平总书记系列重要讲话精神。全年举办菁英沙龙、座谈会、读书会、专题讲座、辩论赛、党团知识竞猜等理论学习活动 28 场次，制作出品充满时尚元素、向上精神的理论与文化产品《奋斗的青春最美丽》微电影、《青春故事汇》图册等，寓教于乐，进一步引导青少年增强对中国特色社会主义的道路自信、理论自信和制度自信。构建以微博、微信、手机报、报纸专版为主要载体的“青春平湖”立体式宣传阵地，改版官方网站，建立官方微信，在嘉兴市范围内率先与社会网站合作，建立以“向上向善”为主题的“平湖新青年”频道，推出新媒体产品 10 多个。组建共青团网宣员队伍，加大培训力度，培养网络正面的“意见领袖”和“舆论先锋”，唱响主旋律。

【各类主题实践活动】 紧扣“三五”学雷锋日、“五四”青年节、“七一”建党节、“十一”国庆节等重要时间节点，有计划、分步骤地推出“争做文明有礼的平湖人”“奋斗的青春最美丽”主题团日、“我为社会主义核心价值观代言”“寻找身边青春榜样 讲述最美青春故事”等契合主题、饱含深意的思想教育主题活动，引导青年积极传播青春正能量。组建由 12 名优秀青年代表组成的“奋斗的青春最美丽”分享团，进机关、进企业、进学校、进社区、进村落，以身边的榜样激励青年成长成才，开展“奋斗的青春最美丽”分享团“五进”活动 12 期，受众 4000 余人次。实施青春助力“五水共治”五大行动，助力全市治水行动。

【服务青年就业创业】 围绕“电商换市”工

作,力促青年创业创新。通过举办全市首届青年电商创业大赛,营造氛围,助力创业。筛选出10强项目,分别给予2年最高100平方米的免费创业场所、10M免费宽带使用权,以及最高30万元的信用贷款,对金、银、铜奖获得者额外给予3.5万元、2.5万元和1.5万元的资金奖励。多渠道摸排有创业意向的青年群体,邀请知名电商运营专家提供创业知识与市场实战培训,全年举办培训8期,培训青年1000多人。聘请10名知名企业家作为青年创业创新导师,为青年创业者提供帮扶指导。举办第三期创业青年与金融机构对接会,完善小额贷款工作机制,创新启动“平湖市青年创业金融扶持计划”,推出“创易贷”青年创业贷款金融项目。全年发放小额贷款2400多万元,扶持创业青年300多人。举办“助力青年就业·放飞青春梦想”青年人才专场招聘会,组织93家企业提供了1546个岗位,有400多名青年成功实现就业。

【培育青年人才】 加强青年企业家队伍建设。创新推出青年大讲堂、“青·企”沙龙活动,开展“进企业送服务”,全年举办政策讲解、银企对接、专题培训、对外交流、考察学习等活动20多次,提升青年企业家经营管理水平。创新建立行知文化传播中心,设立“阳光爱心基金”,筹集善款20万元,推出“爱心助学”计划,首批捐款3万多元,展现青年企业家履行社会责任的担当意识。市青企协获得2014年度平湖市3A级社会组织、优秀社会组织称号。依托市青年创意设计人才联谊会,以专题学习、合作交流、会企对接为重要工作载体,举办服装展览会、时装发布会、服装设计大赛、企业对接会等活动6次,为青年设计人才提供成长发展舞台,会长被评为浙江省优秀创意设计师。深入开展“青年文明号”创建、“青年岗位能手”评选、“青工技能比武”等活动,引导青年爱岗敬业、积极作为。举办纪念“青年文明号”创建20周年专题活动,承办嘉兴市“青年文明号”培训班,全年新增省级“青年文明号”1家,1家“青年文明号”获省级“示范青年文明号集体”称号。开展“践行核心价值观 携手共筑中国梦”寻找乡村好青年主题活动,通过举办“乡村好青年”分享会等工作,鼓励和带动农村青年就业创业。通过团市委推荐,1人被评为“全国农村青年致富带头人”,1人被推荐为中国农村青年致富带头人协会会员;2人分别获“嘉兴市第十届十大杰出青年”称号和“嘉兴市十大杰出青年提名奖”;2人参加浙江省农超对接会,1人参加浙江省农博会。

【志愿服务工作】 推进全国志愿服务记录制度试点工作,在全市范围内指导运用“志愿平湖”网站和“公益储蓄银行”系统,全市志愿服务登记注册工作更加规范。全市实现网上登记注册的志愿者2.9万人,占主城区人口的18.1%,志愿服务组织238个。围绕党政中心、群众民生和大型赛会三大主题,开展志愿服务活动。全年为创建省文明市、国家卫生城市及助推“平安平湖”建设,共组织和发动志愿者6000余人次,志愿服务时间近2万小时;举办2期大型“微心愿”认领活动,帮助近400名困难青少年实现微梦想;在全市范围推广并开展“公益集市”16期,募集善款9万余元,在支援云南鲁甸地震灾区、帮扶鳏寡孤独、资助家庭经济困难学生等方面发挥积极作用。健康服务进社区、导医服务进医院、“弯腰30度 文明一大步”“爱在平湖——我们相约在夏天”、孝德教育等传统志愿服务项目持续推进,志愿者参与人数5万余人次。在深化和巩固原有志愿服务品牌项目的基础上,充分整合社会资源,加大与社会力量的合作力度,创新推出“五水共治”环东湖公益行、“冰桶挑战”“橙色青春·为爱奔跑”彩虹跑、“暖冬行动”等市民群众乐于接受的志愿服务项目。利用公共自行车岗亭,在市区新建5个“金平湖·志愿服务站”,确定每月第一周和第四周的周六上午为统一服务日,提供如手机充电、电瓶车充电、公交导乘、公共自行车使用、测量血压等10多项免费服务。

【预青未保工作】 科学制订《平湖市全面推进重点青少年群体服务管理和预防犯罪工作实施方案》,推进“共青团与人大代表、政协委员面对面”工作,运作全省综治工作信息平台,全面掌握重点青少年群体动态情况,对闲散青少年和不良行为青少年的结对率达到80%以上。依托12355“阳光小屋”青少年成长服务中心,开展关爱五类重点青少年群体的公益行动,开展“阳光课堂”“心灵花园”、青少年安全自护进校园、法制教育进社区等各类活动50多次,跟踪个案10个,处理心理咨询、法律援助、亲子矛盾、厌学逃学、帮助就业等问题60多个,营造全社会共同关心青少年健康成长的良好氛围。在全省范围内率先以购买服务方式推进“未保组织代表参与未成年人刑事诉讼、行政案件调查”工作,维护涉罪未成年人合法权益。未成年人违法犯罪率为3.83%,较全省上三年未成年人违法犯罪的平均值低1.7个百分点,全年未发生侵害未成年人合法权益的事件。

【团的基层基础建设】 “双网互动”工作被团省委确定为全省两个示范点之一,着重推进优化网格划分、规范网格元素、建立服务团队、网上网下互动、培育青年骨干、网格内外互联等工作,积极探索提升团工作覆盖面和影响力,得到团省委和团中央领导的肯定。成立平湖市青年社会组织培育园,创新实施“金平湖公益成长计划”,帮助17个草根型、初创型青年社会组织解决现实运转难题,以“找、引、扶、推、联”的“五字工作法”,培育和发展青年社会组织,重点培育平湖市曙光应急救援中心等青年社会组织。指导做好村级团组织换届选举工作,进一步加强村级团组织建设。组织召开青联二届三次常委会,举办各类文体联谊活动,提升青联组织的活力和凝聚力。实施两新组织“领航计划”,通过强弱结对等方式,增强两新组织活力。推进少先队工作,平湖市被列为全国区域化推进少先队活动课示范区,成立首个少先队活动课中心教研组,推进全市少先队活动课程建设。召开少先队平湖市第十次代表大会。

【团的队伍建设】 以“走基层、转作风、送服务、办实事”为主要载体,开展党的群众路线教育实践活动,深入基层、融入青年、走进群众,帮助青年办实事。认真贯彻关于改进工作作风、密切联系群众的“八项规定”精神,号召广大团干部和团员青年积极践行“四敢一不怕”精神、学习“焦裕禄精神”,培养慎始、慎独、慎微的意识,锤炼脚踏实地的作风,力做青年友,不做青年“官”。开展机关中层干部全员竞岗工作,举办基层团干部培训班,提升团干部业务能力。 (陈佳秋)

• 平湖市妇女联合会 •

【概况】 平湖市妇联下属5个镇妇联,3个街道妇委会和21个直属系统妇委会,1个社会团体(平湖市各界妇女联谊会),2个事业单位(平湖市百花艺术幼儿园、平湖市妇儿活动中心),1个民办非企业单位(平湖市和谐家庭社工事务所)。2014年,市妇联先后被评为嘉兴市妇女工作目标责任制考核优秀单位、平湖市年度目标责任制考核良好部门、平湖市统筹城乡发展工作先进集体、平湖市平安建设工作先进单位。

【文明家庭创建】 市妇联围绕构建和谐文

明家庭这一宗旨目标,拓宽思路,创新载体,开展“家文化”系列主题活动。以家庭文化为着力点,从和谐家庭关系、家庭教育、绿色生态生活理念、困难家庭帮扶以及妇女维权意识提升等视角,策划并组织“寻找百个特色家庭”“百场家庭教育报告咨询会”“百佳优美庭院评比”“百个家庭圆梦微行动”“百篇美文诉亲情”等“有家有爱、幸福守望”为主题的“家文化”“五个百”系列活动。全市评选出“特色家庭”100 户和“最美家庭”10 户,开展家庭教育咨询会及讲座 83 场,评选“优美庭院示范户”100 家,近 100 个困难家庭得到资金(30 万余元)、技术、就业等帮扶,收到亲情文章 2530 篇。市妇联利用社会媒体优势,巧借专家、专业团队等服务载体,通过电视、报纸、短信、海报等 20 个渠道全方位多角度宣传,开展“寻找那时的爱情”“亲情随手拍”、乡镇文艺路演等系列活动 12 次,吸引数万人关注。在“寻找百个特色家庭”和“最美家庭”活动中,通过“夸一夸”(夸家人、亲人、乡邻)、“晒一晒”(晒感人、快乐、幽默的照片和视频)、“说一说”(说家事、家风、家史等家庭故事)和“评一评”(评选“特色家庭”及“最美家庭”)等“四个一”活动构架起整个活动脉络。全市村(社区)参与率 90% 以上。征集家庭亲情照片和视频 3450 份,村(社区)张贴“幸福墙”75 面。当湖街道北河淡社区“幸福墙”在晚间央视新闻联播中精彩亮相,新埭镇姚浜村“幸福墙”被收录到 2014 年《浙江记忆》一书中。活动评选出军人之家、剪纸之家、手艺之家等 100 个特色家庭(最美家庭)。其中,陆凤英家庭入选全国最美家庭候选家庭,孙凌波家庭被评为省级最美家庭。

【平安家庭创建】 重视平安家庭创建,将平安家庭创建列入全市“十星级文明家庭”的评创内容。评选表彰 2014 年度妇女儿童维权工作先进个人和“老舅妈”和谐员。开展平安家庭宣传活动,全年组织开展 3 次大型街头宣传咨询活动,下发宣传资料和宣传品 3000 多份。成立妇女庇护专门机构平湖市家庭暴力庇护站,与市公安局、法院等五部门共同制订《平湖市家庭暴力告诫制度实施办法(试行)》,用措施和制度保障妇女合法权益。

【家庭教育工作】 以推进家长学校发展为重点,构建学校、家庭、社会“三结合”的家庭教育模式。启动为期两个月的“良好家风·伴我成长”为主题的 2014 年度家庭教育主题实践活动,开展包括教育专家专题报告会、亲子趣味运动会、系列读书活动、青少年心理与家庭教育咨询、“三优”大讲堂、科学家教城乡行暨“送百场惠万家”等 17 项活动。重视加强与服务妇女儿童和家庭的社会组织合作,发挥“田奶奶谈心室”暨平湖市青少年心理与家庭教育咨询中心的作用,成立专门热线,组建家庭教育专家团和心理咨询专家团开展个案跟踪服务,在服务家庭健康发展方面实施干预;引入专业社工服务机制,市妇联下属平湖市和谐家庭社工事务所的亲子教育志愿者服务分队,以“社工 + 义工”联动模式开展亲子教育、心理疏导等,全年共开展“和谐家庭、幸福人生”讲堂、“亲子对对碰”等活动 9 次。联合市教育局、关工委等单位,组织 20 多名家庭教育专家成立家庭教育讲师团,开发《悦读童年 美丽童行》《家庭生活即家庭教育》等授课菜单,先后深入全市村(社区)、企业、学校开展 136 场科学家教城乡行暨“送百场惠万家”教育讲座,受众 3.6 万人次。联合市教育局两次邀请全国著名赏识教育专家周弘到平,分别举办主题为“让爱回家”和“竖起你的大拇指”亲子教育报告会。

【维权服务】 全年市妇联共接待妇女群众

来信来访111件，来电8件，咨询75件。一是服务项目化。拓宽服务领域，发挥市和谐家庭社工事务所在婚姻家庭纠纷调解、心理咨询、法律帮助等方面的作用，在12338热线、“郑大姐工作室”等载体基础上，增设“婚姻加油站”，为前来求助的案主提供专业服务。社会工作向纵深推进，推出“幸福加油站家庭计划”，覆盖2个街道和6个社区。二是服务社会化。继续发展壮大为妇女儿童及家庭提供专业维权的队伍，2014年，市妇联在市级层面成立“一站一会一中心”。“一站”即市和谐家庭社工事务所乍浦工作站，主要承接嘉兴港区范围内婚姻危机调适专业社工服务项目；“一会”即市婚姻家庭纠纷人民调解委员会，主要调解因婚姻家庭生活中涉及妇女儿童权益保护的赡养、扶养、抚养、继承等各类矛盾纠纷，镇（街道）婚调委实现全覆盖；“一中心”指平湖育家幸福指导中心，中心以关注家庭幸福为目标，开展公益普及、个案指导及家庭同步成长训练。全市各基层组织依托各种形式的维权组织，发挥家庭纠纷调解、心理咨询、法律帮助等维权职能。如：新埭镇建立婚姻家庭工作室，曹桥街道建立亲子关系调适站，当湖街道4个社区和两个村成立“老舅妈”和谐员队伍、“包阿姨工作室”等。开展对35至64周岁平湖市户籍适龄妇女“两癌”免费检查。2014年，共计投入420万元，在111595名适龄妇女中完成宫颈癌41774例、乳腺癌41311例的检查。三是服务专业化。在队伍建设方面，发挥女律师维权队的作用，为家庭困难的妇女儿童提供法律援助，在“三八维权周”期间，女律师维权队前往当湖、新埭、广陈等镇（街道）和村（社区），举办法律讲座，参与劳动用工、女职工保护等方面的现场咨询；举办全市维权干部培训班，邀请律师沈忠明作妇女维权相关法律法规辅导。市妇联还通过社工事务所活动和季度例会等契机，请市妇联资深维权干部为全体妇联机关干部和基层妇女干部作专题辅导，取得较好效果。

【固本强基行动】 一是在组织建设上求规范。对涉及村级组织机构牌子多、考核评比多、创建达标多等“三多”问题进行清理，加强功能整合。将各镇（街道）妇女维权站（点）、姐妹谈心室、妇女学校、家长学校等全部整合进妇女之家；组织村（社区）换届，换届后，全市87个村中，村“两委”中女干部144人，占村两委干部数的29%，女性进“两委”率实现100%；选举嘉兴市第七次妇女代表大会代表39人。二是在“两新”组建上求突破。截至年底，建立“两新”妇女组织804家，组建率94%。其中，新仓镇成立新经济妇女组织浙江鸿禧光伏科技股份有限公司妇代会，平湖经济技术开发区成立新经济妇女组织浙江伊思佳服饰有限公司妇代会和新社会组织盛唐文化公司妇代会。三是在组织功能上求实效。突出各妇女之家功能作用发挥，打造“一家一品”特色，各镇（街道）重点培育新一批村、社区、“两新”妇女组织等不同类型的妇女之家。当湖街道妇联在巩固“快乐互帮组”“姐妹创业园”等妇女之家品牌基础上，创建“爱心家园”“幸福彩带”等品牌；林埭镇妇联探索成立虚拟妇女之家，将妇女之家的活动以分片的形式分散在妇女小组长的家中开展。嘉吉食品科技（平湖）有限公司的“甜蜜”妇代会作为优秀两新妇女组织典型被省妇联所肯定。

【召开平湖市第十四次妇女代表大会】 12月17—18日，平湖市第十四次妇女代表大会在市行政中心召开，历届妇联主席（负责人）、兄弟县（市、区）妇联负责人、市有关部门负责人、各镇（街道）分管领导及全市妇女代表等出席会议。市妇联主席严周萍向大会作题为《巾帼情系“中国梦” 建功立业著新

篇 团结引领全市广大妇女为建设幸福和谐"金平湖"而努力奋斗》的工作报告,对今后五年工作提出奋斗目标。本次大会共有正式代表266名,特邀、列席代表26名。会议选举产生第十四届执行委员会委员23名,严周萍当选为主席,傅祎慧、卫忠勤当选为副主席。

【小额贴息贷款】 针对农村基层创业女性,继续开展小额贴息贷款。综合各方因素确定小额贴息贷款申请项目及额度,2014年共为39名创业女性发放贴息贷款541.4万元,贴补利息总额27.4万元,贷款额度比上年增长一倍。

【"寻找身边绽放的玫瑰——平湖市十大美丽女性"评选活动】 在全市开展"寻找身边绽放的玫瑰——平湖市十大美丽女性"评选活动,旨在通过寻找、发现平湖市改革开放和现代化进程中事迹突出、体现时代精神风貌的各行各业优秀女性典型,传递美丽女性正能量。活动评选出平湖市最美女村支书王亚勤、最美巾帼志愿者叶晓、最美女新居民杨明、最美妈妈沈爱明、最美女医生张海琴、最美拥军妈妈陆凤英、最美女社工郑玲玲、最美女教师姚爱英、最美邻家大姐郭仁华、最美自强女孩蒋秋月等10名最美女性。"三八"节期间,市妇联举行庆祝国际三八劳动妇女节104周年暨十大美丽女性风采演绎活动,将十大美丽女性的事迹以演讲、情景剧、说唱等形式进行生动演绎。

【设置妇儿活动中心】 平湖市原有老年与妇女活动中心,5月,平湖市机构编制委员会下发文件《关于同意单独设置市妇女活动中心的批复》,同意单独设置平湖市妇女活动中心,为公益一类事业单位,核定编制2名(原来只有平湖市"老年与妇女活动中心",为民政局所属公益二类事业单位,没有单独设立妇女活动中心)。12月,平湖市机构编制委员会下发文件《关于同意市妇女活动中心更名的批复》,同意平湖市妇女活动中心更名为平湖市妇女儿童活动中心。

【启动2014年"母亲援助工程"】 5月8日,启动2014年"母亲援助工程"暨"感恩母亲"爱心义卖活动。各镇(街道)妇联主席和各系统妇委会主任、受援母亲所在村妇女主任代表、各镇(街道)受援母亲、妇联界第十二届政协委员,市妇联、市残联、市慈善总会中层以上干部、平湖市女企业家协会会员、平湖市和谐家庭社工事务所全体成员和志愿者代表应邀参加活动。启动仪式后,心艺花苑、景兴纸业、悠季莲花、枫丹霞露美容、路宝车业、丝尚秀等16家单位推出20余种商品,开展爱心义卖活动。募得爱心义卖资金23570元,所有资金全部捐给慈善总会用于援助全市困难母亲。2014年的母亲援助工程,确定各类受援母亲22人,采用"5000+N"帮扶模式,即给予每位受援母亲5000元"基础创业资金"基础上,再提供个性化帮扶措施。22个单位与自强母亲一对一结对,11家单位为受援母亲量身提供16个就业岗位。

【开展"优美庭院"创建】 2014年是嘉兴市第一轮"优美庭院"创建活动的收官之年。根据嘉兴市妇联工作要求,继续按照"四美"(物品堆放整齐美、卫生清洁环境美、花木茂盛绿化美、身心健康生活美)标准,在全市农村家庭中开展"优美庭院"创建活动。市妇联通过召开动员部署会、培训会、现场观摩会、组织参观考察、表彰典型等加强宣传,开展的"姐妹同心 互帮共创"优美庭院结对创建、"扮靓优美庭院、描绘魅力乡村"墙体彩绘大赛、优美庭院"微景观"创意设计大赛等活动和红橙黑榜动态评价机制、一月一目标、推磨式检查等工作制度得到嘉兴妇联的肯定。年内,全市共创建“优美庭院”示范村 8 个,创建“优美庭院”示范户 1436 户、合格户 6143 户。钟埭街道钟埭村、曹桥街道严家门村、独山港镇建中村、广陈镇龙萌村、新仓镇秦沙村、新埭镇星光村、当湖街道钱家村、林埭镇祥中村等 8 个村被命名为 2014 年度嘉兴市“优美庭院”创建示范村,每个创建示范村获以奖代补款 5 万元。

【社工事务所工作】 1 月,市妇联下属民办非企业单位市和谐家庭社工事务所获评为首批全国社会工作服务示范单位。5 月,社工事务所申报的“婚姻危机调试专业社工服务项目”入选“李嘉诚基金会大爱之行”项目的小额创新项目,获 10 万元项目资助,这是平湖市社工服务项目首次获国家级基金资助。12 月,“幸福加油站家庭计划”获批 2014 年度省级福利彩票公益金资助项目,获 20 万元项目资金。当年有 3 个案例在《中国社工》杂志刊登,事务所被评为嘉兴市“三八红旗集体”,主任郑玲玲获平湖市首批“十佳社工”、平湖市“十大美丽女性”等称号,荣登嘉兴“好人榜”。事务所全年共收到感谢信 1 封、锦旗 1 面,感谢电话 30 多个。(曹　越)

•平湖市科学技术协会•

【概况】 2014 年,市科学技术协会(以下简称市科协)下属有 9 个镇(街道)科协,31 个市级学(协)会,10 个企业科协。市科协围绕“三年”活动和“九大专项”行动的工作要求,深入开展党的群众路线教育实践活动,按照“三服务一加强”的工作定位,组织和动员广大科技工作者,推进科协事业改革与发展,各项工作取得新进展。获全省科协工作先进单位、嘉兴市县(市)科协工作目标责任制考核优秀单位、市级部门工作目标绩效考评良好部门。

【推进院士专家工作站建设】 做好院士专家工作站的服务、管理,组织已建站企业参加嘉兴院士专家工作站交流会,促进企业与院士专家的沟通联络,推动签约项目的实施。浙江泛亚生物医药股份有限公司与中国工程院院士唐希灿签约合作,新建院士专家工作站 1 家;走访欧迪恩、红马铸造等多家企业,了解企业与高端人才联系情况,商讨组建院士专家工作站的可行性。市委、市政府及市人大领导重视院士专家工作站建设,开展专题调研,提出工作要求。

【承办中科院学部科普委会议】 中科院学部科学普及与教育工作委员会一届七次会议在平湖召开,周其凤、石耀霖、何积丰、陈凯先、戎嘉余、郭光灿、叶培建、沈保根 8 位院士和学部工作局副局长王敬泽等领导出席会议。会议传达了中科院学部主席团七届十二次会议精神,审议两个课题项目,对学部“十三五”发展规划及 2015 年工作进行了讨论。

【开展院士专家平湖行活动】 以中科院学部科普委会议为契机,举办“问情·咨政·服务”院士专家平湖行活动,周其凤、宋永华等 14 位来自中科院和浙江大学的院士专家分别到平湖经济技术开发区和独山港经济开发区有关企业参观考察,对企业的发展提出指导意见;在“问情·咨政·服务”院士专家恳谈会上,院士及专家对平湖经济社会的发展提出宝贵的意见建议。其间,叶培建、郭光灿、沈保根 3 位院士分别为机关干部、嘉兴学院平湖校区学生、平湖中学高三学生作科普报告。

【服务招才引智工作】 主动走出去,赴重庆西南大学和重庆大学拜访相关专家,对接创新人才,探讨人才引进事宜;借助服装设计大赛的举办,加强与清华大学、东华大学等服装专业的专家联系。推进产学研,到嘉兴学院平湖校区、平湖职业中专等院校,与专业教师进行交流,助推本地院校与浙江依爱夫游戏文化产业有限公司、浙江伊思佳服饰有限公司等企业开展产学研合作,建立工作室。重视引进来,拜访南京普兰穆特软件科技有限公司,促成该公司的高端人才到平考察,洽谈合作事项。

【实施“金桥工程”项目】 重点项目立项29个(其中工业项目9个、农业项目13个、综合项目7个),一般项目立项20个(其中工业项目5个、农业项目8个、综合项目7个)。进一步规范金桥工程项目的实施,召开重点项目主要负责人会议,对项目实施提出要求;通过年中督查、年末集中验收和现场验收等方式,提高金桥工程项目的实施质量。做好嘉兴金桥工程申报工作,1个项目被列为A类项目,2个项目被列为B类项目。通过项目的实施、推广应用,年增税或纯收入12474万元,节约资金2087万元。

【完善科普工作保障体系】 工作合力增强,召开公众科学素质工作领导小组暨科普工作联席会议,制订《2014年平湖市公众科学素质工作要点》;以科技(科普)活动周、全国科普日等活动为契机,组织开展各类科普活动200多场次,受益群众30万人次。科普资源逐步完善,市科普活动中心布展工作进展顺利,实施澳多奇农庄科普设施改造升级省级科普项目,首家企业科普馆建成并对外开放,推进钟埭街道花园村等特色科普场馆建设,启动15个村文化礼堂数字科技馆连线试点,完成《公民科学素质200问》一书编写工作。示范创建继续推进,4个创建省级基层科普示范单位完成验收,命名科普教育基地18家,农村科普示范基地22家、农村科技示范户27户;澳多奇农庄完成第二轮全国科普教育基地的申报工作。科技传播能力不断增强,新设电视台“科普新说”、报纸《平湖科协》栏目,科普短信发送对象扩大到全市所有移动手机用户。

【推进重点人群科学素质行动】 开展科普进机关活动,把科普内容作为全市机关干部应知应会考试内容之一,把科技基本知识及其最新发展列入市委理论学习中心组重点学习内容,邀请国内外知名院士专家作客“金平湖讲坛”。开展“科普知识进军营”、科普剧表演、垃圾分类互动宣传、健康素养宣传进社区百场专家讲座等“科普益民”活动。开展“科普惠农”活动,农函大培训320期次,结业学员18000名;继续实施科普惠农服务项目制度,共申报21个项目,其中团队类12个、个人类9个;新埭镇科普惠农服务站“积极促进农业产业结构优化”工作被评为嘉兴市优秀典型案例。各镇(街道)科协开展农技下乡、健康下乡和科普图版下村巡展、“送书下乡传科普”等活动。开展“科技助企”活动,在企业中开展“讲创新、比敬业”竞赛活动,展示科技创新成果,促进技能人才培养,晨光企业科协、欧迪恩企业科协、景兴企业科协张小红分别获省第15届“讲比”活动先进集体、创新团队和先进个人。开展“青少年科普”活动,承办第29届嘉兴市青少年科技创新大赛终评展示活动,第21年组织优秀学生第24次赴北京参加航天科普夏令营活动,邀请中科院老科学家科普巡讲团3名成员到3所学校作科普报告,举办平湖市青少年科技创新大赛和第十届中小学电脑机器人竞赛等活动。组织开展的“全民科普知识网络竞赛”被中国科协评为2014年全国科普日活动优秀网络在线活动。市科协获第29届嘉兴市青少年科技创新大赛优秀组织奖。

【开展“五水共治”科普宣传】 在全市科协系统开展“一次专题调研、一次专项建言、一次科普报告、一次主题宣传、一次走访帮扶”的“五个一”活动。与团市委、治水办合作，在全市各村（社区）播放“五水共治”科普公益微视频近200场次。邀请费维扬、岑可法等院士专家作关于“五水共治”方面的讲座。制作“五水共治”专题科普展版近200套，到各镇（街道）开展巡展。组织有关镇（街道）、村、企业参加嘉兴市“五水共治”科技对接会。平湖经济技术开发区科协组织开展“五水共治公益行动暨2014世界地球日”系列科普活动。

【促进学会能力提升】 引导学会承担政府职能转移，金融学会等13个学会列入市首批具备承接政府转移职能和购买服务资质的社会组织目录，健康教育协会承接“平湖市市民健康素养知识知晓率的调查”等项目。发挥科技工作者专业优势，编辑、上报《科技工作者建言》10篇，获市委、市政府领导批示8次。

【推动学术交流工作】 开展学术活动80多场，会员参与率70%，承办或组织参加嘉兴市级以上的学术交流活动12场次。开展参与“五水共治”活动项目评比活动，水利学会组织会员参与的河道整治项目等7个项目被评为优秀项目。邀请中国工程院院士段宁等指导清洁能源生产工作；承办以“清洁能源创新发展”为主题的2014年清洁能源技术与发展科技论坛。组织开展平湖市第七轮优秀科技论文评选活动。

【促进科技工作者成长成才】 平湖波汇通信科技有限公司总经理、博士赵浩被中国科协授予“全国优秀科技工作者”称号。组织开展平湖籍院士风采拍摄工作。开展“科普之星”评选活动，评出首届“科普之星”7名。农村科技示范户蒋海平获浙江省高级农民技师职称。科普讲师团与农村实用技术讲师团成员开设各类讲座200多次。加强科普志愿者队伍建设，为发挥志愿者作用提供平台，支持全市首家环保社会组织——平湖市美丽家园环保服务中心开展科普活动。组织科技专家服务队为企业科技创新牵线搭桥，完成技术攻关、专家咨询服务20多项，为企业转型升级和人才培养提供更好的条件。两批次40多名优秀科技工作者参加疗休养活动。

【加强自身队伍建设】 完成市科协机关中层岗位轮岗交流，做好相关基层科协组织新老秘书长交接，举办秘书长培训班。指导到届学会做好换届工作，所属学会按规定完成年检。水产行业协会完成民政、审计等部门对其开展的财务审计和实地年检。重视学会党建工作，鼓励条件成熟的学会参加民政部门社会组织评估工作，水利学会、老科技工作者协会被评为3A级社团组织。为更好地挖掘和研究平湖的历史人文，推进史志事业发展，新成立市史志学会。

【做好信息调研工作】 市科协网站全年共刊登各类信息495篇。在嘉兴市级以上刊出信息188篇，其中在中国科协网站发表信息2篇，2篇信息获省科协信息优秀稿件奖。完成重点课题8个，上报省科技工作状况调查站点信息7篇。 （张海良）

• 平湖市文学艺术界联合会 •

【概况】 2014年，市文联在思想教育、制度健全、活动规范、重点扶持4个方面确立“定制度促作风，定目标促人才，定项目促影响”的工作目标。完成第九轮“文艺精品”战略的签约和第十届文艺“金平湖”奖的评选工作。全年各协会、基层文联新吸收会员53名,新晋地市级会员16名、省级会员6名、全国级会员4名;参与省、地区活动58次、交流采风活动17次、组织团体或个人外出培圳24次;获地市级奖项96人次、省级奖项82人次、国家级奖项42人次;全年各协会、基层文联主办或协办活动近300余项,作品在地区以上展演、刊发近500余次,出版各类作品集、刊物30余部。在嘉兴市各协会换届中,有27人当选为嘉兴市各文艺家协会理事。

【提升民主务实能力】 一是开展党的群众路线教育实践活动。按照市委党的群众路线教育实践活动领导小组统一部署,市文联成立领导小组,制订实施方案。在督导组的帮助下,召开动员大会和谈心会4次。启动“我为文联献一计”的活动,做到“去浮夸、抓落实”。对提出的整改意见进行反复讨论,制订“整改计划”等3份方案。二是围绕中心工作开展活动。先后对社区、协会、基层文联进行大走访活动,了解群众对文艺的需求。先后与林埭双庙村、园乐社区开展数十次的“清三河”专项活动和卫生整治行动,提供这2个结对单位文艺惠民清单,进行2场文艺专场演出。文联机关为“五水共治”整治行动捐款5100元。三是完善工作机制。市文联制订并完善“一手册、二制度”,即《市文联工作手册》《文联领导挂钩联系协会制度》和《平湖市文联关于文艺人才和文艺创作奖励扶持办法》。

【强化联络纽带作用】 一是加强与各部门合作。发挥文联“联”的职能,开展横向联系。与建行举办“送春联活动”,与妇联举办“市第五届妇女书法展”,与市档案局举办“民间档案文献资料展”,与市司法局举办“市首届法治文化作品创作大赛”,与市教育局等举办“践行群众路线主题漫画征集展示活动”和“美术骨干丽水采风活动”,与新仓镇政府举办“美丽乡村,新仓有约摄影展”,与文明办合作进行“全省童谣征集活动”,承办嘉兴市书协“2014年工作会议”。二是加强文艺志愿者制度化建设。市文联建有九支文艺志愿者队伍,设立“音舞戏”“书美摄”二支小分队,由文艺策划科统筹安排,设分队队长、副队长,建立台账,根据需求派遣。三是加强文艺为民服务。市文联及各文艺家协会以文艺志愿服务的形式,坚持经常性地深入社区、乡镇、企业、军营,开展系列文艺惠民活动,书美摄小分队的“送春联活动”“文化礼堂摄影展”,音舞戏小分队的“民乐乐队”“育新小学音乐公益支教活动”都为民熟知。各文艺志愿者积极参与元旦、春节、元宵节、妇女节、五一节、国庆节的各类节庆活动,全年共开展文艺志愿活动47次。

【协会与个人活动纷呈】 文学、民间文艺与收藏。作协开展的“名家进校园”活动先后走进乍浦高级中学、新埭中心小学和当湖高级中学,为文学爱好者作《我的文学之路》和《阅读与写作》等主题的辅导讲座;分别组织骨干会员举办“八月诗会”和“三月三诗会”。民协举办“平湖市第十五届新故事会串”“平湖钹子书新作征文大赛”和“新居民平湖方言赛”,组织新故事作品参加“第二届吴根越角新故事创作邀请赛”,被该组委会授于“征文先进组织奖”。收藏协会举办“平湖市民间档案文献史料收藏品展”“平湖记忆——民间个人档案实物展”和“平湖收藏家协会收藏品年展”。作协詹政伟《架着纸飞机飞行》发表于《小说月报·原创版》、短篇小说《路径》发表于《江南》,千叶《时间中的事件》发表于《中国诗人》,张典的13首诗刊发于《中国诗歌评论》,周夏月的《豪门盛宠》等4部长篇签约于17K小说网,徐卫卫出版个人作品集《女人的时间》,周国华出版小小说集《驻足回眸》。收藏协会张浩然携藏品参加中央二台的《一锤定音》栏目。冯金斌、竹剑飞、许明观、阿优、卢修宾、金星、季小英、张玉观、李雪良等作品先后在各级、各类报刊杂志或征文赛事中亮相。书法、美术与摄影。书协举办"第五届妇女书法作品展""书之香——咏瓜诗词书法展"和"庆祝平湖书协成立三十周年暨平湖市第六届书法大展"。美协举办"王利中、王君韬父子油画展""'心向原野'缙云写生展"和"水之美"——水彩画名家画平湖展"。摄协举办"平湖市第二届摄影艺术展出暨'美丽乡村、新仓有约'摄影比赛作品展""大美平湖摄影比赛"和"平湖市非遗摄影比赛";摄协侯彤彤的《道达曼湖边》获第11届法国"人类与自然"La Gacilly国际摄影节PSA优异奖、《抱孩子》获PSA Silver Medal美国摄影学会银牌,曹刚《江南落雪天》获"大地情怀·梦想中国"全国第七届"群艺杯"摄影艺术展铜质收藏奖、《母亲河》获优秀奖。音乐、舞蹈与戏曲。音协的叔同故里合唱团在由省委宣传部等单位主办的"我和我的祖国"合唱大赛中,分别获嘉兴赛区金奖第一名,省丽水赛区三等奖,并最终获省第二届合唱节银奖,受中国平湖进口商品城的邀请,为"中国平湖进口商品城啤酒节"专门奉献一台演出,年末与市文化馆合办"金秋之声音乐会——金秋合唱团专场"。舞协举办"2014'依爱夫杯'平湖市首届舞蹈大赛",在西瓜灯期间举办"2014民舞荟萃·舞动平湖——平湖市首届舞蹈大赛精品节目展演"活动。戏剧曲艺家协会举办"2014万马奔腾元宵晚会"大型演出、在林埭镇双庙村进行专场演出。音协马宏军《畲乡的美丽》获中国大众音乐协会举办的"2014'建国杯'第四届全国大型音乐展演活动"作曲金奖、沈国平《一派琵琶耀平湖》发表于《黄河之声》音乐杂志。基层文联与学会。独山港文联主办"海娃剪纸"比赛和书法、文学骨干培训。乍浦文联主办"最萌宝贝"摄影大赛和"龙湫雅韵"书画展,组织会员分赴浦江、泰州及杭州等地采风考察。新埭文联打造"泖水文化"系列活动与研究,举办"美丽乡村闹元宵"戏曲汇演,参加省"2014浙江省文联工作暨基层文联建设发展工作现场会"。新仓文联着手对宋至清代的新仓籍明贤志士的生平事迹进行整理,举办"五水共治"主题宣传画大赛,开展对镇机关单位"快乐工间操"培训。林埭文联举办"文明清风"相声、小品剧本创作比赛,会员阿优创办《飞鹰——彝族打工文学》民刊,完成长篇小说《尼莫阿芝》。红楼梦学会在平湖中学和老年大学开设红学赏析课程,扩建平湖红学展馆,增设《红楼梦》文本的图文资料。诗词楹联学会邀请副教授徐志平、老诗人汪知行分别作专题讲座,组织诗词月会10次。电子琴钢琴学会组织省音乐考级平湖考点工作及琴童琴艺交流会。当湖印社组织社员参加由西泠印社举办的"全国印社篆刻作品联展"。

(高　宏)

2014年部分文艺作品发表、展出及获奖表

作品名称	作品门类	奖项	作者	主办单位
篆刻条屏	书法	第二届赵孟頫奖全国书法篆刻展	徐立	中国书法家协会
篆刻条屏	书法	第三届四堂杯全国书法大展	何军	中国书法家协会
篆刻条屏	书法	刘禹锡杯全国书法篆刻展	姜晓晨	中国书法家协会
插图《话说邑沙》	美术	入选全国第十二届美展	汪新宇	中国美术家协会

作品名称	作品门类	奖项	作者	主办单位
国画《清风雅韵》	美术	入选中国百家金陵展	沈保良	中国美术家协会
《草原珍珠》	摄影	第七届中国西藏“珠穆朗玛”摄影大展三类收藏作品奖	张翼	中国摄影家协会 西藏自治区党委宣传部等
《风雪牧歌》《窗外》	摄影	第七届中国西藏“珠穆朗玛”摄影大展入选	张翼	中国摄影家协会 西藏自治区党委宣传部等
《吉祥天路》	摄影	“草原梦·壮美那曲”摄影大展二等奖	张翼	中国摄影家协会 西藏自治区党委宣传部等
歌曲《畲乡的美丽》	音乐	“建国杯”第四届全国大型音乐展演活动作曲金奖	马宏军	中国大众音乐协会
器乐小合奏《盼红军畅想曲》	音乐	中国老年文化艺术节铜奖	杨兢兢	中国老龄委
广场舞《手马灯》	舞蹈	第31届龙潭庙会全国民间优秀花卉选拔赛金奖	沈德华	第31届龙潭庙会组委会
群舞《着癫子》	舞蹈	“韩国·亚洲音乐舞蹈艺术节”创作金奖	王晓嫣	新加坡国际音乐舞蹈交流促进会
排舞《当他在的时候》	舞蹈	全国全健排舞大赛 银奖	潘伊等	中国职工文化体育协会
钢管舞	舞蹈	中国钢管舞锦标赛团体金奖	时晓红等	中国钢管舞协会
《一只生蛋鸡》	曲艺	中华颂·第五届全国小品、小戏、曲艺大展二等奖	张灿明	《曲艺》杂志社
油画《菜浪》	美术	九月人文——浙江省油画作品展优秀奖	王君韬	浙江省美术家协会 浙江省油画家协会
油画《远山》	美术	浙江省优秀群体创作展铜奖	姚 瑾	浙江省文化厅
《倒影》	摄影	浙江省“横店风采”摄影抓拍赛铜奖	任之光	浙江省文化馆
《车间奏鸣曲》	摄影	全国农村金融摄影大赛 三等奖	罗 星	中国农村金融摄影家协会
《雪山脚下》	摄影	“生态文明·美丽西藏”摄影展三等奖	张 翼	西藏自治区文联 西藏自治区环境保护厅
《朝阳》《江南遗韵》	摄影	“走进濮院”全省摄影大赛优秀奖	王金华	浙江省摄影家协会 中共桐乡市委宣传部
《走进濮院》	摄影	“走进濮院”全省摄影大赛优秀奖	郁中奇	浙江省摄影家协会 中共桐乡市委宣传部
作曲《我是天真》	音乐	《中国梦·社区情》声乐大赛铜奖	杨兢兢	浙江省文化厅
排舞《当他在的时候》	舞蹈	浙江省第八届排舞大赛银奖	潘伊 等	浙江省文化厅
越剧小戏《行公道》	曲艺	浙江省新农村题材小戏大赛表演、创作银奖、作曲特别奖	毛才耿	浙江省文化厅

作品名称	作品门类	奖项	作者	主办单位
钹子书《乾隆吃糟蛋》	曲艺	浙江省第七届 曲艺新作大赛创作银奖	杨兢兢 徐鲍培	浙江省文化厅
故事《三粒西瓜籽》	曲艺	省第二届吴根越角 新故事创作邀请赛优秀奖	徐鲍培	浙江省曲艺家协会
故事《一碗炒面》	曲艺	省第二届吴根越角 新故事创作邀请赛优秀奖	施玉良	浙江省曲艺家协会
广播《钹子响来喉咙痒》	曲艺	省广播电视新闻奖二等奖	吴 刚	浙江省广播电视新闻
歌词《新仓谣》	音乐	省歌曲创作比赛金奖	邓中肯	浙江省文联

• 平湖市残疾人联合会 •

【健全残疾人社会保障体系】 将无固定经济收入,残疾等级为三级、四级的精神残疾人纳入生活津贴补助范围,调整重度残疾人托(安)养工程补助标准。全年共有943名残疾人享受基本生活保障工程,1787名残疾人享受生活津贴补助,431名残疾人享受城乡居民社会养老保险补助,4173名残疾人享受城乡居民合作医疗保险补助,6名残疾人享受个体工商户社会养老保险补助,70名残疾人享受残疾独生子女生活津贴补助,为1173名残疾人提供托(安)养服务,为22名贫困残疾人实施危房改造,为233名贫困残疾人实施"宜居工程",为全市所有持证残疾人购买人身意外伤害险。共计补助资金1293万余元。开展残疾人居家康复服务工作。出台《平湖市残疾人居家康复服务实施方案》,首批确定40例有康复需求的重度肢体残疾人为服务对象。扩大重症精神病人门诊补助范围,参加平湖市职工基本医疗保险或城乡居民合作医疗保险的持证精神残疾人,对其在医保定点医院的专业精神病科接受治疗时所产生的门诊费用实行每人每年不超过2000元的补助。提高人工耳蜗手术补助标准,对有康复需求和适应指征的0~18岁持证听力残疾人自行植入人工耳蜗的,给予低保户、低保边缘户不超过15万元/人的一次性补助,其他家庭不超过10万元/人的一次性补助。加大助学力度,全年共为197名贫困残疾人学生和残疾人家庭子女发放助学资金11.08万元。与市人力社保局联合举办第八届残疾人就业专场招聘会,共19家企业为残疾人提供126个就业岗位,为残疾人就业搭建平台。对全市35家社会福利企业、1家工疗机构和16个残疾人扶贫基地进行年度检查和考核。鼓励残疾人自主创业,为61名残疾人小额贷款贴息补助35.43万元,为208名残疾人种子种苗费补助20.2万元。

【完善残疾人公共服务】 加强对助残社会组织的扶持,帮助、指导残疾人龚黎明注册成立市第一个以残疾人为主要服务对象的社会组织——黎明社工事务所,以购买服务的方式,开展残疾人帮扶项目。成立市志愿者助残"阳光行动"工作领导小组,围绕"同心同行,共沐阳光"主题,动员广大社会公众积极参与助残志愿服务。成立全市首支由民间爱心人士自发组建的助残志愿者队伍——平湖市阳光助残志愿者服务队。

【加强残疾人文体工作】 开展以"知识改变命运,学习改写人生"为主题的残疾人阳光读书系列活动。在第19个“世界读书日”开展“牵手残疾人,走进图书馆”活动,举办《阅读名人传,汲取正能量》专题文化讲座,让残疾人感受阅读之乐。开展好书推荐活动,向全市近百位残疾人代表赠送《轮椅上的飞翔》《走过低谷,就是上坡》等励志书籍,引导广大残疾人多读书、读好书。开展2012—2013年度平湖市残疾人事业好新闻评选活动,选送优秀作品参加嘉兴市好新闻评选活动,获一等奖1个、二等奖1个、三等奖5个。举办“放飞希望,成就梦想”——平湖市残疾人艺术队成立十周年汇报演出活动,展现残疾人的艺术才华和自尊、自信、自立、自强的精神风貌。举办平湖市第五届残疾人运动会,组队参加嘉兴市第六届残疾人运动会。组建嘉兴市首支县(市、区)级残疾人坐式排球队参加浙江省第九届残运会坐排比赛,获第五名。

【营造扶残助残社会氛围】 开展平湖市“十佳助残爱心使者”评选表彰活动。选树优秀残疾人典型。推选市残疾人运动员蒋秋月获评第十届“嘉兴市十大杰出青年”、首届“平湖市十大美丽女性”;选送残疾人“能工巧匠”陈良杰参加浙江省第四届残疾人职业技能竞赛获文本处理第一名;选送残疾人文艺人才张丽、金磊参演第八届全国残疾人艺术汇演比赛,获特等奖1个、金奖2个、银奖1个,并随中国残联交流团赴澳门演出;联合市联通公司开展“让爱流入无声世界——关爱听力残疾人”联通通信服务优惠活动,推出关爱套餐,帮助听力残疾人实现信息交流无障碍。

【加强残联组织建设】 深入开展党的群众路线教育实践活动,严格按照“照镜子、正衣冠、洗洗澡、治治病”的总要求,组织实施《市残联党的群众路线教育实践活动实施方案》,推进学习动员、听取意见,查摆问题、开展批评,整改落实、建章立制三个环节,把学习教育贯穿始终,多渠道征求意见建议,撰写领导班子和个人对照检查材料,开好专题民主生活会和专题组织生活会,根据查摆出来的问题,出台《市残联党组党的群众路线教育实践活动整改落实方案》《市残联深入开展“四风”突出问题专项整治方案》和《市残联解决“四风”突出问题制度建设计划》。年内,残疾人综合服务中心建设项目竣工,曹桥街道百寿村残疾人康复站创建成为第一批“省级残疾人社区康复示范站”,进一步提升为残疾人服务的能力。

【完善残疾人维权体系】 全年共为残疾人提供免费法律援助19件,处理市长电话9件、残疾人来信5件,接待残疾人来访来电135件,利用“百姓事马上办”系统帮助残疾人解决问题2件,切实维护残疾人合法权益。春节及助残日期间,走访慰问全市308户困难残疾人家庭。 (俞逢笑)

• 平湖市个体劳动者协会 平湖市私(民)营企业协会 •

【举办促进就业再就业招聘会】 2月13日,市个私协会联合市工商局、市人力社保局在市人力资源市场举办平湖市私(民)营企业促进就业再就业招聘会。全市服装、洁具、童车企业及酒店、休闲中心等152家民营企业,携带2593个工作岗位参加招聘会。应聘2500余人次,领取就业登记表2000余份,达成就业意向或协议550人次。

【提供会员企业财政补贴申报服务】 在市商务局、经贸局、科技局及相关部门的配合下,协会主动指导辖区企业申报中小企业财政补贴。主要包括:专利补贴,共有10家企业补贴总金额66800元;展会补贴,共为27

家次企业办结申报国内对内展位补贴工作，共有展位70余个，申报总额510000元，申请补贴总额202700元；申办2013度对外经贸活动的境内外参展企业41家次，展位80余个，申报总额1503869元，申请补贴总额695534元；对8家出口信用联保企业，4家境外注册商标、企业网站等进行相关政策性补助。

【组织会员参展】 1月，组织童车行业企业抱团参加香港玩具展；3月，参加上海玩具展；5月，参加上海国际自行车展和春季广交会。全年共组织企业参展六十多家次、展位百余个，提高了平湖童车在玩具界的知名度，为童车企业销售渠道搭建了平台。

【组织开展首届平湖市大学生童车设计大赛】 1月至5月，协会承办了首届平湖市大学生童车设计大赛，比赛共征集到童车贴花设计类作品153件，童车外观设计类107件。5月23日，初赛入围的32件童车外观设计作品、20件童车贴花设计作品经过决赛的现场答辩、评选，共产生外观设计类一等奖2名、二等奖3名、三等奖5名，贴花类一等奖2名、二等奖3名、三等奖5名。

【组织开展银企座谈会】 3月5日，个私协会组织平湖市工银村镇银行和50多家中小企业召开银企座谈会，为促进辖区内银行和企业之间搭建银企互动平台，进一步加大金融业对市民营经济发展的支持力度，缓解民营企业融资难题。会上，民营企业家立足行业和企业自身发展需要，谈困难、提诉求、挖根源，积极建言献策。为响应全省开展民企“双对接”工作，充分发挥民企对接现代技术现代金融服务平台作用，结合本市民营企业实际状况，市个私协会推出开展民企“双对接”工作服务平台——《平湖市个私会员贷款资金需求联系表》，便于为全市企业进行个性化融资服务。

【推进童车行业对外出口预警点工作】 5月15日，召开2014年童车行业出口风险培训会，邀请中国出口信用保险嘉兴市分公司专家进行讲解并对与会人员提出的问题进行解答，同时发布5月开始的行业出口联保政策，帮助更多会员企业更好地利用政策性工具，对近期的出口收汇风险特点和已发生的风险案例进行分享交流，提高企业风险防控意识和抗风险能力。（王璧恒）

地方军事

•综述•

【概况】 2014年,市人武部党委下发党的群众路线教育必读书目,采取党委议学、会议带学、班子成员领学、集体评学等办法提升学习实效。以省军区"百题调研"、主官理论轮训、百名人武部主官话得失讨论交流等为平台,班子成员每人完成1个调研课题,形成初步调研成果,实现了创新理论入心入脑、指导实践,干部的理论素养得到了提高。

扎实打牢战备建设基础。一季度,进一步修订完善各类预案,按照省军区战备综合整治要求,在前期完善"三室三库"战备规范化建设的基础上,年内投入近10万元,升级改造作战值班室及基础设施,进一步完善指挥、保密、可视化等软硬件建设。上半年抓好3个二级以上目标防卫训练,7月、8月,补充完善各类战备物资储备、指挥作业器材,提升战备水平。

保质保量完成年度训练任务。年初,组织参加主官排名考核,军政主官加强强化训练,机关干部同步参加军分区组织的首长机关训练和年底排名考核。严格按大纲和任务要求落实全市民兵分队训练,圆满完成410人的民兵训练任务。4月底至5月中旬,在分区组织全区专武部长集训基础上,市人武部于5月上旬对全市9名专武干部进行集中强化训练。6月中上旬,组织120名民兵营连长集训。11月,组织16名民兵连长和9名专武部长参加分区组织的比武考核。3月,按市委、市政府《关于中层干部跨单位全员竞岗职位》的有关通知要求,推出8个镇(街道)专武副部长岗位,面向全市竞岗,实现"优者上、平者让、庸者下",激发专武干部活力,破解"中梗层"问题。

扎实开展党的群众路线教育实践活动,聚焦"四风"正风气,先后通过召开恳谈会了解、下发意见表征求、分层次个别交谈、设置意见箱征集、发动干部职工查摆、党委班子集体会诊等"六个回合"征集意见建议358条,梳理成12个方面、36个具体问题,党委、支部成员自觉对照检查,人人列出问题清单,整改落实。 (刘延强)

【民兵组织整顿】 以持续推进新形势下军事斗争准备,扎实打牢民兵预备役部队组织基础为依据,贯彻省军区、军分区党委扩大会议精神,围绕"平时服务、急时应急、战时应战"总体要求,本着"调整改革、巩固深化、统筹建设、创新发展"思路,开展民兵预备役部队组织整顿。共整组基干民兵2523人,其中:应急队伍581人,支援队伍1509人,储备队伍433人。通过整组,使编组布局更加科学,兵员结构更加优化,人员在位更加达标,进一步增强后备力量队伍遂行多样化军事任务的能力。

【完成征兵工作】 2014年,平湖市在夏秋季征兵工作中,认真贯彻落实新颁发的《兵役法》和上级关于做好征兵工作的指示,适应征兵时间调整改革,加强征兵对策研究,强化组织领导,坚持依法征兵;做好宣传发动,营造依法履行兵役义务光荣的良好氛围;严把征兵工作各个环节,重点突出体检、政审、定兵、运输关,加强征兵工作廉洁措施,坚持面向社会公开,接受群众监督。圆满完成226名(含12名女兵)兵员征集任务,其中高中以上文化程度超过99%,实现连续33年无身体责任退兵和连续59年无政治责任退兵。

【组织重要目标防卫演练】 4月中下旬,按照省军区年度工作安排,集中四天时间组织陈山雷达站和嘉兴电厂重要目标防卫实兵行动演练。近150名军警民实兵列队参演,达到练指挥、练协同、练实战的目的,切实提高民兵防卫(协防)重要目标作战能力。

(唐文恺)

【民兵军事训练】 按照"训用一致、突出重点、分类施训、注重实效"的原则,先后完成应急连、公路护路分队、联合防空分队、工程抢修分队、步兵连、心理战分队等民兵军事训练,先后3次组织人员,参加省军区组织的高炮测手、情报侦察、核化救援等业务集训。全年共安排训练任务410人,其中应急队伍163人,支援队伍232人,储备队伍15人。安全圆满地完成军分区赋予的军事训练任务,取得较好的成绩。

【参加嘉兴市百名优秀红船民兵连长比武】 11月28日,选派16名民兵连长参与军分区在平湖市民兵训练基地进行的嘉兴市百名优胜红船民兵连长对抗比武,全程有自动步枪卧姿有依托精度射击、自动步枪跪姿无依托精度射击、手榴弹投远、手榴弹投准、引体向上、3000米跑、自动步枪对抗射击等7个模块的比武内容,取得2个第一名、1个第二名、1个第四名、1个第六名、3个第八名的好成绩。

(杨海军)

【开展国防教育宣传活动】 以省委、省政府、省军区《关于加强新形势下全省国防教育工作的若干意见》《浙江省国防教育条例》为依据,协调出台《平湖市国防教育工作意见》,进一步规范国防教育工作。结合"第十四个全面民防教育日",按照"突出重点,区分层次,争创特色"的要求,把国防教育向党政机关、民营企业、中小学校、社区、农村延伸。上半年,组织4名国防教育宣讲员为在校学生、大学生村官、民兵骨干、预征青年进行了6场宣讲;10月,国教办联合市教育局开展以"关心国家安全、维护海洋权益"为主题的绘画作品展,展出绘画作品138幅,进一步弘扬青少年学生的尚武精神和爱国热情。继续深化平师附小、平湖市艺术小学开办少年军校的模式,利用学生夏令营活动、学校墙报宣传等方式,开展中小学生国防教育。黄姑中学被表彰为省国防教育先进单位,沈冯被表彰为省国防教育先进个人。

【开展民兵"红旗党支部"创建活动】 为有效解决基层民兵党组织虚拟化问题,根据省军区、军分区通知要求,二季度,利用专武干部例会和民兵连长集训等时机,动员部署争创民兵"红旗党支部"和"红旗民兵"工作。按照整合资源、创新机制、指导帮带的总体思路,率先在应急连党支部进行创建试点,对基层民兵党组织成员组成、活动场所设施配备、制度建设等内容形成规范化要求,并推广至所有基层民兵党支部,在民兵整组、训练、参与地方"五水共治"等活动中更好地发挥核心引领作用。"七一"前,经评选向军分区推荐表彰10名"红旗民兵"和1个"红旗党支部"。11月中旬,以提高民兵预设党支部书记"务军""务党"能力为目标,以民兵应急分队、行(企)业民兵重点分队和普通民兵分队为主,用2天时间组织61名基干民兵和普通民兵分队的预设党支部书记集训,为推进民兵基层党组织建设奠定坚实的基础。

(李荣军)

【开展财经领域"两项整治"】 4月,贯彻军区开展财经领域"两项整治"指示精神,市人武部党委先后2次召开党委会,分析部署财经整治工作,成立以部长、政委为组长的财经整治领导小组,全程参与督导整治工作。工作中采取先统审后分审和科室包干的方式,分时间段、分科室组织自查整改。共发现票据报销手续不全、违规发放补助等166个问题约86万元,其中2013年约73万元,2014年约13万元。通过整改退回违规发放经费3类24605.5元,其中违规发放福利补贴19500元,违规报销差旅费3305.5元,违规购买高档烟1800元。

【协助完成亚信峰会信访接待后勤保障】 5月,根据嘉兴军分区领导指示精神,市人武部配合市信访局,配备专职保障人员6人,车辆2台,协助做好亚信峰会信访接待后勤保障工作。此次接待共保障住房38间,接待信访工作人员45人,动用保障经费5.6万元。受到省、嘉兴市领导好评,市信访局授予锦旗1面。

【完成编制职工定岗定位】 为进一步规范人武部职工定岗问题,解决编制职工职责不清、岗位不明的现状,在部长何敏伟带领下,协调市人事局、市编委办、市财政局、市档案局,对人武部职工岗位进行全面的认定,解决因历史遗留问题造成的困局。至年末,人武部职工岗位为编制内行政公勤类职工1人,实有1人;编制事业专业技术类职工10人,现有8人,空缺2人;事业公勤类职工1人,实有1人。 (戚思钻)

•人民防空•

【人防工程建设管理稳步推进】 全年共竣工“结建”人防工程X个,建筑面积XXXXX平方米,超额完成77%。收缴易地建设费XXXX万元,超额完成27%。平战结合收入45万元,超额完成51%。其中自建工程建设情况:嘉兴港区F1101工程竣工验收。平湖市F0901工程基本完成室内二次装修,开始室外景观工程建设。市民文化中心人防工程主体工程完成桩基工程、主体工程等施工,正进行上部构筑物钢结构加工与安装。市启元路社区人防工程(交通治堵工程)完成桩基施工。全年,开展人防工程现场质量监督28次,检查人防工程9个,出动171人次。对全市69个人防工程开展平时使用情况专项检查,对存在的隐患进行了整改。

【指挥通信网络向全覆盖推进】 新埭、新仓、当湖、钟埭、独山港五个民防应急指挥平台运行良好。林埭镇民防应急指挥平台建设基本完成。新埭镇迁址新建的民防应急指挥中心正在土建施工。市国防动员人防指挥平台正在安装设备。市民防指挥信息(软件)系统已完成安装和各类指挥数据录用,试运行良好。编制完成平湖市实验小学永丰校区人群疏散模拟系统。联合市民政局对符合避灾疏散条件的152个场所进行统计确认,并统一设置避灾疏散标识、标牌,向社会公布。其中:市级避灾疏散场所3个,镇(街道)级避灾疏散场所16个,村(社区)级避灾疏散场所133个。完成人防(民防)应急救援队伍年度整组,并开展常态化岗位练兵,每季度培训一次;市、镇(街道)二级指挥所实行每周1次“人防短波,视频会议和数字图传”联通训练和1年1次跨地区野外拉练,出勤率、联通率、参训率均为100%,队伍遂行任务的能力不断得到提升。9月5日,组织市民防应急救援队、市广电台(重要经济目标)、新仓镇民防指挥中心参与省“金盾-14”演习,圆满完成人口疏散和物资运输等演习任务。5月12日和9月18日,举行例行性防空防灾警报试鸣,全市27台警报器完好率100%,鸣响率100%,音响覆盖率98%。

【宣传教育亮点凸现】 完成省人防办赋予的全省“防空和防灾”小学版的教学大纲编写、评审，完成嘉兴市“人防教育”课件编制。深化人防教育基地建设，完成澳多奇农庄人防教育馆深化设计方案编制工作，概算报市财政局审核。开展“国际民防日”和“防灾减灾日”宣传周活动。依托新、老“五进”渠道和电视、广播等新闻媒介开展宣传，散发宣传资料2000余份，展出宣传图板12场次、悬挂宣传横幅18条，举办疏散演习55场次（其中万安桥、百花、朝阳路等社区参演人数都在200人以上），民防知识竞赛11场次，演讲比赛5场次，晚会1场次（与市文化体育局在南市广场联合举办民防杯文艺晚会，观众2000余人），组织当湖街道25个社区开展“防灾减灾”诗歌征文比赛，收到参赛稿件64篇，被省人防杂志录用7篇。

【人防法制化水平提升】 清理废止与现行法律不相符的规范性文件1个（《平湖市结合民用建筑修建防空地下室管理办法》）。组织开展人防行政权力清单疏理工作。对权力事项进行全面疏理和规范，建立责权明确、程序规范的权力清单。共疏理出权力事项70条（经省人防审核批准60条）和公共服务事项3项，建立事中事后监管和网上监管日志制度，接受社会监督。全年，人防行政窗口累计受理人防工程建设审批285件，平均审批时间为3.2天，办结率100%。

【队伍凝聚力创造力提升】 扎实开展党的群众路线教育和“防空防灾、为民利民”支部品牌创建活动。按照“照镜子、正衣冠、洗洗澡、治治病”的总要求，党组和班子成员个人对存在的“四风”问题深入进行查找。活动中共召开征求意见会18场次，集体走访农户412户。对查找到的党组集体11个和班子成员52个“四风”问题，及时分解责任，在规定时限内全部进行了整改，同时进一步加强制度建设，修订完善8项办公制度，新建4项工作制度。加强党风廉政建设和正风肃纪力度，局领导与全办干部职工签订了岗位廉政承诺书，对人防重点领域（自建工程、指挥通信平台建设和政府采购等重点环节）实行常态化监管。开展基层人防机构设置和规范化建设，指导市人防重要目标广播电视台建立人防工作机构，组织新仓镇和当湖街道15个社区（末批）完成基层人防示范化、规范化达标活动。 （陶浩东）

•武装警察部队•

【概况】 2014年，中队深入贯彻总队、支队两级党委扩大会议精神，扎实开展党的群众路线教育实践活动，有力推动部队全面建设，实现支部建设坚强有力，内部关系和谐稳定，中心任务完成圆满，创先争优氛围浓厚，部队建设稳中有进，后勤保障成效明显。执勤任务完成圆满，连续18年安全无事故，全年押解犯人480人次，动用兵力1000余人次，在学雷锋、植树节等活动中积极参与军民共建。在军事训练方面，应急班比武获支队第二名，支队记三等功一人、表彰优秀士兵9人，中队嘉奖5人。

【加强执勤能力建设】 中队坚持“围绕中心抓建设，抓好建设保中心”，着眼执勤战备处突实际，全面规范勤务组织，重点锤炼单兵执勤能力，确保中心任务的圆满完成。采取“老兵站，新兵看；新兵站，老兵帮”的拍档方式和“骨干负责”的挂钩方式，认真抓好专勤专训和专哨专训，战士单兵执勤能力稳步提升。坚持按照习近平主席“能打胜仗”的指示要求，按纲施训，科学组训，部队的整体训练水平进一步提高，任务完成出色。为从根本上打破官兵“素质好坏一个样”的错误认识,激发官兵训练的积极性,大力营造“比、学、赶、帮、超”的浓厚氛围,中队把军事训练成绩与红星战士、党员评选挂钩,激励战士刻苦训练。每周五会操后,给军事训练较好的班级颁发流动红旗,表扬好的个人,月底对获得流动红旗较多的班级和表现突出的个人给以一定的物质奖励,激发官兵训练热情。

【严格内部管理】 认真开展“五查五治”活动,不断增强官兵的条令意识、规范意识,增强执行条令的自觉性。中队倡导“把每件简单的事情做好就是不简单,把每件平凡的事情做好就是不平凡”的意识,不追求出“亮点”争“彩头”的形式主义,狠抓日常经常性基础性工作落实,坚持从身边小事入手,一件件抓规范,一条条抓落实。坚持人员管理是基础,官兵的良好作风和严格纪律是完成各项任务的保证的理念。重视解决管理中易出现的刚性不足、弹性有余,失之于宽、失之于软问题。加大依法从严治警力度,严格人员管控,确保内部安全稳定。

【提升保障能力】 采取“以老带新、以新促老”的方法,促进整体炊事水平的提升。严格落实分餐、实物验收、留验等日常制度,切实做好季节性疾病的预防,确保官兵身心健康。针对暑期特点,组织官兵学习掌握防雷击、防蛇咬、防中毒等安全常识,在上哨通道上种植凤仙花预防蛇虫。引导后勤人员树牢“以兵为本、服务于兵”的理念,认真搞好各类保障。按照“营养早餐、丰富午餐、调节晚餐、落实加餐”的原则,力求粗粮细做,让战士吃出营养。严格落实食物验收和卫生制度,保证官兵吃得放心、满意。 (刘忠旭)

•公安消防大队•

【概况】 2014年,市消防大队圆满完成“十八大”消防安全保卫工作,坚持严格、公正、文明执法,以夯实基础、突出重点、强化监督、着力改革、规范执法为目标,加强社会消防管理,做好火灾防控工作。军事训练取得显著成效,大队开展业务理论学习、体能训练、辖区熟悉、装备及技能操作训练、组织指挥、装备测试和实战化训练、实地演练、业务培训和作战研究等8个方面的训练,完成多功能训练塔改造,提升了部队灭火救灾和抢险救援能力。全年共接警出动667次,抢救被困人员125人,疏散被困人员200人,抢救财产价值4821.7万元。成功处置了“1·8”钟埭华昌农产品加工有限公司氨气泄漏、“1·23”城中城居民房火灾、“2·9”东方宾馆火灾、“2·13”新埭恒利来旅游用品有限公司火灾、“8·23”人民东路增祥里火灾、“11·15”汇银大厦火灾等社会影响较大的火灾,为保卫驻地经济建设和人民群众生命财产安全作出了贡献。

【独山港单独编制执勤消防队伍建成】 按照嘉兴消防部队赋予的试点任务,年内,独山港单编执勤消防队伍建成并投入执勤,当地政府投入经费3000余万元,新建营房一期建筑面积6400平方米,购置A类、B类泡沫消防车各一辆,新招聘合同制消防队员25名,提升了独山港地区灭火救援的能力。

【强化防火监督】 狠抓消防安全责任制的落实,加强火灾隐患整治,规范执法行为,提升消防工作社会化水平和火灾防控能力。一是强化消防监督执法工作。先后开展人员密集场所、易燃易爆危险品企业、“三合一”“三老”场所、“打非治违,消除火患”“重点行业领域”“党的十八大消防安全保卫战”“清剿火患战役”等专项整治行动,会同公安、工商、安监、民政等部门开展联合执法。全年共检查单位1211家,发现火灾隐患3294处,整改火灾隐患3386处，责令“三停”57家、临时查封44家、拘留41人，政府挂牌并整改销案重大火灾隐患8家。二是实行“户籍化”管理，夯实重点单位消防工作基础。先后3次召开全市187家消防重点单位会议，印发单位消防安全“四个能力”自查考评标准和报告备案表。全市所有消防安全重点单位全部完成消防安全“户籍化”档案建设，建立“三项报告”备案制度，并完成网上备案。三是规范消防产品市场秩序，专项整治违反消防产品管理行为。把消防产品整治与“清剿火患战役”有机结合，严厉打击消防产品违法行为。共检查消防产品维修单位1家、销售单位15家，检查消防安全重点单位174家，检查设有自动消防设施的非重点单位57家，检查在建工程98个，查封、扣押、没收消防产品58件(套)，更换不合格消防产品1770类(套)，消除消防产品类火灾隐患132处，查处违法案件15起，消除了一批火灾隐患，对控制火灾发生起到显著作用。

【做好宣传工作】 深入推进消防宣传“六进”工作，深入企业、学校、农村、场所等，广泛开展宣传教育。市消防大队坚持每月“两进三出”，保持开放工作的常态化，为群众学习掌握消防安全知识技能提供良好条件。加大流动消防宣传平台和媒体宣传阵地建设，与平湖广播、网络等媒体签订协议，设立消防专栏平台，提高专栏质量，充分发挥新闻媒体舆论引导作用，使群众从中受到深刻的警示教育，提高警惕与防范意识。加强广告传媒、户外视频、楼宇电视、LED电子显示屏建设，拓展消防公益广告宣传领域。在原有基础上，年内与平湖市新安佳物业管理有限公司续签租赁合同，取得城南路与梅园路交叉口大型LED广告位10年的使用权。不断完善消防志愿者服务机制，全年共发展500余名消防志愿者，在《纲要》宣传、安全生产月、消防知识网络大赛以及“消防志愿者查改身边火灾隐患”活动中，广大消防志愿者踊跃参与，为扩大消防宣传发挥了积极作用。

(胡　波)

政　　法

·综述·

【概况】　2014年，全市深入推进“平安平湖”“法治平湖”建设，着力解决影响社会和谐稳定的突出问题，全面提升维护社会和谐稳定的能力和水平，巩固发展和谐稳定的良好局面，实现政法工作走在前列的目标，平安、综治考核分别列嘉兴市第二、第三。以全省第三，嘉兴市第一的成绩获得省“平安市”“十连冠”，市委政法委获2013—2014年度全省政法系统先进集体。

服务保障中心工作。紧紧围绕全市“三改一拆”“五水共治”、生猪减量提质等中心工作，建立健全行政执法和刑事司法衔接机制，制订下发相关实施意见，进一步强化行政处罚和刑事处罚无缝对接。严厉打击污染环境犯罪，支持环保部门依法惩处违法排污行为。全年依法妥善处理中心工作涉稳问题78个，打击涉及“五水共治”犯罪嫌疑人26名，审结环境污染犯罪案件9件24人，申请强制执行的33件环保非诉讼行政案件全部准予执行。继续开展打击欠薪逃匿专项行动，先后对10名欠薪逃匿企业主采取刑事强制措施，有效维护经济秩序和职工合法权益。大力推进法律顾问体系建设，全面落实法律顾问由政府购买服务，在全省率先实现法律顾问覆盖机关、企业、村（社区）。全市581家规上企业有302家聘请企业法律顾问，占比52%。建立“民生律师”服务团、“女律师维权队”等专项律师服务团队，督促引导律师积极履行社会责任。

实施矛盾化解专项行动。抓源头，全面推行重大决策社会稳定风险评估，全年共对62项重大决策开展风险评估，作出实施决策50项，暂缓实施10项，不实施2项，所评项目在实施中未发生一例上访事件。抓化解，建立完善人民调解、行政调解、司法调解相衔接的大调解联动工作机制，不断挖掘调解工作室、个人工作室、“老娘舅”等基层调解资源，及时有效化解矛盾。全年共排查调处各类纠纷7493起，调处成功7398起，调处成功率98.73%。抓稳控，不断健全排查稳控和依法处置进京“非访”人员工作机制，对可能进京“非访”的8起事件，制订专案、明确责任、落实专人进行稳控。抓处理，依法打击处理利益诉求群体的违法犯罪行为，对利益诉求群体中的19名重点对象及一般人员实施“专案经营”，共处理相关违法人员32名。加大依法打击力度，制订出台《平湖市排查稳控和依法处置进京非访人员工作机制》，实施对缠访、恶意非正常访的严厉打击，拘留“非访”人员2名。

推进“平安平湖”创建。编印《平湖市平安综治考评资料汇编》，召开平安考核培训部署会，组织公安、消防、安监等部门开展不定期的暗访检查，建立每月通报和模拟扣分机制，定期进行平安建设模拟自评和平安形势分析。部署开展平安校园、平安景区等十七项系列创建活动，全年共创建市级平安建设示范村27个、示范社区13个、示范企业32家、5A级平安校园7所、示范药店10家、示范药企2家、餐饮服务食品安全示范单位3家、示范景区4家、平安村60个、平安社区31个、平安企业160家。平安企业创建中，花园村工资集体协商工作入选全国总工会集体协商案例。加快平安网群建设，组建一支由30名核心、85名骨干、545名基层网评员组成的三级网评员队伍。提升平安舆论宣传工作水平，开展平安创建“十个一”、平安综治双月宣传等活动，组织推进平安平湖建设10周年创建宣传，全新改版平安平湖栏目，新增互动等访问环节。全年，累计开展各类防范宣传和法制教育活动23场次，制作平安建设成果展板28块，发放平安宣传资料15万份。强化基层基础。创新发展“枫桥经验”，继续深化“网格化管理、组团式服务”，深入开展“网格双联”，努力实现服务群众“零距离”，形成“人往格中去，事在网中办，服务到群众”的良好局面。60个市级部门联挂基层142个重点网格，帮助解决问题285个。开展网格民情大比武活动，提高网格员动态掌握网格信息的能力水平。深化基层“一中心、一室、一网”规范化建设。继续推进社会服务管理中心规范化建设，钟埭街道、林埭镇、广陈镇被评为嘉兴市示范社会服务管理中心。进一步推进村（社区）社会服务管理室、规模以上企业服务管理室规范化建设，结合群众路线教育实践活动要求，依托基层社会管理综合信息系统平台，实行电子工作台账，取消实地检查考核环节，减轻基层负担。

推进涉法涉诉信访改革试点，坚持依法纠错、依法救助、依法终结、依法治闹四管齐下，建立健全依法处理涉法涉诉信访问题工作机制，明确政法委在处理涉法涉诉信访问题中的职能定位，依照相关法律和上级文件精神，进行“诉访分离，依法治访”，将涉法涉诉信访纳入法治轨道。全年到政法委来信来访3件，政法各部门办理来信60件、来访153批192人。严格贯彻落实浙江省防止冤假错案33项制度，规范公检法办案流程，加大特殊案件的监管力度，大力推进扩大指定辩护工作，可能被判处三年以上有期徒刑被告人获辩护率92.56%，同比上升18个百分点。部署开展案件评查活动，对可能存在执法问题、群众反映强烈的多次来信来访、上级领导交办、在社会上有重大影响的案件进行评查，评查案件30件，总体情况良好。

扎实开展党的群众路线教育实践活动，建立领导小组和工作机构，精心组织开展“平安护航”工程、“联网服务”行动，“听民声、知民情、解民忧”活动，“使命责任担当”学习讨论活动，干事创业先锋承诺活动等，有力推动政法队伍建设。进一步加强政法干警教育培训，严格正风肃纪，抓好干部协管工作，全年审议政法系统中层干部任免5批54人次。

【推进“三治”建设】 市委办、市政府办出台《关于创新社会治理方式推进“德治、法治、自治”建设的实施意见》，全年推进“三治”建设重点项目9个、创新实施载体21个，在全市131个村（社区）建立“法治服务团”“德治评议团”“自治议政团”，共同营造“有事依法办、文明一起创、家园共同建”的基层社会治理良好氛围。

【实施“低小散”企业集中专项整治】 2014年确定重点整治103家，实行关停一批，拆除一批，规范一批，扶持一批的“四个一批”分类集中整治。对违法问题突出、拒不接受整改的8家“钉子户”，采取联合执法强制关停措施；对整治进度缓慢的2家企业实施挂牌督办。全年共排摸整治企业280家，列入年度重点整治计划103家，完成113家，拆违1.5万多平方米，促进经济转型升级，消除安全隐患，预防化解劳资纠纷，减少环境污染，维护社会稳定。

【推进社会治安重点地区整治】 市委政法委下发《关于进一步完善社会治安重点地区排查整治长效工作机制建设的意见》，健全完善标准认定、排查研判报送、分级分类整治、协作配合联动整治、评估验收等五项机

制,全年完成市级社会治安重点整治地区15个,12月26日,嘉兴市综治办在平召开现场会,推广介绍平湖做法。 (孙 凤)

·公安·

【概况】 2014年,市公安局深入开展党的群众路线教育实践活动,按照嘉兴市局党委工作部署要求,围绕平湖市委、市政府“三年”活动和“九大专项”行动,为维护全市社会政治和治安稳定作出了积极贡献。全年,接报刑事警情、立刑事案件同比分别下降9.1%、2.3%;采取刑事强制措施、移送起诉、治安拘留同比分别上升7.4%、5%、18.9%;发命案1起,破获1起,连续7年全破;“两抢”发案18起,同比下降41.9%,破案17起,破案率94.4%。交通安全、火灾事故、网络舆情持续平稳向好。成功处置各类不安定因素149起,化解各类矛盾纠纷13000余起,市公安局获2014年度全省公安信访工作先进单位。经嘉兴市局委托第三方测评,平湖市群众安全感满意度位居嘉兴市第一;在省厅组织的执法质量、队伍正规化、信访三大考评中,均获优秀;蝉联嘉兴市优秀公安局称号,平安建设公安板块成绩位居嘉兴市前列,获得历史最高分。

【圆满完成各项安保工作】 2014年,市公安局强化工作预案和安全监管,先后圆满完成各级“两会”及上海亚信峰会“环沪护城河”、南京青奥会“环苏护城河”、2014中国·平湖西瓜灯文化节、桐乡世界互联网大会、报本禅寺除夕夜烧香活动、中央电视台“中国好男儿”栏目组到平录制等多个重要节点和重大活动的安全保卫工作。

【创新社会服务】 2014年,市公安局围绕2014年政府实事工程、政府部门重点项目推进和创新破难承诺落地工作,制订《关于全力服务“三改一拆”“五水共治”专项行动实施方案》,编印《保障市中心工作法律法规汇编》等执法依据,发动各警种,全力做好保障服务工作。先后对10名欠薪逃匿企业主采取刑事强制措施,打击涉及“五水共治”犯罪嫌疑人26名,查处利益诉求群体中的违法犯罪人员32名,拘留非访人员2名。以“亲商、护商、安商、兴商”为目标,创新工作思路,推行重大项目警官制,由局领导带头,全体中层正职干部联挂46个重大项目、78名社区民警服务其他重点项目,全年上门走访和指导812次、收集建议115条、帮助解决困难问题30个、排除风险隐患61个,实现重大项目群体性事件、严重刑事犯罪、重大安全事故三个“零发生”。

【不断强化队伍建设】 2014年,市公安局深入开展党的群众路线教育实践活动与“为何从警、如何做警、为谁用警”大讨论,营造风清、气正、干事、创业的警营“生态”环境。规范权力运行,市局出台反腐倡廉责任分工,推进具有公安特色的惩防体系建设。对违纪违规坚持“零容忍”,年内民警被党政纪处分5名、诫免谈话17名(其中属“一案双查”中层干部12名),年度考核末位告诫11名。建立与实战紧密衔接的大教育大培训体系,在嘉兴市7个警种岗位业务能力比武活动中取得4项团体先进和6项个人先进,2名民警在全省比武中取得优异成绩。狠抓协警教育管理,开展岗位专业评定和“二十佳”评选。重视先进典型选树,全局有1个集体、1名个人立二等功,7个集体、9名个人立三等功,当湖派出所再次成为全国公安机关执法示范单位(嘉兴市唯一),禁毒办被省委、省政府评为2013—2014年度全省禁毒工作先进集体(嘉兴市唯一),独山港派出所民警汪东晓被评为省劳动模范、刑侦大队副大队长徐挺烽被评为嘉兴市“我最喜爱的十大人民警察”。

【创新强警机制】 2014年,市公安局扩容升级每日点评会商机制,实现业务工作、服务中心、队伍建设全覆盖,确保工作日结日清,决策力、执行力有效提升,该机制成为平湖公安工作一大亮点。以综合指挥室为核心,不断完善三级情报架构体系,“两大核心”应用成绩突出,被确定为全省“大情报”工作示范点。深化快速反应机制建设,情报、网警与刑侦合署办公,整建制参与网上合成作战,人均打处数列嘉兴市第一,特别是在通讯(网络)诈骗等疑难案件侦查上形成了成熟的技战法,专业合成一体化居嘉兴市第一。强化专业科技应用,扎实推进专业合成作战中心智能应用,DNA、电子物证等技术成为新的破案增长点。年内,共采集可疑人员DNA样本15614个,通过DNA比对认定犯罪嫌疑人56人,同比上升211%。

【专项行动成绩显著】 2014年,市公安局以贯穿全年的各大专项行动为抓手,始终保持对各类违法犯罪活动的高压严打态势,两打两保、缉枪治爆、百城禁毒、打击保险诈骗等专项行动均居嘉兴市前列,打击涉网犯罪成为破案最大的增长点。

【夯实信访基础】 2014年,市公安局共接待来访78批104人次,办理信访总量74件,其中办理公安部交办件1件(系重信),省公安厅交办件11件(其中重信重访9件),嘉兴市公安局交办件9件(其中重信1件)。做好诉访分离引导工作,依法合理解决涉法涉诉事项。全年,通过法制解释、法律引导和依法导入办案程序等措施导入法律程序56起,出具涉法涉诉告知单17件。全年各类信访纠纷化解率95.67%。通过来信来访提供办案线索24条。

【夯实社会治安基础建设】 2014年,市公安局以街面巡逻网等“七张网”为骨架,以社区警务为源头,强势推进“零发案社区(村)”创建。年内,全市新增社会治安动态视频监控1711个,新装摄录一体机3800余台,盗窃“两车”、入户盗窃发案同比下降32.1%、19.3%,城乡防控一体化建设位居嘉兴市第二。

【扎实推进执法规范化建设】 2014年,市公安局按照制度约束执法行为、创新促进执法行为的思路,全力提升执法能力、执法质量和执法公信力,建成全国领先的办案、案管、物证“三中心”机制,成为执法精细化管理的范例,得到公安部法制局的高度肯定。积极推进刑事办案机制改革,在嘉兴市率先成立案审队,成立以来移送起诉数同比上升25.0%,办案周期平均缩短28天。

【优化道路交通管理】 2014年,市公安局以城市治堵、纠违治危、禁酒驾、清违等重点工作为突破,强化路面秩序管控,严查严纠各类交通违法行为。年内,共查处各类交通违法行为20万余起,办理刑事案件220起,移送起诉248人,道路交通事故指数实现零增长。完成新华路环城北路口、新华路胜利路口智能交通信号灯控制系统建设,通行效率有效提升。联合多部门清除市区多个路段非机动车道停车泊位93个,挂牌治理的11处事故多发点段全部治理完成。

【全省禁毒社工队伍建设试点工作观摩活动在平湖举办】 12月11日,由省禁毒办组织,各地市级禁毒办、省禁毒社工队伍建设示范单位参加的禁毒社工队伍建设现场观摩活动在平湖举行。省禁毒办副主任、省公安厅禁毒总队副总队长周联盟、市领导王道平参加观摩及交流活动。

【快速破获故意伤害致死案件】 6月8日,市公安局快速反应、果断处置一起故意伤害致死案件,当场抓获犯罪嫌疑人文某某(男,16岁,山东省人)。

【侦破特大生产、销售假药案】 6月开始,市公安局通过深挖线索、跟踪侦查、集中打击,组织专案警力远赴广东、北京、上海等地,成功破获涉案价值达2亿余元的特大生产、销售假药案,12月15日至18日,中央电视台新闻频道记者专程到平,采录专题新闻报道。

【跨国抓获一名“猎狐2014”专项行动逃犯】 12月29日,市公安局通过落地侦控,在柬埔寨金边一服装加工厂内将涉嫌信用卡诈骗犯罪和拒不支付劳动报酬的逃犯张某某抓获归案。 (费 超)

• 检察 •

【概况】 2014年共受理提请批准逮捕案件682件933人,经审查批准逮捕625件833人;受理移送审查起诉案件1253件1861人,经审查向法院提起公诉1120件1667人,移送上级人民检察院审查起诉4件4人,决定不起诉79件101人。立案侦查贪污、受贿等职务犯罪案件15件15人,其中副科级以上干部7人;立案侦查涉嫌动植物检疫徇私舞弊渎职侵权职务犯罪1件2人。到镇(街道)、村及重点企业组织开展下访巡防12次,宣传检察机关的职能作用,受理群众来信来访50件。坚持为民服务,开展被害人救助工作,救助不诉、不捕案件被害人8人,有效化解矛盾纠纷。新仓检察室配合镇司法所成功调处各类纠纷14起。

【依法打击刑事犯罪】 突出打击刑事犯罪。加大打击涉及民生类犯罪案件,批准逮捕涉及危害食品药品安全的生产、销售伪劣产品和生产、销售假药案件15件30人,提起公诉10件28人;批准逮捕电信诈骗类案件7件11人,提起公诉10件20人;批准逮捕拒不支付劳动报酬案件10件10人,提起公诉7件7人。积极服务“五水共治”,组织开展水环境治理专项办案,批准逮捕污染环境案件1件1人,提起公诉9件30人,追诉涉嫌污染环境被告单位2个,法院均作出有罪判决。深入贯彻宽严相济。对于情节轻微、社会危害性不大、人身危险性小的犯罪,依法适用宽松刑事政策。全年,不(予)批准逮捕案件52件94人,其中定罪不捕30件62人、无罪不捕4件8人,存疑不捕18件24人。对未成年人案件、在校学生案件和过失犯罪、因家庭邻里纠纷引起的主观恶性和社会危害性不大的犯罪,以及犯罪后有自首立功表现的,依法向法院提出从轻、减轻或者免除刑罚处罚的量刑建议,对犯罪情节轻微的70件80人酌定不起诉。成立未成年人刑事检察科(简称未检科),建立健全适合未成年人特点的办案机制,将普通刑事案件中的未成年犯罪嫌疑人分案专人办理(除不宜分案处理的外)。重视保护未成年人隐私,落实未成年人犯罪记录封存制度,将2013年1月1日刑诉法修改后审结的未成年人刑事案件,经逐件清理,依法予以犯罪记录封存,保障未成年人合法权益。

【强化诉讼监督】 加强侦查活动监督、立案监督和审判监督。要求公安机关说明不立案理由17件36人,立案监督的案件被判处有期徒刑的10人,监督撤案3件12人,追诉漏罪19人,提出刑事抗诉1件1人,向公安、法院发出书面纠正违法12件22人。认真执行修改后刑事诉讼法关于强制医疗特别程序,向法院提出涉案精神病人强制医疗申请案件2件2人。强化刑罚执行和监管活动监督，向看守所提出书面检察建议、书面纠正违法意见5件，审查减刑、假释裁定和暂予监外执行决定86件(人)。开展捕后羁押必要性审查工作，经审查认为捕后不需要继续羁押的，建议变更强制措施30件30人，侦查机关变更28件28人。强化社区矫正工作的法律监督，向社区矫正部门发出检察建议8件，有效防止脱管漏管。强化民行诉讼监督和行政执法监督。受理各类民事、行政申诉案件35件，其中民事调处5件，加强行政执法监督工作，向行政机关发出检察建议10件。充分运用民事诉讼法规定的检察机关调查权，依法查处虚假诉讼案件，按照管辖规定移送公安机关刑事立案2件5人，市检察院分别以诈骗罪、妨害作证罪、帮助伪造证据罪，对5被告人依法提起公诉，法院全部作出有罪判决。

【加强检察基础建设】 成立案件管理办公室，在嘉兴市率先运行统一业务软件，实现网上立案、网上受理、网上分案、信息反馈等系列流程，推动检察机关规范化建设；制订《平湖市人民检察院涉案款物管理工作实施细则》，通过案件管理系统接收、移送涉案款物；通过案件信息公开系统，将部分案件信息和法律文书对外开放，供公众在网上查询。开展对不诉、不捕、刑事申诉案件的质量评查工作，对“五水共治”相关案件质量进行专项评查。改造修缮办公大楼，改建办公室13间，增加面积近200平方米；设立案件受理大厅，改建接待室和律师阅卷室。启动检察机关涉密系统分级保护工程建设，主要包括办公、办案系统、机要系统等系统网络，把检察机关内网改建成从最高检察院到基层检察院的涉密系统平台，年内已通过测评。

【经信、科技系统政府奖补资金系列职务犯罪案件】 2014年初，市检察院相继查处涉及经信、科技系统政府奖补资金有关职务犯罪案件4件4人。

沈平，男，1968年9月7日出生，原平湖市科技局科技发展科科员、科长，中共新埭镇党委委员，人武部部长。经审查查明：2004年至2008年期间，沈平利用职务便利，非法收受企业有关人员贿赂，共计价值人民币20余万元。2014年8月13日，平湖市人民法院依法作出判决：沈平犯受贿罪，判处有期徒刑7年，并处没收财产4万元。

柳春，男，1963年5月14日出生，原平湖市经济贸易局投资与规划科科长、副局长，平湖市科学技术局副局长。经审查查明，2002年至2013年期间，柳春利用职务便利，为有关企业谋取利益，非法收受贿赂40余万元。2014年8月14日平湖市人民法院依法作出判决：柳春犯受贿罪，判处有期徒刑8年，并处没收财产6万元。

廖善才，男，1955年6月2日出生，原平湖市经济贸易局投资与规划科副科长。经审查查明，2002年至2009年期间，廖善才利用职务便利，为他人谋取利益，收受他人贿赂50余万元，其中20余万元属共同犯罪。2014年8月14日，平湖市人民法院依法作出判决：廖善才犯受贿罪，判处有期徒刑8年8个月，并处没收财产6万元。

谢明建，男，1954年10月20日出生，原平湖市经济和信息化局正科级协理员。曾先后任市经贸局副局长、正科级协理员、市工业发展资金管委会办公室主任等职。经审查查明，2001年至2009年，谢明建利用职务上便利，单独或共同收受他人贿赂60余万元，滥用职权致使国家经济损失80余万元。2014年8月21日平湖市人民法院依法判决：谢明建犯受贿罪，判处有期徒刑10年，并处没收财产8万元；犯滥用职权罪，判处有期徒刑1年；决定执行有期徒刑10年6个月，并处没

收财产8万元。 (朱　叶)

·审判·

【概况】 2014年,市法院围绕司法为民、公正司法工作主线,抓审判,强服务,提素质,促公正,为建设法治平湖、平安平湖提供有力的司法保障。全年新收各类案件9515件,办结9391件,同比分别下降3.1%和3.6%,一线法官人均结案224.7件,生效裁判息诉率为99.8%,办案质量、效率、效果总体水平稳中有升。年内,市法院被评为全省优秀法院、全省综合治理执行难先进法院、全省法院信息化工作先进集体。宽严相济惩治刑事犯罪。共新收各类刑事案件1089件,审结1095件(含2013年旧存),判处罪犯1821人,同比分别上升7.4%、4.6%和10.2%。依法严厉打击严重影响群众安全感的犯罪,维护社会平安稳定。依法从宽处罚轻微犯罪、过失犯罪以及未成年人犯罪。加强刑事司法人权保障,维护被告人的诉讼权利,在司法行政部门和广大律师支持下,通知法律援助机构为116名被告人指派辩护律师,被告人获得刑事辩护的比例在嘉兴地区领先。调判结合妥处民商事纠纷。共新收民商事案件5226件,审结5156件,同比分别下降9.9%和10.7%,解决争议标的额21.54亿元。充分发挥调解和判决两种结案方式各自的作用和优势,对于有调解条件、调解可能的案件,优先适用调解方式处理,民商事案件调撤率为67.6%;对于不宜调解、调解不成的案件,及时依法作出裁判。依法实质化解行政争议。共受理行政诉讼案件20件,审结17件,同比分别增加14件和9件,其中判决行政机关胜诉10件,败诉5件,经法院协调后和解撤诉2件。加大非诉行政执行案件司法审查力度,审结案件147件,准予执行145件。进一步落实司法建议制度,连续两年出台行政审判“白皮书”,提出促进依法行政针对性意见建议,助推法治政府建设。加强执行综治体系建设。新收执行案件3017件,执结2962件,同比分别上升7.7%和8.9%,实际执行率为66.3%,执行到位金额7.78亿元。突出执行的强制性、惩罚性,推进执行惩戒机制建设,加大对失信老赖的惩戒力度,将1965名失信自然人和157个失信法人信息录入全国法院失信被执行人名单,公开曝光。加大对抗拒执行、逃避执行的惩治力度,拘留、罚款69人,对4人以“拒执”罪移交公安机关立案侦查。落实24小时执行备勤制度,提升执行快速反应能力。

【市法院整体搬迁】 9月29日,市法院整体搬迁至当湖街道胜利路222号。新审判大楼占地32亩,总建筑面积15510.5平方米,主楼10层,其中审判区3层,有大、中、小和独任审判法庭15个。

【保障重点工作依法推进】 依法保障“五水共治”工作,严厉打击环境污染犯罪,严格控制缓刑适用,加大对罚金刑的适用和执行力度,加大对违法排污者的经济惩戒,共审结环境污染犯罪案件9件,判处罪犯24人。依法支持环保部门处罚违法排污等行为,33件环保非诉行政案件全部裁定准予执行。开展环保处罚案件专项执行行动,加大执行力度,提高案件有效执结率,共执行到位罚款50余万元。进一步发挥司法职能作用,健全完善案件高效办理、争议多元化解、府院良性互动、案件风险管控机制,依法妥处“三改一拆”、重点工程和城市化进程中出现的拆迁、拆违等涉案问题,审结涉及老市政府、东湖电影院、城北路等地块改造的国有房屋腾退案件30件,有力助推城市有机更新。

【服务经济持续健康发展】 健全涉诉企业

差异化处置机制，坚持依法帮扶与有序淘汰相结合，审结各类涉企纠纷案件2685件，解决争议标的额19.37亿元。加快关停企业资产处置进度，利用市场化司法程序盘活关停企业存量资产，通过司法拍卖、变卖，释放土地资源170余亩，厂房等房屋面积8.87万平方米，为实现"腾笼换鸟"、转型升级创造有利条件。优化金融法治环境，加快推进银行业不良资产处置，通过开辟绿色通道、适用实现担保物权特别程序、开展专项执行等方式，高效审结金融纠纷案件393件，执结案件362件，执行到位3.2亿元。

【丰富诉讼便民利民机制】 强化诉讼服务，开通12368诉讼服务热线和短信平台，提供案件信息查询、诉讼流程咨询、投诉举报受理等服务，满足诉讼当事人实时、远程、便捷获取司法信息的需求。开通网上银行、手机银行、支付宝钱包等缴费通道，方便当事人缴费。推进零佣金司法网拍工作规范化、制度化、常态化，共网拍房产、汽车等拍品152件，网拍数占全部拍卖数的98.1%，总成交额为4.74亿元，为当事人节约佣金900余万元。建立网拍房产产权和抵押预登记制度，全面搭建网拍房产按揭贷款平台，有效破解房产网拍一次性付款难题，共落实银行贷款2555万元。

【加大司法公开力度】 强化审判流程公开，所有公开开庭案件在网上预告，向社会公开开庭信息；拓宽审务信息公开范围，将历年法院工作报告、调研报告、统计分析等材料在门户网站公布；丰富审务信息公开形式，积极推进新媒体应用，在嘉兴法院率先开通官方微信，建立法院网站、微博、微信"三位一体"司法公开平台。加大裁判文书上网公开力度，坚持"以公开为原则，不公开为例外"，上网公开裁判文书7678份。加强执行公开，落实执行回告制度，4月起依托案件流程管理软件，自动发送短信，及时向当事人提供执行程序重点环节、重大事项及重要进展的查询信息，充分保障当事人知情权、参与权和监督权。

【推进涉诉信访改革】 坚持依法纠错、依法救助、依法终结、依法治闹四管齐下，将涉诉上访纳入法治轨道。完善接访机制，设立院领导信访接待日、中层干部每日信访值班制度，畅通信访渠道。充分运用"院长信箱"等网上信访平台，推进网上受理、网下办理、网上反馈的信访事项办理机制。配齐配强接访力量，提升信访案件办理效率，落实专人对信访案件进行全程督办、定期催办。明确诉访分离标准，将涉诉信访案件依法导入司法程序，受理申诉、申请再审7件。全年信访态势总体平稳。

【完善审判运行机制】 探索完善司法责任制，依法落实主审法官、合议庭等审判组织应有的裁判权限与相应责任。推行院庭长、审判委员会委员带头办案制，发挥指导、示范作用，院庭长审执结案件1538件，占全院结案数的16.4%。推进量刑规范化改革，对常见多发的盗窃、抢劫、伤害等犯罪，根据不同情节，设置相对统一的量刑标准，防止同案不同判。应对劳教制度废止后部分治安案件分流入罪的问题，推动建立轻微刑事案件快速办理机制。积极推行裁判文书简化工作，在案情简单、争议不大的小额速裁案件、简易程序案件中采用"要素式""令状式""表格式"裁判文书，节约司法资源。 （汪佳铭）

• 司法行政 •

【健全司法运行机制】 年内，市委、市政府先后出台5个文件，对司法行政工作服务大局和普遍推行法律顾问制度、大调解体系建设、法律援助经费调整等工作明确要求,落实保障。市司法局与市委宣传部、法院、经信局等部门联合出台10个文件,并协调各镇(街道),抓实目标落实,推动工作顺利开展。扎实开展党的群众路线教育实践活动,围绕解决"四风"问题,梳理总结出"四风"问题6个方面,10项专项整治,解决群众集中反映的问题12条,涉法投诉2起,修订完善管理制度10项。积极服务中心,与市"治水办""重大项目办"开展服务对接,全系统干部统一行动,到联挂村走访、排摸,解决服务群众"最后一公里"问题。各级法律顾问协助制订"三改一拆""五水共治"工作实施方案,开展法律评估、法律论证和法律监督,公证机构帮助做好现场监督、证据保全等公证事项,推动各项中心工作顺利开展。

【构建公共法律服务体系】 抓星级创建。2014年,市司法行政法律服务中心完成四星级公共法律服务中心申报工作,构建与社会矛盾调解中心、司法所、律师事务所、镇(街道)、村(社区)调解组织、各行业性专业调委会联动机制。门户网站开设"平湖市公共法律服务中心网上服务平台"浮动窗口,专设QQ,开通在线咨询服务。抓基层建设。年内镇(街道)、村(社区)中心站点创建率达100%,申报公共法律服务中心(站点)五星级6个,三星级2个。依托村(社区)便民服务中心建立法律服务点,打造"有法律服务标识、有法律顾问、有咨询电话、有宣传资料"的"四有"村(社区)便民窗口。抓法律援助。构建城乡均等的法律援助工作体系,建立外来务工人员讨薪"零障碍"机制,开展妇女法律援助宣传月、"情系养老院,法护夕阳红"专项法律服务活动。拓展"司法拥军"服务模式,在平湖武警中队建立"法律援助工作站",与武警乍浦中队构建"一队三所"服务框架。6月,与市财政局联合出台《平湖市法律援助补贴标准管理办法》,提高补贴标准,规范经费使用。全年共办理援助案件694件,其中民事360件,刑事334件,同比增加10.9%。

【普遍建立法律顾问制度】 5月,市人民政府在全省率先下发《关于全面推行法律顾问制度的意见》,就推行法律顾问工作作出详细规定。至8月,全市政府部门、国有企事业单位已全部聘请法律顾问。2013年底开始,启动新一轮村级法律顾问聘任工作,市司法局重新聘请25名执业律师、10名法律工作者担任村(社区)法律顾问。政府、部门和国有企事业单位的法律顾问费按"谁委托、谁支付"的原则,由聘任单位负担;村(社区)的法律顾问费以政府购买服务的形式,由市财政拨款,市司法局统一发放。6月,市司法局、经信局联合下发《关于全面推行规上企业法律顾问制度的意见》,至年末,全市581家规上企业有302家聘请了企业法律顾问,并组建童车、洁具、光机电等行业法律顾问团,开展组团式服务。9月,平湖市法律服务企业工作代表嘉兴市,迎接省司法厅落实帮扶企业十项举措督查指导。8月29日,《法制日报》头版对平湖市在浙江全省率先实现法律顾问全覆盖作了报道。法律顾问团队的建立为推动依法行政、服务民生做了大量工作。年内,市长朱林森督办建立"民生律师"服务团,借助"12348"热线、"手机掌上服务""百姓事马上办"系统,指导涉及民生热点难点问题合法合理解决,全年为困难及弱势群体提供法律援助220件次,代理诉讼案件38件,接待群众来访456人次、接听来电498人次,开展法律咨询50多次。定期入企"坐堂把脉",开展义务"法律体检"8次,制订服务企业转型升级办法、措施12条,为企业出具法律意见书15份,起草、审查合同28份。

【社会矛盾联调机制功能凸显】 11月,市委、市政府联合印发《平湖市建立完善人民调解、行政调解、司法调解相衔接大调解联动工作机制实施方案》,为大调解工作体系建设提供政策保障。抓好各时段矛盾纠纷排查化解工作,确保两节、全国“两会”、十八届四中全会、APEC会议、亚信峰会等重点时段的社会稳定。开展医患纠纷、信访积案化解工作,年内调解医患纠纷26起。积极参与中心工作,调解拆迁过程中的重大矛盾纠纷,确保“三改一拆”“五水共治”攻坚阶段工作顺利推进。完善市、镇(街道)、村(社区)三级调解组织网络,针对建制村区划调整后村域较大,村民办事距中心较远的实际,规划建立个人工作室、“老娘舅”等特色调解室,在镇(街道)警务室,建立调解工作室。年内,建立特色调解室45个,9个派出所和27个警务室全面推进“警调对接”机制建设,形成人民调解“3公里工作圈”。深入推进行业性、专业性调解组织建设,年内新增“学生伤害”“环境保护”“婚姻家庭”“温州商会”调委会,累计已建立专业调委会13个。市政府发文明确社会矛盾调解“一案一补”实施办法,通过政府购买服务的形式,实行“以奖代补”。镇、村两级调委会全年共受理民事纠纷1578起,调解成功率100%。各专业调委会的诉调对接工作室化解纠纷122件,交通事故纠纷调委会调解2845起、劳资纠纷调委会调解215起、市农业纠纷调委会调解456起、市消费纠纷调委会调解647起。

【提升特殊对象管控能力】 以“社区矫正警示教育”活动为载体,深入推进社区矫正规范化建设。构建公、检、法、司联动协调,定期开展联合入矫宣告、集中训诫、监督检查等常规工作。年内,市委办、市政府办出台《关于进一步加强社区矫正工作的意见》。6月,市司法局与市人民法院联合制订下发《关于加强外地籍社区矫正人员接收工作的若干规定》,抓好监地衔接。扎实开展审前社会调查,重点做好保外就医罪犯工作,年内共办理审前调查案件49起,保外就医司法鉴定3起。8月,与南湖监狱积极配合,做好一起平湖籍罪犯死亡的突发事件处置,受到省司法厅副厅长陈忠批示肯定。开展社区矫正“三查”专项行动,梳理整改近两年办理的执法案件,严防脱管漏管。开展职务犯罪、金融犯罪、黑社会性质犯罪全面摸底,做好“三类罪犯”暂予监外执行集中清理工作。强化司法所工作职责,严格执行监管制度,全年共办理撤销缓刑收监执行案件12起、警告案件20起、居住地变更执行案件30起、外出请销假审批56起。加大投入,推进监管信息化,GPS定位社区服刑人员415名,占在册人员的71.4%。年内新聘9名专职社工,通过以会代训、专题培训等形式提升专职社工专业素质。2014年,新建过度性安置帮教基地6家,成功安置9名社区矫正、刑满释放人员。年末,全市安置帮教基地建设达24家,在册社区服刑人员582名,同比增长12.2%;归正人员2054名,同比增长97.1%。

【深化普法、依法治理机制】 把握“六五”普法“收官年”目标责任考核,深入开展法治宣传教育,扎实推进依法治理,为“法治平湖”建设营造良好法治环境。围绕中心,开展法治宣传服务“五水共治”“三改一拆”“无违建县”创建等专项活动。与市治水办主动对接,针对问题集中的466个重点企业、规模养殖户排污问题及农村乱抛死猪、垃圾问题,制作下发“五水共治”宣传折页,推动“五水共治,治污先行”行动。打造特色法治文化阵地,司法局拨专款,建设镇(街道)、村(社区)法治文化阵地。与文化部门联动,举办平湖市首届法治文化作品创作大赛。构建新媒体普法平台,与电视台合办《平安平湖》《阳光政务》,《嘉兴日报·平湖版》开辟“平湖司法”“六五普法”专版。推进基层民主法治建设,年内申报3个省级、7个嘉兴市级“民主法治村(社区)”,并对原已建成的全国、省级“民主法治村(社区)”进行复核。总结“诚信守法企业”创建经验,创建嘉兴市级“诚信守法企业”1家、平湖市级7家。（杨　柳）

农　　业

·综述·

【概况】　2014年,围绕"农业发展、农村幸福、农民富裕"的目标开拓创新,攻坚克难,"三农"工作取得新突破。全市实现农业总产值26.01亿元;农村居民人均可支配收入达24758元,同比增长10.1%。平湖市获浙江省2013年度社会主义新农村建设优秀单位、省级农业社会化服务示范县、第一批浙江省"平安渔业示范县"等多项荣誉,成功承办国家食用菌产业技术体系双孢蘑菇技术现场观摩会、全省新型农作制度推广现场会等省级以上会议。

【现代农业稳步发展】　2014年,农业"两区"建设全面推进,全年新建粮食生产功能区21个、面积2.33万亩,全市粮食播种面积56.53万亩、总产量24.85万吨。农业产业化水平不断提升,完成高标准农田建设面积6.22万亩,"4+3"农业特色优势产业发展壮大,产值达到16亿元以上。农业重点项目扎实推进,共争取省以上项目68个,合计资金1.45亿元。农业机械化水平显著提高,粮食耕种收综合机械化水平达到75%。大力推进农业标准化生产,农业标准化实施率达到70%以上,成功创建嘉兴市首个省级农业标准化综合示范县。农业安全生产工作落实到位,全市未发生重大农产品质量安全事故和森林火灾事故。

【新农村建设不断推进】　稳步推进"两新"工程建设,优化完善"1+X+n"村庄布点规划,全年新增农房集聚2134户,完成土地综合整治1050亩。深入推进"美丽乡村"建设,广陈、林埭镇通过嘉兴市美丽乡村先进镇考核验收。启动金家村、鱼圻塘村2个第二批历史文化村落保护利用一般村工作,筹措美丽乡村精品村创建项目资金120余万元,将曹桥街道章桥村、严家门村,新仓镇秦沙村列为2014年建设项目,加以精品化提升。全面提升农村文明程度,累计创建嘉兴市级以上文明村24个。开展"村村争五星"活动,全市创建五星村6个,四星村13个,三星村46个,二星村17个,一星村3个。2014年,平湖市被评为浙江省社会主义新农村建设优秀单位。

【农村生活污水治理取得阶段性成效】　出台《平湖市农村生活污水治理实施意见》《2014年全面开展农村生活污水治理 深入推进"金平湖·美丽乡村"建设的意见》等文件,明确主要工作任务与要求、资金筹措方案、部门职责分工等,细化2014年度目标任务,并与各镇(街道)签订目标责任书。编制市域农村生活污水治理规划,确定治理模式和技术。通过公开招标,确定入围年度施工单位、设计单位、监理单位以及地形测绘和竣工测绘单位,确定PE污水管和井盖供货单位各1家,UPVC加筋管供货单位2家,推荐5家一体式化粪池供应商、7家终端处理工程建设企业。建立市、镇(街道)、村(社区)、监理单位四级监管网络和组织领导、联席会议、考核督查推进机制,确保工程扎实推进。全年开展农村生活污水治理的项目点109个,涉及行政村40个,新增受益农户12075户,年度任务顺利完成。

【生猪减量提质成效显著】　2014年,按照

"应拆尽拆"原则,全市开展畜禽养殖污染治理暨清理违章猪(禽)舍"百日攻坚""百日会战"等专项行动,依法限期拆除"低、小、散、乱"养殖场,全面完成禁养区猪舍拆除工作,落实市、镇、村三级区域养殖总量控制目标。全年拆除违章猪舍164.28万平方米,完成嘉兴市下达任务的164.28%;完成土地复垦123万平方米。全市生猪存栏量从2014年年初43.19万头减少至年末8.64万头,养殖户从年初24503户减少至6470户,其中生猪存栏(含母猪、苗猪)50头以上58户,生猪养殖小区1户。钟埭街道、当湖街道成功创建"无猪街道",全市53个村(含嘉兴港区)成功创建"无猪村"。全面实施生猪养殖"三个一"制度("一户一证""一猪一券""一猪一费"),累计收取8.98万头生猪污染处置费156.80万元,增加了养殖污染治理筹资渠道,有力推动养殖治污设施建设和沼液收集服务工作。建立全省首个生猪管理信息化平台,并与农业部、省动物标识及动物产品追溯系统对接,从仔猪出生免疫、出售、屠宰多环节采集信息、网络传输,实现了对生猪信息的数字化、户籍化、动态化管理。

【超额完成农民培训任务】 按照省、嘉兴市"千万农民素质提升工程"总体部署,整合资源、加大力度,深入实施农民素质提升工程。2014年,开展各类培训19464人,完成实用人才培训2754人,分别完成年度培训任务的129.8%和137.7%。

【农村集体经济发展壮大】 连续第九年实施强村计划工程,发展村级集体经济,增加农民收入。全市17个村抱团建设标准厂房完工,年度立项6个项目,累计集体经济物业项目立项60个,26个项目已完工并投入使用,涉及50个村,每年增加租金1194万元。2014年全市农村居民人均可支配收入达24758元,同比增长10.1%,连续5年增幅超过10%。

【成功创建省级生态循环农业示范县】 成立以分管副市长为组长,农经、财政等10部门和各镇(街道)为成员的平湖市生态循环农业示范市建设工作领导小组,统筹推进省级生态循环农业示范县(市)创建工作。出台《平湖市生态循环农业示范市建设工作实施意见》,明确创建工作的指导思想、工作重点、保障措施,并将目标任务分解到成员单位,形成推进示范县(市)创建的良好氛围。全市推广各类新型循环农作制度面积4.2万亩,其中,"水稻－蘑菇－芦笋"循环种植模式被评为浙江省十大农作制度创新模式之一;创建省级生态循环农业示范区2个、示范企业2家,嘉兴市级示范区3个、示范企业5家,成功创建省级生态循环农业示范县(市)。

【《平湖市农业志》出版发行】 1月,《平湖市农业志》由中国文史出版社出版。该志编纂历时8年时间,分卷首、专志、志余三个部分,计十八篇、64万字,记录了平湖农业上起事物发端,下迄2005年的发展历史。

(沈叶青)

•农村经营管理•

【农村集体资产产权制度改革全面完成】 到2014年12月,钟埭街道福臻、大力、城西、白马、邵家、五一、白马渔业和钟埭水产等9个村(社区)的股份制改革相继完成。全市105个村(社区)全部完成改革,股改完成率100%,累计量化集体资产3.38亿元,股东人数30.83万人。引导村股份经济合作社按章程规定分红,2014年全市有9个村实行分红,当年股金分红总额394.6万元。深入推进农村集体产权交易工作。2014年,全市农村产权交易平台累计成交集体产权交易项目1486宗,交易合同总额11270万元。

【开展农业经营主体培育工作】 贯彻《浙江省人民政府关于促进农民专业合作社提升发展的意见》,从依法设立、开展服务、明晰产权、规范财务、民主管理和诚信建设等5个方面,修订平湖市示范性农民专业合作社管理办法,推进合作社规范发展。至2014年底,全市累计发展农民专业合作社390家,培育国家级示范性农民专业合作社3家,省级示范性农民专业合作社11家,嘉兴市级示范性农民专业合作社14家,平湖市级示范性农民专业合作社26家,嘉兴市级规范化农民专业合作社71家。贯彻省政府办公厅《关于培育发展家庭农场的意见》,下发《培育发展家庭农场实施意见》,制订《平湖市示范性家庭农场创建办法》,建立县、市、省三级示范性家庭农场创建制度。至2014年底,全市经工商注册登记家庭农场90家,培育省级示范性家庭农场5家,嘉兴市级示范性家庭农场6家,平湖市级示范性家庭农场9家。

【农业部农村土地承包经营权确权登记颁证试点顺利开展】 2014年,继续稳妥开展当湖街道土地承包经营权确权登记农业部试点工作;对二轮承包完善工作以来形成的土地承包关系进行再完善,全市完成调查摸底任务98个村,7.78万承包户。依法加强土地承包日常管理,及时化解土地承包经营纠纷42起,其中群体性信访件3起,维护农村社会和谐稳定。

【推进土地整村整组流转】 按农业部要求,扎实做好全市农村土地承包经营权流转规范化管理和服务试点工作。积极引导土地向238农业园区规模流转,推进土地整村整组流转。至2014年底,全市土地流转总面积14.72万亩,流转率45.94%,其中2014年新增土地流转面积1.22万亩。全市土地整村整组流转面积4.42万亩,涉及11个村,农户10041户。

【加快新型农业社会化服务建设】 自2013年承担国务院综合改革办公室建立新型农业社会化服务体系示范试点工作以来,制订《平湖市建立新型农业社会化服务体系示范试点工作实施方案》,主要从培育新型农业服务体系、加强服务装备建设、搭建和完善服务平台三个方面开展工作。到2014年底,9个项目均已开工启动,项目补助资金已全额下拨给各项目实施单位。当年平湖市被确定为省级农业社会化服务示范县(市)。

【拓展提升减轻农民负担工作】 继续贯彻落实中央、省、市各级涉及减轻农民负担工作的各项方针政策,在农民负担监管工作基本形成常态化长效监管机制基础上,2014年重点是保持态势、拓展领域、规范提升。印发2014年减轻农民负担工作指导意见,公布筹资筹劳工价80元/工,转发省人民政府办公厅关于进一步做好减轻农民负担工作的意见,有序开展一事一议筹资筹劳标准、程序、收款等环节的指导、监督。做好省“一事一议”财政奖补工作,47个村涉及49个项目列入2014年度“一事一议”省财政奖补项目,总投资4611万元,其中农村生活污水治理项目28个,道路硬化等项目21个。

(许敏杰)

•种植业•

【概况】 2014年,全市农作物播种面积75.54万亩,其中,粮食播种总面积56.53亩,单产440公斤,总产量24.85万吨。水稻播种面积为29.90万亩,单产567公斤,同比亩增2公斤,总产16.95万吨。其中单季晚稻面积29.75万亩,单产568公斤;连作晚稻面积0.09万亩,单产497公斤。春粮面积继续扩大,油菜面积大幅减少,全市春粮面积为23.40万亩,单产298公斤,总产6.98万吨。小麦11.24万亩,单产306公斤;大麦11.19万亩,单产299公斤。油菜种植面积4.64万亩,同比减1.3万亩;单产178公斤,总产0.83万吨、同比减20.4%。全市蔬菜复种面积11.65万亩,单产1986公斤,总产231324吨,其中芦笋面积6230.4亩,创产值7075万元。西瓜种植面积10305亩,单产2047公斤、总产21094吨。甜瓜种植面积1710亩,单产1523公斤,总产2605吨。食用菌总面积2345.2万平方尺,其中秋季蘑菇面积2100.4万平方尺,总产量27095吨,总产值1.68亿元。棉花面积5165亩,皮棉总产427吨、单产83公斤。

【种子供应与繁育】 2014年,平湖市惠农种业有限责任公司积极做好良种繁育和供应工作。全年繁育稻麦良种面积4419亩、收购调入种子180.8万公斤,其中大麦500亩、14.6万公斤,小麦500亩、22万公斤,水稻3419亩、收购水稻144.2万公斤。全年杂交稻种子调入1.2万公斤,油菜种子调入1300公斤,品种有浙油50、中双11、浙双72。小麦种子调入23万公斤,品种有扬麦20、扬麦16、华麦5号。全年供应稻麦油种子167.19万公斤,其中常规稻112.9万公斤(包含外调晚稻种子50万公斤)、杂交稻1.34万公斤,按亩常规稻用种量4公斤、杂交稻1.25公斤计算,可种植16万亩,全市晚稻良种供种率50%。大小麦良种供应52.94万公斤,其中大麦8.23万公斤,小麦44.71万公斤,实现粮食生产安全用种。

【大户直补和农作物良种补贴政策兑现到位】 2014年,通过邮政一卡通下发各类粮油惠农补贴资金共计4501.3万元。主要有:一、农资综合直补资金,有农户67753户,补贴面积59.04万亩,每亩53.02元,发放3130.09万元。二、省级稻麦大户直接补贴资金,有大户879户,复种面积15.91万亩,发放468.94万元。三、农作物良种补贴,农户71642户,资金659.14万元。四、水稻集中育秧,涉及32户,面积59406亩,补贴资金174.71万元。五、订单水稻良种贴补,符合订单水稻良种数量为114.03万公斤,奖励资金68.42万元。

【全面开展水稻高产创建活动】 全面开展落实水稻高产创建“600行动”活动,全市建立水稻示范方58个、面积20598亩。其中千亩方9个、面积10346亩;百亩方49个、面积10252亩。示范户190户、面积11556亩;攻关田62块、面积114.05亩。据嘉兴市、平湖市农业专家田间现场测产,全市7个镇(街道)平均产量达765.4公斤/亩,最高方达876.01公斤/亩,有力地带动了面上优良品种和先进适用技术的推广应用,起到了示范带动作用。

【“4+3”农业特色优势产业可持续发展】 “4+3”农业特色优势产业不断发展壮大,形成重点发展蔬菜(芦笋)、西甜瓜、食用菌、优质水产和支持发展林果业、农产品加工业以及休闲观光农业的“4+3”农业特色优势产业发展布局。2014年全市蘑菇种植面积2100.4万平方尺,芦笋种植面积6230.4亩,分别比2008年增长49.6%和370%,实现了较好的经济效益、生态效益和社会效益。

【全省新型农作制度推广现场会在平召开】 为了进一步贯彻落实省委、省政府关于推广新型农作制度的会议精神,11 月 3—4 日,全省新型农作制度推广现场会在平湖召开。全省各市、县农业局分管局长、农技推广中心负责人等 180 余人参加会议。省农业厅厅长史济锡、省农业厅总农艺师王建跃、嘉兴市副市长赵树梅及平湖市领导朱林森、潘川弟、胡志梁出席会议。与会人员实地参观了新仓镇仓秦果蔬专业合作社基地的“果园套种大豆”模式、新埭镇金穗园基地的“稻鳖共生”种养模式、平湖市三丰果蔬专业合作社基地的“大棚瓜菜 - 水稻轮作”模式以及现场农机展示。史济锡高度肯定平湖新型农作制度推广工作,平湖市、温州市、丽水市、建德市等 6 个市(县)作了有关经验交流发言。

【国家食用菌产业技术体系双孢蘑菇技术现场观摩会在平召开】 11 月 13 日下午,国家食用菌产业技术体系双孢蘑菇技术现场观摩会在平湖召开,国家食用菌产业体系首席专家张金霞(中国农科院蔬菜花卉所)、各专业岗位的专家、各省市综合试验站站长、各示范县食用菌技术团队人员等 130 余人参加会议,市领导胡志梁出席会议。与会人员参观了新埭镇盛龙果蔬园艺场试验示范基地并对该基地的生产工艺表示充分肯定。该基地通过引“W192”“W2000”等蘑菇新品种,应用新型菇棚及反光膜降(保)温覆盖材料、新型隧道发酵设备、翻料机械、菇房空气内循环、智能化自动喷淋与雾化温湿调控等新设施,采用草炭、河泥混合土覆土、蘑菇菌渣资源化利用等一系列新技术,蘑菇生产水平、科技创新能力等方面有了极大的提高,充分体现了浙江省食用菌产业技术体系在双孢蘑菇育种、栽培技术、设施设备的研究成果。

(陆玉琪　吴　平)

• 畜牧业 •

【概况】 2014 年,全市以减量提质为核心,以转型发展为关键,全面推进生猪养殖业转型发展,实现生猪养殖总量大幅削减,全市畜牧业生产总值 5.56 亿元,占全市农业生产总值的 21.38%,同比下降 0.69 个百分点。受人感染 H7N9 禽流感冲击和“小反刍兽疫”疫情的影响,禽产品价格持续低迷,家禽业生产继续下滑,肉羊流通禁止直接影响了羊业发展。2014 年全市肉类总产量 2.30 万吨,同比下降 7.9%,牛奶产量 3277 吨,同比增长 31.7%,蜂蜜产量 244.70 吨,同比下降 26.1%,蜂王浆产量 46.91 吨,同比增长 15.7%。全年生猪总饲养量 43.54 万头,年末生猪存栏 8.64 万头,其中能繁母猪存栏 0.64 万头,同比分别下降 39.7%、75.9%、86.3%。全市规模猪场只保留明大牧业园区。全年家禽总饲养量 115.72 万羽,年末家禽存栏 42.17 万羽,同比分别下降 32.4%、17.7%。年末存栏奶牛 750 头、羊 1.43 万头、兔 1.72 万只、人工饲养蜜蜂 6715 箱。年内出栏羊 1.79 万头、兔 1.65 万只。

【畜产品安全监管】 2014 年,全市组织开展农产品质量安全百日严打、饲料企业专项检查、饲料企业产品型式检验及免税抽样和世界互联网大会期间农产品质量安全监管行动 4 次,发放告知书 8 份,抽取 8 家 19 个饲料企业样品,检查证照失效饲料企业是否存在无证生产的违法行为。开展畜产品质量安全例行监测,全年定量检测生猪、牛尿样 87 份,支付定量检测经费 77350 元,配合农业部、省市例行监测,开展瘦肉精、畜产品抗菌药物残留抽查,完成农业部瘦肉精快速检测 100 户 250 份养殖场生猪尿样任务,完成省畜产品安全监测中心下达的屠宰场、超市、农贸市场、奶站 57 份肉蛋奶抽检任务,完成嘉食安委〔2014〕2号文件下达的62份生猪尿样送检任务。继续开展瘦肉精养殖环节飞行检测、屠宰场宰前监督检测、检疫环节监督检测,督促企业履行自检,全年全市抽样快速检克伦特罗样品67648份,莱克多巴胺60301份,沙丁胺醇55819份。全年未检出不合格样品,未发生畜产品安全事故。加大公路运输执法力度,全年动物卫生监督检查站共监督检查运输动物及动物产品车辆7964车次,受理外省调入动物及动物产品备案2280起,动物卫生监督所立案查处“过路猪”违法案件112起,涉案生猪2716头,处罚金额18.12万元。

2014年畜产品、饲料市场行情表

单位:元

项目		一季度			二季度			三季度			四季度		
年份		2014	2013	±%	2014	2013	±%	2014	2013	±%	2014	2013	±%
畜产品价格动态(元/公斤)	二元苗猪价格	11	14	-21.43	20	18	11.11	20	20	0.00	12	15	-20.0
	三元苗猪价格	15	20	-25.0	20	20	0.00	20	25	-20.0	13	20	-35.0
	二元肉猪价格	10.8	12.4	-12.9	12.5	13.0	-3.85	14.5	15.6	-7.05	13.8	14.6	-5.48
	三元肉猪价格	12.2	14.4	-15.28	13.4	14.6	-8.22	16.0	16.5	-3.03	14.2	16.2	-12.35
	猪肉统货零售价	24	24	0.00	24	24	0.00	26	24	8.33	23	28	-17.86
	放养黄羽肉鸡	20	21.5	-6.98	23	16	43.75	23	22	4.55	24	22	9.09
	圈养黄羽肉鸡	9	11	-18.18	14	14	0.00	16	16	0.00	18	17	5.88
	快大型肉鸭	12	13.5	-11.11	12	13.5	-11.11	16	14	14.29	10	14	-28.57
	鸡蛋	10	11	-9.09	11.2	8	40.0	14	9	55.56	14	11	27.27
	鸭蛋	10	12	-16.67	16	14	14.29	16	15	6.67	16	15	6.67
饲料价格动态	地产仔猪料(元/包)	143	145	-1.38	145	145	0.00	141	145	-2.76	140	145	-3.45
	地产中猪料(元/包)	128	130	-1.54	130	130	0.00	130	130	0.00	130	130	0.00
	地产肉鸡料(元/包)	138	135	2.22	140	135	3.70	136	140	-2.86	136	140	-2.86
	地产肉鸭料(元/包)	128	125	2.40	130	125	4.00	126	130	-3.08	126	130	-3.08
	玉米零售价(元/吨)	2400	2550	-5.88	2530	2500	1.20	2750	2530	-8.70	2450	2500	-2.00

说明:1. 调查日期:每季度的第二个月25日前后。

2. 调查地点:选择代表性的1~2个地点,取平均值。地点确定后保持相对稳定。

【强化政策扶持推动退养农户转产转业】 2014年,为促进违章猪舍拆除、畜禽养殖污染治理、退养农户转产转业,出台《平湖市畜禽养殖退养人员就业和社会保障工作实施细则》,对自愿退养、拆违的养殖户按照文件给予补助。此外,全年组织各类农业技术人员培训班69期,培训学员3643人次,农民素质提升培训14562人次。编印《平湖市农业转产转业技术指导手册》2500本,帮助退养农户开拓转产转业新思路。全年全市已完成生猪退养人数21910人,实现再就业人数10283人;累计发放转型发展补助2.2亿元;对年满60周岁以上、享有城乡居民社会养老保险基础养老金的畜禽养殖退养人员发放生活补贴,截止2014年12月31日,受理符合条件的人员40500人,发放补贴3000多万元。

【完善畜牧业专项规划】 2014年,编制完成《平湖市畜牧业专项规划(2013—2020)》(以下简称《规划》)。规划编制工作由平湖市农经局(畜牧兽医局)具体承办,编制单位为嘉兴市规划设计研究院。《规划》主要提出了2013—2020年畜牧业发展目标、区域空间布局、环境保护等方面的要求,划定禁养区、限养区,具体细化到镇、村。《规划》将对全市畜牧业区域布局、品种结构和产业结构的调整优化、实现畜牧业发展与保护生态环境的双赢起到积极促进作用。

【病死动物无害化处理】 2014年,贯彻落实养殖环节病死动物及其无害化处理财政补贴政策,开展病死猪无害化处理巡查。全年病死猪处理头数申报183146头,申请省级以上资金879.10万元,地方配套资金586.07万元,合计补助资金需1465.17万元,共核查享受无害化补助资金养殖户2182户,涉及病死猪5754头。推进病死动物集中无害化处理,引进热解炭化技术处置病死动物,建成农业废弃物处置中心,配套建设6个收集点共建冷库总容积406立方米,年处置病死动物1800吨(按300天计)。加强"镇统一收集、市集中处理"的病死动物无害化处理和监管制度建设。全市5个定点屠宰场共无害化处理病害病死猪302头,病害产品110.02吨,折合1222.49头,无害化处理运达目的地前已死亡的生猪230头。按照屠宰环节病害猪损失财政补贴标准每头800元、无害化处理费用补贴标准每头80元,2014年累计申请屠宰环节病害猪损失及无害化处理财政补贴资金135.99万元,其中无害化处理费用补贴14.04万元。

【动物疫病防控】 2014年,全市继续贯彻落实口蹄疫、猪瘟、高致病性猪蓝耳病常规免疫,采取散养户由村级防疫员适时免疫、规模场程序化免疫方式,高致病性禽流感免疫采取散养户春秋两季集中免疫、规模场程序化免疫方式。全年高致病性禽流感免疫83.93万羽次,生猪口蹄疫免疫1126302头次,牛羊口蹄疫免疫22414头次,猪瘟免疫1215697头次,高致病性蓝耳病免疫82.8万头次,羊小反刍兽疫紧急免疫9544头次,免疫犬27391条。开展动物疫情监测和免疫抗体检测,全市进行高致病性禽流感、口蹄疫、猪瘟、新城疫、高致病性猪蓝耳病免疫抗体检测样品3047份,合格率均在73%以上。开展动物疫病监测,共监测布鲁氏菌病样品1431份,其中牛610份,羊821份,监测结核病牛787头次,监测H7N9禽流感样品532份,送检死猪组织病料4份,送检家禽咽喉、泄殖腔拭子样品787份,家禽交易摊位环境样品70份。完善动物强制免疫疫苗管理制度,开展疫苗管理和免疫信息报送培训。完善动物检疫工作运行机制,严格检疫规范出证,落实检疫申报制度,推进检疫信息化管理。全年全市产地检疫共检生猪492280头、家禽373241羽、羊7741头。屠宰检疫牛2204头。

【养殖污染治理】 2014年制订出台《关于进一步加强畜禽、蘑菇废弃物收集处置利用意见》以及相关配套操作规程。开展三格式化粪池设施检查验收,扩大散养户的养殖污染治理覆盖面。全市有6个镇(街道)共4576户养殖户的新建成三格式污水囤积化粪池通过验收,有效推进全市水环境治理。

【畜禽定点屠宰管理】 根据《平湖市人民政府关于改革完善食品药品监管和工商质监行政管理体制的实施意见》有关要求,平湖市商务局的生猪屠宰监督管理职责划入市农经局,3月,完成生猪屠宰监督管理职责移交工作。市畜牧兽医局联合市场监管、公安、城管等部门组织开展生猪屠宰联合执法专项行动,出动206人次,检查肉品交易市场、超市等销售使用场所44个,定点屠宰场6个,签订责任承诺书6份。严格屠宰环节废弃产品无害化处理监管,督促屠宰企业严格执行屠宰环节各项管理制度和规定,专人审查废弃生猪产品无害化处理影像资料和纸质材料。2014年1—12月全市社会总生猪消耗量为256835头,生猪总屠宰量353464头,其中食品水产公司屠宰168010头,明大食品公司屠宰185454头。全年本地调出生猪白肉共164172头,占全市总屠宰量的46.4%,外地调入生猪白肉67543头,占全市社会总生猪消耗量的26.3%。 (沈亚菊)

•海洋与渔业•

【概况】 2014年,全市水产养殖面积23750亩,水产品产量2.52万吨,产值3.2亿元。建立科技示范基地5个,国家虾产业体系示范基地2个,新型稻田养鱼示范基地3个,面上推广面积共计5500亩,同比增加120%。全年举办渔业技术培训班12期,受训人数263人次,组织参加省市培训18次、66人次,参加协会业务培训3期。开展海洋渔业执法,共立案390起,结案390起,罚没款194.98万元,拍卖罚没物品77790元,渔业生产安全无死亡事故。全年检验合格渔船1045艘,其中内河渔船565艘,海洋渔船480艘,登船检验率100%。提供"一站式"渔船渔业行政许可提速服务,共计办理各类事项2677件,其中渔船渔业行政许可事项1579件,捕捞许可证年审事项1045件。创新海域使用管理方式,完成全市第一宗海域使用权挂牌出让、《平湖市海洋功能区划(2013－2020)》修编,完成33家涉海企业进行信息直报、海域基准价核定、入海污染源普查等工作,争取独山港经济开发区、九龙山度假区等691亩的用地指标。

【加强水产品质量安全检查】 落实农(水)产品质量安全责任,共签订农产品质量安全责任书278份。3月1日至6月10日全面开展"百日严打行动"。根据《浙江省海洋与渔业局关于做好牛蛙养殖专项治理工作的通知》精神,会同渔技推广中心对全市8家牛蛙养殖场开展专项检查行动。针对检查中发现的"三项记录"不完整的情况,执法人员现场提出整改意见,下发整改通知书,责令限期整改。在检查过程中执法人员还向各养殖场发放了省海洋与渔业局《致牛蛙养殖业主的一封信》等宣传资料。积极配合市公安局开展南白美对虾突击抽检行动,未发现使用违禁药物行为。

【开展海上"一打三整治"执法行动】 贯彻落实省委、省政府关于修复振兴浙江渔场的若干意见,成立由市委分管副书记任组长,市政府分管副市长任副组长,政法委等15个部门及沿海各镇相关负责人为成员的协调小组,出台《平湖市海域"一打三整治"专项执法行动实施方案》，明确全市“一打三整治”专项执法行动目标任务。全年共摸底调查“三无渔船”46 艘，拆解 46 艘，完成率 100%；确认“船证不符”368 艘，完成整治 368 艘，完成率 100%；在全市范围内开展海洋捕捞渔具最小网目尺寸和禁用渔具专项执法行动。海洋渔业部门加强与边防派出所协作，联合开展海上巡查和禁用渔具整治取缔工作，全市累计清理各类违规渔具 530 顶（只）；嘉兴港区出台《乍浦镇山湾渔民转产转业实施意见》，对乍浦镇山湾渔民进行整体转产转业，年内计划转产转业海洋捕捞渔船 96 艘，渔运船 2 艘；伏季休渔期间，全市各项管理工作始终做到有安排、有目标、有措施、有落实，确保了伏季休渔制度的顺利实施，伏季休渔管理工作形势稳定，管理成效大大好于往年。对 2 家未获得渔业船网工具指标批准书擅自建（改）造渔船的企业进行立案查处。

【重拳打击非法捕捞】 2014 年，出台《关于严厉打击非法捕捞行为的通告》及《平湖市人民政府办公室关于开展外荡水域养殖（捕捞）行为专项整治行动的通知》，与市广播电视台合作，投放禁止电捕鱼公益广告，进一步加大打击电捕宣传力度。市农经局、市公安局联合下发了《开展“春潮 2014”打击非法捕捞百日专项整治行动的通知》，建立健全日常巡查检查制度、节假日大队领导带班巡查制度和 24 小时备勤应急制度。2014 年，全市累计查处电力捕鱼 1435 起，其中利用柴油机马达的大型电捕 17 起，小型船载电捕 120 起，背包式电捕 1298 起（其中公安移交背包式电捕 1268 起）。查处东湖禁渔区非法捕捞 58 起。非法捕捞共立案 18 起，罚款 30600 元；没收电捕鱼工具 2714 件，拍卖罚没电瓶、马达、柴油机等 1420 只（件），拍卖罚没物品所得金额 77790 元；并对位于新埭镇鱼圻塘村的两起无证养殖户的生产设施进行强制拆除。

【渔业增殖放流】 2014 年，平湖市渔业资源增殖放流项目下达后，成立平湖市渔业资源增殖放流工作领导小组，严格规范增殖放流程序。全市苗种招标严格按照水生生物增殖放流种苗招投标的相关规定进行。在渔业资源增殖放流过程中，邀请渔民代表、新闻媒体及嘉兴市渔政处到现场进行监督。全年放流白鲢、花鲢（含夏花鱼种）、草鱼、鲫鱼、中华鳖、中华绒螯蟹等各类苗种总计 1090.87 万尾，安排放流资金 24.96 万元，较好地完成了增殖放流任务。

【渔业互保】 2014 年，全市参加互保渔船 480 艘，参保人数 2105 人。发生理赔案件 61 起，结案 43 起，赔款 359217 元，为保障渔民生命财产安全作出了贡献。

【落实渔业安全生产】 市农经局（海洋与渔业局）代表平湖市渔业安全生产领导小组与独山港镇、乍浦镇分别签订《2014 年度渔业安全生产目标管理责任书》。同时，各重点涉渔镇、村同船主签订渔业安全生产责任书 1179 份。不断完善市、镇（街道）、村（居委会）、船主（船长）四位一体的安全生产责任体系，明确各级职责，使“横向到边，纵向到底”的管理体系运行更加协调，信息交换更加畅通，管理效果更加突出。2014 年，根据防台人员变动、海洋渔船变化情况及标准渔港建设与管理现状，及时修改完善“三项制度”内容，更新渔业防汛防台人员信息数据库、渔船定人联船人员数据库和标准渔港安全管理责任人数据库，为做好防台减灾工作奠定了良好基础。

【推广渔业“三新”技术】 2014 年，继续加快新品种、新技术、新应用的推广，引进、推广河蟹、泥鳅、水蛭、鳗鲡等新品种,全市推广南美白对虾设施大棚养殖302亩、虾鳖混养300亩、种草养蟹养殖170亩、泥鳅高密度池塘养殖500亩(其中265亩完成尾水净化处理配套建设)、水蛭养殖140亩、鳗鲡养殖180亩。稳步推广"浙桂一号"南美白对虾健康苗种,引进"浙桂一号"南美白对虾健康苗种10253万尾,养殖情况良好。在全市1.3万亩南美白对虾养殖塘里推广使用微生物制剂进行养殖尾水原位净化。同时示范推广种草养蟹、高密度泥鳅养殖、多品种混养,尾水处理、水产品无害化生态处理等生态高效技术和新型稻田养鱼等新模式,进一步增强渔业生产发展后劲,提高全市渔业科技水平。

【海域使用权挂牌出让】 9月,按照省海洋与渔业局《关于公布浙江省海域使用权基准价格的通知》要求,首次通过挂牌方式成功出让2宗海域的海域使用权,其中:平湖中航油港务有限公司以总价250万元竞得面积为6.0218公顷港口用海的50年海域使用权、华能国际电力股份有限公司浙江分公司以总价11.5万元竞得面积为0.1494公顷电力工业用海的2年海域使用权,实现了海域资源的增值保值。

【海域海岛保护】 5月,完成《平湖市海域使用权出让基准价核定报告》;9月,完成《平湖市海洋功能区划(2006)实施情况评估报告》,同时继续开展《平湖市海洋功能区划(2013—2020)》编制工作。全市确权用海项目29宗(国家确权9宗、省确权1宗、地方确权19宗),使用海域类型涉及交通运输、旅游娱乐、工业、海底工程、排污、造地工程等6类一级用海类型。全年收缴海域使用金341.2099万元(其中挂牌收缴220.259万元);平湖市独山港区发展有限责任公司、平湖市独山港公共管廊有限公司投资建设的通港路一期、集港路一期、海涛路及石化园区公共管廊等4个公益性用海项目总计14.1793公顷的建设用海(存量填海)申请,正式获得省人民政府批准。开展海洋经济运行监测与评估工作,10月初认真落实涉海企业筛查工作,从50余家涉海企业中,筛选出32家涉海企业,其中涉及海洋旅游、海洋交通运输、海洋化工业、海洋生物医药业、海水利用业、海洋工程建筑业、海洋设备制造业等7个海洋行业。

【海洋环境保护】 9月至12月,市海洋与渔业局联合环保局、水利局、嘉兴港区等单位开展陆源入海排污口及入海江河调查。到2014年底全市入海排放企业5家,无养殖废水排放入海企业,入海口(待竣工的南排)1条。海洋功能区监测对平湖海域的三个功能区内设定6个站位,开展一年4次监测,全年完成全海域43个站位的现场检测工作,监测项目涵盖海洋水文、气象、生物生态等60余项,共获取监测数据逾4000个。 (齐正旺)

•林业•

【概况】 2014年,全市林业用地119518亩,其中乔木林面积97166亩,竹林面积15667亩,其他林业用地6685亩;非林业用地(四旁树占地)30347亩。全市平原森林覆盖率14.8%,平原林木覆盖率19.4%。全市活立木蓄积总数为193737立方米,其中乔木林蓄积99048立方米,四旁树蓄积94042立方米。境内有国家级森林公园1个(九龙山国家森林公园),省级林业观光园区2个(金龙门、澳多奇),省级森林城镇2个(新仓镇、新埭镇),省级兴林富民示范镇1个(新埭镇),省级森林村庄15个(钱家村、通界村、金家村、虹霓村、姚浜村、兴旺村、秦沙村、龙萌村、新群村、钟埭村、百寿村、穗轮村、黄山村、马厩村、友联村),省级兴林富民示范村5个(马家荡村、三八村、泗泾村、龙萌村、姚浜村)。

【平原绿化建设】 2014年,全市完成平原绿化造林面积8567.6亩,其中农村绿化造林4656.2亩,城市绿化面积1787.7亩,河道绿化面积870.2亩,公路绿化面积1253.5亩。

【深入开展全民义务植树活动】 春节后上班第一天,全市组织开展"1+8"义务植树活动,参加义务植树人数945人,种植各种各类乔灌木44391株、面积125.2亩。植树节期间独山港等乡镇开展了送苗入村活动,共青团等组织开展了纪念林建设活动,再度掀起了义务植树高潮。

【沿海重点防护林建设】 2014年,按照重点防护林工程建设要求,及早落实造林地段,编制造林作业设计,规范造林作业程序,大力开展重点防护林建设。全年营造重点防护林1813亩,其中完成林带林网造林1578亩、泥质基干林造林81亩,泥质基干林修复76亩、岩质基干林带补植78亩,全面完成省下达任务。

【强化森林火灾预防】 贯彻"预防为主,积极消灭"的森林防火方针,建立健全森林防火组织网络,层层签订森林防火责任书,切实将森林消防工作作为林业首要工作来抓。加大宣传力度,在上山入口要道新设中型防火宣传牌10块,林间道路旁悬挂小型防火宣传牌125块。清明期间,市森林防火指挥部共组织800余人次到林场加强森林防火检查巡逻工作,有效地保证了森林防火扑灭力量的落实。全年无森林火灾发生。 (张秀琳)

•农业产业化•

【现代农业园区建设稳步推进】 2014年完成主导产业示范区、特色农业精品园各类投资1亿多元,列入省级考核的曹桥蘑菇精品园顺利通过验收,并及时做好园区上图入库工作。6月底,在全国现代农业示范区培训班暨建设经验交流会上,平湖市就示范区现代农业发展主要特色和成效作了书面交流。

【农业招商引资成效显著】 全年完成新三资投资农业2亿元、固定资产投资3亿元目标任务。加强与镇(街道)、企业的走访联系,积极捕捉信息,参与招商洽谈。充分利用各类展示展销会、产品推介会等,开展招商宣传。6月,在嘉兴市赴上海农业招商暨农产品推介会上,推荐"朗德鹅产品精深加工"项目1个。做好省外向型农业工作考核和年报统计及平湖市"三资"投资农业情况月报统计工作,在4月29日全省外向型农业工作座谈会上,平湖市获2013年度全省发展外向型农业工作单项考核优秀奖。

【创新农产品营销模式】 积极组织企业参加基地对接、农商对接活动,减少农产品流通环节,创新农产品流通模式。9月,组织2家农业主体参加第三届长三角地区农超对接洽谈会,积极组织企业参加各类展示展销,增强企业的宣传意识、品牌意识,提高平湖农产品市场竞争力。2014年先后组织20家企业参加嘉兴农展会,2家企业参加海宁市第五届农展会,1家企业参加2014浙江年货展,2家企业参加全国果品交易会,10家企业参加2014年浙江农博会,5家企业参加上海农展会。各类展会实现现场销售250.7万元,订货额300万元。在浙江农博会上,平湖市报送的老鼎丰"群欢"牌天然缸晒酿造酱油获得省农博会优质产品金奖。勤耕农场、华昌农产品加工有限公司等与机关、学校、企事业单位等团体采购单位建立了农产品供应关系,大印农业、食用菌研究所等在市内设立直供直销网点,建立生产与消费有效衔接、灵活多样的农产品产销模式。

【休闲观光农业不断发展】 3月,在2014年全国休闲农业创意精品推介活动中平湖市获得产品创意金奖。6月,参与“中国最美休闲乡村”推荐活动。围绕厚重的农耕文明、良好的生态资源等条件,推荐上报姚浜村、金家村为中国最美休闲乡村;推荐以水产、葡萄、草莓、火龙果、芦笋为特色农产品,以观光度假、采摘垂钓、农家乐、农事体验为特色休闲项目,以金龙门生态休闲园、百玫生态园、勤耕农场、超秀果园、妙农蔬果为串接主要园区节点,申报“金平湖现代生态农业之旅”为2014年浙江休闲农业与乡村旅游精品线路。11月17日,海门市副市长一行40多人到平考察广陈休闲观光农业精品线路。通过宣传推介,吸引了更多市内外游客前来观光,2014年全市休闲观光农业接待游客116万人次,游客购物收入2302.5万元,促进了农产品销售和农民增收。

【农产品与沪接轨进程加快】 加强与上海农产品批发市场的对接联系,走访上海蔬菜集团及其有关批发市场,就平湖农业接轨上海如何深化开展座谈,为平湖农产品进入上海市场创造良好外部环境。推动农业经营主体及其产品走向全国,做大做强特色产业和品牌,12月20日,在上海光大国际大酒店举办平湖特色农产品推介会,17家农业主体展示产品50多个,深得与会人员好评。3家农业主体在上海农产品推介会上分别与上海江桥市场、上海江杨市场、杭州果品集团进行食用菌、芦笋、果品产销对接签约,稳定了供求合作关系。通过展示推介活动,平湖蘑菇、芦笋等特色优势产业影响力得到扩大,“阿奴”杜瓜子、“世季鲜”虾产品、“龙牌”糟蛋等特色农产品品牌进一步打响,平湖农业知名度显著提升。 (赵良明)

•农业科技•

【农业科技项目管理】 2014年,完成平湖市丰收计划项目21项、金桥工程项目4项、推广基金项目5项。获嘉兴市农业丰收计划二等奖1项(千亩稻田养鱼技术示范推广)、嘉兴市农业丰收计划三等奖2项(十万亩小麦主栽品种及集成配套栽培技术推广、万亩水稻高氮高钾配方肥示范推广);平湖市丰收计划一等奖2项(十万亩小麦主栽品种及集成配套栽培技术推广、万亩水稻高氮高钾配方肥示范推广)、二等奖2项(万元千斤粮田高效种植模式示范推广、千亩稻田养鱼技术示范推广)、三等奖3项(优质软香米新品种“嘉58”示范推广、优质小型西瓜“金比特”示范推广、平湖市低效农田防护林改造技术推广与应用),金桥工程一等奖1项(稻鱼混养区水稻安全用药技术示范)。

【基层农业公共服务中心建设】 2014年,平湖市基层农技推广服务体系建设(业务用房改扩建)项目通过验收。截止年底,全市建成基层农业公共服务中心9个,其中省级示范性农业公共服务中心4个,提前完成省政府下达任务。

【组建产业技术服务团队】 2014年12月,平湖市组建了粮油、蔬菜、食用菌、林果、水产、畜牧等6个产业技术创新与推广服务团队。产业技术团队以市首席农技推广专家、12316为农服务窗口座席专家、市镇(街道)农技推广人员为主体,吸纳部分乡土专家等组成。结合农业部信息进村入户试点工作,通过农技通云平台系统及其服务终端，实现产业技术专家、基层农技人员和生产经营主体之间农技服务的适时互动。

【农村统一灭鼠】 2014年4月下旬，全市范围内开展春季城乡统一灭鼠行动。市植保土肥站发布《春季农村统一灭鼠技术意见》，指导全市各镇（街道）农技部门共同做好农村灭鼠工作。根据鼠密度调查监测，室内药前鼠密度为3.07%，灭鼠后下降到0.67%，灭鼠效果为78.26%；农田鼠密度药前为1.20%，灭鼠后下降到0.27%，灭鼠效果为77.78%。

【"加拿大一枝黄花"防控】 2014年，全市开展春秋两次"加拿大一枝黄花"集中防控行动，累计防除面积3579亩次，其中春季发生面积2554亩，秋季发生面积1025亩。通过属地管理、综合治理、专业化统防统除等手段，取得显著成效，加拿大一枝黄花的扩散蔓延势头得到有效遏制。

【农作物重大病虫害监测与预警】 2014年，以油菜、大小麦、水稻等大宗作物病虫测报为重点，突出重点病虫，实行系统定点调查与分类调查相结合，点上调查与面上普查相结合，加强信息联络与沟通，及时掌握田间病虫发生动态、分析病虫发展趋势，为决策防治提供科学依据。有重点选择开展经济作物病虫测报调查，进一步拓展服务领域。全年发病虫情报16期，发生期预报准确率98%以上，发生程度级别预报准确率95%以上。

【开展绿色防控技术示范】 3月28日，组织举办全市现代植保与绿色防控技术培训班。在新埭镇实施千亩芦笋和千亩水稻两个病虫绿色防控示范区，综合运用物理诱杀、生物农药及高效、低毒、低残留、环境友好型化学农药等防控手段，开展相关试验和示范，减少化学农药使用量。

【实施标准农田质量提升】 2万亩项目于2014年2月顺利通过省级验收。新申报项目1个，面积0.6万亩，2015年起开始实施。2014年，实施标准农田质量提升项目3个，面积合计2.7万亩；通过项目实施，全市开展宣传培训1451人次，秸秆还田22351亩，翻耕8897亩，建立示范方1550亩。种植紫云英1277亩，应用44%配方肥1033吨，增施商品有机肥3927.75吨，推广钙镁磷肥438吨。

【实施秸秆禁烧】 为实施秸秆禁烧，上半年，农经、环保、公安、交通等部门开展2次联合执法巡查，宣传教育150多人，处罚露天焚烧秸秆1起。10月底，出台《平湖市农作物秸秆综合利用和禁烧工作的实施意见》，自11月12日起，农经、环保、城管执法、公安、交通等相关部门在全市开展为期一个月的秸秆禁烧工作执法巡查，重点巡查高速公路、省道、县道和镇级公路两侧。各镇（街道）及时组建巡查队伍，进行重点监控，严防焚烧秸秆行为的发生。 （李建强）

•农业机械化•

【概况】 到2014年末，全市农业机械总动力为226338千瓦。当年全市机耕面积30.6万亩，机耕作业面积38.89万亩，机械收割面积51.30万亩。全市农用小型拖拉机2126台，配套农具2819台，大中型拖拉机171台，联合收割机427台。全市开展农机社会化作业服务的组织36个，从业人员1545人。农机维修网点70个，维修人员120人，全年维修各类农机具15718台次；农机经营总收入14459万元，总利润实现2794万元。2014年1月，平湖市农机推广站被评为2013年度浙江省农机化信息工作考核优秀单位。

【农机购置补贴】 2014年出台了平湖市农机购置补贴实施意见,利用各类传播媒介,组织开展形式多样的宣传活动,全方位宣传农机购置补贴政策。进一步增强责任意识、服务意识,切实做好机具落实、技术培训和监管服务跟踪工作,确保购机补贴政策廉洁运行,落到实处。全年,全市34家农机服务组织和50名农机手经申请、审核、购机、申请结算、核实公示后,符合结算条件,合计机具558台(套),购置价格829.835万元,享受财政补助资金293.2万元(其中中央补助资金214.35万元,省级补贴资金35.8万元,市级补贴资金43.05万元)。

【农机社会化服务】 以水稻育秧中心、烘干中心、维修中心等服务中心建设为重点,加强技术服务,提高服务质量,全力推动农机社会化发展。2014年,全市各服务中心完成水稻机械插秧面积3.5万亩,油菜机收0.11万亩,机械耕作5万余亩,机械统防统治7万亩,机械收割稻麦5万多亩,总作业面积超过25万亩,作业服务收入2000多万元。市农机维修中心在完成全市200余次农业机械维修任务的同时,组织开展各种先进适用农机装备的操作、保养、维修、管理培训,共培训各类农机手300多人次。

【加强农机安全生产管理】 2014年初与各镇(街道)农技水利服务中心签订《农机安全生产目标管理责任书》,制订农机事故责任追究、倒查和岗位责任制度,并公布24小时值班电话,确保了各项农机安全管理责任落实到位。广泛开展农机安全管理"村村到"大行动,加强农机安全宣传进农村、进社区、进单位、进学校、进农户的"五进"工作。春节、五一、国庆前后组织人员到各镇(街道)进行安全宣传教育,向全市上道路拖拉机驾驶员发出春节期间安全驾驶公开信600多份,并通过农民信箱向全市农机手发出安全知识短信,营造农机安全生产氛围,提高拖拉机驾驶员安全意识,夯实农机安全管理的基础。开展上道路拖拉机的检验及危及人身安全的农业机械的免费实地检验,5月起组织对农业机械上门检验,全面完成全市9个镇(街道)的拖拉机实地检验。依靠"公安驻农机警务联络室",提高协作配合能力,并联合镇(街道)农机管理员开展上道路拖拉机交通安全的专项检查。全年农机安全生产形势总体平衡,无重特大事故发生,一般事故得到有效遏制。

【农机装备淘汰更新】 根据《浙江省拖拉机报废更新管理办法》和《浙江省高耗能农业机械报废补偿实施办法(试行)》精神,通过摸底调查、发动宣传、组织实施及严格核实,2014年全市报废各类拖拉机124台,其中小型向盘式拖拉机12台、大中型拖拉机7台、农田拖拉机105台,享受省级财政补偿资金8万元、地方财政补偿资金12万元。报废农用拖拉机2台、联合收割机2台,更新大中型拖拉机4台,享受中央财政补偿资金1.01万元。认真实施稻草秸秆还田、稻草捆扎补贴政策,加快稻草秸秆还田、稻草捆扎、稻草新能源利用等农业循环低碳机械发展。2014年引进高效率稻草捆扎机2台,新增稻草切碎装置27套,全市稻草机械捆扎还田面积近20万亩,稻草综合利用率大幅度提升,稻草田间焚烧现象得到有效遏制。

【粮食全程机械化生产步伐加快】 围绕2014年全省农机化工作重点,加快突破水稻机械化育插秧、机械烘干等薄弱环节。召开全市农机化工作会议,对各镇(街道)水稻机械化育插秧、油菜机收等工作进行布置落实。

市农机管理站以全国水稻生产全程机械化示范县建设为契机，积极开展对水稻种植大户、家庭农场、合作社及技术人员的技能培训。分别于5月21日、6月6日在新埭镇、独山港镇召开粮食机械化生产现场会。9月18日、19日又组织全市水稻生产相关人员到上海世达尔现代农机有限公司、江苏井关农机（常州）有限公司进行水稻精量直播机、水稻育插秧机械操作及维护、工厂化育插秧技术等学习培训。组织各镇（街道）举办水稻机械化育插秧、油菜机收等技术培训班，召开现场会，通过技术培训与宣传，推动了全市农机化发展进程。2014年全市新购置水稻高速乘坐式插秧机5台、秧苗成套播种设备10台（套）。在广陈、林埭镇新建育秧中心2个，面积2912平方米，水稻机械化育插秧技术推广进一步加快；在广陈镇、当湖街道新建烘干中心3个，烘干批处理能力增加168吨，达到791吨。全市完成水稻机插8.6万亩、油菜机收0.6万亩，粮食耕种收综合机械化水平达到75%。（王晓林）

•农业行政执法•

【开展“绿剑”集中专项行动】 2014年，平湖市农业行政执法大队先后组织春夏秋三季“绿剑”集中执法行动，共出动执法人员310人次，检查农资生产经营单位480家次，并围绕“多办案、办大案、办要案系列案”的要求，全年立案办结农业行政处罚案件35起，罚没款11.09万元，有效保障了农业生产安全。

【深入开展专项整治行动】 2014年，市农业行政执法大队与相关专业部门协作，开展兽药市场、畜禽养殖场、饲料生产企业、蘑菇菌种、农药市场及统防统治专业合作社等6次专项整治。整治行动期间，共查处2起经营假兽药案，5起经营擅自修改标签内容的农药案，1起销售自行配制的饲料案；罚没款共计3.53万元。

【强化农资监督抽检】 根据《浙江省农业厅关于印发2014年度全省农业投入品质量监督抽检实施方案的通知》要求，全市按时完成了60个批次的农资监督抽检任务。经省检测机构检测，共有12个批次的农资产品不合格，分别为肥料1个批次，种子7个批次，饲料3个批次，兽药1个批次；市农业行政执法大队对经营不合格产品的农资经营单位进行处罚，罚没款共计2.86万元。

【做好农业生产事故调处】 按照《浙江省农业生产事故应急处置预案》《浙江省农业生产事故技术鉴定暂行办法》《浙江省农业生产事故处置办法》等有关规定，市农业行政执法大队认真做好农业生产事故处置工作，切实维护农业生产安全和农村社会稳定，维护农民群众合法利益。全年成功调处1起农业生产事故（新埭农药使用生产事故），农民获得赔偿2.5万元，有效地维护了农民群众的合法权益。

【加强农资经营人员法律法规培训】 4月，为进一步提高全市种子、农药、化肥等农资生产经营单位法制意识和职业技能，进一步规范农资生产、经营秩序，保障农业和农产品安全，组织开展全市农资经营单位法律法规培训，全市有211位农资经营者及农技人员参加了培训。

【开展森林植物检疫执法行动】 10—11月，市农业行政执法大队对全市38家苗木生产经营单位进行产地检疫，全面掌控全市苗圃松科植物繁殖现状，对违规种植松科植物的苗木生产单位发放整改通知。检查同时还对相关单位以及50余家涉木企业张贴发放《浙江省松材线虫病防治条例》等法律法规150余份,进行面对面宣传教育,并逐一签订《苗木生产经营单位防控松材线虫病承诺书》《平湖市木材经营加工单位防控松材线虫病承诺书》。

【开展“雷霆三号”专项行动】 根据浙江省林业厅《关于开展严厉打击涉林违法犯罪暨“雷霆三号”专项行动的通知》精神,市农业行政执法大队联合市森林公安局、平湖林场、市林业工作站、市森林植物检疫等相关部门,于8月开始集中执法力量组织开展“雷霆3号”专项行动,打击了非法捕捉、运输、贩卖野生动物违法行为,开展了秋季候鸟迁徙保护行动以及林地林木资源保护与矛盾化解工作。至12月,“雷霆3号”专项行动圆满结束,共拆除非法张网捉鸟网具600多只,收缴处理各种鸟类近200只,收缴放生青蛙1500多只,签订野生动物、林木资源保护承诺书350份;查处三起毁林案,责令当事人赔偿损失34200元和补种3倍树木,罚没款收缴55148元。 (顾 挺)

•农业信息化•

【为农服务窗口亮点频显】 围绕“情系三农、一心惠农”的为农服务工作宗旨,12316为农服务中心不断优化服务环境,提升服务水平。2014年,中心累计安排专家及党员志愿者在窗口坐席值班1442人次,专家下乡现场指导748人次,党员志愿者下乡服务917人次,接待来电来访2706人次,解决各类问题776件。通过12316服务平台发布各类服务信息1310万条次,促成农产品交易和土地流转交易1373.32万元,服务窗口对每项求助事件都详细登记并进行回访,办理满意率达100%。由于12316为农服务窗口日常运行稳定,服务机制顺畅,为农服务工作深受各级好评。农业部经管司司长张红宇、经管总站师高康、省农业厅信息中心主任董越勇、省委组织部调研室副主任吕伯军、省咨询委三农发展部部长顾益康、安徽广德县委党校副校长李地远、群众路线教育实践活动省市督导组长龚震源、四川省南充市牧业局副局长黎德富和山东省胶州市、桓台县农业局、嘉兴市委组织部电教中心、金华市东阳农业执法大队、苏州市农村干部学院、市重点工作督导组等相关领导24批先后来到12316为农服务中心参观考察。作为12个市干部教育现场教学点之一,12316为农服务中心全年共接待来自西藏那曲地区、云南普洱市、安徽省东至县等各地的培训干部270多人。2014年,12316为农服务中心获“浙江省模范集体”“嘉兴市首批机关服务品牌”“金平湖雷锋服务站”等荣誉称号。

【全面开展农业部信息进村入户试点工作】 2014年初,平湖市被列为农业部信息进村入户试点县之一,成立由分管农业副市长任组长,市农经局、财政局、电信局等主要负责人为成员的平湖市信息进村入户试点工作领导小组,编制印发《平湖市村级信息服务站建设实施方案》。130个村级信息服务站统一制作信息进村入户标牌,着重开展6个示范样板点建设,对信息服务站点的信息员分期、分批进行业务培训,通过村级信息服务站的规范化建设,明确软硬件建设标准,落实各级信息服务站点日常工作任务,基层农业信息服务站点运维实现常态化。开发使用12316农业远程智能诊断系统,为镇(街道)农技人员配备移动智能终端应用软件农民信箱“农技通”等各类信息服务新载体,实现多渠道、全方位的信息服务,真正实现普通农户不出村,新型农业经营主体不出门就能享受到高效、快捷的信息服务,解决信息服务最后一公里问题。

【推进农民信箱、万村联网村级网站建设】制订出台《2014年度平湖市农村经济信息工作考核办法》，将农民信箱系统应用与管护、万村联网新农村网站建设列入对各镇（街道）目标任务考核内容，农民信箱工作连续七年获浙江省农业厅考核优秀。全市农民信箱注册用户数较上年新增613个，共计32888个，启用率99.9%；新发展农产品集团采购单位总数726家；共审核发布农产品买卖信息5745条、公共信息5236条、农技资料信息36条；利用农民信箱及三个已建二级平台发布个人信件737.8万多封、手机短信1112万条；报送农民信箱及万村联网应用典型事例信息25条（其中发布到百万农民信箱专题报道2条、“每日一助”专题网站服务成效栏目23条）；全市开设网上农博会免费摊位557个、展示农产品1985个，农博会专场在平湖农村经济信息网站进行图标链接。全市所有村万村联网网站建设全覆盖，至年底，共建立万村联网村级网站98个（其中新社区网站8个），建站比率100%，村级网站共发布各类信息9665条次。

【实施信息化项目及各类系统平台建设】2014年，组织实施信息化建设项目“12316农业智能诊断系统”，该系统在全市96个村信息员和15位12316座席专家电脑上全部安装调试完成并投入使用。申报新型农业社会化服务体系示范项目“平湖市12316智慧农业服务平台系统建设”；完成“平湖市农发资金阳光监管平台”“农资监管信息平台”、生猪信息化管理系统等的开发、建设与管理。

（陆晓平）

水　　　利

·综述·

【概况】 2014年，全市各项重点水利工程加快推进，在河道综合整治、河道清淤疏浚、农村圩区建设以及农田水利建设管理等方面取得新进展，“五水共治”工作强势推进、成效显著。平湖市被评为2014年度嘉兴市水利建设与管理先进集体，市水利局在工作目标绩效考核中被评为优秀部门。

【水利投入和资金争取再创新高】 2014年，全市水利建设总投资3.89亿元，同比增长25.48%，市财政水利建设资金安排2.1亿元，同比增长16.7%，创历史新高。争取省级以上资金补助8500万元，其中，获2014年度农田水利建设省补助资金1250万元，资金补助量位居全省县(市、区)第二位，嘉兴县(市、区)首位，为全市水利建设提供了良好的资金保障。由于市水利局在向上争取资金中成绩突出，2014年平湖市委、市政府授予工作特别奖。

【水生态环境治理取得新成效】 2014年，全市水利建设围绕上级“五水共治”重大决策，以河湖生态综合治理为重点，围绕“河畅水清、岸绿景美、功能健全、人水和谐”的整治目标，全面开展河道清淤疏浚、水生态修复和河道保洁。完成河道清淤疏浚305公里、河道综合整治90.1公里，均超额完成年度计划任务。深入推进市级河道的保洁和集镇、村庄、道路、河道“四位一体”的保洁模式，强化长效管理，提升了农村水环境，获2014年度全省河道长效保洁管理工作一等奖，考核成绩全省第三、嘉兴第一。

【全面完成全省限制纳污控制红线试点工作】 深入实施《平湖市限制纳污控制红线管理制度实施试点工作方案》，从严核定水域纳污容量，强化入河排污口设置的审查管理，严格控制入河湖排污总量，开展重要水域的生态修复与保护，完善水功能区监督管理制度。8月制订出台《平湖市实行最严格水资源管理制度的实施意见》，建立覆盖全市的“水总量控制、水效率控制、水功能区限制纳污控制”的三条红线控制指标体系和考核制度。

【完成全国深化小型水利工程管理体制改革试点工作】 2014年，全市以水利服务专业合作社为载体扎实推进深化小型水利工程管理体制改革试点工作，8个镇(街道)的82个村组建了村一级水利服务专业合作社，落实专人694人，完成维修泵站879座、地下灌溉渠道74.1公里、分水井1596只、放水阀门20473只，清理排水沟520.4公里，提高了农田水利设施的使用寿命和效益，促进农村水利工作管理水平不断提升。当年获全省农田水利标准化建设考核优秀，考核得分居嘉兴县(市、区)首位。

·水利建设·

【概况】 2014年，各项水利建设有序推进，水环境治理成效明显，防灾减灾综合能力进一步增强，农田水利基础设施建设不断完善，水资源开发与保护更加规范，水利行业管理能力有效提高。

【农村圩区工程加快推进】 2014年,圩区建设继续列入了政府实事项目,是历史上建设任务最重的一年,共实施19个圩区工程,面积15.3万亩。经过努力,建成新埭姚浜、独山港周圩等8个圩区,面积6.87万亩,累计完成投资21590万元。完成新仓杉青港、林埭农跃等7个圩区主体工程,面积4.14万亩,累计完成投资13100万元。年内,启动广陈高新、林埭有利等4个圩区建设,面积4.32万亩,完成年度政府实事项目建设任务。

【南市圩区工程建设顺利完工】 续建南市圩区工程,提高南市新区防洪排涝能力,年内完成曹兑港闸站和北河溇水闸工程及自动化配套工程建设,共计完成投资2550万元。

【规范和加强全市农村圩区工程的建后运行管理】 2014年7月,市出台《平湖市农村圩区工程运行管理办法》,明确了圩区运行的责任主体、管理机构组建、管理人员落实、管理经费保障、运行机制建立等各方面内容。各镇(街道)按照要求积极组建相关机构,对圩区工程进行统一规范化管理,确保圩区工程安全正常运行,充分发挥圩区工程的防洪、排涝效益。

【河道综合治理全面开展】 全年完成河道清淤疏浚305公里、河道综合整治90.1公里、河道绿化795亩,分别完成年度计划的152.5%、112.6%和102.5%。抓好骨干河道治理,全面完成卫国河13.3公里河道综合整治,嘉善塘钟埭段完成综合治理8.6公里,完成投资2700万元。曹兑港南段治理工程完成整治1.5公里,完成投资1050万元。大寨河治理工程开工建设。全面开展全国中小河流治理重点县建设工作,实施钟埭南片、新仓南片、独山港、新埭西片和东片、当湖、乍浦、林埭、曹桥、广陈等10个项目区建设,累计完成投资9000万元。

【不断完善农田水利基础设施建设】 围绕水利服务农业"两区"建设,以农田水利标准化建设为重点,结合全国千亿斤粮食增产能力建设项目、农业综合开发项目、灌区更新改造和完善配套等,共完成新建泵站59座,完成计划的147.5%;新建渠道72公里,完成计划的102.9%;新建排水沟48.8公里,完成计划的244%;新增喷微灌面积1481亩。

【进一步提升海塘管理与维护水平】 加快推进白沙湾至水口一线海塘防御标准从50年一遇提升至100年一遇前期工作,完成项目可研和初步设计等报批工作,做好实施准备。完成海塘全球眼监控系统建设,海塘信息化管理水平得到提升。

【有序实施农村饮水安全保障工程】 实施新一轮农村饮水安全工程,全面提高全市农村人口饮水安全标准,完成列入中央预算内投资计划的涉及7个镇(街道)12个村的农村饮水安全工程,改造铺设管道107公里,受益人口1.39万人。

【启动平湖塘延伸拓浚工程征迁工作】 以平湖塘延伸拓浚工程拆迁安置点建设和工程建设范围内拆迁工作为重点,做好政策处理工作。累计完成农户房屋拆迁签约60户,腾房57户,拆除和在拆房屋48户,在建房屋40户。拆除企业房屋1.3万余平方米,清退红线内建设用地27.5亩,基本完成全市境内工程所涉1770亩用地的土地权属调查。

•防汛抗旱•

【概况】 2014年,按照"安全第一、常备不懈、以防为主、全力抢险”的工作要求,以“不死人、少伤人、少损失”为原则,加强基层防汛防台体系规范化建设和长效管理,修订完善防汛防台抗旱各类预案,建设防汛物资储备仓库,实施防汛指挥及预警系统升级改造,扎实做好防汛备汛和梅汛期强降雨及出梅后持续高温干旱防御工作,实现平安度汛,较好完成了各项防汛防旱工作任务。

【全面实施基层防汛防台体系规范化建设】 制订出台《平湖市基层防汛防台体系规范化建设实施方案》,围绕组织责任、应急预案、监测预警、安全避险、抢险救援、宣传培训、运行保障七大体系,细化明确相关任务、职责,并按方案具体组织实施,基本建成了较为完善的组织责任体系。

【完善防汛防旱预案】 按照实用、可操作原则,修编和完善全市防汛防旱预案,年内编制和完善《平湖市抗旱供水应急预案》《平湖市防台风应急预案》《平湖市城市防洪应急预案》,20个主要防指成员单位全部修订完善了部门预案。8个镇(街道)和133个村(社区)防汛预案全面进行修订完善并重新审批。

【加强抢险队伍建设】 调整充实抢险队伍,汛前组建抢险队伍151支1480人,包括水利专业抢险队、人武部民兵预备役、镇(街道)群众性防汛抢险队等,并加强培训演练。年内组织全市基层防汛责任人大培训,440余名相关责任人参加;开展农村圩区、城防工程紧急运行防汛演练;观摩南排闸、浙能闸应急排涝联合演练,抢险救援能力有了进一步提高。

【防洪工程减灾成效显著】 2014年,平湖市城市防洪工程累计运行7次,合计106天。对防洪包围圈进行巡查,共399次、1584人次。城防工程水泵共运行54次,累计运行水泵1168台次,总计898小时,排水量873万立方米。运行期间,控制内河水位1.0~1.2米,外河于2014年8月20日14时50分达到了最高水位1.79米,内外河最高水位差0.79M。南河头小包围圈共运行322次,控制内河水位0.60~1.00米。城市防洪工程的有序运行,确保了市区在洪水来临时不受淹,工程减灾效益显著。汛期全市共有9个农村圩区工程投入运行,保护面积合计5.75万亩。

•水利管理•

【概况】 2014年,加快水利改革试点工作,实施最严格水资源管理制度,强化水资源开发、利用和节约保护工作,为全省最严格水资源管理制度的实施积累了经验。水政执法能力得到加强,水利管理能力进一步提高。

【加大水事案件查处力度】 根据全市实际情况,将非法开采地下水、侵占河道、损坏堤塘等行为作为执法重点,通过巡查、群众举报、市长电话等渠道,全年办理了17起水事案件,其中立案4起,调处13起。

【严格涉河涉堤项目审批】 全年受理行政许可项目61件,其中涉河涉堤类55件,取水许可、水资源论证6件。落实最严格的水资源管理制度,全面完成了全市范围内149家取水户的取水许可延续换证工作,同时注销了28家不符合要求的取水户的取水许可证。严格按照《行政许可法》和水法律法规规定的程序进行审批,确保审批程序公开、公正、透明。办结各类取水许可、水土保持、涉河涉堤项目等水行政审批事项共73件,满意度测评率为100%,水利局窗口连续6个月获群众满意度测评排名第一。

【强化水资源信息化管理】 完善水资源信息系统建设，做好取水实时监测系统、地下水位实时监测系统的运行维护，为全市59户自备取水户安装流量计及水表77套，安装实时监控系统66套，全市依法取水企业取水实时监控系统实现全覆盖，为落实最严格水资源管理制度提供技术支撑。严格执行用水计划，加强节约用水，抓好对取水计量装置和监控设备管理，并接受有关部门的日常管理和监督。

【加大《水法》宣传力度】 在“世界水日”“中国水周”期间，围绕“加强水域保护，改善生态环境”的主题，开展了“青春助力‘五水共治’暨全市百场志愿服务活动”，在《嘉兴日报·平湖版》上专版刊登《推进五水共治，共建美好家园 》，以全市“五水共治”和“清三河”行动为宣传重点，共悬挂治水宣传横幅60多条，发送手机短信4.5万条，制作发放《文明用水倡议书》以及其他宣传资料1200余份，让全市百姓全方位多角度了解水法律法规知识，不断提高节约用水、水资源保护意识，营造了浓厚的水利建设社会舆论氛围。 （郭千里）

工 业

·综述·

【概况】 2014年末，全市共有工业企业10290家，实现全部工业增加值276.63亿元（含嘉兴港区、电厂），同比增长6.4%；实现工业总产值1441.02亿元，同比增长7.59%。全市共有年主营业务收入2000万元以上工业企业635家，实现工业总产值1298.57亿元，同比增长8.62%，占全部工业比重90.11%；2000万元以下工业企业9655家，个体工业户4800家（其中有照1676家），实现工业总产值142.45亿元，同比下降1%，占全部工业的比重9.89%。

工业生产总体运行平稳。按登记注册类型划分，全市规模以上工业企业中，国有企业全年完成工业总产值13.54亿元，集体企业完成0.50亿元，股份合作制企业完成0.30亿元，有限责任公司完成262.92亿元，股份制企业完成90.38亿元，私营企业完成333.64亿元，港澳台投资企业完成176.22亿元，外商投资企业完成421.09亿元。工业效益发展态势良好。全年规模以上工业企业实现主营业务收入1294.31亿元，实现利税总额101.22亿元，利润总额58.06亿元。外贸出口平稳增长，全年规模以上工业企业完成出口交货值291.05亿元，出口对销售拉动作用减弱，全市出口交货值占销售产值的比重为22.99%。七项经济效益指标考核综合得分91.22分，十一项经济效益指标考核综合得分176.95分，同比下降6.66分、10.15分。全市（不含嘉兴港区、电厂）556家规模以上工业企业实现工业总产值771.32亿元，实现利税总额52.28亿元，实现利润29.33亿元。

【产业结构优化调整】 “十二五”以来，平湖市制订出台《平湖市“十二五”新兴产业倍增发展计划》，进一步做大做强做优“平湖经济板块”，构筑形成现代产业体系，拥有“中国出口服装制造名城”“中国服装跨国采购基地”“国家火炬计划光机电产业基地”“中国卫浴名镇”“中国童车生产基地”“中国旅行箱包之都”等一批国家级区域品牌。全年光机电、临港、生物食品（医药）、新能源、节能环保、新材料六大新兴产业实现产值948.91亿元，占全市比重73.07%。投资结构继续向新兴产业集中，传统产业投入占比持续下降。六大新兴产业投入稳步增长，完成投资80.2亿元，同比增长51.3%，占全市投资额的67.6%，其中：光机电产业完成投资34.7亿元、同比增长34.5%、占全市29.3%；临港产业完成投资29.5亿元、同比下降6.3%、占全市24.9%；生物医药产业完成投资4.9亿元、同比下降5.8%、占全市4.1%；新能源产业完成投资5.1亿元、同比增长104%、占全市4.3%；新材料产业完成投资5.4亿元、同比增长14.9%、占全市4.6%；节能环保产业完成投资0.6亿元、同比增长20%、占全市0.5%。

2014年，全市有工业总产值超百亿元行业4个，分别为石油化工行业409.21亿元、光机电行业260.76亿元、服装行业152.14亿元和电力行业111.57亿元；66.65亿元的造纸行业列全市各大行业第五位。新材料和箱包行业分别以58.00亿元和55.33亿元列第六位和第七位。全市规上工业高新技术产业工业总产值541.00亿元，占规上工业比重41.66%。规模以上工业新产品产值410.03

亿元,新产品产值率31.58%。轻重工业结构继续调整,全市规模以上工业中轻重工业比32.74∶67.26。

【大企业培育成效明显】 按照"十二五"大企业倍增发展计划,结合全市大企业"培育工程"行动计划总体部署,全年大企业数量明显增加,全年规模企业635家,比上年底净增25家;亿元以上企业181家,10亿元以上企业32家。其中不含嘉兴电厂和嘉兴港区,规模企业556家,比上年底增加21家;亿元以上企业112家,10亿元以上企业16家。

【强平工程引领转型】 2014年,继续审订50家2014年平湖市"强平工程"重点企业,在财政政策、资源要素配置、品牌培育、企业上市等方面给予重点倾斜,引导50家企业加快自主创新,争创"总部型、品牌型、上市型、高新型、产业联盟主导型"的"五型企业"。50家企业产值364.99亿元,同比增长10.8%;利税32.3亿元,同比增长21.3%;利润22.24亿元,同比增长30.2%;分别占全市的48.5%、63.2%、76.7%。

【龙头骨干企业队伍壮大】 2014年,全市年主营业务收入超亿元企业181家,实现主营业务收入1101.59亿元,占全部规上工业主营业务收入的86.3%;5亿元以上企业50家,实现主营业务收入839.52亿元;10亿元以上企业32家,实现主营业务收入724.25亿元;20亿元以上企业12家,实现主营业务收入442.57亿元;30亿元以上企业5家,实现主营业务收入269.50亿元。不含嘉兴港区、嘉兴电厂,全市超亿元企业140家,实现主营业务收入569.04亿元,占比78.2%;5亿元以上企业29家,实现主营业务收入351.49亿元;10亿元以上企业16家,实现主营业务收入274.61亿元;20亿元以上企业3家,实现主营业务收入85.88亿元,即浙江景兴纸业股份有限公司实现主营业务收入32.71亿元,日本电产芝浦(浙江)有限公司实现主营业务收入25.23亿元和中嘉华宸能源有限公司27.95亿元。

【优化工业投资管理】 进一步严格项目准入,按照《平湖市工业投资项目准入评价实施办法》和《2014年平湖市工业投资项目分行业准入标准》,全面开展工业投资项目准入评价,全年共准入项目58项,计划固定资产投资66.95亿元。开展投资项目综合验收,按照《平湖市工业投资项目竣工验收实施办法》,牵头进行工业投资项目竣工验收,以项目验收推进项目建设投产达产,全年共验收项目46项,完成投资20.67亿元,平均投资强度187.2万元/亩,建筑容积率1.11。狠抓投资进度,按季度将工业投资年度目标任务和重点项目计划分解到各镇(街道),促进各责任单位按季推进和完成。通报公布分镇(街道)季度工业投资情况,对各责任单位进展情况进行横向和纵向的分析比较,342个工业投资在建项目完成投资118.6亿元,同比增长21.9%,企业技术改造投资明显加快,全年设备投资72.82亿元、占全市投资额的61.4%。大项目有平湖石化项目设备投资7.1亿元、卫星能源项目设备投资5.9亿元、南六企业项目设备投资3.7亿元等。

【推进企业综合绩效评价建设】 根据《浙江省人民政府办公厅关于在平湖市开展产业结构调整机制创新试点的通知》文件精神,平湖市出台《关于开展工业企业综合绩效评价推进要素资源差别化配置的意见》,实施水价、电价、用能、信贷、土地利用、项目审批等涉及各个方面的要素资源差别化配置。经过绩效综合调查核定,全市企业绩效调查结果在6月底正式发布。全市企业绩效评价涉及规上企业519家,土地面积20316亩,亩均税金18.1万元。其中A类企业57家,B类企业277家,C类企业102家,D类企业24家,59家企业因投产未满一年、上年度“小升规”或关停等原因暂不评价。涉及规下企业709家,土地面积7438.26亩,亩均税金4.28万元。其中A类企业35家,B类企业391家,C类企业194家,D类企业68家,21家企业因投产未满一年或关停暂不评价。根据企业综合绩效评价结果,配套建立要素差别化配置和阶梯式价格机制,倒逼高能耗,高污染、低税收、低附加值的企业主动转型或退出市场。

【加快企业自主创新】 2014年,全市企业研发经费投入8.4亿元,同比增长18.3%,研发经费占GDP比重为1.73%,占规上企业主营业务收入比重1.15%。年内新认定国家高新技术企业8家,通过复审5家,全市已有各级高新技术企业45家(含嘉兴港区13家)。年内新增省专利示范企业2家、嘉兴市5家,全市累计拥有各级专利示范企业73家,其中全国企事业知识产权试点单位1家、省专利示范企业11家、嘉兴市专利示范企业31家。全年全市专利申请量3543件,同比下降1.6%,其中发明专利申请量718件;专利授权量2626件,同比增长3.8%,其中发明专利授权48件。年内新增省级企业研发中心3家、嘉兴市级6家、平湖市级15家;全市共有各级研发中心114家,其中省级25家。年内新增嘉兴市级企业(行业)技术中心3家、累计20家;全市共有各级企业(行业)技术中心103家。全市共有浙江省级中小企业(行业)技术中心20家,浙江省级首台套产品2台,嘉兴市级首台套产品16台。全市工业企业累计拥有中国驰名商标15个(其中行政认定1个);浙江省名牌产品14个,嘉兴市名牌产品40个,浙江省著名商标28个,嘉兴市著名商标87个,浙江省出口名牌7个,嘉兴市出口名牌10个。加大对企业技术创新指导服务,全年6个项目申报列入2014年浙江省技术改造重点项目,2个项目申报列入2014年省重点技术创新专项计划,2个产品通过省级新产品鉴定。实施企业管理创新,2家企业获评2014年度嘉兴市精细化管理示范企业,1家企业获评浙江省创新型企业。1家企业获评浙江省创新型示范中小企业。

【推进“四换三名”工程】 把实施“四换三名”工程作为加快产业结构调整的主抓手,作为总牵头单位协调推进“腾笼换鸟”“机器换人”“空间换地”“电商换市”工程,加快知名品牌、知名产品、知名企业家培育,从政策扶持体系、中介服务体系等各方面完善“四换三名”工程推进机制。推进“机器换人”,抓好示范带动和专家指导服务,实施“机器换人”项目170项,总投资71.34亿元,实际完成投资51亿元,减少用工人数6000人,人均产值同比提高20.3%;推进工业企业实施“电商换市”,全年参与“电商换市”的上规模实体企业107家,阿里巴巴·平湖产业带成功上线运行,首批42家企业完成入驻,为服装、箱包、童车、洁具等传统优势行业的企业提供了新的转型路径;会同有关部门推进“腾笼换鸟”,全年实施“腾笼换鸟”项目95项,腾退低效建设用地2400亩,完成全年2000亩腾退任务的120%;会同市规划建设局推进“空间换地”,全年计划实施“空间换地”项目100项,实际新增建筑面积60.3万平方米。推进“三名”企业培育,确定44家企业作为“三名”企业培育对象,申报省名牌7个、嘉兴名牌17个,省著名商标5件、嘉兴著名商标11件。

【招商引资稳步增长】 2014年,平湖市加强招商选资,全年新批、增资三资企业53家,合同利用外资 5.02 亿美元,同比下降 0.9%,实际利用外资 3.40 亿美元,同比增长 9.66%;引进内资项目 130 个,实到内资 50.52 亿元,同比增长 10.6%,实到注册资金 25 亿元,占全部实到内资资金的 49.5%;引进世界 500 强、行业龙头企业投资项目和 1 亿美元以上项目 3 个。加强浙商回归项目引进,全年浙商回归项目 36 个、回归资金 30.18 亿元。2014 年中国·平湖西瓜灯文化节投资贸易洽谈会内资签约项目 47 个,总投资 191.9 亿元,注册资本为 62 亿元。其中内资签约项目 25 个,总投资 132.8 亿元,注册资本 40.2 亿元;外资签约项目 22 个,总投资 9.5 亿美元,注册资本 3.4 亿美元,合同外资 3.4 亿美元。

【推进重点项目】 2014 年,平湖市 100 项重点工业项目完成投资 79.03 亿元,完成年度计划的 113.5%,其中 48 个计划新建项目开工 44 个,新项目开工率 91.7%,同比增长 16.2 个百分点。2014 年全市列入嘉兴市新兴产业培育、优势产业壮大、传统产业提升、退低进高转型、创新成果产业化“五个一批”重点工业投资项目 30 个,总投资 133.4 亿元,全年完成 51.3 亿元,完成年度计划的 136.7%。列入嘉兴市“机器换人”特色技改项目计划 72 个。年内,重大竣工投产项目有:总投资 6 亿元的南六企业(平湖)有限公司年新增 15000 吨轻质、高强医疗用水刺无纺布增资项目;总投资 3.05 亿元的一玻机电有限公司年产 460 台套玻璃加工设备项目;总投资 2.96 亿元的杰富意金属容器(浙江)有限公司年产 55 加仑钢桶 240 万件增资项目;总投资 1.95 亿元的森永食品(浙江)有限公司年产糖果 1000 吨项目;总投资 1.88 亿元的津上精密机床(浙江)有限公司年新增 5600 台五轴联动精密数控车床增资项目;总投资 1.7 亿元的浙江川电钢板加工有限公司迁建项目;总投资 1.53 亿元的德西福格汽车配件(平湖)有限公司年产汽车零部件 200 万件增资项目;总投资 1 亿元的浙江鸿禧光伏科技股份有限公司年产 720MW 太阳能电池片二期 240MW 技术改造项目。

【完善信息化建设】 2014 年,全市不断加大信息化建设投入,社会信息化呈现快速发展状态。市经信局筹建的工业企业综合信息系统投入试运行并通过项目验收。该系统整合汇总各部门数据,将工业企业有关生产经营、资产负债、技术创新、资源使用等主要数据导入一个统一平台,可科学全面反映工业企业生产经营情况以及资源产出利用情况,为实施“退低进高”、节能减排、机器换人、资源配置、推动企业转型升级等工作提供依据。加大行政服务信息化建设力度,建成“百姓事马上办”和“企业事马上办”两大网上行政服务信息平台。“百姓事马上办”平台全年共收到各类民生问题 2449 件,经研判交办 1939 件,办结 1933 件,办结率 99.7%。“企业事马上办”平台全年共受理企业递交事项 21 件,经研判交办 21 件,办理 21 件,办结率 100%。市规划建设局的平湖市地理信息公共服务平台投入试用,实现了地理信息整合和智慧化空间定位服务;由平湖电信承建的公共免费 WIFI(i-pinghu)一期项目 15 个热点区域(箱包城因土建原因而尚未完成)于 2014 年 7 月投入试运行。至年底,i-pinghu 总上网流量为 5237G,总登录人次 243050 人次,平均每人次使用流量为 22.1M,总上网时长为 84887 小时,平均每人次上网时长 21 分钟。规上企业 ERP 系统使用率超过 50%。全市信息化发展指数达 0.901,较 2013 年上涨 0.021,两化融合指数较 2013 年的 61.48 有明显提升,达 66.36,列嘉兴市第二位。

【加大资金保障力度】 2014 年,14 家银行与275个项目单位签订合作协议,计划授信137亿元,计划新增贷款90亿元,实际新增贷款85.66亿元,完成履约率95.2%,其中中小企业综合授信签约53.7亿元,实际完成55.1亿元,完成履约率102.6%;市中小微企业贷款周转金帮助企业缓解融资难融资贵问题,全年共发放150笔56800万元;着手组建国有融资性担保公司,支持本市融资担保公司的发展,为小微企业提供5笔2000万元的融资担保。

【推进工业园区建设】 年内,全市工业园区(包括2个经济开发区)新增企业37家,新增企业用地1720亩,新增建筑面积95.6万平方米。全年园区实现规上工业总产值708.1亿元,同比增长19.13%,约占全市各镇(街道)工业总产值的94%;实现利税49.7亿元,其中税收20.8亿元;区内企业完成固定资产投入128.2亿元,同比增长30.15%;产业集聚度不断提高,各园区企业主导产业工业总产值646.8亿元,主导产业集聚80%。全市工业园区共规划标准厂房142.9万平方米,历年累计竣工127.2万平方米,入驻企业94家,使用面积79.4万平方米,年内入住标准厂房企业工业总产值130.8亿元,利税10.4亿元。全市园区生产性服务业进区企业29家,总用地面积25.2亩,建筑面积2.5万平方米,从业人数2960人。年内,独山港区正式升格为省级经济开发区,上海张江平湖科技园园区规划编制完成,基础设施启动建设。平湖市光机电产业园被认定为嘉兴市首批现代装备制造业特色专业园,新埭箱包产业园被认定为首批嘉兴市特色产业园。4月,独山港区与上海石化签订联合发展备忘录,建立环保联动机制和联合发展机制,加强项目合作发展,推动实现优势互补、资源共享、基础共建、产业链配套协作、项目合作、企业合作。

【引进培育创新人才】 2014年,全市积极推进"个转企"和企业规范升级,推动民营企业"二次创业",提高企业产品创新、技术创新、管理创新和品牌创建能力。制订出台《中共平湖市委办公室关于印发2014年全市人才工作要点的通知》,落实金平湖英才计划推进优秀企业家培育的实施意见,全年共落实各类经营管理人才培训27期,1800人次参加。会同市有关部门举办有40多名市新生代企业家参加的浙大"二次创业"培训班。开展人才对接工作,先后到西安、台湾、杭州、上海、武汉等地的高校、科研院所开展招商引资(引智)活动,共对接人才398人次,在谈人才项目3个,新注册项目1个。牵头做好全市109个"嘉兴精英引领计划"人才项目的评估,入围答辩项目24个、列入17个,做好人才项目的报批、入驻等全程服务工作。实施五大招才引智计划,全年新引进博士及副高以上职称的高层次人才21名,完成全年目标任务。获评认定嘉兴领军人才5名,平湖市领军人才4名,新申报平湖市级创新团队3个。

【加快推进节能降耗】 2014年,全年能评审查项目141个,合计综合能耗20.98万吨标煤,其中电耗47393万千瓦时。强化节能项目推进。推进66个市重点节能项目,其中61个项目竣工,完成投资额6.1亿元,实施省节能与工业循环经济重点项目2个,节能量7572吨标煤,实施合同能源管理项目5个。六大类项目列入浙江省节能与工业循环经济重点项目计划,获财政专项资金补助150万元,包括平湖旗滨玻璃有限公司烟气余热发电工程、11家企业淘汰落后电机补助等项目。加强能源监察,完成常规监察5家企业、3家公共机构,对标监察3家,组织16家企业24人参加浙江省重点用能企业能管员培训,“万吨千家”企业在线监测安装方案已确定并开始实施。推进能源管理体系认证,开展认证企业3家,签约1家。严格节能评估,审批能评项目125个、新增用能15.1万吨标煤,实施节能审查后评估项目2项,节能评估审查否决项目6个,涉及能耗2319吨标煤。推进新能源发展。出台发电量补助政策、建立屋顶资源信息库、跟踪指导和协调项目建设,全年备案光伏发电项目9个,建设规模110.36MW,在库346家单位屋顶面积达310万平方米,全年共受理装机容量56.33兆瓦,并网装机容量20.22兆瓦,发电量567万千瓦时,连同20兆瓦“金太阳”工程,全年光伏发电量达2587万千瓦时。推荐浙江伊思佳服饰有限公司创建浙江省绿色企业;推荐嘉兴市博宏新型建材有限公司创建浙江省工业循环经济示范企业。加大淘汰落后产能力度,实施“十二五”淘汰落后产能规划,结合市“两退两进”“四大行业整治”,加快电镀、造纸、化工等落后产能淘汰。印发《平湖市淘汰落后产能协同推进和联合执法预案》,落实落后产能退出机制。全年优化用能项目24个,综合能耗32854吨标煤。淘汰造纸生产线9条、生皮制革线1条、印染产能3800万米、化工1.77万吨、铅蓄电池8.6万千伏安时、中温中压锅炉及发电机组二台、粘土砖瓦窑三座等;腾退土地242.3亩、节能2.32万吨标煤、节水87.67万吨。以产业结构调整为抓手,淘汰落后产能设备1504台,全市共完成淘汰落后产能145项、1706台。加强煤炭管理。下达2014年度平湖市重点热电企业及非电行业重点用煤企业用煤限额共计89.29万吨,9家企业全年实际用煤量88.2万吨,均未超限额用煤。全面开展无煤区建设,拆除中心城区约30平方公里高污染燃料禁燃区内燃煤锅炉。年内,平湖市(不含嘉兴港区和嘉兴电厂)规上工业企业综合能耗125.71吨标准煤,同比增长7.7%,增加值154.7亿元,同比增长12.6%,万元工业增加值能耗下降4.4%。全社会GDP能耗下降4%,完成年度目标任务。全年规上工业等价综合能耗125.7万吨标准煤,同比增长7.7%,单位工业增加值能耗下降4.4%,预计全社会综合能耗增长6.4%,单位GDP能耗下降4.3%。

【创新能源要素市场化配置】 根据工业企业综合绩效评价结果,实施用能权指标核定机制。对企业每年用能实行核定公布制度,企业新增项目投入需报批项目和能评,C类、D类企业不得新增用能。2014年全市493家规上工业企业和年用能500吨标煤以上企业,核定用能总量126万吨标煤、用电24.9亿千瓦时。实施差别化能源要素价格政策。对列入整改关停的企业、综合绩效评价为D类的企业实行差别化电价和惩罚性加价,全年征收差别化电价589.4万元、征收企业84家;对超过年度核定电量的企业实行阶梯式加价制度。实行差别化水价、超计划用水累进加价水费政策。建立用能指标交易制度。新增能耗500吨标煤以上用能项目实行有偿使用,向政府申购用能权,发放用能权配额证,申购交易在市要素资源交易中心办理,7月,共申购用能权配额证企业13家,批准用能权指标18603吨标煤。实行差别化有序用电管理制度。根据企业综合绩效评价结果、产业政策和行业特点实施差别化有序用电,实行企业用电错峰轮休、避峰用电和负控限电。

【表彰功勋企业、功勋企业家】 2014年,市委、市政府重点表彰功勋企业与功勋企业家,分别是日本电产芝浦(浙江)有限公司、德西福格汽车配件(平湖)有限公司、浙江依爱夫游戏装文化产业有限公司、浙江莎普爱思药业股份有限公司、浙江欧迪恩传动科技股份有限公司、平湖华城茂麓制衣有限公司及其主要经营者。平湖美嘉保温容器工业有限公司等7家企业及其主要经营者被评为2014年度明星企业和优秀企业家,茉织华印务股份有限公司等10家企业被评为2014年度转型升级十佳企业。

【争取资金帮扶企业】 2014年,共争取列入国家、省技术改造、转型升级、节能与循环经济、信息化和中小企业专项12项,获各类项目资金1207万元。开展企业帮扶专项行动,全市落实省级以上减负政策为企业减负合计19.89亿元,其中降低经营性收费项目45个,减免收费金额1870万元,通过增值税转型为企业减轻负担1.28亿元,出口退税总额17.27亿元,高新企业税收优惠2878万元,省级其他减负政策减免8645万元。

【兑现工发资金】 2014年,经工发资金补助项目组织申报、联合审核和相关部门一票否决、地方财政贡献、亩均实缴税金的审核审查后,确定年度工发资金补助项目38类573个,补助企业441家,核准补助总额5812万元。

•光机电工业•

【概况】 2014年末,全市共有年销售收入2000万元以上企业146家,占全市规模以上企业数22.3%,从业人员4.21万人,全年实现工业总产值260.76亿元,实现出口交货值109.0亿元,实现利税19.88亿元,实现利润13.61亿元,分别占全市规模以上企业的20%、37.45%、19.64%、23.44%。

【红马铸造入选国家级铸造行业】 见第420页【红马铸造成为国家第一批符合《铸造行业准入条件》企业】。

【科菲亚重型装备新产品通过鉴定】 9月20日,由中国机械工业联合会召集的“QFY(科菲亚)微扭矩防火全自动球阀新产品鉴定会”在平湖召开,会议由中国机械工业联合会科技处召集,来自全国火电、核电、煤气、石化、天然气以及阀门领域的专家参加鉴定会。专家现场察看微扭矩球阀演示并听取科菲亚重型装备有限公司关于新产品开发的汇报,一致认为该产品填补阀门领域空白,具有国内先进、国际领先水平,产品推广具有较大的社会价值和经济价值。

【平湖市光机电产业园被认定首批特色产业园】 11月,平湖光机电产业园被嘉兴市人民政府认定为2014年度现代装备制造业特色专业园,与嘉善精密机械产业园、海盐核电装备产业园和海宁特种设备产业园一同成为嘉兴市首批现代装备制造业特色专业园。

•临港工业•

【概况】 2014年末,全市共有年销售收入2000万元以上企业51家,从业人员1.22万人。全年实现工业总产值587.44亿元、同比增长6.09%,实现利税52.18亿元,实现利润31.06亿元。

【传化天松新材料生产项目奠基开工】 3月28日,浙江传化天松新材料有限公司年产8万吨聚酯树脂生产项目在独山港区石化产业园举行奠基开工仪式。浙江传化天松新材料年产8万吨聚酯树脂生产项目是传化集团在独山港区投资的首个项目,该项目主要生产粉末涂料专用聚酯树脂,是一种新型的高分子合成材料,符合国家建设节约、循环型经济的发展要求。项目计划总投资3.1亿元,全面建成达产后,预计年销售收入11.28亿元,年利税1.77亿元。

【独山港石化产业园公用管廊投入使用】 7月,独山港区石化产业园的重要基础设施配套项目,公用管廊一期工程正式投入使用。公用管廊一期工程总投资4600万元,总长度2.3公里。管廊按照单桩承载力100吨级设计,建设3层,预留2层。

【景兴纸业成为国家节水标杆企业】 见第419页【景兴纸业成为国家首批节水标杆企业】。

•生物医药工业•

【概况】 2014年末,全市共有年销售收入2000万元以上企业5家,从业人员0.25万人。全年实现工业总产值19.24亿元,实现利税2.79亿元,实现利润1.71亿元。

【莎普爱思成功上市】 见第206页【莎普爱思成功上市】。

【日清食品项目签约】 9月14日,平湖市举行日清食品项目签约仪式。日清食品株式会社是一家以生产速食食品为主的企业,注册资本50亿日元。当天签约的日清食品方便面项目由日清食品(中国)投资有限公司投资,总投资10亿元人民币,项目用地面积75亩,以生产高品质速食面为主。

•汽车零部件工业•

【概况】 2014年末,全市共有汽车零部件生产企业110多家,其中年销售收入2000万元以上企业34家,从业人员1.11万人。全面实现工业产值77.7亿元、同比增长15.3%,实现利税10.4亿元、同比增长72.1%,实现利润8.1亿元、同比增长85.9%。不含嘉兴港区和嘉兴电厂,30家规上企业实现产值65.9亿元,同比增长17.4%,实现利税10.1亿元,同比增长71.6%,实现利润8亿元,同比增长83.5%。

【平湖市汽车零部件行业协会成立】 3月18日,平湖市举行汽车零部件行业协会成立大会。大会审议通过《协会章程》《选举办法》《会费收缴办法》等一系列文件,选举产生第一届理事会理事15名,其中会长1名、副会长4名。平湖市汽车零部件行业协会现有会员47家。

【平湖市汽车零部件企业参加国际汽车展览会】 10月20日,由市经信局和市汽车零部件行业协会联合组团,组织平湖市汽车零部件企业集中参展2014中国国际汽车商品交易会。

•服装工业•

【概况】 2014年末,全市共有年销售收入2000万元以上企业141家,从业人员5.26万人。全年实现工业总产值152.14亿元,实现利税9.92亿元,实现利润3.56亿元,分别占全市规模以上企业的11.7%、9.9%、5.9%。

【举行"中国服装城之夜"】 6月6日,由嘉兴学院平湖校区、平湖·中国服装城主办,嘉兴学院平湖校区艺术设计系承办,平湖市服装协会协办"中国服装城之夜"——嘉兴学院平湖校区2014届服装设计专业毕业设计动态汇演在平湖·中国服装城名媛百货广场举行。本次动态汇演共汇集30个系列125套电脑艺术设计专业(服装艺术方向)学生的毕业作品。整个汇演充分展现了本届毕业设计的主导思想,设计“可以穿的衣服”,让服装真味、艺术真谛在浪漫的气息和青春的畅想中尽情展现对多元文化的追求。

【平湖市获“2013—2014 年度服装行业统计工作先进集群”称号】 9月18日,在全国服装行业统计工作会议上,平湖市获“2013—2014 年度服装行业统计工作先进集群”称号。华城制衣的韩竞华、伴宇集团的童云娇、伊思佳服饰的成在明、多凌制衣的杨松林荣获“2013—2014 年度服装行业先进统计工作者”称号。

【中国·平湖服装设计大赛】 10月,2014中国·平湖服装设计大赛总决赛结束。本次设计大赛是平湖市举办的第二届服装设计大赛,以“设计·繁荣·共生”为主题,共角逐出金奖1名、银奖2名、铜奖3名,6位设计师分获优秀设计师金、银、铜奖,金健峰集团有限公司的作品《原罪》获金奖,设计师林杰辉获优秀设计师金奖。

•箱包工业•

【概况】 平湖市与广东花都狮岭、河北白沟并称全国三大箱包生产基地,为国际软箱包类产品的重要生产基地之一。2014年末,全市共有年销售收入2000万元以上企业75家,从业人员1.89万人。全年实现工业总产值55.33亿元,实现利税2.64亿元,实现利润0.81亿元。

【平湖市新埭镇箱包产业园获“嘉兴市箱包特色产业园”称号】 2月,嘉兴市工业园区建设领导小组办公室发布《关于公布首批嘉兴市特色产业园的通知》,平湖市新埭镇箱包产业园进入嘉兴市首批特色产业园行列,获“嘉兴市箱包特色产业园”称号。新埭镇箱包产业园主要以外贸出口生产各类旅游拉杆箱和各式包、袋为特色,产业园现有箱包制造及面料、拉杆、制线、织带、钢丝、钢架、印花、注塑、夹板、拉链、脚轮等箱包配件配套生产企业68家,2013年工业总产值31.2亿元,生产各类箱、包、袋销售收入约29.7亿元,占全市箱包总产值的50%,完成税金12700万元。

【新秀集团受邀参加博鳌亚洲论坛】 4月10日,博鳌亚洲论坛2014年年会在海南博鳌正式开幕。平湖市新秀集团作为博鳌亚洲论坛的白金会员,被论坛组委会邀请到开幕式的主会场并连续七年成为大会唯一指定会议用包赞助商。在2014年的论坛上,新秀集团悠客行国际为与会各国元首和嘉宾提供专门定制的悠客品牌商务用包,为与会媒体记者提供印有“爱心包包”“博鳌亚洲论坛”标识的双肩背包。

【平湖市举行箱包皮具博览会】 9月25日,2014年平湖市西瓜灯文化节第二届中国(平湖)箱包皮具博览会开幕仪式在平湖国际箱包城举行,同时举行平湖市国际电子商务产业园入驻企业签约仪式,新秀集团、浙江银座箱包有限公司、浙江爱美德旅游用品有限公司等10家江浙沪的箱包皮具企业进行签约。博览会期间,上海、嘉兴、宁波等地箱包皮具的30余家企业精选上万余款厂家直销的箱包皮具产品参展。

•造纸工业•

【概况】 2014年末,全市共有年销售收入2000万元以上企业15家,从业人员0.18万人。全年实现工业总产值8.99亿元,实现利税0.48亿元,实现利润0.19亿元。

【"品萱"牌生活用纸获平湖市名牌产品和嘉兴市名牌产品】 3月，平湖市质监局公布2014年度平湖市、嘉兴市名牌产品，景兴纸业申报的"品萱"牌生活用纸，获平湖市名牌产品和嘉兴市名牌产品。

•洁具工业•

【概况】 2014年末，全市共有年销售收入2000万元以上企业21家，从业人员0.15万人。全年实现工业总产值8.41亿元，实现利税0.17亿元。

【红鹰洁具响应实施"空间换地"项目】 6月，平湖市红鹰洁具有限公司"空间换地"项目北幢9500平方米的厂房建成；10月，南幢厂房动工建设。平湖市红鹰洁具有限公司响应实施"空间换地"项目，率先启动旧厂房的改造。原有厂房均为单层的砖混结构，改建后的新厂房全部为二至五层，建筑面积由8600平方米扩增到17000平方米，容积率由1.13提高到2.24。

•童车工业•

【概况】 2014年末，全市共有年销售收入2000万元以上企业18家，从业人员0.24万人。全年实现工业总产值12.03亿元，实现利税0.40亿元，实现利润521万元。平湖童车企业统一以"中国(平湖)童车工业城"为整体品牌进行推广，占领国内外市场，形成一半出口、一半内销的销售局面。

【举行首届平湖大学生童车设计大赛】 5月23日，首届平湖大学生童车设计大赛决赛在嘉兴学院平湖校区多媒体教室举行。决赛从初赛童车外观设计作品、童车贴花设计作品中各评选出一等奖2名，二等奖3名，三等奖5名。大赛着力于发现人才、选拔人才，帮助平湖的童车企业在设计、技术及品牌等方面走向创新，同时让赛事成为平湖童车企业的人才孵化器，为平湖市童车领域引进专业设计机构创造一个平台。

【上海九星(平湖新仓)童车城一期举行开业典礼】 10月25日，上海九星(平湖新仓)童车城一期举行开业典礼。上海九星(平湖新仓)童车城一期总投资6000多万元，于2010年开工建设，占地面积2.8万余平方米。2012年启动招商工作，一期有95家商户入驻，以童车装配和童车电子商务为主，包含家用电器、餐饮、建材等配套商业。

•新能源工业•

【概况】 2014年末，全市共有年销售收入2000万元以上企业7家，从业人员1502人。全年实现工业总产值20.28亿元，实现利税1.05亿元，实现利润0.88亿元。

【平湖市9家企业通过分布式电源并网验收】 8月，平湖市9家企业通过分布式电源并网验收，成为全市40MW分布式光伏发电项目的第一批并网企业，9家企业利用闲置屋顶安装245Wp光伏双玻组件59620块，建设规模14MW。全市40MW分布式光伏发电项目是由鸿禧光伏企业实施的继20MW"金太阳示范工程"后在市内建设的第二个光伏发电项目，该项目计划总投资3.4亿元，项目建成后预计年发电量可达4000万千瓦时。

【平湖经济技术开发区被列入全国分布式光伏规模化应用示范区】 12月，在《国家能源局关于推进分布式光伏发电应用示范区建设的通知》上，平湖经济技术开发区被列入全国分布式光伏规模化应用示范区。《通知》

将平湖经济技术开发区等12个园区,连同已公布的第一批18个分布式光伏发电应用示范区,列为国家首批基础设施等领域鼓励社会投资分布式光伏发电应用示范区。30个园区总规划建成容量335万千瓦时,其中平湖经济技术开发区为10万千瓦时。列入全国分布式光伏规模化应用示范区后,将获得优先根据分布式光伏发电示范区的建设规模纳入光伏发电年度管理计划,为全市发展分布式光伏发电争取建设指标,带动更多社会资本进入平湖市分布式光伏项目建设领域,促进这一可再生清洁能源发展,为进一步优化全市能源结构创造条件。

•新材料工业•

【概况】 2014年末,全市共有年销售收入2000万元以上企业21家,从业人员3447人。全年实现工业总产值58.00亿元,利税-391万元,利润-623万元。

【神钢特殊钢线三期工程举行开工仪式】 4月,神钢特殊钢线(平湖)有限公司三期工程开工仪式在平湖经济技术开发区举行。神钢特殊钢线(平湖)有限公司(KSP)于2007年11月由株式会社神户制钢所、神钢商事株式会社、线材二次加工厂商——大阪精工株式会社及名北工业株式会社共同出资设立,主要生产汽车的重要保护性配件——高强度螺栓及螺帽等使用的特殊钢线材产品“冷压钢丝”,是以日资汽车配件厂商为中心、生产及销售线材二次加工产品的公司。2012年11月,新增株式会社美达王、协同钢轴株式会社两家投资公司。公司三期增资后,总投资为41.5亿日元,注册资本为17.7亿日元,年增产3500吨特殊钢线。

•节能环保工业•

【概况】 2014年末,全市共有年销售收入2000万元以上企业3家,从业人员640人。全年实现工业总产值产值3.2亿元,实现利税0.75亿元,实现利润0.39亿元。

(王　翀)

•地方电力•

【概况】 2014年,不含嘉兴港区、嘉兴电厂,全市共有地方发电企业4家,全年发电42985.78万千瓦时,其中:平湖热电厂发电24698万千瓦时,同比增长51.22%;浙江荣晟纸业股份有限公司发电3384万千瓦时,同比增长5.43%;浙江荣成纸业有限公司发电13843.56万千瓦时,同比增长55.77%;浙江平湖市德力西长江环保有限公司垃圾发电14596.88万千瓦时,同比增长0.28%。

(吴琼炜)

•浙能嘉兴发电有限公司•

【安全态势保持平稳】 严格落实安全生产责任制,深化违章整治,强化重点工程、特殊作业的过程管理,加大安全考核与整改力度,企业本质安全能力进一步增强。公司实现全年安全生产无事故,连续安全生产达4048天,管理的二、三期机组全年未发生一类障碍。一期机组完成发电量32.7亿千瓦时,二、三期机组完成发电量195.23亿千瓦时。七号机组连续并网运行647天,创国内百万千瓦机组连续运行记录。二号、七号机组获全国发电机组可靠性评价A级机组第一名,同时获全国能效对标竞赛优胜机组一等奖。

【清洁生产全面提升】 配合实施燃煤机组烟气超低排放改造工作,八号、七号、四号机组烟气超低排放装置分别于5月22日、6月8日、12月8日投运,改造后机组各主要控制污染物排放浓度指标均达到并优于天然气燃气轮机组排放限值。实施四号机组节能增容改造,机组供电煤耗下降8克/千瓦时以上,机组容量增至66万千瓦。组织完成二号机组电除尘器提效改造,全厂烟尘排放达到大气污染物特别排放限值。加快推进废水深度治理,完成一、二期脱硫废水处理系统、排泥水处理系统等改造工作。热力公司完成一期管线工程建设,对外供汽量显著提升。平湖滨海热电厂项目前期工作有序开展。

【企业管理成绩突出】 强化国家法律法规学习贯彻,持续修订完善企业标准制度,全年共制订、修订标准83项。开展"生存与发展""我为制度挑刺"等主题活动,鼓励职工为企业发展献计献策。建设知识管理系统,累计收集知识文档一万多条。创新工作卓有成效,1项成果获国家发明专利,3项获国家实用新型专利权,负责或参与的7个科技成果分获浙江省电力科学技术一、二、三等奖。实行教育培训分层管理、分类实施原则,建成投用检修培训基地,全年共开展培训195项。公司多位职工在各类技术技能大赛中取得优异成绩,职工宋振明获全国电力行业热工程控保护工职业技能竞赛第一名。推进信息化建设,公司获评2014年中国电力信息化推进示范单位。

【和谐企业建设稳步推进】 深化"五廉体系""阳光工程"建设,筑牢反腐防线。多形式开展廉政学习和警示教育,建立并实行敏感岗位交流机制,推进相关岗位廉政谈话制度。深入实施幸福嘉电建设,持续改善职工工作生活环境,成功举办"建厂二十周年"系列活动。加大嘉兴发电厂形象宣传与品牌建设力度,首次发布企业社会责任报告。加强与地方政府、村社的联系沟通,进一步营造社企和谐氛围。 (屠　隽)

•浙能嘉华发电有限公司•

【概况】 2014年,嘉华公司全面深化管理提升,持续推进转型升级,全力打造"品牌嘉华",企业发展能力和竞争实力进一步增强,各项工作取得较好成绩。8号、7号两台百万千瓦机组率先成功实现烟气"超低排放",受到各级政府部门和行业内外的高度重视和充分肯定。三期工程被中国投资协会授予"国家优质投资项目特别奖",公司被国家能源局授予"国家煤电节能减排示范电站"称号,并获评嘉兴市"最具社会责任感企业"。

【安全生产平稳有序】 狠抓安全生产工作,持续强化业主为主体的安全责任意识,开展各类安全专项行动,推进隐患排查治理常态化,创新完善项目管理的方法举措,加强环保设备治理和运行维护,企业安全生产平稳有序。截止12月底,嘉华公司连续安全生产282天,完成发电量195.23亿千瓦时,各个技改项目有序实施,圆满完成迎峰度冬、度夏的工作任务。7号机组以连续并网运行647天的成绩创造国内百万千瓦机组长周期连续运行纪录,并获全国可靠性100万千瓦机组A级第一名,全国火电100万千瓦机组竞赛一等奖第一名。

【超低排放率先实施】 三期8号、7号机组相继于5月22日、6月8日完成烟气超低排放改造并网发电,是国内首两台成功实现烟气主要控制污染物超低排放的燃煤发电机组,其主要控制污染物排放浓度均低于天然气机组排放标准限值,达到国际领先水平。12月8日,4号机组完成烟气超低排放改造后投运。

【清洁发展成效明显】 在实施所属机组超低排放改造的同时,嘉华公司积极推进二期4台60万千瓦机组增容改造和汽轮机通流改造项目,4号机组增容至66万千瓦,供电煤耗下降达8克/千瓦时以上,3号、5号、6号机组有序推进。嘉华公司认真贯彻落实省委、省政府"五水共治"决策部署,开展废水综合治理工作,相继完成全厂排泥水,二期脱硫废水、含煤废水等系统改造工作。

【管理水平持续提升】 嘉华公司以管理提升活动为抓手,从制度建设、风险管控、队伍培养等方面着手,不断提升企业管理水平。全年修订发布38个管理标准和42个工作标准,同时加强标准制度的宣传贯彻落实工作,并持续强化风险管控,认真开展风险排查,进一步提高企业管理规范化水平。稳步推进人才队伍建设,组织开展执行力建设、领导素养提升等教育培训工作。不断优化人力资源管理,完善考核激励机制,开展员工岗位绩效评价工作。持续推动信息化建设,办公审批系统正式上线运行,管理信息化水平进一步提高。 (常刚刚)

•电力配送•

【概况】 2014年,全市全社会用电量24.34亿千瓦时(不含滨海新区),比上年增长5.77%(同口径比,下同),最高日负荷49.55万千瓦,同比下降4.2%;售电量20.81亿千瓦时,同比增长2.14%;综合线损率2.78%,同比下降0.4%;综合电压合格率99.63%,同比增长0.25%;城农网供电可靠率分别达到99.99%和99.93%;全员劳动生产率114.58万元/人·年。年末,国网平湖市供电公司管辖范围内有220千伏变电所2座,主变总容量81万千伏安/4台;110千伏变电所11座,主变总容量123万千伏安/23台;35千伏变电所3座,主变总容量6.965万千伏安/7台(其中用户变2座,主变总容量3.765万千伏安/5台)。220千伏线路116.414千米/6条;110千伏线路156.101千米/25条;35千伏线路26.837千米/6条(其中用户线5.297千米/3条);20千伏线路115.57千米/27条(其中用户线5.575千米/3条);10千伏线路1695.5445千米/193条(其中用户线74.315千米/27条)。累计安全日达3466天。2014年,市供电公司绩效考核名列嘉兴公司第二,获"浙江省卓越经营奖"、省公司"安全生产劳动竞赛先进集体""人力资源工作先进单位""后勤管理工作先进单位"、嘉兴公司"文明单位"和"四好"领导班子等称号,主导或参与的2项成果入选、1项成果入围省公司典型经验。新仓供电所获国家电网公司"乡镇供电所管理队伍建设标杆"。

2014年全社会用电量及构成统计表

用电分类	用电量(万千瓦时)	构成(%)	同比±(%)
全社会用电量合计	243351.77	112.15	5.77
农林牧渔业	1732.59	0.80	-15.77
工业	189487.25	87.32	9.92
建筑业	2702.55	1.25	18.57
交通运输、仓储、邮政业	755.34	0.35	8.20
信息传输、计算机服务和软件业	1554.14	0.72	8.51
商业、住宿和餐饮业	11205.87	5.16	-4.96
公共事业及管理组织	6027.48	2.78	-0.66

用电分类	用电量(万千瓦时)	构成(%)	同比±(%)
金融、房地产、商务及居民服务	3530.22	1.63	7.42
城乡居民生活用电	26356.33	12.15	-12.38
其中:城镇居民	14910.62	6.87	-10.90
乡村居民	11445.71	5.27	-14.23
按产业类别分	216995.44	100.00	8.50
其中:第一产业	1732.59	0.80	-15.77
第二产业	192189.80	88.57	10.03
第三产业	23073.05	10.63	-0.87

【电网发展策划工作】 完成《平湖公司十二五配电网规划修编(2014 版)暨十三五配电网规划》编制工作,被省公司作为典型县公司规划推荐上报国网公司。完成《平湖市重点区域(南市新区)配电网规划提升》编制工作,获嘉兴公司2014年度重点区域配网规划和可研设计竞赛二等奖。完成平湖配电网发展诊断与预警,定期分析电网存在的薄弱环节与风险隐患,提出补强方案与措施。开展新型城镇化下配电网发展建设应对措施研究。开展配网投资效益评价与决策模型研究,建立以投资效益为导向的投资决策工作体系。完成110千伏丰收输变电工程项目建议书编制,完成2015年两批27个配网项目、台区配变及低压电网建设改造工程可研编制。

【电网建设项目情况】 开工110千伏输变电项目1个(塘桥输变电工程),调配桐乡永秀变110/10千伏主变,启动溪洋变2号主变降压改造工程。完成配电网建设投资8800万元(含增补2700万元)。累计开工中压线路120.56千米,低压线路64.72千米,配变257台共5.67万千伏安,完成项目年度开工计划100%。累计投产中压线路97.42千米、低压线路56.28千米、配变257台共5.67万千伏安,完成年度投产计划100%。

【安全生产保持稳定】 继续开展"安全管理提升"活动,从健全制度、防控风险、夯实基础、强化保障四个方面实施39项活动内容,保持长周期安全稳定局面,全年实现三个百日安全无事故。健全完善安全生产责任体系,修订《各级各岗安全生产职责规范》和《安全生产奖惩规定》,落实"党政同责、一岗双责"。落实安全风险管控措施,实现作业项目和施工现场立体式风险管控。加强施工现场安全管理,12个施工现场以及当湖供电所安全管理得到上级表扬。全年开展安全督察2315次,查纠违章51起,违章记分151分,吊销施工证1人,查处不规范行为156起,停产整顿5个外协队伍,清退1个施工班。深化隐患排查治理和安全性评价整改,全年排查治理各类隐患132项,整改跨越"两高"线路隐患12处,督促重要用户完成安全隐患整改12项。加强应急管理,修订预案体系,全年开展无脚本应急演练194次。加强线路运维,完成线路通道处理186处,挂设杆号牌3554块、相位牌755块,装设防撞警示牌3895处,闭环消除高低压缺陷852处,发放15份安全协议书、隐患告知书。加强计划刚性管理,研发辅助分析程序减少配变重复停电次数。开展带电作业212次,节省1.4万时户数。

【配合政府做好供电用电安全管理】 配合平湖市委、市政府开展"三改一拆""五水共治"等重点工作,累计完成配合停电145次,未发生因停电导致的风险投诉,被平湖市政府推荐为2014年度嘉兴市"三改一拆"工作先进(基层)单位。签订服务"五水共治"保障电网安全合作协议,政企联动加强电力设施保护。为平湖市各项重大活动项目提供电力保障,累计完成"亚信"峰会、古李十番棋赛事、高中考等21项重要保供电任务,完成首届世界互联网大会保供电支援。

【提升营销优质服务水平】 提升营销核心业务管理水平,全面推进营销标准化、精细化管理,深化营销业务全过程管控。开展营销业务稽查,深化营配贯通应用,提高营配对应数据准确率。全面构建"一口对外、流程精简、协同高效、全程管控"业扩报装服务模式,完成高压客户装表接电246户、11.46万千伏安,同比增长34.14%;低压客户装表接电10097户、9.34万千瓦,同比增长15.87%。开展营销服务"无投诉"劳动竞赛,组织服务规范行为培训考试,开展服务走访抽查、暗访,及时发现并整改服务问题,在嘉兴"无投诉"劳动竞赛活动中获第二名。推广应用微信平台,9299个用户成功关注绑定微信公众号。加强"精品台区"创建,187个台区入围嘉兴公司"精品台区"储备库,在嘉兴7个单位中排名第三,有2个台区被省公司命名为"百佳精品台区"。推广应用智能电能表3.33万只,完成率102.37%。完成1个二级、3个三级表库建设改造工作。深化采集系统应用,累计覆盖17.62万户,远程自动抄表核算用户比率99.56%。促成平湖市政府出台加强农村户保更换和补装政策,推动政府以购买服务方式解决农村居民表后服务问题。开展农村居民表后用电服务站建设"回头看"工作,形成提升措施建议,提高表后用电服务水平。加强产权分界宣传,印刷张贴产权分界牌10.65万张、安全用电温馨提示牌10.61万张,《从物资源头明确供用电产权分界点提升安全管理水平》获嘉兴公司合理化建议一等奖。开展服务"最后一公里"活动。走村入户收集和解决客户关心、关注的热点难点问题,全年共走访政府机关及大客户51家,走村入户926户,开展用电宣传96次,完成故障处理1397次,发布停复电公告256次,协助表后服务513次。推进节能减排,以合同能源管理等方式推进路灯、电机变频、楼宇等节能改造,为客户提供科学用电建议。全年通过合同能源管理节电172万千瓦时,推动社会节约电量160万千瓦时。主动服务新能源发展,累计并网运行光伏项目22个,总并网容量35.89兆瓦,全年发电量2008.15万千瓦时。 (骆 炎)

经济开发区

·平湖经济技术开发区·

【概况】 2014年,平湖经济技术开发区(以下简称平湖经开区)按照市委、市政府总体部署,以建设“四个一流”(培育一流的特色产业、建设一流的投资环境、构建一流的和谐社会、打造一流的员工队伍)的国家级开发区为目标,扩大产业集聚,提升园区层次,优化发展平台,保持了全区经济社会快速稳定发展。全年完成生产总值965901万元,同比增长13.6%,占全市(不含嘉兴港区和嘉兴电厂,下同)26.8%。工业总产值352.3亿元,占全市39.08%。178家主营业务收入2000万元以上工业企业实现工业总产值3160778万元、主营业务收入3138333万元、利税总额281212万元、其中利润187093万元,增长59%;完成进出口总额279292万美元,增长7.7%,其中出口193880万美元,增长12.0%。获2014年浙江省年度外贸进出口十强开发区称号。全年实现财政总收入211229万元,其中一般公共预算收入82671万元,分别增长31.5%和24.8%。平湖经济技术开发区(钟埭街道)连续两年蝉联平湖市工作目标绩效考核一等奖。

招商任务超额完成。2014年,平湖经开区共审批外资项目24个,总投资40497万美元,注册资本26287万美元,完成合同外资26152万美元,完成工作目标的140.6%,占全市的52.14%;实到外资15099万美元,占全市的44.4%。继续进入全省利用外资十强。引进市外内资57577万元,同比增长13.9%。完成浙商回归实到资本123604万元。新引进的项目中,审批总投资1亿美元以上的外资项目2个;新引进注册资本1000万美元以上外资项目5个,5000万美元以上2个,1亿美元以上1个。

重点项目快速推进。2014年,在建项目111个,完成工业生产性投入33.2亿元,同比增长15.8%。列入平湖市重点工业推进项目31个,其中新建项目5个,续建项目26个。全年完成投资223317万元,完成全年任务的136%。完成工业及服务业准入项目30个,办理土地挂牌项目20个,经开区建立以来最大的项目“日新制钢”实现当年立项,当年审批,当年开工。

整合提升拓展空间。2014年,完成“两退两进”项目20个,共计631.29亩。其中低效(空闲)腾退6个,合计137.43亩;兼并重组5个,合计159.403亩;“退二进三”4个,合计70.65亩;行业内提升4个,合计152.54亩;淘汰落后产能1个111.25亩,完成年度任务指标的126%。标准厂房工程建设稳步推进,在建工程3个,前期准备工程5个;标准厂房园区工程1－3#车间完成竣工验收;领军人才创业园标准厂房建设已完成初步设计评审。

人才引进、科技创新成绩显著。2014年,引进硕士以上高层次人才26名(含博士11名),引进国家“千人计划”1名,培育省“千人计划”2名,引育嘉兴市级以上领军人才6名及平湖领军人才3名。成功培育合波光电光学薄膜研究开发中心、合信易塑料机械辅助设备研发中心两家省级研发中心和依爱夫游戏服装研发中心、上扬设备研发中心等4家市级研发中心。全力推进高新企业培育工作:波汇通信获浙江省创新型示范中小企业,芝浦公司被列入浙江省电子信息制造业30家重点企业,关东辰美和恒业电子分别被列入浙江省电子信息50家成长型特色企业。筛选2015—2017年高企培育对象企业23家,占全市50%以上,重点扶持发展,突出平湖经开区区高新产业优势。大力推进经开区区产业创新,提升产品科技含量,全年申请专利493件,其中发明专利82件,新增1家省级和2家平湖市级专利示范企业。

平台优化整体提升。2014年完成新明路、新群路、新凯路与平兴公路交叉口工程;钟埭工业园区、中兴工业园和曙光工业园污水管道工程全部竣工;新兴一路、新兴二路北段、平成路等道路的改造及亮化工程稳步推进;平成路、新凯路、兴工路等14条道路亮化工程加快实施;完成兴工路两侧、独黎公路南侧、兴平三路等共64万平方米绿化建设及绿化补植工程。白马幼儿园完成初步设计评审。樱花小镇、枫叶广场、茶花公园、银杏大道等特色工程稳步推进。

【生物技术产业园被评为第二批“浙江省外商投资新兴产业示范基地”】 2014年8月29日,省商务厅会同省政府办公厅、省经信委、省科技厅、省财政厅等省级部门及有关产业专家共同认定,平湖经开区生物技术产业园被评为第二批“浙江省外商投资新兴产业示范基地”。生物技术产业作为平湖经开区转型升级的突破口和发展潜力,2009年初开始规划产业定位以来,精心打造园区平台、全力开展产业招商,园区生物技术产业规模逐步形成,科技创新及产业集聚取得明显进步,第二大主动力产业的地位突显。截止2014年底,落户经开区区的生物技术项目达26个,项目总投资66462万美元,其中外商投资项目17个,总投资57036万美元,合同外资27646万美元,实到外资24088万美元,产品涉及生物技术产业中位于前沿的食品、药品、化妆品、保健品及生物农业、医疗用材料、医疗器械、耗材等细分产业。2014年生物技术产业规上企业实现产值286250万元,利税43650万元。

【光机电产业园成为嘉兴现代装备制造业特色专业园】 11月,平湖经开区光机电产业园被嘉兴市政府授牌为“现代装备制造业特色专业园”。建区后,平湖经开区在招商引资工作中集中突出“光机电为主、大项目为主”的特色,经过几年努力,作为区内最大、最新、最具发展潜力的特色支柱产业的光机电产业,于2008年首次超越服装产业,成为平湖市第一大产业,并于2010年成功申报浙江省外商投资光机电产业示范基地,被市政府确定为三大主动力产业之一。2014年光机电产业规上企业实现工业产值1895511万元,利税166593万元。在平湖经开区的未来发展中,光机电产业将通过制度体制创新、企业管理模式创新、技术创新,引导经开区向全新的转型发展模式转变。

【方便面元祖日清食品项目签约落户】 9月15日,方便面元祖日清食品项目签约仪式在平湖经开区举行,嘉兴市副市长盛全生、平湖市领导翁建荣等出席签约仪式。项目投资方日清食品株式会社是一家以生产速食食品为主的著名企业,在15个国家,建立了包括33家公司、21个工厂的全球网络。该项目的签约落户是平湖经开区生物技术产业园成立后投资总额最大的一个外资项目,注册资本5700万美元,总投资1.63亿美元,用地75亩,于2014年12月底完成公司设立,计划2015年开工建设,2017年正式投产,届时年产值将突破8亿元人民币。

【创新开展干部员工全员竞聘】 9月,平湖经开区党工委本着能上能下、公开竞争、择优聘用的原则,开展中层干部和一般员工全员竞聘工作,全区共有189名员工参加竞聘。

通过竞职演说、现场打分和综合评定，共有56人走上中层岗位，其中一般干部竞聘至中层岗位的有10人，中层副职竞聘至正职岗位的有7人，原中层干部降级聘任或聘用至一般岗位的有6人，中层干部岗位交流调整的有9人；在一般干部岗位竞聘中有15人落岗，其中5人直接办理了离职手续，2人终止合同改聘为临时用工，8人进行为期一个月的待岗培训后选择了为期一年的试岗。本次竞岗秉承“不唯年龄讲品行，不唯资历讲能力”的原则，在中层干部的竞岗条件设置上，机关工龄不设上下限，参加竞岗的37位“80”后干部中24人通过竞聘走上中层干部岗位，其中“85”后干部15人，担任中层正职的7人；在男满51周岁、女满48周岁的干部中，有5名同志竞争上岗，继续挑重担。通过全员竞聘，平湖经开区形成比学赶超的创先争优浓厚氛围，加深了干部岗位竞争的忧患意识，打破了机关岗位组织安排、待遇旱涝保收、任职论资排辈的用人制度惯性，推进了机关用人向用能的转变，实现了干部奖优罚劣、能上能下，做到了坚持专业用人、能力定岗，人尽其才，才尽其用，为建设一流的国家级经济技术开发区提供了有力的人才和作风保障。

【经开区实行集中行政审批】 9月，作为全省开发区深化重点领域改革试点的平湖经开区，按照扩权强责原则，在建立权责匹配协调高效的管理服务体系，实施管理机构改革的基础上，开展集中行政审批，以“权责一致、能放即放、区街运作、部门指导”为准绳，将平湖市政府依法下放给平湖经开区部分市（县）级行政审批和管理服务权限，首批共涉及16个部门112项审批事项和33项管理服务事项，通过委托或延伸的方式由平湖经开区区便民服务中心统一承接，集中行使，进行“一站式”服务，为经开区区企业、群众和经济社会发展提供了高效便捷的行政审批和管理服务。

【经开区获“治水美镇、浙江样本”称号】 10月，浙江省网信办、浙江在线、浙江城镇网联合主办的“治水美镇·浙江样本”大型网络互动活动公布治水美镇50强名单，平湖经济技术开发区（钟埭街道）获“工业治污”样本美镇称号。2014年，平湖经开区共完成污水管网建设17.8公里，同时不断推进企业污水入网工作。6月底，完成市下达当年度全部（47家）重点入网企业的现场验收。至12月底，又完成增补的103家企业入网工作，全年累计完成150家企业污水入网，基本实现经开区建成区及工业集聚点企业污水全入网，为打造“水清、河畅、岸绿、景美”的美丽开发区打下了扎实基础。

【区总工会被全国总工会评为落实建会三年规划先进集体】 2014年，平湖经开区总工会被全国总工会评为落实建会三年规划先进集体。经开区共有非公企业1186家，规上企业168家。共单建基层工会406家，其中直属企业工会382家，机关、事业工会9家，村（社区）联合工会15家（覆盖企业939家），组建率97.04%。企业职工数77445人，会员75197人，工会入会率97.11%。台资企业工会和村（社区）联合工会组建均实现全覆盖。经开区区总工会积极创新建会模式、拓展建会领域，成立全市首家步行街工会组织；注重强化思想和工作作风建设，成立基层工会主席联谊会，实施工会委员“双服务”挂钩联系制度；致力于维权帮扶树品牌，指导职工与企业签订劳动合同，非公企业集体合同签订率、履约率98%以上，97%企业建立职代会、厂务公开制度、民主管理制度；经常性组织技能培训，成立平湖市总工会职校分校，先后组织培训20期，理论学习48期，培训3

万人次;开展企业职工文化家园建设,截止12月底,全区共有98家学习型企业、35家职工书屋,30家职工活动中心、38个基层职工文体队伍、15首优秀企业之歌、15家优秀企业报,丰富了职工文化生活,促进了企业发展。

【中国虫草博物馆通过2A级旅游景区评定】 见第249页【中国虫草博物馆通过2A级旅游景区评定】。

【依爱夫企业获嘉兴市市长质量奖】 8月,"嘉兴市市长质量奖"评选结果公布,平湖经开区区内企业浙江依爱夫游戏装文化产业有限公司获得此殊荣。自企业成立以来,依爱夫积极引入《卓越绩效评价准则》,并结合自身经营管理实际,从领导、战略、过程管理等七个方面进行自我评价,进一步明确了企业使命、远景及价值观,并将企业最大的转型体现在战略上,逐步完成从加工贸易型向研发贸易型转型、从贴牌生产向自创品牌转变,从传统服装产业向文化创意产业转轨。公司自主童装品牌IKALI(伊佳林),是全中国首个提出生活游戏装概念的儿童时尚服饰品牌,配合2014年新建成的以情景变装为主题,融合角色扮演、育乐拓展的综合性少儿游乐场所——开心梦工厂的对外开放,面世以来深受儿童和家长的青睐。近几年,依爱夫企业产值年增长率在30%以上,2014年企业总产值4.6亿元,主营业务收入4.6亿元,利税8900万元。

【莎普爱思A股上市】 7月,浙江莎普爱思药业股份有限公司首次公开发行股票上市仪式在上海证券交易所举行。平湖市领导翁建荣、朱林森、钱勇彪,平湖经开区管委会主任周弟明应邀参加上市仪式。浙江莎普爱思药业股份有限公司是一家从事各类眼科用药的研发、生产和销售的企业。公司以眼科特色药物与大输液基本药物为支柱,涵盖眼科类、体液平衡类、全身抗感染类等各类药物的医药产品。莎普爱思已经取得13个国家新药证书,并已获5个发明专利。此次在A股主板上市,莎普爱思共发行1635万股,发行价为21.85元。开市当天,股票价格立刻上涨到31.46元,涨幅43.98%,成功登上涨停榜。 (邹辰玮)

·独山港经济开发区·

【概况】 2014年,独山港经济开发区以"构筑大平台、引进大项目、培育大产业"为中心,以港区八大工作计划为主轴,抓重点、破难点、创亮点,扎实推进港区开发建设。全年完成生产总值(含独山港镇,下同)551226万元,可比增长9.4%。实现财政总收入78498万元,其中一般公共预算收入32471万元,比上年分别增长12%和6.5%。

招商引资成效明显。全年引进市外内资146695万元,增长14.7%,其中浙商回归51727万元。全年完成合同外资16381万美元,同比增长14.9%,实到外资3666万美元。

基础设施建设进一步加强。以疏港道路建设为重点,完成海河路西段拓宽、通港路一期、卫星路工程,加快建设中山路一期一标段、振港路、凤舞路二期等8条道路工程。加快推进公用设施配套完善,化工公共管廊一期、特勤消防站竣工投入使用,工业水厂投入运行。

重点项目扎实推进。主攻有效投入,加快推进总投资亿元以上的重大项目。全年完成固定资产投资51.29亿元、增长11.8%,其中工业生产性投入36.08亿元、增长18.3%。总投资1亿元以上项目累计开工24个,其中总投资2亿元以上项目累计开工

17个,平湖石化、卫星能源等8个项目列入省海洋经济发展重大建设项目实施计划。卫星能源、平湖石化、国利一期、旗滨玻璃技改等4个项目已进行试生产,传化天松、安佐化学等7个项目正加快建设。

工业经济运行质量稳步提升。全年实现工业总产值197.22亿元、增长28.5%,其中规上企业工业总产值175.85亿元、增长35.5%,实现利税总额69853万元。全力打造中国LPG资源综合利用产业基地,已有卫星能源、平湖石化、传化集团等大项目入驻。"四换三名"全面推进,实施"机器换人"项目45个,完成技改投入22亿元;实施旗滨玻璃、宙辉电器等15个"空间换地"项目;鼓励美嘉、伴宇等18家企业开展电子商务;加快"两退两进",实施土地精细化管理,积极推进低效闲置土地的腾退转化工作。全年腾退建设用地500亩,其中直接收回闲置土地150亩。全力打造"名品、名企、名家",重点培育7家列入市"强平工程"企业,新增规上企业10家。大力发展民营经济,鼓励传统产业转型升级,新增"个转企"57家,新增认定(复审)国家高新技术企业3家、省科技型企业5家、省级研发中心2家、嘉兴市级研发中心3家、平湖市级研发中心6家,申请专利514件。

港口物流稳中求进。2014年,完成服务业投入19.3亿元,增长25%。截止2014年底建成万吨级以上码头9个,在建3个,在批5个。全年货物吞吐量1384万吨,集装箱9万标箱。11个服务业重点项目全部开工建设,浙能嘉兴独山煤炭中转码头、白沙湾原油商业储备基地(二期)工程等4个服务业项目列入省海洋经济重大项目。

【独山港区升级为省级经济开发区】 见第105页【独山港区升级为省级经济开发区】。

【平湖独山港区口岸开放获得国务院批复同意】 见第105页【平湖独山港区口岸对外开放获得国务院批复同意】。

【浙江物产集团入驻开发独山港经济开发区】 3月,独山港经济开发区A区1号码头项目举行签约仪式,嘉兴市港务局与浙江物产化工集团将携手合作开发A1码头,项目包括5万吨级和5000吨级液体化工泊位各一个,年设计吞吐能力191万吨,计划于2015年建成。此次浙江物产集团入驻开发建设独山港经济开发区A1码头项目,将为滨海新区化工新材料产业发展提供强有力的物流支撑,同时将进一步发挥独山港良好的区位优势和独特的海河联运条件,推动滨海新区海洋经济长远可持续发展。

【晨光电缆高压电缆防水抗拉牵引头项目获一等奖】 6月,2013—2014年度浙江省机械工业QC小组成果发表暨群众性质量管理活动表彰大会在杭州召开,晨光电缆超凡QC小组申报发布的活动成果——高压电缆防水抗拉牵引头的研制项目获一等奖。

【浙能嘉兴独山煤炭中转码头项目主体工程通过交工验收】 12月18日,浙能嘉兴港煤炭中转码头工程外海码头、栈桥、内河港池和内河泊位工程通过交工验收。根据国家发改委《关于浙能嘉兴独山煤炭中转码头工程项目核准的批复》和交通运输部《关于浙能嘉兴独山煤炭中转码头工程初步设计的批复》,该工程规模为新建3.5万吨级海运煤炭接卸泊位3个和18个500吨级内河泊位,设计年通过能力3100万吨。

【独山港经济开发区工业水厂试运行】 9月,独山港经济开发区工业水厂(一期)工程投入试运行。该工程位于海港路西侧,黄姑塘南侧,于2012年年底开工建设,总投资1.98亿元,一期工程占地面积65.96亩。独山港经济开发区工业水厂(一期)工程日供水能力4.9万吨,实现了工业用水与生活用水分质供水,让工业企业用上了常规处理的工业用水,大型用水工业企业每年水费开支节约四五百万元。（沈毅峰）

交通运输 • 邮政

•综述•

【概况】 2014年,平湖市交通运输局围绕“大投入、大建设、大发展”工作主线,认真贯彻落实平湖市“三年”活动、“九大专项”行动部署,按照嘉兴市交通运输局加快推进现代交通“五大建设”的具体要求,推动交通运输工作在全市经济社会发展中发挥基础性、全局性、战略性作用。全年共完成交通基础设施建设7.7亿元;2014年平湖A级物流企业、物流龙头企业占比等在嘉兴市五县(市)二区中位列前茅,在嘉兴市30家A级企业中占9席,在16家嘉兴市级重点扶持龙头企业中占4席;围绕民生实事,推动公交优先发展,优化公交线路23条,建成运行公共自行车服务系统二期工程,平湖市汽车客运中心建成并投入使用,建成市区公交候车亭144个、电子站牌85个;围绕安全稳定,提升行业管理能力,依法行政未发生一起听证案件、行政复议或者行政诉讼案件,安全形势总体平稳,公路养护管理进一步深化,全力服务于全市经济社会发展大局,进一步坚实交通行业转型升级步伐。

【杭平申线航道平湖段改造工程快速推进】 省重点项目——杭平申线航道平湖段改造工程快速有效推进。航道一标段累计完成4620米护岸,4700米护岸墙后回填,开挖土方10.85万立方米;二至六标段累计完成17160米护岸,13746米护岸墙后回填,开挖土方34.588万立方米;计划总投资10.1亿元,2014年完成投资4.05亿元。

【平湖乍浦至上海兴塔公路一期工程(01省道—三港新城段)开工建设】 按一级公路标准,一期工程长8.1公里,路幅宽27.5米,9月28日正式开工建设,计划总投资59050万元,2014年完成投资5200万元。

【平湖市汽车客运中心建成并投入使用】 平湖市汽车客运中心按一级客运站标准建设,总用地面积8万平方米(120亩),总建筑面积25500平方米,2010年9月28日正式奠基开始建设,2014年12月28日建成并投入使用,2014年完成投资3549万元,总投资16878万元。平湖市汽车客运中心进出道路工程于2014年12月完工,全长260米,2014年完成投资919万元,累计总投资969万元。平湖市汽车客运中心投入营运,实现全市长途客运、城乡公交、城市公交、出租车、公共自行车无缝对接,体现现代交通“零换乘”发展理念,有效缓解百姓出行难问题。

【完成公交线网优化方案】 编制《平湖市近期公交线网优化方案(2014—2016)》,10月,方案通过专家评审,12月,经市优先发展公共交通领导小组讨论通过。2014年,全市新增公交线路2条,其中,城市公交1条、城乡公交1条,优化公交线路23条,其中,城市公交9条,城乡公交14条,日客运量5.8万人次。

【打击“黑车”工作显成效】 根据“黑车”等非法营运车辆集聚特点,采取“延时执法”与“错时执法”相结合的措施,利用清晨和中午、晚间时段,对汽车南站等人口密集地段“黑车”重点加强监管,成效显著。2014年共查获非法营运车辆101辆、违章大客车40

辆。

·交通建设·

【青阳汇大桥和平黎公路改建工程】 平湖市青阳汇大桥及连接线改建工程。工程规模为二级公路,长1.502公里、路幅宽18米、大桥总跨径659米,计划总投资11995万元,2014年完成投资5100万元,累计完成投资9200万元。平黎公路(平湖段)改建工程。工程规模为一级公路,长9.673公里、路幅宽35米,计划总投资14068万元,2014年完成投资5220万元,累计完成投资7270万元。

【新07省道至乍王公路段建设工程】 2010年12月开工建设,2014年12月完工。按一级公路技术标准建设,全长3.9公里,路幅宽36米(桥梁宽40.5米),2014年完成投资5782万元,总投资28432万元。

【平湖市农村公路学生接送车途经路段等级提升工程】 2013年3月开工建设,2014年12月完工。完成三级公路、12个项目、总里程35.2公里建设,2014年完成投资3892万元,总投资6952万元。

【公路大中修工程】 01省道2014年大中修工程于2014年6月开工建设,2014年12月完工,建成一级公路10.41公里,总投资2880万元。独黎公路2014年大中修工程于2014年7月开工建设,2014年12月完工,建成一级公路辅车道单幅6.404公里,2014年完成投资380万元。广平公路2014年大修工程于2013年12月开工建设,2014年8月完工,建成二级公路2.533公里,路面宽12米,总投资292万元。

【完成市区公交候车亭、电子站牌建设】 2014年"智慧城市"政府实施项目,市区公交候车亭、电子站牌建设于8月19日正式启动,一期规划公交候车亭144个、电子站牌85个,2014年年底完工并投入试运行,总投资1500万元。

【水路基础设施建设】 继续推进2014年航道水环境综合治理工程建设,计划总投资600万元,2014年完成投资246万元;乍嘉苏线乍浦闸桥至关桥段航道养护工程四期按三级航道标准建设,计划建成护岸2900米,疏浚土方25000立方米,计划总投资2090万元,2014年完成投资830万元。

·交通管理·

【概况】 2014年,交通依法行政工作稳步推进,围绕"平安交通"建设主线,不断创新执法模式,"打非治违"出成效。全系统共实施行政处罚831件,罚款142.01万元,行政许可547件,未发生一起听证案件、行政复议或者行政诉讼案件。全年共发生道路运输行车事故1起,死亡3人,直接经济损失4.5万元;水上交通事故2起,死亡2人,受伤1人,直接经济损失0.5万元;未发生交通在建工程和养护作业安全生产事故。

【公共自行车服务系统二期工程建成】 平湖市公共自行车服务系统二期工程于2013年11月开始,经过选址公示、土建招投标、施工现场放样、网点施工等多个环节,2014年7月31日如期完工并投入运行,共新增服务网点40个,投放自行车1000辆。截至2014年底,全市公共自行车网点共70个,投放车辆总数2000辆,日均租车量3000余辆次。

【开展城乡公交候车设施维修工作】 运管所组织开展对新07、老07、平廊公路、东西大道、独新公路等路段的候车亭维护工作，对全市6条城乡主干道118个城乡公交候车亭进行统一清洁和整修。

【行政审批提速】 行政审批时限再提速、服务再优化，全系统行政审批事项共26项，承诺审批时限比法定审批时限提速70%。

【96520投诉热线】 96520信息服务中心投诉受理服务进一步优化，获平湖市青年文明号称号。2014年共接听电话1845个，所有投诉举报案件结案率、回复率、回复满意率均达100%。

【"治超"概况】 全年共检测违法超限车辆895辆，查获298辆，卸载86辆，卸载货物1819.13吨，除不可解体外，卸载率达到100%。

【注重运输企业安全】 积极开展走访工作，先后走访平湖市亚太物流有限公司等19家运输企业，并签订《2014年度平湖市货运车辆行驶公路安全管理责任书》，分发路政宣传资料150余份。

【路政内业规范】 坚持内外结合，不断加强规范化工作。加强内业档案管理和路政案卷的审查力度，规范执法文书、案卷的书写、归档等程序；坚持路政许可程序，将原有的9项路政许可事项压缩合并为5项；许可期限再次提速，缩短到法定期限的50%以上；加大行政执法评议工作力度；切实做好部门职权清理，圆满完成权力清单清理工作。

【路政管理】 坚持日日巡查，切实加强路政巡查力度，扎实提高路政巡查质量，全年巡查5955人次。共发现和查处违章案件326件，路政案件查处率、结案率100%。清理堆积物500立方米，清除非公路标牌43块，收取公路赔(补)偿费128309元。办理行政处理案件47件，行政处罚案件279件，行政审批7件。

【港航标准化改造】 港航处基层站所标准化建设进一步强化，完成处本部及政务中心标准化改造，窗口对外形象和服务水平均得到有力提升。

【深化工程领域反腐倡廉工作】 把握关键环节，突出交通工程建设领域问题的专项治理；严格按照"四保一控"的要求狠抓工程建设质量，共受理监督项目15个，监督覆盖率100%；已完工项目质量合格率100%；顺利完成省公路局、嘉兴市交通运输局等对平湖市交通工程建设质量的监督检查。突出工程建设领域相关人员廉政教育，实施廉洁自律零报告制度和开展廉洁自律约谈提醒制度，通过提醒约谈教育增强反腐倡廉意识。

【"客货危"驾驶员继续教育工作】 运管所自2月开始，积极开展道路运输"客货危"驾驶员继续教育工作。充分利用电视、报刊、网络等媒体进行宣传；督促培训学校充实师资力量，保障培训的质量；加强培训过程的监督。结合群众路线教育实践活动，积极与嘉兴市局、嘉兴交通学校联系沟通，在平湖设立培训分点，利用双休日和晚上培训考试，方便企业和驾驶员。全市继续教育已培训2582人。

【安全生产"大排查大整治"】 以建设"平安交通"为主线，以"打非治违""十打十治"为抓手，贯彻"安全第一、预防为主、综合治理"的方针，按照零容忍、严监管的要求，用实招、用硬招，强化监督执法，集中精力解决安全生产重点难点问题。根据平安委会《关于深化安全生产领域“打非治违”集中开展“十打十治”专项行动的通知》的要求,在安全生产“大排查大整治”活动期间,累计出动执法人员920人次,检查企事业单位和场所20家,查获违法行为13起。

【公路安全隐患排查】 公路段对所辖路段及控制区的安全隐患进行全面排查,全年开展安全隐患大排查大整治活动5次,确保做到“排查全覆盖、隐患零容忍、监管严执法、整改重实效”。共排查公路安全隐患27处,投入资金38.4万元用于整改,及时消除安全隐患。

【水路安全保障】 巩固三级安全管理网络建设成果,港航处与全市9个镇(街道)签订《平湖市水上交通安全管理责任书》,开展“春运安全隐患治理”“安全生产大排查大整治”“水路交通安全生产大检查大整治专项行动”“安全生产月大检查”等整治行动,以干线航道为主线,以主要码头及船舶为重点,治理通航秩序,增强安全生产保障。重点检查辖区内危险品货物装卸码头、危险品运输船舶、旅游船舶、水运企业、水上加油站、水上水下在建工程,确保船舶安全技术达标、从业人员配备到位、企业安全制度有效落实。检查水运企业56家次,发现并整改安全隐患7处;检查运输船舶3779艘次,发现并整改安全隐患27处。

【完成重要时期水上安保工作】 港航处在省际水上卡点——新埭港航管理检查站,严格实行24小时勤务模式,对入沪船舶进行严格核查,并与公安(水警)建立水上交通、治安管理协作配合机制,形成水上安保合力,确保入沪船舶适航、船员适任,坚决防止重点人、危险物经水路进入上海,严守上海的内河水上“南大门”。“亚信会”期间,共办理船舶专项签证1301艘次,其中,办理进入上海核心水域的船舶签证65艘次,实施船舶专项安检197艘次,采集船员信息164份,完成驶向上海方向船舶的信息比对2534艘次,发现问题后责令停航或遣返船舶16艘次,圆满完成亚信会安保工作。南京“青奥会”水上安保期间,全市辖区共办理船舶专项签证40艘次,实施船舶专项安检10艘次,采集船员信息22份。

【公路桥梁动态管理】 公路段做好所辖桥梁的日常巡查工作和大中桥梁的定期检查工作。完成对干线公路60座大中桥梁的定期检查,对伸缩缝损坏、桥面铺装层病害和附属设施损坏等进行及时修复。推动“一桥一牌”系统工作稳步前进,从而实现桥梁养护管理实时化和动态化,加大对桥梁安全运行的监控。

【水上交通指挥中心前移】 启用水上交通指挥中心,通过技术升级、选址优化,实现水上救援指挥系统前移到航道岸边,解决水上救援的“最后一公里”问题,2014年共接处水上求助电话80起,快速处置船舶进水、船舶搁浅等多起突发事故,成功避免发生沉船或长时间堵航事件,有效降低事故危害。

【公路养护管理】 保持干线公路结构物、公路设施完好,管养公路好路率稳中有升。通过招投标,与吉乐、保丽洁两家保洁公司签订养护保洁协议,实行全天候公路养护保洁,并对保洁公司建立相应的激励约束机制,加大检查、监督力度,有效地促进了养护工作积极性;开展平兴公路错台铣刨处置专项整治,针对平兴公路路面错台现象严重、涉及面广的现象,公路段新购两台水泥砼路面铣刨机,实施错台铣刨工作,共计完成15公里,投入7万元,处理错台3.5万米,及时对路面进行灌缝处理，提升行车舒适性，稳定公路路况，延长公路的使用寿命；开展省道路口整治，对01省道、老07省道两条公路的路口实施改造；开展高速公路下穿通道整治工作，对全市所有50个下穿通道进行实地查看，摸底调查，并造册记录，于9月11日、10月15日召集高速公路公司、各镇（街道）相关人员就下穿通道整治工作进行协商，对亟需整治的下穿通道逐个进行分析、布置、落实，督促高速公路公司年内完成全部13处的通道整治工作；认真开展“四新技术”及预防性养护管理工作，提高公路养护现代化技术水平。

•运输业•

【概况】 2014年，全市共有营运汽车8688辆，比上年增加346辆。其中营业性载客汽车316辆，比上年减少3辆；营业性载货汽车8372辆，比上年增加349辆。全年完成客运1349.76万人次，比上年减少6.99%；旅客周转量43799.14万人公里，比上年减少4.58%。完成水路货运量878万吨，同比减少4.1%；完成货物周转量124002万吨公里，同比减少2.6%。

【完成省级交通大物流扶持项目的审查工作】 平湖市独山港综合物流园区的公共集装箱仓储堆场项目和平湖市安达汽车运输有限公司设施设备技术改造项目顺利通过2013年度省级交通物流扶持项目审查，分获项目扶持资金70万元和20万元。

【首次获得企业信用考核“大满冠”】 在嘉兴市组织的2013年度道路货运企业信用考核评定工作中，平湖市参与信用等级评定的5家普通货运企业和9家危险品货物运输企业均获得最高等级——AAA级。

【重点保障民生物资运输安全畅通】 进一步加强乍嘉苏线乍浦内河交通管制，落实“24×7”全天候船舶报港管理措施，科学分配船舶流量，全力维护乍浦内河的水上交通秩序，打造安全畅通的海河中转物流通道，确保乍浦内河未发生一次4小时以上堵航事件。2014年共保障煤炭中转516万吨，疏运成品油89万吨。

【驾驶培训监管措施着力提升】 完成321辆教练车和69台驾模器计时系统的升级安装。通过科技监管手段，规范驾培机构教学行为，防止学时作弊，保障学员能够学满规定的学时；完成驾校教练场地电子围栏的安装，为有效开展驾培行业的监管工作，保证驾培安全和有效监督教练员脱岗行为，行业监管手段得到实质性提升。2014年驾校理科培训16632人，术科培训17373人。（严方圆）

•物流业•

【概况】 全年交通运输及邮政业实现增加值17.45亿元，可比增长9.4%；完成投资20.15亿元，占服务业投资的比重为15.2%；全市限上物流企业69家，实现营业收入25.92亿元，占全市限上服务业企业收入比重的11.9%，年营业收入超5000万元物流企业7家。各种运输方式完成货物周转量42.1亿吨公里，增长7.0%，其中：公路运输27.2亿吨公里，水路运输14.9亿吨公里，分别增长22.5%、下降1.97%。独山港物流园区累计建成生产性外海码头泊位14个（万吨级泊位9个），全年实现码头货物吞吐量1384.2万吨，其中集装箱货物吞吐量完成9.6万标箱，取得重大突破。10月，独山港区物流区在省发改委组织开展的2014年全省100个省级服务业集聚示范区评估工作中位列第23名（省发改经贸〔2014〕891号文件），在物流类集聚区中名列前茅;在嘉兴市发改委组织开展的2013年度嘉兴市服务业集聚区评估工作中获二等奖。独山港区综合物流园区公共集装箱仓储堆场项目和安达汽车运输有限公司设施(备)技改项目通过省级交通物流扶持项目审查,分别获得扶持资金70万元和20万元。独山港口岸开放获国务院《关于同意浙江乍浦港口岸更名为嘉兴港口岸并扩大开放的批复》(国函〔2014〕170号)批复同意开放岸线15.2公里、17个泊位。

(王　斌)

• 邮政 •

【概况】　2014年,平湖市邮政局共有22个支局(所),员工总数339人,全局完成业务总收入6705万元,完成市公司下达确保计划的101.30%。全年实现安全无事故(无重大以上责任事故、案件)。

【志愿服务活动】　3月14日,局派员参加由市工商行政管理局与市消费者协会联合组织的“3·15”国际消费者权益日大型宣传活动。3月15日下午,组织10名志愿者参加“清三河见行动”集中义务劳动。5月5日上午,局安保科人员在平湖解放路关帝庙广场开展以“防盗、防骗、防抢、防火”为主要内容的全省金融安全防范现场宣传活动。

【慈善爱心活动】　1月16日,副局长刘盛华率综合办相关人员到结对帮扶对象——大力村的三户困难家庭走访慰问。1月22日,局工会将“慈善爱心一日捐”的善款10070元上交平湖市慈善总会。6月25日,局党委响应市委“千名干部帮千户”的号召,组织干部捐款共计4000元,用于帮扶结对困难群众。6月26日上午,副局长刘盛华带队到钟埭街道花园村结对的困难家庭进行七一慰问走访活动。

【平湖首家邮政经营体彩网点开业】　2月7日,平湖首家位于邮政局西侧的邮政经营体育彩票网点正式开业。

【职代会召开】　2月19日下午,召开中国邮政集团工会平湖市第一届二次会员代表大会暨平湖市邮政局第四届二次职工代表大会。8月6日,局召开第一届三次会员代表大会暨平湖市邮政局第四届三次职工代表大会,19名正式代表和39名列席代表出席会议。

【企业文化建设】　为培育企业文化,以丰富的活动凝聚员工人心,邮政工会会同共青团、妇联等群团组织于3月1日开展“三八”节烘焙活动。5月21日晚,在局三楼多功能厅举办平湖邮政达人秀活动;5月31日,举行职工家庭六一节东湖景区亲子健身走活动。

【嘉兴市分公司领导调研】　3月6日,省邮政公司嘉兴市分公司副总经理乔建华、人力资源部主任鲍武勇等一行4人到平湖邮政局进行领导班子考察及后备干部选拔工作。

【党的群众路线教育实践活动】　3月20下午,局召开党的群众路线教育实践活动动员大会,省公司第一督导组成员钟斌杰出席会议并作重要讲话。在学习教育、听取意见环节,开展10次集中学习,党政一把手上党课4次,专题报告会2场次,观看教育警示片5场次,党委领导班子成员参加学习交流、开展调研座谈会14次,面对面听取群众意见72人次,回收“调查问卷”72份,认真梳理47条意见建议;在查摆问题、开展批评环节,梳理存在的18个问题,党委领导班子开展谈心交心33次;在整改落实、建章立制环节,整改方案经局党委多次修改审议,形成5大类19项

46 条具体整改措施并付诸实施。

【“投递员之家”验收通过】 5 月 13 日,省公司“投递员之家”建设达标验收小组副主任朱茂荣一行在嘉兴市分公司工会副主席陈洁的陪同下,对平湖市邮政局“投递员之家”建设情况进行检查验收。各方面指标均达标,“投递员之家”获验收通过。

【市集邮协会换届】 6 月 21 日下午,平湖市集邮协会第六次会员代表大会在局二楼会议室召开,选举产生第六届理事会成员。刘盛华任会长,冯金权任副会长。

【拾金不昧】 6 月 30 日晚上,投递公司员工张浩梁在大润发超市捡到钱包一个,7 月 1 日主动交到单位。经查验钱包内有失主夫妇两人的身份证、银行卡,还有结婚时购买的项链、手链、耳环等金器。通过有关渠道找到失主,面对失而复得的钱包以及具有结婚纪念意义的项链、手链、耳环,失主向张浩梁连声道谢。7 月 1 日上午,平湖电视台民生直通车专题采访、报道投递公司张浩梁拾金不昧的事迹。

【“两新”结对】 7 月 14 日,副局长刘盛华率局党群办人员到“两新”结对单位——浙江川电钢板加工有限公司开展红色互动活动。9 月 20 日,刘盛华率领局党群办及局团委成员一行 6 人到浙江川电钢板加工有限公司开展以道德讲堂为主的相关党建交流活动。

【网点装修改造】 8 月 15 日,广陈支局邮政储蓄所完成原址重装开业。

【E 邮站建设】 9 月 11 日,局完成市行政中心 E 邮站的建设。9 月 23 日,完成市星洲东湖站和世纪名苑站的建设。9 月 24 日试运行,26 日起全部正常运行。

【村邮站建设】 10 月 8 日,继花园村村邮站后,第二个精品村邮站——赵家桥精品村邮站装修后重新营业。

【世界邮政日】 10 月 9 日,局在花园村设摊宣传,庆祝第 45 届世界邮政日。 (邬佳佳)

通　　信

·中国电信股份有限公司平湖分公司·

【概况】　2014年，中国电信股份有限公司平湖分公司设有部室4个，支局10个，职工总数139人。全年完成经营收入1.7亿元。年内，认真落实省、嘉兴市公司工作部署，围绕规模发展和能力建设两个重点，持续深化变革创新，开放合作和提质增效，进一步提高创新、服务、集约、运营四大能力，纵深推进市场化变革，激发企业内生动力，实现规模发展和效益质量双提升，企业价值和员工价值双提升，企业呈现良性循环的发展态势。

【纵深推进市场承包工作】　响应省、嘉兴市公司市场化推进计划，积极从各个层面纵深推进市场化变革。年初对10个支局实行经营责任制承包，通过各种形式的划小和承包，实现资源合理配置，挖掘发展潜力，激发内生动力，实现业务规模有效发展。2014年度，在创新工作和开拓市场方面，平湖分公司的“乡镇商圈拓展”和“整体打包创新营销”获市公司颁发的表扬信2封。

【业务呈现规模化发展】　一是移动业务持续发展。二是宽带发展工作持续进行。三是流量经营有成效，在嘉兴市流量经营综合评价中获本地网第三，二季度第一，三季度获得省公司强县计划全能奖、流量经营卓越奖。微营销等创新业务快速发展。至年底，分公司服务全市移动和固定电话用户23.9万户，宽带用户10.1万户，ITV用户2.5万户。

【渠道持续延伸拓展】　重点关注渠道网点建设与能力建设协同发展。完成上半年渠道网点建设目标31家。着力核心商圈拓展，开展建设精品街和乡镇全网通卖场改造工作，乍浦雅山路经过整体布局与改造，形成通讯精品一条街，被省公司评为2014年第一批乡镇商圈拓展标杆。在渠道能力建设上逐步优化考核，推进常态化发展，关注社会渠道销售能力，做好已建门店的业务发展能力提升。

【视频监控项目如期完成】　5月初，平湖电信分公司在2014年度市社会治安动态视频监控系统租赁工程公开招标中一举中标，经过5个月的努力，完成平湖市城区1339个监控点的建设，嘉兴港区206个标清改高清和新建59个高清监控点位的建设，在10月底完成市政府追加部署的1680个监控点的建设任务，保质保量地完成了此项政府实事项目。

【“光网城市”建设快速推进】　“宽带中国·光网城市”工程快速推进。2014年继续以“点亮光小区”、宽带全城提速行动为抓手，着力推进城市与农村的宽带覆盖和速率提升。FTTH资源覆盖能力达到123788线，比上年净增55280线，至年底，主城区实现20M光宽带接入全覆盖。根据用户需求和网络现状，抓好宽带城域网扩容工程，互联网出口带宽提升至200G以上。

【行业信息化发展显成效】　推进行业应用信息化，促成效提升。与政府协作推进“智慧城市”建设，带动“公安治安视频监控项目”“公共场所WIFI免费上网”“智慧养老”“农村信息化便民服务系统”“智慧路灯”、车控监控等多项项目;积极推进翼支付、ECP业务、外勤助手、天翼对讲等业务;数字化校园签约学校7所,累计完成数字化校园签约15所。

【指导帮扶支撑服务】 对照扁平化和集约化的要求,强化对一线的服务支撑,并以提升整体销售能力为核心,开展自下而上和自上而下的梳理和对接,实施和执行"签报管理效率提升""管理清单梳理"等。通过推进11项集约与13项下放,明确权限和责任,加强对一线的指导与帮扶。以"创新与服务双领先推动规模与效益双提升"为目标,以内强服务能力,外塑服务形象为落脚点,全面落实十项对外服务承诺,以顾客至上的良好信誉,使企业在激烈的市场竞争中站稳脚跟。

【队伍建设日趋优化】 持续优化员工队伍建设,接应落实优化组织架构及支局承包相关工作,人才管理能上能下、能进能出,完成支局长优化调整2人,其他人员岗位调整7人,3位员工下沉支局(其中市公司1人)担任支局长助理;评选外包员工初级骨干9人,中级骨干17人,13人参加定向招聘笔试,录用为合同制员工1人。完成全业务经营岗位薪酬体系人岗对应,做好新旧岗位体系对接工作,接应下阶段薪酬体系改革。

【加强内控和廉政建设】 全面落实中央八项规定精神,省、嘉兴市公司关于清"四风"的若干规定,落实函询谈话制度,开展有关问题专项清理工作,做到了"零持有、零报告"。坚持从严治党,层层落实改进工作作风的新部署、新举措、新要求,以鲜明的态度、坚定的决心、自觉的行动、持续有力地推动分公司作风建设,建立岗位廉政风险防范机制,党委班子坚持民主生活会和中心组理论学习,开展廉洁风险排查防控,各部门践行八项制度,严格执行落实,各关键岗位人员签订廉洁从业责任书。

【创建工作持之以恒】 持续做好文明创建工作,配合开展创建省文明市活动,党委、共青团组织党团员参加义务劳动、志愿者服务,以各种形式走上街头,开展公益服务活动;分公司蝉联年度"平湖市消费者信得过满意单位""双拥工作先进单位"称号;配合开展"五水共治"活动,年中按要求每天参加挂钩村广陈山塘村卫生巡查和拆除清理猪棚活动,并组织员工开展"五水共治"捐款11947.2元;积极配合市语委办开展新一轮的语言文字复评,参与市级规范汉字书写大赛等活动,获三等奖2名。 (张　玲)

•中国移动平湖分公司•

【概况】 中国移动平湖分公司下设综合、市场、政企、网络4个部门及城区、新埭、独山港、乍浦4个区域营销部,营业厅11家,公司员工150人。2014年,公司完成运营收入3.68亿元,用户数突破54万户,宽带用户4.1万户。围绕"发展创优、转型创先"的目标思路,公司上下统一认识,坚定信心,在4G网络建设和用户发展,全业务经营,信息化建设等方面均取得了显著的发展业绩,实现了公司持续健康发展。

【开展网络优化建设】 截至2014年底,公司已建成GSM逻辑基站数818个,室内分布325个;TD逻辑基站数353个,室内分布81个;4G－LTE逻辑基站数416个,室内分布131个组成的2、3、4G移动通信网络,网络总体规模位列嘉兴市第四。传输网杆路716公里,光缆5326公里,驻地网覆盖用户数16.48万户。通过MDAS小区覆盖、新增扇区、参数调整等多种手段优化现有网络,全年无线语音 NPR(万用户投诉比)指标位列嘉兴市前列。

【发展4G用户】 2014年是移动4G用户和4G业务大发展的一年。公司通过终端、换卡、资费、应用“四位一体”的服务,大力发展4G用户。累计为广大市民免费更换4G手机卡29.2万张,USIM卡渗透率75%,4G终端用户达10万户。手机上网客户37万户。

【助力“智慧平湖”建设】 公司充分发挥信息专家优势,全力加快无线城市基础网络和应用平台建设,全面提升城市信息化水平。公司承接了平湖市公共自行车一期、二期项目,东湖景区WLAN项目,海塘监控系统项目,数字城管二级平台系统开发,数字城管等大型项目的建设,并通过“城乡天眼”“平安乡镇”“阳光厨房”“数字校园”等信息化产品为不同行业、不同领域的客户单位提供高效、便捷、安全的信息化解决方案。同时,为广大企事业单位和客户提供专线接入、有线宽带上网和移动视频等个性化贴心服务。

(秦伟明)

•中国联合网络通信有限公司平湖市分公司•

【概况】 2014年中国联合网络通信有限公司平湖市分公司下设综合、网建2个部室,当湖和乍浦移网、公众固网、集客4个营销中心,自有营业厅5家,共有各类员工78人,全年完成业务收入7119万元。年内,公司有序推进发展模式转型,狠抓企业发展实效,加快提升市场份额,持续创新体制机制,各项工作取得积极进展。

【提高服务质量】 围绕“客户感知提升年”活动,持续推进号线资源、标准地址准确率管理提升工作,全市机线资源准确率提升至97%以上。全年以故障控制为主线,按照“四不放过”(前期客户投诉引发客户越级投诉的原因不查清不放过、客户反映的实质问题不查清不放过、客户不满意不放过、整改责任单位整改时间不落实不放过)原则强化故障分析责任到人和现场,固网用户的申告故障率每月均控制在考核指标2%以下,列嘉兴市第三。

平湖联通结合本地住宅宽带实际,进一步加强与第三方(嘉兴申通网格通信技术有限公司,平湖市金马网络通讯安装工程队,嘉兴市港区忠信通信工程部,平湖市当湖街道纳图计算机经营部)社会化合作力度,扩大与第三方合作的规模,加快光改步伐,原电缆接入的3500户宽带用户全部改为光纤接入,推动了平湖地区薄弱区域宽带及融合业务快速发展,为平湖经济技术开发区(钟埭街道)、曹桥街道、乍浦、独山港经济开发区、新埭、新仓集镇城郊结合部的用户提供联通优质宽带服务。

【通信网络建设】 完成接入网新建、改造、扩容及大客户接入工程共15个项目,投资金额258.13万元。新增宽带端口约5000线。移动网基站已完成平湖宏建小区南等4个新建基站,完成扩容4G升级站点25站。

【助推平湖“智慧城市”建设】 公司依托行业和技术优势,成功中标平湖市交通局的公交公司主城区公交电子站牌(一期)工程,项目要求建设电子站牌85个,于8月19日启动,12月底前竣工验收,并投入试运行。

【培养企业文化】 以劳动竞赛为载体,引导员工立足岗位建功立业,开展“践行核心价值观,争做最美联通人”岗位实践活动,以弘扬社会主义核心价值观为主旨，以争做“最美联通人”为主题，发动广大员工寻找身边的“最美”人物、传播“最美”故事，通过深入挖掘、选树员工身边的业务精英、服务能手、道德楷模等先进典型人物，宣传他们的感人事迹，彰显联通人爱岗敬业、艰苦奋斗、开拓创新、廉洁奉公、无私奉献的优秀品质，激励广大员工以实际行动践行社会主义核心价值观，学习先进、立足岗位、奉献社会、实现价值，为推动平湖联通改革发展凝聚精气神、传播好声音、汇聚正能量。（董江燕）

•中国铁通集团有限公司嘉兴分公司平湖经营分局•

【概况】 2014年，中国铁通平湖经营分局下属营业网点4个，员工31人，移动全业务维护员工51人。分局围绕公司“重基础、重转型、重价值，努力实现公司健康持续发展”的指导思想，年内做好以下重点工作：创新管理，实现作业体系高效运行；保存拓增，实现语音业务平稳增长；主动求变，实现数据经营顺利转型；渠道转型，实现线上线下互补共强；以质求拓，实现代维代建多位一体；多措并举，实现挖潜提效持续深化；管培齐抓，实现队伍素质持续提升。全年完成运营收入738万元，同比增长14.7%；2014年度，移动装维中心在全省33个市级家客装维（90个县级家客装维）质量考核中获第一名。为了提高员工的业务能力和职业素养，公司每月组织业务培训，如网上月考、集中授课、送培到现场、网络学院自学、技能大赛等。全面实施“创一流服务、提升服务质量”，形成常态化问题解决机制，全年装机及时率、修障及时率都达到100%，切实维护用户的合法权益，提升用户的满意度，创建了一支贴切民生、为民生办实事，高效率的队伍。各专业网络安全稳步运行，全年无重大网络故障发生。（黄孝红）

国内贸易

·综述·

【概况】 2014年，全市实现社会消费品零售总额149.66亿元，同比增长12.0%。其中城镇零售总额116.93亿元，同比增长12.0%；乡村零售总额32.73亿元，同比增长12.0%。按行业分，批发和零售业零售额124.02亿元，同比增长12.4%；住宿餐饮业零售额17.04亿元，同比增长12.7%。限额以上批发零售业单位151个，销售额完成249.18亿元。其中批发额227.89亿元，零售额21.29亿元。限额以上住宿餐饮业单位28个，营业额完成5.78亿元，其中零售额3.9亿元。全市（不含嘉兴港区）41个商品交易市场成交额27.18亿元。其中农副产品综合批发市场成交额15.41亿元，同比增长6.1%，占全部市场成交额的56.7%。全市实现服务业增加值172.03亿元，可比增长7.9%，占GDP比重为34.5%。完成服务业投资（不含嘉兴港区）102.36亿元，同比增长11.1%，占固定资产投资比重为45.8%。实现服务业税收收入21.69亿元，同比增长6.9%，占全部税收收入比重为23.3%；其中服务业地税收入完成13.12亿元，占全部地税收入比重为47.8%。新增服务业企业852家，注册资本56.81亿元，同比分别增长8.1%、95.8%，其中注册资本1000万元、5000万元以上企业分别为79家、24家。

【规划政策】 编制《平湖市服务业提升发展三年行动计划》，形成征求意见稿。市政府出台《关于进一步提升服务业发展的若干政策意见》，突出对楼宇（总部）经济、电子商务、物流、商贸餐饮、金融服务、信息服务、健康产业等重点产业的扶持，以及对服务业做强做大的支持；出台《平湖市服务业项目准入评价实施办法（试行）》，是嘉兴市范围内首次建立的服务业新增项目准入评价机制，获得嘉兴市发改委肯定并在嘉兴市推广。在评价办法中同时制订《平湖市服务业发展指导目录》，明确了服务业发展的鼓励类、适度发展类和禁止类行业，作为项目准入评价的一项内容。

【工作机制】 市政府出台《平湖市服务业发展"五大工程"2014年行动计划》，重点加强对服务业集聚区、专业市场和重点企业的培育扶持，狠抓产业招商和项目推进。出台《平湖市2014年度服务业工作考核办法》，在对镇（街道）考核中，突出投入产出导向，增加"服务业税收"考核指标；设置制订服务业发展规划、政策意见等6项加分内容，首次将文化服务业投资作为考核内容。在对部门考核中分解落实年度服务业重点工作任务。

【招商引资】 全年服务业合同利用外资21785万美元、实际利用外资12247.8万美元、引进市外内资24.09亿元。引进市外服务业法人单位（房地产企业除外）63个，其中市外内资49个、外资14个。引进市外服务业企业（房地产企业除外）实到资金数额32.05亿元，其中市外内资24.09亿元，实际利用外资79610.6万元（12247.79万美元）。引进单个生产性服务业企业实到资本500～1000（含）万元项目1个，实到资本1000～2000（含）万元项目9个，实到资本2000（含）万元以上项目5个。组织参加嘉兴市现代服务业上海浙商对接会等各项活动，2014年在各级推介会上签约服务业项目28个。牵头举办平湖·国际进口商品博览会和第二届中国(平湖)箱包皮具贸易博览会。

【项目推进】 2014年,65个服务业重点项目实际完成投资51.09亿元,完成年度预期目标的101.7%,开工率98.5%,新建项目19个,开工率94.7%。其中,总投资5亿元以上且完成投资5000万元以上项目5个,实际完成投资4.56亿元,有1个项目实际完成投资超过1亿元。新列入省重点建设项目3个、省服务业重大项目2个、嘉兴市服务业投资"百项千亿"工程12项、嘉兴市"退二进三"重点项目14个,上报省重大产业项目1个、前期储备项目6个。嘉兴市"退二进三"年度完成投资99395万元,完成年度目标的78.6%,贡献率9.7%。

【集聚区与向上争取】 平湖市独山港物流园区、平湖九龙山旅游度假区在全省100个省级服务业集聚示范区综合评价结果排名中分列第23位、38位。向上争取到省级以上服务业发展资金310万元。其中:科创中心二期获国家服务业引导资金200万元补助,第三批省级服务业集聚示范区独山港物流园区、平湖·国际进口商品城分别获省级服务业引导资金30万元、80万元补助。平湖爱晚实业有限公司浙江平湖健康产业园项目和佳源旅游开发有限公司九龙山海神湾游艇旅游产业项目列入省重大产业预选类项目计划。浙江九龙开发有限公司继2010年省政府首次认定省服务业重点企业以来第二次获此殊荣。浙江新秀箱包营销有限公司等9家企业被认定为嘉兴市首批服务业重点企业。

【企业培育】 全年完成服务业"个转企"94家,新增限额以上服务业企业66家。新增亿元以上服务业企业2家,累计达27家,其中:批发零售业23家,住宿餐饮业2家,交运及邮政业2家。新获评嘉兴市级服务名牌2个,服务业著名商标1个。290家限额以上服务业企业实现营业收入217.3亿元,同比增长1.1%;实现增加值17.34亿元、同比增长5.7%。 (王　斌)

•供销合作•

【概况】 2014年末,供销合作社系统共有9家基层供销社(公司)、13家公司(其中5家生产经营性公司),共有职工443人。全系统固定资产原值(账面数,下同)2.42亿元,净值1.90亿元;全市供销社实现综合经营销售29.61亿元,同比增长12.38%,其中生活资料销售(含服务业)13.73亿元,同比增长19.29%,农业生产资料销售1.85亿元,同比增长14.27%;综合经济效益为1591.96万元,同比去年增长16.8%;上缴税费873.36万元,同比增长0.56%。2014年,市供销社被列入省供销综合改革试点单位,获全省供销社系统综合考核特等奖,并获"国家农民专业合作社示范社"称号。

【规范资产管理】 2014年,市供销社成立由一把手任组长的社有资产管理领导小组,开展社有资产清理整治专项行动。明确社有资产租赁租金收入实行收支两条线管理规定;实行公开招租,对城区资产进行基准价格评估后,委托市公共资源交易中心实行公开招租;对城区外资产逐步参照国有资产管理办法进行管理。2014年,共清租139户(其中市社直管17户,乍浦、林埭16户,独山港镇、新仓98户等),并重新签订租赁合同,共收到租金815万元,比去年增长26.6%。

【开展党的群众路线教育实践活动】 参加群众路线教育实践活动的对象主要是市社党

委及所属党组织和党员,重点是市社领导班子、领导干部、机关科室负责人、所属企业领导班子,共有10个基层党组织、121名党员参加教育实践活动,其中党员领导干部7名。市政协副主席王华根联系指导并全程参与市供销社群众路线教育实践活动,先后多次专程到社指导工作。

【二项改革列入市改革项目目录】 4月21日,市供销社牵头负责实施的《创新发展“新仓经验”,加快“三位一体”农村新型合作体系建设》和《发展农村信用合作,成立农合联资金互助会》两项改革内容被列入《平湖市2014年重点推进改革项目》目录。这两项重点改革项目分别由市委、市政府分管市长挂帅,市供销社牵头负责,由市财政(地税)局、农办(农经局)等部门共同参与,旨在整合政府和社会资源,推进市、镇(街道)农合联实体化运作,加快生产合作、供销合作、信用合作“三位一体”农村新型合作体系建设。

【废弃农药包装物回收处理】 2014年5月,市政府出台《平湖市废弃农药包装物回收处理试点工作实施方案》。工作由市供销社负责牵头,财政局、环保局、农经局、城管执法局、市场监管局等单位共同参与,市供销社丰达农资公司负责做好废弃农药包装物回收处理网络体系建设,在新埭镇、广陈镇率先开展废弃农药包装物回收处理试点工作。

【列入省供销合作社综合改革试点单位】 5月28日,市供销社被列入21个省供销合作社综合改革试点单位之一。按照“自我改造、服务农民”的总要求,以密切与农民利益联系为核心,以基层组织改造、组织体系建设、服务规模化、流通现代化为重点,推进供销合作、生产合作、信用合作“三位一体”农民新型合作组织体系,形成为农服务有利、组织体系健全、经济实力强劲、体制机制完善的供销合作社发展新格局,努力把供销合作社打造成为农民生产生活服务的生力军和综合平台。

【省委副书记王辉忠到平调研】 6月5日,浙江省委副书记王辉忠到平湖调研“新仓经验”“三位一体”农村新型合作经济体系建设。嘉兴市委副书记、市长肖培生,平湖市委书记翁建荣等有关领导陪同调研。王辉忠一行先后考察了毛泽东同志批示展示馆、华凰果蔬专业合作社芦笋基地、嘉兴百玫生态农业科技有限公司、四季对虾专业合作社以及新当湖资金互助社。在参观过程中,听取了平湖创新发展“新仓经验”的做法、专业合作社的新发展以及新当湖资金互助合作社的有关情况介绍。王辉忠充分肯定了平湖市在创新发展“新仓经验”方面的探索和实践,肯定了农合联(供销社)在推进“三位一体”工作中,特别在“信用合作”方面取得的实质性进展,并对下一步工作提出了四点要求:一要深化发展“三位一体”工作思想认识,进一步凝聚共识;二要把握改革创新主线;三要农村资金互助社(会)坚持为农服务宗旨;四要发挥农合联大平台作用,进一步深化工作合力,加强部门协调。

【调整产权房权属性质】 6月,为进一步理顺权、责、利关系,便于资产统一运作管理,促进农村综合服务社健康发展,更好地发挥综合服务社方便百姓,服务“三农”的作用。市供销社对全市72个有产权协议的村级综合服务社进行核对,并将所属权属统一划转给所在地村(股份)经济合作社,由所在地村(股份)经济合作社行使资产所有权与管理权。划转后资产由所在村按照村集体资产租赁管理方式,规范操作,主要用于农业生产资料、生活资料连锁配送经营等为农服务项目。

【省社监事会副主任申屠步生到平调研】 6月26日,省供销社监事会副主任申屠步生在嘉兴市社副主任葛跃新的陪同下到市供销社调研供销社综合改革试点工作。在听取市供销社综合改革思路及建议汇报后,申屠步生充分肯定市供销社近几年各项工作取得的成绩和综合改革思路。作为全省21个综合改革试点县(市)之一,申屠步生对市供销社综合改革提出三点要求:一、把握改革总原则:坚持为农服务方向,坚持合作制原则;二、保持供销社特有属性,保持供销社资产完整性;三、结合平湖特色,狠抓突破点。

【平湖首家农超对接生鲜超市开业】 7月5日,平湖市"餐餐乐"生鲜超市开张营业,为附近居民提供最优质、最放心、最便捷、最安全的农产品服务。市"餐餐乐"生鲜超市是市供销社农产品展销配送有限公司下属的首家净菜生鲜超市。"餐餐乐"生鲜超市营业面积约300平方米,汇聚绿色蔬菜、水产品、海产品、鲜猪肉、家禽肉、禽蛋、豆制品、奶制品、调味品、各类时令水果等共420多个品种。

【市纪委第五巡查组对市供销社进行巡查】 市纪委第五巡查组从9月1日至10月底对市供销社开展党风廉政建设巡查。巡查坚持问题导向,重点突出社有资产管理工作。市供销社针对巡查组指出的存在问题和整改建议逐项进行分析讨论,列出整改问题清单,制订专项整改方案,进一步梳理社有资产现状,提高社有资产管理水平,保障资产保值增值。

【推进农批市场改造扩建工程】 2月12日,市政府成立由分管副市长任组长,市府办分管副主任、市供销社主任、财政局副局长任副组长的农批市场扩建改造工程建设协调小组。2月28日下午,市副市长胡志梁专题召开农批市场扩建改造工程协调小组全体成员会议,统一思想,明确任务,分工协作。3月11日,召开农批市场扩建改造工作动员会议,由协调小组办公室牵头成立筹建工作班子,下设产权处置组、项目实施组和市场管理组三个工作小组,并明确年内目标任务。10月17日,市农批市场改造提升方案经第二十一次市长办公会议审议通过。会议原则同意实施改造方案一:项目预计总投资约为3亿元,计划分三期建设完成;改扩建后的农批市场总建筑面积约113000平方米;将集副食品、粮油、果品、农产品交易于一体,并配有仓储(冷库)、商业服务等设施。会议要求立足于市场的公益性、处置的公平性,明晰股权,加快产权处置和资金筹措进度。

【市旅游商品展示销售中心依托供销社重新启动】 12月29日上午,市旅游商品销售中心依托市供销社农产品展销配送中心这个销售平台重新启动。市旅游商品销售中心由市供销社、旅游局、农产品展销配送有限公司共同合作开发运营,占地面积300多平方米,是市内外代销农特产、旅游商品宣传和推介的重要窗口。展示销售中心汇聚平湖龙牌糟蛋、平湖老酒、平湖西瓜、阿奴杜瓜子、金象袜子、嘉特保温瓶、泛亚虫草等一系列市农特优品牌农产品和旅游商品600多个品种,为市农业龙头企业、专业合作社和旅游商品研发企业、旅游景区、星级酒店等企业提供一个产品交流、展销的平台。 (孙琳远)

•粮油购销•

【概况】 2014年,全市粮食晚粳谷本级订单6546吨,省级储备订单5000吨,粮食订单户数158户。订单内交售的粮食,市政府继续给予本级订单每百斤12元的价外补贴,省级订单执行每百斤20元的奖励政策。根据《平湖市地方储备粮油管理实施办法》的要求,以公开竞价销售形式抛售储备粮3批次,轮出地产晚粳谷3956吨、早籼谷2500吨、小麦2600吨,轮换补库地产晚粳谷6456吨、小麦2600吨;成品粮储备370吨由市内3家米厂代储,地方储备粮达到省政府指令性计划要求,做到规模、仓储、费用"三到位"。落实应急加工企业3家、应急供应网点21个,实行挂牌定点和跟踪管理,设立6个粮油价格监测点,开展市场监测预警工作,粮食安全应急机制进一步完善。做好军粮供应工作,为部队圆满完成战备训练任务提供强有力的后勤保障。全年粮油市场货源充足、供应有序、价格稳定,有效满足各类需求。

【落实粮食安全目标责任制】 落实粮食安全目标责任制,抓好粮食供需平衡调查工作,科学测算区域内粮食需求数量,落实相应保障供应措施,完善储备粮数量和品种结构;及时落实市政府下达的地方储备粮储备计划,加强储备粮轮换的管理,确保储备粮的质量和存储安全;健全和完善粮食安全应急预案,加强粮食市场实时监测和价格预警,强化加工企业、供应网点和运输环节的应急能力建设,市场货源充足、价格稳定。2014年,市人民政府获"嘉兴市粮食安全责任制考核优秀县市"。

【提升仓储管理规范化水平】 巩固仓储规范化建设成果,市中心粮库成功创建省"四星级粮库"。深化推进"智慧粮库"建设,抓好项目科技立项,加强人才引进培养,推进科学保粮、绿色储粮技术探索研究。抓好总投资745万元的国家产粮大县扶持项目——仓储配套设施建设工程;实施"粮安工程",抓好乍浦中转库改造项目申报、设计等前期准备工作,仓储设施现代化水平进一步提升。

【完成粮食清仓查库工作】 4月,根据国务院的统一部署,全面启动粮食清仓查库工作,以3月25日粮食库存统计结报日为检查时点,范围包括所有中央储备粮、国家临时存储粮、地方储备粮的数量、品种和质量情况,国有及国有控股粮食企业储存商品粮的数量、品种、质量和粮权属性情况。检查结果,全市库存粮食账账相符,账实相符,数量真实,质量完好,轮换规范。

【维护粮食流通秩序】 理清权力清单,修订规范43项制度。加强粮食行业管理,抓好全市32户粮食经纪人粮食收购许可证的办理、复核工作。加强原粮收购、储存等环节的质量安全检测,加强粮油市场行情监测,完善市场监测考核体制。强化行业安全监管,加强系统存量国有资产管理,配合做好城市有机更新、国有资产清租等工作。 (祝佳悦)

•烟草专卖•

【概况】 2014年,平湖地区共销售卷烟2.82万箱,同比增长1.24%,实现卷烟批发销售额11.79亿元,同比增长7.71%。单箱销售额4.19万元,同比增长6.39%。实现税利2.91亿元,同比增长4.82%。2014年,平湖烟草职工书屋被全国总工会命名为"全国工会职工书屋示范点"称号,被省国税局、省地税局联合评定为AAA级纳税信誉单位。创新管理工作获得浙江省经营管理研究会"管理思想创新奖";当湖专卖管理所获得浙江省团委"示范青年文明号集体"称号;《人劳管理助手软件V1.0》软件获得国家版权局颁发的计算机软件著作权证书。

【业务经营稳中有升】 大力培育重点骨干品牌,保持销量稳定增长,全国重点品牌

(1—3类烟)同比增长5.44%,占总销量比重90.43%。建成现代终端383家,占总客户比重12.2%;新仓镇建新路作为“终端形象一条街”已初步成形,创新项目《零售终端标准化服务体系》初见成效。客户经理团队自我管理模式日趋成熟,激发了客户经理团队活力。

【专卖管理稳中创新】 2014年,共查获涉烟案件151起,同比增长19.84%;查获卷烟13819.6条,同比增长17.51%;总案值206.91万元,上缴罚没款51.81万元。移送公安立案侦查3起,追刑3人,破获省标网络案1起。充分发挥联合打假打私工作机制,与市公安、文广、工商、城管、教育等多部门联合行动,扎实开展“亮剑1号”和“蓝天1号”等专项行动,取缔“抓烟机”116台。专卖内管协同严厉打击卷烟非法流通,全年共查获5万元以上真烟非法流通案件11起。创新市场监督手段,充分发挥《烟草工商管理信息共享平台》作用。开展“所队长示范一条街”建设,市场监管能力得到新提升。开展“我是谁,为了谁,依靠谁”主题教育活动,提升专卖政治素质;以“强基础、强技能、强素质”为要求,强化专卖技能练兵;开展专卖机构岗位调整,实现人员换防率37%。

【教育实践活动稳中促改】 在党的群众路线教育实践活动中,坚持“领着学、推荐学、辅导学、讨论学、实践学”,提升党员干部政治理论水平。开展管理理论研究和创新实践活动,提出“一级带着一级干,一级做给一级看”的层级负责制,邀请浙江大学专家教授授课,促进干部员工思想转型。倡导“四敢一不怕”精神,支持地方“五水共治”“三改一拆”、文明共建等中心工作。路线教育中群众反映突出的问题和领导班子“四风”问题基本整改完成。办理了综合办公大楼房产证,历史往来款得到清理,改进作风取得阶段性成效。

【基础管理稳中增效】 强化建章立制,印发《中央“八项规定”制度汇编》《重要制度汇编管理手册》和下发《员工手册》。参与全市烟草系统“一体化”采购,稳步推进“两项工作”,全年累计实施采购项目36个,涉及采购资金320.1万元,其中招标采购213.95万元,节约资金14.2万元。深入推进办事公开民主管理,全年公开信息26条。全面落实党风廉政建设“两个责任”,开展员工及其亲属从事与卷烟有关经营活动信息调查,抓好离任审计报告整改和“一报告两评议”工作。深化管理挖潜,全年办公费、车杂费、水电费、燃油费同比下降39.61%、45.20%、8%、44.77%;三项费用率3.59%,同比下降0.34个百分点。优化国有闲置资产处置,开展“平安平烟”系列活动,全面落实安全生产责任制。完善企业文化园职工书屋建设,组建6个职工兴趣小组。在全省系统成立三十周年书画摄影比赛、浙江省社会艺术水平考级、全市系统政研论文中均获得多个奖项。

(封　平)

•盐务管理•

【概况】 2014年,共销售各类盐产品6955吨。其中:小包装碘盐2347吨,不加碘食盐2853吨,工业盐1405吨,水产养殖盐350吨。实现总营业收入1526万元,实现利税238.5万元。

【体制机制调整】 按照《省集团公司(省盐务管理局)深化体制机制改革方案》的要求,集团组织体系由原来的省管县变更为以各设区市公司(局)为核心,各县(市、区)公司和二级公司优化整合,公司股权由省集团公司全额划转至嘉兴市公司。7月,完成因公司出资人股权划转所涉及的相关证照变更手续,形成市管县管控模式。公司党组织关系调整至中共嘉兴市盐业公司(盐务局)委员会管理。

【保障市场供应】 认真履行食盐专营职责,应对产销形势和市场需求的变化,推进全市盐产品供应结构的优化升级。针对来船吨位大、码头泊位浅,库容紧张等诸多矛盾,克服一切困难保持合理库存,保证了各类食盐产品的安全有序供应。

【依法行政】 2014年,市盐务局不断转变执法理念,着力服务企业及各级经销商。做到边巡查边宣传、交流和沟通,不断加强盐政管理基础建设,营造良好的社会氛围,使全社会都来关心、理解、支持盐政执法,达到群防群治的效果。3月开始,组织开展饲料加工用盐专项检查;7月,会同嘉善、海盐盐务局开展“维护食盐专营,严厉打击涉盐违法犯罪联合专项整治行动”。全年共出动盐政执法检查135人次,检查生产经营单位583家次。

【开展防治碘缺乏病日宣传】 协同市地病办、市健康教育中心,在市当湖街道中心医院,开展以“科学补碘,保护智力正常发育”为主题的第21个“防治碘缺乏病日”宣传活动。通过发放宣传资料、悬挂宣传横幅、各类碘盐产品展示、现场解说、赠送碘盐等多种形式,提高群众预防碘缺乏病的意识。

(闵雨润)

• 医药行业 •

【概况】 2014年,市医药有限公司在深化企业机制改革中,顺应市场新常态目标,销售总额11006万元,其中批发销售8363万元,零售销售2643万元。实现利税155万元。

【文明卫生工作常抓不懈】 3月6日,市创卫办、当湖街道爱卫会、万安桥社区一行6人在市爱卫会主任邱柏森的带领下,对市医药有限公司在创建国家卫生城市、省级文明卫生城市建设工作中的一些情况以及日常工作进行实地巡视。

【全面推进药品经营企业许可证换证工作】 10月15—17日,省食药局认证中心3位专家对公司所属批发企业和5家零售企业实施考核验收。为不致被行业边缘化或淘汰,公司投入资金97.9万元,动员全员备考,比照验收目录逐项把关确保落实,终使企业牢牢坐稳行业交椅。

(李建平)

• 经济技术协作 •

【“与沪同城”工作】 2014年,来自沪杭等长三角城市投资平湖的注册企业数共264个,其中一产1个,二产116个,三产147个,总注册资金430447.85万元。来自上海82个、杭州40个、其他城市142个。推进上海张江长三角科技城(张江平湖科技园)建设,园区一期土地征迁1.66平方公里已完成80%,张江大道等基础设施正在报批建设中;与上海石化就加强双方联合发展有关工作形成《平湖市与上海石化关于加强联合发展工作的备忘录》;推进沪乍杭铁路延伸至平湖的前期工作,沪乍杭铁路东起上海漕泾,途经金山、平湖、海盐、海宁等地,全长80公里,平湖境内近30公里,沪乍杭铁路在金山卫站与上海22号轨道交通接轨,沪乍杭铁路已被列入省铁路建设的“八八计划”,计划2016年底开工建设。成功引进上海新侨职业技术学院上海中德创新技术教育中心,杭师大乍浦实验学校在平设立;由上海仁济医疗集团与浙江省嘉兴三羊绒业公司合作创办的平湖新华医院于6月28日开业,浙江医院糖尿病中心平湖分中心在市一院挂牌成立,市一院与上海市儿童医院签订医疗技术协作协议。市科技局与上海交通大学产业技术研究院签订合作协议,共建平湖市企业升级转型研究院;市政府与省科技开发中心签订合作协议,成立省科技开发中心(浙江省技术交易中心平湖分中心)。赴沪杭等地举办和参加人才交流活动,全年共引进各类人才4200多名,其中高层次人才295名;向上海交大学生推出3个镇(街道)挂职岗位和13家企业的23个实践岗位。

【“浙商回归”工作】 2014年,浙商回归嘉兴认可的重大产业项目36个,省外到位资金35.61亿元,其中,世界500强项目1个,2个项目入围省重大产业预选项目。重大科技人才项目123个。举行2014平湖投资环境(上海)说明会暨浙商回归投资洽谈会,16个浙商回归项目在会上签约,总投资44.7亿元;组织邀请30多位浙商参加嘉兴市第一届浙(禾)商大会,会上两名杰出回归浙商荣获创业创新奖,3个浙商回归项目在大会上进行签约,总投资额18.5亿元;同时,在平湖举行第一届浙(禾)商大会平湖专场活动,在会上宣传推介平湖的投资环境,引导浙商回乡创业创新。全年共组织参加28次产销对接活动,扩销平湖产品额261.8亿元,组织10次国内经贸交流活动和5次国外经贸交流活动。2014年累计完成1500多名在外浙商、知名人士信息采集。

【对口支援帮扶】 2014年,落实帮扶资金共516万元,其中四川省阿坝州红原县帮扶资金300万元、重庆涪陵区石沱镇33万元、丽水遂昌县100万元、丽水莲都区丽新畲族乡50万元、山海协作丽水职校20万元、青田县腊口镇10万元及对口地区人员培训费3万元。多次赴丽水遂昌、青田腊口镇、莲都区新畲族乡等地开展山海协作工作对接,接待重庆涪陵区石沱镇对口支援工作代表团、新疆阿克苏地区行署代表团、新疆沙雅县政府代表团、四川阿坝藏羌族自治州政府代表团、丽水遂昌县农办一行等到平开展山海协作、对口支援工作交流。 (李良伟)

•石油、煤炭经营•

【成品油经营】 2014年,全市已建成投入使用的加油站(点)共54个,管理公司2个。路上加油站36个,其中中石化27个,占75%;中石油3个,占8.33%;民营6个,占16.67%。水上加油点18个,其中中石化4个,占22.2%;中石油1个,占5.6%;民营13个,占72.2%。2014年,全市销售成品油21.67万吨,同比增长12.16%,其中汽油零售8.74万吨,柴油零售12.93万吨,同比分别增长11.32%和11.47%。2014年,全市成品油价格严格按照国家发改委调价通知执行,对成品油价格作出18次调整:1月11日,汽、柴油最高零售价每吨分别下调125元、120元;1月25日,汽、柴油最高零售价每吨分别下调130元、125元;2月27日,汽、柴油最高零售价每吨分别上调205元、200元;3月26日,汽、柴油最高零售价每吨分别下调135元、130元;4月24日,汽、柴油最高零售价每吨分别上调155元、145元;5月10日,汽、柴油最高零售价每吨均下调50元;5月24日,汽、柴油最高零售价每吨均上调70元;6月24日,汽、柴油最高零售价每吨分别上调165元、160元;7月22日,汽、柴油最高零售价每吨分别下调245元、235元;8月18日,汽、柴油最高零售价每吨分别下调190元、185元;9月3日,汽、柴油最高零售价每吨分别下调105元、100元;9月16日,汽、柴油最高零售价每吨分别下调140元、135元；9月29日，汽、柴油最高零售价每吨分别下调100元、95元；10月14日，汽、柴油最高零售价每吨分别下调300元、290元；10月31日，汽、柴油最高零售价每吨分别下调245元、235元；11月14日，汽、柴油最高零售价每吨分别下调190元、180元；11月28日，汽、柴油最高零售价每吨分别下调225元、220元，抵扣消费税；12月12日，汽、柴油最高零售价每吨分别下调170元、400元。

（叶　颖）

【煤炭经营】 2014年，全市入库管理统计煤炭经营企业13家，全年经营煤炭98.37万吨，同比下降30.69%，实现销售收入5.98亿元，同比减少37.97%。已取消对煤炭经营企业的审批制度。（林黎宏）

•农贸市场•

【概况】 2014年，全市有在册农贸市场26个(其中韩庙、华丰2个农贸市场实际已关闭，但未注销)其中城区9个(包括华丰农贸市场)；市场总建筑面积68699.79平方米，其中城区25780.15平方米，摊位816个；市场经营户3455户，从业人员4327人。按举办方性质分类，国资4个，镇(街道)10个，村集体6个(包括韩庙农贸市场)，私人5个(包括华丰农贸市场)，市供销社1个。

【推进放心市场创建工作】 以推动农贸市场硬件改造、业态提升和管理创新为核心，以确保上市农产品、商品质量为重点，充分考虑每个农贸市场现有规模、地理位置分布、市场功能发展等因素，分别制订改造方案，加大硬件设施建设力度，率先在北门、南门、南市三个农贸市场开展“放心市场”创建工作。经过升级改造，3个创建市场在食品安全、信用建设、日常管理、监督机制、维权联络等软硬件配套建设方面都得到加强，于12月初通过省放心市场验收工作。

【开展农贸市场专项整治】 坚持每周一检查，督察和抄告相结合、学习和交流相结合的制度，对检查发现的问题通过现场交流会现场点评，并针对前期农贸市场专项整治暴露的问题进行剖析，提出具体的整改要求，提升农贸市场管理水平。对进入市场的商品，严格实行可追溯监管，对索证索票进行重点检查，组织执法力量重点巡查农村农贸市场(便民服务点)、农批市场等重点区域，确保农贸市场食品安全。（王璧恒）

•住宿餐饮•

【圣雷克大酒店】 五星级酒店。有国际化标准设备的大小会议室9个，接见厅1个，客房总数346间(套)，床位553个，餐位1800个，员工590人。全年实现营业收入11517万元，同比增长10.74%；实现利税661万元，同比增长10.2%。秉持“科学、高效、务实、创新”的管理理念和“让服务成为艺术、让服务创造价值”的服务理念，承担着平湖市各类大型会议团队、重要商务散客、政府重要活动的接待任务。全年组织开展“自助餐美食节”等促销活动25次，员工培训16次、参与人数200人次。酒店经国家旅游局评定为五星级旅游涉外饭店。

【白金汉爵大酒店】 有客房总数602间(套)，床位685个，餐位2069个，高档会议厅12间，KTV包厢53间，员工622人。全年实现营业收入20411万元，同比增长10.54%；实现利税1198万元，同比增长10.4%。酒店设计以中式典雅结合欧式尊贵的建筑风格为特色，以大型高档餐饮、大型精品客房、大型高档娱乐三大业务为主营项目,集住宿、餐饮、娱乐、休闲为一体。

【浦京大酒店】 四星级酒店。有客房总数102(套),床位161个,餐位450个,员工161人。全年实现营业收入2112万元,同比下降3.3%;实现利税172万元,同比增长273%。酒店通过层层签订消防、治安安全责任书,开展消防安全知识培训和应急预案演练3次,员工入职培训5次,实现全年安全无事故目标。

【君悦大酒店】 三星级酒店。有客房总数121间(套),床位189个,餐位1000个,员工162人。全年实现营业收入1865万元,同比下降6.0%,实现利税109万元,同比下降5.2%。强化员工培训,开展消防安全培训4次,参与人数200人次,餐饮、客房业务培训22次,参与人数712人次。

【绿阳大饭店】 三星级酒店。有客房总数371间(套),床位371个,餐位310个,员工160人。全年实现营业收入4396万元,同比增长9.9%;实现利税273万元,同比下降48.6%。饭店以接待外籍客人为主,特别是日籍客人,做到日语无障碍交流,提供特色日本料理。重视安全教育,组织开展消防安全演练5次,参与人数480余人次。

【乍浦宾馆】 三星级酒店。有豪华套房、普通套房、标准房A、B共79间(套),床位161个,餐位800个,员工74人。全年实现营业收入1380万元,同比下降4.1%;实现利税48万元,同比下降12.8%。秉持"质量第一、服务第一"的经营理念,以"乍浦海鲜"为经营特色,配备桑拿中心、KTV包厢共23间,有棋牌室等康乐项目、多功能厅、商务中心及不同规格的会议室。

【金都大酒店】 二星级酒店。有客房81间(套),床位138个,餐位100个,员工40人。全年实现营业收入1339万元,同比增长39.9%;实现利税58.3万元,同比增长66.6%。年内积极对外营销,研究淡季营销策略,推行特价房、暑期档、美食节等促销活动。注重开源节流,低碳环保,降低经营成本。重视安全生产,层层签订安全责任书,开展消防演练和防灾救险逃生演练2次,参与人数70人次。

【乍浦金茂宾馆】 二星级酒店。有客房总数64间(套),包括单人房、标准间、豪华商务房、豪华套房四种类型,床位105个,员工25人。全年实现营业收入70万元,同比增长9.4%;实现利税11万元,同比增长10%。酒店注重管理制度建设和员工队伍建设,组织开展员工培训3次,参与人数70人次,消防安全演练2次,参与人数30人次。

·大中型商场(超市)·

【平湖大润发超市】 经营范围:食品、百货、大小家电、服饰鞋帽、图书、化妆品、音像制品等3万余种商品。全年实现营业收入44071万元,同比增长0.5%;实现利润1912万元,同比增长15.53%。坚持"一站式消费理念",采取"店中店"的经营模式,一楼商业街有服装店、餐饮店、玩具店、饰品店,二三楼的超市商品种类齐全、蔬菜水果新鲜、购物环境舒适,并配有500个停车位的地下停车场及大面积的广场停车区域。全年组织开展消防安全演练6次,参与人数700余人次;礼貌用语培训3次,参与人数130余人次;专业知识培训4次,参与人数150余人次。

【平湖世纪联华超市】 10月30日,平湖世纪联华超市关闭。

【华润超市银河苑店】 经营范围:食品、百货、大小家电、服饰鞋帽、图书、音像制品等。全年实现营业收入7000万元,同比增长12.9%;实现利润550万元,同比增长96.4%。加强民生商品管理,对重点客户、商圈进行细化经营,组织开展“满128元送10元现金券”等促销活动。重视员工队伍建设,组织新员工入职培训15余次,参与人数680余人次;员工业务培训14次,参与人数1505人次。

【华润超市南都景苑店】 经营范围:食品、百货、大小家电、服饰鞋帽、图书、音像制品等。全年实现营业收入4900万元,同比增长2.1%;实现利润350万元,同比增长16.7%。作为一家便利型的社区超市,以肉品、蔬菜、水果,休闲食品、健康食品、家居百货、洗发护肤等为销售热点。在节假日如中秋、国庆、春节等开展“满88元送18元现金券”“会员积分1000分送8元现金券”等促销活动。

【农工商超市平湖店】 经营范围:百货、文体用品、日杂用品、五金家电、电子产品、服装鞋帽、针棉织品、食用农产品、预包装食品、散装食品、卷烟雪茄烟(零售)等。全年实现营业收入2900万元,同比下降9.54%;实现利润-200万元,同比下降1.5%。商品以零售为主、团购为辅,每半个月一次滚动发放DM,进行红利商品、特价商品定期促销;逢年过节对时令商品及节令商品进行专项促销;民生商品、敏感商品不定期进行降价促销。超市注重员工培训,新进员工进行上岗培训,每天早训进行班前教育,每半年进行一次消防演练,包括人员分工、灭火器使用、消火栓使用、疏散逃生、报警等。

【名媛百货】 经营范围:服装、黄金珠宝、钟表、化妆品、鞋类、家具用品、箱包皮具、手机数码、滋补品等。2014年实现营业收入8287万元,同比下降0.16%;实现利润1000万元。入驻专柜180余家。致力于打造一座集主题购物、娱乐、休闲、美食、健身于一体的名媛时代购物中心,共分两层4个馆,分别为“珠宝美妆馆”“淑女服饰馆”“运动休闲馆”“家居生活馆”。全年开展的大型活动有“车展”“啤酒节”“玉石展”等。

平湖市区超市基本情况表

超市名称	营业面积(平方米)	员工人数(人)	开业时间	销售额(万元)
农工商	5500	68	1999.1	2900
华润银河苑店	5800	115	2003.4	7000
华润南都景苑店	3600	75	2004.9	4900
大润发	23000	335	2008.8	44071
名媛百货	28000	82	2011.12	8287

(叶　颖)

对外经济贸易

• 综述 •

【概况】 2014年，平湖商务工作按照年初确定的工作目标任务和经济转型提升年活动要求，以增加有效投入为主线，以项目推进为抓手，以群众路线教育实践活动为助力，推进招商引资“一号工程”，着力引项目、重投资，稳外贸、扩外需，活市场、促消费，开展招商引资工作，优化内贸流通环境，加快外向型经济发展，推动平湖经济的转型升级。

• 利用外资 •

【概况】 全市实现合同外资（不含嘉兴港区）5.02亿美元，同比下降0.9%；实际利用外资3.4亿美元，同比增长9.7%，完成嘉兴市下达任务的100%。在嘉兴五县二区中合同外资列第4位，实到外资列第3位。全市审批外资项目54个，其中新批项目27个，增资项目19个，减资项目8个。

【招商引资重点领域】 2014年，新增工业项目合同外资39061.61万美元，占比77.87%；光机电、临港和生物医药三大主动力产业合同外资30610.05万美元，占工业项目合同外资的78.36%。三大主动力产业实际外资17252.6万美元，占比50.73%，占工业项目实际外资的72.7%。加强与世界500强企业、大型央企、国企、500强民企及国内外行业龙头企业和知名跨国公司的对接。引进总投资1亿美元以上、世界500强和行业龙头企业项目3个。总投资1000万美元以上项目19个，合同外资47682.36万美元，占比95.1%。充分发挥日本办事处作用，平湖经济技术开发区与两家中介机构建立对德招商合作关系，关注香港、台湾、北京、上海等重点引资区域，增强招商引资的预见性和有效性。

【招商引资机制建设】 强化领导招商机制。开展“一把手”一线招商，市四套班子领导亲自参与招商。市主要领导每周一天招商，其他市领导每月两天外出招商，镇（街道）主要领导保证三分之一时间用于招商；强化政策激励机制。修改招商引资考核办法，完善招商激励机制，组织实施招商引资专项行动；强化蹲点招商机制。在北京、上海、深圳三地分别设立市级招商机构，负责开展全市招商工作，统筹招商信息，整合招商资源，协调蹲点招商，强化有效招商；强化信息整合机制。定期召开招商引资工作例会，实施重大项目信息跟踪制度。汇总梳理，排出一批重点目标对象，每月定期发布招商项目信息，强化与乡镇、开发区项目信息的对接，提高项目的落户率。

【招商引资队伍建设】 强化专业招商，按照年轻化、专业化要求，培养专业招商队伍，提高招商团队的专业化水平。加强与镇（街道）工业功能区联动，提高全市整体招商水平。指导和督促招商主体配足配好专职招商人员，确保优秀招商人员长期驻外招商，全市有招商员121人，本科及以上97人、八级英语21人，日语、韩语、德语人才多名。举办招商引资（招才引智）培训班，通过多种学习方式提高招商员素质和业务水平，激发招商员队伍的招商热情。

2014年全市外商及港澳台商投资项目审批情况表

(不含嘉兴港区)　　　　单位:万美元

企　业　名　称	国别(地区)	总投资	注册资本	合同外资
嘉兴禾睦精密机械有限公司	香港	320.00	320.00	320.00
浙江宙辉酒店管理有限公司	香港	168.00	168.00	168.00
平湖大展机电设备有限公司	香港	3500	2000	1400
艾博母线有限公司	香港	900	480	480
航狮机械设备有限公司	香港	2000	1000	1000
艾博母线有限公司	香港	245	245	245
勤昌盛汽车部件有限公司	香港	2000	1000	1000
平湖市宏新盛服装有限公司	香港	580	530	530
茉织华印务股份有限公司	香港	-730.35	-730.35	-51.12
嘉兴金瑞光伏科技有限公司	香港	1975.75	1261.36	1261.36
赛瑞吉动力零部件(平湖)有限公司	香港	25	25	25
嘉兴正英五金有限公司	香港	450	230	200
平湖聚成铝业科技有限公司	香港	500	425	425
浙江埃能德电气有限公司	香港	1000	680	680
嘉兴怡宝三协五金配件有限公司	香港	100	100	100
嘉兴敏宇新材料有限公司	香港	790	700	700
平湖港泰节能科技有限公司	香港	500	500	500
中沙海湾化工(平湖)有限公司	香港	10000	9000	9000
浙江斯米克新材料有限公司	开曼(台湾)	4876.08	1625.36	975.22
浙江荣成纸业有限公司	开曼(台湾)	15000	5000	5000
浙江优立涂料有限公司	萨摩亚(台湾)	1500	1000	1000
浙江律通复合材料有限公司	香港	1031.88	773.91	773.91
杰森石膏板(嘉兴)有限公司	香港	-900	-900	-900
中建国际投资(嘉兴)有限公司		532.09	177.35	177.35
平湖九龙山游艇湾度假酒店有限公司	香港	4730	2150	500
嘉兴市宝乐儿童玩具有限公司	香港	-200	-200	-200
嘉兴希卡姆复合材料有限公司	香港	778.63	583.97	389.31
平湖安喜仓储有限公司	香港	3000	1200	1200
平湖佳园食品科技有限公司	萨摩亚(台湾)	200	170	153
平湖黑田捷纳泰克商贸有限公司	日本	70.1	49.14	49.14
南六企业(平湖)有限公司	萨摩亚(台湾)	1000	1000	1000
中部理化铝制品(平湖)有限公司	日本	71	50	50
浙江大宇金属有限公司	萨摩亚(台湾)	220	168	168
津上精密机床(浙江)有限公司	日本	940	470	470
嘉兴伟骏服饰有限公司	台湾	85	85	85
平湖天开乾元生物科技有限公司	台湾	81.58	81.58	32.63
德西福格汽车配件(平湖)有限公司	德国	4142.7	1380.9	1380.9
平湖市祐助贸易有限公司	日本	8.1	8.1	4.86
浙江日新华新顿精密特殊钢有限公司	日本	14700	12385	12385
平湖大平洋蓝登有限公司	日本	323.4	323.4	274.89

企业名称	国别(地区)	总投资	注册资本	合同外资
十条印刷器材科技(平湖)有限公司	台湾	800	500	500
东洋炭素(浙江)有限公司	日本	1500	600	600
铨宝精密机械(嘉兴)有限公司	香港	200	150	150
平湖玮中商务管理咨询有限公司	萨摩亚(台湾)	900	900	900
平湖瑞星金属工艺有限公司	萨摩亚(台湾)	100	100	100
浙江欧迪恩传动科技股份有限公司	香港			-111.34
平湖新越塑胶制品有限公司	香港	14	10	10
平湖翊天塑胶有限公司	香港	40.63	40.63	14.3
嘉兴圣伯纳户外用品有限公司	台湾	10	10	10
浙江日清食品有限公司	投资性公司	16270.5	5694.68	5694.68
平湖西科电子有限公司	意大利、突尼斯	70	50	50
伊诺华橡胶(平湖)有限公司	萨摩亚(台湾)	-1250	-625	-625
平湖追梦国际商务咨询有限公司	萨摩亚(台湾)	900	900	900
平湖京仑工艺礼品有限公司	台湾	50	50	50
中建国际投资(嘉兴)有限公司	投资性公司	181.1	60.37	60.37
嘉兴金英文化创意有限公司	香港	3000	1200	1200
中建国际投资(嘉兴)有限公司	投资性公司	3924.8	1308.27	1308.27
平湖市亿明酒店管理有限公司	香港	600	600	600
平湖市炜明酒店管理有限公司	香港	600	600	600
浙江亦龙新材料有限公司	香港	-5500	-5500	-5500
中沙海湾化工(平湖)有限公司	香港		-1920	-1920
中沙海湾化工(平湖)有限公司	香港		1920	1920
保意汽车配件(平湖)有限公司	香港	-2602.06	-1469.29	-1028.5
中建国际投资(嘉兴)有限公司		255.9	85.3	85.3
御牧喷墨打印科技(浙江)有限公司	日本			200
三精化工(平湖)有限公司	日本			29.98628
铨宝精密机械(嘉兴)有限公司	香港			250
新佐金属制品(平湖)有限公司	日本			71.4774
新佐金属制品(平湖)有限公司	日本			12.99348
浙江上方生物科技有限公司	香港			50
德西福格汽车配件(平湖)有限公司	德国			408.0768
嘉兴怡宝三协五金配件有限公司	香港			48.6264
平湖舞衣服饰有限公司	日本			8.1044
嘉兴华丽非织布制品有限公司	日本			97.2528
御牧喷墨打印科技(浙江)有限公司	日本			125
爱食客食品(浙江)有限公司	日本			48.64441
中部理化铝制品(平湖)有限公司	日本			21
德西福格汽车配件(平湖)有限公司	德国			373.6638
新佐金属制品(平湖)有限公司	日本			26.895023
百德(嘉兴)机械设备有限公司	德国			56.992
嘉兴怡宝三协五金配件有限公司	香港			37.48
中建国际投资(嘉兴)有限公司	投资性公司			121.14
中建国际投资(嘉兴)有限公司	投资性公司			2614.06

企业名称	国别(地区)	总投资	注册资本	合同外资
中建国际投资(嘉兴)有限公司	投资性公司			354.4
中建国际投资(嘉兴)有限公司	投资性公司			170.48
平湖九龙山游艇湾度假酒店有限公司	香港			3054
合计		96578.83	50780.68	50162.00

2014年全市外资项目资金到位情况表

(不含嘉兴港区)　　单位:万美元

企业名称	国别(地区)	实际到位	备注
新世界置业(平湖)有限公司	香港	303.92	
平湖新世界置业有限公司	香港	568.23	
浙江海亮有机饲料科技有限公司	香港	300	
浙江平湖谷元元营养饮品有限公司	美国	13.53	
嘉兴茉织华华远服饰有限公司	日本	320	
嘉兴茉织华华为制衣有限公司	日本	800	
浙江海亮有机饲料科技有限公司	香港	500	
艾博母线有限公司	香港	80.32	
艾博母线有限公司	香港	82.43	
航狮机械设备有限公司	香港	495	
航狮机械设备有限公司	香港	127.3	
艾博母线有限公司	香港	245	
浙江彩创包装材料科技有限公司	萨摩亚(台湾)	320	
大雄模具(嘉兴)有限公司	香港	525	
平湖市宏新盛服装有限公司	香港	530	
平湖九德机电有限公司	台湾	200	
平湖宏兴机械设备制造有限公司	香港	79.99	
平湖宏兴机械设备制造有限公司	香港	113	
嘉兴怡宝三协五金配件有限公司	香港	48.77	
浙江埃能德电气有限公司	香港	109	
平湖市瀑布卫浴有限公司	俄罗斯	8.8	
平湖嘉光电器技术有限公司	香港	200	
平湖港泰节能科技有限公司	香港	300	
浙江埃能德电气有限公司	香港	60	
嘉兴金利精密电子有限公司	日本	34.7	
赛瑞吉动力零部件(平湖)有限公司	香港	25.005	
嘉兴正英五金有限公司	香港	168.59	
平湖聚成铝业科技有限公司	香港	425	
嘉兴致昌和金属制品有限公司	香港	90	
嘉兴金瑞光伏科技有限公司	香港	160	
平湖广奕五金锁具有限公司	香港	39.96	
雷欧阳光供应链管理(平湖)有限公司	香港	294	
浙江荣成纸业有限公司	开曼(台湾)	2500	
浙江优立涂料有限公司	萨摩亚(台湾)	300	

企业名称	国别(地区)	实际到位	备注
中建国际投资(嘉兴)有限公司		177.35	
平湖九龙山游艇湾度假酒店有限公司	香港	500	
嘉兴希卡姆复合材料有限公司	香港	389.3136	
平湖安喜仓储有限公司	香港	133.6	
锦邑纺织品(嘉兴)有限公司		400	
浙江冈新制管有限公司	日本	45.14	
平湖钧越精密模具有限公司	香港	10	
浙江艾德能源有限公司	香港	28.24	
泽鑫精密锻造(平湖)有限公司	维尔京(台湾)	700.00	增资
南六企业(平湖)有限公司	萨摩亚(台湾)	74	增资
新佐金属制品(平湖)有限公司	日本	262.26	
浙江冈新制管有限公司	日本	244.21	
爱科来医疗科技(平湖)有限公司	日本	129.62	
百德(嘉兴)机械设备有限公司	德国	32.996	
浙江新文越婴童用品有限公司	香港	36.00	增资
浙江弘运机电有限公司	文莱	44.9992	增资
南六企业(平湖)有限公司	萨摩亚(台湾)	677.30	增资
浙江浩岭环保科技有限公司	美国	24.37	
平湖宜兰模具制造有限公司	香港	29.3	
百德(嘉兴)机械设备有限公司	德国	40	
浙江艾德能源有限公司	香港	200	
爱知磁石科技(平湖)有限公司	日本	185	
中部理化铝制品(平湖)有限公司	日本	30	
浙江新文越婴童用品有限公司	香港	37	增资
平湖圣伯纳户外用品有限公司	台湾	8.1	增资
好侣(中国)有限公司	泰国	482.97	
浙江艾德能源有限公司	香港	110	
浙江新文越婴童用品有限公司	香港	190	增资
南六企业(平湖)有限公司	萨摩亚(台湾)	720	增资
平湖嘉平仓储有限公司	香港	195.5	
益商仓储(平湖)有限公司	香港	300	
神钢特殊钢线(平湖)有限公司	日本	282.93	
平湖日研钻石玻璃加工设备制造有限公司	日本	14.68	
百德(嘉兴)机械设备有限公司	德国	40	
平湖西科电子有限公司	意大利	19.99	
迈克普兰检测设备(平湖)有限公司	意大利	41.03	
平湖佳园食品科技有限公司	萨摩亚(台湾)	108	
浙江艾德能源有限公司	香港	100	
浙江丽瓷纳米新材料有限公司	香港	15.25	
浙江新文越婴童用品有限公司	香港	105	
嘉兴伟骏服饰有限公司	台湾	12.11	
德西福格汽车配件(平湖)有限公司	德国	1360.26	
浙江新文越婴童用品有限公司	香港	100	
平湖佳园食品科技股份有限公司	萨摩亚(台湾))	45	

企业名称	国别(地区)	实际到位	备注
浙江大宇金属有限公司	萨摩亚(台湾)	120	
中部理化铝制品(平湖)有限公司	日本	50	
平湖嘉平仓储有限公司	香港	34.5	
浙江日新华新顿精密特殊钢有限公司	日本	3800	
平湖黑田捷纳泰克商贸有限公司	日本	48.71	
平湖西科电子有限公司	意大利	7.1992	
浙江大宇金属有限公司	萨摩亚(台湾)	48	
百德(嘉兴)机械设备有限公司	德国	27.012	
嘉兴伟骏服饰有限公司	台湾	17.0763	
嘉兴伟骏服饰有限公司	台湾	6.99	
津上精密机床(浙江)有限公司	日本	470	
迈克普兰检测设备(平湖)有限公司	意大利	13.4	
益商仓储(平湖)有限公司	香港	200	
铨宝精密机械(嘉兴)有限公司	香港	150	
十条印刷器材科技(平湖)有限公司	日本	260	
浙江新文越婴童用品有限公司	香港	102	
平湖大平洋蓝登有限公司	日本	277.25	
嘉兴伟骏服饰有限公司	台湾	28.9	
南六企业(平湖)有限公司	萨摩亚(台湾)	500	
中建国际投资(嘉兴)有限公司	投资性公司	60.37	
平湖市炜明酒店管理有限公司	香港	195	
平湖市昌明物业管理有限公司	香港	600	
中建国际投资(嘉兴)有限公司	投资性公司	1308.27	
浙江吴中化工有限公司	香港	1600	
嘉兴峥辉电器有限公司	香港	39	
杰森石膏板(嘉兴)有限公司	香港	94.50	增资
平湖沪港金属制品有限公司	香港	159.54	
雷欧阳光咨询管理(平湖)有限公司	香港	159.95	
平湖广奕五金锁具有限公司	香港	199.17	
浙江吴中化工有限公司	香港	700	
嘉润礼品(平湖)有限公司	香港	72.1	
平湖宏兴机械设备制造有限公司	香港	80	
平湖市瀑布卫浴有限公司	俄罗斯	3.5	
平湖舞衣服饰有限公司	日本	21.12	增资
嘉兴三星服饰辅料有限公司	日本	38.86	转股
平湖巨龙紧固件有限公司	维尔京(台湾)	99.9985	增资
嘉兴金利精密电子有限公司	日本	337	增资
平湖九德机电有限公司	维尔京(台湾)	100	
艾博母线有限公司	香港	449	知识产权
平湖市霞杜葡萄酒有限公司	香港	42.54	增资
平湖融天时装有限公司	日本	13.3	
浙江省平湖华神皮革有限公司	瑞典	31.18	
浙江川电钢板加工有限公司	日本	648	
平湖国科精工精密机械有限公司	美国	430	

企　业　名　称	国别(地区)	实际到位	备注
易盟维工业设备安装服务(嘉兴)有限公司	德国	2. 59	
平湖九龙山游艇湾度假酒店有限公司	香港	280	
浙江东发弹簧有限公司	日本	55	
合波光电通信科技有限公司	香港	78	
平湖模斯真木琉自动环保设备有限公司	日本	10	
中建国际投资(嘉兴)有限公司	投资性公司	85. 3	
御牧喷墨打印科技(浙江)有限公司	日本	200	
三精化工(平湖)有限公司	日本	29. 98628	
铨宝精密机械(嘉兴)有限公司	香港	250	
新佐金属制品(平湖)有限公司	日本	71. 4774	
新佐金属制品(平湖)有限公司	日本	12. 99348	
浙江上方生物科技有限公司	香港	50	
德西福格汽车配件(平湖)有限公司	德国	408. 0768	
嘉兴怡宝三协五金配件有限公司	香港	48. 6264	
平湖舞衣服饰有限公司	日本	8. 1044	
嘉兴华丽非织布制品有限公司	日本	97. 2528	
御牧喷墨打印科技(浙江)有限公司	日本	125	
爱食客食品(浙江)有限公司	日本	48. 64441	
中部理化铝制品(平湖)有限公司	日本	21	
德西福格汽车配件(平湖)有限公司	德国	373. 6638	
新佐金属制品(平湖)有限公司	日本	26. 895023	
百德(嘉兴)机械设备有限公司	德国	56. 992	
嘉兴怡宝三协五金配件有限公司	香港	37. 48	
中建国际投资(嘉兴)有限公司	投资性公司	121. 14	
中建国际投资(嘉兴)有限公司	投资性公司	2614. 06	
中建国际投资(嘉兴)有限公司	投资性公司	354. 4	
中建国际投资(嘉兴)有限公司	投资性公司	170. 48	
平湖九龙山游艇湾度假酒店有限公司	香港	2054	
合计		34007	

【招商引资活动组织】 精心谋划组织招商活动,深入开展“五百招商活动”。先后组织参与平湖投资环境(上海)说明会暨浙商回归投资洽谈会、浙洽会、首届浙禾商大会平湖投资环境推介会、厦洽会、2014 中国·平湖投资贸易洽谈会暨经贸签约仪式、上海翡翠别墅投资环境推介会、东莞推介会等活动,重大招商活动累计签约 66 个项目,投资总额约 34. 5 亿美元。全市全年共开展各类招商活动近百余场,民营企业合资合作项目 4 个,以商引商人数 106 人,有 21 家外资企业增资总投资 26671 万美元,增资合同外资 13509 万美元。

【招商引资环境营造】 树立“亲商、安商、富商”理念,为企业做好各个许可事项与上级部门及市级相关部门的联络协调服务工作。全年开展预约服务 14 次,延时服务 62 次,错时服务212次;组织开展"下基层、强服务、解难题、抓落实"走访服务活动,指导主体开展招商引资和项目申报审批,举办乡镇、开发区经济建设服务中心项目报批人员业务培训。提升工作的主动性、积极性和创造性;打造园区平台,加强产业对接,强化公共服务。根据产业规划和产业集聚发展原则,发挥国家级经济技术开发区、省级经济开发区的主阵地作用,加快推进镇(街道)的工业功能区,为开发区成功获取扩权审批权。

•对外贸易•

【概况】 全市共实现进出口总额821316万美元,同比增长3.8%,其中出口407305万美元,同比增长6.3%,进口414011万美元,同比增长1.5%,在嘉兴五县两区中列进出口总额、进口额第一位,出口额第二位。

2014年全市进出口完成情况表(海关统计)

单位:万美元

镇 街道	进出口		出口				进口	
	实绩	同比±%	实绩	同比±%	其中:外商投资企业	自营出口企业	实绩	同比±%
新埭	43074.3	2.36	41330.49	4.41	5320.27	36010.22	1743.81	-30.17
广陈	5941.7	29.46	5871.89	31.33	1189.36	4682.53	69.81	-40.95
新仓	47414.3	-11.85	38110.67	-10.1	18079.01	20031.66	9303.63	-18.41
林埭	10903.21	14.53	8401.77	2.24	2098.66	6303.11	2501.44	92.06
曹桥	20261.55	12.28	9764.54	48.53	4441.78	5322.76	10497.01	-8.5
当湖	21406.22	3.25	20201.71	4.27	3128.8	17072.91	1204.51	-11.26
开发区(钟埭)	279291.8	7.74	193879.66	11.95	150706.2	43173.46	85412.14	-0.75
独山港镇	107127.72	-7.7	49326.35	1.28	22216.27	27110.08	57801.37	-14.19
乍浦	285822.5	7.05	40345.7	-0.89	19071.34	21274.36	245476.8	8.48
合计	821315.5	3.81	407305	6.26	226251.7	181053.3	414010.6	1.51

【引导企业转型升级】 修订完善地方外经贸扶持激励政策,提出全年外贸外经工作目标,分解落实外贸工作目标,出台相应的目标责任考核办法。加强国际贸易市场、政策、法规、技术壁垒等信息的收集、调查分析以及国家、地方外经贸政策变化的分析,促进经济转型升级。外贸方式不断优化,一般贸易出口253390万美元,同比增长15.83%,占全市出口额62.21%;进口额328536万美元,同比增长3.99%,占全市进口额79.35%。加工贸易出口152450万美元,同比下降6.34%,进口额68418万美元,同比下降12.26%。

【帮助企业开拓市场】 组织企业参加境内外重要交易会、展览会,开拓国际市场。发挥联络、争取、组织、协调作用,先后组织30多家企业参加在越南、日本举办的浙江出口商品展,在香港、日本、美国等地举办的省重点展会;组织130多家次企业参加华交会、广交会、消博会等境内举办的国际性展览会,共计展位330多个;鼓励企业主动参展,寻找与自身匹配度高,展览效果好的各类展博会。组织带领20多家企业参观2014中国浙江商务服务洽谈会,15家企业参观嘉兴紧博会,组织50多家次企业参加境外投资合作洽谈会、企业走出去研讨会、境外经贸合作区投资推介会等。

【扶持企业持续发展】 发挥政策的引导扶持作用做好相应追踪及绩效评估,促进企业健康有序发展。布置2013年度外贸激励政策和上级有关外经贸政策的兑现申报和资料审核工作。兑现全市外经贸激励政策补助资金745.24万元,兑现中央财政2013年度中小企业国际市场开拓资金224.95万元。做好2014年度中小资金的项目组织申报工作,上报项目162.39万元。做好2014年度中央进口贴息资金政策宣传和申报工作,全年上报项目涉及7家企业,进口额8642.45万美元,获第一批贴息资金244万元。向上争取其他中央及省级外经贸发展扶持资金1192万元。

【提升外贸企业素质】 以优质产业集群为抓手,推动外贸企业的转型升级。集中组织举办商务促进政策宣讲会,共80多家企业100多人参加。会同箱包、洁具、童车、紧固件、汽配行业协会联合中信保嘉兴办事处,多次组织、参加出口信用保险业务及外贸风险防范培训班。举办大规模的风险防范及应对活动三次。召集90多家企业及主要出口行业协会,举办欧盟《生物灭杀剂法规》应对培训班。加强与上级部门及商协会的沟通联系,寻求助力,举办《"设计提升贸易"系列活动——平湖箱包产业基地设计交流会》,40多家箱包出口骨干企业、70多人参加会议。

【提高企业外贸竞争力】 不断寻求新的外贸增长点,主动指导好企业自营进出口经营权申报备案工作,争取备案权下放,扩大外经贸经营主体;鼓励引进新贸易主体,创新贸易方式,探索推广跨境电子商务发展,鼓励电商及配套服务企业发展。借助服务贸易监测系统的运行,主动上门服务,引导鼓励企业做大做强。全市累计有出口实绩的企业789家,其中外资企业273家,自营出口企业516家,同比有出口实绩的企业增加40家。外资企业出口226252万美元,同比增长3.6%;自营出口企业出口额181053万美元,同比增长9.8%。推动品牌和知识产权建设,努力提高"软实力"。鼓励企业申请境内外注册商标和专利,推动出口品牌创建工作,鼓励、落实和帮助有条件的企业申报出口品牌,发挥名牌对于转变外贸发展方式,增强国际竞争力的导向作用、指标意义。全市有10家企业获"嘉兴出口名牌"称号,7家获"浙江出口名牌"称号。

2014年全市出口前30位企业情况表

单位:万美元

企业名称	出口实绩	同比±%	进口实绩	同比±%
日本电产汽车马达(浙江)有限公司	23722.21	6.49	2484.72	-24.99
日本电产芝浦(浙江)有限公司	18971.98	15.20	1922.45	35.59
平湖华城茂麓制衣有限公司	11627.93	-38.63	1968.19	-52.88

企　业　名　称	出口实绩	同比±%	进口实绩	同比±%
日本电产三协(浙江)有限公司	11146.65	32.98	4795.79	-13.46
津上精密机床(浙江)有限公司	9585.32	56.26	10680.39	27.20
浙江依爱夫游戏装文化产业有限公司	6700.81	53.95	0	-100.00
嘉兴泰宏制衣有限公司	6064.8	18.57	1703.3	-23.30
日本电产新宝(浙江)有限公司	5701.19	15.31	1734.5	12.35
浙江新秀箱包营销有限公司	5656.97	-7.27	49.84	942.35
浙江省平湖市对外贸易有限责任公司	5435.64	8.23	39.82	70.35
浙江茉织华贸易有限公司	5186.77	-50.19	496.61	-84.58
嘉兴新诚达时装有限公司	5130.18	-30.79	951.88	-42.01
帝人聚碳酸酯有限公司	4932.56	-10.41	16025.96	-9.94
浙江和飞水泥工程技术有限责任公司	4489.29		0	
日本电产科宝电子(浙江)有限公司	4401.03	30.86	2623.27	19.54
浙江上方生物科技有限公司	4367.58	47.96	5344.97	57.67
浙江得盛服装有限公司	4300.14	317.17	350.21	1557.08
欣意企业(平湖)有限公司	4212.04	5.96	1173.66	-7.88
浙江欧迪恩传动科技股份有限公司	4016.36	0.89	23.7	-11.54
浙江宇辉电器有限公司	3857.91	25.44	142.31	287.43
平湖市拓扑针织有限公司	3628.88	-0.14	0	
日本电产科宝(浙江)有限公司	3589.09	8.72	2831.32	90.62
平湖亿隆旅游用品有限公司	3522.34	3.57	3.73	20.77
嘉兴震洲服装有限公司	3438.99	2.06	111.54	45.16
浙江乍浦实业股份有限公司	3363.34	-4.22	2.06	91.88
平湖市昌正箱包营销有限公司	3273.96	17.69	0	-100.00
晓星化工(嘉兴)有限公司	3215.76	-8.79	2160.12	34.81
南六企业(平湖)有限公司	3168.51	21.39	2218.59	-8.23
浙江佳佳童车有限公司	3091.85	125.57	1.08	692.16
平湖市华杰制衣有限公司	2872.03	7.17	0	

2014 年全市出口主要市场情况表

金额单位:万美元

市场名称	出口实绩	占比%	同比±%	市场名称	出口实绩	占比%	同比±%
日本	100486.45	24.67	-10.38	美国	71571.21	17.57	18.32
韩国	15430.00	3.79	14.67	中国香港	10203.55	2.51	-8.94
俄罗斯	8125.92	2.00	-15.76	印度	8864.95	2.18	-1.06
中国台湾	9041.44	2.22	26.66	加拿大	8164.19	2.00	17.62
澳大利亚	6141.23	1.51	13.93	巴西	7657.37	1.88	141.15
欧盟	102003.32	25.04	13.8	东盟	26817.57	6.58	-1.44
其中:德国	28525.83	7.00	3.81	其中:越南	8585.80	2.11	-9.35

市场名称	出口实绩	占比%	同比±%	市场名称	出口实绩	占比%	同比±%
法国	15185.43	3.73	7.07	泰国	7021.71	1.72	23.02
英国	13438.96	3.30	23.73	菲律宾	2619.98	0.64	-26.42
荷兰	8810.19	2.16	25.49	马来西亚	3684.86	0.90	5.56
意大利	6941.90	1.70	22.96	印度尼西亚	2227.88	0.55	1.54
波兰	5351.83	1.31	43.80	新加坡	1188.70	0.29	-26.73
其他	23749.18	5.83		其他	1488.64	0.37	

2014年全市进口主要市场情况表

金额单位:万美元

市场名称	进口实绩	占比%	同比±%	市场名称	进口实绩	占比%	同比±%
日本	109216.02	26.38	-3.86	俄罗斯	9058.69	2.19	-32.78
韩国	92105.32	22.25	-8.58	沙特阿拉伯	7202.02	1.74	3.83
中国台湾	46343.24	11.19	53.82	卡塔尔	6587.52	1.59	7.31
美国	17698.03	4.27	-26.62	阿联酋	5917.74	1.43	684.94
科威特	2481.88	0.60	264.15	扎伊尔	4581.13	1.11	2101.22
欧盟	20317.04	4.91	13.39	东盟	76007.94	18.36	19.44
其中:德国	9245.45	2.23	4.97	其中:印尼	31032.15	7.50	92.54
意大利	2275.99	0.55	-24.03	新加坡	21137.32	5.11	29.38
比利时	2088.33	0.50	302.84	泰国	12302.39	2.97	-34.56
瑞典	1494.88	0.36	2019.01	马来西亚	6906.29	1.67	-4.12
荷兰	1206.72	0.29	-17.86	越南	2687.81	0.65	-18.12
奥地利	1063.63	0.26	24.26	菲律宾	1202.26	0.29	-32.89
其他	2942.04	0.71		其他	739.72	0.18	

2014年全市出口主要商品情况表

单位:万美元

商品名称	出口实绩	占比%	同比±%	商品名称	出口实绩	占比%	同比±%
服装及衣着附件	116112.14	28.51	-12.94	其他	120761.94	29.65	
旅行用品及箱包	53569.25	13.15	19.67	合计	407304.95	100.00	6.26
机电	116861.62	28.69	16.65	其中:高新产品	21203.06	5.21	18.82

2014年全市进口主要商品情况表

单位:万美元

商品名称	进口实绩	占比%	同比±%	商品名称	进口实绩	占比%	同比±%
化学成品及有关产品	183699.06	44.37	-9.26	其他	181366.87	43.81	
纸浆及废纸	17779.33	4.29	-20.33	合计	414010.55	100.00	1.51
机电	31165.29	7.53	-14.28	其中:高新产品	6267.08	1.51	-37.72

·外经合作·

【外派劳务】 全市自营外派劳务91人，外派劳务营业额716万美元,完成嘉兴下达目标的358%;全年带动出口9500万美元,完成嘉兴下达目标的106%。全市完成服务外包接包合同签约金额3368万美元,合同执行金额3743万美元,其中离岸外包执行金额286万美元。 (吴慧婷)

旅　　游

·综述·

【概况】　2014年,平湖市旅游业全面贯彻落实《中华人民共和国旅游法》,坚持依法兴旅、依法治旅,加强市场营销,规范行业管理,提升行业品质。全年接待国内外旅游者579.39万人次,同比增长11.35%;实现旅游综合收入56.44亿元,同比增长12.25%。

(宋晓忠)

·九龙山旅游度假区·

【概况】　2014年,度假区筑强开发建设平台,提升运动休闲功能,经济发展和旅游发展都取得新成效。全年到位内资6.81亿元、浙商回归资金6.81亿元,同比增长都达到25.7%;服务业固定资产投资6.508亿元,同比增长38.3%;完成注册资金3.28亿元,同比增长11.2%;提前完成年度"腾退低效建设用地140亩"的任务,实际回收土地193亩;接待游客611836人次,同比增长19.5%,营业收入2.84亿元,同比增长48%。

【招商引资】　全年度假区到位内资6.81亿元,完成年度任务的113.49%;浙商回归资金6.81亿元,完成年度任务的102.7%;完成注册资金3.28亿元,完成年度任务的112%。浙商回归完成2个功能性机构申报,完成省外公益捐赠资金1.125亿元,完成申报资本回归资金2.28亿元。其中九龙山海神湾游艇旅游产业项目入选浙江省浙商回归引进重大示范项目。实施走出去战略,主动招商。参与山东济南浙江省旅游项目交易推介会、河南郑州环杭州湾旅游项目推介、2014平湖投资环境说明暨浙商回归投资洽谈会、上海创兴资源开发股份有限公司就亲水湾项目进行对接、组织2014走进九龙山上海招商推介会等招商活动。

【项目建设】　全年度假区完成服务业固定资产投资6.5亿元,完成年度目标任务的128.46%,其中7大服务业重点项目完成年度目标任务169.35%。按计划推进九龙山航空俱乐部、威斯汀酒店、游艇度假中心等续建项目建设;西沙湾景观配套二期工程项目报批取得进展并举行了开工奠基仪式,九龙山公用型保税仓库获嘉兴海关批准,九龙山高尔夫赛事项目成功入选省体育产业发展资金项目库;新开工建设马尔贝拉度假城一期、佳源·滨海湾旅游等综合体项目。加快野外拓展、游艇展示、邮轮等项目的前期工作,形成"储备一批,开工一批,建设一批,投产一批"的项目推进格局。

【征迁工作】　度假区征迁征收进入扫尾阶段,1户完成征迁签约,1户办理腾房手续。协调解决部分征迁企业的土地证办理、开工用电、土地使用税争议等问题。安置房交房顺利推进。

【旅游接待】　圣岛国际海钓俱乐部正式营业。推进智慧旅游,微信平台上线,度假区内运营企业推出的网上预订、微信预定、团购等受到普遍欢迎。

【信访工作】　全年共受理上访45批次、65人,集访5批次、40人,重复上访5批次、32

人。市长电话17件,信访局来信转办2件,来访者即时答复率95%以上,市长电话答复率100%、办结率100%、满意率95%以上。实现安全生产三项指标零增长,总体保持了度假区的安全稳定。

【品牌建设】 全年度假区举办了2014首届长三角运动休闲体验季浙江九龙山站活动、2014浙江九龙山全国速度赛马骑师邀请赛暨驭马文化节、2014美巡赛中国系列赛九龙山公开赛、九龙山赛车俱乐部兰博基尼新车试驾活动、九龙山乐满地国庆嘉年华活动、九龙山马球俱乐部青少年骑术学校夏令营、浙江电视台6频道《我爱自驾游》栏目组旅游采风拍摄活动、九龙山微电影赛等一系列赛事和活动。与上海地铁轨交、浙江电视台等媒体进行合作,并利用微博、微信、平湖论坛等全方位的对度假区大众化娱乐项目进行宣传。 (潘 佳)

• 东湖景区 •

【概况】 2014年,东湖景区按照国家5A级旅游景区标准,以国家"智慧旅游年"为契机,进一步提升环境形象、完善配套服务、强化宣传营销,获"嘉兴市十强旅游景区""平安建设示范景区"等称号。

【旅游设施提升】 投入260万元,拆除案山晓翠高配房原有电气设备,选择地势较高区域重新安装630KVA欧变一只。投入150万元,完成景区三维虚拟游、二维码导览、后台管控等智慧化信息平台和案山晓翠、北原牧唱两个景区无线网络建设,逐步实现免费WiFi全覆盖。投入20多万元,在南东湖(龙湫桂香)景区设置休息室、母婴卫生间等特殊功能区,并完成公厕装饰。硬化改造吕公桥桥下空间并设置休闲桌椅,修缮停车场、游步道、仿古建筑群等,调换、新增名人馆展板和北原牧唱、案山晓翠景区景观灯等。增设绿线界牌、防灾避险绿地标识和常见乔灌木二维码标牌。配合市环保局建设北原牧唱景区环境自动监测站,全天候动态监测东湖水质和空气质量。

【旅游环境优化】 投入250万元,改造南村书堆景区7500多平方米绿化景观,提升青云桥周边6800平方米绿化带,建设2个亲水平台、1座公厕以及景观照明等。翻新种植北东湖(东泖云帆)2500平方米果岭草草坪,开辟案山晓翠景区水生植物人工浮岛。

【旅游文化挖掘】 完成"平湖西瓜灯文化节"环东湖环境布置、瓜乡供月华、赏灯听歌活动、集体婚典、精品瓜灯展、湖面仿瓜灯展等7项活动的承办、协办工作。组织"清明扫墓""亲子游"等主题活动,配合春节、元宵节、非物质文化遗产日等开展节庆文化活动。改建南村书堆"书香斋"为"孝廉轩"供市民游客免费阅读,继续开展群众性娱乐活动,共放映露天电影200部、文明宣讲18场。

【旅游市场推介】 结合东湖景区的夜景特色推出夏季游船夜游东湖线路;开通官方微信号,通过微信、微博、微电影等开展网络"微"营销。参加杭州都市圈(郑州)旅游推介会,继续在省市电视台、《上海交通地图》等媒体投放形象广告,开展"5·19中国旅游日"惠民活动。设计、评选东湖景区品牌标识(Logo),注册东湖八景和南北东湖景区名称。

【旅游服务管理】 组织服务礼仪、工程管理、政府采购等培训,参加导游大赛、微型党课演讲、经典美文诵读、旅游行业风采展示等比赛。完善环东湖绿道驿站设施,增设室外休闲桌椅,为游客提供免费休息、饮水等服务。加强安全监管,开展消防、救生等应急演练活动,升级改造原有监控标清摄像机为高清红外球机或枪机,沿湖重点区域增设探头5个。 (吴 巍)

• 莫氏庄园陈列馆 •

【概况】 2014年,莫氏庄园陈列馆接待中外游客近6万人次,接待团体观众和讲解990批次。年内完成莫氏庄园门票价格调整工作;实施建筑保护项目有屋面扫漏补瓦、部分破损屋脊堆塑的维修、部分搁漏和下水管道的更换、部分围墙内褪色彩绘图案的修复、部分建筑墙面的修理和粉刷、白蚁治理、古树名木的保护、朽木更替,门窗的修缮、部分木构件的加固维修工作;组织员工开展“11・9”疏散预案和机动消防泵实战演练等工作;参与“国际博物馆日”“中国文化遗产日”“中国旅游日”等节日的宣传活动;馆内重新配置语音导览设施,对馆内的陈列展示品进行更新;配合第一次全国可移动文物普查,开展馆藏文物和馆藏古籍的普查工作。举办各类书画展览和社会活动,做好对外旅游宣传促销活动,完成莫氏庄园序馆内部装修工作并对外开放,顺利通过国家三级博物馆的运行评估工作。

【完成门票价格调整工作】 根据浙江省物价局《关于进一步明确游览参观点门票价格管理等有关事项的通知》和《关于平湖市莫氏庄园陈列馆门票价格的批复》文件要求,从1月1日起,莫氏庄园的门票价格调整为:全票28元/人次,半票14元/人次;同时根据相关政策,对团队和旅行社给予一定的门票价格优惠,原有享受优惠的政策不变。

【完成部分陈列展示品的更新】 委托中国美院的师生对陈列区域内的60年代一组“收租”泥塑进行加固整修,对展示场景内所有服装及床上用品进行统一更换。

【完成序馆建设工作】 莫氏庄园陈列馆序馆经过几年建设,年初通过建筑工程验收,3月开始内部装修,9月1日游客接待中心正式对外开放,11月底,部分办公室迁往序馆。

【做好对外旅游宣传促销活动】 3月25日至3月30日,参加由省旅游局主办的,在山东济南举办的2014年省旅游交易会和在河南郑州举办的旅游推介会。11月14日,参加在上海举办的“2014年国际旅游交易会”,进一步拓展国内乃至国际旅游客源市场。12月,配合广东卫视打造的大型励志真人秀节目《中国好男儿》栏目在莫氏庄园内的取景拍摄工作,制作一批雨伞、钥匙扣、书签等旅游纪念品,同时还推出微信公众服务平台,用以对外宣传莫氏庄园。

【举办各类公益性展览和活动】 1月31日至2月14日,与市老年书画研究会、市老干部书画组联合举办“万马奔腾”迎春书画展;1月31日(大年初一)至2月5日(大年初六),举办“迎新春有奖猜谜活动”;5月1日至5月15日,与市老年书画研究会、市老干部书画组联合举办“迎五一” 老年书画展。6月5日至6月30日,与市非物质文化遗产中心和市博物馆联合举办“非遗志愿者剪纸作品展”。9月28日至10月10日,2014中国・平湖西瓜灯文化节的“精品瓜灯展”在莫氏庄园展出;10月1日至15日,与市老年书画研究会、市老干部书画组联合主办“庆国庆65周年老年书画展”。

【节日期间免费开放】 为了体现文物资源人人共享的理念,分别在“3・8”妇女节、“5・

18”国际博物馆日、“5·19”中国旅游日、“6·1”儿童节、“6·14”中国遗产日等重要节日向观众免费开放,免费接待观众11469人次。 (杨云珩)

·李叔同纪念馆·

【概况】 2014年,纪念馆共接待国内外游客205941万人次,提供免费讲解581批次,向观众免费赠送李叔同宣传资料5万余份。出刊第十期《莲馆弘谭》,启动省文物局布置的第一次可移动文物普查上报文物数据整理记录工作,完成争创嘉兴市文明单位申报工作以及国家三级博物馆运行评估材料申报工作并通过复评。

【对外宣传】 与市广电台合作,在平湖人民广播电台开辟《弘一大师格言别录生活谈》直播专栏;组织莲馆读书会,编印专门的读本,在纪念馆弘一大师像前举办李叔同经典作品和传统经典文选诵读;在5·18国际博物馆日,围坐在弘一大师塑像前举办一场《观心——李叔同信札品读会》,邀请纪念馆名誉馆长刘雪阳到现场与大家互动交流,吸引到馆参观的众多观众一起参与。

【研究成果】 纪念馆研究人员撰写的《李叔同沪上宁康里、望平街居址行迹考》入选9月在北京举办的第二届中华南社学坛学术研讨会并出版;《李叔同为辛亥烈士白毓崑所书碑文之发现与考证》获2014年嘉兴市第十九届社会科学优秀成果二等奖和平湖市首届社科优秀成果一等奖;《大众传媒在纪念馆宣教传播中的作用和影响》入选2014年第六届中博协纪念馆专委会学术研讨会交流出版;1名纪念馆研究人员入选嘉兴市第六批新世纪专业技术带头人。

【馆际交流】 先后接待浙江博物馆及厦门陈嘉庚纪念馆,厦门弘一大师研究会、泉州弘一大师研究会、天津李叔同故居纪念馆、温州弘一大师纪念馆、温州弘一大师研究联谊会人员到馆交流互动;应邀参加天津市李叔同——弘一大师研究会召开的“纪念李叔同——弘一大师诞辰134周年座谈会”、中国博物馆协会代表大会和中国纪念馆专业委员会年会;组织讲解员赴天津李叔同故居纪念馆、浙江省博物馆、杭州名人纪念馆、桐乡博物馆新馆参观学习;与桐乡丰子恺纪念馆进行馆际工作交流互动,探索共同发展之路。

【馆校合作】 作为省级爱国主义教育基地,组织培训的博物馆志愿者——义务讲解员每周周末到纪念馆为观众作义务讲解;3月,在嘉兴学院举办“叔同人文讲堂第一讲暨第三届李叔同杯文学征文大赛颁奖仪式”,为征文获奖学生颁发证书和奖品,向学校图书馆和学生赠送纪念馆编印的李叔同宣传资料和书籍,并在纪念馆刊物《莲馆弘谭》上开辟大学生获奖作品专栏,进行宣传;12月5日是第29个国际志愿者日,在嘉兴学院(平湖校区)举行“2014年志愿服务工作总结会议”,表彰第五批“博物馆之友(志愿者)”优秀义务讲解员,鼓励先进。暑假期间,接待大量各大中小学生夏令营活动。

【安全工作】 安全工作常抓不懈,经常开展安全自查、安全培训等活动,定期召开安全工作会议,针对不同季节和不同时段,布置阶段性安全工作,确保安全无事故;对电梯、消防器材及防雷设施定期进行检查、检修,保证设备安全有效运行;对全体安保和门卫值班人员进行消防安全知识培训和消防演习,提高防范意识和应急处置能力。与文体系统单位合作,联合举办消防安全演练活动,防患于未然。对馆内安全监控技防设施进行设备更新,并在展厅和门厅增加监控摄像头18个,进一步加强馆内安全防范措施。

【成为中国博物馆协会团体会员单位】 在2014年的中国博协第五届十六次理事长会议上,审议批准李叔同纪念馆加入中国博物馆协会团体会员单位。

【《阿弥陀经义疏撷录》出版发行】 9月正式出版《阿弥陀经义疏撷录》,耗时4年多时间对弘一法师佚文的挖掘、发现、研究和整理工作,终于告一段落。《阿弥陀经义疏撷录》成为平湖李叔同纪念馆馆藏弘一大师手书《佛说阿弥陀经》之阐发补充,丰富了对弘一大师的研究成果。 (戈 敏)

•旅游开发•

【宣传促销】 开通"平湖旅游"官方微信和"e游平湖"手机报。对接上海客源市场,在上海50个大型中心社区开展为期1个月的宣传;赴上海锦江集团开展合作磋商;继续开展"平湖—金山"互游活动,联合开展中国旅游日主题宣传活动;组织旅游企业赴山东促销。2014西瓜灯文化节期间,组织开展平湖旅游购物游和浙江之声车友会自驾游平湖活动。

【进上海社区宣传】 3月初,平湖旅游广告宣传在上海50个大型中心社区亮相。此次旅游宣传为期1个月,以进一步深化"与沪同城"、拓展上海客源主市场为宗旨,通过投放社区灯箱广告、发放旅游宣传资料、与上海有关地区互动等系列活动,让平湖"滨海运动休闲游、亲水文化购物游、乡村生态体验游"走进上海百姓的生活,提升平湖旅游知名度。

【亮相2014浙江(山东)旅游交易会】 3月28日至30日,以江南水乡文化购物游和滨海运动休闲度假游为主题的平湖旅游宣传推介亮相山东省济南市舜耕展览馆举行的2014年浙江旅游交易会。旅交会上,市旅游局轮回播放《声声流转东湖情》微电影,向济南市民发放1000份宣传资料,与前来咨询的旅行商、媒体和山东人民进行交流和对接,旅游形象受到广泛关注。

【与上海金山区联合开展"5·19"广场宣传】 5月17日、18日,市旅游局与上海金山区旅游局在平湖大润发广场、上海金山百联广场联合开展"5·19"中国旅游日宣传活动。活动现场,两地旅游部门及旅游企事业单位为广大市民游客带来丰富的"旅游大餐",有优惠门票派送、微信关注有礼、砸金蛋赢礼品、知识问答,更有现场品尝金稼园水果、圣雷克大酒店烘焙特色饼干等活动,吸引众多市民、游客驻足问询。

【引入《中国好男儿》到平拍摄录制】 9月中旬,由灿星集团打造的大型励志真人秀《中国好男儿》到平拍摄录制,三大明星导师刘晓庆、郭敬明、萧亚轩率领800余名中国好男儿首次走进平湖,发掘平湖食、宿、行、游、购、娱等多方面信息。九龙山度假区、东湖景区、莫氏庄园等旅游景点列入好男儿介绍的背景拍摄地。

【举办西瓜灯文化节平湖购物游活动】 西瓜灯文化节期间,举办平湖购物游活动,邀请上海、宁波、嘉兴等地相关旅行商、旅游集散中心负责人、媒体等到平踩线考察。9月24日下午,在新天地大酒店召开平湖旅游购物游线和旅游资源推介会,向三地骨干旅行商推介平湖旅游购物游线及其他旅游资源,并举行招待晚宴,晚宴后安排夜游东湖旅游活动。25 日,在平湖国际进口商品城召开购物游启动仪式。

·旅游行业管理·

【举办导游(讲解员)培训班】 2 月 27 日,市旅游局、市旅游行业协会、市旅游行业工会联合会邀请国家高级导游员、嘉兴市行游天下旅行社总经理孙莹莹对导游(讲解员)进行导游(讲解员)基本技能、讲解技巧以及应急处置能力等方面培训。来自全市各旅行社总经理、副总经理、导游部负责人、全体导游,各景区(点)分管负责人、讲解员,交通学校旅游专业学生 250 余人参加培训。

【举办旅行社合同管理培训班】 6 月 11 日,市旅游局、市旅游行业协会联合举办旅行社合同管理培训班。培训班邀请嘉兴市旅游质量监督管理所所长赵旭光授课讲解旅游合同,围绕境内游旅游合同、出境游旅游合同和一日游旅游合同,以及在旅行社与游客签订过程、履行过程中容易出现的问题进行解析交流。全市各旅行社总经理、副总经理、部门经理和办公室人员 60 余人参加培训。

【成立旅游人才培训基地】 4 月,在市职业中专设立市旅游行业人才培训基地,利用职业学校人才培训资源提升旅游行业从业人员素质。6 月 24 日,旅游行业人才培训基地举行授牌仪式。

【开展旅游市场专项执法检查】 五一小长假、十一黄金周前期,市旅游局组织人员深入旅游企事业单位开展旅游市场专项执法检查,主要检查旅游安全工作落实情况,检查旅行社和景区(点)在旅游安全、规范旅游用车、规范导游使用、规范接待服务等方面违法违规行为。检查结果总体情况良好,没有发现旅行社、景区(点)有违法违规现象。

【开展旅行社服务质量提升活动】 结合党的群众路线教育实践活动,开展旅行社服务质量提升活动,以“强管理、提服务、树品牌”为核心,不断提高旅行社旅游服务质量和接待水平。活动由市旅游局牵头,市旅游行业协会和市旅游行业工会联合会协助,分动员部署、学习培训、自查整改、巩固提高 4 个阶段进行,力求全面自查整改、提升全市旅行社的旅游服务质量和游客满意度。

【举办旅游行业风采展示汇演】 3 月初,市旅游局、市总工会、市文化广电新闻出版局(体育局)联合发文举办“中国梦 梦之旅”平湖市旅游行业风采展示汇演。汇演分初赛和决赛两个阶段进行。9 月 10 日,汇演初赛在嘉兴市交通学校报告厅举行,全市旅游行业 19 家单位纷纷亮出绝活,上演 20 个精彩节目,其中 6 个原创作品直接反映旅游工作一线真实情景,诠释了“游客为本、服务至诚”的旅游行业核心价值观。经过角逐,东湖景区等 10 个单位推出的 10 个节目顺利进入决赛。11 月 19 日晚上,汇演决赛在市文化馆举行,李叔同纪念馆的诗朗诵《信札中的师生情》获一等奖。

·休闲观光农业·

【举办“踏金之旅 · 童眼看平湖”活动】 4 月 13 日,“踏金之旅 · 童眼看平湖”走进曹桥暨美丽乡村游启动仪式在澳多奇农庄举行,舞蹈、杂技、魔术、环保服装展示等吸引了来自行知小学、新居民小学、青少年宫、南湖晚报小记者等近千名游客。首站走进曹桥街道为期 1 个月,活动内容包括花海观赏、亲子活动、微作文、微摄影、微绘画比赛等,旨在激发孩子们接近自然,感受家乡美景的兴致。

最后通过孩子们的笔与镜头,将金平湖美丽乡村的魅力展现在众人面前。

【美丽乡村走进独山港镇】 7月12日,金丝娘农庄举办水果狂欢节,拉开了美丽乡村走进独山港镇活动序幕,也是美丽乡村游系列活动的第二站。市旅游局制订了加快乡村旅游发展的若干意见,以一条美丽乡村风景线、一个旅游文化节、一批旅游特色产品和餐饮为抓手,提高乡村旅游接待和吸纳就业的能力。金丝娘农庄在精品水果的基础上,新推出水果采摘活动,逐步走上转型升级、多元化、特色化的道路。

•旅游接待设施•

【概况】 2014年末,全市共有旅行社16家。星级饭店7家,其中五星级1家(圣雷克大酒店),四星级1家(浦京大酒店)。主要旅游景区(点)12个,其中AAAA级旅游景区(点)1个(东湖景区),AAA级旅游景区(点)3个(莫氏庄园、澳多奇农庄、金龙门生态休闲园),AA级景区(点)3个(非遗中心、金丝娘农庄、中国虫草博物馆)。旅游商品定点生产企业12家。农家乐(渔家乐)休闲旅游点近40个,省级特色旅游村4个。2014年,富丽雅大酒店成功创建三星级旅游饭店,白金汉爵大酒店成功创建绿色旅游饭店,金丝娘农庄、中国虫草博物馆成功创建2A级旅游景区;新增旅行社2家(嘉兴市达美旅行社、平湖市童临天下旅行社)。

【富丽雅大酒店通过三星级旅游饭店评定】

平湖富丽雅大酒店位于平湖市经济技术开发区平湖大道东侧,环北二路985号,由上海青浦达华实业有限公司和上海青浦朱家角建筑安装工程有限公司共同投资兴建。酒店总面积20000余平方米,总投资2500余万元。酒店拥有各类客房,房内设有NIMI吧、宽带,同时拥有可容纳800余人共同就餐的豪华宴会厅、36间风格各异的豪华包厢、日本料理馆、桑拿、足疗按摩、KTV房和规模不等的多功能会议室。5月,通过三星级旅游饭店评定。

【白金汉爵大酒店通过绿色旅游饭店评定】

平湖白金汉爵大酒店自创建“绿色旅游饭店”以来,从狠抓绿色环保细节入手,突出能源节约与控制,推进资源循环利用和综合利用,按照国家《绿色旅游饭店》评定标准,科学制定节能降耗措施,把节能环保管理融入到饭店的经营管理中,减少一次性用品的使用,降低物资消耗,引导客人绿色消费,最大限度地节约水、电、气等用量,促进企业可持续发展。11月12日,顺利通过浙江省绿色旅游饭店评定组评定。

【金丝娘农庄通过2A级旅游景区评定】

金丝娘农庄位于独山港镇建中村,杭浦高速新仓出口处。农庄于2008年建设,累计投资500多万元,占地204亩。农庄以“金丝娘”精品水果种植、采摘、销售为主线,分5个功能区,即水果生产区、水果展销区、休闲娱乐区、农家餐饮区、家畜饲养区。其中水果生产区占地面积150亩,种植品种有猕猴桃、蟠桃、葡萄等主打水果。休闲区建有供游客散步的林中小径,供游客垂钓的清水鱼塘,供游客小歇的凉亭石座。餐饮区以竹文化为基调,配有竹殿、竹堂、竹房、竹廊,外有竹林掩映,内有奇竹争翠及竹椅、竹沙发、竹画、竹装饰。家畜区有牛、羊、马、驴等多种家畜,供游客参观。7月,通过2A级旅游景区评定。

【中国虫草博物馆通过2A级旅游景区评定】

中国虫草博物馆是由中国虫草产业创新技术战略联盟、中国中医药科技交流中心和浙江泛亚生物医药股份有限公司联合主办，中科院上海生命科学研究院、上海市农业科学研究院(食用菌研究所)、广东微生物研究所、青海玉树藏族自治州三江源药业有限公司、贵州大学生化工程中心、中国科学院微生物研究所、上海肾病康复医学专业委员会、云南兰坪县人民政府等单位协办创立的目前世界上第一家以“展示全球虫草标本、还原虫草生长环境、传授虫草科普知识、传播虫草养生文化”为主题的科学互动性博物馆。博物馆由主体展馆及其附设的工业旅游景点两部分组成,分 8 个展厅。展馆面积 12000 平方米,景点面积 15000 平方米。主体展馆集中展示了中外科学家对虫草的研究成果以及古典古籍、古物件和虫草民俗文化及古代虫草的养生文化,汇集了全世界 500 余种虫草标本、寄主昆虫的标本,以及相关的资料、图片。工业旅游景点则通过虫草透明工厂、虫草药圃、虫草饲喂实验园等向参观者展示泛亚医药虫草固体发酵车间以及虫草工业化固体生物发酵培育场景。10 月,通过 2A 级旅游景区评定。 (宋晓忠)

城 乡 建 设

•城乡规划与建设•

【概况】 2014年,市建设系统广大干部职工上下同心,攻坚克难,锐意进取,围绕建设上海南翼开放型经济强市、杭州湾北岸现代化港口新市、江南水乡生态型文化大市的城市定位,建设和谐幸福的现代化“金平湖”目标,加大规划编制力度,强化规划管理,全力推进“五水共治”、交通拥堵治理、住房保障等民生工程建设,规范房产、建筑、物业三大产业,切实加强行业管理,保质保量完成市委、市政府下达的各项目标任务,城市形象和城市品位进一步提升。全年全市完成房地产开发投资61.16亿元,同比增加20.20%;建筑业总产值完成121.58亿元,同比下降0.3%;物业服务行业营业总收入8569万元,同比增长26%;新华路与福臻路交叉口改造和“阳光嘉苑”保障房二期1077套等重大决策执行力项目竣工;国家园林城市顺利通过复评,新增城市绿化面积127万平方米,新建绿道40公里;“五水共治”走在前列,铺设污水管网151.1公里,占任务数的105%,新建和改造提升供水管网225.7公里,独山港经济开发区工业水厂建成并投入使用,新建屋顶集雨收集节水点80处,疏通雨水管道76公里;率先在嘉兴市域范围内创新建筑工程政府监管模式,形成建筑业“监管一张网、数据一个库、管理一条线”的行业监管新格局;“天地图·平湖”接入国家主节点,“数字平湖”地理空间框架建设项目顺利通过省级验收;向上争取5大类8个项目国家、省补助资金2742.4万元,其中污水处理基础设施建设项目获得省级补助资金2091万元,农房救助和示范村建设获得省级补助427.4万元,保障性安居工程获得中央财政、省财政补助189万元;充分利用地下空间资源,新利用地下空间46.76万平方米,新增各类停车泊位12997个;广泛听取民情民意,举办“规划·让城市更美好”网友沙龙,议案提案办理落实情况通报会,走基层送服务等活动,668户老小区居民用上管道天然气。

【人大议案、建议和政协提案办理】 2014年,承办人大议案政协提案共38件(包括公民旁听意见2件),其中人大议案、建议22件,政协提案、意见14件,主要涉及城乡规划、市政管理、园林绿化、物业管理、住房保障等问题。至年底,已经解决和基本解决的36件,占总数的94.7%,解决率同比提高7个百分点,正在解决或已列入计划解决的2件,占总数的5.3%。

【开通“12319”城建服务热线】 10月20日,市住房和城乡规划建设局开通“12319”城建服务热线,主要受理:一、市政公用、园林绿化、城市规划、房地产管理、建筑业管理、物业管理、房屋征收和城建档案等方面的投诉、咨询、建议和求助;二、城建系统机关事业单位工作人员的工作作风、服务质量、办事效率等方面的投诉、举报;三、其他涉及该局及下属单位法定职责范围内的咨询、投诉和建议。

【开展党的群众路线教育实践活动】 按照“照镜子、正衣冠、洗洗澡、治治病”的总要求,紧密围绕为民务实清廉,紧密聚焦“四风”突出问题,组织系统17个党支部190名党员开展党的群众路线教育实践活动。成立市规划建设局党的群众路线教育实践活动领导小组,制订实施方案和每月活动计划。在3—5月确定每周五下午举行集中学习活动,共举行全系统集中专题学习活动17期,参加1300余人次;领导干部撰写调研手记11篇,全体党员干部撰写学习心得体会190余篇;广泛征求意见建议,共征集到各类意见建议136条,领导班子个人自身查找梳理"四风"问题共计199条;开好高质量的专题民主生活会,班子成员提出并整改批评意见共113条;制订"两方案一计划",落实完成领导班子28项整改措施、10项专项整治和23项制度建设任务。

【队伍建设】 严格规范发展党员工作,全年发展预备党员3名,按期转正3人;组织开展机关中层干部全员竞岗,顺利完成事业单位中层干部轮岗交流,调整系统中层干部30人次;做好党管人才工作,重点抓好专业技术人才引进工作,通过招聘、选调等方式引进专业技术人才11名,国有企业自主公开招聘聘用制合同工10名。依托"建设讲坛"这一平台,组织开展一系列党员教育活动,全年安排各类教育培训共13期,建设讲坛6次,参加900余人次。

【精神文明建设】 开展走村入户大走访活动,按照"走村不漏户、户户见干部"的要求,领导干部带头深入村(社区),扎实推进"清三河百日会战"行动,开展"三河"整治、义务劳动等志愿服务活动27次,参加人员428人次,走访农户805户。开展千名干部当社工,每周选派2名党员参与社区工作;千名干部帮千户,捐款18000元,在七一、春节前后走访慰问黄家浜村19户困难户;集中开展"走访农户一日行"活动,让每一名干部都参与到大走访活动中来,全系统共有120余名干部参与。结合"千名干部联千河"活动,选派19名干部参与农村河道整治和巡查、违章猪舍拆除等工作,广泛宣传工作政策,指导"五水共治""三改一拆""无违建"创建、畜禽养殖污染治理等重点难点工作。重视做好工青妇等群团组织工作和老干部工作,成功举办"'迎三八'女子趣味运动会""'迎六一'"亲子活动、"弘扬红船精神·践行群众路线'七一'党员活动""畅游生态绿道·倡导低碳出行——建设系统公共自行车骑行比赛""'迎国庆——感受城乡建设'青年干部职工学习交流活动"等。

【城乡规划和方案编制】 完成21、23、24、25、27、28号单元控规的报批工作,及《平湖市绿地系统规划》《平湖市城区主要河道水上旅游线路规划》《平湖市排水(雨水)防涝综合规划》《平湖市城市节约用水规划》《平湖市城乡供水安全保障规划》等专项规划编制。完成《南河头与老市府地块保护新规划》《平湖南河头及老市府项目定位报告》《平湖市南市新区空间策划及城市设计研究》《平湖吴一峰艺术馆新馆建筑设计方案》《平湖城北片区城市设计》等建设规划和方案。督促各镇(街道)总规、控规编制,加强对各镇(街道)总规、控规编制的指导工作。新埭镇、广陈镇、新仓镇、林埭镇总规启动编制,《平湖市独山港区道路网专项规划》《平湖市独山港区黄线、绿线规划》及平湖市独山港区04、05、11号单元控规通过城规委专题会议审议。

【规划管理】 召开城规委专家评审会70次,为提高办事效率,强村项目等方案只组织内审,不再提交专家评审。召开城规委专题会议10次、城规委全体会议3次、城规委办公室会议8次。对各类城乡规划和所有"一书二证"项目办理情况通过政府网站进行公布,公开项目审批内容,主动接受社会和市民监督。全年进行批前公告76个,批后公布

56个。按照规划管理“三到场”的要求,组织规划项目的放、验线和竣工核实,城区竣工核实项目138个。审批和发放“一书二证”项目495个,其中,城区及平湖经济技术开发区和独山港经济开发区核发选址意见书93份;核发用地规划许可证129份;核发建设工程规划许可证273份。出具规划条件104个。

【测绘与地理信息建设】 “数字平湖”地理空间框架建设项目通过省级验收并成功列为省建设科研项目,建成分别运行于局域网、政务网和互联网的三套地理信息公共服务平台,实现跨部门、跨平台的地理信息共享,形成现实性强的基础地理信息数据库,其中1:500地形图数据库覆盖平湖市域110平方公里,1:2000—3D数据覆盖平湖全市域,门牌地址数据实地采集平湖中心城区20平方公里,三维精细模型数据覆盖城区15平方公里,0.5米、2.5米分辨率卫星影像和电子地图覆盖平湖全市域。编制完成《平湖市第一次地理国情普查实施方案》,确定国家测绘地理信息局第六测绘大队为国情普查实施单位,经过建成区调查软件分析计算最终获得2014年平湖市建成区面积为33.5平方公里。

【村庄布点规划】 出台《平湖市优化完善村庄布点规划的若干意见》,按照“大稳定、小调整”原则,统筹安排城镇建设和村庄建设用地空间,兼顾村民生产和生活需要,布点总数全市面上控制在180个左右。形成《平湖市村庄布点优化规划(初步方案)》,划至2030年全市形成“54+46+30”(1+X+n)共130个布点的城乡一体新社区布局,集聚总户数为67395户。其中,“新市镇社区”54个点,建房形式以公寓房、联排为主,控制独立式住宅;“城乡一体新社区”46个,建房形式以联排为主,控制独立式住宅;传统自然村落保留点30个。

【省级农房改造示范村建设试点】 组织省级农房改造示范村申报与建设,当湖街道虹霓村通过省级农房改造示范村验收,新埭镇鱼圻塘村和曹桥街道马厩村正在建设;林埭镇共和村、广陈镇龙萌村、新埭镇姚浜村3个村被列为2014年度农房改造建设示范村;林埭镇双庙村、广陈镇高新村、新仓镇石路村3个村申报2015年度省美丽宜居示范村试点。加强农房改造集聚,全年完成农村住房改造集聚数2134户,改造农村困难户危旧房23户。

【城市房屋征收管理】 2014年,市区共有6个区块(项目)展开房屋征收工作,至年底,老市府及新三伍酒店东侧地块被征收户数411户,征收房屋总建筑面积8.4万平方米,完成签约399户,签约率97%;城北路两侧地块被征收户数327户,征收房屋总建筑面积2.2万平方米,完成签约323户,签约率99%;城南路2-2-B地块被征收户数512户,征收房屋总建筑面积2.7万平方米,完成签约503户,签约率98%;小葛家桥地块被征收户数6户,征收房屋总建筑面积0.2万平方米,完成签约5户,签约率83%;社区学院地块被征收户数11户,征收房屋总建筑面积约0.7万平方米,全部完成签约;城南路1号地块被征收户数715户,征收房屋总建筑面积5.4万平方米,完成签约627户,签约率88%;平湖饭店地块被征收户数23户,征收房屋总建筑面积0.9万平方米,进入征收前期预摸底阶段。 (吴继承)

·平城集团·

【概况】 2014年,平城集团围绕市委、市政府“三年”活动、“九大专项”行动总体部署,以城市开发建设工作体制调整为契机,狠抓基础设施建设、城市有机更新和招商引资工作,全年共实施城市建设项目86个,完成固定资产投资44.3亿元,完成年度计划任务的123%。城市和农村征收投入7.66亿元,完成签约765户,“两退两进”签约企业12个,腾退低效建设用地141亩,为年度任务的141%,共拆除房屋建筑面积18.68万平方米。建设工程和房屋拆除无质量和安全生产事故。招商引资引进项目7个,各项下达任务指标全面超额完成。实现融资、经营等各类收入23.8亿元。

【基础设施建设】 全年实施基础设施建设项目66个,是历年实施项目最多的一年,完成投资8.88亿元,完成年度任务的120%,同比增长12.8%。全年实现开工项目26个、竣工项目22个。市政道路方面,南市路延伸段、毓秀路、怀橘路、书香路、兴阳路、沐阳路及景观湖两侧道路、三港大桥及三港路延伸段等全面开工建设,总开工市政道路里程16公里;新华南路延伸段、梅园路三期、大胜路一期和三港新城稼书路、文丰路、明珠路一期、解放西路等实现竣工通车,建成道路总长5.6公里。安置房建设方面,沐阳西区二期、兴阳花苑、东方绿洲等开工建设,总开工建筑面积48万平方米;沐阳东区、沐阳西区一期、三港嘉苑南村、三港嘉苑北村和韩家埭商业安置房竣工,建成住宅、商业安置房164幢4496套、建筑面积59.66万平方米。绿化景观方面,市民文化中心、南市新区景观湖开工建设;龙湫桂香,市民文化中心景观绿化工程地块一、地块二以及8个国家城市园林复查项目、4个新建安置房绿化项目完成建设,新增绿化面积76万平方米,完成年度目标任务的207%。城市创卫方面,投入630万元,完成三北新村小区河道整治、启元小区道路整修等河道、道路、污水管网和待建地块围墙等42项基础设施完善工程。

【产业项目建设】 全年实施城市服务业项目22个,完成投资35.42亿元,完成年度任务的112%,同比增长24%。融祥大厦、维克斯大厦、美杰木业商办楼、碧桂园房产、中瑞国际广场、万家花城房产等6个项目实现新开工建设。南市中央商务区8个项目整体形象显现,温州商会大厦、美杰木业商办楼、农村合作银行金诺大厦、华人国际大厦等4个项目进入装修装饰;在建的13个房产项目加大投入,金色港湾、龙湫湾等项目形象进度快于时间进度。

【代建管理项目】 全年负责代建和管理的政府投资项目12个,完成投资1.38亿元。市民文化中心地块一、地块二,市公安局交通警察大队车管办证大厅及机动车检测站、残疾人综合服务中心、财政地税综合服务中心、F0901工程完成建设。市民文化中心(地块三)人防工程、市公安局业务用房开工建设。体育健身中心、老年大学二期、老年公寓二期等项目前期准备工作有序推进。

【旅游开发建设】 按照国家5A级旅游景区标准,东湖景区投入资金1100多万元,完成龙湫桂香公厕装修,南村书堆、青云桥周边等多个景点绿化提升工程和三维虚拟游、二维码导览等智慧化信息平台建设,并实现免费WiFi全覆盖,获得嘉兴市“十强旅游景区”称号。加快推进南河头历史文化街区21.3万平方米区域规划编制工作,一期工程建筑设计、街区平面展示设计工作启动,施宅修缮、钱宅顶升等单体启动保护建设。完成一期规划区内建筑单体资源调查、历史商业资料收集,开展补白区域现有建筑的整治拆除。

【招商引资工作】 全年引进外商投资项目5

个,实现合同利用外资5722万美元,完成年度任务的260.1%;实到外资4717万美元,完成年度任务的314.5%。引进市外内资项目2个,内资到位4.8亿元,完成年度任务的114.2%;实现内资注册资金2.5亿元,完成年度任务的104%。浙商回归实到外资2103万美元,完成年度任务的420.6%;浙商回归实到省外内资2.425亿元,完成年度任务的127.6%。

【房屋征收工作】 全年完成征收签约居民765户,企业20家,共支付补偿资金7.66亿元。城市征收方面,旧城遗留的解放西路等地块全面完成签约任务;历年已签约地块未尽事宜处理22户;城市有机更新城北路地块、社区学院地块完成居民签约,原市府地块签约居民329户,剩余4户,小葛家桥地块签约5户,剩余1户。全年共拆除腾空建筑面积18.68万平方米。农村征收方面,影响南市路、稼书路、沐阳路、兴阳花苑、三港大桥等建设的历年遗留户签约104户、单位3个,保障了项目"零障碍"落地、"零拖延"推进。"两退两进"方面,完成签约企业12家,腾退低效建设用地141亩,完成年度目标任务的141%。

【资金运行保障】 全年实现融资和各类收入23.8亿元,支出20.6亿元。信贷融资方面,借力政府推动,加强银企对接,年内签约落地项目5个,授信资金16.5亿元,新增借款平均融资成本率7.7%。根据项目推进和支出需求,有序到位授信资金18.1亿元,并开拓创新型融资产品,启动短期融资券发行并完成方案上报,3个BT模式基础设施项目签约并开工建设。配合市金融办做好三期"城投债"发行准备工作,全力支持全市经济发展。经营收入方面,土地出让分成收入4.6亿元,安置房补差、存量资产处置实现收入1.1亿元。安全运行方面,认真执行单位预算制度、财务收支计划,健全内部审计制度,开展对历年农村征迁资金支付和2013年度48个小型建设工程项目招标情况进行清算、审计,按要求完成整改工作。强化建设工程招投标管理,全年小型建设工程招标90项,合计预算价2928.3万元,实际招标价2333.2万元,节约资金595.1万元,资金节约率20.3%。开展往来款专项清理工作,查证171笔,落实清理60笔。 (吴 巍)

•新市镇建设•

【概况】 坚持"梯度培育、特色发展"的思路,以小城市培育试点为重点,分类推进新市镇建设。一、小城市培育方面。将该项工作列入2014年度全市经济社会发展主要任务,分解责任到相关部门和镇(街道);以"三年"活动计划为导向,指导、督促试点镇按照年度目标推进各项工作;加大各项政策帮扶力度,建立"部门—试点镇"协调联动机制;2013年度嘉兴市小城市培育考核中,独山港镇、新仓镇分别获得合格、良好等次,12个试点镇中分别排名第11位、第8位。二、省级中心镇培育方面。稳步推进独山港镇、新仓镇、新埭镇三个省级中心镇的培育工作,研究、制订《平湖市强镇扩权改革实施方案》,理顺中心镇管理体制,赋予与中心镇人口和经济规模相适应的县级管理权限;明确深化强镇扩权改革的牵头部门,成立专项工作组,负责具体指导和综合推进强镇扩权改革工作,协调处理工作中出现的矛盾和问题。三、新市镇建设方面。继续坚持"产业强镇、特色活镇、生态立镇"的基本原则。2013年度嘉兴市新市镇考核中,平湖的新市镇没有入围嘉兴市"十强",排位靠前的独山港镇和新仓镇分别列第14、第15位。2014年,五镇共实现GDP合计149.92亿元,同比增长7.39%,其中,新仓镇、林埭镇、广陈镇、独山港镇分别高于全市平均增速10.2、7.43、5.44、3.15个百分点;完成固定资产投资97.82亿元,同比增长17.06%;其中,广陈镇、新仓镇、林埭镇、新埭镇分别高于全市平均增速10.8、8.03、6.04、3.75个百分点;实现财政总收入18.88亿元,同比增长17.28%,其中林埭镇、新埭镇、独山港镇分别高于全市平均57.91、11.16、5.15个百分点。 (徐 娉)

•南市新区建设•

【基础设施建设】 2014年,平城集团负责实施南市新区基础设施建设项目32个,完成投资6.12亿元。"三纵三横"主要道路、"三大"安置房和主要景观绿化全面开工建设,掀起南市新区基础设施建设新高潮。市政道路方面,南市路延伸段、毓秀路、怀橘路、书香路和景观湖两侧配套道路等9条道路实现开工建设,开工总里程10.14公里;新华南路延伸段二期建成通车,实现主城区与南环线、客运中心的有机接轨,梅园路三期、大胜路一期等道路完成建设,建成道路总长度2.2公里。安置房方面,继续加快沐阳西区二期、启元路南侧、南市路西侧商业安置房建设,新开工建设兴阳花苑。安置房建设方面,沐阳西区二期、兴阳花苑、东方绿洲等全面开工建设,总开工建筑面积48万平方米;沐阳东区、沐阳西区一期完成建设并交付使用。景观绿化方面,485亩景观湖公园、市民文化中心景观绿化工程(地块三)开工建设;市民文化中心景观绿化工程(地块一、地块二)、曹兑路南侧梅园路西侧地块、池海路与大胜路交叉口东南角地块等生态片林绿化等9个绿化项目完成建设,建成绿地面积23万平方米。

【产业项目建设】 2014年,平城集团负责推进服务的南市新区城市产业项目16个,完成固定资产投资18.5亿元。其中:8个总部经济楼宇项目完成投入4.56亿元,美杰木业商办楼、融祥大厦和维克斯大厦实现开工建设,华人国际商会大厦、总商会大厦实现主体结顶,温州商会大厦、建工大厦、金诺大厦完成主体幕墙工程,南市总部经济区整体形象显现;8个房地产项目完成投入13.94亿元,恒大名都、玫瑰湾、龙湫湾等房产项目加快建设;滨江万家花城开工建设,并以411亩的土地面积、52万平方米的建筑体量成为平湖第一大盘。喜达屋酒店集团旗下福朋喜来登和源宿公寓酒店项目正式落户。

•三港新城开发建设•

【工程建设】 2014年,三港新城首期范围内共实施项目9个,完成投资1.95亿元,完成年度计划的173%。三港嘉苑南村、北村安置小区完成建设并竣工验收,建成高层15幢、多层51幢、联排19幢、管理用房2幢,总建筑面积约45.5万平方米(其中住宅面积33.97万平方米)。稼书路I标段,文丰路、明珠路一期工程完成建设并竣工验收,竣工通车总里程2.64公里。连接中心城区的三港大桥及三港路延伸段工程一期,以及三港新城农贸市场综合楼工程开工建设,文欣路、明珠路西侧50米绿化带工程前期工作加快推进。红线范围内农户征收签约工作基本完成。

•东湖区开发•

【概况】 2014年,平城集团负责实施的东湖新区基础设施建设项目13个,完成投资5500万元。市政路桥方面,毓秀路东段、三港大桥及三港路延伸段工程一期等工程开工建设,开工总里程3公里。景观绿化方面,东方路祥中路口东南角地块、东方公园地块临时绿地、东方路东侧上海塘南侧裕漾桥西南侧地块等生态片林绿化项目开工并完成建设,建成绿地面积43.96万平方米。东湖景区按照国家5A级旅游景区标准建设,投入资金1100多万元。

【产业项目建设】 2014年,平城集团负责推进服务的东湖新区产业项目4个,完成固定资产投资13.98亿元。首个浙商回归商业综合体项目落户并开工建设,该项目位于东湖新区三港路南侧、东方路西侧,占地面积90.9亩,总建筑面积约22万平方米,总投资约8亿元,由安徽瑞丰商品交易博览城投资开发有限公司投资建设,并与世界500强欧尚超市、浙江星光院线等知名商家签订入驻协议。金色港湾、龙盛蓝郡、御珑湾等房产项目完成投入11亿元。（吴 巍）

•建筑业•

【概况】 2014年,全市建筑业签订合同额168.17亿元,同比下降3.9%,其中新签合同额115.40亿元,同比增长6.7%;实现施工总产值121.58亿元,同比下降0.3%,其中省外产值49.72亿元,同比下降2.8%;施工面积1238万平方米;期末从业人员3.67万人;上缴税金3.26亿元,同比增长8.5%;实现利润1.95亿元,同比下降12.2%。全年共办理施工许可证项目233个,其中房屋建筑项目194个,总造价71.37亿元,建筑面积327.07万平方米,市政工程项目39个,总造价6.58亿元。全市竣工验收项目184个,建筑面积295.4万平方米,总造价103.89亿元。出具质监报告项目175个,建筑面积224.16万平方米,总造价37.97亿元。受理施工合同备案项目90个。受理市外企业进平登记93家。2014年,正式开展建筑业三级资质及劳务企业资质核准工作,共受理三级及劳务企业资质申请28家,核准18家;受理二级及以上企业资质初审11家。获2014年度嘉兴市优质结构工程奖项目8个;省级标化工地1个,嘉兴标化工地5个。

【监管体制改革创新】 按照“综合管理、分片包干、条块结合”的思路,于1月起开始实施“前台”+“后台”的运作机制,“前台”是指现场监管执法力量分组下沉到一线,开展行政执法和公共服务;“后台”是指制度保障和信息化监管平台建设,为“前台”提供技术指导和服务保障。该模式运行后,逐步建立分组分片、驻镇(街道)蹲点、定期巡查通报、人员培训考核等制度,形成“监管一张网、数据一个库、管理一条线”的行业监管新格局,为解决监管人员严重短缺的难题探索了有效的思路,在推动项目建设、规范建筑行业管理上取得明显成果。

【工程质量治理两年行动】 11月,出台《关于开展平湖市工程质量治理两年行动的通知》,明确工程质量治理两年行动的领导小组和具体工作方案。11月底,率先在嘉兴市范围内召开工程质量治理两年行动推进大会,并邀请省厅专家针对全市各建设、施工、监理单位开展专题培训。行动开展以来,已有76个新建项目的建设、施工、监理等五方责任主体签署了《建设工程项目负责人质量终身责任承诺书》,104个竣工项目全面落实“两书一牌”制度,对全市在建项目开展检查139次,检查项目163个(次),签发整改通知书126份,签发停工通知单14份,发现存在违法违规行为的项目5个,建设单位3家,施工单位3家,对这些项目的违法行为进行查处,对存在不良行为的企业公示1家,个人公示1人,开展建筑施工领域全员培训6824人次。

【建筑工程质量安全监督】 建立按月巡查制度,采取联合巡查的方式,整合原有市场、质监、安监力量,把日常工地检查内容全部融入到一次检查中,提高监管效率,增强检查的深度和广度,同时实行检查结果通报制度。全年共检查工程359个(次),总建筑面积819.47万平方米,工程总造价349.66亿元,出具整改通知单327份,提出整改意见1701条,其中被责令停工的项目73个,整改后复工项目40个,抽查原材料152组。从2月起到年末,共公布巡查通报10份,通报工程项目268个,涉及建设单位168家,施工单位87家,监理单位55家,共通报批评项目15个(次),警告33个(次),限期整改289个(次)。

【文明施工管理】 2月,出台《关于进一步加强建设工地文明施工管理的通知》,对房屋建筑和市政基础设施工程的场容场貌、环境保护、工地卫生等方面提出详细要求,特别是对施工排水和工地粉尘排放作出严格规定。按照《通知》要求,中心城区因建设施工需要将雨、污、废水排入城市排水管网的,须申请办理城市排水许可证(临时);若周边尚无雨、污水管网的,应建三格式池进行处理后就近排入河流;施工过程中产生的泥浆经城管执法部门审核批准后外运,不得向水体或城市排水网排放。同时,《通知》也将拆除工程和园林工程纳入管理。

【招投标监管】 从7月起施行《平湖市建设工程招标投标实施办法》,全年共受理招投标审查备案项目214个,建筑面积84.65万平方米,总造价79.12亿元,招标控制价备案项目92个。全年共完成招标项目备案191个(次),建筑面积82.62万平方米,工程造价76.97亿元。房屋建筑类施工项目38个,建筑面积82.62万平方米,工程造价16.47亿元。市政基础设施类施工项目33个,工程造价约5.23亿元。城市园林绿化类项目20个,工程造价约1.55亿元。设计、监理、勘察等服务类招标50个,装饰、幕墙、弱电、电梯、空调等专业工程招标和采购42宗,桩基检测、建筑节能等7个。另有BT项目1个,单项合同估算价约50.34亿元,为平湖市招标备案项目中单项合同估算价最大的一个项目。公开招标179个,邀请招标12个。应招标工程招标率和公开招标工程公开招标率均为100%。

【建筑业劳资纠纷处置机制】 出台《关于进一步加强建设工程项目管理解决拖欠民工工资问题的通知》,要求施工企业在项目基础验收、主体验收、竣工验收前,向工程所在地镇(街道)政府申请办理工资支付情况备案手续,将劳动用工管理纳入日常巡查的重要内容。全年共受理调处建筑业劳资纠纷上访投诉53批,涉及606人,金额2436.29万元。

•房地产业•

【房地产市场】 完成房地产开发投资61.16亿元,同比增长20.2%;商品房新开工面积97.94万平方米,同比增长13.4%;竣工面积46.69万平方米,同比下降32.3%;商品房累计预销售面积60.66万平方米,同比下降21.7%,其中住宅销售面积52.60万平方米,同比下降25.1%。

【房地产行业管理】 受理企业资质审批43家,其中新设立9家,资质定级、晋升,重新核定、延期、变更和资质注销合计34家。至年底,全市共有房地产开发企业92家,其中三级资质21家、四级资质32家、暂定级资质39家。核发商品房预售许可证36张,纳入预售资金监管项目36个,协议监管资金

29.02亿元。11月,对全市28家开发企业及监管银行商品房预售资金监管项目开展专项检查。商品房网上预销售备案合计7775套(间),备案金额50.09亿元,备案面积63.33万平方米,其中住宅备案4981套,备案金额38.34亿元,备案面积52.73万平方米,市区普通住宅备案均价7271元/平方米(含地上地下车位)。受理测绘备案登记177份,其中实测非住宅面积128.29万平方米,住宅面积74.19万平方米。平湖市晟宇置业有限公司被评为“2013年度嘉兴市优秀房地产企业”。

【房地产行政管理】 办理房屋登记29622件(建筑面积1893.01万平方米),办理房地产查档服务13525件,完成档案装订入库16616册,协助法院查、解封727件。完成直管公房维修1343户,其中大修29户,投入维修费约165万元。收缴各类公房租金约912.32万元,直管公房住宅租金收缴率98%。

【住房保障建设】 一、出台《关于进一步加强住房保障工作的通知》,对住房保障政策进行调整,取消经济适用住房实物分配制度,保留经济适用住房货币购房补贴方式,重点推行公共租赁住房租赁补贴,原有廉租住房保障对象和经济适用住房货币租房补贴对象全部并入公共租赁住房保障对象管理。二、确定2013年度住房保障对象205户(廉租住房28户、经济适用住房177户),其中24户获廉租住房实物配租、177户获经济适用住房实物购房,实现“应保尽保”。三、解决低收入家庭住房困难441户次,其中交付入住廉租房23套、经济适用房97套,发放廉租住房租房补贴221户次共计65.04万元,发放经济适用住房租金补贴100户共计23.65万元。四、安居工程建设力度进一步加大。阳光嘉苑二期竣工,建成廉租住房100套、经济适用住房384套、公共租赁住房389套、拆迁安置房204套。

【白蚁防治】 签订白蚁防治协议115份,签约面积164万平方米,完成施药面积85万平方米,发放合格证书123份;旧房(散户)防治施药233户,共计9320平方米。建立“阳光嘉苑二期”监测控制系统防治白蚁示范区,安装推广IPM监测装置500套。开展白蚁蚁情蚁害普查,共抽查叔同公园等园林绿化项目103.4万平方米,陆氏宅邸等文物古建筑33处,世纪名苑等住宅小区11个,黄家浜村等村庄10个,围涂海塘等水利设施项目1.78万米,以及古树木110株,并完成黄胸散白蚁等危害白蚁2科2属3种白蚁采集分类工作。

【危旧房排查】 开展国有土地上住宅及公共建筑状况排查,共排查5219幢、总面积914.8万平方米,鉴定房屋20幢、鉴定面积4.52万平方米,提出处置建议或方案14个,并建立城镇住宅房屋“一楼一档”。

(吴继承)

【住房公积金管理】 2014年,做好住房公积金扩覆缴交工作,加大住房公积金的贷款发放和管理,确保公积金安全、增值。全年新增住房公积金缴存单位141家,新增职工14158人,累计缴存住房公积金单位1599家,实际缴存职工61116人;全年归集住房公积金8.25亿元,职工购建房等支取公积金4.94亿元,累计归集余额19.29亿元。审批办理职工个人住房公积金贷款1466户,发放公积金贷款4.34亿元,累计发放12642户,年末贷款余额13.58亿元。通过对住房公积金的合理运用,全年实现增值收益3512.44万元。

(高良根)

•物业管理•

【概况】 全市共有31家物业服务企业,其中二级资质3家、三级资质19家、暂定三级9家;另有外来企业10家,其中6家一级企业,1家二级企业,3家三级企业。对全市共158个项目实施管理,管理总面积899万平方米,居民、经营户71902户,累计有58个小区成立业主委员会。全市拥有全国物业管理示范住宅小区1个,嘉兴市级物业管理示范住宅小区3个,平湖市级物业管理优秀住宅小区9个。

【物业服务业市场】 在嘉兴市范围内率先开展物业服务从业人员持证上岗培训,组织防汛、防爆、消防、消防安全通道疏通等安全演练。继续开展物业管理宣传服务月活动,在碧水云天、星洲东湖花园、景乐花苑、永丰新村等14个小区开展现场宣传。深化物业服务"三公开"活动,树立物业服务行业的良好形象,全市5家物业服务企业获得嘉兴市级优秀物业服务企业称号。三港嘉苑北村、三港嘉苑南村、沭阳小区、韩家埭商场和独山港镇绿洲花苑等5个拆迁安置项目通过招投标方式选聘市场化物业服务企业实施管理。至年底,全市共有16个老住宅小区、11个拆迁安置小区推行物业管理市场化,占总数的33.8%,在嘉兴市内处于领先地位。全市累计归集物业专项维修资金2.08亿元,其中2013年归集物业专项维修资金2653万元,24个小区申请动用维修资金,使用资金242.1万元。32个拆迁安置小区签订物业专项维修资金缓交协议,涉及缓缴的维修资金本金5385万元。

【规范物业行业管理】 制订物业服务行业扶持政策及配套措施,出台《促进平湖市物业服务业健康发展实施意见》《平湖市中心城区房屋违规装修应急处置方案》《关于开展集中整治公职人员拖欠物业服务费专项行动的通知》《平湖市物业服务企业监督考核办法》《关于调整平湖市物业专项维修资金交存标准的通知》等政策;加强物业服务行业监督考核,建立健全物业服务企业监督考核制度,实施物业服务项目日常检查、季度抽查和个案督查相结合。

•市政公用事业•

【概况】 全年共承担10个工程项目的建设任务,项目总投资3396.51万元。其中松枫社区管理用房、人民西路大修改造、福臻路与新华北路交叉口改造3个工程为续建项目;华丰小区主入口道路改造、人民西路环城西路沿街建筑立面改造、解放西路市河灯光提升改造、城市小公共设施改造提升、城市雨水管网提升改造、城市道路畅通、中心城区重点桥梁维修加固7个工程为新开工项目。福臻路与新华北路交叉口改造工程被列入执行力指数考核项目。工程于11月28日通过主体工程竣工验收。沿街立面整治工程顺利通过建筑节能改造示范工程考核。

【市政道路管养】 为保障市区道路的正常安全通行及桥梁的安全运行,全年累计维修路面6405平方米,其中沥青路面2583平方米,人行道铺装2562平方米,修缮南河头石块、其他各类零星路面1260平方米;更换各类井盖441只,道路清障12吨,人民路三号桥增设石桩8个、人民路二号桥增设石球21个。冰冻天气期间组织维修人员待命,铺洒工业盐6吨,瓜子片15吨等抢险物资;防台期间准备水泵3台,麻袋沙包280个,木便桥用材150米,落实管道疏通吸污泵车2辆、清洗车1辆、其他抢险车4辆。开展窨井内除四害行动,2458只窨井共投放老鼠药200公斤、缓释剂180公斤。从8月起对城区内14座铁制桥护栏进行除锈保养维修工作。对市政处管辖的中心城区30平方公里范围内的道路桥梁及其依附于道路桥梁的各类管线窨井、园林绿化、交通设施等进行人身安全意外保险,防患风险。提升城市小公共设施和雨水管网,进行市区沥青路面中修。完成10条路约22个点、共计约26000平方米维修任务的基础上,增批沥青中修13000平方米。解决城区道路13个点约400米城市排水管道改造及增设,疏通城北路、环城西路、环城东路等28条道路雨水排水79365米管道,清除各类堵塞物及淤泥9350吨,对解放路、环城东路、如意路等23条道路安装防坠网851个。

【燃气行业管理】 落实企业安全生产责任,签订《2014年度安全生产管理目标责任书》。开展燃气安全检查4次,下发整改通知6份,实施持证燃气从业人员职业技能继续教育,对市区3家瓶装燃气经营企业93名送气工人进行职业技能考核。全年铺设天然气管道34.66公里,小区配套工程中低压管道25公里;新增居民用户4232家,累计开通居民用户23834家,公建、工业累计180家。全力推进天然气管网向广陈、新埭、曹桥等镇(街道)延伸,完成曹桥街道天然气配建工程管网建设。拟定2014－2016年三年老小区管道天然气建设计划,已完成广福园小区、凤凰小区等5个老小区天然气通气工作,实现668户老小区居民享用天然气,并有50户老小区居民具备开通条件。

【交通拥堵治理】 继续做好挖掘占道审批,办理道路挖掘、占用审批157件,收取规费25.32万元,并实行跟踪修复管理,组织召开道路开口协调会6次。11月,对全市废弃道口、废弃杆木、道口警示桩缺失、桥梁伸缩缝破损老化、人行道后退地块破损、各类管线井盖井圈破损等进行全面整治,并对整治情况开展"回头看"。

【城市防涝】 结合低影响开发示范工程,完成恒大名都等小区80个屋顶雨水回收点;结合城市雨水管网提升工程,解决城区道路13个积水点的改造,超过嘉兴市考核指标4个;完成疏通28条道路雨水排水管道79365米,是嘉兴市考核指标70公里的113%。完成排水防涝、供水、节水和治污等专项规划编制。

【治污水】 全年铺设污水管网151.1公里,城区生活污水处理率90.15%,COD去除量3696.63吨,氨氮去除量277.6吨(其中COD及氨氮去除量仅指东片污水处理厂);污水入网单位680家,其中计划内的358家,计划任务外322家。城区"回头看"共发现各类问题293个,整改共铺设污水管道7.7公里,在已完成整改的项目中预计每日可新增污水量2700吨。污水处理基础设施建设项目获得省级补助资金2091万元。实施排水许可,在城区范围内对新排水户开展排水许可工作,发放排水许可永久15件,临时17件。

(吴继承)

•水务事业•

【概况】 2014年,市水务投资(集团)有限公司政府性投资项目共有18项,实际完成投资33057万元。全年原水输送4947万吨(含嘉兴港区水厂),供水量5240万吨,售水量4333万吨(不含公益用水),出厂水、管网水水质达到《生活饮用水卫生标准》(GB5749－2006);污水入网量3221.74万吨,城区污水收集率90%。2014年,市水务集团被授予省

"五水共治"工作先进集体称号。

【治污水】 建成一级污水管网48.99公里,建成泵站4座;指导镇(街道)建成二级污水管网102.11公里;管网建设量创历史纪录。完成企业、单位入网验收680家,完成计划的149%,创企业、单位入网量的历史记录。开展主城区、平湖经济技术开发区污水"回头看"工作,发现问题293个,基本整改到位,实现新增污水近3000吨/日。

【保供水】 日供水能力4.9万吨的独山港区工业水厂一期工程于9月26日如期投产试运行;广陈水厂二期前期工作有序推进;推动三港新城、南市新区以及水厂配套供水主管网建设,累计新建管网15公里。供水能力显著加强。

【抓节水】 加大供水管网改造力度,对部分"黄水"现象和漏损严重的区块进行针对性改造,实施农村饮水安全项目和市域供水改造项目,改造各类管网283.5公里,漏损率比上一年度下降2.18个百分点,漏损率及降幅都达到多年来的最佳水平。在全面推行居民阶梯式水价基础上,正式启动工业企业用水实行差别化水价和超计划加价工作,倒逼企业转型升级,努力打造全民节水的工作机制。

【参与规划修编】 践行"五水共治"的战略部署,参与完成《平湖市污水专业规划》《平湖市城乡供水安全保障规划》《平湖市城市节约用水规划》的修编,对全市治污水、保供水、抓节水工作进行统一谋划和系统梳理,更好地指导供排水设施的整体布局和推进项目建设。

【深化企业内部改革】 开展中层竞岗试用干部回访考察工作,并动员全体员工从德能勤绩廉等方面进行综合测评,经评定26名中层干部全部合格。深化制度建设,制订"三定方案",修订《员工奖惩办法》《绩效考核办法》《财务审批制度》《建设工程和物资采购项目招投标及谈判管理暂行办法》等管理制度。加强员工队伍管理,强化纪检监察工作,狠抓制度落实,全年开展队伍作风稽查12次,查处员工违纪行为22起,队伍面貌焕然一新。进一步深化绩效工资改革,重点探索按劳分配新模式,打破大锅饭。

【创新为民服务举措】 完善应急联动机制,配备专业设备,实行24小时值班制度,在规定时限内完成联动作业和抢修任务,提升服务效率。整合水务营业所职能,业务范围从供水拓展到污水处理,实现了真正意义的城乡水务一体化。完善一站式服务平台建设,进一步整合内部资源,明确各部门职责,实行业务受理限期工作制和超时问责制,业务办理时效性得到有效提升。 (姚建春)

•园林绿化•

【概况】 2014年,完成新建城市绿化127万平方米,投入绿化建设资金1.6亿元,城市绿地总量达1114万平方米,其中建成区绿地总量882万平方米,建成区绿地率、绿化覆盖率和人均公园绿地面积分别为31.73%、36.68%和13.62平方米(建成区面积按27.8平方公里,人口按23.4万人计)。建成一批精品园林工程,平湖经济技术开发区经济社会服务中心配套工程获2014年度省"优秀园林工程"金奖;龙盛蓝郡1－15#及地下车库景观工程、平湖经济技术开发区经济社会服务中心配套工程、北东湖(新天地北侧环城东路东侧—上海塘桥)景观廊道工程、东方路稚川路公厕以南绿地工程获2014年嘉兴市"南湖杯"园林绿化建设优质工程;市行政中心室外园林养护工程获2014年嘉兴市“南湖杯”园林绿化养护优质工程。承办2014年度嘉兴市“景园杯”花卉技工比赛，平湖市景园代表队朱华芳获个人第二名并取得技师称号，平湖景园代表队获团体一等奖，平湖代表队获团体三等奖。

【绿化管养】 负责城区250万平方米公共绿地和9500株行道树养护管理工作。其中，北城河以北18.5万平方米公共绿地继续由平湖市胜花绿化服务有限公司进行养护，海盐塘以东36.77万平方米公共绿地推出市场化养护，由嘉兴景园中标，均达到预期养护目标。

【绿道建设】 城区完成东文王港西侧（如意路段）、东湖小学南围墙外、葛家塘（如意路—胜前路段）绿道等10公里生态绿道建设。各镇（街道）完成中山路（海港路—振港路段）、后市河等35公里绿道建设。启动绿道节能电气照明专项工程，完成葛家塘、曹兑港段4.3公里建设，逐步完善中心城区绿道功能。实施环东湖绿道案山晓翠段、环城绿道白马湖段、曹兑港绿道当湖公园段65个二维码植物科普牌制作安装，涵盖51种植物种类。

【通过省级国家园林城市复评】 3月，完成台账资料及支撑材料收集；5月底，完成国家园林复查自评报告并上报省厅；6月，完成生物防治、科普教育、防灾避险、绿线界牌等国园复查项目；6月底，完成台账制作和复评材料；修订出台《平湖市城市绿线管理办法》《平湖市第二批绿线名录》《平湖市城镇河道绿化美化指导意见》《平湖市推广立体绿化的实施意见》《平湖市建设节约型城市园林绿化的实施意见》等文件；全年实施并开展国园复查专项督查，出具整改通知40多份；7月，顺利通过省级国家园林城市复评。

（吴继承）

•城市管理•

【概况】 2014年11月19日，市城市管理行政执法局更名为市综合行政执法局。根据“横向扩权 重心下移”目标任务，市综合行政执法局从原来的基础上扩容到涵盖国土、安监、环保、水利4个部门的340项处罚权，形成“属地管理，以块为主”的管理新模式，构建形成城乡一体的综合行政执法体制。市综合行政执法局精准发力，瞄准争先创优工作目标，抓改革、促发展、强队伍、推项目，高标准、高质量地完成了年度各项目标任务。市环境卫生管理处获省住房和城乡建设厅颁发的省“城市市容环境卫生工作先进集体”、褚永良获“浙江省优秀城市美容师”称号。

【助推国家卫生城市创建】 2014年，在保障创卫攻坚征途中：一、集中整治，牵头对凤凰菜场周边环境秩序整治，终结了历史成因的占道现象，遏制了规模性马路市场的形成。二、疏堵结合，新建立原北门菜场路段夜排档疏导点；重新规划选址迁建滨湖疏导点；牵头开展市区机关事业单位内部停车场错时对外开放等活动，最大限度的整合资源，化解管理冲突。三、项目推进，平成路环卫基地办公楼正式启用；南部环运基地完成土地划拨；独山建筑垃圾消纳场地建成使用；农村环卫设施不断升级；各镇（街道）共计建设压缩式垃圾转运站14个，公共厕所107座，硬件水平逐步提升。

【推进“三改一拆”工作】 2014年，市综合行政执法局在“三改一拆”行动中发挥主力军作用，通过自拆、助拆、强拆拆除违法建筑23385.75平方米。“无违建”市创建的五大领域，剑指要害，提出“三个一批”工作措施。强烈造势，自拆或助拆一批；依法办案，没收、强拆一批;申报核准,暂缓处理一批。中心城区以东湖半岛别墅区违法建筑查处为突破口,撬动“三改一拆”向纵深推进;虹霓、通界集镇违法建筑聚合力全部完成整改拆除;钟埭五一企业园区依托多种治理方式拆除25家涉及企业,形成拆违蝴蝶效应;老07省道两侧违建彩钢棚完成全部拆除;码头堆场拆除工作逐步推进。

【落实治水】 一、“四位一体”长效保洁机制。至6月,实现镇(街道)全覆盖,明确“一个领导分管,一个部门统筹”“一个标准作业,一个体系督查”“一个专账核算,一个盘子统筹”机制,全年农村生活垃圾收集量100688.78吨,同比增长31%,农村环境改善有目共睹。二、城乡餐厨废弃物启动统一收运处置,两级平台架构初步运行,至年末共有95家机关单位食堂及酒店餐饮企业纳入收运体系,日平均收集量13吨。三、对未按要求将污水排入污水管网等的违法行为严厉打击,倒逼污水入网许可抓严、抓牢,至年末全市污水管网建设整体良好,已完成企业污水入网任务。

【推进依法行政】 2014年,市综合行政执法局不断推动执法理念、执法手段、执法方式转向专业化、法制化。在制度上进一步修订完善《行政处罚流程》《对外委托鉴定若干规定》等制度,启用《行政强制措施审批表》;在案件审理上组建专业团队,由局领导、法制部门负责人、法制中队长作为案审会委员,对重大、复杂、疑难案件实行集体讨论民主决策;在依法行政力度上不断突破,全年办理一般程序行政处罚案件247件,违停11689件,行政许可1672件,数字城管采集立案27885件,指挥中心记录4972件。

【推进过硬队伍建设】 一、筑牢党风廉政建设“防火墙”,实行领导班子对管人、管钱、管项目事项的票决制;实行监察室全面覆盖高廉政风险点的调查参与;实行廉政问题一票否决制。二、上好作风建设“必修课”,开展“走村不漏户,户户见干部”“千名干部千家企业结对走亲”等活动,全年共走访农户5442户次,通过群众提、自己找、上级点、互相帮、集体议等方式征求到意见271条。在解决突出问题上敢动真格、下猛药、见真章,针对评议阶段社会各界提出的队伍建设、市容秩序、城区“两违”等问题,有力度有措施。三、注重业务教育“终身制”。强素质提业务,全年不断开展舆情处置、执法实务、摄影摄像、信息写作、廉政影片月月观、拓展训练等100余次培训教育,全面提升执法队伍的执行力、亲和力和服务能力。四、发挥群团志愿组织“辐射性”,启动志愿者平台,招募400余名义工,与结对单位联合开展“爱心清凉点”“弯腰30度”“爱心义卖”等志愿活动,树立公益形象;工青妇各条线组织一系列微电影、微党课、最强达人、篮球赛、包粽子、水果拼盘等活动,进一步丰富文化精神生活。

【拓展载体扩大平台效应】 一、继续加强与主流媒体的紧密合作,开设微信平台,集中深入报道市综合执法局建设的亮点工作和经验成果,累计发布信息1550余篇。二、完善网络舆情处置机制,在“五步法”基础上,扩大网络舆情队伍,做出正确引导和回复,全年回应帖子100余条。三、注重信访办理质效提升,针对百姓事马上办时限质量要求,提出考核挂钩、退回重办、跟踪回访三大举措,解决重复件问题,全年共受理各类信访件755件、召开信访工作专题会议16次、跟踪办理重点难点问题29件,回复率和办结率均为100%。

(林　冬)

环 境 保 护

•生态建设•

【推进生态创建】 做好道路绿化、村镇绿化、垃圾收集、污水治理、河道整治、四位一体长效保洁等基础项目,提升城乡环境面貌、改善居民生活环境。2014 年,成功创建省级环境保护模范城市、省级生态循环农业示范县。至年底,全市有国家级生态镇(街道)4 个,省级以上生态镇(街道)8 个,浙江最美村庄 1 个,创建国家级绿色学校 1 所、省级绿色学校 18 所、省级绿色社区 13 个、省级绿色家庭 31 户、省级绿色企业 5 家,省级生态环境教育示范基地 2 个、生态循环农业示范区 2 个。

【改善环境质量】 通过“清三河”、截污纳管、生猪减量提质、加强饮用水源地保护、农村生活污水治理、深化“河长制”管理等措施,推进“五水共治”,全市水环境质量显著改善,摘掉了全境水质“劣五类”的黑帽。2014 年,跨行政区域河流交接断面水质考核优秀,出境断面水质高锰酸盐指数、氨氮、总磷比去年分别改善 10.4%、30.5%、31.7%,广陈塘饮用水水源地水质改善率 75%。8 个嘉兴市控以上断面全年高锰酸盐指数和氨氮、总磷浓度分别比去年下降 4.77%、26.5%和 33.8%。其中,广陈塘广陈水厂和小新村、黄姑塘金桥 3 个断面全年水质达五类,这是多年来首次有嘉兴市控以上监测断面水质达五类,占 37.5%;62 个市级河长制河道监测断面中,全年水质达五类的有 15 个,占 24.2%。

通过推进无煤区建设、煤改气工程、燃煤锅炉整治、热电厂脱硫脱硝设施建设、重污染行业整治、黄标车淘汰、机动车尾气治理、秸秆综合利用和禁止秸秆焚烧等大气治理措施,有效改善区域空气质量。1—12 月,全市环境空气质量优良率 69.4%,较上年提高 7.2 个百分点,$PM_{2.5}$ 浓度为 47μg/m³,较上年降低 10μg/m³,降幅 17.5%。

【优化产业结构】 做大做强光机电、临港、生物食品(医药)三大主动力产业,大力发展新能源、新材料、节能环保等产业。同时,出台主要污染物总量控制和平衡办法、排污权交易办法、工业投资项目准入标准等一系列经济转型升级政策意见,以要素价格差别化为手段,不断优化产业结构,从源头上控制污染物的产生。开展重点行业污染整治和节能减排工作,截止年底,累计倒逼关停各类排污单位 229 家,为产业结构转型升级腾出环境容量指标。

【完善“数字环保”】 建成环境质量信息发布系统,实时发布空气和水质状况;建设“环保眼”实时监控系统,对 106 套环保设施实施 24 小时监控,通过信息技术提高环境监管水平;推进刷卡排污总量控制系统建设,对嘉兴市控以上企业建立“一企一证一卡”的企业排污总量控制新模式;建成 6 个水质和 3 个空气自动监测站,其中,在与上海金山区交界的独山港镇建成投运大气特殊污染因子监测站,监测预防交界区域大气环境问题;热电企业烟气治理设施 DCS 控制系统、污水处理厂和国控造纸企业废水处理 DCS 控制系统均完成建设;机动车尾气管理系统也已建成并纳入全省环保监控网络。

• 环境管理 •

【开展水环境治理】 全年新增入网单位680家,完成年度任务的149.5%,其中,工业企业559家,完成年度任务的156.6%;嘉兴通报工业污水全入网完成523家,完成率118.33%。全市生活污水入网量1678万吨,同比新增160万吨,完成嘉兴市下达的新增142万吨的任务。东片污水处理厂提标改造工程投入正常运行,成为嘉兴市首个也是唯一一个通过提标达到一级A排放标准的污水处理厂;景兴纸业超滤反渗透膜中水回用项目建成投运。在主要河流体检式监测、镇(街道)河道交接断面水质考核等领域实施第三方检测,在全省环保系统作经验介绍,《中国环境报》也对此作了宣传报道。建立全省首家采用无二次污染的热解炭化工艺的病死畜禽处置中心,并建成6个暂存冷库,实现病死动物的无害化处置。建成广陈塘小新村地表水自动监测站,成为全省地表水交接断面水质自动监测系统完善工程中首个通过验收的站点;古横桥水厂盐平塘饮用水水源保护区地表水自动监测站搬迁至东湖景区,实现东湖水质的实时监控。

【推进治气治霾】 出台煤改气政策补助措施和燃煤锅炉排污收费新标准,开展无煤区建设,全年淘汰燃煤锅炉60台。黄标车实施提前淘汰政府补助政策,并开展限行和闯禁处罚,累计报废"黄标车"2818辆,完成年度任务的113%。出台《平湖市大气重污染应急预案》。建立重污染天气应急预警机制和应急联动体系,对大气重污染的监测和预警、应急响应、应急保障等作出明确规定。启动挥发性有机废气(VOCs)污染整治。编制VOCs防治规划,摸清排放底数,分行业启动整治,全面完成印染行业定型机废气治理。荣晟环保纸业、荣成纸业、平湖热电厂等重点企业投运一批先进的脱硫脱硝设施,其中,荣晟环保纸业在嘉兴市率先完成减排第三方管理信息系统建设,得到环保部总量司现场调研肯定。

【全面完成行业整治】 通过执法倒逼、政策引导、指导服务、强制停产等措施,全面推进分行业企业环境污染整治。在嘉兴市率先建成投运省内一流的电镀集聚点,得到副省长熊建平现场调研肯定;印染、造纸、制革、化工四大行业整治全部通过嘉兴市整体验收,37家整治企业中关停13家,整治提升24家,共腾退土地315亩,减排废水155.8万吨、COD201.4吨、$SO_2$187吨。全年关闭废塑料加工点44家,有效防止废塑料加工行业死灰复燃,2012年至2014年累计关闭210家。开展非电镀表面处理行业整治,排摸企业82家,倒逼关停企业24家。

【管理辐射和固废】 首次自主开展辐射监督性监测,编制全年监测方案,涉及固定放射源及电磁辐射设备的单位全覆盖,全年共监测企业70家次。出台《平湖市工业固废专项处置规划》,加强服装箱包边角料收集处置工作,督促蓝天公司、德力西加强边角料收集,提高处置能力。做好危险废物的日常监管,严格执行危险废物转移计划审批和联单制度,深入推行危险废物台账管理制度。

【深化审批制度改革】 开展行政许可事项梳理。确定入库权力事项,完成事项办理指南、运行流程、结果文件等详细信息梳理。对所有许可事项进行再承诺并提速到报告书7个工作日,报告表5个工作日,登记表2个工作日。实行"一审一核"制度,采取分级审批程序,优化办事流程,加快审批速度。出台《平湖市环保局建设项目环境影响评价公众参与和信息公开办法(试行)》,进一步完善和规范建设项目事前、事中、事后监管信息公开。强化对在平环评机构的考核,规范环评中介市场,提高环评编制质量和效率,加快环评审批效率,引入末位淘汰制度,每月对环评机构进行考核,同时,定期召开驻平环评机构会议,学习《新环保法》、排污权交易办法、总量平衡办法等政策文件。

【严格项目准入】 修订《平湖市工业投资项目准入评价实施办法》,将环保准入更加量化,全年对37个工业项目进行准入评价。在每个项目准入评价前,均详细了解项目情况,并考察参观同类企业,以严格控制高污染项目。2014年,共考察6个同类企业,通过考察同类企业,认为项目污染较大而否决4个项目。2014年,建设项目新增排污权共交易29笔,其中,购买COD 121吨,NH_3-N 0.49吨, SO_2 124.8吨,合计交易金额338.7万元。通过完善排污权交易办法,破解了多个"瓶颈",扩大了交易种类,增加交易方式,实行基准价递增,实施差别化指导价,并结合环境功能区划划定,根据不同区域环境承载能力,对区域内企业实施差别化的交易政府指导价。切实做好项目审批总量控制,全年共审批项目393个,总投资112亿元,审批项目共新增COD 25.78吨,禁止新增燃煤锅炉。

【加强审批服务】 对2014年5000万元以上的重大项目开展环保服务。对尚未审批的项目,加强与业主单位联系,并督促业主单位加快立项和委托环评单位开展环评编制工作;对已委托环评的项目,指导环评单位提高环评编制质量,深入现场强化环评审批技术指导;对上级审批的项目,加强与上级环保部门沟通,协助环评单位做好各项审批上报服务。此外,还建立环评审批定期通报制度,每周要求环评机构上报重大环评进度,加强与立项部门的信息交流。对新进招商人员和镇(街道)项目报批人员进行环保政策法律法规培训,解读浙江省建设项目环境管理办法和相关行业准入标准,严把项目准入关。行政窗口开展错时服务、延时服务、预约服务、轮值服务和义工服务等"五项服务",全年五项服务共办理652件。

• 环境监测 •

【概况】 2014年,共获手工监测数据50061个,相比上年上升68.9%。地表水站获取有效数据51075个,获取率94.4%,运行率95.4%;城市空气站获取有效数据149310个,获取率98.1%,运行率98.5%;广陈水厂饮用水源地自动站获取有效数据21713个,获取率89%,运行率97.9%。

【加强自动站建设及管理】 小新村地表水站于7月31日通过技术验收,成为全省第一个通过验收的站点。斜桥、青阳汇、荒田浜地表水站完成系统改造。古横桥饮用水站于9月份搬迁至东湖人工断面采样点处。加强对第三方运维机构的管理,全面落实运维考核办法。对运维公司资质水平、人员配置、制度档案落实情况,以及自动站维护情况、有效数据获取率、质控样,实验室比对合格率等进行综合评价,确保地表水站正常运行。

【开展监督性监测工作】 2014年,完成12家省控以上废水企业、7家废气企业、2家污水处理厂每季度一次的监督监测及比对。完成5家市控以上重金属企业每季度一次的监督监测。完成5家国控废水企业、4家废气企业及城市污水处理厂全指标监测工作。

【建立环境质量信息发布系统】 建设一个集环境空气、地表水、挥发性有机废气自动监测于一体的环境质量自动监测监控与发布系统,实现环境空气质量、水环境质量数据的实时接收、数据审核、统计发布功能。环境空气及水质通过网站、发布平台网站及东湖景区大屏进行实时发布。

【完善实验室样品管理系统】 全面梳理监测站实验室样品的流转全过程,对样品的采集、接收、流转、处置、存放等各环节加强管理和控制,提高样品的保密性和安全性。建立健全监测数据上报制度,规范数据上报程序,树立监测数据的保密意识,并提高监测数据的及时性、准确性和合理性。

• 环境执法 •

【概况】 2014 年,通过环境执法,共作出行政处罚决定 173 起,处罚款 858 万元,比上年度分别增长 57% 和 37%;罚款入库金额 548 万元,比上年度增长 36%;申请法院强制执行 40 起;向公安部门移交涉嫌环境污染刑事犯罪案件 9 起,公安部门共对 24 人采取强制措施。通过环保执法,倒逼关停各类排污单位 137 家,有力推动了行业整治、促进生猪减量、加速信访调处、淘汰低小散企业、增强环境意识。

【专项执法】 每季度开展一次水污染企业专项执法行动,每次抽取 50 余家企业进行执法检查,全年共检查该类企业 211 家,作出行政处罚决定 20 起。开展燃煤锅炉专项执法,全年开展 2 次大规模的"黑烟囱"执法。共检查燃煤锅炉使用单位 80 余家次,立案查处 13 家。开展畜禽养殖污染专项执法,倒逼 41 家养殖场在立案侦查和处罚告知阶段选择关闭。

【整改督促】 每季开展一次行政处罚案件后督察,督促和指导 25 个违法建设项目完成整改,倒逼 22 个违法建设项目关停或搬迁。对后督察中发现尚未履行行政处罚决定、也未完成整改的排污单位,一方面申请法院强制执行,另一方面增加执法频次,提高违法成本。开展废塑料加工、开水炉等行业整治回头看,发现一起、查处一起。

【部门联动】 以两高司法解释出台为契机,开展 6 次大规模环保公安集中联动执法,召开 2 次集中业务交流座谈会,常态化开展日常联动执法、情报交流、移送案件案情交流。强化环保与法院、检察院的联动,商讨案件执行情况。强化强制停产措施的联动执行,对严重环境违法单位和未能完成行业整治任务的,责令停产关闭,拒不关闭的,由市政府牵头,会同供水、供电部门,实施强制停水停电。

【有奖举报】 建立有奖举报制度,对举报随意焚烧工业固体废物、私设暗管偷排废水废液、非法收集处置危险废物等环境违法行为,经查实后可获得 200—1800 元的奖金。2014 年,对 2 名举报人员合计发放 1000 元的奖励。

【办理群众信访和议案建议】 2014 年,受理并处理群众信访 1505 件,办理议案建议 10 件,其中《关于要求加大对大气污染治理力度》的议案、《关于要求建立饮用水水源备用地生态保护财政补偿机制》的议案被列为市人大领导重点督办议案。

• 环境宣教 •

【拓宽宣传阵地】 与传统媒体开展战略合作,利用报纸《今日环保》专栏、电视台《平湖新闻》《民生直通车》等栏目,开展有针对性的宣传。1 月起,在平湖电视台品牌栏目《民生直通车》中开设《环保在行动》专栏,该栏目每月至少5期，全年共制作播出66期。

【开设“曝光”专栏】 在电视台《图文信息》频道开设《环保每周一案》专栏，每周在电视上公布一起环境违法案件信息，全年共公布30余起。新增《环境违法行为月度通报》，每月定期将上月环境违法企业的相关信息在报纸及电视台上同步发布，对企业起到了有效的警示、震慑作用。

【强化舆情管理】 先后注册新浪微博、微信公众号等平湖环保官方实名账号，通过健全网评队伍，运用微博、微信等网络载体落实好舆情管理工作。平湖环保官方微博已拥有粉丝3400余名，发帖1600余条，利用网络平台解决民生问题100余件。

【推进普法宣教】 开展“环保法律进企业”专题巡回宣讲活动，先后分片在镇（街道）组织开展宣讲活动5场，参加企业700余家，基本涵盖各级环保重点监管企业和全市规模以上企业，发放专门印制的守法宣传资料800余册。青年宣讲团围绕环保知识、法律法规组织宣讲力量深入机关、社区、学校、企业开展有针对性的宣讲活动20场，2000余人受益。

•环境质量公报•

【综述】 2014年，空气环境质量与水环境质量均比上年有所提高。四项主要污染物排放量同比上年，化学需氧量削减4.25%，氨氮削减5.63%，二氧化硫削减1.61%，氮氧化物削减4.89%，均完成2014年度减排目标。

【空气环境质量】 2014年，空气质量共有效监测363天，空气质量优良率为69.42%（优39天，占10.74%；良213天，占58.68%）。轻度污染85天，占23.42%；中度污染21天，占5.79%；重度污染5天，占1.38%。超标因子为二氧化氮、臭氧、可吸入颗粒物、细颗粒物。二氧化硫年平均浓度为0.018毫克/每立方米；二氧化氮年平均浓度为0.035毫克/每立方米；一氧化碳年平均浓度为0.9毫克/每立方米；臭氧年平均浓度为0.125毫克/每立方米；可吸入颗粒物年平均浓度0.072毫克/每立方米；细颗粒物年平均浓度0.047毫克/每立方米。

【降水】 2014年，降雨监测采用自动采样器进行采样，在行政服务中心楼顶设一个监测点。降雨样品分析项目为：降雨量、PH值、部分阴离子及阳离子。共采得降水样品98个，其中PH值小于5.60的有60个，酸雨率为61.2%。降水的最低PH值为4.07，最高PH值为6.78，年平均值为4.93。

【降尘】 2014年，共获月降尘量数据12个，年平均降尘量为5.40吨/平方公里·月，与2013年（5.73吨/平方公里·月）相比，下降0.33吨/平方公里·月，同比下降5.59%。

【地表水环境质量】 2014年，全市共设地表水监测站位15个，其中国控站位2个，嘉兴市控站位6个，平湖市控站位7个。从年平均浓度来看，平湖地表水为劣V类水。在开展监测的主要项目中，超功能区水质标准的项目有8项（溶解氧、高锰酸盐指数、化学需氧量、五日生化需氧量、氨氮、石油类、总磷、粪大肠菌群）。其中1项超过了地表水V类标准（氨氮为2.21mg/L）；1项超过地表水Ⅳ类标准（总磷为0.400 mg/L）；6项超过地表水Ⅲ类标准（溶解氧为3.85mg/L，石油类为0.09 mg/L，高锰酸盐指数为7.97mg/L，化学需氧量为24.6 mg/L，五日生化需氧量5.68

mg/L,粪大肠菌群为10919个/L)。全市河流以氮、磷和有机物污染为主。主要污染因子与上年比较,除了粪大肠菌群差于上年外,其余指标均比上年好。

2014年,全市15个断面的水质的监测指标浓度均不能达到功能区要求,其中小新村、金桥、淡水桥、虹霓桥、广陈水厂等5个断面水质类别为Ⅴ类,其余断面水质类别为劣Ⅴ类,与上年(15个断面的水质类别均劣Ⅴ类)相比,水质有所好转。青阳汇、白马水泥厂、大齐塘的定类项目为氨氮,东湖的定类项目为氨氮、总氮,斜桥的定类项目为总磷,其余断面的定类项目为氨氮和总磷。7个水域水质均不能满足Ⅲ类水功能区要求,除黄姑塘Ⅴ类水质外,其余水域均为劣Ⅴ类水质,平湖塘、上海塘定类项目均为氨氮,其余水域定类项目为氨氮、总磷。

【近岸海域水质】 近岸海域水质监测委托浙江省舟山海洋生态环境监测站进行监测,设两个监测站位,009号站位(121.2282°E,30.651°N)所在海域属于独山四类功能区,执行《海水水质标准》(GB3097－1997)第四类标准;013号站位(121.1524°E,30.5832°N)所在海域属于九龙山三类功能区,执行《海水水质标准》(GB3097－1997)第三类标准。009号站位5月5日、10月28日活性磷酸盐、无机氮超过第四类海水水质标准,其余监测指标均达到四类海水水质标准。013号站位5月5日、10月28日活性磷酸盐、无机氮指标超过第三类海水水质标准,其余指标均达到三类海水水质标准要求。平湖市近岸海域功能区水质均不能满足功能区水质要求。独山海域和九龙山海域水质均为劣四类水质。

【城市道路交通噪声】 2014年,共得交通噪声监测数据140个,评价标准采用GB3096－2008《声环境质量标准》中4a类昼间时段70分贝的标准。监测结果表明,2014年17条交通干线噪声等效声级平均值为68.9dB(A),与上年的68.5dB(A)相比,上升0.4dB(A)。2014年道路交通噪声整体达到声环境功能区标准。

【城市区域环境噪声】 2014年,共得区域噪声监测数据420个,等效声级平均值为52.6dB(A),相比上年53.0dB(A)下降0.4dB(A)。各区域噪声的等效声级值在44.8dB(A)—60.5dB(A)之间,评价标准采用GB3096－2008《声环境质量标准》。监测结果表明,工业区的等效声级平均值最高,为53.7dB(A);交通干线区的等效声级平均值次之,为53.6dB(A);居民区的等效声级平均值最低,为50.9dB(A)。测点超标率最高的区域为居民区,超标率为4.55%,其余各区域均未超标。各功能区的监测结果表明等效声级平均值均未超标。

【功能区环境噪声】 2014年,共获得功能区环境噪声监测数据1440个,评价标准采用GB3096－2008《声环境质量标准》。监测结果表明:1类功能区上半年环境噪声等效声级平均值启元小区昼间超标,下半年启元小区夜间超标;2类功能区2次监测环境噪声等效声级平均值昼间、夜间均达到标准;3类功能区上半年环境噪声等效声级平均值昼间、夜间均达到标准,下半年忠兴织造有限公司昼间超标,夜间均达标;4类功能区上半年环境噪声等效声级平均值昼间、夜间均达标,下半年夜间超标。

【废气排放】 根据对全市167家重点工业污染企业的统计,以及非重点调查企业的测算,2014年,全市工业企业煤炭消耗99.47万吨,二氧化硫排放8894.91吨,氮氧化物排放量7264.51吨，烟(粉)尘排放量1989.42吨。全市机动车尾气氮氧化物排放1678.26吨。

【废水排放】 2014年，工业企业废水排放量1754.82万吨，城镇生活污水入网1677.71万吨；化学需氧量排放量8343.32吨，其中工业化学需氧量排放2163.72吨，生活化学需氧量排放4201.8吨，畜禽养殖化学需氧量排放1977.8吨；氨氮排放量1412.18吨，其中工业氨氮排放量290.28吨，生活氨氮排放量739.8吨，畜禽养殖氨氮排放量382.1吨。

【工业固体废物】 2014年，全市一般工业固体废物产生量为48.83万吨，综合利用量为48.80万吨，综合利用率为99.92%。危险废物产生量为9660.04吨，综合利用量为13.5吨(其中综合利用往年贮存量2.85吨)，处置量为8854.08吨(其中处置往年贮存量248.41吨)，贮存量为1043.72吨，综合利用率、处置率、贮存率为0.1%、89.1%、10.8%。

【工业“三废”处理情况】 2014年，二氧化硫去除率46.15%，烟(粉)尘去除率98.78%，一般固体废物综合利用处置率99.92%，危险废物综合利用率0.1%，处置率89.1%，贮存率为10.8%。　　(张颖艳)

嘉 兴 港 区

• 综述 •

【概况】 2014年,嘉兴港区积极开展党的群众路线教育实践活动,深化产业发展攻坚年、城市功能提升年、效能建设深化年"三年"活动和"十大"专项行动,推进港产城统筹发展、融合互动,"二次创业"、转型发展各项目标任务取得突破性进展,圆满完成经济发展、社会管理、生态建设、党建工作等各项目标任务,获嘉兴市2014年度工作目标责任制考核一等奖。整体实力增强。全年实现规上工业总产值532.59亿元;完成固定资产投资91.35亿元,同比增长18.3%,其中工业生产性投入61.06亿元,同比增长8.2%;完成合同利用外资2.18亿美元,实际到位外资1.11亿美元,引进市外内资13.56亿元,完成嘉兴市下达目标任务的117.9%;乍浦港区货物和集装箱吞吐量分别达到4958万吨、106万标箱,同比增长5.4%、6%。平台建设升级。化工新材料园区进入全国化工园区前十强,乍浦经济开发区在43家省级开发区中上升至第13位,港区申报省级进口平台获批,国家级生态工业示范园区创建工作有序推进,港区综合物流园加快提升发展,新经济园正式启动实施。挂牌成立"上海莘庄工业区嘉兴港区分区""嘉兴港区—浙江大学研究生教学实践基地"。生态建设突破。推进"五水共治"工作,行政交接断面水质考核连续12个月达到良好等次,17条河道中的14条达到四类水标准,完成全部20条垃圾河的清理和19条黑臭河的治理。"三改一拆"工作成效明显,获嘉兴市2014年度"三改一拆"工作目标责任制考核优秀单位,"无违建区""无违建镇""无违建工业园区"等创建工作有序推进,乍浦镇成功创建"无违建猪舍镇",成为嘉兴市域存量生猪和存量猪舍面积均为最少的镇(街道)之一。社会民生改善。十大民生实事提升群众幸福感、满意度,挂牌成立"上海市东方医院嘉兴港区医院""杭州师范大学附属乍浦实验学校",平湖二院二期工程、乍浦小学迁建工程顺利推进,中山花苑安置小区按期交房,公共自行车系统开通运行,老农贸市场提升改造工程全部完成。"平安港区"建设基础不断夯实,社会保持和谐稳定。党建水平提升。群众路线教育实践活动成效明显,正风肃纪保持高压态势,党群干群关系进一步密切。基层党建、青春党建工作成果丰硕,干部队伍管理机制进一步健全,活力进一步增强,工、青、妇等群团工作创新开展,港区开发建设凝聚力、向心力不断增强。

【铜精矿项目落户嘉兴出口加工区】 9月28日,嘉兴出口加工区与香港瀚林控股集团有限公司举行国内首个铜精矿加工项目签约仪式。该项目总投资6亿美元,规划用地850亩,首期投资1亿美元,注册资金8000万美元,用地185亩。项目投资方翰林集团主要从事大宗有色金属、黑色金属、石油等产品的国际贸易。公司年销售产值超过一百亿元,与多家国内外企业建立了长期合作关系,具有丰富的市场经验。

【乍浦镇完成村民委员会选举工作】 1月5日至12日,乍浦镇新一届村民委员会、社区居委会班子全部产生,换届选举工作选举阶段各项任务顺利完成。乍浦镇村民委员会换届选举共设立189个投票站,共有32239名选民参加投票,参选率97.64%。9个村共选举产生村委会成员36名,其中女性17人,35周岁以下21人,大专及以上学历27人,新进村民委8人,大学生村官1人。选举产生的9名村委会主任中,新当选主任2名。新一届村民委员会中村党组织书记、村委会主任由1人担任。8个社区均采用"一人一票"的直选方式进行,共选举产生34名委员,其中连任25人。选举产生的社区新一届居委会班子中,年龄最小的为24岁,主任平均年龄43.13岁,高中以上文化程度97.06%。选举实现"一顺二高"的预期目的,即一次性顺利提名投票产生新的社区居委会班子;各社区平均投票率和得票率高,分别达到93.51%和88.48%。

【中共乍浦镇第十三届代表大会第三次会议召开】 1月8日,中共乍浦镇第十三届代表大会第三次会议召开。95名正式党员代表,89名列席(特邀)代表和3名旁听党员参加此次大会。此次党代会是乍浦镇贯彻落实党的十八大和十八届三中全会精神而召开的重要会议,会议通过《党委工作报告决议》《纪委工作报告决议》,并开展代表提案(提议)工作,履行党代表的权利和义务。

【举办嘉兴港区(上海)投资·创业环境说明会暨合作项目签约仪式】 5月28日,2014嘉兴港区(上海)投资·创业环境说明会暨合作·项目签约仪式在上海举行。各行业领域的60多位客商和10多位高层次海外归国人才参加会议。在合作·项目签约仪式上,嘉兴港区管委会和上海莘庄工业区管委会签署《嘉兴港区管委会与上海莘庄工业区管委会战略合作框架协议书》,标志着嘉兴港区和莘庄工业区在产业、品牌、项目合作方面将开启全方位的合作。双方共签署两份合作协议和5份项目投资协议。投资协议涉及不增土地增投资的零增地招商项目、积极响应浙江省经济转型升级"电商换市"战略行动的网购城项目、华东理工大学产学研项目等。

【杭州师范大学附属乍浦实验学校揭牌】 见第424页【杭州师范大学附属乍浦实验学校挂牌成立】。

【港区公共自行车启动仪式举行】 见第424页【公共自行车系统正式运行】。

【浙北大宗商品交易中心项目落户港区】 10月28日,浙北大宗商品交易中心项目签约仪式举行,标志着浙北地区首家综合性大宗商品现货交易平台正式启动。该项目由科旗国际有限公司和浙江纽恩洁瑞动力股份有限公司共同出资成立,注册资金5亿元人民币。项目定位于作为区域大宗商品并具有线上线下商品贸易属性与交易属性的综合性平台,计划用三年左右的时间达到交易额超150亿元,税收超2亿元,逐步建设成为浙北重要的大宗商品综合性交易中心、定价中心、结算中心、信息中心和物流中心,最终形成在国内具有影响力的大宗商品交易服务集合商。

【乍浦农贸市场正式开业】 10月28日,乍浦农贸市场开业。乍浦农贸市场地处主城区中心原老农贸市场地段。原老农贸市场建造使用时间较长,布局不合理、基础设施差、功能不完善,日常管理缺位,市场"脏、乱、差、臭"问题突出。2013年9月30日,乍浦镇老农贸市场提升改造工程正式动工建设。工程分两期实施。一期工程总投资3000多万元,工程总用地7391.92平方米,总建筑面积6262.27平方米,共建摊位200个、商铺67个。

【上海市东方医院全面托管平湖二院】 11月18日,上海市东方医院全面托管平湖二院,同时增挂"上海市东方医院嘉兴港区医院"牌子。上海市东方医院(同济大学附属东方医院)始建于1920年,是一所集医疗、教学和科研于一体的现代化三级甲等综合性医院。医院设有国家级紧急医学救援队,有国家、上海市重点专科、特色专科9个,在心力衰竭、急诊创伤、心脏外科、口腔种植修复、心血管内科、微创外科、骨科、肿瘤综合诊治等学科领域具有明显特色。平湖二院是港区内唯一一所二级乙等综合性医院。

【嘉兴港区实现村(社区)慈善工作站建设全覆盖】 2014年,嘉兴港区实现乍浦镇15个村(社区)慈善工作站暨慈善帮扶基金全覆盖。在2012年下半年先行成立4个村(社区)慈善工作站以后,剩余的11个村(社区)慈善工作站在2014年10—11月期间先后成立,共募集善款209.64万元,896名村(社区)干部、党员、村民小组长、村民代表捐款9万元,62家企事业单位捐款200.64万元,119人加入村(社区)慈善工作站(监督小组)组。

• 嘉兴出口加工区 •

【概况】 嘉兴出口加工区2014年实现工业总产值5.43亿元,同比增长11.7%;实现进出口额1.57亿美元,同比增长37.7%;实现进出区货值10.89亿美元,同比增长20%;实现物流营收1470万元,同比增长51.2%;完成保税物流票数13460票,同比增长35.88%。

【嘉兴出口加工区保税物流中心项目被列入省服务业重大项目】 嘉兴出口加工区保税物流中心项目列为省2014年服务业重大项目计划。该项目计划新建22000平方米公共型保税仓库、1000平方米附属配套用房、10000平方米露天堆场及相应的配套附属设施。2014年计划完成投资9289万元。2014年,省发改委根据"创新性、带动性、可行性"原则,将服务业重大项目分为现代物流、信息服务、商贸会展、总部经济、科技服务、旅游、文化服务、养老和社区(社会)服务等七大类,投资规模亿元以上。列为省服务业重大项目建设优先保证各级服务业发展引导财政专项资金支持,优先保障省服务业重大项目建设用地指标。为加快服务业发展,推动港区经济发展。港区服务业发展局积极指导企业申报各级服务业重点项目,已累计5个项目列入省、市服务业重点项目,争取上级扶持资金近500万元。 (周鑫海)

• 嘉兴港 •

【概况】 2014年,嘉兴港抢抓滨海港产城统筹发展试验区建设的新契机,继续保持持续快速发展态势。加快构建海河联运体系,全年累计完成水运建设投资17.3亿元,同比增长10.6%,投资额连续6年超10亿元。出台《嘉兴市海河联运发展三年行动计划(2014~2016年)》,启动嘉兴港总体规划修编,承办嘉兴市首届海河联运论坛。海河联运"最后一公里"建设加快推进,乍浦港区二期内河港池(一阶段)投入试运行,浙能独山煤炭中转项目内河港池交工验收。嘉兴电厂三期煤码头等5个泊位竣工验收,浙能独山煤炭中转码头等8个泊位交工验收,海盐港区C5C6多用途泊位开工建设,截至年底全港共拥有外海生产性泊位46个,其中万吨级以上泊位33个。港口生产再攀高峰,完成集装箱115.6万标箱,同比增长14.4%,增幅连续7年位居全省沿海港口首位。嘉兴—洋山内支线发展为"天天班";开通"乍浦—杭州东洲”“湖州长兴—乍浦—宁波”外贸集装箱航线,全港集装箱航线达到18条。港产融合效应显著,港口货种结构优化步伐加快,全年累计完成货物吞吐量6880万吨,同比增长4.2%。平安港口建设稳步推进,出台安全生产目标管理考核细则,“一把手”与全港22家企事业单位签订责任书。创建一、二、三级达标港口企业分别为3、6、4家,开展安全生产督查50人次、督查港口经营单位198家次,发现并责令当场整改事故隐患224处,督促整改2起重大安全隐患。落实“三防”工作和港口设施安保反恐工作。先后组织防台、触电应急演练、港口危险货物事故应急预案演习,参加130余人次,督促各码头组织演练65次,会同开展海塘安全专项检查3次。5家码头企业完成《港口设施保安符合证书》换证,全港无港口设施保安事件发生。组织95人次参加专题讲座、警示教育,分发宣传画、宣传册200余套,发送宣传短信576条,完成人员培训280人次。依法治港有序落实,落实部门权力清单制度,经市政府审定部门权力清单56项。审批服务中心有效运作,基层站所标准化建设完成。共办理行政审批事项58起,受理率、按期完成率、正确率均为100%。启动智慧港口顶层设计和嘉兴港EDI数据中心建设。出台《嘉兴港口企业循环经济与节能减排考核办法》,全港单位吞吐量生产综合能耗下降2.5%。港口发展机制进一步健全,组建统筹开发平台,与地方政府国资合作建设的公共管廊一期建成、内河港池和码头项目启动。加快建立岸线资源统筹集约利用新机制,牵头制订《进一步优化沿海港口岸线管理的若干意见》(送审稿)。构建安全生产监管区域协作机制,与地方政府共同召开业务交流会4次,多次与地方安监、交通、消防部门开展联合巡查。建立与各港区所在地政府之间的安全生产事故信息通报制度,累计召开业务交流会4次。自身建设不断强化,开展党的第二批群众路线教育实践活动,制订和完善各类制度机制22项。“三公”经费同比下降44.7%,公车运行费下降10%。狠抓党员干部党性党纪教育,共组织各类学习、考学、主题教育32次。建立一把手“第一责任人”及纪委监督责任机制。加大廉政警示教育,严查违反中央“八项规定”精神的行为。

【嘉兴港工程质量安全监督站获评省“十大最美港航品牌”】 1月26日,嘉兴港工程质量安全监督站获全省“十大最美港航品牌”殊荣。自2012年正式运行以来,该站共受理工程监督申请15个,港域内工程质量监督覆盖率100%,其中在监重点水运工程浙能独山煤炭码头项目连续获评“平安工地”省级示范施工合同段、浙江省建筑安全文明标准化工地;同时该站还获“全省交通运输行业百名最美团队”以及交通运输行政执法评议考核优秀基层站所等称号。

【嘉兴港通关服务中心项目开工建设】 3月31日,嘉兴港通关服务中心项目开工建设,该项目占地面积约10000平方米,总建筑面积约21000平方米,总投资预算为10143万元。该中心建成后将集通关、航运服务、物流信息于一体,具有政府管理服务、港航企业集聚运营、信息高速集散等核心功能。

【举行上海港·独山港“两港一航”业务推介会】 5月9日,上海港·独山港“两港一航”业务推介会举行,马士基、长荣、中远等国内外航运巨头和德威、德讯、仁达知名物流企业及巴斯夫、拜耳、塔吉特等货主公司负责人在嘉兴港独山港区聚首畅谈,寻求合作、共谋发展。自5月5日起,“独山快航”由每周三班改为“天天班”。

2014 年嘉兴港分货类吞吐量表

单位:吨

货物分类＼吞吐量	总计			出港			进港		
	合计	外贸	内贸	合计	外贸	内贸	合计	外贸	内贸
总　　计	68803540	9010642	59792898	17563898	2195657	15368241	51239642	6814985	44424657
其中:转口	23001180	277150	22724030	11500590	0	11500590	11500590	277150	11223440
1. 煤炭及制品	37128296	131362	36996934	9596897	0	9596897	27531399	131362	27400037
2. 石油、天然气及制品	5857146	1440992	4416154	2053383	0	2053383	3803763	1440992	2362771
其中:成品油	4556417	267258	4289159	2023319	0	2023319	2533098	267258	2265840
液化气、天然气	817758	789619	28139	10424	0	10424	807334	789619	17715
3. 金属矿石	301063	35292	265771	62934	0	62934	238129	35292	202837
其中:铁矿石	267400	27113	240287	62934	0	62934	204466	27113	177353
4. 钢铁	3131860	7659	3124201	25745	0	25745	3106115	7659	3098456
其中:钢材	3123788	7659	3116129	25095	0	25095	3098693	7659	3091034
5. 矿建材料	3139447	0	3139447	585968	0	585968	2553479	0	2553479
其中:砂	1505740	0	1505740	398123	0	398123	1107617	0	1107617
6. 木材	93632	56435	37197	62754	54585	8169	30878	1850	29028
7. 非金属矿石	248728	8265	240463	26642	0	26642	222086	8265	213821
8. 盐	363558	173961	189597	0	0	0	363558	173961	189597
9. 粮食	388310	0	388310	0	0	0	388310	0	388310
其中:玉米	388310	0	388310	0	0	0	388310	0	388310
10. 机械、设备、电器	4546	0	4546	0	0	0	4546	0	4546
11. 化工原料及制品	5139684	2180895	2958789	346018	231836	114182	4793666	1949059	2844607
12. 轻工、医药产品	9724629	3967585	5757044	3148942	1597230	1551712	6575687	2370355	4205332
13. 农、林、牧、渔业产品	294042	294042	0	0	0	0	294042	294042	0
14. 其他	2972665	714154	2258511	1654615	312006	1342609	1318050	402148	915902

【嘉兴港首条内河外贸集装箱航线正式投入试运行】 5月12日,装载着29个外贸集装箱的货船“浙钱江00359”号从乍浦港区出发,成功抵达杭州东洲综合码头,标志着嘉兴港首条内河外贸集装箱航线正式投入试运行。该航线开创了“海口岸”转“河口岸”的通关先例,为嘉兴港进一步发挥“海河联运”优势,拓展浙北腹地的集装箱业务注入强有

力后劲。

【奥地利驻沪总领事一行访问滨海新区】 5月27日,奥地利驻沪总领事施丽伟率奥地利希森公司总裁米特一行访问滨海新区,市外事办、环保局、滨海办相关负责人陪同考察。访问团一行先后考察嘉化集团、嘉兴港富春码头。施丽伟对嘉兴相关企业在粉尘治理方面所做出的努力和采取的措施表示赞赏,并希望双方有进一步的合作空间。

【开通"长兴—乍浦—宁波"内河外贸集装箱航线】 6月19日,开通"长兴—乍浦—宁波"内河外贸集装箱航线。该航线是嘉兴港第二条水运外贸集装箱航线,长兴地区集装箱依托该航线可直接通过嘉兴港乍浦港区、宁波港与国际航线连接,改变了原来单一的内贸集装箱运输方式,增加了海河多式联运通道,为地方企业外贸集装箱进出提供更多便利,大大降低企业成本。

【印发实施《加快推进嘉兴滨海港产城统筹发展试验区建设的若干意见》】 6月20日,《加快推进嘉兴滨海港产城统筹发展试验区建设的若干意见》经七届市政府第29次常务会议讨论通过印发实施。该意见包含强化规划引领、优化空间布局,加强平台建设、推进产业集群,加强资源集约利用、创新要素配置机制,完善基础配套、加快滨海新城建设等八个部分共24条政策。

【独山港区粮食码头二期工程使用港口岸线获交通运输部批复】 7月25日,嘉兴港独山港区粮食码头二期工程使用港口岸线获交通运输部批复,同意建设1个3万吨级通用泊位(水工结构按靠泊5万吨级散货船设计和建设)和2个工作船泊位,设计年通过能力为85万吨。

【嘉兴市首届海河联运论坛举行】 11月6日,由嘉兴市政府主办,市港务局、市发改委、市交通运输局、市农经局承办的嘉兴市首届海河联运论坛举行。论坛主题为"新引擎·新优势·新思路",其主旨是进一步明晰嘉兴海洋经济发展的战略导向。嘉兴市、杭州市、湖州市港航局,嘉兴市港务局,嘉兴市发改委签署了浙北海河联运港口合作联席会议框架协议。

【嘉兴市港务管理局组织举行港口危险货物事故应急预案演习】 11月17日,嘉兴市港务管理局组织举行港口危险货物事故应急预案演习,泰地石化集团有限公司、浙江乍浦美福码头仓储有限公司,以及嘉兴港消防站、陈山消防队等相关应急联动单位等100多人参加了演习,浙江中航油石化储运公司等7家危险货物经营单位到场观摩学习。

【嘉电三期码头工程、独山港区A区2号泊位工程及乍浦港区二期4号、5号泊位,三期一号泊位(富春)码头结构加固改造工程通过竣工验收】 8月29日,嘉兴港乍浦港区二期4号、5号泊位以及三期一号泊位(富春)码头结构加固改造工程通过竣工验收。概算投资为1346万元,工程于3月15日开工,6月20日完工。12月9日,嘉电三期码头工程("上大压小"扩建工程配套码头工程)、独山港区A区2号泊位工程通过竣工验收。规模为新建3.5万吨级煤炭接卸泊位1个(水工结构按靠泊5万吨级船舶设计)及相关配套设施,设计年通过能力为498万吨,概算投资28018.85万元。

【浙能嘉兴港煤炭中转码头工程外海码头栈桥内河港池及内河泊位工程通过交工验收】 12月18日,浙能嘉兴港煤炭中转码头工程外海码头、栈桥、内河港池和内河泊位工程通过交工验收。工程规模为3个3.5万吨级外海卸煤泊位(水工结构按靠泊5万吨级船舶设计)和18个500吨级内河装船和待泊泊位(水工结构按靠泊1000吨级内河船设计)及相应的配套设施,设计年通过能力为3100万吨(其中煤炭接卸能力1560万吨,装船能力1540万吨),总投资248355.93万元。

【国务院批复同意浙江乍浦港口岸更名为嘉兴港口岸并扩大开放】 12月24日,国务院批复同意浙江乍浦港口岸更名为嘉兴港口岸并扩大开放,开放范围为嘉兴港独山港区、海盐港区34.2千米岸线、共25个泊位。

(王秋艳　任　健)

·嘉兴海关驻乍浦办事处·

【概况】 2014年,乍浦办事处开征税款58.9亿元,同比增长(下同)2.1%;审核进出口报关单3.9万份,增长20.2%;监管货运量822.8万吨,增长2.3%;监管进出境船舶1966艘次;监管进出境集装箱32.1万标箱,增长7.0%。出口加工区审核进出口报关单1.4万份,增长6.7%。监管货运量4.5万吨,大幅增长68.8%;开征税款1.8亿元。

【稳步推进各项业务改革】 推进通关作业无纸化改革,逐步扩大转关作业无纸化覆盖范围。2014年,乍浦办事处无纸化报关单为2.9万份,占可无纸化报关单的90%以上;强化区域海关通关合作,推动实现区域海关间一体化作业、无障碍通关。9月22日起,实施长三角区域通关一体化通关模式,杭州关区10余个现场共有5.6万个标准集装箱通过乍浦港实现区域通关一体化;密切关检合作,探索开展"三个一"试点。配合杭州海关监管处和技术处开展"一次申报"试点工作,实现关检"三个一"合作;完成新旧舱单系统的切换,解决在切换过程中出现的各类问题,保障业务顺利进行;正式上线转关出口电子运抵报告系统,确保有货申报。凭借电子运抵报告,可以实现出口集装箱货物全程自动化放行作业;2014年下半年开通进口转关单自动核销功能,提高通关速度及工作效率。

【以"企业需求"为导向】 办事处多次上门为本口岸重点纳税大户、辖区内可享受进口燃料油生产芳烃类化工产品消费税退税政策的企业服务,解答企业疑问。设立专门岗位帮助企业梳理申请材料,及时办理退税审批事项。2014年为企业办理退税金额2.3亿元,帮助企业解决资金问题,为企业生存发展提供保障。做好原产地证书补充申报工作,全年办事处共接受申报使用优惠原产地证明的报关单704份,为50多家企业优惠税款近4亿元。年中,与杭州海关富阳办事处共同研讨出台《内河陆路转运(海河联运)转关监管方案》,开展相应的海河联运业务。通过该模式下监管集装箱1613只标箱,减少企业运输成本,加快了集装箱的物流速度。

【出口加工区业务】 出口加工区参考上海自贸区"14项新规",全面推广出口加工区"两单一审"业务,根据实际需求,重点做好区区流转自行运输、保税展示交易、集中汇总征税等监管制度的复制推广,尝试开展委内加工、工单式核销等新型业务。落实长江经济带特殊监管区域通关一体化改革要求,拓展"属地申报"模式,加快口岸查验、转运分流等各类业务模式在通关一体化新环境中的运转。2014年获嘉兴出口加工区整合优化为嘉兴综合保税区批复后,充分做好验收前监管设施和辅助系统的改造升级等相关工作,确保通过验收。发挥综合保税区港口区位优势及政策优势,加强与周边"区区""区港”间的联动和协作，提升对周边经济产业的辐射带动作用，加快推动嘉兴出口加工区转型发展。重点做好区内两大项目的对接工作。主动对接出口加工区管委会，指导嘉兴必远实业发展有限公司、嘉兴能联有色金属有限公司两大总投资达6.4亿美元的重大铜精矿项目成功进驻，并做好海关特殊监管区域政策宣传以及业务指导工作，使两大项目尽早试运行。（沈　斌）

·嘉兴出入境检验检疫局乍浦办事处·

【概况】 2014年，共检验检疫出入境货物10604批，货值32.99亿美元，其中入境9778批，货值32.32亿美元；出境826批，货值0.67亿美元。检验检疫入出境船舶1713艘次，查验船员29940人次。检验检疫入出境集装箱250511标箱。签发各类原产地证书18514份，其中普惠制原产地证书6569份，一般原产地证书8054份，区域性优惠原产地证书3891份。规费收入1398万元。

【口岸疫情截获和疫病防控】 2014年，截获有害生物2314批224种（含检疫性有害生物322批34种），批次同比分别增长18.9%和50.5%，其中6种检疫性有害生物为全国首次截获，4种检疫性有害生物为浙江检验检疫系统首次截获，2种非检疫性有害生物为全国首次截获，1种非检疫性有害生物为浙江检验检疫系统首次截获，并对截获有害生物船舶上的船用食品和进口货物进行封存、销毁或除害处理；截获病媒生物1428批47种，批次同比增长12.4%，排查出各类传染病症状31例，其中确诊传染病5例，并对截获病媒生物的交通工具实施除虫处理。在卫生检疫方面，针对西非埃博拉出血热、中东呼吸综合征以及登革热等疫情形势，启动口岸联防联控机制，加强针对入出境船员的医学巡查和体温监测力度，进一步细化疫情防控预案；在动植物检疫方面，完成浙江检验检疫局科研课题1项。

【出口加工区等的法检业务】 针对嘉兴出口加工区（A区）和辖区进出口法检企业，持续完善日常检验检疫监管。特别是针对出口加工区（A区）内企业法检货物中再添危化品和矿产品等敏感商品情况，办事处职能科室在迅速掌握业务和加强检验的同时，进一步完善了区内企业法检货物检验检疫流程，做到既保其质量，又保其快进快出；据统计，2014年，共计检验检疫嘉兴出口加工区A区（含保税物流）出入境货物及集装箱2047批，法检货值4194万美元，集装箱2512标箱（其中入境1264标箱，出境1248标箱），并在区内检验检疫中查获不合格进口酒3批。另外，自10月8日起，嘉兴大丰制冷剂科技有限公司等企业的危险货物包装使用鉴定业务归入本办事处。

【查获不合格品】 全年查获出入境检验检疫不合格货物1293批，货值2.91亿美元，全为口岸查获的入境不合格货物（对其中2批不合格入境废纸予以退运处置）；出境不合格货物未查出。与上年相比：入境不合格货物的批次同比上升50.5%，货值同比上升15.9%。

【重大事业发展事项】 以深化业务改革，引领事业发展。正式启用自行研发的“嘉兴港检验检疫EDI系统”，将非法检货物申报纳入电子化管理，全面实现无纸化入境货物全申报；开创性地建立以“单元作业协调机制”为核心，以“视频监控、移动办公、单元作业”三位一体信息化平台为支撑的新型口岸工作机制，深化口岸业务改革，建设口岸“智慧国检”,推进口岸机构职能转变。

【服务海洋经济发展】 推进入境货物移位检疫监管试点工作,浙江检验检疫局已批复同意建立吉安公司入境废纸储存场地监管站。提前介入嘉兴港有关码头的设计、建设及对外开放等事项,主动指导其前期建设。主动参与嘉兴出口加工区(A区)申报综保区和招商引资等方面的有关工作,配合其区内业态转型升级。依托原产地证业务管理系统,改进管理方式方法,大面积推行原产地证无纸化申领及申领企业快速年审。帮助辖区出口企业用足用好原产地优惠贸易政策,享受到进口国/地区关税减免。贯彻执行新收费标准,有效降低企业运营成本。(邹向东)

财　政 • 税　务

• 财政 •

【概况】　2014 年,平湖市实现生产总值 478.21 亿元,按可比价格计算,比上年增长 6.5%;按户籍人口计算,人均生产总值 97494 元,同比增长 6.2%。第一产业 16.48 亿元,同比下降 4.9%;第二产业 289.69 亿元,同比增长 6.4%;第三产业 172.03 亿元,同比增长 7.9%。三次产业结构比为 3.4 : 60.6 : 36.0。全年财政总收入 90.41 亿元,同比增长 6.8%,其中一般公共预算收入 45.68 亿元,同比增长 8.2%。全市一般公共预算支出 44.92 亿元,同比增长 4.3%。当年财政收支平衡。

【组织财政收入】　一、加强税收管理。加强与国土、房管、国税等相关部门数据沟通和分析,及时掌握税源的变化趋势,增强组织收入工作合力。扩大重点税源监控面,全年纳入重点税源监控范围的企业 795 户,入库税收 20.27 亿元,占全部地方税收收入的 74.0%。二、强化非税收入管理。加快非税征管平台建设,推进非税收缴电子化改革,实现非税征管系统执收单位全覆盖。全年非税收入 43.41 亿元,同比增长 9.6%。三、加强规费收入征管。加强社会保险费征缴管理,运用数据比对、审核评析等方法规范征收,全年征收社保费 20.03 亿元,同比增长 8.1%。四、优化财政收入结构。全市一般公共预算收入占财政总收入比重为 50.5%,同比提高 0.6 个百分点;一般公共预算收入中的税收收入 44.25 亿元,占公共财政预算收入比重为 96.9%,同比提高 0.6 个百分点。

【支持经济转型升级】　一、优化财政扶持政策。加大企业转型升级扶持力度,出台支持企业“四换三名”(指腾笼换鸟、空间换地、机器换人、电商换市,名品、名企、名家)、股改上市、技术创新等方面的财税扶持政策。开展调整城镇土地使用税政策试点,实行与亩产税收相挂钩的差别化财政扶持政策。全年兑现涉企扶持资金 1.52 亿元,减免各类税费 4.85 亿元。二、支持重大项目实施。保障汽车客运中心、市民文化中心、资源要素交易中心、独山港工业水厂等重点工程项目建设,全年拨付政府投资项目建设资金 9.67 亿元。三、支持实施创新驱动战略。全年财政科技投入 1.38 亿元,同比增长 14.4%,重点推进高新技术产业化和科创中心二期、科技大市场建设,以及高层次人才引进计划等工作。四、支持浙商创业创新。开展支持浙商创业创新“百名干部进项目”活动,完成 36 个回归项目的对接和政策帮扶,成立浙商服务中心,优化服务内容。五、帮扶中小企业发展。落实结构性减税和清费减负政策,减免中小微工业企业社会保险费等税费 1.27 亿元。落实“个转企”“小升规”扶持政策,全年完成“个转企”238 家,“小升规”213 家。

【支持改善民生】　加大民生事业保障力度,全年民生支出 34.90 亿元,同比增长 6.8%,占全年一般公共预算支出 77.7%,同比增长 1.8%。一、支持农业农村事业。全年安排农林水事务支出 3.74 亿元,用于支持农村综合改革、美丽乡村和村庄整治、“两新”工程(新市镇和新社区)和农村圩区建设等。二、支持教育事业发展。全年教育投入 10.18 亿元,同比增长 5.3%,占一般公共预算支出的

22.7%。进一步提高生均公用经费定额标准,完善财政扶持民办学前教育和中等职业学校学生资助政策,全年共安排国家助学金及困难资助资金1200万元。三、支持文化事业发展。全年文化体育支出1.21亿元,同比增长34.6%。支持举办“2014中国·平湖西瓜灯文化节”“首届中国·平湖琵琶邀请赛”“‘当湖十局杯’围棋邀请赛”和“‘欢乐平湖’群众文化活动”等项目。四、支持就业和社会保障事业发展。全年社会保障和就业支出3.52亿元,同比增长1.5%。优化社会救助政策,发放低保救助金2117万元,补助对象4698人。完成市老年康复护理院、残疾人综合服务中心和100个城乡社区居家养老服务照料中心建设。深化创业促进就业工程,安排促进就业创业专项资金3228万元。加大保障性住房建设投入,安排资金4260万元,新开工建设经济适用房270套和廉租房50套。五、支持医疗卫生事业发展。全年医疗卫生支出3.07亿元,同比增长15.5%,重点用于浙江医院糖尿病中心平湖分中心、精神康复中心、镇(街道)卫生院“健康小屋”、社区卫生服务站标准化建设等。

【优化生态环境】 一、保障“五水共治”工作。出台财税支持“五水共治”相关政策,全年市财政投入“五水共治”资金2.28亿元,支持实施清“三河”专项行动、河道绿化、防洪排水等重点工作。二、保障生态绿化建设。全年安排财政资金2272万元,支持公园绿地、滨水生态绿道、防护林、沿河景观绿带、城市绿地等项目建设。向上争取国家园林城市建设补助资金300万元,统筹保障生态园林城市建设。三、加强生态环境治理。推进生猪减量提质,安排生猪养殖转型发展补助资金2.66亿元。加强大气污染整治,出台《平湖市鼓励黄标车提前淘汰政府奖励补助实施办法》,落实奖励补助资金3000万元。加大污水处理基础设施建设,投入资金2.41亿元,新建污水管网151公里。支持工业污染行业整治,落实资金1.20亿元,用于全市电镀行业整治提升。

【深化财政改革】 一、深化预算管理改革。试编国有资本经营预算,完善全口径预算体系,全市所有部门预算和“三公”经费预算明细实现社会公开。加大对转移支付资金预算管理力度,建立和实施财政预算执行情况通报制度,提高预算执行率。二、深化国库集中支付和公务卡改革。实现镇(街道)国库集中支付改革全覆盖,开展财政专项资金的国库集中支付试点,国库集中支付金额22.83亿元,同比增长9.5%。公务卡累计发卡8110张,全年消费金额720万元。三、推进政府购买服务。制订市政府购买服务实施办法,出台3类153项指导性目录清单,确定95家社会组织入围首批承接主体。四、推进镇(街道)财政管理改革。完成镇(街道)公共服务平台建设,推进平台信息化管理。开展镇(街道)财政资金监管工作检查,提高镇(街道)财政资金使用效益。

【强化财政监管】 一、加强政府性债务管理。成立市政府债务风险控制委员会,完成存量债务的清理甄别工作,将政府性债务纳入全口径预算管理,建立月报制度,强化政府性债务动态监管。二、规范政府采购管理。制订市政府采购合同履约验收管理暂行办法,全年政府采购金额9.04亿元,节约资金1.04亿元,节约率10.3%。三、加强存量资金管理。制订《平湖市财政资金临时借款审批管理办法》,对外借款同比下降21.8%。开展财政性资金往来款项清理,共清理121笔,金额14.29亿元;实施财政资金竞争性存放,出台《财政资金竞争性存款制度》,投放财政资金5.00亿元,获得公益资金993万元。四、加强预算绩效管理。开展69个预算部门201个项目财政支出绩效自评,涉及财政资金7.07亿元,对壮大村级经济等12个重大民生项目实施重点评价,涉及财政资金1.89亿元。五、加强“三公”经费管理。开展“三公”经费管理专项整治,全年“三公”经费支出5780万元,同比下降39.1%,其中公务接待费支出2505万元,同比下降57.6%。

【优化财税政务环境】 一、开展党的群众路线教育实践活动。以“为民、务实、清廉”为主题,开展“六进六问六查”(进村入社问百姓,查找群众反映强烈的突出问题;进企业问业主,查找制约企业转型发展的瓶颈问题;进重点工程问项目负责人,查找影响项目推进的关键问题;进便民服务中心问服务对象,查找便民服务中的普遍问题;进工作站点问委员代表,查找党性党风党纪方面存在的主要问题;进网络微博问网民,查找网民关切的热点问题)、基层大走访、“最后一公里”体验、争当“红色义工”等活动,广泛征求服务对象意见建议,提出3个方面42项具体整改措施。召开党委、支委会、党员会等多层次组织生活会,120名在职党员干部参加批评与自我批评。对梳理列出的17项“四风”突出问题,抓好整改落实和建章立制。根据市委教育实践活动领导小组部署,牵头实施贯彻执行中央八项规定严肃财经纪律和“小金库”专项治理行动,制订规范市级公务接待费、会议费、办公用房使用等管理办法。二、加强党风廉政建设。开展“七个一”(开展一次廉政专题辅导会、接受一次本单位纪检监察组织的岗位廉政风险约谈、印发一本廉政拒礼手册、观看一次专题教育片、签订一份廉政微合同、参加一次岗位廉政风险法纪知识考试和观摩一场职务犯罪案件庭审)廉政关爱提醒教育系列活动;健全重大事项报告制度,制订加强财税干部“八小时外”监督管理办法;组织干部参观南湖革命纪念馆,重温入党誓词。深化审批制度改革。共梳理和公开行政权力141项,便民事项14项。三、加强干部教育培训。组织参加“金平湖讲坛”等各类学习活动,开展中层干部全员竞争上岗,全年提拔中层干部4名,交流干部职工12名。四、促进财税文化建设。开展“弘扬财税精神”主题演讲比赛、“健身一公里”行走等各类文体活动;组建局文体兴趣小组,增强干部队伍凝聚力;举办12期“道德讲堂”宣讲,传播道德正能量。

(毛晓巍)

•国家税务•

【概况】 2014年,市国税局围绕“面对新常态、勇于新挑战、创造新业绩”为主线,国税收入稳中求进、队伍管理与时俱进、执法规范持续改进、社会贡献勇猛精进,完成国税收入53.49亿元(不含嘉兴港区),同比增长12.13%。国税占公共财政预算收入比重提高到45.19%,比嘉兴全市平均值大幅高出12.63%,同比提高2.24个百分点,比重增长率列嘉兴市第一位。

2014年度国税纳税前10名企业

序号	企业名称	税收合计(万元)
1	浙江浙能嘉华发电有限公司	99096
2	浙江浙能嘉兴发电有限公司	16981
3	浙江国利汽车部件有限公司	16919
4	日本电产芝浦(浙江)有限公司	10813
5	日本电产(浙江)有限公司	10242
6	津上精密机床(浙江)有限公司	8567
7	浙江莎普爱思药业股份有限公司	7763
8	日本电产新宝(浙江)有限公司	7395
9	浙江荣成纸业有限公司	6898
10	平湖九龙山海湾度假城休闲服务有限公司	6802

【开展教育实践活动】 以党建工作处于全市前列为目标,以“方向准,学习深,批评真,整改猛”为手段,推进教育实践活动不断深化。抓“深”理论学习,建立“七同步”全覆盖的学习网络,组织集中学习1206人次,并参加在线考试、撰写心得等学习;抓“实”意见征询,通过召开座谈会、征求意见函、开展调查问卷多种形式,征求意见建议97条;抓“准”建章立制,通过完善与规范补缺各种规章制度15个;抓“严”专项整治,开展为税不廉、公款吃喝、纵酒行为、庸懒散等“六项集中整治”;抓“透”作风建设,腾退办公用房面积1080平方米,同比压缩“三公”经费60.73%,减少会议和文件数量18.52%和12.24%;抓“牢”扎根工程,创新破难不懈怠,立说立行不打折。学教活动得到省局督导组的充分肯定,参加会议的“两代表一委员”、纳税人代表和干部群众代表对教育实践活动总体评价为“好”的,达到100%。

【落实税收政策】 以服务平湖经济社会可持续发展为己任,以“抓落实、简程序、提效率、助转型”为手段,抓好政策的全面落实和减负的全面到位。全力支持“营改增”试点工作稳步推进,有4392户企业间接或者直接受惠“营改增”税收政策;结构性减税政策成效明显,申报抵扣固定资产8.01亿元,创历史最高;税收优惠政策全面到位,近2万户次小微企业享受优惠政策不打折;争取并获批外贸企业出口退税审批权下放,“简化”式审批缩短时限提效率;审核办理出口退税29.67亿元,出口企业底气升、信心增。税收调研成效显著,为平湖发展建言献策、以税资政持续不断。

【加强税收法治】 以强化税收征管基础为核心,以“讲规范、重监督、多提醒、化风险”为执法主线,将规范执法贯穿于执法工作始终。规范“权力清单”,全面清理税收职权行为。出台规范进户执法管理办法,发挥税源一体化管理作用。开展税收专项检查和区域税收专项整治,累计查补税款3008万元,严厉打击虚开发票等违法犯罪行为,营造公平公正的税收环境。对6300多户次纳税人进行税务登记基础信息重新采集和核查,夯实征管基础。实施税源专业化管理,通过风险提醒、纳税评估和重点检查,累计补税入库1.2亿元;纳税评估工作成效显著,累计入库4212万元,同比增长54%。强化管理风险防控体系建设,参与货运发票风险防控的创新与试点,并成功入围省局管理创新优秀项目。强化跨境税源管理,反避税调查补税600多万元。

【深化纳税服务】 以“纳税人的满意是平湖国税永远的追求”为愿景,以“优平台、减环节、增网点、推自助”为切入点,实施信息化组合式“国税366品牌”便民服务。全面推进“便民办税春风行动”和《全国纳税服务规范》,以“两减一增”提升“快捷度”,纳税人报送资料减少30%、办税环节减少50%、当场办结事项增加35%。加快建设多元化办税体系,采购自助办税终端系统8台,进一步扩充和完善各办税网点功能,继续推行“免填单”服务,实现全市9个镇(街道)便民服务中心和3个专业市场国税窗口全覆盖。

【加强队伍建设】 以打造建设一流队伍为目标,以“重文化、强引领、创品牌、树形象”为手段,聚合力、提能力、增活力、强定力。注重国税文化建设,强化正向引领作用,坚持以激发活力、创新管理为重点,不断完善人才强税、廉洁从税保障机制;完善党员履职量化积分考核系统,打造“123”基层党建机制,促进党建工作不断深入;围绕“文化引领,快乐国税”这一主题,开展“快乐国税”系列文体活动,队伍凝聚力不断加强;开展国税366“与爱同行”系列公益活动,国税影响力不断提升;开展分类分层谈心谈话,关心关爱机制落到实处;创先争优敢想敢做,品牌形象逐步树立。办税大厅被命名为嘉兴市及浙江省工人先锋号,办税大厅被全国妇联命名为“全国巾帼文明岗”。

【推进绩效管理】 以制度化建设、规范化引导为引擎,以“建机制、强内控、保廉洁、抓效能”为着力点,打造高素质国税队伍。制订综合绩效管理办法、岗位个人绩效管理办法等多个管理办法,促进绩效管理的规范化。深化内控机制建设,建立健全廉政风险防控“1+8”制度体系。加强作风效能建设,全面落实中央八项规定精神,以常态化的正风肃纪抓作风、正行风,推进“勤廉合一”意识的不断增强。强化内外监督,实施“114阳光减税工程”(即一集中、一分类、四监控),公开公正阳光减负,着力解决“庸、懒、散”弊端,强化责任、担当、大局意识的全面提升。

(金水根)

•地方税务•

【概况】 2014年,平湖市地税部门共组织各项收入52.48亿元,同比增长7.38%。其中税收收入27.43亿元,同比增长6.3%,增收1.63亿元。耕契两税入库3.09亿元,同比增长12.48%,增收0.34亿元。其他收入入库25.05亿元,同比增长8.59%,增收1.98亿元。

【税收特点】 税收结构更加合理。一、产业结构不断优化。2014年,三次产业税收比重为0.19∶51.98∶47.83,第三产业比重不断提升。二、“营改增”后现代服务业产业升级加快。第三产业纳税登记户累计2.59万户,是第二产业的2.91倍。三、收入结构不断优化。独山港经济开发区优质税源相继落户投产,税收收入强劲增长,平湖经济技术开发区税收收入持续稳步增长。

【征收管理】 认定795户重点税源监控企业,继续提高省级以上重点税源企业的监控预测准确度,预测监控企业申报数据占税收收入50%以上。以重点企业逐户税源预测为依托,科学调控,均衡入库,每月预测准确率均在97%以上。继续深化《税友龙版》管理模块应用,强化数据管理,提升数据质量和数据分析利用水平。对现有税务登记信息开展数据清理,完成4691条记录补正。开展清理欠缴税费专项行动,实行清欠领导“联挂”制度,明确清理欠缴税费重点对象和清理欠缴税费目标任务,2014年共清理欠缴税费1646.52万元。配合市开展产业结构调整机制创新试点工作,出台《关于开展调整城镇土地使用税政策促进土地集约节约利用试点工作实施意见》。继续做好“营改增”试点工作。向国税移交电信服务企业18户,其中纳税人6户、分支机构12户。

【支持小微企业发展】 2014年,共为小微企业(含个体工商户)减免各项税费6814.76万元,其中:对1201户次月营业额不超过2万元的个人独资以上企业减免营业税57.22万元;10月起对74户次月营业2至3万元的企业免征营业税7.81万元;1109户次享受新办小微企业减免地方水利基金122.74万元;58户小微企业享受城镇土地使用各类税政策性及困难减免200.10万元;40户享受房产税政策性及困难减免280.40万元;对符合条件的小型微利企业164户减免企业所得税77.54万元;个体工商户起征点以下减免各项税费6068.95万元。

【支持浙商创业创新】 根据《浙江省地税系统开展支持浙商创业创新“百日集中行动”暨“长效机制建设年”活动的实施意见》要求,上半年开展集中宣传和集中走访活动,结合第23个税收宣传月做好支持浙商创业创新政策宣传和疑难解答。2014年,浙商回归重点项目地方税收贡献1.92亿元,享受减免税费1000.97万元。

【深化纳税服务改革】 开展第23个“全国税收宣传月”活动。落实“便民办税春风行动”十八项工作举措,深入开展“六提速、三减轻”纳税服务工作。注册开通微信订阅号平台——“纳服直通车”(微信号:pinghu_nafuztc),开启以微信、微博、微墙“三微一体”的税收宣传“微时代”。对19类47项指标进行逐条分析对比,提出整改意见,下发《平湖市地方税务局关于2013年度全省地税系统纳税人满意度调查结果的通报》,并进行任务分解。全面施行《浙江地税县级纳税服务规范(1.0版)》,对业务差异、注意节点和操作流程进行重点培训。

2014年度地税纳税前10名企业

序号	企业名称	税收合计(万元)
1	浙江浙能嘉华发电有限公司	4615.61
2	平湖市诚泰房地产有限公司	4098.36
3	平湖恒大名都置业有限公司	3690.84
4	平湖市万城房地产有限公司	2967.53
5	浙江莎普爱思药业股份有限公司	2840.29
6	平湖市香都市场开发有限公司	2828.25
7	浙江平湖农村合作银行	2826.47
8	浙江耀江城市建设开发有限公司	2593.89
9	浙江浙能嘉兴发电有限公司	2298.50
10	平湖市景乐房地产有限公司	2200.71

【税收法制】 制订《平湖市地方税务局稽查局税务检查预案制度》和《平湖市地方税务局稽查局税务案件集体审理暂行办法》。对股权转让交易企业、多年未查的工业和商贸企业、非学历教育培训行业、营业税差额征收行业、房地产业、餐饮业等行业的所得税汇算清缴重点检查等税收开展专项检查工作。全年共检查纳税户244户,查补税款5980万元、滞纳金451万元、罚款701万元、费136万元,查补总额7268万元。深入开展打击假发票专项整治工作,检查中查实的假发票户数为26户,假发票2501份,涉及发票票面金额244.18万元,补缴税款及罚款共计22.59万元。扎实做好涉税举报案件的查处工作,受理涉税举报案件7件,查补总额1649.88万元,发放举报奖金0.59万元。

【队伍建设】 围绕“为民、务实、清廉”主题,按照“照镜子、正衣冠、洗洗澡、治治病”的总要求,局党委班子共查摆出“四风”突出问题18个,班子成员共查摆出“四风”问题141个,并提出班子整改任务18项,专项整治任务17项,全部整改落实。全年组织业务培训班12期,做好教育培训登记、跟踪管理、考核评价等基础工作。开展弘扬财税精神主题演讲比赛、“快乐健康、喜迎新春”拔河比赛、“迎新春”书画作品展和“健身一公里”行走活动。继续加强精神文明建设,年内举办12期“道德讲堂”宣讲会。开展“慈善爱心一日捐”“五水共治捐款”“千名干部帮千户”等扶贫帮困捐款活动,累计捐款19.4万元。落实党委主体责任,制订《2014年平湖市财政地税系统党风廉政和作风建设工作意见》,签订党风廉政建设责任书。 (蒋玲玲)

金　融

•综述•

【概况】 2014年，面对复杂多变的经济形势，全市金融机构围绕构建方便、快捷、普惠的金融服务体系，向上级行争取政策、权限和资金，通过调整信贷结构来盘活存量资金，通过加强信贷投放来用好增量资金，推进金融创新，深化金融服务，提升金融支持实体经济工作水平，努力实现信贷总量较快增长，有效推动平湖市经济社会稳定健康发展。

2014年末，全市本外币存款余额726.64亿元，比年初增加57.51亿元，同比增长8.6%。与嘉兴市五县（市）相比，平湖市各项存款余额列第3位，增量列第4位，增速列第3位。全市本外币贷款余额549.22亿元，比年初增加38.77亿元，同比增长7.6%。与嘉兴市五县（市）相比，平湖市各项贷款余额列第3位，增量列第5位，增速列第5位。

各项存款增长乏力。单位存款增幅稳定。1—12月，全市单位存款比年初新增18.63亿元，与上年同期基本持平，其中活期存款同比多增3.15亿元，定期存款同比少增3.51亿元，而上年同期则是大幅新增6.62亿元。储蓄存款增长乏力。12月末，全市储蓄存款比年初新增30.99亿元，同比少增3.54亿元。根据人民银行四季度城镇储户问卷调查显示，倾向于“更多储蓄”的居民占44.9%，较上季度下降1.1个百分点；倾向于“更多消费”的占18.7%，较上季度上升0.7个百分点；倾向于“更多投资”的占36.4%，较上季度提高0.4个百分点。外币存款持续减少。12月末，全市外币存款余额5.08亿美元，连续减少4个月。主要是下半年人民币兑美元汇率双向波动进一步加剧，企业结汇意愿有所增强所致。

银行贷款增势趋缓。短期贷款增长乏力。12月末，全市本外币短期贷款余额较年初下降1.53亿元，而上年同期则是新增34.19亿元。其中单位短期贷款15.26亿元，比上年略有下降，短期贸易融资较年初大幅下降19.16亿元，而上年同期则是新增16.98亿元。根据人民银行四季度的银行家问卷调查显示，2014年四季度贷款总体需求指数为64.9%，较上季度下降1.7个百分点，创下了2011年四季度以来的新低。企业中长期贷款维持一定增长。12月末，全市中长期单位贷款比年初新增37.16亿元，同比多增22.55亿元。外币贷款同比下降。12月末，全市外币贷款余额8.9亿美元，比年初减少1.22亿美元，同比下降12.09%。

社会融资规模同比多增，结构持续改善。1—12月，全市社会融资规模处于合理区间，结构持续改善。据初步测算，1—12月全市社会融资规模新增81.22亿元，比上年同期多增12.59亿元。其中，金融机构本外币贷款新增38.77亿元，同比少增20.51亿元；银行表外融资（委托贷款、信托贷款和银行承兑汇票）新增20.85亿元，同比多增11.1亿元；直接融资（企业债券和股票融资）新增15.6亿元，同比多增15.6亿元；其他融资新增6亿元，同比多增0.96亿元。

跨境人民币结算稳步推进，结构日益改善。2014年，全市跨境人民币结算量76.67亿元，同比增长11.68%。其中，货物贸易结算量为38.55亿元，同比增长15.59%；服务贸易及其他经常项目结算量为1.17亿元，同比增长42.68%；跨境投融资结算量为36.95亿元，同比增长7.16%。

不良贷款双降。2014年,全市不良贷款余额7.50亿元,比年初下降3.9亿元;不良贷款率1.37%,比年初下降0.86个百分点。尽管通过大量的工作,平湖市银行不良资产实现双降,但是由于2013年末全市不良贷款率达到2.16%,高出全嘉兴平均不良率0.94个百分点,加上信贷增速放缓,而新的不良贷款也不断产生,所以造成不良率仍处在五县市前列。

2014年,全市银行机构实现利润21.61亿元,比上年同期增加1.34亿元,同比增长6.61%。

2014年平湖市金融系统机构和人员表

	一、机构	行司	二级支行	分理处	储蓄所	二、在册人员
人民银行	1	1				28
银监办	1	1				4
农发银行	1	1				17
工商银行	9	2	4	3		187
农业银行	13	1	11	1		287
中国银行	9	1	8			137
建设银行	10	1	9			201
交通银行	1	1				31
中信银行	1	1				49
浦发银行	1	1				20
兴业银行	2	1	1			35
平安银行	1	1				23
邮政储蓄银行	25	1	2		22	66
农村合作银行	45	1	10	26	8	574
嘉兴银行	3	1	2			51
工银村镇银行	2	1	1			37
湖州银行	1	1				15
绍兴银行	1	1				20
资金互助社	1	1				5
中国人寿	4	1	3			38
人保财险	3	1	2			81
太平洋保险	2	1	1			26
中华联合	2	1	1			23
中信证券	2	1	1			27
银河证券	1	1				16
康泰小额贷款	1	1				7
安信小额贷款	1	1				9
合计	144	28	56	30	30	2014

·中国人民银行平湖市支行·

【加强窗口指导 传导货币政策】 一、适时召开季度、半年度经济金融形势分析会与金融支持实体经济情况汇报会，传达贯彻货币政策，围绕经济金融中的热点难点问题进行相互交流和深入分析，加强形势分析和预测研判，并向银行进行风险提示和业务指导。二、向地方党政领导传导货币政策。围绕存款保险条例公示、普惠金融推进、制造业资金需求状况、企业担保融资面临的问题等专题向市委、市政府领导汇报，并就全市经济金融运行情况、制造业资金需求状况、企业担保融资面临的问题、全市房地产行业走势、防控企业资金风险等几个热点问题向到支行调研的市人大、市政协领导作专题汇报，并得到各位领导的肯定。三、立足职能为地方经济发展出谋划策，协助政府出台《关于深化科技金融扶持科技型企业发展实施意见（试行）》《关于切实降低融资成本 加强金融服务实体经济的意见》《促进平湖市房地产市场平稳健康发展意见》等一系列文件。四、开展房地产市场和房地产信贷的专项调研，会同市建设局、统计局、房管处、公积金中心、市房地产协会等部门召开房地产监测部门联系会议，并就平湖市房地产市场和房地产信贷建立定期交流信息共享机制。

【加强金融稳定工作】 一、开展信贷资产质量巡访活动。为有效维护金融稳定，根据中国人民银行嘉兴市中心支行《嘉兴市银行信贷资产质量巡访制度》文件精神，平湖支行成立现场巡访组。2014 年 5 月 12 日至 2014 年 5 月 16 日，对中国建设银行股份有限公司平湖市支行 2012 年末至 2014 年 3 月末对公不良贷款的情况进行现场巡访。二、开展金融稳定现场综合评估活动。平湖支行组成金融稳定综合评估组。2014 年 10 月 22 日至 10 月 28 日，对浙江平湖农村合作银行开展金融稳定现场综合评估活动。评估内容涉及法人治理结构、农村金融改革进展、贯彻落实货币政策情况及主要经营情况。三、以评估为抓手加强法人机构管理。完成 2013 年度农村合作银行改革试点工作进展情况监测审核；平湖工银村镇银行财务状况监测审核。开展涉农信贷政策导向效果评估工作，完成上报 2013 年度平湖市涉农机构信贷政策导向效果评估报告，引导金融机构做好支农工作；开展对平湖农村合作银行金融机构合格审慎评估工作，并以开展评估为契机，引导金融机构提升自主定价和风险管理能力，参与利率市场化相关产品创新工作。四、开展综合评价活动。为增强人民银行货币政策的实施效果，着力维护金融稳定，根据《嘉兴市银行业金融机构综合评价办法》（试行）的要求，平湖支行组织力量对全辖银行业金融机构进行综合考评，评出 A 类行 3 家，B 类行 11 家，C 类行 1 家。五、开展房地产风险监测活动。平湖支行牵头召开房地产监测部门联席会议。成员来自市建设局、统计局、房管处、公积金中心、房地产学会、房地产办证中心等部门分管领导和经办人。要求相关部门及时提供各部门掌握的房地产数据，做到信息共享，共同维护房地产市场健康运行。六、加强商品房预售资金监管账户管理。为有效实施房地产信贷调控政策，进一步加强商品房预售资金监管，防范和化解房地产金融风险，维护房地产市场正常秩序，根据《浙江省商品房预售资金监管暂行办法》文件精神，平湖支行联合市建设局、银监办和公积金中心等部门，对辖区 28 家有房地产预售资金监管业务的房地产商及监管银行进行专项检查。

【构筑融资平台】 一、构建传统银企签约平台。协助政府举办2014年度金融与地方经济社会发展工作恳谈会暨项目推介会、银企(区、项)合作签约仪式,在平的14家银行与235个项目单位签订了合作协议,签约授信总额187.83亿元,计划新增贷款116.76亿元,比2013年增加授信52亿元,增加新增贷款33亿元,同比分别增长38.37%和39.42%。同时,14家银行与市中小企业局签订中小企业融资授信协议,2014年综合授信63.37亿元,计划新增贷款45.01亿元,同比分别增长18.07%、22.31%。二、构建应收账款质押贷款服务平台,在嘉兴市五县(市)中处于领先地位。支行通过前期宣传发动,提高各金融机构对中征应收账款融资服务平台推广工作意义和重要性的认识,督促银行机构按时完成注册,并动员相关企业做好注册工作。三、构建新颖的银企对接微信平台。大力推广嘉兴市中小企业公共服务微信平台在平湖市的应用,搭建银企便捷化对接平台,切实解决银企信息不对称问题。

【推进跨境人民币工作】 一、举办跨境人民币业务推进会。为进一步发挥人民币结算对贸易和投资便利化的促进作用,满足企业对跨境人民币结算的实际需求,平湖支行于7月16日召开"学先进,比差距"平湖市跨境人民币结算推进会,各商业银行从事跨境人民币业务的职能部门负责人参加了会议。二、与外汇管理科开展部门协作。结合新版国际收支交易编码与RCPMIS系统中信息报送的新变化,向各外汇指定银行国际业务部负责人进行传达,以保证系统数据的及时性、准确性。三、开展跨境人民币业务执法检查。根据人行嘉兴中支《关于开展银行业金融机构综合业务检查的通知》,开展对工商银行平湖支行和浦发银行跨境人民币业务执法检查,对检查出的问题督促整改。

【加强征信工作】 一、开展应收账款融资服务平台推广活动。根据《中国人民银行嘉兴市中心支行关于推广应收账款融资服务平台应用的通知》,与各银行机构联动,应收账款融资服务平台推广活动形式多样,在盘活应收账款存量方面成效显著。2014年,全市共完成交易23笔,累计成交金额11.3亿元,在嘉兴市推广成效各项排名中取得了较好的成绩。其中,成交金额和综合排名均第一,成交笔数第二。二、做好征信客户服务的日常工作。认真做好对外提供个人信用报告查询服务工作,耐心解答信息主体各种问题。全年查询个人信用报告2599份,完成贷款卡年审2714家,完成率84.8%;全年共发放机构信用代码证2682张,变更机构信用代码证320张,各级金融机构查询机构信用代码系统1506次;征集中小企业档案累计586家。征集以来已经累计5121家中小企业,获得授信1338家,累放贷款708.12亿元。三、开展征信管理现场走访工作。根据《中国人民银行嘉兴市中心支行征信管理现场走访工作制度(试行)》,分别对平湖农村合作银行所辖支行、湖州银行平湖支行和平安银行平湖支行就贯彻执行国务院《征信业管理条例》情况进行走访。主要收集其征信工作相关资料、了解其征信工作开展情况、分析其存在的问题,督促整改。四、开展第七个"信用记录关爱日"宣传活动。活动期间,各金融机构利用网点众多的优势,在营业网点LED电子屏幕、液晶互动系统显示"珍爱信用记录,享受幸福人生"的宣传口号。在柜面摆放宣传资料,向客户赠送征信知识宣传手册,热情耐心地为客户提供征信业务咨询。五、组织开展"金融诚信企业"评选活动。为进一步倡导建立良好的社会信用环境和信用秩序,推动地方信用体系建设,根据《平湖市金融诚信企业评选及表彰办法》,结合评级工作,继续组织开展"金融诚信企业"评选活动,对

2014 年度 55 家企业授予“金融诚信企业”荣誉称号。六、开展征信执法检查。对平湖工行、浦发银行进行征信执法检查，主要从征信内控制度建设、系统使用与管理、数据质量、征信信息保护等方面进行现场检查。

【发挥调研参谋决策作用】 2014 年，平湖支行为更好地发挥调查研究工作对货币政策决策的支持、参谋作用，主动调查研究，积极探索，调查研究成果显著，文章相继在人民银行总行、总部和杭州中支重点考核调查研究刊物上录用。主要有：《美国空置房屋和土地再利用政策对我国的启示》在人民银行总行调查统计司《金融统计与分析》刊登，《互联网金融监管问题探讨》《信贷支持“五水共治”调查》和《对平湖市产业结构调整机制创新试点的调查》分别在人民银行上海总部调查统计部《上海金融探索实践》第 3、6、7 期上刊登，《美国空置房屋和土地再利用政策对我国的启示》《银行理财业务发展对利率市场化的影响》和《国内外 P2P 运营模式比较对我国网络贷款发展的启示》分别在人民银行杭州中支研究处《浙江金融研究专报》81 期、115 期和《浙江金融研究报告》120 期刊登。

【推进反假反洗钱工作】 一、开展反洗钱风险评估(5C)工作。根据《嘉兴市金融机构反洗钱风险评估(5C)评估工作实施方案》，支行组织对辖内法人机构平湖工银村镇银行实施反洗钱风险现场评估。二、联合整治支付结算领域违法犯罪活动，整合人行、公安及各银行机构等部门资源，加强对支付结算领域风险研判、案例收集与分析、信息通报和宣传教育工作，建立畅通、高效的情报信息交流、案情会商机制，提高防范和打击支付结算领域违法犯罪活动的整体协作效能。2014 年，移送 1 例可疑交易线索，并密切关注上年移送的 2 例可疑线索的账户异动情况，并作进一步的调查甄别分析。

【净化支票使用环境】 2014 年，共受理支票违规行为举报 46 笔，涉及违规金额 380.54 万元，发出行政处罚决定书 37 份，拟处罚金额 16.09 万元，20 笔罚没款缴纳入库，入库金额 6.11 万元。

【推进支付结算电子化进程】 一、开展网上支付等电子支付业务的推广应用工作，创建各类电子支付示范区。2014 年，完成 3 个“网上支付应用示范区”、1 个“手机支付示范区”的创建；2 个“刷卡无障碍示范区”通过浙江省银联的现场验收。二、寻找电子商业汇票业务增长的突破口，引导并推动电子商业汇票的流通使用，提高电子商业汇票业务的客户签约率和交易量。2014 年，累计签发电子商业承兑汇票 66 笔，3.62 亿元；贴现 48 笔，2.33 亿元；转贴现 28 笔，1.92 亿元；均比上年同期有不同程度的增长。三、加强对银行卡助农取款服务管理，上半年安排辖内承办行对助农取款服务网点进行全面自查，并有针对性地现场抽查 6 家服务网点，指出各自存在的问题，要求承办行在规定期限提出整改的方案，限期整改或者提出撤销服务点的申请。2014 年，全市 94 家助农取款服务点共办理小额取现 8819 笔，金额 360.85 万元；代理转账 6241 笔，金额 203.77 万元；转账 791 笔，金额 671.03 万元；查询业务 2287 人次。

【加强国库工作】 一、完善对外的非现场监管机制，结合财政专户资金监测系统上线，进一步完善代理国库业务非现场监管机制，将所有财政专户资金和财政定期存款纳入监管视野。二、对内监管注重发挥内审机制作用，以国库资金安全为主线条，把好每一个国库资金出口关、账户对账关、账表数据核对关。三、进一步加强对代理支库的日常管理,有效控制国库资金风险。主动协调代理支库、代理银行、征收机关之间的关系,解决乍浦代理支库资金划付渠道。四、对辖内3家代理国库集中收付业务的商业银行开展现场检查,并努力将检查项目做成精品工程。五、以业务竞赛活动为契机,夯实国库会计核算基础。组织参加嘉兴中支“强理论、增技能、提质量”会计核算业务竞赛活动,通过召开赛前动员大会,激发参与竞赛的热情,积极备战,最终获团体二等奖,并且包揽个人前三名。

【加强外汇管理工作】 一、通过运用跨境资金流动监测系统成功总结出“运用跨境系统获取结售汇明细法”,该方法可以及时发现异常结售汇,实施精准核查和查处,维护国际收支平衡,这方法在全省非现场监测工作会议上得到推广运用并得到总局肯定。二、非现场监测工作走在全省前列。根据国家外汇管理总局提出的由“重事前审批”向“重事后监管”转变的要求,支行通过开展5项事后监管工作,成功总结归纳出“跨境融资租赁混入贸易信贷现象”“挖掘大额注册资金管理公司的隐藏身份”等成功案例,这一做法在全省非现场监测工作现场会上作专题介绍。三、开展专项检查,重点对大额外汇资本金结汇、服务贸易事后监管异常情况开展专项检查。四、加强货物贸易非现场监测及现场核查力度,按月对监测系统中产生的重点监测企业进行非现场监测,记录监管情况,对可疑企业进行现场核查,并对银行进行非现场核查。2014年,共列入现场核查企业88家,核查后列入B类企业管理6家,C类企业1家,移交外汇检查37家;同期现场核查银行8家,共涉及16笔B类企业超额度收付汇业务,经核查,最终全部确认正常;同时加大对违规行处理力度,全年共立案31起,收缴罚没款65.3万元。五、开展国际收支申报数据及结售汇统计数据的现场核查,有效促进申报数据质量提高。六、加大对已出台简政放权政策的落实力度,有效落实外债转贷款、跨境担保、跨国公司外汇资金集中运营、境外直接投资前期费用、境外放款、利润汇出、个人财产转移售付汇等改革措施,做好数据清理和新旧政策的衔接工作。

【开展群众路线教育实践活动】 根据中央和嘉兴中支党委统一部署,平湖支行从2014年2月开始,开展为期8个月的党的群众路线教育实践活动。在人行嘉兴中支党的群众路线教育实践活动领导小组的正确领导和具体指导下,支行党组严格遵循“照镜子、正衣冠、洗洗澡、治治病”的总要求,把握活动关键环节,聚焦解决“四风”问题,紧扣人民银行履职和平湖支行实际,坚持以整风精神、从严要求和务实作风,高起点谋划、高标准推进各项工作,圆满完成学习教育、听取意见,查摆问题、开展批评,整改落实、建章立制各个环节的全部工作。经过专项治理,平湖支行会议同比下降28.7%,文件同比下降4.5%,三公经费同比下降30%,腾退办公用房103平方米。

【开展金融消费者权益保护活动】 在“3·15”前夕组织召开银行业办公室工作会议,布置落实“3·15”宣传活动安排,组织辖区金融机构开展以“畅通维权渠道,保护金融消费者合法权益”为主题的宣传教育活动。按照上级行统一安排,组织辖内各金融机构全面启动“金融知识普及月”活动。活动期间共开展广场、街头宣传活动39次,媒体报道6次,网络宣传3次,悬挂宣传横幅147条,发放宣传册、折页82000份,制作宣传展板、海报168份,播放宣传片36次,发放短信7.4万余条;走进企业宣传5次,走进社区宣传21次,走进市场宣传5次,走进乡村宣传35次,走进校园宣传9次。强化金融消费者保护工作。2014年,平湖支行共受理金融消费者投诉、征询11件,办结10件。(王其高)

•嘉兴银监分局平湖办事处•

【概况】 2014年,嘉兴银监分局平湖办事处深入开展党的群众路线教育实践活动,坚持监管为民,着力改革创新,围绕风险防控,提升监管质效,全力服务实体经济,稳步促进银行业转型升级,更好地支持平湖经济金融稳健发展。

【努力遏制“两链”风险】 针对不断暴发的企业资金链担保链风险问题,银监办紧紧依靠政府部门,多次召开会商协调会议,发挥会商帮扶机制的作用,督促银行业切实履行社会责任,帮扶企业渡过难关。组织银行业开展企业授信联合管理试点,开展风险排摸,控制授信银行家数,促使外部担保关系“瘦身”,封堵或切断担保风险传染通道。至年末,超额完成嘉兴银监分局下达的任务,对有效防范“两链”风险蔓延起到积极的作用。

【强化不良贷款防控和处置】 指导银行业完善风险事件应急处置机制,有效处置突发性重大风险事件,加强与司法、公安部门沟通和合作,坚决打击逃废债行为,严防不良贷款反弹。针对往年大额不良贷款的遗留问题,督促涉险银行加快清收和处置,用足用好财政部、银监会的新政策,采用按月监测,现场督查等方式,加快不良贷款处置进度。到年末,不良贷款累计处置10.68亿元,其中核销8.15亿元,不良贷款率1.37%,比年初下降0.86个百分点,实现“双降”目标,信贷资产质量有了大幅度的提高。

【提高金融服务满意度】 在深化“提升信用品质 服务实体经济”主题活动中,银监办督促银行业进一步下沉金融服务,进村入企,扩大农村地区自助银行和村级便民服务终端建设,解决“金融服务最后一公里”。推广微贷技术,努力提高金融服务乡村满意度:合作银行针对小微企业,设计创新“微易贷”产品;村镇银行创建“易农贷”授信卡,支持商户、农户、大学生创业创新,进一步提升小微企业金融服务的水平。

【加大科技、绿化信贷投入力度】 指导银行业继续加强与科技部门协作,探索建立“科技银行”“科技金融服务中心”,为防范风险,筹建“共同基金”。同时,指导银行业加大对企业技术改造、节能减排、机器换人的信贷支持,推动传统产业改造升级。督促银行机构认真贯彻落实绿色信贷政策,支持生态城市建设和“五水共治”战略项目的信贷需求。控制“两高一剩”行业的信贷规模,加大对节能环保相关产业的信贷支持力度,提升信贷支持企业的科技含量。

【深化金融普惠工程建设】 指导涉农银行加大对农村领域的电子化和自助化的投入,稳步推广金融便利店模式,增加农村ATM机和便民自助机具的数量,全辖新增自助机具57台,扩大金融服务的覆盖面。创建平湖第一家社区银行,推出1家延长服务时间的网点,新建3家小微企业专营支行和1家“女子”银行。进一步扩大农户的小额信用贷款授信面,到年末,仅合作银行统计新增农户小额信用贷款1990多户,余额21.78亿元,新增6.67亿元,较大地提高了农村弱小群体的金融需求满足度。

【提升监管有效性】 银监办根据上级局有

关要求,以改革创新的精神,更新监管理念,创新监管手段,改进监管方式,进一步提升监管的威慑力和有效性。针对平湖金融风险情况,结合市政府"走千企访万户"活动,多次深入基层网点、企业、农村开展调研,了解实际情况,增强监管底气。加大监管力度,一年来下发监管意见书3份、开展法人机构年度监管会谈、审慎监管会谈、三方会谈和约见谈话10次;监管走访21次、走访机构16家;开展现场检查6项,检查机构6家;审核高级管理人员任职资格27人次;接待来访、信访、电话投诉13次、10件。(鲁家鹏)

• 国有政策性银行 •

【中国农业发展银行平湖市支行】 2014年,中国农业发展银行平湖市支行面对复杂的经营环境,找准职能定位,突出支持重点,严控信贷风险,业务经营和内部管理呈现良好态势。年内获得省分行"业务发展突出贡献奖"。

至年末,贷款余额192125万元,比上年净增1520万元;日均贷款余额194536万元,净增30600万元;存款余额54026万元,净增8775万元;日均存款余额54837万元,净增10838万元,人均企事业日均存款列嘉兴市分行第一;实现中间业务收入255.39万元,人均中间业务总收入列嘉兴市分行第一;全年账面利润4915.81万元,同比增加614.13万元;继续实现"四无"目标。

坚持政策性银行的办行方向,理清发展思路,落实"两轮驱动"业务发展战略,突出支持国家粮食安全和城乡发展一体化。一、确保粮棉油收储资金供应。全年累计发放粮油储备贷款4369万元,支持企业轮入县级储备小麦260万公斤,晚粳谷1145.60万公斤,轮入大豆油34万公斤,有效地解决当地农民卖粮难问题。二、大力支持农业农村基础设施建设。围绕市委、市政府加快城乡一体化发展的战略布局,突出支持"五水共治"、土地整治和农房改造等项目。全年累计发放中长期项目贷款55000万元。成功营销并获批平湖市农田水利及防洪工程建设项目和平湖市当湖区块土地储备整理项目,已顺利投放40000万元。

开展风险排查。年初信贷人员对辖内存量贷款客户进行了全面排查和分类排队,确定退出类客户1家,涉及金额400万元,顺利完成该客户的贷款清收退出工作。做好呆账认定和核销工作。对符合条件的呆账贷款进行认定和核销。做好企业评级授信工作。严把评级授信关,全年共受理信用评级企业9家,其中评定A+级企业1家,评定A级企业7家,A-级以下企业1家。核定客户最高综合授信户数9户,授信额为32.43亿元。

加强与政府及财政部门的联系协调,加大财政性存款的组织力度,做好财政补贴资金监督拨付工作,组织财政性拨款和其他各类财政支农资金存入农发行。年末,财政性存款合计25229.35万元,占比存款总额的46.7%。加强对开户企业的存款管理,对项目贷款企业要求提前到位部分资本金,全年累计到位项目资本金29550万元。向当地合作银行开展同业存款揽存营销工作。2014年,共营销6000万元和8000万元同业定期存款两笔。全年实现中间业务收入255.39万元,累计实现国际业务收入2.79万元,列嘉兴市分行第二。狠抓增收节支,落实收息责任,表内外利息应收尽收。严控费用总量,优化支出结构,全年会议费、招待费、宣传费同比分别下降13.48%、15.59%、36.71%。

扎实推进信贷基础管理年活动。开展信贷制度清理,做好内外部检查发现问题的整改。支行修订出台《关于进一步明确资金支付审批事项的通知》,建立内外部审计检查发现问题台账,落实责任,抓好有关问题的整改。将财会精细化管理的目标任务分解落实到每一个岗位，确保重要控制环节、管理事项、相关岗位制约要求及行为规范等落实到人。各业务条线加强操作风险管理，不断增强操作风险监测、控制能力，切实防控操作风险。以信贷、财会、案防为重点开展内控评价，促进依法合规经营。

进一步加大行务公开力度，增强决策透明度和公众参与度，采取建立公开栏、投诉箱、意见簿、召开座谈会等多种形式，接受行内外群众的监督。加强和注重对年轻干部的培养使用，强化条线骨干队伍建设，新提拔35岁以下信贷部副主管一名。深入实施素质提升工程，全行参加各类培训共计92人次。落实反腐倡廉主体责任，组织开展案件风险排查，抓好案件防控和安全保卫工作。参加平湖市金融系统开展的“道德讲堂”活动，并完成8月的主办方工作。开展纪念建行20周年系列活动，按要求完成县级支行营业窗口和门楣的更新，举办支行第十五届金融研讨会。　（朱芳芳）

• 商业银行 •

【中国工商银行股份有限公司平湖支行】2014年，工商银行平湖支行依托平湖地方建设和产业发展规划，牢固树立服务实体经济理念，推动金融创新，加大有效信贷投入，有力支持地方经济社会的发展。截至2014年末，本外币各项存款94.29亿元，较年初新增9.44亿元；本外币贷款余额87.35亿元，较年初增加9.76亿元。加上风险参贷等因素，实际新增融资10.36亿元。加快信贷投放，助推地方经济发展。持续加大对政府类融资平台的信贷支持，尤其为五水共治、城镇化建设、临港物流等提供持续深入的信贷支持，获批政府项目贷款13亿元以上。支持实体经济转型发展，加大金融扶持中小企业力度，改善对中小微型企业的金融服务，充分发挥客户、资金、规模等方面的优势，抓住产业龙头，发展产业链融资和产业集群融资，带动一批小微企业的发展。同时，还参与企业的扩大再投资融资服务，以及加大对招商引资企业的前期基本建设项目的贷款支持力度，努力加大对生物医药、物流港务、现代服务业等领域的信贷投放，全年共为大中企业审批通过5.5亿元的技术改造贷款和固定资产融资，与52户中小型企业新建立信贷关系，综合授信8亿元，全年新增发放中小微企业贷款4.65亿元，并通过网络融资、海外代付、美元融资等品种着力为企业降低财务成本。

加快信贷结构调整和产品创新，拓宽企业融资渠道。创新推广灵活性高、手续便捷的网络融资产品，让客户足不出户享受工行的金融服务，同时减轻企业融资成本。截止2014年末，运用网贷通产品的客户83户，余额超5亿元。大力发展银票业务，累计签发银票约26.7亿元，让企业体验了便捷的新型产品。利用良好的国际业务结算平台，为客户提供快捷的国际结算服务，并且不断推陈出新，加强进口开证、境外融资等高收益业务的推广。进一步锁定远期结售汇、双向汇兑通等资金产品，为企业提供国际结算、贸易融资、理财避险等更多延伸金融服务。全年实现国际结算量38.7亿美元，实现结售汇交易量10.82亿美元。累计实现跨境人民币结算量32.1亿元，累计引进海外低成本融资（风险参贷和海外代付）2.01亿美元，为企业节约财务费用。累计办理远期结售汇2.28亿美元，为进出口企业有效规避汇率风险。

强化客户服务，全面加强金融服务能力。在服务实体经济过程中，切实开展企业的实地勘察与走访，了解企业的经营状况与发展前景，并配套合适的金融产品帮助企业解决融资需求，降低财务成本等。通过金融服务小分队的“三走进”方式，进企业为员工办理银行卡、网上银行等业务,进社区普及各种金融知识。12月17日,开发区分理处经中国银行业监督管理委员会嘉兴监督分局批复升格为中国工商银行股份有限公司平湖开发区支行,同时加快自助设备投放力度,截止2014年末,全行共有ATM机等自助设备91台,自助银行10家。 (陈 瑛)

【中国农业银行股份有限公司平湖市支行】

2014年,中国农业银行平湖市支行以“三负责”思想理念为指导,以提升市场竞争力、价值创造力和风险控制力为目标,至年末,存贷总量达到187.91亿元,居四行第一。本外币各项存款总量104.32亿元,增量4.22亿元;本外币各项贷款余额83.59亿元,增量2.05亿元。表外业务余额20.46亿元,国际结算量累计30.75亿美元。

立足城乡,加大投入,全力支持实体经济发展。加大信贷支持力度,节约企业资金成本,根据平湖市外向型经济发达等特点,千方百计利用境外资金、创新金融产品,既满足企业资金需求,又降低企业财务成本。

启动“重回农村市场,重振农村业务”战略,服务“三农”创新推进。至年末,农户贷款余额13996万元。创建农村金融自治村3个,设立三农金融服务工作室17个,开立村级账户30个,累计安装“惠农通”97台,建设网银村1个,聘任农村金融信息员20名,率先试点开展农房抵押贷款业务。选拔4名干部到镇(街道)任镇长(主任)助理。按镇(街道)组建4个工作组,走访镇(街道)政府50余次,村98个,家庭农场、专业大户、专业合作社70次,完成1334户农户金融档案建档工作。

加快自助网点布局,提升网点经营能力。2014年,开立曹桥、黄姑两家自助银行,对广陈、新庙自助银行进行升格,在全市率先兴建3家驻人式自助银行,方便广大客户的日常金融需求。

以人为本,持续推进员工队伍建设,完善人才选拔任用机制。2014年,通过公开竞聘,选拔8名青年员工进入中层干部后备库,选拔支行业务管理岗位2名、放款中心业务操作岗3名,选拔3名员工进入大堂经理后备、10名员工进入客户经理后备库。

(曹水洪)

【中国银行股份有限公司平湖支行】 2014年,中国银行平湖支行坚持“四敢一不怕”的精神,在服务当地经济社会、践行社会责任的过程中,不断创新发展、不断提升核心竞争能力,在存款、贷款、资产质量、客户基础等各方面为平湖经济社会建设作出了应有的贡献。

至年末,全行各项本外币存款余额45.75亿元,比年初增加5.6亿元。其中人民币存款余额42.75亿元,新增5.92亿元。全口径人民币存款市场占有率6.35%,比年初增0.47个百分点,市占率增幅居四大行第一。全行各项本外币贷款余额45.55亿元,较年初新增3.56亿元。其中人民币贷款余额33.01亿元,新增6.27亿元。全口径人民币贷款市场占有率6.66%,比年初增0.71个百分点,市占率增幅居四大行第二。尤其是人民币零售贷款余额9.33亿元,新增8820万元,全口径人民币个人贷款市占率10.09%,比年初增0.08个百分点,新增量和市占率增幅均位居四大行之首。全年累计完成国际结算业务量25.09亿美元,比上年同期增长4.06%。外管口径国际结算市场份额为34.81%,较年初上升2.84%。全年累计完成跨境人民币结算业务12.59亿元。考核口径市场份额26.54%,比年初上升6.54%。本外币不良贷款658万元,比年初增加637万元,综合不良率0.15%。

2014年是平湖市区域专项改革的攻坚年,平湖中行抢抓时机,围绕市政府提出的

“腾笼换鸟”“机器换人”“电商换市”以及“空间换地”一系列政策措施，把握市场需求，充分发挥中国银行外汇业务的优势和产品优势，为客户提供“适销对路”的新产品，为客户量身定做产品套餐，使中国银行更“接地气”，与地方经济共发展。全年新增授信9个项目，总量13.14亿元，其中浙江景兴纸业股份有限公司新增授信4亿元、浙江物产化工港储有限公司1亿元、平湖市新市镇投资建设有限公司2.6亿元、平湖市港通建设有限责任公司杭平申线项目2亿元、浙江耀江城市建设开发有限公司项目3亿元、合力叉车有限公司1700万元、嘉兴市荣晟包装材料有限公司1200万元、白金汉爵1500万元和信易电热机械有限公司授信总量1000万元。

至年末，各类公司贷款累计投放38.45亿元，其中中小企业累计投放2.36亿元，全年银承签发95448.89万元，贴现9076.96万元。同时积极腾挪空间，叙做海外直贷2.07亿元。贸易融资累计投放61.24亿元（开证31.86亿元，代付4.0亿元，其他贸易融资25.38亿元）。零售贷款累计投放1.95亿元。

2014年，举办“3·15”消费者权益日宣传，5—8月组织开展“金融知识万里行”宣传活动，通过广泛宣传普及金融知识，保护消费者权益。9月，开展“弘扬枫桥经验、金融知识进万家”宣传服务月活动；参与当地政府创卫活动，学雷锋志愿者活动等；全年成功堵截电信诈骗案件4起，涉及风险金额6.88万元。

在行内开展一系列内控案防主题教育活动，加大内控合规检查力度，推进“一岗两职”制，落实内控案防责任人，做到内控案防人人有责。（袁　瑾）

【中国建设银行股份有限公司平湖支行】

2014年末，一般性存款余额107亿元，日均余额105.2亿元，四行占比31.94%，较上年提升1.53%，日均新增7.9亿元，四行新增占比84.15%。

支行充分运用小企业经营中心平台，进一步推广“成长之路”“速贷通”、网络银行电子商务业务等相关产品。推广“助保贷”业务，搭建互信、合作、共赢平台，由地方政府和建行共同筛选企业组成“小微企业池”，支持小微企业生产经营周转，满足企业的融资需求。加强渠道建设，支行与市中医院联合推进银医合作项目“银医通”，即“银医自助化服务”系统平台，该系统成功上线，是支行深入民生领域的一次重大突破，作为“银医合作、服务民生”工程重点项目之一，成为平湖各大医院中首家上线的银医合作平台。

支行从制度、管理、操作三个层面作为抓手并进行落实，通过加快处置、加快核销的方式，2014年共计核销不良资产65户，本金3亿元。年末不良贷款余额比年初减少1.3亿元，不良率下降2%。推进“强化基础管理年”活动，围绕制度完善、流程优化、执行力建设、内部控制、员工培训和科技支撑等六个方面，持续提升管理科学化、精细化水平，发挥基础管理对支行发展战略转型的基础性支撑作用，为支行经营管理能力的提升和业务的发展奠定牢固的管理基础。

继续推行“7+7”规范化标准服务，加强网点星级管理和网点标杆结对，开展“网点每日作业达标”管理，开展网点星级评定、网点员工服务明星评定等活动，以五星级网点服务为标准，从而带动全行网点优质服务。

走进校园、农村、社区、机关、工厂、市场等各类场所，开展“青少年网点服务体验”、开设金融微课堂、“金融知识进农村”和“进区入户”等活动，共组织各类阵地宣传12次，受众人数2000多人，有针对性地开展金融知识阵地宣传活动，满足不同类型、不同人群的金融知识需求。

以劳动竞赛为载体,引导员工立足岗位建功立业,通过"道德讲堂"、开设先进员工代表事迹专场故事会,弘扬"正能量",调动每一位员工的积极性和创造性。开展志愿活动,引导员工在活动中弘扬志愿精神,陶冶情操,提升境界。支行各条线在各类评比和竞赛中创先争优。乍浦支行营业部、雅山路支行分获建行省分行"巾帼展新姿,建功在网点"劳动竞赛先进女工网点;支行营业部获建总行级"青年文明号"称号,城东支行获建行省分行级"青年文明号"称号。（朱 蕾)

【交通银行嘉兴平湖支行】 2014 年,交通银行嘉兴平湖支行直面经营发展压力和各种外部不确定因素,通过全行员工的奋力拼博,克难攻坚,取得一定的成绩。截止年底,本外币存款 15.8 亿元,比年初新增 0.8 亿元;本外币贷款 16.69 亿元,比年初新增 0.74 亿元。支行在嘉兴分行综合考评中获全辖第一名,服务排名位列嘉兴分行第二名。

2014 年,支行对平湖市旅游开发、交通运输、城市基础设施建设、航道建设等项目进行投放,有效支持平湖地方经济发展。支行为小微企业办理无还本续贷业务,减轻客户还本压力,受到好评。签订并投放旅游项目、航道建设两个项目的标准型银团贷款;为 3 家企业办理松散型银团贷款。通过人民银行中征应收账款融资服务平台的登记,进一步加强国内保理业务的合规合法性。结合交行转型发展和外服提升要求,支行首提全方位大营运、大服务理念,即将传统狭意的营运板块、厅堂小服务提升到全方位支行大营运、大服务。支行从上到下,从内到外,将服务作为安全营运、有序发展的"一号工程"来抓。通过一年的努力,支行实现营运达标向提升行迈进,外服评估两次入围全省十佳网点、省分行服务排名第七位、嘉兴分行第二位、外管业务考评无扣分、全年安全运营无案件等一系列行内、行外的形象提升,为支行的稳健长效发展提供服务支撑。支行现有自助机具 13 台,其中当湖街道 6 台,经济技术开发区 3 台,曹桥街道 1 台,乍浦镇 3 台。2014 年,新设自助银行点 1 个,新增自助机具 3 台,增加自助机具布点与普惠网点,扩大金融服务辐射面。

支行参加由公安和银监联办的每季度金融机构安全例会,做好安全台帐的登记工作,做好节前节后的安全检查;制订安全应急处置预案并于每季度进行防抢防盗突发事件、电信电话诈骗演练;全年 2 次分别组织员工学习消防安全知识与演练;做好每月报警设备测试,切实把支行安全工作安排落到实处。有效履行交行的社会责任。发动员工参与"生猪提质减量""五水共治""创建卫生城市义务劳动"等专项活动,并发动员工为"五水共治"捐款。开展与定点社区、村结对活动,参加共建社区义务劳动 30 余人次;参加结对村猪棚拆迁、清河道等工作 70 余人次。

（沈金玉)

【中信银行嘉兴平湖支行】 2014 年,中信银行嘉兴平湖支行贯彻"改革创新、加快转型、管好风险、提升效益"的总体要求,继续创新工作思路,加强员工队伍建设,提升服务技能,顺利完成新、老班子的交接,存、贷款余额分别达到 42.34 亿元、27.58 亿元,主要业务指标较好地完成年度计划。

2014 年,支行加大对政府项目的开发和投入,项目推进取得重大突破。在继续实施创新发展的同时,加快推进重点项目申报审批工作,全年共有授信项目金额 10 亿元获得杭州分行的批准。支行克服规模受限的困难,积极腾挪,顺利放款 5.5 亿元。在此基础上,业务人员全力以赴,继续做好项目申报前的各项工作,多个项目储备方案均已上报上级行审批。

及时确定支行中小企业年度的发展目标库,加大宣传力度,逐户上门联系走访,除了传统的担保方式之外,还大力开展产品创新,和意向中小企业进行信贷合作。截止年末,对平湖当地的中小企业授信总量25亿元,累计发放贷款15亿元。合作企业行业包括光机电、生物医药、新兴科技、优质服装等。

坚持“以客户为中心”的经营理念,继续深化零售网点销售化转型,推进自助银行网点建设,努力创建文明规范窗口,以总行“千佳”的服务标准,推行细节服务,切实提高服务态度和服务水平,发挥窗口形象,7月成功获评总行2012—2013年度“青年文明号”称号。自助设备继续全方位延伸,至年末支行的自助服务点增加到17个,机具增加到29台。

高度重视人员队伍建设和内控合规管理,进一步提高全员合规意识,促进支行持续、稳健发展。支行继续加强员工行为管理,相继开展员工“十禁”行为、非法集资等多次专项排查,以提高员工的合规意识,杜绝道德风险。不断强化会计、信贷等内部管理,有效地防范会计操作风险和信贷风险,通过合规经营,严控风险,确保支行可持续发展与地方金融生态稳定。(戴士勤)

【浦发银行嘉兴平湖支行】 2014年,支行坚决贯彻落实总、分行工作会议精神,截止12月末,各项存款14.47亿元,其中储蓄存款1.53亿元,各项贷款15.65亿元。

支行落实多种措施,抓好客户拓展,推进存贷款业务的发展。一是制订业务发展办法,注重对临港经济板块的营销,主抓化工、石油产业集群区,以贸易融资为主参与授信。二是调整产品结构,挖掘存量客户的潜力,把好风险、抓住效益,扎扎实实做好中小微客户拓展工作。三是创新破难,推行信贷工厂业务,最大限度的满足客户多渠道获得融资和金融服务的需求,加大对中小企业的信贷投入。

继续排查原存量信贷企业风险,一方面在上级行的支持与帮助下,有效保全信贷资产,另一方面切实遵照各项规章制度,严格规范操作流程,把控操作风险和信用风险,使不良资产的损失降到最低限度。先后根据上级行风险排查布置要求,开展授信客户开年后开工情况的检查、钢铁行业风险排查、支行异地控股授信业务风险排查、大额贷款风险排查、贸易融资业务检查、支行转授权情况检查、印章管理检查、授信企业跨地区投资检查、授信条件落实情况等一系列检查,在检查中发现问题,及时整改。对于已暴露风险的信贷资产,及时上报上级行组织清收不良资产,对于存在风险隐患的信贷资产,采取压缩、增加担保、清收等各种措施,防患于未然。

以市场和按揭为主,批量开发个人经营性贷款客户和个人优质以上客户群。在个人理财方面,开展个金产品的销售,通过宣传与努力营销,收到一定的效果,全年多次组织安排人员开展“浦发银行私人金融顾问进社区”活动,确保支行个人银行业务持续稳定的发展。在营运条线管理方面,一是要求全行员工对照“6S”管理标准要求,规范操作,尽心尽责做好为全行客户的第一环节服务工作;二是努力提升网点服务效能,制订临柜员工业务学习制度,鼓励员工争先创优,提高办事效率和服务质量。在营销条线管理方面,继续加强对客户经理的学习、培训,切实提高客户经理的综合素质与业务水平,通过在行内布置宣传浦发银行的企业文化,塑造良好的工作氛围,同时,通过出台业务规范、开展业务学习培训,有效调动员工的业务激情,带动支行各项业务的不断发展。(赵忠良)

【兴业银行嘉兴平湖支行】 2014年,平湖支行围绕“抓改革、求发展,调结构、促转型,控风险、强管理,讲学习、重执行”的工作主线,推行动态沙盘作业,健全营销管理体系,抢抓业务发展契机,切实强化公私联动,强化全面风险管理,提升内控管理绩效,不断扩大品牌影响,实现了各项业务既好又快发展。截至 12 月末,支行本外币各项存款余额 14.48 亿元,本外币各项贷款余额 15.45 亿元,同时,平湖首家社区支行——兴业银行嘉兴平湖服装城社区支行正式挂牌营业。

筑基础、建体系,做强企业金融业务。企业金融条线紧跟分行业务发展风向标。精准把脉分行业务政策,以“沙盘引领、全员营销、客群建设、专业提升、突出特色、加快创新”为指导原则,精准定位业务营销目标,并加强沙盘的动态化、常态化管理,保持沙盘的有效性、实用性和科学性。制订“全员营销”激励措施。

实现环境金融业务突破。支行紧抓政府实施“五水共治”发展战略契机,快速切入绿色金融业务,利用总、分行政策优势,加快项目营销、申报、审批、上报、落地速度。2014 海河联运项目已投放 11 亿元,计划再投放 7 亿元;乍浦化工园区生态修复工程投放 3 亿元;自来水公司管道及配套工程投放 1 亿元。

小企业金融业务创新发展。组建小企业专营团队,实施“服务下沉一级、产品下沉一级”发展策略,牢抓小企业有效基础客户建设,以“易速贷”“流水贷”“连连贷”小企业三剑客产品为平台,以产品灵活组合运用为手段,持续创新担保方式,大力推动小企业金融业务发展。与平湖诚信担保公司合作,推动集群营销,为今后发展小企业业务打下良好基础。

互联网金融业务势头初现。支行紧紧跟随分行业务发展步伐,全面营销票据贷、商票保兑贷、存单贷等网络金融产品,不断扩展分行企业金融业务利润来源、优化资产业务品种、降低风险资产占用。

抓机遇、重产品,做实零售条线业务。2014 年,支行零售团队多次深入企业、社区进行相关产品推荐,同时组织多次金融知识下乡活动,全年零售业绩增长明显。

创文明、争荣誉,营造企业文化氛围。支行努力提升文明创建水平,争创各项荣誉,大力营造和谐、和气、和睦良好的工作氛围,发挥党、工、团组织带头示范作用,全面营造兴业文化。此外,不断加大人员引进步伐,发挥新进员工的“鲶鱼效应”,不断为支行业务发展增添动力、注入活力,形成战斗力。

(金菊芳)

【平安银行股份有限公司嘉兴平湖支行】平湖支行于 2013 年 8 月 29 日成立,内设行长室、办公室、公司部一部、零售理财部、营业部五个部门,2014 年底有员工 25 人。本着“扎根地方、服务一方”的经营理念,努力支持平湖的实体经济发展,大力增加信贷投放总量,提升对重点建设项目、战略性新兴产业、现代服务业、中小企业、“三农”和民生工程的金融服务。截至 2014 年末,各项存款余额 73489 万元,各项贷款余额 71283 万元。

2014 年,支行改变以“时点规模”为核心的传统存款业务拓展方式,强化日均和时点并重的绩效导向和要求,千方百计促进存款快速、稳定增长。支行把信贷支持重点定位在产品有市场、发展有潜力、经营效益好、社会信誉好的中小企业,把支持中小企业和地方经济的发展作为第一使命。在拓展各项业务的同时,确立资产质量零不良目标,认真筛选授信准入客户,严格实行“四个必须”和加强贷后管理,全年将风险防范作为各项工作的重中之重。

坚持“内控惟要”,提高内控管理水平。一是强化内控意识,坚持每季度开展一次内控防案分析会,每季度组织一次安全保卫预案演练及开展一系列的警示教育、职业道德教育等活动,增强全行员工的风险意识、制度意识和自我保护意识,逐步提高全行的管理水平和防风险、防案件的能力。二是健全和完善内控机制,狠抓各项制度落实、实行动态管理,使管理工作更加科学化、规范化、系统化,达到日常警示、长效管理的目的。三是加强自查检查,特别是制度执行情况,重点落实内控管理内源性机制建设,解决业务发展和内控防案流程清晰化问题,将防案关口前移,促进各项制度落实。四是加强党风廉政建设,深化廉政教育,大力弘扬新风正力,形成良好的内控氛围。认真落实党风廉政建设和防案工作责任制,提升防案工作水平。五是认真落实"三防一保"各项工作,完善安防体系,落实安全责任,加强员工教育,提高队伍素质,加强安全防范设施标准化建设,提升防范能力,确保安全稳健经营。

坚持以人为本的经营理念,始终把"发展业务才是硬道理"作为抓党建工作的核心,以"人"为结合点、以业务发展为切入点,坚持党建工作与业务发展相结合,着力提高队伍素质。从服务理念、知识技能、执行过程三个层面构筑"知行合一"的服务体系。加强员工技能练兵和技术测评,制订切实可行的训练计划和考核机制,不断提升服务效率。

支行领导班子带头勤于学习,提升管理水平和应对复杂局面的能力。通过任职资格培训、考试等手段,强化公司客户经理、理财经理等专业岗位任职资格准入管理,并对各岗位客户经理进行针对性培训,储备理财和对公客户经理等领域的专业人才。

(陆建良)

【中国邮政储蓄银行股份有限公司平湖市支行】 2014 年,实现业务收入 5152 万元,完成年计划的 105.2%,比上年同期增长 19.12%;累计实现利润 2540 万元,完成年计划的 105%,比去年同期增长 3.7%。个金储蓄年末余额 284856 万元,比上年末净增 34810 万元,日均余额 267547 万元;公司存款时点余额 4.85 亿元,比上年净增 1.92 亿元,日均余额 3.99 亿元,比上年净增 0.94 亿元。全年信贷结余 10.45 亿元,净增 1.49 亿元,贷款投向主要用于支持当地小微企业,支持地方经济建设。年末不良贷款率为 0.11%,维持较好的资产质量。支行被省分行评为 2013—2014 年度先进集体。全年运营安全、风险可控,未发生案件。

2014 年,一是加强对网点业务操作的合规性管理,实施严格的问责,强化制度执行力;二是重点加强对基层负责人和其他有相应权利人员的监督管理,重点关注储蓄、信贷、公司业务等重点业务操作的合规性;三是加强对整改措施落实情况的检查和督促,把好整改质量关,全面推进风险管理建设,加强操作风险管理。

根据上级行关于开展"合规大行动"活动的通知精神,连续 2 年在全行范围内集中开展"合规大行动"活动,集中找问题、抓整改、促合规。为进一步做好规范服务,增强邮储员工服务意识和服务技能,开展"按章操作,规范行为"行动,全面提升支行服务水平。进一步推动全员学习、熟悉、掌握业务规章制度和操作流程,达到执行制度不走样、业务行为规范不走样。全年支行组织各类培训 12 期;参加嘉兴市分行培训 5 期;参加省分行培训 24 期,全员培训率达 100%。全员学历达到了大专以上。在全行范围内集中开展规范经营回头看专项整治活动,认真落实"七不准、四公开",严防贷款附加不合理条件和收费管理不规范等问题的发生。先后开展操作风险排查 3 * 3 工程——金库管理专项活动、营业主管派驻制、信贷存量贷款风险排查等"信贷排雷行动",实施员工违规处理"两个办法"。坚持每季度召开一次案件防控工作分析会议。

3月起,开展党的群众路线教育实践活动,活动开展期间支行按照上级行的总体部署和总要求,紧密围绕为民务实清廉的主要内容,紧密聚焦“四风”突出问题,严格执行嘉兴市分行党委的统一部署,精心组织实施党的群众路线教育实践活动各项工作。支行内重大事项、制度办法的出台,均通过支行党支部会议或行务会议讨论决定,在涉及全行员工利益时,支行通过召开全行员工大会讨论通过。全年党员、干部无违法、违纪行为,行内员工中无一人上访,未发生上报案件。

(陆爱观)

【浙江平湖农村合作银行】 2014年末,浙江平湖农村合作银行各项存款余额176.69亿元,比年初增加20.82亿元;各项贷款余额114.53亿元,比年初增加10.62亿元,其中农村企业贷款余额86.21亿元,农户和农村经济组织贷款余额24.49亿元;国际结算量10.37亿美元;上交各类税收1.31亿元。2014年,获得浙江省金融机构支农支小优秀单位称号。

与市农办和市委组织部联合发文,在各镇(街道)派驻普惠金融特派员,由各支行负责人担任,参与镇(街道)涉农经济工作。开展第二轮普惠大走访,在“农易贷”拳头产品的推广下,全年新增个人贷款2434户,贷款余额增加5.60亿元,增幅37.06%。利用普惠宣传车每周在各村(社区)开展普惠金融流动宣传,解决农户在信贷、结算、理财等方面的困难和问题。推出“惠农通”强村计划专项贷款,全年累计发放该类贷款36笔,金额5007.2万元。支持“三位一体”发展,包括农民专业合作社、农户和农业龙头企业等贷款余额4.17亿元。发放家庭农场贷款69户,贷款余额2319万元。

加大对全市小微企业的扶持力度,年末支持小微企业1495家,贷款余额82.92亿元。实施利率优惠、手续费减免等方式,降低企业融资成本,让利金额6293万多元。加强小微企业金融服务中心建设,年末3家小微中心贷款余额7.66亿元。在平湖市科技大市场设立科技金融服务中心,增强金融服务科技功能。年末支持科技型企业44户,余额5.95亿元。加强国际业务平台建设,代理行总数801家,全力服务实体经济。

创新金融产品和服务,推出“微易贷”小微企业信用贷款、“拍易贷”抵押贷款、“物易贷”经营性物业贷款等产品,联合政府部门合作推出“惠丽贷”女性专项贷款、“创易贷”青年创业贷款,重点深化创业普惠工作,支持农民创业、大学生创业,扶持小微企业成长。成立全市首家女子银行(当湖支行三港分理处),推出女性专业特色服务。正式上线国际业务网银功能,拓展外汇客户服务渠道。推出贵金属业务,满足客户多方位金融需求。

年末离行式自助银行总数8家;附行式自助银行总数30家。增加便农自助终端的布放数量,提高行政村金融机具覆盖率。年内新增便农自助终端19台,总数40台。助农取款服务点总数46个。全市90个村已有60个村布设电子机具,覆盖率66.67%。

落实绿色信贷政策,配合“三改一拆”,做好生猪养殖业减量提质工作,转产转业贷款主要投向于大棚蔬菜、养虾等种养业,年末生猪养殖贷款比年初下降107户,贷款余额下降1004万元。响应市委、市政府“五水共治,治污先行”的决策部署,组织捐款活动,以单位名义捐款500万元,员工个人名义捐款8.42万元。融入政府“五水共治”专项行动,下派干部到广陈镇泗泾村任治水指导员,配合开展水环境治理等工作。加强信贷投入,全年支持广陈镇龙兴圩区工程建设项目、河流综合整治水系连通工程等圩区、水利项目,防洪排涝设施管理,水污染治理及其他水利管理等项目12个，贷款余额1.54亿元。

（山红梅）

【嘉兴银行平湖支行】 2014年末，嘉兴银行平湖支行人民币总资产28.5亿元。各项存款余额为28亿元，比年初下降1.33亿元。其中储蓄存款余额6.67亿元，比年初上升0.83亿元。各项贷款余额为19.27亿元，各项贷款比年初下降0.98亿元。存贷比为68.82%。承兑余额84416万元，比年初新增8290万元。绩效利润7256万元。

支行各项业务稳健发展。一、调结构。根据总行授信指引，加大对小微企业的信贷投入。开展“小微企业金融服务”“中小企业营销服务竞赛”活动，拓展中小企业金融创新服务，开展设备买方信贷、中小企业贷款周转金等业务，全年共走访小微企业200多户，新增97户。支行累计投放小微企业贷款13.34亿元，占比68.77%。二、重转型。着力拓展个金业务，继续推进企业代发工资、理财、基金、贵金属、电子银行及储蓄新品等多种类型个金业务，加大宣传与考核，取得个人储蓄较快增长。三、促民生。信贷支持政府实事项目，参与“五水共治”民生大事，先后对当湖、新仓和曹桥镇（街道）发放中长期流动资金6450万元。支持水利建设，对杭平申线（浙江段）航道改造工程追加贷款，共计投放1亿元贷款资金。四、严管理。落实“提质增效年”工作要求，全面推进信贷资产、业务拓展、合规内控等各项管理质量和发展水平。健全合规机制，落实每月各类例行检查与不定期飞行检查，以查促改，严格规范各项工作。五、提素质。开展群众路线教育活动，凝炼党性。注重学习与培训，夯实员工岗位业务基础。开展“道德讲堂”“志愿者服务”“结对帮困”等活动，以“先进模范、共建和谐”为引领，体验文优活动内涵。支行营业部被授予“浙江省青年文明号”“浙江省巾帼文明岗”称号。

（汪海峰）

【浙江平湖工银村镇银行】 2014年，面对复杂多变的经济金融形势，全行上下团结一心主动应对，遵照董事会的决策和部署，多措并举，以“调整结构、优化增量、控制风险、提高效益”为目标，紧紧围绕质量效益这一重心，坚持“支农、支小”方向，坚守风险底线，努力推进结构优化和内涵发展。截止12月末，全行各项存款余额11.02亿元、各项贷款余额15.01亿元，全年信贷客户净新增352户，户均贷款87.18万元，信贷结构进一步得到优化，浙江银监关于涉农贷款、户均贷款等十项监管指标全部达标，年末贷款不良率为0.91%，不良贷款和贷款不良率实现“双降”，全年上缴各项税费1691.7万元，实现净利润3160.5万元，超额完成全年预算目标。

牢固树立存款立行理念，确保流动性安全。通过“存贷联动”“产品联动”“服务联动”和“合作联动”，开展有贷户结算归行、代发工资、集零储蓄、网上银行、pos商户的存量挖潜和零余额账户激活营销等活动，客户综合贡献度有了明显提高。着力抓好无贷户和重点客户的拓展营销工作，以镇（街道）、村两级账户营销为突破口，深化服务措施，同时有效发挥支农信息联络员的桥梁作用，争取各类专项资金的归集。在已取得市城防局、环保局、水利局、宗教局、医院、村级账户和无贷户企业存款支持的基础上，继续加强沟通联系。2014年末，局办和村级经济存款余额达到8123.3万元，比上年新增3294.1万元。以银行卡、代发工资、网银和商户pos为抓手，实施“小贷带动”策略，加大与移动和电信的业务合作，深化“移动、电信商户+产品+银行”的业务合作，通过扩大产品服务覆盖面，以取得更多的优质资源。打破一直以来岗位薪酬平均化的“大锅饭”格局，在客户经理中率先试行“岗位浮动工资”制，建立岗位工资与“存款、风险控制”挂钩的浮动机制,以转变被动营销为主动营销,提高客户经理市场营销的竞争意识,激发主动揽存的内在潜能。

探索创新,推进“普惠金融”服务。在前期调查摸底的基础上,探索尝试“小额信用贷款”“科技金融”“普惠金融”和“电子商户金融”服务模式,并出台《科技金融信贷操作管理办法》《农户、商户、创业户小额信用贷款管理办法》,设计推出“共同基金”担保、“易贷通”授信卡等服务模式,先后组织召开个体工商户和个私企业金融服务对接会、创业青年金融服务对接会、创业人才座谈会,到鱼圻塘村送金融服务下乡、送电影下乡等活动,取得了相关部门、商会、协会、试点村的认同和肯定。成立5个项目推进领导小组,明确具体目标,落实专人负责,实施考核推进,充分发挥专注营销的联动效应;成立科技金融服务中心,并落实专人配套服务,建立与市科技企业服务中心的信息对接和资源共享机制,先后在新埭镇鱼圻塘村、广陈镇龙萌村、林埭镇徐家埭村和独山港镇的陆沼村、虎啸桥村,结合农村搬迁和集聚房建设,深入挖掘农村金融需求,共发放“易贷通”授信卡2000多张,发放小额信用贷款700多户,贷款金额1639万元。拓展与移动、电信的业务合作,不断提升服务功能。以商户pos为介质,通过“小贷”带动,成功与移动和电信合作,尝试“移动、电信+银行+商户”合作模式,2014年共为35家移动授权商户安装pos机,有2家商户获得信贷支持,取得良好效果。同时努力突破小微企业融资担保难的瓶颈,通过多方努力,先后与浙江中新力合担保公司和市政府信诚担保公司建立合作关系,拓宽合作渠道,为业务发展创造服务条件。

强化机制建设,提高风险防控能力。结合管理和业务发展要求,先后制订和完善《浙江平湖工银村镇银行风险责任金管理暂行办法》《浙江平湖工银村镇银行风险责任金实施细则》《浙江平湖工银村镇银行信贷业务管理考核评价实施细则》《浙江平湖工银村镇银行贷款利率定价指导意见》《浙江平湖工银村镇银行小额信用贷款操作管理办法》《科技金融信贷管理办法》,进一步强化制度建设,规范业务操作流程管理和风险责任管理。严格按照“四标准”“三性”“三色”“四严”管理的要求,全面落实“总量控制、调整结构、退劣进优、退大进小、有扶有控、分散风险”的信管工作措施,做实“三查”工作,切实防范法律风险,完善集团客户关联企业管理制度和操作流程,逐步切断担保链风险,真实反映贷款质量和集中度风险,落实对“特性”关联企业约见谈话制度,确保存量盘活、风险可控。做好贷款五级分类的清分和认定工作,对90天以上的逾期贷款进行一次全面排摸,真实反映贷款的风险状况,在准确分类的基础上,按照嘉兴银监对不良贷款处置考核的要求(辖内法人机构,如果因处置不力而导致年末不良贷款高于年初的,将下调其监管评级并暂停其2015年的市场准入),全面落实“五个抓”措施(一抓核销进度、二抓处置进度、三抓新发生风险化解、四抓账销案存管理、五抓风险责任认定),年末不良贷款余额和不良率分别为1361万元和0.91%,实现“双降”目标。针对个别员工中存在的不合规行为、印章管理不规范和贷款“三查”不到位等问题,通过建立和完善“一卡八制度”进一步强化监督管理机制,防止道德风险和违规操作风险的发生。同时在全行组织开展“学规章制度、做规范员工”内控防案系列教育活动,通过开展“五个一”和“五对照五查看”活动,全面提升全员的合规操作和风险识别能力。抓好案防薄弱环节的风险排查,制订和实施内控工作“十项”计划,组织开展“突击检查”和“飞行检查”,对风险隐患较为突出的重点业务、重点人员、重点部门组织开展排查活动，落实好“岗位轮换和强制休假制度”“对账制度”“印章管理制度”“信贷管户交叉管理制度”“审批权限分离”等制度，对照银监向银行客户经理提出的“十大禁令”和本行制订的“四十五条禁令”，定期组织风险排查，防范于未然。同时加强员工的行为动态管理，公开廉洁承诺监督内容，定期对员工账户的异常交易情况进行监测核查，提高走访“公安、街道、企业、家庭”的针对性和有效性，及时发现风险苗头，采取有效措施，把风险遏制在萌芽之中，结合员工的工作业绩、工作表现、思想动态和考核考评等情况，有针对性地组织开展员工谈心沟通活动，通过了解、疏导、交心，及时缓解工作压力和思想情绪，不断提振员工的工作信心。按照“四严防、五严禁”的措施要求，实施对信贷客户“高、中、低”担保风险分类管理，对贷款余额排名前50位的企业实施名单制管理，逐步切断“互保、圈保、关联担保”风险隐患，已有8家企业、3800万元关联担保被切断。对存量信贷客户确定年度统一授信额度，明确劣质贷款(含票据融资)“调整、压退、清收”计划，贷款和银票压退规模列入年度授信、用信名单制管理，每月下达退出实施计划，通过“三性”“三色”“四严”等环节的控制，落实“调整、压退、清收”计划1.3亿元。按照全年内控合规工作计划和“七项”风险检查工作的要求，组织开展“全面风险排查”“员工违规行为排查”和控制不良贷款的“二排查一控制”活动，先后组织和接受风险分析评议、内控分析评议和省工行内控专项审计检查五次，及时发现存在的风险隐患，落实整改措施。

实施全员素质提升计划，持续强化队伍建设。按照“提升员工综合素质”的目标要求，内外结合，尝试“菜单式”和“定制式”培训计划，通过“请进来，走出去”“座谈交流”“专题讨论”等办法，提高教育培训实效。全年组织参加银监、人行、工行、同业协会及教育培训机构等各类培训48次。先后与10名劳务用工人员签订《柜员制劳动合同》，调整并实施公积金缴存比例，推行客户经理岗位浮动工资制，加强绩效与风险挂钩考核力度。优化人力资源配置，通过竞聘选拔2名市场部总经理助理，调整和充实市场营销人员，增强营销队伍力量。为改善员工的素质结构，先后向浙江财经等大学招聘新员工5名。发挥党、政、工、团组织的作用，通过组织参与“劳动竞赛”“员工趣味运动会”“送温暖”等系列活动，让员工真实感受到集体的关爱和温暖。 (叶卫忠)

【湖州银行嘉兴平湖支行】 2014年，是湖州银行嘉兴平湖支行经营的第一个完整年度。支行以打基础、求立足、拓市场、谋发展为目标，以切实履行社会责任、支持地方经济社会发展为己任，努力开拓市场，创新服务和产品，各项业务得到稳步发展，社会效益和自身形象同步提升。

2014年末，支行各项存款达6.1亿元，比年初增加2亿元，实现存款业务稳步发展。支行克服机构新、网点少等困难，明确市场定位，努力扩大客户群，年末对公客户超200户，个人客户超3000户。支行各项贷款年末达4.9亿元，比年初增加3.3亿元；余额存贷比超80%，增量存贷比达165%。

在信贷投向上，支行始终坚持以小微客户为主要目标，重点支持一批信誉良好、经营稳定的小微企业，并大力发展个人经营性贷款业务。深入贯彻总行“抓两头，带中间”的市场定位，适度介入政府实事项目，择优支持市政府“五水共治”、提升城市形象的社会公益项目3个，授信项目贷款和中长期流贷1.5亿元。通过与万向信托公司合作，创新镇(街道)平台融资渠道，通过农村合作医疗保险信托计划，为新仓镇、新埭镇共筹集资金

6300多万元,有力地支持了新农村建设。做大表外资产,通过签发银行承兑汇票、履约保函,既节省企业财务费用,又解决企业资金需求,年末支行承兑汇票余额1.1亿元,比年初增加8000万元。

支行始终把合规操作、规范服务作为重点工作。全年支行开展多项业务检查工作。检查范围包括"七不准"规定落实情况,授信档案管理情况,银行承兑汇票贸易背景真实性,抵押物的有效性、足值性、真实性,担保链、担保圈、互保、关联保证授信情况等。支行坚持"两手都要抓,两手都要硬"的经营理念,强化授信后管理,对授信客户逐户上门走访,做好"一户一策"。补充完善多项管理相关制度和实施办法。严格落实岗位责任制,增强全行员工的风险意识;注重加强业务培训学习,提高员工综合素质;加强企业文化建设,增强员工的归属感和凝聚力。(马　昕)

【绍兴银行嘉兴平湖小微企业专营支行】 2014年11月27日开业。绍兴银行嘉兴平湖小微企业专营支行紧紧围绕"寻市场、拓发展、防风险、树品牌"的总体要求,充分发挥"中小客户金融服务专家"的作用,不断完善和优化操作流程,全面落实内控制度,做到业务拓展和合规操作、风险防范有机结合,促使各项业务稳步推进。合规建设稳步提升,在支持地方中小企业发展的同时,自身也取得了经营业绩。至2014年末,全行总资产0.95亿元,各项存款余额0.85亿元,各项本外币贷款余额0.21亿元。

绍兴银行嘉兴平湖小微企业专营支行在充分调研平湖地区小企业经营现状的基础上,践行"立足中小,和谐共赢"的经营理念,充分运用绍兴银行的优势——决策链短、时效性强、沟通快捷、业务灵活,支持地方中小企业的发展,自2014年11月开业至年末,已建立授信关系企业10多户,中小企业占比在90%以上。

支行根据小微企业的融资需求,简化内部审批流程,针对企业生产经营的方式及特点,以及担保方式的不同,在测算企业生产经营成本的基础上,对不同的企业实行最优惠的定价方式。支行有效整合各项资源,从管理、服务、产品各个环节完善自己,年审工厂、国内信用证、中小企业专项信用贷款合作银行、持续滚动发行的理财产品、金兰保特色储蓄存款等丰富的产品链,促进了业务全面、稳健发展,提升了服务的质量和层次,也进一步融入了平湖市场,满足了中小客户金融需求。

(洪春东)

•其他金融机构•

【新当湖农村资金互助社】 2014年,平湖市当湖街道新当湖农村资金互助社严格按照《农村资金互助社管理暂行规定》要求,认真执行审慎经营、规避风险、平稳运行的理念,紧紧围绕"服务三农"这一市场定位,继续为满足社员资金需求提供快捷、高效、优质的金融服务。

2014年末,实现总收入217.40万元,其中农业贷款利息收入146.37万元。各项存款余额1375.09万元。各项贷款2214万元,比上年同期增加176万元,增幅8.64%。全年累计发放贷款176笔,2964万元。贷款用途主要为蘑菇、芦笋等经济类农作物的种植和水产养殖,以及饲料经营等,为农户创业、扩大生产规模提供有效的资金扶持。

互助社继续做好贷款三查制度,及时了解社员个人家庭情况及农业生产经营情况,防范信贷风险。年末,全部贷款均处于正常状态,全年无贷款逾期或逃贷现象发生,不良贷款率为零。(邵红霞)

• 保险公司 •

【中国人民财产保险股份有限公司平湖支公司】 2014年,平湖支公司围绕"以提升盈利能力,保持经营稳定性和可持续性"的总体目标,严格按照"促发展、保效益、防风险"的工作要求,顽强拼搏,扎实工作,在业务经营、队伍建设、企业文化等建设方面都取得了发展。平湖支公司全年完成实收保费18256万元,利润2804.8万元,其中车险保费13435万元。保费收入已连续4年超过亿元大关,遥遥领先于市场同业。公司目前已开办机动车辆保险、财产保险、货物运输保险、工程保险、保证保险、责任保险和意外伤害保险等百余个险种。

在业务经营上紧盯市场,完善管理机制,强化经营渠道,进一步巩固市场主导地位。车险业务以超越市场增速为目标,以提升车险市场份额、加强车险成本管控为着力点,抓存量,提增量,实现了业务高速发展。非车险业务以拓展经营渠道、加快业务发展为出发点,在做好大客户续保的同时,努力挖潜、密切关注政府民生工程。借助保险新"国十条"出台东风,着眼于拓展保险服务功能,推动保险服务经济结构的调整。

作为全市政策性农业保险的首席承保人,2014年全面提升保险对"三农"的保障能力,充分调动农村地区现有资源,统一规划、统一布局、统一管理,建立健全"覆盖全面、管理清晰、运行规范、服务到位"的"三农"保险服务体系,全力支持农村经济社会发展。公司承保了水稻、小麦、油菜等中央政策性农业保险品种和大麦、大棚、大棚蔬菜、露地西瓜、农房五个地方特色农业保险品种,保费收入共计1169.09万元,农户参保率100%,为全市农业生产提供了21.16亿元的保险保障。

在服务管理上树立标准,优化服务,以客户价值责任担当凸显品牌形象。对所有承保、理赔服务环节的标准化建设薄弱环节进行重点纠正、矫正,全面巩固、深化、提升服务标准化建设成果。开展"携手中国人保 共创美好生活"为主题的客户节活动,其间举办"客户节在行动"之客户经理关怀季活动、车友俱乐部葡萄酒品鉴讲座、组织客户观影活动、进社区宣讲活动、开展"多快好省"客户节理赔专项培训和做好重要客户拜访工作。

紧抓企业文化建设,强化工会组织的力量,落实好"员工幸福感工程",扎实推进党的群众路线教育实践活动。开展两季"绕东湖慢跑活动"、自行车骑游活动、组织全体员工进行体检、组建职工篮球队、节假日期间慰问退休员工等,同时做好每月两次以"业务发展"为主题的晨夕会,以此激发广大员工融入公司大家庭的热情,兑现员工幸福感工程承诺,形成以凝聚人心、依靠人心促发展的良性循环,为公司各项工作稳步推进打实基础。 (吴 颖)

【中国人寿保险股份有限公司平湖市支公司】 2014年,支公司以"个险抓队伍、团险提效益、银保重转型"的总体发展思路,紧紧围绕预算和人力两个重点,迎难而上,努力保持公司持续健康发展。全年股份总保费收入2.76亿元。其中:长期险首年标保1820万元,新单首年保费(含短险)13630万元,短期险保费2167万元;综合赔付率48.81%。

在业务发展上统一思想,攻坚克难,确保完成全年预算目标。个险渠道坚持持续有效新增,紧紧围绕全年预算指标做业务。以开门红为主抓手,"国寿争霸"等为平台,各种特色企划案为载体,全年个险共实现标保1645万元,新单首年期交保费2922万元,其中10年期交保费1866万元。团险渠道咬定目标,紧盯市场,提前、超额达成年度预算目标。在确保所有续保保费"颗粒归仓"同时,通过攻关大客户、大企业为突破口,以渠道拓展、政保合作为主导思想全力开拓。全年团险部共完成短期险保费1744.82万元,提前并超额完成全年计划。银保渠道注重基础管理、完善早夕会制度,实现层级管理,目标分解,层级负责,督导追踪。全年共实现标保175万元,首年保费8540万元,首年期交保费1133万元。

在内部管理上坚持基础管理,加强合规教育,切实做好风险防范和管控。严格按照保监局、上级公司的会议精神,深入开展依法合规教育工作,加大防范意识。提高服务技能,加强柜面服务礼仪规范,在岗位计件制的基础上于10月全面实施综合柜员制,尤其对信息完整度、代签名等方面,进一步完善了教育、警示等措施。开展各项"诚信教育"活动,被嘉兴市消费者权益保护委员会评为"嘉兴市第十一届消费者信得过单位",被嘉兴市委评为嘉兴市级文明单位。加强基层党组织建设,严格党内组织生活,开展各项活动,扎实推进依法治企。加强反腐倡廉建设,认真落实党风廉政建设责任制和各项规章制度,深化领导干部廉洁自律工作,增强法律意识和纪律观念,进一步增强公司凝聚力和战斗力。（王叶明）

【中国太平洋财产保险股份有限公司平湖支公司】 2014年,太保产险平湖支公司秉承"诚信天下、稳健一生、追求卓越"的核心价值观,实施以客户需求为导向的战略转型,开拓进取,锐意创新,不断提升服务水平,保持了业务发展和经营管理的良好态势。2014年末,支公司在编职工28人,拥有1家营销服务部。2014年保险业务收入突破5000万元,保费同比增长29%。全年全险种赔款3400余万元,其中车险赔款1800余万元。

多渠道着手,增强发展实力。一、在理赔和柜面服务上加强过程指标管理,不断提升服务效率。二、大力发展非车险业务,制订差异化销售策略。三、加速推进渠道发展,搭建直销、新渠道、银保和车商等渠道。

做好基础管理,提升客户服务水平。2014年,太保产险平湖支公司继续深化服务体系建设,推进全员客户服务理念的升级。注重加强业务员和客服人员业务技能培训,进一步规范柜面着装礼仪,开展收单操作、业务技能、查勘员技能测试等比赛,全面提升客服人员业务技能和素质。通过举办"3·15"保险服务月等主题活动,进一步拉近与客户的距离。参与防灾演练活动,开展承保企业和防灾重点客户的梳理和走访工作,帮助和提醒保户提高防灾措施,营造良好的防灾安全环境。（方雅萍）

综合经济管理

•发展计划管理•

【综合计划管理】 市发展和改革局编制《关于平湖市2013年国民经济和社会发展计划执行情况及2014年国民经济和社会发展计划草案的报告》和《关于平湖市2014年上半年国民经济和社会发展计划执行情况及下半年工作的报告》,并通过市人代会审议。编制2014年度全市向上争取工作计划,共形成五个方面共30项向上争取事项,并做好季度跟踪和年度总结。加强经济运行监测分析,坚持每月有分析、季度形成报告制度,形成经济形势分析材料9篇。协同开展季度工业和服务业样本企业监测工作,对抽样企业进行催报、回访、调整,确保有效问卷率100%。

【规划管理】 开展2014年规划立项工作,共立项各类规划52项,包括经济和社会发展专项规划21个、土地利用规划2个、城乡规划29个。组织起草"十二五"规划纲要实施情况中期评估报告审议意见贯彻落实情况的报告,提交市人大常委会审议。围绕产业结构转型升级和服务业提升发展,编制完成《平湖市重点产业定位和招商对象研究(2014—2020)》《独山港区美国新材料产业园规划》和《平湖市服务业提升发展三年行动计划》。全面启动"十三五"国民经济和社会发展规划编制工作,组织召开全市"十三五"规划编制工作会议,草拟编制工作方案和领导小组建议名单;开展前期调研,着手起草"十三五"规划基本思路;制订《平湖市"十三五"规划前期研究重大调研课题分工方案》,确定22个重大课题,明确每个课题的研究重点、牵头市领导、牵头部门和参与部门,并加快推进课题调研进程;开展"十三五"重大建设项目规划研究工作,建立"十三五"规划项目储备库,研究提出一批项目争取纳入国家、省"十三五"规划的"三个重大"事项。

【课题调研】 围绕经济社会发展重点,开展课题调研,形成多篇专题调研报告,如《关于推进平湖市大型海上风电场项目建设的思考和建议》《关于实施服务业项目准入评价的若干思考》《关于开展政策性蘑菇种植保险试点的思考》《关于我市小城市培育试点工作进展情况的分析报告》《关于加强老集镇建设管理的调研报告》等。围绕经济转型提升、扩大有效投入、完善政府投资项目管理、推进服务业发展、加快接轨上海等重点工作,出台《关于开展经济转型提升年活动的实施意见》《关于进一步提升服务业发展的若干政策意见》《平湖市服务业项目准入评价实施办法(试行)》《平湖市建设工程招标投标实施办法》《平湖市政府投资项目后评价管理办法(试行)》《关于工业企业用水实行差别化水价和超计划加价实施意见(试行)的通知》等共14个政策和意见。

【项目管理】 一、推进沪乍杭铁路建设,已列入全省铁路建设"八八"计划,年末"铁三院"已开始编制预先可行性研究,争取2016年下半年开工建设。二、抓好嘉兴1号海上风电场和华能嘉兴海上风电场项目建设。2个项目动态投资规模约138.03亿元,装机容量72万kW,年末均已完成海上测风塔建设、现场测风、地形测量、地质初勘、海洋水文关系、预可研报告编制和评审,并取得省能源局项目服务联系单,正在开展可研报告及各个专题报告的委托编制。三、加快重点项目建设。列入市"三个百亿"的275个项目,全年完成投资164.1亿元,完成年度计划105.1%。全年完成固定资产投资297.3亿元,比上年增长17.5%。其中不含嘉兴港区和嘉兴电厂完成投资223.7亿元,同比增长16.9%。四、全年共争取列入省发改系统各类重大(点)项目45个,争取中央和省级各类项目补助资金4839.25万元。 (杨雪勤)

2014年国民经济和社会发展主要目标完成情况

指　标	单　位	实　绩	同比±%
生产总值	亿元	478.21	6.5
第一产业增加值	亿元	16.48	-4.9
第二产业增加值	亿元	289.69	6.4
第三产业增加值	亿元	172.03	7.9
地方财政收入	亿元	45.7	8.2
全社会固定资产投资	亿元	289.3	15.9
工业生产性投资	亿元	118.6	21.9
社会消费品零售总额	亿元	149.7	12.0
进出口总额	亿美元	82.1	3.8
出口总值	亿美元	40.7	6.3
合同利用外资(不含港区)	亿美元	5.0	-0.9
实际利用外资(不含港区)	亿美元	3.4	9.7
利用市外内资(不含港区)	亿元	50.5	10.6
城市居民人均可支配收入	元	43192	8.9
农村居民人均纯收入	元	24758	10.1
新增城乡就业岗位	个	2000	3.1
城镇登记失业率	%	2.9	
计划生育率	%	99.4	

•国土资源管理•

【概况】 2014年,全市国土资源局工作以"保资源、保发展、保权益"为根本任务,在"两退两进"、农村土地综合整治、保障发展、卫片执法检查、维护权益、耕地保护等方面取得明显成效。市人民政府获2014年度嘉兴市"两退两进"工作先进集体一等奖、2014年度嘉兴市节约集约用地目标责任制考核先进单位、2014年度嘉兴市耕地保护目标责任制考核优胜单位。

【提升服务保障能力】 一、开展规划局部调整,优化空间布局。完成20个局部调整方案,涉及113个项目,724个地块,规划修改和落实面积3063.4亩。抓好土地利用总体规划调整完善工作,开展全市镇(街道)新增建设用地执行情况排摸,全面梳理全市可用新增用地空间规模和分布。拟定土地规划实施评估后规划调整完善的分配方案,完成土地利用调整完善预布局工作。二、优先保障民生工程、现代服务业和新兴产业等项目,实施投资项目绿色通道和业务联系跟踪制度,加快报批速度,全力保障发展重点。全年共组建上报11个批次,221个项目,报批总面积3258.81亩,新增建设用地2757.969亩。同时加快建设用地供应速度,全市供应各类建设用地181宗、面积3839亩,收取土地出让金25.5218亿元,其中工业用地83宗、面积1847亩;住宅用地48宗、面积1351亩;商服用地3宗、面积98亩;其他用地47宗、面积543亩。三、2014年,上级下达新增建设用地指标2939.6175亩,耕地2315.127亩,实际安排新增2757.9695亩,耕地2279.7005亩。在指标分配中,坚持科学配置新增建设用地计划指标,按照“统筹安排、突出重点、有保有压、优化结构”的原则,合理安排各类建设用地,促进土地要素向重点区域重点行业倾斜。四、紧抓政策机遇,联动发改、经信、商务等部门,加强对接、全面梳理,向上申报重大产业项目和浙商回归项目。全年共有平湖石化、浙江嘉盛新材料等4个项目列入重大产业项目库,用地总面积795亩。独山港镇污染村庄紧急避险项目获得三项省级指标,用地规划空间和计划指标、补充耕地得到有效解决。通过向省厅争取,全年共获奖励、追加等各类新增建设用地指标1992.8亩。

【提升耕地保护水平】 一、出台《平湖市“十二五”高标准基本农田建设实施方案》,明确各镇(街道)高标准基本农田建设任务、建设类型和标准,完成平湖市2014年度高标准基本农田建设项目立项工作,立项面积6.2217万亩,其中提升类5.3427万亩、建设类0.8790万亩,超额完成嘉兴市下达目标任务。同时,不断推进建设用地耕作层剥离工作,开展建设用地耕作层剥离再利用项目3个。二、编制农村土地综合整治的五年项目实施规划,明确在五年内完成编立项目67个,完成土地综合整治复垦面积6735亩,力争达到9750亩。进一步完善土地复垦激励政策体系,出台《关于调整完善农村土地综合整治激励政策的意见》。2014年,全市完成建设用地复垦1049.6亩,新编立项农村土地综合整治1490.8亩,完成垦造耕地891.37亩,分别完成全年目标任务的105%、107.3%和111.4%。三、完善耕地补偿实施办法,出台《平湖市基本农田保护补偿机制实施细则》,进一步强化耕地保护责任,明确基本农田补偿标准为每亩每年50元,对农村土地综合整治形成的高标准基本农田区块,纳入基本农田整备区,一并实施补偿。实行差别化补偿政策,基本农田补偿费向粮食生产功能区、高标准基本农田保护示范区的耕地倾斜;对已建成的高标准基本农田、粮食生产功能区等重点区域内的耕地,补偿标准为每亩每年100元;2014年共落实补偿资金1643.44万元。四、开展土地节约集约和耕地保护电视公益宣传,以世界地球日和全国“土地日”为契机,通过集中上街宣传咨询、局领导集中下基层送政策、“小手拉大手国土知识进校园”、手机短信、新闻媒介、横幅、电子屏等各种途径大力宣传土地国情、市情,进一步促进全社会充分认识国情国策、倍加珍惜和合理利用土地资源。同时在《国土资源报》《嘉兴日报》以及《平湖新闻》《阳光政务》等传媒上共16次刊登、28次播出国土资源宣传报道，宣传保发展、保资源、保权益的成效和做法。

【提升节约集约用地水平】 一、起草《2014年供而未用土地消化利用 促进扩大有效投资专项行动方案》,开展供而未用土地消化利用专项行动。2014年,列入专项行动的开工率达到91.54%、竣工率达到72.22%。消化批而未供土地面积2742亩,完成全年任务1500亩的183%。同时强化建设用地批后监管,加大闲置土地处置力度,深化履约保证金制度,共收取履约保证金1.1822亿元,征缴项目开竣工违约金423.6776万元(同比增加100%),对15宗未按时缴纳出让金的土地收取滞纳金6531.0215万元,对于2宗出让地块拍卖成交后超过2个月未按期缴纳出让金的项目,撤销其出让合同,并没收保证金合计650万元。盘活国有存量建设用地1016亩,完成目标任务的127%。二、继续把“两退两进”作为专项重点工作,全年共腾退低效建设用地项目95宗、面积2400.43亩,完成全年计划目标的120.02%,其中直接收回项目42宗、面积1092.18亩,完成全年计划目标的136.5%。抓好工业企业用地绩效调查,调整完善评价内容,上下联动抓好分类评价。推动实施以企业绩效评价为基础的“1+8+X”差别化政策,初步形成促进低效用地企业腾退的倒逼机制,有效推动“两退两进”工作的顺利开展。三、出台《平湖市城镇低效用地再开发的实施方案》,启动城镇低效用地的现状及潜力调查和低效用地数据库建设。科学编制城镇低效用地再开发专项规划,明确首批城镇196个低效用地7629.2亩的再开发目标任务、性质用途、规模布局、时序安排和保障措施等,全年完成低效用地再开发999.73亩,完成目标任务的138.9%。四、出台《关于进一步加强工业用地差别化管理 促进产业结构调整的实施意见》,进一步严格限制工业用地供应范围,将供地类型分为优先供地类、限制供地类和禁止供地类,努力保障节地型产业和节地型企业用地。针对不同的供地类型,实行工业用地差别化配置、供应政策。同时,实施工业用地土地完全产权分阶段权证管理,即“开发建设期+项目竣工试运期+正式运作期”分阶段评估管理模式。

【维护群众合法权益】 一、完善征地补偿政策,与人力社保局协调,再次提高被征地人员基本生活保障金和基本生活补助金标准,并对全市征地区片综合价和补偿标准进行调整,分别印发《平湖市人民政府关于调整征地区片综合价的通知》和《平湖市人民政府关于调整被征地人员基本生活保障金和基本生活补助金标准的通知》。二、切实做好重点时期和节假日的维稳工作,高度重视信访工作和市长电话及“百姓事,马上办”民生网络事项办理,实行重要信访事项领导包案。加强和完善国土资源初信初访“两见面、一到场”,坚持“一把手”负总责,实施全员维稳责任制考核,认真化解群众来信来访。全年共受理来信、来访和市长电话97件,办结率100%。三、制订《平湖市国土资源执法监察“阳光工程”建设实施方案》,全面公开内容、程序和结果,创新公开方式,主动接受群众全面监督,营造公开、公平、公正的环境。进一步深化土地利用总体规划阳光工程建设,在原来仅有新仓镇石路村一个村级阳光规划公开栏的基础上,新增设当湖街道通界村阳光规划公开栏。进一步规范征地工作,实施征地阳光工程,依法履行报批前告知、确认、听证程序,严格执行“二公告一登记”制度。四、针对新村建房缺空间、建房落地难问题,和有关部门一起优化、调整两新工程布点规划。全年安排农民建房计划单列新增建设用地指标78亩,核拨340亩预留基本农田指标,占全市剩余预留基本农田指标的60%,

专项用于解决无房户、危房户建房问题。同时开展农民建房需求调查,出台《平湖市农民建房用地管理办法》,保障农民依法有序建房,重点解决好无房户、危房户和住房困难户建房问题。实施农村土地综合整治,通过增减挂钩指标确保农民建房需求。为切实保障农民住房合法权益,起草《关于加快推进农村宅基地确权登记发证工作的实施意见》。

【推进执法监察工作】 一、扎实开展土地执法巡查,实现土地执法监察和"两违"整治快速反应机制。2014 年,局监察大队和国土所共巡查 535 次、1634 人次,发现非法占用土地和违章搭建 87 宗,总面积 1241.8 亩,其中耕地面积 794.1 亩。已拆除销号 26 宗,面积 7.7 亩;责令停工 53 宗,面积 1291.4 亩。下发《责令停止土地违法行为通知书》37 份,向相关责任主体发出《土地违法行为告知函》28 份。国土资源违法行为发现率、制止率和结案率 95% 以上。出台《平湖市违法用地立案销号全程监管处理办法》,明确部门和镇(街道)职责、具体操作和监督考核,努力破解违法用地执法监管难的问题。二、严肃查处国土资源违法违规案件,共调查各类违法用地 70 宗,面积 451.9 亩,其中违章猪舍 19 宗,面积 66.7 亩;码头堆场 21 宗,面积 239.4 亩。作出行政处罚 30 起 145.8 亩,作出罚款 208.95 万元,没收建筑物、构筑物移交财政 32 件,建议党政纪处分 15 起,移送公安机关 4 件,涉案 5 人采取刑事强制措施,其中 2 人被追究刑事责任。三、抓好"三改一拆"、违章猪舍、"一户多宅"、码头堆场等专项整治工作。着重做好违建猪舍的立案调查、督查拆除工作,重点对违法用地面积大、环境污染严重的违法畜(禽)舍案件进行查处。继续牵头实施"一户多宅"清理工作,全面完成全市"一户多宅"清理工作,累计整治"一户多宅"518 户,建筑面积 8.2 万平方米,处置率 100%。牵头组织开展全市码头、堆场、混凝土搅拌站调查摸底工作,制订码头堆场拆违清理百日攻坚专项行动实施方案,重点调查一批重点码头堆场违法用地,共拆除并清理复垦 25 家、面积 168.1 亩。四、组织开展土地卫片执法检查整改。以"三个一批"为抓手,全力攻坚抓整改。市政府与各责任主体签订整改责任书,实行卫片执法整改镇长(主任)负责制。对土地卫片中涉及违法用地整改不力的镇(街道)和相关部门负责人实施约谈。违法占用耕地面积(扣除"历史批文"、农道和非新增建设用地)占新增建设用地占用耕地总面积的比例为 8.81%。

【提升国土资源技术支撑水平】 一、加强地籍管理工作。完成 2013 年度土地变更调查数据成果全面核查整改及 2012 年度卫片执法检查空闲地图斑核查工作,并接受 2013 年度土地变更调查国家级核查。做好地籍业务系统的日常维护和技术支撑工作。切实加快宅基地确权登记发证,开展"两新"工程登记发证送证上门服务及宣传工作,完成 2014 年宅基地使用权登记发证工作,发证率 95%;已建成的"两新"工程建设用地登记发证率 90%。深入推进村庄数字地籍调查,完成全市各镇(街道)两新工程数字地籍调查 3052 户,累计完成面积达到应调查面积的 95%。二、启动新一轮基准地价更新工作。拟定项目实施方案和具体工作计划,并完成招投标工作,采用直接向有关部门索取、发放调查表格和实地勘查调查等方式,完成资料调查和收集、内业处理工作,形成初步成果方案,并开展全方位的意见征求和论证工作。成果方案经修改完善后报市政府审核,12 月底通过嘉兴市局验收。三、行政审批提速增效。2014 年,行政窗口共受理各类办件 27445 件,提前办结率 100%。开展行政审批制度改革,建立行政审批首席代表制度,出台《行政审批制度改革实施细则》,所有审批事项集中到市行政服务中心办公,实行“前台＋后台”运作模式,全面实施“两集中、两到位”的行政审批制度。进一步完善三位一体扩权强所工作机制,新增建设用地项目预审、临时用地审批等六项承办事项;独山港、新仓、新埭镇国土资源所再增加土地使用权变更、注销抵押登记等六项承办事项;将局12项行政审批事项和1项管理服务类事项延伸下放至钟埭国土资源所。四、初步建成建设用地报批结果管理子系统,供地、批后监管子系统以及核心数据库。完成基础底图数据入库,以及1000多个农转用项目、4000个供地项目的整理、补录、地块图形的处理和图形属性挂接,并且对开发整理项目、违法用地项目等业务数据进行汇总。(胡一婧)

•工商行政管理•

【概况】 2014年3月4日,平湖市整合工商局、食药监局的机构和职责,并划入质监局承担的食品安全监管职责,组建市场监督管理局,市场监督管理局统一行使食品药品监督管理、工商行政管理职能,挂平湖市工商行政管理局、平湖市食品药品监督管理局和平湖市食品安全委员会办公室牌子。工商行政管理工作紧紧围绕市委、市政府中心工作,以服务地方经济发展为第一要务,扎实推进工商登记制度改革,整顿和规范市场经济秩序,取得了一定成绩。

【商事登记制度改革】 根据国务院及国家工商总局的部署和要求,2014年,工商行政管理工作以注册资本登记制度改革为先行,深入推进商事登记制度改革,进一步优化行政审批流程,简化行政审批程序,扩大审批服务网络,既确保改革前后全市企业登记工作平稳、有序,又有效激发全市投资创业热情。全年新设立有限公司、分支机构1277家,同比增加58.83%;注册资本964535万元,同比增加52.91%。“先照后证”涉及项目共计10项,登记经营主体153户,办理多证联办3404户,“一址多照”113户,“一照多址”7户。对战略性新兴产业以及服务业中筹建周期较长的涉及前置审批的企业,实施“零审批”,推行申办筹建营业执照,共计办理筹建登记10户。合并原工商窗口与原食药监窗口,实现“一个窗口对外”,形成“大窗口、大登记、大服务”工作新格局,下放延伸行政审批权限给市经济技术开发区市场监管分局,对其他市场监管所(分局)用时,下放名称审批初审权限,实行网上一站式审批方式。启动食品流通许可证、餐饮服务许可证及营业执照“证照合一”工作。出台《关于支持个体工商户和已转型企业升级为公司制企业的若干意见(试行)》,坚持以公司制企业为导向,进一步做好提质扩面工作,全年完成“个转企”312家,其中转公司制企业242家,占比77.56%。在做好“宽进”的同时,主动与其他相关部门建立信息抄告机制和双反馈制度,为审批部门开展跟踪管理,引导市场主体限期办证奠定信息基础,消除监管盲点。全面启动企业信用建设工作,全面贯彻落实《企业信息公示暂行条例》,取消企业年检制度,改为企业公示年度报告制度。至年末,在信用公示系统中,各类即时信息计有11107条,内资企业年报2169条,外资企业年报134条,个体户年报2318条。牵头拟订《平湖市市场监管局进一步加强事中事后监管实施细则(试行)》,下移监管重心,强化源头治理,健全覆盖生产、流通、消费三大领域,构建与简政放权要求相适应的市场监管机制,推进市场监管由事前审批更多地向事中事后监管转变。

【规范市场经济秩序】 坚持严查严管,加大对重点领域、重点行业、重点违法行为的打击力度。针对传销、商业贿赂、不正当竞争、侵犯知识产权和假冒伪劣保持高压态势,维护市场经济秩序。全年办结各类违法案件243件(不含移送及联办案件),其中大案83件,罚没款266.08万元,另移送公安案件16件。加大网络市场监管整治力度,严厉打击网络违法经营行为,周家平在淘宝店销售侵犯注册商标专用权服装一案,入选工商总局10起2014红盾网剑专项行动典型案例。立案查处无照经营案件53起,完成"无转有"1028户。深化"黑网吧"联动管理模式,取缔"黑网吧"27户。开展浙江省无传销市、嘉兴市无传销镇(街道)、平湖市无传销村(社区)三级联创工作。

【推动商标品牌工作】 深入实施商标广告发展战略,全年共指导全市企业上报注册各类商标377件,核准注册商标504件。年底拥有注册商标4121件。其中驰名商标1件;浙江省著名商标30件、嘉兴市著名商标98件,平湖市著名商标108件;浙江省专业商标品牌基地2个,嘉兴市专业商标品牌基地3个;集体商标4件。全市品牌发展新格局初步形成。

【深化消费维权工作】 以新"消法"颁布和"消法"实施20周年为契机,深化消费维权载体和平台创新,开展专题宣传,推进12315维权网络"五进"工程;拓展12315消费维权"绿色通道"建设,提升消费维权的现场处置力和应急反应力。推广实施城市商圈维权模型,发展消费维权义工队伍。完善消费教育宣讲团、老年消费教育学校等平台,扩大消费教育覆盖面。成功调解老年人群体性消费投诉、外来新居民购房群体投诉等多起群体性事件,有效维权维序。全年共受理消费申诉773起,挽回消费者经济损失204.25万元。

(王璧恒)

•物价管理•

【概况】 2014年,市物价局紧紧围绕"稳物价、促发展、惠民生"工作主线,履行各项价格职能,加快推进价格改革,强化价格和收费监管,维护价格总水平基本稳定,推进作风转变,不断提高履职能力和水平,努力为全市经济社会发展营造良好的价格环境。

【实施差别化电价和阶梯式加价政策】 一、实施范围:(1)《关于公布部分高耗能产业实行差别电价认定标准的通知》文件规定的钢铁、铁合金、电解铝、电石、烧碱、水泥、黄磷、锌冶炼等8个高耗能行业中使用、生产列入国家、省限制类、淘汰类生产设备、产品的企业。(2)列入《平湖市印染造纸制革化工等行业整治提升方案》未完成整治提升、整合重组、关停的企业;列入《关于加快发展新型墙体材料的实施意见》中"关于加快粘土砖瓦窑关停工作的方案"的分年关停企业。(3)市工业企业综合绩效评价中评价结果为D类企业以及A类、B类、C类中能源消耗超国家、省实施的能耗限额标准的企业。(4)年用电量超过市政府下达的年度核定电量的工业企业。

二、实施标准:(1)对属于8个高耗能行业中的限制类、淘汰类企业实施差别电价。电价按照国家规定,在《浙江省电网销售电价表》中相应电价的基础上每千瓦时分别加价0.1元和0.3元。(2)对列入整治、关停的企业;工业企业综合绩效评价中评价结果为D类企业以及A类、B类、C类中能源消耗超国家、省实施的能耗限额标准的企业实施惩罚性电价。①列入《平湖市印染造纸制革化工等行业整治提升方案》未完成整治提升、整合重组、关停的企业,列入《关于加快发展新型墙体材料的实施意见》中"关于加快粘土砖瓦窑关停工作的方案”的分年关停企业,比照限制类电价加价标准,电价每千瓦时加价0.1元。②D类企业中能源消耗不超限额标准企业,比照限制类电价加价标准,每千瓦时加价0.1元;能源消耗超限额标准企业,比照淘汰类电价加价标准,每千瓦时加价0.3元。③A类、B类、C类中能源消耗超限额标准一倍以内企业,比照限制类电价加价标准,电价每千瓦时加价0.1元;能源消耗超限额标准一倍以上企业,比照淘汰类电价加价标准,电价每千瓦时加价0.3元;能源消耗不超限额标准企业,按照标准电价执行。(3)对年用电量超市政府下达的年度核定电量的工业企业实施阶梯式加价,企业除正常缴纳电费外,超核定电量部分加价缴费。①工业企业综合绩效评价中评价结果为B类企业,超年度核定电量20%以下部分,不实施加价政策;超年度核定电量20%至40%部分,每千瓦时加价0.1元;超年度核定电量40%以上部分,每千瓦时加价0.3元。②工业企业综合绩效评价中评价结果为C类、D类企业,超年度核定电量20%以下部分,每千瓦时加价0.1元;超年度核定电量20%至40%部分,每千瓦时加价0.3元;超年度核定电量40%以上部分,每千瓦时加价0.7元。企业同时符合加价标准中的两项以上,累计执行;同时符合阶梯式电价和用能总量超额收费标准的,择高执行。

【实施差别化水价政策】 一、核定用水基数。根据水资源承载能力及供水能力、行业用水定额等因素,结合企业分类进行修正。按照企业前三年中的实际年最高用水量M为基准值,核定年度用水基数N: B类企业M×100%,C类企业M×95%,D类企业M×90%。并根据每年公布的工业企业亩产效益综合评价结果和产业结构调整情况,逐步调整差别化水价和超计划加价实施行业范围。企业扩大产能和生产规模的,由企业提出申请后同比例核定用水量。二、实行差别化水价政策。对制药、化工、造纸、化纤、印染(水洗)、制革、冶炼、电镀等行业中的重污染、高水耗企业,每立方米用水加价0.5元;对列入D类企业、列入市淘汰整治企业未关停整治完成的企业,每立方米加价1元。对既列入D类和市淘汰整治企业未关停整治完成企业,又是重污染、高水耗企业,按每立方米加价1元的标准执行。三、实行超计划用水累进加价水费政策。用水计划内的用水,按照规定价格缴纳水费;超过用水计划用水的,超过部分除按照规定价格缴纳水费外,还需按照下列标准缴纳超计划用水累进加价水费:超计划20%(含)以下部分,按现行水价的1倍缴纳;超计划20%以上、30%(含)以下部分,按2倍缴纳;超计划30%以上部分,按3倍缴纳。四、实行水资源费超额累进加价政策。除城市公共制水企业外,对自备取水的单位和个人,超过批准取水量取水的部分,其水资源费按照超额累进加价征收。超过批准取水量不满20%的,对超过部分加收1倍的水资源费;超过批准取水量20%至40%的,对超过部分加收2倍的水资源费;超过批准取水量40%以上的,对超过部分加收3倍的水资源费。按照省物价局、财政厅、水利厅文件精神,2014年明确宗教场所(指经县级及以上人民政府宗教事务部门登记的寺院、宫观、清真寺、教堂等宗教活动场所)的生活用水执行居民生活用水价格和居民生活污水处理费标准。10月1日起调整水资源费分类和征收标准。

水资源费分类和征收标准

分类	收费标准
地表水	
其中:公共供水企业	0.20元/立方米
原水企业	0.20元/立方米

工商业自备取水	0.20 元/立方米
贯流水	0.02 元/立方米
水力发电	0.008 元/千瓦时
特种用水	1 元/立方米
地下水	
其中:一般用水	0.50 元/立方米
特种用水	2 元/立方米

注:特种用水指洗浴、高尔夫球场、滑雪场等用水。

【实施复合计收污水处理费政策】 改革市工业企业污水处理费按实测化学需氧量(COD)浓度和酸碱度(PH值)为标准的收费制度,实行工业企业污水按实测化学需氧量(COD)和有害污染物浓度多因子(即酸碱度〈PH值〉、悬浮物〈SS〉、磷酸盐〈以P计〉、氨氮〈NH_3-N〉等4种)复合计收污水处理费的制度,引导工业企业污水预处理和达标排放。一、入网工业企业污水复合计收污水处理费。列入绩效综合评价范围的工业企业,其入网污水按实测化学需氧量(COD)浓度和有害污染物多因子浓度复合计收污水处理费。计量方式:(1)截至2014年9月30日,对已安装污水排放计量装置的用户和自备水源用户,按排放量计收。若有偷排行为,环保部门从严查处,且当年度污水处理费按取用水量(即售水量和取水量)计收。(2)对未安装污水排放计量装置的用户和自备水源用户,按取用水量计收。二、未入网工业企业污水处理费,按《浙江省财政厅 浙江省物价局 浙江省住房和城乡建设厅关于印发浙江省城镇污水处理费征收使用管理暂行办法的通知》规定执行,其污水处理费收费标准为一般工业企业每立方米2.40元、重污染工业企业每立方米2.80元。不论是入网还是未入网工业企业,排放水污染物符合国家和省规定的排放标准并缴纳污水处理费的,不再缴纳排污费。三、收支管理。按化学需氧量(COD)浓度计收的工业企业污水处理费用于公共污水处理事业。按酸碱度(PH值)、悬浮物(SS)、磷酸盐(以P计)、氨氮(NH_3-N)等4种有害污染物浓度多因子复合计收的工业企业污水处理费,专项用于公共污水处理事业和补助工业企业污水预处理设施设备的更新改造。

按化学需氧量(COD)浓度分档计价标准

单位:元/立方米

实测污水COD值(mg/l)	一般工业企业	重污染工业企业
COD≤100	2.00	2.40
100＜COD≤200	2.10	2.50
200＜COD≤300	2.20	2.60
300＜COD≤400	2.30	2.70
400＜COD≤500	2.40	2.80
500＜COD≤600	2.50	2.90
600＜COD≤700	2.60	3.00
700＜COD≤800	2.70	3.10
COD＞800时	每档提高0.50元	每档提高0.50元

注:实测污水COD值按收费月度平均值确定。

按有害污染物多因子(4种)浓度分档收费标准

单位:元/立方米

有害污染物名称	标准值	每档值	一般工业企业	重污染工业企业
酸碱度(PH值)	6-9	1	<6时, 每档加收0.40, >9时, 每档加收0.20	<6时, 每档加收0.60, >9时, 每档加收0.30
悬浮物(SS)	400(mg/l)	50(mg/l)	0.20	0.30
磷酸盐(以P计)				
其中:8≤TP≤50	8(mg/l)	6(mg/l)	0.20	0.30
50<TP≤80	50(mg/l)	3(mg/l)	0.20	0.30
80<TP	80(mg/l)	0.5(mg/l)	0.20	0.30
氨氮(NH_3—N)	45(mg/l)	5(mg/l)	0.20	0.30

注:上述4种有害污染物浓度按月度实测最高值计收。

【实施差别化排污指导价政策】 建立排污权基准价制度,化学需氧量、氨氮、二氧化硫、氮氧化物和重金属分别按2万元/吨、2万元/吨、0.5万元/吨、0.5万元/吨、每项0.5万元/千克设定基准价格,并从2016年起每年按5%逐年递增。建立排污权政府指导价差别化机制,将市域统筹作为环境功能区划分为重点准入区、优化准入区和其他环境功能区,分别实行政府指导价1倍、1.2倍和1.5倍的排污费征收标准。浙江省从4月1日起较大幅度调整了排污费征收标准,水污染物、大气污染物中各因子排污费征收标准分别由每污染当量0.7元、0.6元调整为1.4元、1.2元;大气污染物中的五类主要重金属因子的排污费征收标准分别由每污染当量0.7元和0.6元统一调整为1.8元。平湖市根据《浙江省人民政府办公厅关于在平湖市开展产业结构调整机制创新试点的通知》等有关规定,决定提高燃煤废气排污费征收标准。一、调整提高收费的对象:除承担集中供热功能的热电联产锅炉以外,所有燃煤(焦炭)锅炉、导热油炉、工业窑炉的使用企业(单位)。二、提高收费的标准:在浙江省物价局、财政厅、环保厅《关于调整我省排污费征收标准的通知》规定的基础上,提高征收标准10倍。即:燃煤(焦炭)废气中除五类重金属因子外的各因子排污费征收标准,由每污染当量1.2元调整为12元。配备不同烟气净化设施的燃煤(焦炭)废气排污费征收标准(详见附表)。三、实施范围及时间:中心城区约30平方公里禁燃区自2015年1月1日起施行,其他区域自2015年7月1日起施行。

燃煤(焦炭)废气排污费征收标准

废气净化设施类型	收费标准
燃煤	
其中:单管旋风除尘	339.70元/吨
水箱除尘	339.70元/吨
多管旋风除尘	317.60元/吨
水膜脱硫除尘	295.30元/吨
石灰水膜脱硫除尘	262.90元/吨
碱液水膜脱硫除尘	230.50元/吨
焦炭	
其中:无净化设施	252.30元/吨
水膜除尘	215.60元/吨

【清费减负】 继续推进清费减负工作，取消不合理收费项目，降低偏高收费标准。2月1日起，取消和免征11个部门15项行政事业收费，对54家行政事业单位开展行政事业性收费年审，年审总金额2.18亿元。贯彻执行省物价局、财政厅规定，省级政府部门一般不再直接向企业开展行政事业性收费。加强价格监督检查，规范市场秩序。全年立案查处价格违法案件3起，经济制裁金额61760元，其中退还消费者金额45760元，罚款金额16000元。在“3·15”活动中，向现场群众发放《价格宣传手册》107本，并接受群众和消费者的咨询和投诉。做好群众来信、来电、来访投诉举报和市长电话受理中心及上级部门转来交办单的处理工作。1至10月，共受理各类价格和收费投诉、咨询、举报件、市长电话受理中心交办单及上级转办件30件，办结率为100%。开通和试用12358全国价格举报管理信息系统工作。开展涉农涉企价格和收费专项检查，日常和节假日等检查，加强价格监管，进一步规范市场价格秩序。放开价格管理项目，扩大经营者自主定价权。按照放开竞争性领域和环节的价格要求，根据省物价局的部署，对所有电信业务资费均实行市场调节价管理，对所有非公立医疗机构医疗服务价格实行市场调节价，充分发挥市场机制的作用，鼓励社会资本办医。放开了10项专业服务收费标准。编制行政权力清单、规范权力运行。按照上级工作部署，对行政许可、行政处罚、非行政许可审批事项和管理服务类事项进行逐项清理，促进行政权力公开透明运行。深化完善行政执法责任制，进一步推进规范行政裁量权的行使。

【惠民政策】 推进公立医院医药价格改革，完善药品价格形成机制，鼓励低价药品生产供应，及时贯彻落实国家改进低价药价格管理政策，确保低价药品的生产、供应和使用。同时，加大对新进医保、市场竞争不充分药品降价力度，减轻患者负担。加强和完善教育收费管理，按照《平湖市幼儿园收费管理实施细则》的要求，调整全市公办幼儿园收费标准，加强高中收费管理，取消高中择校费。规范机动车停放服务收费管理，制订《平湖市机动车停放服务收费管理办法》，解决停车收费中出现的矛盾和问题。为推进有线数字电视整体转换模式工作，加快有线数字化网络发展，规范有线数字电视收费行为，按照《政府制定价格听证办法》的规定，经成本审计，出具成本监审报告，并召开听证会，拟定居民用户有线数字电视基本收视维护费标准，提请市政府同意，上报嘉兴市发改委(物价局)并转报省物价局审批。

【做好房地产市场调控工作】 贯彻落实《国务院办公厅关于进一步做好房地产市场调控工作有关问题的通知》《浙江省人民政府关于认真贯彻落实国务院常务会议精神 进一步做好房地产市场调控工作的通知》《嘉兴市人民政府办公室关于进一步做好房地产市场调控工作的通知》和《平湖市人民政府办公室关于进一步做好房地产市场调控工作的实施意见》精神，继续加强房地产市场调控工作，促进房地产市场平稳健康发展，努力控制住房价格在合理水平，重点做好房价备案工作，对新建住房实行“一房一价”备案制度，全年有17家房地产企业开发的31个批次普通商品住房办理了备案手续，备案总面积818185平方米，其中：住宅面积771085平方米，非住宅面积47100平方米。

【抓好价格监测工作】 加强监测分析，提高价格预警能力。按照价格监测目录和一个商品二个价格监测点的要求，及时调整价格监测点，结合市场物价的基本动态，抓住重点和热点问题,有效监测粮食、食用油、猪肉、液化石油气和农资等关系民生和经济发展的商品价格基本动态,同时做好价格趋势预测和综合分析工作,为上级部门和政府决策工作提供第一手材料。全年共报送价格监测分析二十四期,并通过网络及新闻媒体进行价格政策宣传报道,正确引导社会舆论,稳定社会预期。

【开展成本监审和农本调查工作】 按照省物价局对农本调查工作的要求,做好成本常规调查、直报调查及农民存粮、农资购买等专项调查工作,为调整农业生产、农村经济结构,稳定农产品价格,减轻农民负担,增加农民收入发挥作用。为进一步建立健全科学的价格形成机制,根据《政府制定价格成本监审办法》《浙江省定价目录》的有关规定和省物价局浙价成〔2007〕267 号文件精神,按照调整后的成本监审目录,结合工作实际,开展对商品和服务价格成本的监审,并定期开展自来水和污水处理价格成本的监审工作,为科学和合理定价提供依据。

【强化经济和司法涉案物品价格鉴定】 2014 年,价格鉴定、认证、评估工作以经济建设和司法公正等为重点,按照客观公正、实事求是的原则,对刑事、经济、行政以及仲裁案件涉及的各种扣押、追缴、没收及纠纷财物的价格进行价格鉴定。全年共受理鉴定事项 350 件,鉴定标点金额 250 万元。其中公安刑事案件 346 件,标的金额 239 万元;行政案件 4 件,标的金额 11 万元。为维护司法公正、保护当事人的合法权益、促进社会法制建设、维护社会和谐稳定起到了积极作用。

(张跃明)

•统计工作•

【概况】 2014 年,统计工作以科学发展观为统领,夯实统计基层基础,提高统计数据质量,提升统计能力和服务水平,直面压力、奋发有为,在嘉兴市统计局、国家统计局嘉兴调查队统计调查工作考核中,同时获县(市、区)两个第一。

【第三次经济普查获全国先进】 市第三次经济普查领导小组办公室被国务院第三次全国经济普查领导小组授予"第三次全国经济普查先进集体"称号,是嘉兴全市县(市、区)、乡(镇、街道)两级唯一的全国先进集体。市第三次经济普查工作按照突出重点,优化方式,统一组织,创新手段的基本原则,对全市境内从事第二、三产业活动的全部法人单位、产业活动单位和个体经营户进行全面普查。基本摸清各类单位基本情况,查清二、三产业发展规模及布局,查实服务业、小微企业和战略性新兴产业发展状况,对于推动全市经济结构调整,促进经济和社会全面协调可持续发展具有重要意义。

【统计基础基层工作】 继续深入开展统计"双强"(强基础、强能力)活动。推进统计中心规范化建设,总结、推广嘉兴市四星级统计信息中心创建经验,重点抓好当湖街道全省统计基层基础规范化示范点建设。推进星级统计中心复评,2014 年新增五星级统计中心 1 家,四星级 2 家,三星级 2 家,全市 9 个镇(街道)统计中心,共有五星级中心 1 家,四星级 3 家,三星级 5 家。当湖街道统计中心成为全市首个五星级统计中心,林埭、乍浦和新仓统计中心为四星级统计中心。高度重视统计台账制度建设,建立一套"三级"(镇〈街道〉、村〈社区〉和调查对象)统计台账模版,供镇(街道)统计中心推广使用;整合建立一整套、20 多项镇(街道)统计工作制度,下发镇(街道)统计中心参考执行,全面、系统地规范镇(街道)统计工作。

【统计分析服务工作】 坚持为科学发展服务工作宗旨,对经济发展重点指标进行预警分析,向市委、市政府提供经济运行情况分析和各种调查分析,为社会公众提供主要经济社会指标运行情况。充分发挥统计系统掌握信息量大,解读数据能力强的特点,更加关注结构调整、产业升级、发展质量、民生指数等方面的内容,强化月度、季度和年度经济社会运行分析。强化统计课题调研,落实并完成年度统计调研课题 23 个。围绕"一月一快报,一季一分析"和"一天出快报、一周出分析"的要求,提高速度、加大频度、拓展深度,加强统计分析服务。全年编印统计分析报告 62 期(篇),统计快讯 60 期(篇)。《新常态下我市光机电产业转型发展的思路对策》获嘉兴市党政系统优秀成果奖。除常规服务产品做精外,在服务领导层面,探索建立统计主要数据移动终端查询系统;在社会公众层面,充分利用一报两台和网络媒体,建立季度、年度主要数据(GDP、城乡居民两大收入)在市级主要媒体通报发布制度。做好月度小册子资料收集,扩充小册子数据内容,扩展了趋势分析图指标口径,以满足社会各界对统计数据的需求。

【统计业务培训教育】 以统计教育培训的针对性、实用性和有效性为原则,根据全市统计系统及基层单位不同层次需要和不同业务岗位特点,认真落实统计"万人培训"工程,分批次开展业务培训,市、镇(街道)两级共开展培训 365 次(期),培训人员 12045 人次,其中钟埭、当湖、林埭和乍浦培训均突破千人次,并取得较为理想的效果。首次开展免费统计继续教育工作,对全市统计人员进行全员培训。认真做好统计从业资格考试报名工作,报名人数 388 名,创历史新高。有 326 人参加考试,228 人成绩合格,合格率为 69.9%。

【统计法治建设】 利用各种平台,多形式、多角度地开展统计法制宣传教育,突出宣传的广泛性、针对性和有效性。继续与平湖电视台图文频道合作,每天流动播出统计宣传内容;与广播电台签订全年统计法制和统计知识宣传协议;在市政府门户网站"平湖市干部理论学习平台"专栏,加载各种统计法律法规宣传资料;通过统计执法培训、法制讲座、统计课堂及业务会议等多种形式开展集中式学法。深化统计法定义务权益告知确认工作,发放义务权益告知书 2450 份,发放宣传手册 2589 本,测试卷 3500 多张,实现权益告知和普法宣传测试全覆盖。实行"预告一批、稽查一批、处罚一批、曝光一批"统计稽查新模式,完成 50 个单位的稽查和 4 个单位的回访工作,对 19 个单位进行查处,其中警告 17 个,罚款 2 个。同时,完成对市规划建设局和钟埭街道办事处的统计巡查。 (沈高峰)

•审计工作•

【概况】 2014 年,审计工作坚持以科学发展观为指导,全面把握,突出重点,完成项目 28 个。审计查出管理不规范金额 43153 万元,发现问题 98 项,提出审计建议 60 条。共作出审计报告书 28 份,审计建议书 1 份,发布审计公告 4 个,共上报信息 140 篇,组织审计完成结算项目 94 个,核减金额 6711 万元。

【财政财务审计】 组织实施市本级财政 2013 年度预算执行情况和其他财政收支审计,审计发现财政预算管理及执行、财政性资金内部财务管理及核算、税收征管三大类 16

个问题,并分别提出了审计建议。财政部门根据审计建议,出台市级财政资金银行存款保值增值竞争性存放办法,在全市开展财政性资金往来款项清理处理工作,对预算单位银行账户现有结余资金进行认真清理,收回水利局结余资金2198.60万元,重新安排用于“五水共治”。受市政府委托在市十四届人大常委会上作2013年度市预算执行和其他财政收支的情况审计工作汇报,具体反映了全市预算执行、市级部门(单位)、国资公司、政府投资项目、专项审计和审计调查、镇(街道)财政决算审计中发现的问题,并针对发现的问题分别从加强预算管理提高资金绩效、加强政府投资项目监管提高建设质量、加强和完善国有公司管理优化资源配置、加强和规范资产管理确保安全保值等方面,提出进一步加强财政预算和其他财政收支管理的审计意见。开展财政存量资金审计,摸清市财政存量资金的规模和结构,对盘活资金、减少资金沉淀提出统筹安排、压缩专项结余、提高使用绩效等审计建议。组织实施新仓镇、独山港经济开发区、广陈镇财政决算审计,审计发现在财政财务及内控管理、土地出让管理、政府经营性资产管理、政府建设项目管理等方面存在的主要问题,并分别提出相应审计建议。完成市政公用事业管理处2013年度财务收支审计。开展钟埭街道福臻村、当湖街道三港村等14个村征迁资金结算情况审计,厘清自20世纪90年代末至2012年8月底的征迁资金补偿结算情况。

【民生项目审计】 完成市2013年城镇保障房安居工程跟踪审计,全面反映保障性安居工程所取得的成效和存在的问题,客观评价资金使用绩效和政策执行情况,提出完善资金管理、严格执行建设标准、加强后续管理等审计建议。开展慈善总会2013年慈善资金的财务收支审计,对慈善资金的筹集、使用、管理以及管理经费收支情况进行审计。完成2012年度芦新港高标准农田示范工程项目建设资金审计和2012年度新广高标准农田示范工程项目建设资金审计。按照省审计厅要求开展平湖市涉农专项资金审计调查,发现涉农专项资金在设立、分配、使用和管理中存在的薄弱之处,并以审计专报的形式上报市政府,供领导研究、决策。

【政府投资项目审计】 加强协审单位管理,制订协审质量考核办法,开展协审项目审计质量检查,组织开展对协审项目档案管理和审计质量检查。召开组织审计工作例会,签订2014年度廉政工作责任书;全面使用《政府投资项目审计管理系统》,流程管理与协审质量考核有序进行。对新仓镇农贸市场等94个单位工程竣工结算进行审计,累计送审造价76692万元,核减6711万元,核减率8.75%。开展新埭医院绩效审计,完成第一幼儿园迁建工程、平湖技工学校迁建工程和市老年大学迁建工程预算执行审计。

【领导干部经济责任审计】 根据市委组织部《审计任务建议书》要求,完成13个单位16位领导干部的经济责任审计。加强与组织、纪检部门的协作,在独山港区和科技局的审计中采取经济责任审计与党风廉政建设巡查相结合的方式,实行巡审联动。完善领导干部经济责任审计监督制度,对2013年的审计结果进行评价分类,市委办发文通报。

【专项审计调查】 开展平湖市公务消费公款支出审计,组织市本级137家单位对2013年度公务支出公款消费情况进行自查。在自查基础上,组织国家审计机关、内部审计力量对21家一级预算单位、33家二三级预算单位、11所学校及27家国资企业2013年度的公务支出公款消费情况进行专项审计。开展平湖市康泰小额贷款股份有限公司、安信小额贷款股份有限公司2013年度经营风险专项审计调查。通过调查,掌握了两公司2013年度的经营情况、政府扶持情况、发展困难情况,并就审计发现的内部管理不严、贷款损失准备金计提未达标、公司法人治理不够健全等问题提出审计建议。实施市公交车运营情况专项调查。根据审计署统一安排,抽调12名审计业务骨干分别赴湖州市本级和安吉县开展国有土地使用出让权收入收支审计。做好到平国土审计组的后勤保障工作。

【审计质量管理】 牢固树立审计质量是生命线的理念,组织开展"审计质量提升年"活动,修订完善《平湖市审计局审计项目质量控制实施办法》,强化审计现场管理,实行审计任务清单制,创新考评方式,实行参与式、点评式考评。

【审计整改】 按照市人大常委会关于加强审计发现问题整改的工作要求,实行"销号"管理,从建立健全制度着手,强化审计发现问题整改,初步形成人大专项监督、政府重点督查、部门联动督办、审计跟踪整改的四层联动推动整改工作机制,顺利通过人大常委会对审计整改工作的满意度测评。应整改的74项问题已完成整改66项,审计整改率为89.2%。

【内部审计】 重视内审机构建设,完成内审协会的换届,完善局内科室联系指导内审工作的制度,加强对内审工作的指导。组织150名内审人员开展业务培训,提升内审人员的业务素质。内审工作正式列入市委、市政府对镇(街道)、市级机关部门(单位)的年度工作目标管理绩效考核,研究制订了《内审工作考核办法》。

【审计信息化建设】 加快推进审计信息化,投资200万元开始建政府性资金审计数据中心和跨行业部门的审计综合分析平台。投资审计管理系统通过项目验收,并在审计管理中发挥作用。着手开发建设审计综合信息系统,构建审计监督管理平台。 (王月红)

•质量技术监督•

【概况】 2014年,市质监局紧紧围绕市委、市政府"三年"活动、"九大专项"工作要求,以质量为根本、安全为己任、作风为保障,围绕"为民、务实、清廉",开展党的群众路线教育实践活动,深入推进"质量强市、大质量、大监管、大平台"和"法治质监、科技质监、和谐质监"建设,努力推动各项工作上新台阶。

【深化质量强市战略】 扎实推进质量强市、强镇、强区、强业、强企"五强联创"工作。出台《2014年平湖市质量强市行动要点》和《平湖市政府质量奖培育三年规划(2014—2016年)》,确定各级政府质量奖培育对象20家。指导和帮助13家企业导入卓越绩效管理模式,争创各级政府质量奖,修订平湖市市长质量奖评审管理办法,评奖数由2家增加到不超过5家。浙江依爱夫游戏装文化产业公司获得2014年度嘉兴市市长质量奖,这是平湖企业连续第三年获得这一殊荣。

【强化名牌培育】 2014年,平湖市被省政府列为"浙江制造"培育试点县。研究制订《平湖市名牌培育三年规划(2014—2016年)》。确定省、市、县三级名牌重点培育对象125家,确定"平湖服装"为区域名牌培育对象。组织申报各级名牌企业66家,成功创建省名牌5个、嘉兴名牌18个、平湖名牌22个。至年底,全市拥有浙江名牌20个(其中省区域名牌1个)、嘉兴名牌56个、平湖名牌65个。

【推进标准化工作】 对全市39项地方标准规范进行清理和修订,共废止地方标准规范6项,修订1项。参与制订3个行业标准、1个地方标准,全市主导产品采用国际标准和国外先进标准生产率达61.64%。组织开展服务业质量管理认证、童车新标准、服装箱包质量管理等专题培训。全力推进农业标准化工作,成功创建"浙江省农业标准化综合示范县",成为嘉兴市首个省级农业标准化综合示范县。

【加强特种设备安全监察】 全年没有发生特种设备死亡事故。对全市114台重点监控设备、130家全面检查单位实施重点监管。开展氨制冷、压力容器、压力管道专项整治,液化石油气充装、检验单位专项整治,以电梯为重点的特种设备超期未检和检验不合格专项整治活动,共检查单位142家,排查隐患152起,发出安全监察指令书51份;检查特种设备830台,办理停用257台,注销395台。举办6期安全技术培训,受理各类特种设备施工告知1264件,印发各类安全宣传资料9000多份。

【抓好产品质量监管】 加强童车、建材等取证产品的监管,完成省级定期监督抽查132批次,合格率95.45%。先后开展"质监利剑""阳光纤检""蓝剑"专项执法和童车专项整治行动;开展羽绒服装产品质量专项整治。全年共检查各类企事业单位200余家,发现违法行为54起,责令改正14件,立案调查处理40件。年内案件到期结案率100%,没有发生行政复议、行政诉讼情况。

【加强食品安全监管】 联合开展"食品安全百日严打"联合执法,检查企业(小作坊)38家次,依法取缔加工点2个,约谈4家企业(小作坊)负责人并签订整改承诺书。加强监督抽查,对29家企业的32批次产品实施了省级监督抽查,合格率为96.88%。严格生产许可,完成食品生产企业申证换证审查10家,发出食品加工小作坊生产许可证8张。6月份顺利完成食品安全监管职能交接工作。

【推进服务平台建设】 加强省光机电质量检验中心建设,完成光机电省中心二期设备采购,并通过计量认证现场复评审,检测能力已覆盖176个产品及参数,技术机构服务企业1100余家。省光机电质量检验中心被命名为嘉兴市首批中小学质量教育和社会实践基地。开展企业质量帮扶工作,质检所、光机电省中心完成检验、检测1053批次,计量所完成计量器具检定20500余台(件)。组织5家重点用能企业进行能源计量培训,对恒丰科技、日本电产、荣晟纸业等3家企业进行能源计量审查,推动企业节能减排,全年无新增燃煤锅炉。同时,加强环境监测计量器具管理。

【提高服务效能】 开展"行政处罚阳光监督",完善细化行政处罚自由裁量标准,对重点领域强化监督,不断规范行政权力运行,提升廉政风险防控能力。落实省局委托放权的行政许可事项,推进审批层级一体化改革。完成部门权力清单、责任清单编制工作。窗口共受理各类事项14240件,直接办结率100%。共受理12345市长电话15起,12365投诉电话14起,按时办结率、群众满意率均达100%。

【加强队伍建设】 认真组织开展党的群众路线教育实践活动,组织各类集中学习16次,召开各类座谈会10次,共走访企业和农户近800户,查摆个人问题88个,其中"四风”问题71个,互相提出批评意见24条。制订班子整改落实方案和“四风”突出问题专项整治方案、制度建设计划并抓紧加以落实,局“三公”经费同比下降43.7%,其中接待费同比下降89.7%,各类文件、会议和活动控制成效明显。发挥质监部门优势,打造“平湖蓝剑”服务品牌,引导广大党员干部在“服务发展、服务民生、服务基层”方面充分发挥先锋模范作用。助推“四换三名”“五水共治”等全市中心工作,派出1名党员干部担任驻村治水指导员。共有300多人次参加“清三河”行动,有150多人次到挂钩联系村进行走访。（陈秋月）

• 食品药品监督管理 •

【概况】 2014年,食品药品监督管理工作充分发挥机构改革的聚合效应,整合食药安全监管力量,围绕保障食品药品安全这一主题,全面整顿和规范食品药品市场秩序,突出工作重点,不断创新食品药品安全监管模式,圆满完成全年各项工作任务。

【推进食药监管体制改革】 全市市场监管系统着眼于“早融合、早运作、早出成效”,以“同步思考、分步实施”为推进原则,以“人合、事合、心合”为目标,抓住机构改革的核心所在,对部门职能、机构、资源进行优化组合,认真做好“三定”方案、合并办公、基层设置等各项工作。至2014年8月,已完成内设机构组建、双聘工作实施和基层市场监管所(分局)成立。新设4个所(分局),监管力量下移,实现全市8个镇(街道)监管驻点的全覆盖,体制改革工作走在嘉兴市前列。推动镇(街道)和村(社区)完善监管力量,全市所有镇(街道)都设立食品安全综合协调办公室,拟订《食品安全协管员队伍建设方案》,完善食品安全基层网格化建设,推进食品药品安全属地化监管。

【推进食品安全监管】 以食品安全百日严打行动为主线,注重源头控制、高压监管。开展食品安全百日严打、农贸市场自制食品清源行动等各类专项整治33项,百日严打行动累计出动执法人员4453人次,约谈违规企业39家,公布黑名单企业1家,受理举报投诉23件,打掉“黑窝点”“黑作坊”等15个,行政立案133起,涉案金额39余万元,罚没款53.5万元,移送涉嫌犯罪案件8起。

【完善食药在线监管平台】 建设“阳光厨房”27家,出台阳光厨房项目技术要求方案,将在“阳光厨房”单位中推行在线监管,搭建智慧云平台。全市范围内所有药品生产批发企业和零售店已全部纳入信息化监管范围,实现基本药物电子监管码在线跟踪、药品批发企业药品储存条件温湿度在线监管、药品零售企业药品进销存在线监管、驻店药师上岗考勤在线监管。

【推进检测资源整合】 整合全市的食品安全检测资源,划入市质监局、农经局所属涉及食品安全的检验检测机构、人员、装备及相关经费,在嘉兴五县(市)两区率先建成统一配置检测设备、统一制订检测计划、统一检测标准、统一享有检测结果、统一信息发布“五统一”的食品药品检测中心,使平湖市的食品检测能力和食品安全保障水平跨上一个新的台阶。

【强化药品医疗器械全程监管】 全面推进药品医疗器械生产质量管理规范(GMP)的贯彻实施,对已通过规范认证的企业开展回顾检查和飞行检查,生产企业检查覆盖面100%。以药品经营企业换证为契机,着重推进新版药品经营质量管理规范(GSP)实施和认证工作,全年共有90家药品经营企业通过新版GSP现场检查。加强对植入(介入)类、特殊验配类、免费体验类等重点经营企业的监管,对39家医疗器械经营企业进行全覆盖检查。巩固“规范化药房”建设成果,以基本药物为重点,开展药品质量检查和监督抽验,中药饮片的质量和购入渠道检查,口腔科材料、体外诊断试剂、大型设备等医疗器械检查,并按市级医院、卫生院、民营诊所(门诊部)、厂校医务室等实施分类监管,共检查医疗机构150家。

【整顿规范药械市场经营秩序】 针对性地开展中药材中药饮片质量和滥用硫磺熏蒸专项检查、打击微整形假药专项行动、药品类网站专项检查、特殊管理药品(含特殊药品复方制剂)专项检查、医疗器械“五整治”专项行动及回头看等10多项专项检查。共查处各类违法违规案件39起,结案36起,移送公安部门1起,发出责令整改30份,罚没款37.8万余元,处理投诉举报26起。处理假冒万基洋参胶囊、“6·29”系列微整形假药及未经注册医疗器械案等一系列大要案。

【加强药械不良反应监测和报告工作】 健全和完善平湖市自主开发的ADR智能化监测和报告系统。全年上报药品不良反应(ADR)报告671例,上报器械不良事件(MDR)51例,为及时、有效控制药品风险,保障公众用药安全提供数据支持。

【组织开展“安全用药月”宣传活动】 组织各镇(街道)和相关涉药单位参加“药品安全知识大讲堂”、药品安全网络知识竞赛、执业药师主题宣传等系列活动。通过播放公益广告、张贴海报、电子屏幕滚动和宣传栏展示、启用微信公众平台、开展药学志愿服务活动等载体广泛宣传,普及安全用药知识。活动期间,平湖市共开展药品安全知识大讲堂85场,播放公益广告240次,印发宣传资料2000余份。 (王璧恒)

•安全生产监督管理•

【概况】 2014年,市安监局围绕“强化红线意识、促进安全发展”主题,以“基层基础建设年”活动为载体,强化责任落实,强化日常监管,严格依法监管,加强基层基础工作,深化隐患排查治理,加大宣传教育培训,着力构筑安全生产工作基础,努力稳定全市安全生产形势。全市共发生各类事故(不含火灾)140起,比上年下降5.41%;死亡43人,同比下降8.51%;受伤121人,同比下降5.47%;直接经济损失263.11万元,同比下降18.75%。其中:工商贸领域发生事故4起,比上年下降33.33%;死亡4人,同比下降20%;直接经济损失180万元,同比下降25%。道路交通:发生事故135起,比上年下降4.93%;死亡37人,同比下降11.9%;受伤121,同比下降4.72%;直接经济损失82.61万元,同比下降1.47%。生产经营性火灾:发生事故132起,直接经济损失515.69万元,无人伤亡。发生水上交通事故1起,死亡2人,直接经济损失0.5万元。未发生渔业船舶等领域事故。

【“十打十治”行动】 2014年,分别对喷漆生产经营单位、危化品生产企业、经营带储存企业、化学品罐区、危化品输送管道和粉尘企业开展专项执法行动,排查安全生产隐患,对不符合规定的单位进行严肃处理。8月开始,开展“十打十治”专项行动,督促23家危化重点企业开展自查,在检查阶段全面检查到位,在督查阶段对部分自查不力、整改不到位的企业进行严格督查,发现和消除一大批事故隐患。至年底,共出动577人次,检查企业

211 家，发出整改通知书 32 份，现场处理措施决定书 7 份，查处事故隐患 603 条，已完成整改 600 条，整改率 99.5%。

【隐患排查治理】 以道路交通领域、水上交通领域、建筑施工领域等重点领域开展隐患排查治理工作。在道路交通领域深化安全生产"大排查大整治"活动，相继开展"纠违治危""打四非、查四违""三项清违"、全省城区严重交通违法集中整治及客运班(包)车等专项整治行动，部署开展 S101 省道货运车辆超限超载整治"百日攻坚"行动。在水上交通领域，市港行部门对水运企业和危化码头进行重点检查；市港航管理处与中国石油化工有限公司浙江嘉兴平湖支公司联合开展水上救助、防污染(油污水泄漏)综合演习。在建筑施工领域，抓好深基坑、高支模和起重机械、塔吊和人货梯、直管公房、住宅小区消防安全等专项检查。全年共检查项目 130 个项目次，开出整改通知书 130 份，找出隐患 512 处，其中 5 个工地责令停工整改，7 个工地局部停工整改。

【宣传教育培训】 在 1 月及 6 月安全生产"双月"期间集中宣传造氛围。在抓好日常安全宣传教育基础上，1 月组织开展全市第七个"公共安全宣传月"活动；6 月组织开展全市第十三个"安全生产月"活动。通过标语横幅、市级新闻媒体、发送短信等各种媒介及形式贯彻落实新政策新法规，进一步提高企业安全意识。重点突出一般性生产经营单位主要负责人、企业安全生产管理人员、特种作业人员等"三类人员"的安全培训。全年宣教中心共开展各类培训班 36 期，培训人员 3697 人，其中：村(社区)协管员 144 人，企业负责人 1504 人，安全管理人员 2049 人。

【安全生产执法】 按"四不放过"(事故原因没有查清不放过；事故责任者没有严肃处理不放过；广大群众没有受到教育不放过；防范措施没有落实不放过)原则严肃查处安全生产事故，全年查处生产安全事故 4 件 7 起，一般行政案件 6 起，立案数共 13 起，行政罚款 171.85 万元，按规定及时完成事故调查、处理、结案，事故按期结案率 100%。根据新修订的《安全生产法》，12 月，依新法处罚一家违法生产危化品企业。受理群众来信和举报 12 起，处理结果满意率 100%。规范行政审批，共受理并审查行政许可 312 份，其中安全生产许可证换证 4 份，危化品经营许可证申请换证变更 17 份，使用危化品安全评价报告备案 21 份，第三类易制毒备案 9 份，试生产备案 9 份，应急预案备案 24 份，烟花爆竹经营(零售)许可证 228 份。

【长效机制建设】 推进企业安全生产诚信机制建设和标准化建设的相互融合发展，督促、引导企业落实安全生产主体责任，着力提升工贸企业的安全生产规范化管理能力、安全保障能力、事故隐患排查治理能力和安全工作持续改进能力，有效提升工贸企业本质安全水平。2014 年，完成安全标准化创建企业 221 家，完成率 96.5%；全面开展企业生产岗位风险点排查，建立生产安全风险点档案；实施网格化管理，构建市、镇(街道)、村三级横向到边、纵向到底的安全监管网络，实行领导定点、企业定员、监管定位、应急定制、排查定级、配置定量、培训定岗、奖惩定格、信息定时的"九定"监管机制。加强机构队伍建设，进行安全生产协管员的配备，在全市所有村(社区)原则上配备一名安全生产专职协管员的招录工作，纳入公益性岗位管理。辖区内企业数较少的村(社区)可并入相邻村(社区)管理。对新招人员，根据公开招聘的有关规定招录，纳入镇(街道)安监站统一管理。

至年底,招聘50名安全生产协管员。

(裴琳珺)

•招投标交易管理•

【概况】 2014年,市公共资源交易中心共完成各类交易项目744个,预算金额117.93亿元,成交金额113.86亿元,节约和增值资金5.77亿元。与上年同期相比,完成项目数增加67个,预算金额增加70.51亿元,成交金额增加68.55亿元,节约和增值资金增加1.77亿元。

【交易范围外扩内延】 按照产业结构转型机制创新试点工作要求,成立要素资源交易中心,和市公共资源交易中心合并成为“平湖市公共资源(要素资源)交易中心”,除土地交易外,将用能权交易、排污权交易、海域使用权交易三大要素交易内容一并纳入公共资源(要素资源)交易中心,形成建设工程、要素交易、政府采购、产权交易四大交易内容。全年三大要素交易内容完成交易项目48个,预算金额548.65万元,成交金额635.18万元,增值资金86.53万元。土地交易从商住用地使用权交易扩展到工业用地使用权交易、从一级市场交易扩展到二级市场交易。全年二级土地市场成交70批次,成交资金3亿余元,累计完成土地交易94宗,成交资金28.96亿元。政府采购从常规物品采购扩展到政府购买公共服务等。全年共完成政府公共服务采购项目3个,节约资金81.64万元;项目涉及公共保洁、河道保洁等民生项目。

【推进电子招投标】 制订市公共资源(要素资源)交易中心电子招投标推进计划和工作方案,完成电子招投标系统软件的采购和开发,制订中心电子招投标相关制度。首次对建设工程项目进行电子招投标试标,招投标活动中涉及的所有环节均在网上进行,招标人和代理机构通过网络递交项目申报,监管部门通过网络进行项目审核,投标人直接在网上获取招标信息、下载相关文件并进行报名、递交标书,整个招投标环节实现全程电子化、无纸化、透明化,避免了人为因素,缩短了招标时间,确保招投标工作更公开、公正、公平,各方主体在招投标过程中更高效、更节约、更方便。全年共完成电子招投标项目9个,预算金额4524.4万元,成交金额3763.47万元,项目从发布公告到开标由原来平均26天缩短到21天,平均提速20%。

【完善各种交易制度】 完善《平湖市建设工程招标投标实施办法》,进一步明确相关部门职责以及镇(街道)和部门招投标扩权范围。制订《政府投资项目招标投标人信用度应用办法》,设计、监理等项目投标人现场报名后如果不参加投标,要求在投标截止日前10天必须书面报告,无故不告知2次,限制投标3个月。坚持重大项目会审制度,对单项合同估算价1000万元以上的施工项目和较大的设计、监理项目的招标文件进行部门联合会审,防止招标文件出现倾向性、歧视性条款。强化信用等级运用,标后诚信反馈范围从原来的市政房建设项目的施工单位扩大到监理单位,一季度一考核,考核结果运用于招投标,提高投标单位守法诚信意识。鼓励推行重大项目考察、约谈制度。鼓励招标人在项目中标公示期间,对中标候选人进行实地考察,开工前实行约谈。全年共对3个项目进行考察,和中标候选人约谈,有效确保了工程的进度和安全。

【狠抓监管工作】 狠抓代理机构监管。对代理进交易中心项目的招标代理机构进行业务培训和考核,实施代理行为量化记分制,对考核不达标者,限制其市交易中心招标代理业务3个月代理资格。狠抓评标专家管理。对现有平湖的评标专家库进行扩容,面向全市公开征聘评标专家,经考核、培训后录库;动态考核评标专家,实行"一标一考",对多次不合格者坚决依法予以警告、暂停或清退。狠抓评标过程管理。严格规范评标专家工作,强化评标独立、评分复核、废标判定、答疑澄清等程序,预防评标专家随意打分、打"印象分",保证评标专家的专业性。（钱镇平）

•国有资产管理•

【概况】 2014年,市国资局不断探索国有资产管理的有效途径,建立健全国资监管机制,加强资产规范化管理,全年国资运行情况良好,国资监管体制更加完善。

【加强国有资产管理】 一、开展对全市范围内国有资产现状的全面普查,结合针对性走访、专项调查等手段,充分摸清家底,整理上报《平湖市国有资产管理现状调查报告》,并由此拟订《平湖市行政事业单位国有资产管理暂行办法》《平湖市行政事业单位国有资产处置管理暂行办法》以及《平湖市国有资产清理整治专项行动实施方案》。二、顺利完成年报编制工作并上报省财政厅资产处。2013年度全市行政事业单位资产统计报表汇总单位267户,截止2013年12月31日,全市行政事业单位资产总额75.57亿元,其中固定资产总额25.17亿元。三、升级完善资产管理信息系统,充分利用信息化手段开展产权登记工作,实现各地财政部门的资产信息系统与省财政厅资产信息系统的有效对接,保证数据的及时导入和动态调整,满足产权登记工作的统一要求。四、开展国有集体资产清租回收工作。截至12月底,累计清退51.5户,清退面积10075.03平方米,加强了国有集体资产出租出借管理,加快了城市有机更新步伐。五、做好公务用车管理工作。全年共计收缴参改车辆32辆,年末尚未处置7辆,其中调剂给相关单位12辆,报废5辆,拍卖8辆。拍卖评估价28.2万元,成交价33.29万元,增值5.09万元,增值比率18%。六、加强固定资产日常处置管理。通过完善审批程序、公开处置结果等手段,提高处置监管水平。截止12月底,共完成固定资产处置业务73起,其中无偿调拨(划转)36起,涉及单位14家,调拨资产账面价值3018.61万元;报废、报损以及置换等37起,涉及单位24家,处置资产账面价值1324.16万元,残值收入553.27万元。七、做好国有房产出租管理台账登记和合同备案工作,加强国有房产出租审批环节,优化合规租赁程序,加强收入管理。截止12月底,共有14家单位42处房屋核准出租,出租房产面积9562.47平方米,年租金收入259.75万元,合同租金总收入801.95万元。

【加强国资营运公司管理】 一、进一步规范、细化市级国有公司预算编制工作,继续坚持厉行节约的预算编制原则,强化"三公经费"管理,进一步压缩经费支出。2014年,纳入公司预算编制的国有公司共45家,预算下达数13760.51万元。其中"业务接待费"和"会务费"两项合计预算下达数658.63万元,同比预算数减少537.47万元,压缩比率为44.94%。二、继续做好国有股权转让工作。组织实施持有浙江茉织华印刷有限公司4%国有股权转让的财务审计、资产评估、产权交易等一系列工作,年末国有股权转让工作已完成。办理"平湖绿怡植物油有限公司29%国有股权交易"相关手续滞后事宜,正在通过司法程序起诉平湖市豪兴建材商行,以达到回收国有资产的目的。三、深化国有企业增资入股工作。协助平湖市农副产品综合批发市场有限公司的财务审计、评估工作,年末完成该公司的资产评估工作,为今后收购民营股权做好准备。对全市交通加油站进行资产评估,为以后增资入股中石化平湖联营有限公司做准备。

【提升服务质量】 推行权力清单制度,全面开展职权自查清理工作,共清理出3条宏观管理职权和5条审批权,为更好转变工作职能打下坚实基础。完成信访受理处理工作,全年共受理人大代表、群众来人来信建议等3起,做到认真细致的调查交流,并将调查和处理结果以书面形式及时回复,建议人均表示满意。 (喻晓霞)

• 能源管理 •

【概况】 2014年,平湖市(不含嘉兴港区和嘉兴电厂)全社会用电量32.7亿千瓦时,同比增长11.3%,工业用电量26.6亿千瓦时。规上工业企业综合能耗125.7万吨标准煤,同比增长7.7%,万元工业增加值能耗下降4.4%,全社会GDP能耗下降4%,完成年度目标任务。其中电力消费24.1亿千瓦时,折75.7万吨标准煤;其他非电能源品种消费50万吨标准煤。

【加强节能评估与审查】 贯彻项目"零审批"制度,实施能评项目承诺制,严格批后监管,建立批后实施跟踪;简化审批程序,减少能评评审会,简化300吨标煤以下项目审批登记表。依法实施固定资产投资项目节能评估和审查,规范行政审批制度,加强事后监管,全年能评审查项目141个,综合能耗20.98万吨标煤,其中电耗47393万千瓦时。审查否决项目6个,能耗指标2319吨标煤。审查项目中上报用能万吨标煤以上项目5个;嘉兴市局委托下放审查的项目10个;实施节能审查"后评估"项目2个等。

【推进新能源发展】 出台发电量补助政策、建立屋顶资源信息库、跟踪指导和协调项目建设,全年备案光伏发电项目9个,建设规模110.36兆瓦,目前在库346家单位屋顶面积达310万平方米,全年共受理装机容量56.33兆瓦,并网装机容量20.22兆瓦,发电量567万千瓦时,连同20兆瓦"金太阳"工程,全年光伏发电量2587万千瓦时。

【实施重点节能工程】 一、督促落实节能项目。全年组织实施重点节能项目66个,开工率98%,竣工率95%,预计节能量约6.9万吨标煤。列入嘉兴市级重点节能项目30个,项目完工率96.7%。六大类项目列入省节能与工业循环经济重点项目计划,获得财政专项资金补助150万元。其中包括平湖旗滨玻璃有限公司烟气余热发电工程;11家企业淘汰落后电机补助等项目。制订落后电机和变压器淘汰更新三年行动计划,对实施清洁生产审核企业开展调查摸底,把落后电机淘汰方案列为强制性序列,按期淘汰更新。二、加大节能资金补助。2014年,组织申报并下达两批工发资金补助项目,涉及节能降耗、合同能源管理、清洁生产审核、循环经济示范园区及企业建设、再生资源回收等补助项目款620万元,占全年财政收入(45.7亿元)的比重为1.36‰,同比高3个千分点。

【改革能源要素市场化配置】 一、实施用能权指标核定机制。对企业每年用能实行核定公布制度,企业新增项目投入需报批项目和能评,但C类、D类企业不得新增用能。2014年,全市493家规上工业企业和年用能500吨标煤以上企业,核定用能总量126万吨标煤、用电24.9亿千瓦时。二、实施差别化能源要素价格政策。在执行高能耗行业差别化电价政策基础上,对列入整改关停的企业、综合绩效评价为D类的企业实行差别化电价和惩罚性加价。全年征收差别化电价589.4万元,企业84家;对超过年度核定电量的企业实行阶梯式加价制度。实行差别化水价、超计划用水累进加价水费政策。三、建立用能指标交易制度。新增能耗500吨标煤以上用能项目实行有偿使用,向政府申购用能权,发放用能权配额证,申购交易在市要素资源交易中心办理。7月始,申购用能权配额证企业13家,批准用能权指标18603吨标煤。四、实行差别化有序用电管理制度。根据企业综合绩效评价结果、产业政策和行业特点实施差别化有序用电,实行企业用电错峰轮休、避峰用电和负控限电。

【加强节能管理】 一、强化重点用能企业节能管理。对全市重点用能企业落实能源利用状况报告制度,列入国家"万家企业"的6家重点用能企业全部完成年度节能目标,并开展能源审计。组织重点用能企业设立能源管理岗位并备案;通过"浙江省智慧能源监测信息系统""浙江省万家企业能源利用状况报告填报系统",对能源数据进行监测;召开万家企业能源消费实时在线监测接入工作对接会,委托杭州创辰节能科技有限公司制定在线监测实施方案。组织企业开展能源管理体系建设,3家企业开展论证,荣晟纸业已与万泰认证签订认证服务项目合同。二、加强工业节能。通过淘汰落后产能、更新落后电机变压器、实施集中供热等节能改造、安装LED路灯等措施,全年优化用能项目24个,节约综合能耗32854吨标煤。9月,提前完成淘汰落后产能目标任务,腾退土地242.3亩、节能2.32万吨标煤、节水87.67万吨。印发《平湖市淘汰落后产能协同推进和联合执法预案》,落实落后产能退出机制。三、加强煤炭管理。下达2014年度平湖市重点热电企业及非电行业重点用煤企业用煤限额共计89.29万吨,9家企业全年实际用煤量88.2万吨,各家企业均未超限额用煤。全面开展无煤区建设,拆除中心城区约30平方公里高污染燃料禁燃区内燃煤锅炉。

【加强行业节能】 一、加强建筑节能。开展建筑项目节能审查,全年共审查建筑节能项目48个,审查面积192万平方米,并组织建筑节能专项验收。二、加强交通节能。全市公共自行车扩展到70个网点,为低碳出行提供便利。全面开展公交黄标车淘汰工作,采购12辆混合动力公交车及22辆LNG清洁能源公交车,公交逐渐迈入"清洁能源"时代。三、加强商业和民用领域节能。抓好重点商贸企业的日常监督检查,并与重点商贸企业签订节能任务目标责任书,落实商贸企业节能工作。四、加强公共机构节能。实施公共机构节能技术改造,创建节约型公共机构示范单位,落实公共机构能源消费统计,全面提高能源利用水平。

【发挥经济政策作用】 一、建立资源要素倒逼机制。年初出台《关于工业企业用电差别化定价和阶梯式加价的实施意见》,对高耗能企业、综合绩效评价落后企业、列入整治关停企业实施差别电价、惩罚性电价,企业名单经公示后于8月下旬开始执行差别化电价。二、落实节能税收支持。通过资源综合利用、节能节水环保专用设备购置、污水垃圾淤泥收集处理等项目共减免企业所得税、房产税、城镇土地使用税、地方水利建设基金等合计3225万元。13家资源综合利用企业预计减免增值税4926万元。

【节能监察】 一、加强专项监察。在嘉兴市能源监察支队下达平湖能耗对标计划2家企业的基础上,结合平湖实际,完成常规监察5家、公共机构3家;对标监察3家,日常监察1

家。二、协调和指导列入省行业对标的3家造纸企业对标考核。对8家公共机构开展冬季室内空调温度监察。三、配合上级能源监察机构,加强对重点用能单位人员的培训。组织16家企业24人参加省能源监察总队重点用能企业能管员培训;每月督促22家企业及时上报能源利用状况数据。2014年,对关东辰美、日本电厂、南六、鸿禧光伏、德力西、欧迪恩6家重点用能企业和白金汉爵、圣雷克、大润发3家公共机构开展能源监察,严格按照监察执法程序,出具节能监察通知书,出示能源监察执法证件,对各单位的节能标准执行情况、淘汰落后产能情况、重点用能设备计量管理、产品能耗限额等方面开展监察,超额完成省下达的“6+2”节能监察任务。

【推广市场化机制】 一、实施电力需求侧管理。出台《平湖市工业企业差别化有序用电管理办法》,公布夏季用电高峰期间部分企业集中检修轮休计划,确保迎峰度夏期间供用电平稳有序,保障民生用电。二、推广合同能源管理。5个项目列入2014年平湖市合同能源管理项目计划,均为LED路灯改造工程,总投资200万元,可年节电35.8万千瓦时。

(王　翀)

教　　育

·综述·

【概况】 2014年,全市教育系统按照深化教育领域综合改革的总体要求,坚持以推进教育现代化为主线,加强队伍建设,深化教育改革,促进教育公平,扎实推进素质教育,深入实施义务教育教师轮岗交流,全面完成新一轮校级领导竞聘上岗和平湖中学全员分级聘任制改革,高考实现新突破。平湖市入围首批全国农村职业教育和成人教育示范县创建名单,顺利通过国家三类城市语言文字工作复查,创建基本实现教育现代化市工作扎实推进,教育事业得到进一步健康协调发展。

【成功创建为首批国家级农村职业教育和成人教育示范县】 见第105页【成功创建为首批国家级农村职业教育和成人教育示范县】。

【深入开展党的群众路线教育实践活动】 一是把学习教育贯穿活动全过程,严格督学、考学制度,强化党员干部教师的宗旨意识。二是围绕解决"四风"方面的突出问题,出台《关于建立平湖市教育系统领导干部定期接待群众来访制度(试行)》等19个相关制度,构建作风建设的长效机制,第一次组织对学校单位公务支出公款消费专项审计,进一步规范学校单位的公务支出公款消费行为。三是开展正风肃纪、文风会风治理等集中行动,不定期进行明查暗访,深化机关作风建设。与上年同期相比,涉及学校参加的会议减少了20%,文件数量比上年减少7%。四是制订出台《平湖市学校发展性评价暨年度考核实施意见》,深化学校评价改革。五是深入开展"爱岗敬业,铸造师魂"主题教育和"师德建设年"活动,推进师德师风建设。宣传师德优秀典型,开展"十佳师德标兵""百名师德先锋"评选,引导教师树立正确的教育价值观和职业价值取向。突出重点整治有偿补课,社会关注度较高的有偿补课问题初步得到遏制。

【创办"金平湖教育讲坛"】 创办每月一次"金平湖教育讲坛",邀请知名专家授课,从校长标准、学校文化、教育评价与管理等方面,提升校级领导、机关干部的理论素养和管理能力。同时分批组织校长到名校挂职学习,提升学校办学品位和管理水平。

【深化平安校园创建】 落实《关于开展等级平安校园建设的意见》,加强和创新平安校园建设工作,全面完成全市各级各类学校的平安校园等级认定工作。2014年,当湖高级中学、行知中学、全塘中学、实验小学、广陈中心小学、新仓中心小学、乍浦天妃小学等7所学校被评为"5A级平安校园",另有14所学校被评为"4A级平安校园",30所学校被评为"3A级平安校园",4所学校被评为"2A级平安校园",10所学校被评为"1A级平安校园"。切实加强学校安全管理,全面落实安保措施,深入开展安全教育,加强食堂、接送车管理,全市中小学、幼儿园"三防"覆盖面达到100%,中小学生交通安全保障率达100%。学校食堂全面实施分级量化管理,全市63家学校食堂中,A、B等级学校食堂比例为77.8%。

【落实义务教育学校学生用餐政府补助政

策】 12月,与市财政局、市人力社保局联合出台《平湖市义务教育学校学生用餐政府补助办法》。文件规定,市财政安排专项经费用于提高全市(不含嘉兴港区)义务教育阶段公办中小学中由学校自营食堂和市学生营养配餐中心供餐学生的伙食标准。根据各公办中小学食堂和市学生营养配餐中心除公办教职员工外的实际用工人数(最高不超过实际用餐学生数的1/150)按每人每学期10000元的标准予以计算。该办法自2015年1月起实施。

【档案工作目标管理】 2014年,稚川实验中学、嘉兴市交通学校档案室通过档案工作管理省一级单位考核验收。截至年底,全市学校通过档案工作目标管理省一级单位14所、省二级单位17所、平湖市一级39所。

【机关效能建设】 健全局机关"办事无休日"制度,进一步推进电子政务、政府信息公开和党务公开工作,转变工作作风,提升工作效能。加强教育宣传,平湖教育网新开设了特殊教育网和"荣誉展厅"。加强对学校三年发展规划目标达成情况的检查,指导学校科学制订新五年发展规划,深入推进学校发展性评价工作,促进学校内涵提升、特色发展。落实《关于平湖市教育系统领导干部定期接待群众来访制度(试行)》,重视群众来信来访,加强网络、媒体等反映民生问题的办理,健全运转高效的信访处理机制,自觉接受人民群众的监督,办理人大代表议案建议12件、政协委员提案20件,认真办理市长电话150件、百姓事马上办53件、局长信箱和来信来访148件。

• 基础教育 •

【概况】 2014学年初,全市共有小学21所(其中民办1所)、初中12所(其中民办1所)、九年一贯制学校1所(杭州师范大学附属乍浦实验学校)。小学中,城市小学9所,镇中心小学8所(含乍浦镇2所),镇(街道)中心小学下属农村小学4所。2014学年,全市小学继续实行6周岁入学,有643个班,在校学生27354人,入学率为100%,巩固率为100%;初中有375个班,在校学生14040人,学龄人口入学率为100%,巩固率为100%。小学升初中比例为100%。

全市有普通高级中学4所,167个班,在校学生7243人。初中毕业生升入高中段学校比例为99%。

全市有幼儿园26所,其中教育部门主办3所,集体办11所,民办11所,其他部门办1所。另有镇(街道)中心幼儿园下属幼儿园19所,独立设置的学前班4处。共有400个班(含托班),在园幼儿13496人,幼儿学前三年入园率为99.81%。

全市有特殊教育学校1所,学生57人。另有5处小学附设特教班,学生70人。义务教育阶段小学随班就读学生数为35人,初中随班就读学生数为33人。7—15周岁三类残疾儿童少年完成义务教育年巩固率100%。

2014年,行知小学、第一幼儿园被命名为浙江省第七批绿色学校。

【高考取得新突破】 全市3150名考生报名参加普通高考,文理科第一批上线493人,比上年增加91人;一批上线率达到15.65%,比上年提高3.11个百分点;一批上线人数和上线率均创平湖市历史新高。2934人被普通高校录取(其中本科段1850人),录取率为93.14%。有1名学生录取为空军飞行学员,为平湖市间断20年后又一位空军飞行学员。

【普通高中课程改革有效推进】 鼓励高中学校创新课程管理模式,努力探索与其他学校、单位的合作模式,强化课程开发。组织召开普高和职高学校校长、分管校长会议,研究职业技能类选修课程开设、合作等工作的对接。根据不同学校的办学基础与条件,对全市4所普通高中学校深化课改方案的顶层设计进行分类指导,促进普高学校多样发展、特色发展、规范发展,有三所学校申报创建浙江省普通高中特色示范学校。加强对高考新政策的研究,指导学校准确把握新高考。10月和12月分别组织普高、研训中心有关人员赴宁波效实中学、天台中学和北京十一学校学习考察,做好2014级学生三年学科课程规划。

【义务教育教学改革深入推进】 着力推进关键领域和关键环节改革,全面提升全市义务教育教学管理水平。市教育局《关于加强义务教育阶段教学工作的意见》,提出了深化课程改革、严格教学管理、优化普通高中招生制度、提高教学领导力、提高教研工作水平和完善激励机制等方面的指导性意见。出台《平湖市义务教育学校"教学五认真"实施意见(试行)》,明确备课、上课、作业布置和批改、辅导和评价等五方面的基本规范和要求,进一步规范教学管理和教师的教学行为。出台《平湖市初中学校学科教学质量抽测和评价办法(试行)》,进一步发挥考试与评价制度改革在深化素质教育、促进学生健康成长中的导向功能。

【学前教育品质规范发展】 启动实施第二轮学前教育三年行动计划。4月,开展学前教育新三年行动计划实施情况专项检查活动,推进全市学前教育优质、快速、均衡发展。做好等级幼儿园创建。指导幼儿园做好省等级幼儿园网上转报、新报工作,年内有5所幼儿园转报、申报省一级、二级幼儿园。规范村级幼儿园、民办幼儿园办园行为。加强镇(街道)中心幼儿园对区域内村级幼儿园、小区配套幼儿园和民办幼儿园的管理和指导,上半年对全市村级幼儿园和民办幼儿园开展保教管理调研活动,下半年修订民办幼儿园考核管理细则。

【科技教育】 4月,组织参加"浙江省第二十八届青少年科技创新大赛",1件作品获浙江省一等奖,并参评第29届全国青少年科技创新大赛获二等奖。举办科普周、科普日活动,在科技(科普)活动周期间组织科普知识竞赛、漫画竞赛、科普短信征集、科普摄影书画大赛、科普知识讲座、科技参观活动等。举办平湖市第九届中小学电脑机器人比赛、头脑奥林匹克竞赛、遥控车模和模拟机器人比赛等各类科技比赛,组织参加第十四届"中环杯"中小学生思维能力训练竞赛、"国际科学与和平"第25届上海市青少年金钥匙科技竞赛,培养青少年的科技知识素养,锻炼动手动脑能力。10月,举行平湖市青少年科技创新大赛,全市36所学校22941名学生参与活动。

【学校体育教育和艺术工作】 继续深入实施中小学生课外文体活动工程,开齐开足体艺类课程,积极实施"体育艺术2+1"项目。推进学校体育三年行动计划,实施国家青少年体质健康促进行动,广泛深入推进阳光体育活动和大课间活动,切实将中小学生"每天一小时校园体育活动"工作落到实处。继续实施《国家学生体质健康标准》数据测试、上报工作,适时对学校测试情况进行调研和抽测,认真落实学生体质健康情况公示制度。组织开展中小学田径运动会、中小学篮球比赛等活动。协助文体局做好中小学苗子赛、游泳、棋类等比赛的组织。积极开展校园艺术展示活动,11 月组织开展主题为“民族梦·中国梦——阳光下成长”的2014 年平湖市中小学校园文化艺术节大合唱比赛,全市中小学 37 个单位 1900 多名学生参加。组织全市各中小学参加嘉兴市第七届“石榴奖”校园文化艺术节的有关活动,获金奖 8 个、银奖 21 个、铜奖 13 个。

【重视弱势群体教育】 全面落实义务教育、中职教育免费政策,完善家庭经济困难学生资助体系,进一步抓好家庭经济困难学生资助扩面和爱心营养餐工程。制订《平湖市特殊教育三年提升计划(2014—2016)》,发挥市特殊教育中心作用,推进省特殊学生随班就读试点县工作,加强特殊教育。

•中等职业教育•

【概况】 2014 学年初,全市共有中等职业学校 3 所,其中地方教育部门办 2 所、民办 1 所,共有在校学生 7097 人。当年职业学校招收新生 2204 人,毕业学生 2759 人,就业率和对口就业率分别为 99.74% 和 84.28%。有 833 人参加高职单考单招招生考试,上线 782 人,上线率 95.99%,其中本科上线 48 人,创平湖市历史新高。

平湖市职业中等专业学校为国家级重点中等职业学校、国家级中职改革示范校,省级中职课改试点学校;嘉兴市交通学校为国家级重点中等职业学校、省级中职改革示范校,嘉兴市级中职课改试点学校;平湖市技工学校为省级重点技校。有国家级实训基地 2 个,省级实训基地 4 个、省级示范基地 3 个、省级示范性专业 7 个、省级骨干专业 2 个、省级开放实训中心 1 个、省级德育工作实验基地 1 个、省级中职学生创业教育基地 1 个、省中小学心理辅导一级站 1 个,嘉兴市专业创新基地 3 个。

【启动中职课程改革】 职业中专创建成为浙江省第一批中职课程改革试点学校、化学工艺专业创建为省级实训基地、服装设计与工艺专业创建为省级开放实训中心,通过国家级中职改革示范校省级验收;交通学校创建成为嘉兴市级第一批中职改革试点学校;技工学校光机电技术应用专业创建为省级骨干专业。

【师生技能竞赛】 组织参加浙江省职业学校学生技能大赛暨全国职业院校技能大赛选拔赛,取得 4 金 7 银 6 铜的优良成绩。在嘉兴市第九届中等职业学校技能节上,平湖市职业学校共获得 13 金 16 银 28 铜的优良成绩(在嘉兴五县两区中金牌数第三),共有 15 个项目的 26 名选手入围省赛。平湖职业中专服装专业 1 名学生入围第 43 届国际服装技能大赛国家集训队。全国中等职业学校“创新杯”教师信息化教学设计和说课比赛中,3 人获一等奖,1 人获二等奖;浙江省中等职业学校文化课、专业课“创新杯”教师教学设计和说课大赛中,1 人获一等奖,3 人获二等奖,1 人获三等奖。在其他的省级教师技能大赛、创新大赛等比赛中,获一等奖 2 个、二等奖 4 个、三等奖 7 个。

【中职教育创新基地建设】 在嘉兴市中等职业教育专业创新基地建设 2014 年度绩效考核工作中,平湖市考核成绩突出,3 个专业创新基地均获奖:市职业中专的服装专业获一等奖,市职业中专的机电专业和嘉兴交通学校的物流专业获二等奖。

【中职教师全员培训】 落实嘉兴市 2014 年度中等职业学校专业骨干教师国家级、省级培训任务和青年教师下企业实习培训任务。先后组织教师参加嘉兴市中职学校各类专业发展短期培训、各学科教研组活动、教师专业发展培训活动和课堂观摩教研等活动。完成国家级培训 6 人，省级培训 34 人，完成率 98%。年内完成 90 学时培训人数 127 人，完成培训总数 374 人，总完成率 96%。

•成人教育和社区教育•

【概况】 2014 年，电大学历教育共招收新生 975 人，其中开放教育本专科 633 人，网络教育本专科 261 人。毕业学员 1387 人，其中开放教育本专科 1022 人，奥鹏网络教育本专科 323 人。全市电大学历教育拥有在校生 3525 人，专任教师 25 名、兼职教师 59 名。全市有镇（街道）成人文化技术学校 9 所，全部达到省级标准化成人文化技术学校标准，专职教师 37 名、兼职教师 868 名。建立社区教育中心 8 个，占全市镇（街道）总数的 88%。全市设立的社区教育工作站共计 166 家。

2014 年，电大平湖学院被嘉兴电大授予“2013 年度管理工作创新先进单位”“技术支持与网站建设考核优胜单位”“全市县（市、区）社区学院考核一等奖”、浙江省电大授予电大系统“首届管理工作创新奖”三等奖。广陈成校和乍浦成校通过省标准化成校验收，新埭镇社区教育中心成功创建省社区教育示范校并被中华全国总工会评为全国职工教育培训示范点，钟埭街道成校成功创建省企业职工培训示范基地。

【涉农培训】 全年完成各类农民素质提升工程培训 25995 人，完成年初计划任务数的 173%。其中农业专业技能培训 4705 人，完成年初计划任务数的 117.6%；普通“两创”实用人才培训 2754 人，完成年初计划任务数的 137.7%；农民转移就业技能培训 2421 人，完成年初计划任务数的 121.1%；务工农民岗位技能培训 4370 人，完成年初计划任务数的 145.7%；“双证制”（学历证书，国家技能等级证书）培训 1392 人，完成年初计划任务数的 139.2%；其他培训 10353 人，完成年初计划任务数的，345.1%。加强农村实用人才队伍建设，新增农村实用人才 2294 人，完成年初计划任务数的 114.7%。

【公益性培训项目】 以“休闲生活、快乐学习”活动为主线，常态化开展公民健康素养百场专家宣讲进社区活动，健康教育百场活动累计现场参与社区居民 6000 余人。加强与部门间的合作，积极承担政府部门在职职工的继续教育培训任务，全年共完成会计人员素质提升工程培训 5550 人，统计人员素质提升工程培训 2583 人。

【扫盲工作】 对各社区教育工作站具体负责扫盲工作的人员进行培训，实行集中与分散相结合，农闲时集中扫盲、农忙时分散包教。文盲较多的村（居），集中办扫盲班；文盲比较分散的地方，采取包教包学、送教上门等办法开展工作。全年累计扫除各类文盲 18134 人，其中 16—55 岁文盲 1721 人，完成年初计划任务数的 217.8%。

【深化数字化学习社区建设】 截至 2014 年底，平湖市民学习在线新增在线课程 1270 门，达到 4375 门，注册学员 27122 人，访问人数达 1234715 次，成为全市社区居民终身学习的主要渠道、社区教育信息发布的主流平台。平湖市民学习在线平台积极开发本土特色课程，先后制作《黄秋葵的种植》《新仓眉毛饺》等 8 门微课程。11 月，正式向中国成人教育协会社区教育专业委员会提交创建全国数字化学习先行区的申请报告。

【举办三地农村社区教育论坛】 联合慈溪市教育局、德清县教育局举办第一届环杭州湾三地农村社区教育论坛,为三地在社区教育全方位合作打下基础。

【成人自学考试】 2014 年,全市报名参加自学考试共计 6626 人次,其中参加学历考试 3427 人次、5572 课次,参加非学历考试 3199 人次。自学考试本科毕业 18 人,专科毕业 263 人;非学历考试获得证书 2657 人。

【成人高考】 2014 年,全市报名参加成人高考共计 415 人,上线 378 人,录取 362 人。

(姚云云)

• 嘉兴学院平湖校区 •

【概况】 嘉兴学院平湖校区现设置有教育系、外语系、经济管理系、艺术设计系、公共基础教学部、计算机与网络管理中心 6 个教学单位及党政综合办公室、教务管理办公室、学生工作办公室(与团委合署办公)、校园管理办公室、科研与社会服务办公室、教学督导办公室、规划与评估办公室、财务与资产管理办公室 8 个管理部门,设有物流系统集成与优化研究所,共有教职工 153 人。设置 8 个专业, 60 个班级,全日制在校学生共 2337 人;另有 6 处学前教育专业合作办学点学生 702 人。校区图书馆现有图书、期刊共 20 余万册。

【教学工作】 学前教育本科专业通过中期评估,积极准备小学教育本科专业中期检查与评估工作。完成制订物流管理本科专业 2014 版本科人才培养方案,启动并完成新一轮专科专业人才培养方案修订,完成各专业的教学大纲编制和修订工作。

【学科与师资队伍建设】 重视内培外引,引进副教授 1 人,招聘硕士研究生 3 人,选送 4 位教师到省内外高校访学,5 位教师到美国纽约州立大学布法罗分校进行 3 个月的双语启训及访学,落实了近三年进校青年教师导师培养。

【科学研究与对外交流】 立项校区级教改项目 9 项,并推荐校级重点 2 项、校级一般 3 项;立项校区级课堂教改专项 4 项,推荐校级课堂教改专项 2 项;立项校级重点学生 SRT 项目 3 项,校级一般学生 SRT 项目 14 项。其中,学前本科 12 级学生申报的“功能性构音障碍儿童矫治对策研究” 获《2014 年度国家级创新训练计划项目》立项。2013 年度省高教教改项目及省高教课堂教改项目、校级重点教改项目通过中期检查,2012 年度的重点、一般教改项目和实验室建设专项通过验收。选派教师参加由教育部高等学校师资培训交流北京中心主办的“高校科研项目申报与评审专题研修班”。承办 2014 年浙江省高等师范院校语文教育学研讨会暨中小学语文课堂观摩会。出台《平湖校区科研创新团队建设与管理办法(试行)》。

【党建与学生工作】 完成校区党工委换届工作。推进学生思想政治建设,开展形式多样、内涵丰富的思想教育活动,加强对学生党员、入党积极分子的教育、培养和考察,顺利举办校区第十六期、十七期业余党校,230 多名学员结业,110 多人确定为入党积极分子,54 人吸纳为中共预备党员,预备党员转正 39 名。开展首届学生党员服务周活动。完善贫困生资助体系,本年度认定贫困生 336 名,办理国家奖学金、励志奖学金、助学金等 871000 元,发放贫困生补助金、勤工助学补助 118285 元,发放助学贷款 116000 元。

推进文化育人。1 人获省大学生主题演讲比赛本科组三等奖,4 作品获第三届廉政文化作品大赛三等奖,1 作品入围第三届全国高校廉政文化作品大赛，秋月合唱团获省大学生艺术展演声乐类甲组一等奖及省群众合唱大赛乙组铜奖，3 件书法作品获省大学生艺术展演书法镌刻类甲组三等奖，1 人获嘉兴学院“2014 · 挑战金话筒”主持人大赛“金话筒奖”。

推进实践育人。寒暑假社会实践共立项 57 支团队，2 支团队获校暑期社会实践“优秀团队”。组织参与志愿服务活动 4000 多人次，志愿服务总时长 15000 小时，1 支志愿服务队获 2014 年省助残先进集体。积极开展创业创新活动，成功举办校区第七届创业设计大赛和第六届职业生涯规划大赛，2 件职业生涯规划作品获省第六届大学生职业生涯规划优秀奖。

【建设与管理】 完成体艺楼建设工程竣工验收，启动篮球场改造网球场工程，调整校园景观绿化工程设计方案，完成监控系统改造、实验楼三楼走廊展示柜改造、校史陈列室装修、国民素质测试中心装修、学生公寓走道渗水墙体维修等工程。完成标准化考场、数码钢琴室(2)、服装与服饰设计工作室、服装展示陈列室、服装展示陈列橱窗、空间与陈设工作室、数字媒体艺术工作室的建设，更新升级音乐教室、舞蹈教室、心理实验室、电脑教室、服装立体裁剪室、化学等实验室的设备，新购置钢琴 40 架。图书馆通过现场采购等形式今年共投入资金 56 万元，新进图书 19905 册，期刊 609 种。

【产学合作】 加强与人大、政协、科技局、经信局、妇联、嘉兴港区和嘉善经济技术开发区、平湖 · 中国服装城等多家单位和企业的产学研联盟建设。选送 2 名教师为平湖市第八批科技特派员，协助开展科技服务工作。嘉兴学院——平湖 · 中国服装城实践教育基地(校级)通过学校中期检查，经评审由嘉兴学院推荐申报了省级实践教学基地——“嘉兴学院 · 浙江华城集团实践教育基地”。举办“中国服装城之夜”——嘉兴学院平湖校区 2014 届服装设计专业毕业设计动态汇演。承办平湖市第一届大学生童车设计大赛。参加并协办 2014 中国 · 平湖服装设计大赛校企对接活动。童车设计研发中心、嘉兴学院 · 华城集团国际服装研发中心、维克斯儿童玩具有限公司设计研发中心、旎莱雅女装品牌校企联盟研发中心等校企合作平台正常运作。

(林雪娇)

• 教师队伍建设 •

【概况】 2014 学年初，教育系统有正式机关干部、教职工 4644 人，其中小学 1744 人，普通中学 2048 人，中等职业学校 401 人(全市共有 497 人)，成校 38 人，幼儿园 263 人(全市共有 1309 人)，教师进修学校 40 人，特殊教育学校 6 人，教育考试管理中心 7 人，教育师资管理中心 13 人，教育后勤中心 17 人，财政支付(核算)中心教育分中心 13 人，学生资助管理中心 2 人，电大平湖学院 26 人，社区学院 4 人，教育局 22 人。

全市有小学专任教师 1670 人，其中本科毕业 1076 人，专科毕业 500 人，高中阶段毕业 94 人。专任教师中，有高级教师 49 人，一级教师 1118 人，二级教师 436 人，三级教师 16 人，未定级的 51 人。

全市有初中专任教师 1259 人，其中研究生毕业 11 人，本科毕业 1135 人，专科毕业 113 人。专任教师中，有高级教师 222 人，一级教师 696 人，二级教师 322 人，三级教师 1 人，未定级的 18 人。

全市有普通高中专任教师 628 人，其中研究生毕业 50 人，本科毕业 578 人。专任教师中，有高级教师 211 人，一级教师 304 人，二级教师 105 人，未定级的 8 人。

全市有中等职业学校专任教师443人,其中研究生毕业31人,本科毕业402人,专科毕业10人。专任教师中,有高级教师66人,一级教师161人,具有初级职称的173人,未定级的43人。

全市有幼儿园园长22人,幼儿园专任教师840人。其中本科毕业341人,专科毕业468人,高中阶段毕业53人。有高级教师16人,一级教师224人,二级教师330人,三级教师136人,未定级的156人。

全市有特殊教育专任教师5人,其中本科毕业2人,专科毕业3人。专任教师中,有一级教师1人,二级教师3人,未定级的1人。

全市在职教师中有省特级教师6名,嘉兴市名教师20名、嘉兴市名校长1名、嘉兴市学科教学带头人50名、嘉兴市中小学名校长培养人选11名,平湖市名师122名、平湖市名校长6名。

2014年获浙江省第十一批特级教师1名、浙江省中小学师德楷模1名、浙江省第二十五届"春蚕奖"3名、浙江省第二十三届"绿叶奖"1名,首届嘉兴市"最美教师"1名、第十一批嘉兴市学科教学带头人50名;评选产生平湖市第四届"十佳师德标兵"10名;52人获2014年度《浙江省任教三十年教师荣誉证书》。

根据省教育厅在"十二五"期间组织实施省中小学"浙派名师名校长培养工程"决定,2014年推荐1名园长和1名教师参加"浙派名师名校长培养工程"培训班学习。

【教师引进和培训培养】 实行招录新教师、骨干招聘、定向选调与随机选调相结合的方式补充师资。2014年共录用新教师105名,其中中学录用48名,除3名实习指导教师为专科学历外其余均为本科及以上学历;小学录用49名,幼儿园录用8名,全部为专科及以上学历。

继续实施教师专业发展培训,全面开展90学时集中培训项目、中短期培训项目和16学时主题培训。2014年,全市5070名中小学、幼儿园、职业类学校教师选课人数上下半年分别为3889人和3197人,分别占总数的76.7%和63.1%;总选课分别达7732人次和5825人次。

继续开展平湖市新教师发展期和新教师提高期培训;对任期内的平湖市级名师、嘉兴市学科带头人、嘉兴市名师等名优教师进行任期考核;同时,通过城乡结对、送教下乡、跟岗实习、实践培训、学科基地,形成城乡教育资源共建共享的新格局。

【职称评审】 2014年起,中专、教管、实验系列中级职称评审权下放至县(市、区)中级职称评委会。副高级教师职称评审的考核权下放到县(市、区),由各县(市、区)组织对申报对象进行综合考评后择优推荐对象送嘉兴市高评委评审。经中评委专家评审,择优推荐115名参加嘉兴市高评委高级职务评审,推荐率83.94%。经嘉兴市教育局高评委评审,79名取得高级资格,通过率68.70%,其中高中段取得34人,通过率66.67%;初中段取得28人,通过率75.68%;小学幼儿园取得16人,通过率64%;教育管理副研究员1人,通过率50%。经中小学教师中级职称评审委员会评审,小学取得一级教师资格54人,通过率58.06%;幼儿园取得一级教师资格29人,通过率42.03%;高中取得一级教师资格29人,通过率69.05%;初中取得一级教师资格45人,通过率61.64%;6人取得助理研究员资格,5人取得二级教师资格。

【深入实施义务教育学校校长教师交流】 制订2014年交流计划,完善交流方案,加大义务教育学校校长教师交流力度。2014年符合交流年限的987人，实际交流157人，占16%。其中：校长交流32人，骨干教师交流12人，其他教师交流113人。

【出台教育人才引进政策】 3月，平湖市人民政府办公室转发《市教育局人力社保局市财政局关于加强教育人才引进培养管理若干意见的通知》，加强对人才工作的调研和整体规划，调整全市中小学骨干教师奖励办法。面向全国公开招聘优秀校长、优秀教师，引进省特级教师1名。

【干部工作】 2014年，组织开展教育系统校级领导的竞聘上岗和交流工作，换届共涉及教育系统60所中小学、幼儿园、成校以及局属各单位的校园（院、主任）级领导班子，共聘任学校（单位）党政正职94名，正校级领导干部8名，副校长（正校级）7名；党政副职107名，副校长级领导干部4名，副校级干部1名；正校级协理员13名、副校级协理员3名。在校长交流方面，校际间交流32名，其中城区街道到农村的12名（义务教育阶段校长9名），农村交流到城区街道的5名（义务教育阶段校长5名）。根据《平湖市机关中层干部全员竞岗和一般干部全员双向选择工作实施方案》，3月，完成局机关中层岗位全员竞岗，其中职教成教科副科长、安全管理科科长面向全市在职在编的公务员（含参公人员）进行竞岗。

【抓好平湖中学全员分级聘任制改革试点】 在平湖中学率先推行中层干部全员竞岗、教师全员分级聘任改革试点。通过改革，新提拔校级中层干部7名，3名中层干部轮岗交流，占全部14个岗位的71.4%，4名教师转岗，建立了竞争上岗的人事机制，中层干部结构进一步优化，执行力明显增强，在教师中营造了积极向上的良好氛围，增强了教师的工作积极性和主动性，促进了教育质量的提升。

•教育科研和教学研究•

【教学研究】 坚持以学定教、先学后教、以学为主，强调“三个有效”，聚焦课堂教学，进一步推进课堂教学模式改革。依托小班化教育试点学校联盟，定期举行联盟共同体活动，开展小班化教育专项研究，深化小班化教育改革。充分发挥教研员的引领作用，依托学科基地，分学科打造新授课、复习课、练习讲评课、实验课、活动课等课型的“有效课堂”基本模式和评价标准。各校充分利用建成的录播教室开展课堂教学剖析和教学展示，着力夯实常态教学。先后组织参加第16届“南湖之春”教育教学展示活动，并承担4个专场活动，开展初中教学分管校长教学展示活动，召开平湖市第十四届“双高课”表彰会暨星级教研组（高中备课组）评选动员大会。深化普通高中课程改革，加强对2014年高考考试说明和有效课堂、有效作业、教学质量分析的研究。

【课题研究】 规范立项课题评审办法，开展年度课题申报评审工作，80多项课题嘉兴市立项。开展第十五届优秀科研成果评选，评出综合类课题一等奖10项、二等奖26项、三等奖50项，优秀微型类课题一等奖17项、二等奖44项、三等奖86项。组织123项课题参加嘉兴市第九届教育科学优秀科研成果奖评选。

【心理健康教育】 以“心理健康教育C证培训”为平台，加快心理健康教育队伍的建设，共计开设培训班8个，参训学员400多人，面试参与人数300多人。以“活动课题研讨和评比为载体”，开展心理剧比赛、活动课研讨、优质活动课评比等,推进高中心理健康教育专职教师自身素质的提升。以“建设与完善义务教育阶段心理健康教育研究小组”为抓手,开展小学、初中心理健康教育研究小组活动,加强义务教育阶段心理健康教育队伍建设。

•教育督导•

【建立平湖市第七届督学教育督导责任区】 10月,根据平湖市教育局平湖市人民政府教育督导室《关于公布平湖市第七届督学教育督导责任区的通知》的精神,召开平湖市第七届责任区督学聘任会议,建立平湖市第七届督学教育督导责任区12个,聘任36位督学,任期为2014年10月至2017年10月。

【省标准化学校创建】 2014学年初,全市义务教育学校有35所,已通过32所,达标率为91.43%,比上年度增长10.35个百分点。

【嘉兴市学前教育示范县(市、区)、示范镇、先进镇创建评估】 12月,嘉兴市学前教育督评组到平湖进行考核评估,平湖市顺利通过嘉兴市学前教育示范(先进)县市的创建评估。林埭镇成为学前教育示范镇,独山港镇创建成为学前教育先进镇。

【深入推进特色示范高中创建】 根据不同学校的办学基础与条件,灵活制订多样化办学的推进策略,抓住规划、实施、评价等学校发展的关键环节,对全市4所普通高中学校深化课改方案的顶层设计进行分类指导,做到一校一方案、一校一路径、一校一评价,促进普高学校多样发展、特色发展、规范发展。年内,省课改巡查组对平湖市3所高中开展巡查工作,完成对3所学校申报普通高中特色示范学校的评审。

•改善办学条件•

【概况】 2014年,全市教育经费总投入13.16亿元,比上年增长5.28%。当年公共财政教育经费10.18亿元(含教育费附加),占财政支出的比例为22.67%,增加0.21个百分点。

【中小学布局调整】 2014年度共撤并中小学3所:广陈中心小学设振广校区和前港校区(撤并前港小学),林埭中心小学设清溪校区和徐埭校区(撤并徐埭小学),乍浦九龙山小学和乍浦初级中学合并为杭州师范大学附属乍浦实验学校(九年一贯制)。

【教育装备】 2014年,教育装备继续保持较快增长,教育技术装备累计金额为17733.23万元,其中小学教育技术装备累计金额7723.08万元,中学教育技术装备累计金额10010.15万元。全市普通中小学校共投入装备经费1146.23万元。2014年底,全市普通中小学校计算机总台数15936台,达到3.23生/机,其中小学6837台,达到3.88生/机;中学9099台,达到2.42生/机。2014年全市普通中小学多媒体设备1829套,其中小学967套,中学862套。全市多媒体设备已全部进普通教室。全市中小学实验室及功能教室数量合计612个,其中:小学274个,中学338个。全市中小学理科教学仪器达到二类及以上配备的达标学校38所,占学校总数的100%。全市普通中小学纸质图书共181.13万册,生均达37.24册,其中小学图书89.36万册、中学图书91.77万册。

•新居民子女教育•

【新居民子女义务教育】 贯彻“以流入地政

府为主，以公办学校为主”的原则，做好新居民子女接受义务教育工作，2014 年在平新居民子女就读人数 15450 人，占全市义务教育阶段总人数的 37.32%。在公办学校就读的有 13203 人，在新居民学校就读的有 2247 人，新居民子女在公办学校就读比例达到 85.45%。做好新居民随迁子女接受义务教育后在平湖市参加初中升高中考试工作，3 月，出台《2014 年平湖市新居民随迁子女接受义务教育后参加高中段学校录取资格审核办法》。继续实施新居民学校完小化管理，通过开展学科质量抽测、年度教育管理考核和委托公办学校派驻指导教师协助新居民子女学校日常管理等措施，加大对新居民子女学校的管理力度。3 月和 10 月，对新居民子女学校进行了调研指导；4 月在乍浦利民子弟学校组织开展平湖市中小学幼儿园第七届读书节暨中华经典诵读活动。（姚云云）

科 学 技 术

·综述·

【概况】 2014年,平湖市连续第7次被国家地震局评为全国地震先进单位;被省地震局评为全省县(市、区)地震工作先进单位;被浙江省科学技术厅评为网上技术市场工作先进县(市、区)。朱良华被评为全国知识产权系统人才工作先进个人。

2014年,平湖率先在全省启动创新型镇(街道)创建工作,出台《平湖市创新型镇街道考核办法》,从创新投入、企业创新、结构优化、创新产出四个方面,监测、评价各镇(街道)创新情况。当年,钟埭街道、曹桥街道、独山港镇成为首批创新型镇街道,林埭镇通过科技创新强镇(街道)复查。年内,全面启动镇(街道)科技工作规范化试点工作,出台《关于加快推进镇街道科技工作规范化建设若干要求的通知》《2014年度镇(街道)科技工作绩效考核细则的通知》并加强管理,新埭镇、新仓镇和广陈镇验收合格。年内,启动企业科技联络员职业化培训,出台《平湖市企业科技联络员制度实施办法》,首批培育持证科技联络员92名。

【科技宣传】 年内,举办"科学生活,创新圆梦"为主题的2014年科普活动周。开展科技服务月活动,通过上门服务,宣传科技政策,征集技术难题。出版发行平湖首部科技通志《平湖市科技志》,内容涵盖平湖建立至2009年科技方面的历史资料。年内,与《嘉兴日报·平湖版》联合出刊6期《科技平湖》,编印科技之窗专刊《家庭蔬菜鲜食新法》《医学健康常识》共计6000册。平湖科技信息网、平湖知识产权网、平湖市科技孵化创业中心网、平湖市防灾减灾科普教育网累计发布各类科技信息1980余条。

·科技合作与招才引智·

【概况】 年内,组织参加重庆高交会、深圳高交会、浙江网上技术市场成果会、平湖(绵阳)科技人才对接会等各类活动20次。发布技术难题或需求192项,全年达成各类科技合作项目76项,技术成交额1.28亿元。

【2014浙江平湖技术成果竞价(拍卖)会】 该拍卖会在平湖市科技大市场举行,是平湖市首次以拍卖的形式将技术成果推向市场,会上共拍出"基于多摄像头及无线传输的智能监控系统平台""等速万向节超音频感应热处理系统"等6个技术成果共计920万元。

【技术市场】 2014年,全市企事业单位输出和吸纳的技术合同共129项,合同成交额1.95亿元,其中吸纳合同125项,合同金额1.92亿元。当年,技术市场发布各类技术难题203项,登记科技合作类合同76项,涉及合同资金额1.28亿元。

【高层次人才引进和培育】 组织申报国家万人计划3人,浙江省千人计划2人,嘉兴领军人才12人。引进高层次人才21名,评定嘉兴市领军人才5名,平湖市领军人才4名。组织开展平湖市(绵阳)科技人才座谈会,举办平湖市"小微"企业创业创新人才培训班,全市小微企业主和高管参加培训。

2014 年主要科技合作项目

项目名称	平湖方	合作方
等速万向节超音频感应热处理系统	浙江欧迪恩传动科技股份有限公司	上海恒精机电设备有限公司
基于多摄像头及无线传输的智能监控系统平台	浙江慧谷信息技术有限公司	上海交通大学
锦纶纤维系列面料开发	嘉兴永成制衣有限公司	东华大学
玻璃自动仓储及选片系统	浙江金比特机械有限公司	常州先进制造技术研究所
应用于多线切割机砂浆冷却系统改良的技术研发	浙江辉弘光电能源有限公司	台州晨辉机械制造有限公司
嘉兴市热电企业减排信息管理系统建设技术服务	浙江荣晟环保纸业股份有限公司	浙江清华长三角研究院(生态环境研究所)
盐酸莫西沙星氯化钠注射液有关物质研究	浙江莎普爱思药业股份有限公司	杭州苏森生物科技有限公司
光场分布可调控特性及其应用技术研究	浙江合波光学科技有限公司	杭州电子科技大学
环保型低定量高强白面牛卡纸的研究开发	浙江景兴纸业股份有限公司	浙江科技学院
医用输液、输血、注射器用聚烯烃弹性专用料的开发	浙江汪洋高分子材料有限公司	浙江工业大学

【科技金融】 引进浙江中新力合科技有限公司等科技担保机构,筹建合作银行科技支行,推动合作银行和工银村镇银行建立 2 家科技金融服务中心,落实 1 亿元的科技贷款额度。认定科技金融支持企业 31 家,科技金融支持全市科技型企业年末余额 6 亿余元,为 1 家企业发私募债 2500 万元。全年专利权质押贷款 1100 万元。

• 高新技术产业 •

【概况】 2014 年,全市高新技术产业产值 687.24 亿元,比上年增长 15.8%,占全市工业比重 53.4%。全市国家高新技术企业 45 家,当年,新认定国家高新技术企业 4 家,重新认定国家高新技术企业 7 家。新认定的 4 家分别为浙江侨鸣光电有限公司、嘉兴市新发现机械制造有限公司、平湖普英特高层设备有限公司、三江乐天化工有限公司(嘉兴港区)。

产值超亿元光机电企业

生产企业	生产企业
日本电产芝浦(浙江)有限公司	浙江宙辉电器有限公司
津上精密机床(浙江)有限公司	日本电产京利机械(浙江)有限公司
日本电产汽车马达(浙江)有限公司	关东辰美电子(平湖)有限公司

生 产 企 业	生 产 企 业
浙江晨光电缆股份有限公司	开乐新能源科技有限公司
日本电产三协(浙江)有限公司	川源(中国)机械有限公司
日本电产(浙江)有限公司	平湖爱驰威汽车零部件有限公司
浙江川电钢板加工有限公司	浙江群乔电气成套有限公司
浙江乍浦实业股份有限公司	宜兰汽车配件制造(平湖)有限公司
日本电产新宝(浙江)有限公司	浙江康普瑞汽车零部件有限公司
科世科汽车部件(平湖)有限公司	嘉兴屹丰汽车部件有限公司
德西福格汽车配件(平湖)有限公司	浙江汉声精密机械有限公司
爱思开浦项(平湖)钢铁有限公司	嘉兴市一建机械制造有限公司
日本电产科宝(浙江)有限公司	浙江红马铸造有限公司
浙江欧迪恩传动科技股份有限公司	日本电产增成机器装置(浙江)有限公司
日本电产东测(浙江)有限公司	平湖巨龙紧固件有限公司
泽鑫精密锻造(平湖)有限公司	平湖市神力机械有限公司
日本电产科宝电子(浙江)有限公司	嘉兴市迅蕾轴承有限公司
三星精密不锈钢(平湖)有限公司	嘉兴市乍浦杭湾重型机械有限公司
平湖东和汽车部件有限公司	福莱斯乐摩擦材料(平湖)有限公司
御牧喷墨打印科技(浙江)有限公司	浙江远大重工锻压有限公司
东特(浙江)有限公司	浙江嘉盛汽车部件制造有限公司
浙江恒业电子有限公司	浙江纳迪克数控设备有限公司
日本电产理德机器装置(浙江)有限公司	

【国家级平湖光机电产业基地】 2014年,全市规模以上光机电企业133家,完成产值256.61亿元,占全市工业总产值比重20%。其中国家高新技术企业21家,占全市国家高新技术企业总数的67.7%。

【科技型企业】 2014年末,全市拥有省科技型企业164家,其中新增26家。

新增省科技型中小企业名单

企 业 名 称	属地
浙江旭马机械有限公司	广陈镇
平湖普英特高层设备有限公司	独山港镇
平湖市永光机械配件有限公司	独山港镇
平湖热电厂	曹桥街道
平湖光明机械设备制作有限公司	曹桥街道
平湖市天龙机械制造有限公司	当湖街道
平湖市中正塑板有限公司	当湖街道
平湖市金球塑料制品有限责任公司	曹桥街道
平湖市心齐涂料科技有限公司	林埭镇
嘉兴品源食品有限公司	林埭镇
平湖市绿岛食品有限公司	林埭镇
嘉兴市圣路易斯洁具有限公司	新埭镇
嘉兴市摩登旅游用品有限公司	新埭镇
浙江研和新材料有限公司	新埭镇
平湖市中天卫厨设备厂	新埭镇

企　业　名　称	属地
浙江群乔电气成套有限公司	新埭镇
浙江汉声精密机械有限公司	新埭镇
嘉兴市新发现机械制造有限公司	钟埭街道
平湖市三信机械制造有限公司	钟埭街道
嘉兴市瑞德材料科技有限公司	钟埭街道
浙江慧谷信息技术有限公司	钟埭街道
浙江侨鸣光电有限公司	钟埭街道
平湖康弗莱尔汽车发动机系统有限公司	钟埭街道
平湖台丽办公自动化设备有限公司	钟埭街道
嘉兴大印农业科技有限公司	钟埭街道
川源(中国)机械有限公司	钟埭街道

【传统企业改造提升】 年内,安排改造提升传统产业科技计划项目15项,安排科技经费119万元,引导企业投入4749万元,项目实施后预计将新增产值1.66亿元,实现利税3292万元,累计开发并列入省级新产品38项。14家企业升级为省科技型企业。典型项目有:轻量化专业级二冲程发动机关键技术研发与产业化和新型防火抗菌涂装板材研发。

•科技创新平台•

【市科技创业中心】 2014年末,中心有入驻企业58家,34名高层次人才在中心创新创业,其中国家千人计划3名,嘉兴领军人才18名。二期建设稳步推进,计划于2015年底竣工并投入使用。

【科技大市场】 平湖科技大市场是一个为平湖市中小型科技企业提供网上网下技术交流、咨询培训、知识产权代理、资产评估、法律服务、财务审计、检测认证、工商登记、投资融资、技术交易等一站式科技服务平台。3月,启动省级试点建设工作,7月2日正式投入运营,首批23家中介服务机构进驻。8月,平湖科技大市场成为全省26家首批试点单位。7—12月,签订合同328份,实现服务收入139万元;举办活动3场,参加人员600人;开办培训班5期,参加人员500人次。累计为400多家企业提供各类服务600余次。

【平湖市企业转型升级研究院】 4月,上海交通大学先进产业技术研究院与市科技局签订共建平湖市企业转型升级研究院的协议。研究院由上海交大教授明新国注册成立,民营公司负责管理运作,常驻2名专家,入驻科技大市场。年内,走访企业10家,为企业在总体规划顶层设计、企业业务流程再造、企业物流供应链、人才培养等多个转型升级方面,量身定做规划、实施方案。

【浙江省科技开发中心(浙江省技术交易中心)平湖分中心】 3月19日,市政府与浙江省科技开发中心签订合作协议,成立全省首家省技术交易中心县级分中心,中心在网上技术市场、项目申报与评估、科技成果登记与科学技术奖申报、科技合作对接交流、科技金融等方面展开合作。年内,举办国家高新技术企业认定(复审)实务培训、首期企业科技联络员职业化培训班,并举办了首次2014浙江平湖技术成果竞价(拍卖)会。

【中科院平湖新材料中心】 上海硅酸盐研究所高建平研究员与企业合作,入住科创中心成立平湖邑飞光电技术有限公司,开发多通道复合半导体激光治疗仪项目。

【企业研发中心】 年末,全市累计拥有各级企业研发中心109家。新增41家,其中省级企业研发中心5家、嘉兴市级6家,平湖市级30家。共有38家研发中心参与两年一批的动态考核,其中12家被评为优秀。当年,研发中心的认定数和考核优秀的企业数均实现新突破,成为历年最高。

•科技计划•

【概况】 2014年,共实施各级各类科技计划项目377项。列入国家级10项,其中国家创新基金2项、火炬计划4项、星火计划3项、中欧合作项目1项;省级291项,其中省创新资金项目5项、省农转项目2项、省公益性项目1项、省发明专利引进项目1项、省网上技术市场转化项目3项、省级新产品试制计划项目279项。争取上级科技资金1192.3万元。年内,实施市本级科技计划项目76项,安排科技项目经费303万元,其中设立政策性引导计划项目11项,新设立科技治水项目7项。

2014年获上级科技经费资助项目

项目名称	单位名称	计划类别
网络化LED智能照明节能控制模块关键技术研究及产业化	浙江侨鸣光电有限公司	国家中欧合作项目
基于光纤技术的电力电缆安全和负荷在线监测系统	平湖波汇通信科技有限公司	国家创新基金　省创新项目
超高层建筑外墙维护用悬臂伸缩平台式擦窗机设备	平湖普英特高层设备有限公司	国家创新基金　省创新项目
平湖市科技孵化创业中心二期工程项目	平湖市高新技术创业服务中心发展有限公司	国家服务业发展引导资金
基于能量自收集WSN节点的温室大棚环境监控系统研发	平湖市经济作物技术推广站	省公益性项目
高耐候、抗湿热光伏电池背板生产技术的研究及产业化	平湖市华源光伏科技有限公司	省重大专项
高强度拉伸套管膜的研发及产业化	浙江比例包装股份有限公司	省重大专项
高效抗静电大功率注塑式照明光源	浙江侨鸣光电有限公司	省创新项目
鲜食大豆新品种浙鲜豆8号中试与示范	平湖市果香缘果蔬专业合作社	省农转项目
芦笋母茎生产食用菌技术示范	平湖市食用菌科技创新服务中心	省农转项目
浙江省网上技术市场先进县市	平湖市科技局	网上技术市场先进
基于新型纤维的功能复合面料研发与应用	嘉兴永成制衣有限公司	网上技术市场产业化项目
聚光镜关键技术的研发及测试	浙江大明玻璃有限公司	网上技术市场产业化项目
图形处理基础开发技术	浙江慧谷信息技术有限公司	网上技术市场产业化项目
年产45万吨丙烯项目	浙江卫星能源有限公司	省发明专利引进项目
发明专利省补助	浙江泛亚生物医药股份有限公司等	省专利专项资金
省专利示范企业认定奖励	浙江鸿禧能源股份有限公司	省专利专项资金
省专利示范企业认定奖励	浙江欧迪恩传动科技股份有限公司	省专利专项资金
专利质押贷款补助	平湖市科技局	省专利专项资金

• 知识产权与科技成果 •

【概况】 2014 年，制订《平湖市创建国家知识产权示范城市培育工作方案》，推进国家知识产权示范城市培育工作。全年专利申请 3543 件(发明 718 件、实用新型 1134 件、外观设计 1691 件)，授权 2626 件(发明 48、实用新型 1233、外观设计 1345)。

年内，获嘉兴市科学技术进步奖 10 项，评出平湖市科学技术进步奖 19 项，其中一等奖 3 项、二等奖 7 项、三等奖 9 项。市农经局邵慧获“浙江省农业科技成果转化推广奖”，新埭镇农技水利服务中心盛保龙、曹桥街道农技水利服务中心马付元分获嘉兴市农业科技成果转化推广奖。

【专利示范企业】 年末，全市各级专利示范企业 73 家，其中全国知识产权优势企业 1 家、省专利示范企业 11 家、嘉兴市专利示范企业 31 家。新增省级专利示范企业 2 家，嘉兴市级专利示范企业 5 家。

【专利保护】 年内，在平湖市华润超市等流通领域开展专利执法检查，共查处专利假冒案件 10 件。

【专利补助】 年内，共争取省级各项专利补助资金 75.8 万元，其中列入省发明专利引进项目 1 项，补助 40 万元；两家新认定省级专利示范企业共补助 10 万元，24 项发明专利授权省补助 9.6 万元；专利权质押贷款省补助 16.2 万元。

【专利培训】 年内，共举办知识产权培训(讲座)11 期，参训人员约 300 人次。开展“激励专利创造，推进试点城市建设”专项活动。

【获嘉兴市级以上科技进步奖 12 项】 浙江晨光电缆股份有限公司承担的“1kV 异形预扭绞合交联聚乙烯绝缘电力电缆”项目、浙江莎普爱思药业股份有限公司承担的“头孢克肟分散片、颗粒”项、浙江景兴纸业股份有限公司承担的“环保型白面牛卡纸”项目分别获嘉兴市科技进步奖二等奖。浙江鸿禧光伏科技股份有限公司承担的“新型分段背电极设计结构的高效太阳能光伏电池片”项目、平湖迪工机械制造有限公司和杭州电子科技大学承担的“多功能笼式成缆机的关键技术研究及开发应用”项目、平湖市华源光伏材料有限公司和浙江科技学院承担的“太阳能电池背板 HY－FTP－33”项目、平湖市海特合金有限公司承担的“用于机械振动的偏心块及其原料制备方法”项目、平湖市中医院承担的“溺毒清合剂延缓慢性肾功能衰竭的实验研究”项目、平湖市植保土肥站参与的“嘉兴市若干重点区域土壤重金属污染调查研究”项目、平湖市气象局参与的“嘉兴市特色农业气象服务指标及平台研究”项目分获嘉兴市科技进步奖三等奖。

• 民生科技 •

【概况】 2014 年，市防震减灾工作先后评为浙江省、全国先进单位，是 2005 年以来第 7 次评为全国先进单位。制订出台《平湖市地震应急反应预案》《关于进一步加强防震减灾工作的意见》《平湖市地震监测台(站)管理办法》。启动对平湖经济技术开发区、独山港经济开发区等企业聚集的区域开展地震小区划工作。

【地震应急避险场所建设】 年内，当湖街道梅兰苑社区、平师附小通过平湖市地震应急避险场所示范工程验收，梅兰苑社区成功创建嘉兴市首个防震减灾示范社区。

【防震减灾系列科普宣传】 年内,与中国地震局“平安中国”防灾宣导千城大行动结合,开展“5·12”全国防灾减灾科普宣传活动,市科技局被授予2014年第三届平安中国防灾宣导系列公益活动优秀组织奖。完善市防灾减灾科普教育基地建设,新增“地震体验小屋”“地震斜屋”等7件科普展品。

【“7·7”M2.4级地震】 7月7日14点09分54秒,北纬30.57,东经121.13(位于浙江省平湖市乍浦海域)发生M2.4级地震。地震发生后平湖市区及乍浦镇部分居民有震感,但未造成人员伤亡和财产损失。市科技局(地震局)配合市委报道组、电视台、报社的采访,通过新闻媒体稳定市民情绪。加强乍浦、平湖二个地震监测台监测工作。

【地震安评工作】 2014年5月,平湖瑞丰国际广场工程场地通过省地震安全性评定委评审。

【农业科技】 当年,平湖市绿岛食品有限公司自主研发的“野瓜蒌籽(杜瓜子)精深加工工艺研究与产业化”项目列入2014年度国家星火计划。

【科技治水】 年内,实施科技治水专项,设立“五水共治、科技治水”专项资金,启动试点项目7项,安排科技资金70万元。开展“五水共治,健康生活”科普集市活动,普及“五水共治”知识。组织参加“2014嘉兴市强化科技支撑,推进‘五水共治’专场对接活动”,邀请中科院南京土壤所、同济大学等高校科研院所专家到曹桥野马、新仓放港河开展“科学治水”会诊,指导“五水共治”。各镇(街道)开展“机器人”治水,采用生态坡岸、生态浮岛等多种技术成果,美化水环境,净化水质。

【科技特派员】 当年,市科技局科技特派员办公室下派科技特派员8名,入驻相关镇(街道)和企业开展科技指导和服务工作。以浙江省农科院作核所首席专家、研究员阮关海为主的省科技特派员团队,实施平湖市粮油作物种子繁育推广体系构建项目,为促进全市粮油产业增效和农民增收做出贡献。

(张徐园)

文化 • 体育

• 综述 •

【概况】 2014年，平湖西瓜灯民俗文化活动获“浙江省民间文化艺术之乡（2014—2016年度）”称号、平湖市体育局获“2010—2013年度浙江省群众体育先进单位”“浙江省第六次全国体育场地普查先进单位”等称号，平湖市文化市场行政执法大队先后获国家版权局“2013年度查处侵权盗版案件有功单位三等奖”及省文化厅“浙江省2014年度文化市场综合行政执法优秀单位”等称号。市图书馆获“第十届浙江省未成年人读书节创新奖”，市图书馆馆长马慧获全国古籍保护工作先进个人、全国文化系统先进工作者称号。平湖市非物质文化遗产保护管理中心被评为“平湖市科普教育基地”，获“中华颂第五届全国小戏小品曲艺大展优秀组织奖”等。

• 群众文化 •

【概况】 全年完成送文艺下基层247场次，观众20余万人次；完成培训160次，培训人数8500余人；万册图书下基层76100册。市非遗中心做好文物征集工作，新征文物藏品29件，共有馆藏4099件。做好嘉兴市第五批非物质文化遗产项目预申报工作，推荐申报“当湖圆作”“‘老鼎丰’酱园”“游祥和”“耘稻山歌”等12项，确定9项。创新“舞台+网络+电视”惠民新模式，一大批乡土文艺人才脱颖而出，文化参与度增加。开展“欢乐平湖、梦圆舞台”——我行我秀、草根达人秀海选35场次，1986人、627个节目参与海选。举办“首届中国·平湖琵琶邀请赛”，共收到国内参赛作品79件，经初评选出来自全国7省市41位选手参加决赛，评出金奖14个，银奖20个。

2014年底，实现文化下派员、文化专职管理员“两员”全覆盖，文化馆等单位向各镇（街道）下派8名文化员，聘用95名村（社区）文化专职管理员，开展2次集中培训。年内，开始实施精品文艺培育工程。采用以奖代补的方式，鼓励原创作品的发展，曹桥街道《手马灯》应邀赴北京龙潭庙会展演并获金奖；新仓镇民间舞蹈《着癞子》赴韩国参加亚洲音乐舞蹈艺术节获金奖，马宏军作品《畲乡的美丽》获2014“建国杯”第四届全国大型音乐展演作曲金奖。

• 图书 •

【概况】 2014年，图书馆提高读者单次借阅书刊册数的上限，成人读者每人单次可借册数从6册提高到10册，少儿读者从2册提高到6册。单次借阅期限从15天延长到21天，续借期限同时延长至21天。根据读者反馈，自9月起，图书馆全面放开市民办理借阅证件的年龄限制，学龄前低幼儿童也可到馆借阅书刊。全年，图书馆共新增藏书62748册，办理各类借阅证30107张，接待读者1155297人次，外借图书887010册。2014年，图书馆作为全市无线城市公共WIFI网络第一批实施场所，“i－pinghu”免费无线网络覆盖全馆。年内，图书馆开通微信公众号，利用微信平台开展馆藏图书推荐、活动预告、书目查询、图书续借、数字资源浏览等服务，并结合热点事件对微信号进行推广。世界杯期间，图书馆举行“世界杯比分微信竞猜”活动,吸引不少市民参与。针对老年读者,图书馆免费开办4期"老有'鼠'乐——中老年人电脑培训班",帮助老人掌握计算机、网络基本操作知识。8月,图书馆对全市在2013年度已建成的20个农村文化礼堂进行走访、督导。馆领导及相关工作人员多次前往广陈镇广中村、当湖街道如意社区开展公共电子阅览室的管理和业务技能的培训。

【全民读书月】 2014年5、6月间,举行平湖市第八届"全民读书月"(第十届未成年人读书节),总分馆联动、全民参与举办"书香童趣系列""推陈出新系列""老有所乐系列""古色古香系列"等七大系列80多项活动,讲座、展览、书偶创作、读者交流、知识竞赛、文化普及等活动内容一应俱全。

【市民讲坛】 每月举办"市民讲坛"、道德讲堂总堂、金平湖健康系列讲座。全年,图书馆总馆与各镇(街道)分馆共举办现场、视频讲座156场,免费提供给外单位及公益组织开展活动多次。

【图书分馆工作】 2014年,全市镇(街道)、村级图书分馆共办理各类借阅证7939张,接待读者478293人次,外借图书184730册次。2014年,图书馆为全市各家镇(街道)分馆补充新书4次,总计24700册;为全市馆外服务点送书105次,共计18801册。11月,举办2014年全市图书分馆管理员培训班,全市图书分馆管理员,各镇(街道)文化站站长、工作人员共40多人参加培训。

【古籍与地方文献】 年初,平湖市图书馆被确定为全国古籍普查工作免审单位。4月起,制订普查工作人员月度任务指标及相应奖惩措施,更新古籍普查用电脑,增加普查人数。派遣一人到甘肃省图书馆参加为期40天的"第十六期全国古籍修复技术培训班",系统学习古籍防护、古籍装帧、古籍修复等知识。

【基层书架】 2014年,图书馆在平湖市汽车南站设置"旅途书架"(新客运中心投入运营后书架亦迁往),放置两个杂志架。在新多幼儿园设立"新多书架",家长们在接孩子回家的等候间隙,可以取阅杂志。

• 文物保护管理 •

【不可移动文物修缮有序推进】 年内,完成城隍庙正殿、新四军北撤司令部、独山港军事瞭望所的修缮和乍浦天妃宫炮台的环境整治。

【野外文物有新发现】 新埭镇牌楼村打捞出文保单位溪漾指挥坟明代翁仲3件,并进行原地安装;广陈镇发现一座民国24年(1935)春修建的"长港锁钥桥";独山港镇白沙湾发现清代白沙泉古井1口。

【机构调整】 对原平湖市博物馆、莫氏庄园陈列馆、吴一峰艺术馆、文物保护管理所进行"三馆一所"机构合署,使资源配置更加合理,工作效率有所提高。

【完成莫氏庄园门票价格调整工作】 见第245页【完成门票价格调整工作】。

【莫氏庄园陈列馆序馆正式启用】 见第245页【完成序馆建设】。

【接受弘一大师铜像捐赠】 12月7日,"李叔同(弘一大师)塑像捐赠仪式"在平湖市李叔同纪念馆举行。中国侨联副主席、银帝集团董事局主席朱奕龙向市李叔同纪念馆捐赠其收藏的由中国美术馆馆长、中国雕塑院院长、中国美术家协会副主席吴为山创作的弘一大师铜像。

【“姜开明、潘德辉绘画长卷展”】 为庆祝文化遗产日,6月14日,市陆维钊书画院举办以描绘平湖城市新老格局为内容的《美丽平湖的昨天和今天——姜开明、潘德辉绘画长卷展》,其中姜开明《美丽东湖纵横居图》长40米,宽1.4米,获上海大世界吉尼斯记录。

【李叔同纪念馆成为中国博物馆协会团体会员】 见第247页【成为中国博物馆协会团体会员单位】。

【文博单位展览、交流】 博物馆(莫氏庄园陈列馆、吴一峰艺术馆) 三个馆区分别举办、承办“回眸历史——平湖市文物保护掠影图片展”“如此画语——沈保良花鸟画展”“‘万马奔腾’老年迎春书画展”“心向原野——平湖美术赴缙云写生展”“平湖民间档案文献史料收藏展”“非遗志愿者剪纸作品展”“平湖记忆——民间个人档案实物展”“吴一峰仿真作品精品展”“纪念建盟三十周年盟员书画展”“嘉兴花鸟工作室七人画展”“2014年度平湖收藏协会会员收藏艺术品展”等10多个展览,接待观众15万余人次。

李叔同纪念馆 2014年,纪念馆共接待国内外游客205941人次,提供免费讲解581批次,向观众免费赠送李叔同宣传资料5万余份。春节期间,举办“花叶菩提——李叔同弘一大师书法作品展”;三八妇女节期间,和市妇联、书协共同举办“平湖市第五届妇女书法作品展”;3月底,与市委宣传部、杭州东街文化艺术公司合作,为中国美协会员、中国美院出版社总编毛翔先举办“鹤舞飞翔——毛翔先国画艺术精品展”;4月,与平湖市摄影家协会合作,联合举办“平湖市第二届摄影艺术展”;5月,为配合国际博物馆日,举办“彼岸——馆藏李叔同信札展”;6月,配合文化遗产日,制作“前世今生东湖梦——东湖百年变迁图片资料展”;10月,举办“平湖市庆祝中华人民共和国成立65周年主题邮展”“平湖市人大纪念人民代表大会制度建立60周年书画展”“水之美——水彩画名家画平湖”和“大美平湖摄影展”;11月,与市教育局和黄姑中心小学携手,举办“追梦女孩——宋婧中国画习作展”;年内,配合廉政教育,推出“李叔同人生格言展”,在海盐张乐平纪念馆展出。年内,先后接待浙江博物馆及厦门陈嘉庚纪念馆一行、厦门弘一大师研究会、泉州弘一大师研究会、天津李叔同故居纪念馆、温州弘一大师纪念馆、温州弘一大师研究联谊会到馆交流互动;应邀参加天津市李叔同——弘一大师研究会召开的“纪念李叔同——弘一大师诞辰134周年座谈会”、中国博物馆协会代表大会和中国纪念馆专业委员会年会;组织讲解员赴天津李叔同故居纪念馆、浙江省博物馆、杭州名人纪念馆、桐乡博物馆新馆参观学习;与桐乡丰子恺纪念馆进行馆际工作交流互动。

市非物质文化遗产保护管理中心 2014年,市非遗中心共接待游客4万人次。先后举办“粽艺飘香——平湖市端午节裹粽子大赛”“让文化遗产活起来·平湖——嘉善非遗走亲”“2014平湖市非遗摄影大赛”“2014平湖钹子书新作比赛”“让文化遗产活起来——万人签名活动”“平湖市非遗志愿者剪纸作品展”“非遗讲堂——平湖杜经布技艺”“新居民平湖方言赛”“我眼中的平湖非遗——学生绘画展”等活动。非遗传承工作室正常开放。全年累计授课108课时,46位非遗志愿者在平湖派琵琶、平湖钹子书、剪纸、圆作等项目上受训。第三批平湖派琵琶志愿者顺利结业,第四批平湖派琵琶志愿者及第二批钹子书志愿者招募完成。出刊《家珍》2014 春夏卷、秋冬卷。出刊“平湖非遗书系”第二辑之《平湖糟蛋》《陆稼书故事》。

(朱晨曦)

• 陆维钊书画院 •

【概况】 2014 年陆维钊书画院陈列室展出陆维钊书画复制作品,院第一展厅和华艺山庄画廊全年对外开放,不定期举办各种书画展览和交流活动。具体展览活动有:感悟自然——王利中、王君韬父子油画展;平湖市书法家协会年会暨平湖市第五届书法大展;2014 年度陆维钊书画院画师年会暨平湖市博物馆书画精品真迹品鉴会;庆新春——“中国印”少儿篆刻作品展;陆维钊子女家藏陆维钊花鸟画、山水画两个复制精品展;四川书画家一行来陆维钊书画院参观笔会交流;纸行·行知——儿童纸艺展;四川书画家一行到陆维钊书画院参观笔会交;举行“华艺书法训练营创作实践展暨互评会” ;庆祝建国 65 周年暨平湖市老年大学成立 20 周年书画展;书之香·咏瓜诗词书法展;大风居书画研习系列——许栋行书作品展(平湖展)暨华艺书法训练营书画系列——“米芾及宋四家”专题讲座;“龙湫雅韵”——周中伟·祝康荣书画作品展;“践行法治理念,展现检察风采”——第一届嘉兴市检察机关书画摄影展。2014 年,书画院接受陆维钊家属赠送的梅花并将之移栽书画院。

【研究和宣传】 2014 年,由中国文化艺术出版社出版的《君子之交——陆维钊书画院院藏信札选》《陆维钊常用印章》正式出版发行,这两本书对陆维钊及文化名人的研究都具有较高的史料价值和艺术价值。出版《陆维钊研究》第 39、40 期。做好馆藏文物数据录入工作,对馆内所有藏品进行影像文本数据采集、合成和审核,进行更加系统安全的管理并于年底完成馆藏一、二、三级文物信息数据库的建立。及时做好书画院网站的更新,加强对外宣传。

【队伍建设】 5 月 6 日,组织全馆人员到杭浙江博物馆参观“守望千年宋元书画珍品展”。何军入展中国书法家协会主办的“四堂杯”全国书法作品展。许栋行书作品入展由浙江省书法家协会组办的“美丽浙江秀水之韵——浙江书法作品展”,中国环球文化出版社《中国翰墨艺术》报第 86 期整版介绍其个人书法,北京《艺术主流》期刊第 30 期发表篆书《风樯阵马》书法作品。2014 年,许栋获浙江省文化厅主办的“浙江省文化系统书法创作成果展”银奖、“嘉兴第四届中国画展”优秀奖;司燕飞获浙江省文化厅主办的“浙江省文化系统书法创作成果展”铜奖。

【文化志愿者服务】 4 月 25 日,何军主讲“华艺书法系列讲座——隶书的临创与现状”。5 月 28 日,举行“华艺书法训练营创作实践展暨互评会”。暑期,为林埭镇 30 名学生进行义务书法教学并免费提供文房四宝等书写工具,其间还进行“五水共治”中心工作的宣传,书写相关标语横幅,并组织学生参观陆维钊书画院、李叔同纪念馆等市文博单位,弘扬名人文化。

(张 丹)

• 文化市场管理 •

【概况】 平湖市文化市场涵盖文化、新闻出版、广电三大门类九大市场。年末,全市共有依法设立的文化市场经营单位 597 家,其中网吧 81 家,歌舞娱乐场所 85 家,游艺娱乐场所 21 家,演出场所 3 家,演出经纪机构 4 家,文艺表演团体 2 家,出版物 61 家,印刷企业(含打字复印单位)320 家,电影放映 6 家,游泳场所 14 家。全年全市文化市场经营单位

(网吧、娱乐场所、文艺表演团队)实现营业额9640万元,利润797万元;印刷企业实现工业产值24.39亿元,利润1.39亿元;出版物经营单位实现营业额5694.91万元,利润557.97万元。

【审批全面放开】 1月1日起,网吧审批取消总量控制。11月1日起,游艺娱乐场所审批全面放开。文化市场审批项目全部取消总量控制。

【农家书屋活动丰富】 阿优、张歆炎、刘玲萍分获浙江省农民读书征文比赛一等奖、二等奖和鼓励奖。顾颖颖、王润杰获嘉兴市“我的书屋,我的梦”主题征文比赛三等奖。尤辉映获嘉兴市农民讲书大赛一等奖。

【印刷企业创优升级】 浙江茉织华印刷有限公司成功创建国家印刷示范企业,浙江汇诚通用印务有限公司通过绿色印刷环境标志产品认证。

【加强行业自律】 2014年11月12日,平湖市歌舞娱乐行业协会成立,并举办第一次会员大会。

【电影事业稳步发展】 2014年城市放映电影17334场次,累计观众533263人次,实现票房收入1986.13万元。农村放映电影185部、1644场次,受益观众36.95万人次。2014年,全市文化市场共出动执法人员1055人次,检查经营单位1743家次;受理市长电话等各类举报22件,答复率100%;开展联合行动21次,取缔无证经营单位102家,办理行政处罚案件21件(其中一般程序20件,简易程序1件),结案21件,罚没款42300元;没收非法书刊、非法音像制品2867件,没收非法所得960元,清理非法“抓烟机”125台。全市文化市场良好率达到98%,全年行政处罚案件实现零复议、零诉讼。

•群众体育•

【概况】 全面贯彻落实《全民健身计划(2011—2015年)》,让市民共享体育发展成果。全年市、镇(街道)、村(社区)三级上下联动,开展群众性体育竞赛活动,提高广大人民群众主动参与体育健身的意识,形成“政府主导、部门协同、全社会共同参与”的大群体工作格局。

市本级围绕全民健身日等节点开展全市性群体竞赛活动。8月6日,举行平湖市“全民健身日”活动启动仪式暨民族民间传统体育项目展示活动;5月31日—6月1日,“国际箱包城杯”平湖市乒协第八届乒乓球比赛;7月16—18日,平湖市第五届残疾人运动会;8月6日,“体育彩票杯”平湖市第一届武术健康大会;9月26—28日,西瓜灯文化节棋之梦——“当湖十局杯”围棋邀请赛;10月24—25日,小康体育村三人制篮球赛;10月31日—11月1日,第二届村社区乒乓球比赛;11月9日,平湖市首届快乐工间操比赛;11月下旬—12月中旬,实施3—69周岁公民体质评价等级标准,全市共测2440人等。2月,承办Mlily梦百合世纪之战——古李十番棋(平湖专场)比赛;5月,承办2014年浙江省第二届全民体育节气排球公开赛(平湖站)等。各镇(街道)群体竞赛活动精彩纷呈。当湖街道举办庆祝全民健身日佳木斯健身舞步展示活动、“快乐周末”乒乓球邀请赛;独山港镇、新埭镇、曹桥街道举办综合性运动会;钟埭街道举办足球赛、篮球赛、羽毛球赛、老年人莲湘大赛;新仓镇举办全民乒乓球赛和篮球赛;林埭镇举办龙乡龙舟赛;广陈镇举办三人制篮球赛、中国象棋赛等。独山港镇小营头村举办残疾人趣味运动会、钟埭街道西林寺社区举办老年人趣味运动会、当湖街道虹霓村举办青少年棋类比赛等。

【参加上级竞赛活动】 组队参加嘉兴市第二届市民运动会拔河、健身排舞、第九套广播体操、龙舟、踏白船、全民健身群英会、2014年浙江省全民健身浙北片区活动、全省气排球公开赛等比赛。

【争先创强】 年内,投入近百万元在嘉兴学院平湖校区创建省级国民体质监测与健身指导中心;全市创建1个体育特色乡镇、1个省级小康体育村、5个村级体育俱乐部、2个体育先进社区、3个社区体育健身俱乐部、1个星级职工体育俱乐部、1个老年体育活动中心(俱乐部)及嘉兴市"美丽乡村·健身广场"2个等。进一步实施《金平湖少儿习泳计划》,完成新仓镇、独山港镇和林埭镇3个拆装式游泳池建设,2014年暑期均启动培训活动和对外营业。规范学校体育设施开放,对城区7所学校9个校区2013学年开放情况进行实地评估考核,由市财政补助37.25万元。推动学校体育设施开放工作向镇(街道)延伸,10月8日起,全市共29所学校35个校区实施开放。配合市城投公司,做好市民健身馆(游泳馆)筹建工作。

【体育队伍建设】 2014年,举办三级社会体育指导员村(社区)文化专职管理员专场培训班。选送70多名体育骨干参加嘉兴市级以上快乐体操、地掷球、健身气功、嗒嗒球、气排球等各类业务培训。全年新增三级社会体育指导员89人,一级社会体育指导员28人。

【体育社团活动】 协助民政部门做好体育协会2013年度年检年审工作和2014年社会组织评估工作。定期召开全市体育社团季度工作例会。部署嘉兴市第二届市民运动会参赛任务。指导市棋类协会、羽毛球运动协会、网球运动协会完成换届选举工作。成立九龙山青少年体育俱乐部、艺术青少年体育俱乐部、百花青少年体育俱乐部、全民健身服务中心、一林羽毛球俱乐部等5个民办非企业单位。

2014年,各协会根据自身特色,积极开展赛会活动。市老年体协举办全市老年人健步走大联动活动;残疾人体协承办市第五届残疾人运动会;篮球协会举办第十二届杯赛;乒乓球协会举办第八届乒协杯赛;武术协会举办首届武术健康大会;足球分会举办第十八届周末足球联赛、第三届足协杯11人制比赛、"谁是球王"快乐草根足球赛;网球运动协会成立伊始于12月举办"一洲酒业杯"业余网球公开赛;棋类协会举办围棋名人赛;木兰拳分会、杨式太极拳分会送表演展示到部队、老年公寓等。由协会组织发动,组队参加嘉兴市第二届市民运动会棋类、桥牌、网球、羽毛球和乒乓球等项目比赛。

·竞技体育·

【概况】 组队参加市级以上各类比赛。组织79名运动员重点参加第十五届省运会网球、游泳、乒乓球,组队参加沙滩排球,以及皮艇、赛艇、体操、摔跤、柔道、足球、排球、跆拳道、短式网球、拳击和田径等15个大项比赛,获16.99金、12.5银、26.5铜,总分709.4,完成嘉兴市政府下达给平湖市的优秀任务数。组队参加嘉兴市青少年锦标赛各项比赛、第二届幼儿趣味运动会及嘉兴市第二届青少年学生阳光体育运动会田径、网球、排球等六大项比赛。100多名运动员分别参加浙江省中小学生乒乓球积分排名赛、网球积分排名赛和游泳分站赛。按照"立足输送,适度引进"的原则,抓好优秀体育后备人才储备,年内,共向上输送运动员10人。根据上级体育部门的要求,做好运动员注册及骨龄检测工作。举办平湖市体育教师足球裁判培训班,组织人员参加浙江省乒乓球业务和裁判培训、省体育传统项目学校足球师资培训、嘉兴市教练员科学训练培训班、游泳教练员培训等业务学习。

【开展青少年学生阳光体育运动】 和市教育局联合举办第三届青少年学生阳光体育运动会,设田径苗子赛、田径运动会、集体项目运动会、篮球、排球、足球、游泳、乒乓球等八个竞赛项目。2014年,承办浙江省青少年儿童乒乓球冠军赛和嘉兴市中小学生乒乓球比赛、嘉兴市中小学生网球(短式网球)比赛等市级以上比赛。

2014年平湖市运动员获全国及国际比赛前八名成绩表

姓名	性别	比赛名称	项目	名次
李超群	女	亚洲青年田径锦标赛	撑杆跳高	1
李超群	女	全国田径冠军赛暨大奖赛总决赛	撑杆跳高	7
李超群	女	2014年全国田径锦标赛	撑杆跳高	8
金万媛韵	女	“体彩杯”2014年全国网球团体锦标赛	团体	3
张 婧	女	全国艺术体操锦标赛	团体总分	2
张 婧	女	全国艺术体操锦标赛	成年个人团体总分	4
张 婧	女	全国艺术体操锦标赛	成年个人单项棒操	4
吕嘉琦	女	全国体操锦标赛	全能	6
张 婧	女	全国艺术体操锦标赛	成年个人单项球操	7
张 婧	女	全国艺术体操锦标赛	成年个人单项圈操	8
吕嘉琦	女	全国体操锦标赛	团体	1
张 婧	女	全国艺术体操集体锦标赛	团体总分	1
张 婧	女	全国艺术体操冠军赛	团体总分	1
张 婧	女	全国艺术体操冠军赛	成年个人团体总分	1
吕嘉琦	女	全国体操冠军赛	高低杠	2
吕嘉琦	女	全国体操冠军赛	平衡木	2
张 婧	女	全国艺术体操集体锦标赛	成年个团	2
张 婧	女	全国艺术体操冠军赛	成年个人单项球操	2
吕嘉琦	女	全国体操冠军赛	全能	3
吕嘉琦	女	全国体操冠军赛	自由体操	5
张 婧	女	全国艺术体操冠军赛	成年个人单项圈操	5
张 婧	女	全国艺术体操集体锦标赛	个人圈操(成年)	7
张 婧	女	全国艺术体操集体锦标赛	个人带操(成年)	8
王婷婷	女	全国锦标赛	沙滩排球	4
李翌杨	男	全国锦标赛	排球	4
王峰磊	男	全国锦标赛	排球	4
胡天伦	男	全国锦标赛	沙滩排球	5
方超亚	女	全国锦标赛	足球	6
常艺凡	女	全国青少年U20联赛	排球	3
常艺凡	女	全国青少年U20锦标赛	排球	4

2014 年平湖籍运动员获省第十五届运动会比赛前八名成绩表

姓名	性别	比赛名称	项目	名次
钱心安	女	游泳	10 岁组 50 米自由泳	1
钱心安	女	游泳	10 岁组 200 米个人混合泳	1
钱心安	女	游泳	10 岁组 400 米自由泳	1
钱心安	女	游泳	10 岁组自由泳全能	1
钱心安	女	游泳	10 岁组 4X50 米自由泳接力	1
钱心安	女	游泳	10 岁组 4X100 米自由泳接力	2
钱心安	女	游泳	10 岁组 4X50 米混合泳接力	3
马　尧	男	游泳	10 岁组自由泳全能	4
马　尧	男	游泳	10 岁组 4X50 米混合泳接力	4
朱新宇	女	游泳	10 岁组 4X100 米自由泳接力	4
吴陈慧涛	男	游泳	13 岁组 4X100 米自由泳接力	4
吴陈慧涛	男	游泳	13 岁组 4X200 米自由泳接力	4
许　夕	男	游泳	11 岁组 50 米自由泳	5
许　夕	男	游泳	11 岁组自由泳全能	5
许　夕	男	游泳	11 岁组 4X50 米自由泳接力	5
沈方锐	男	游泳	11 岁组 4X50 米自由泳接力	5
许　夕	男	游泳	11 岁组 4X100 米自由泳接力	5
沈方锐	男	游泳	11 岁组 4X100 米自由泳接力	5
许　夕	男	游泳	11 岁组 4X50 米混合泳接力	5
沈方锐	男	游泳	11 岁组 4X50 米混合泳接力	5
马　尧	男	游泳	10 岁组 4X50 米混合泳接力	5
马　尧	男	游泳	10 岁组 4X100 米自由泳接力	5
沈方锐	男	游泳	11 岁组蛙泳全能	5
吴陈慧涛	男	游泳	13 岁组仰泳全能	5
吴陈慧涛	男	游泳	13 岁组 4X100 米混合泳接力	5
金雨豪	男	游泳	14 岁组 4X200 米自由泳接力	5
金雨豪	男	游泳	14 岁组 4X100 米混合泳接力	5
朱新宇	女	游泳	10 岁组 4X50 米混合泳接力	5
朱新宇	女	游泳	10 岁组 4X50 米自由泳接力	5
汤昱昕	女	游泳	13 岁组仰泳全能	6
高　妮	女	游泳	12 岁组 4X200 米自由泳接力	6
金雨豪	男	游泳	14 岁组 4X100 米自由泳接力	6
马　尧	男	游泳	10 岁组 50 米自由泳	7
曹怡佳	女	游泳	12 岁组蛙泳全能	7
高　妮	女	游泳	12 岁组 4X100 米自由泳接力	7
高　妮	女	游泳	12 岁组 4X100 米混合泳接力	7
曹怡佳	女	游泳	12 岁组 4X100 米混合泳接力	7

姓名	性别	比赛名称	项目	名次
曹怡佳	女	游泳	12 岁组 4X100 米混合泳接力	7
施佳怡	女	皮划艇	甲组 2000 米 K2	3
曹鑫磊	男	皮划艇	甲组 1000 米 K2	4
曹鑫磊	男	皮划艇	乙组 2000 米 K2	4
缪飞龙	男	皮划艇	甲组 2000 米 C1	5
杨秋英	女	赛艇	乙组 6000 米 1X	1
杨秋英	女	赛艇	乙组 2000 米 1X	2
纪思忆	女	赛艇	乙组 6000 米 2 –	2
张高飞	男	赛艇	甲组 2000 米 2 –	2
张高飞	男	赛艇	甲组 6000 米 2 –	2
纪思忆	女	赛艇	乙组 2000 米 2 –	3
张高飞	男	赛艇	甲组 1000 米 2 –	3
陆佳媛	女	网球	短网团体	2
陈　诺	女	网球	短网团体	2
俞昕晖	女	网球	标网团体	2
周子衡	男	网球	短网团体	3
唐言清	女	网球	标网团体	3
陈振卓	男	网球	标网团体	4
黄康杰	男	网球	标网团体	4
戈沁怡	女	网球	标网团体	4
沈毅磊	男	网球	标网团体	4
陈　诺	女	网球	短网单打	5
俞昕晖	女	网球	标网双打	6
沈毅磊	男	网球	标网双打	7
周嘉琪	女	田径	15 – 16 岁组女子跳高	1
蔡史慧	男	田径	14 岁组男子跳高	1
周嘉琪	女	田径	15 – 16 岁组五项全能	2
胡成涛	男	田径	17 – 18 岁及以下组铅球	4
胡成涛	男	田径	17 – 18 岁及以下组铅球	5
袁俨嘉	女	乒乓球	丙组双打	3
盛　林	女	乒乓球	团体乙组	3
冯子琦	男	乒乓球	团体丙组	3
李嘉文	女	乒乓球	团体甲组	4
赵祎晨	女	乒乓球	团体甲组	4
马姝儿	女	乒乓球	团体甲组	4
袁俨嘉	女	乒乓球	团体丙组	4
袁俨嘉	女	乒乓球	丙组单打	6
王天羽	男	乒乓球	团体甲组	7
梅嘉青	女	摔跤	自由组 59kg	1

姓名	性别	比赛名称	项目	名次
朱俊浩	男	摔跤	古典甲组 55kg	3
陈敏慧	女	足球	甲组	2
高　怡	女	足球	甲组	2
蒋丽燕	女	足球	甲组	2
任祯意	女	足球	甲组	2
俞诗悦	女	足球	甲组	2
戈兰兰	女	足球	乙组	2
孔梦霞	女	足球	乙组	2
钱伊丽	女	足球	乙组	2
沈文雅	女	足球	乙组	2
沈怡烨	女	足球	乙组	2
王梦哲	女	足球	乙组	2
夏冰儿	女	足球	乙组	2
张慧玲	女	足球	乙组	2
张　妹	女	足球	乙组	2
张思怡	女	足球	乙组	2
李洲童	男	足球	甲组	6
田佳军	男	足球	甲组	6
石奕晨	男	足球	乙组	2
沈伊唯	男	足球	乙组	2
刘晨诗畅	女	跆拳道	丙组团体	2
陆敏岚	女	跆拳道	女甲 66kg +	3
陈丽敏	女	柔道	甲组 57 公斤级	3
彭雨芬	女	柔道	乙组 52 公斤级	5
唐月婷	女	柔道	甲组 52 公斤级	7
胡文正	男	沙排	乙组	7
姚利杰	男	沙排	乙组	7
孙　颖	女	沙排	甲组	8
徐嘉英	女	蹦床	乙组团体	2
李　涛	男	拳击	甲组 64 公斤	3
杨冯杰	男	拳击	乙组 64 公斤	3
陆　霞	女	拳击	乙组 54 公斤	3
田　庆	男	拳击	乙组 56 公斤	5
沈天禹	男	拳击	乙组 52 公斤	5
高维红	女	拳击	甲组 66 公斤	5
何　佳	女	拳击	乙组 60 公斤	5
邱雨涔	女	体操	甲组团体	1
邱雨涔	女	体操	高低杠、自由操	3
邱雨涔	女	体操	跳马、平衡木	5
陈婷婷	女	体操	甲组团体	1

•体育设施和产业•

【体育产业有序发展】 举办浙江伊思佳体操运动队冠名庆典活动、2014首届长三角运动休闲体验季浙江平湖九龙山站活动等。浙江伊思佳服饰有限公司户外运动品牌建设项目、浙江九龙山国际高尔夫俱乐部有限公司的2014中巡赛—美巡赛中国系列赛九龙山站项目入选2014年度浙江省体育产业发展资金项目库。加强体育经营活动的安全监管，做好危险性体育经营活动行政许可的各项工作，2014年14家游泳场所通过行政许可。历时5个月，在全市开展第六次全国体育场地普查。截止年底，全市共有各类体育场地1208个，总面积1859469平方米，人均体育场地面积3.8平方米。

【体育设施作用充分发挥】 提高公共体育场馆的开放利用，市体育中心自2014年9月1日起新增开放场馆4处，明确免费低收费开放场馆及开放时段。承办各类大型活动、会展、体育赛事共计80多场次。体育中心全年累计接待健身市民突破60万人次。

【体育彩票销售】 2014年，完成体育彩票销售6443.49万元，其中：电脑彩票5468.97万元，即开型彩票974.52万元，销量与去年同期持平，在全嘉兴销量增长量和增长率都排名第一。（朱晨曦）

新闻传媒

·广播电视·

【概况】 2014年,平湖市广电系统贯彻落实十八届三中全会精神,深入开展党的群众路线教育实践活动,各项工作迈上新台阶,取得新突破。

一是以新闻宣传为重点,增强舆论引导力。做好舆论开道。围绕市委、市政府中心工作,突出"五水共治""三改一拆"、转型升级、招商引资、项目推进、群众路线教育、人文文化等重点题材,以深度报道、系列报道、动态报道、记者走基层等形式强化宣传。全年推出《治水拆违曝光台》《三改一拆进行时》《十佳村社区书记》等系列报道40多组,稿件1000多篇。做好舆论引导。打造《民生直通车》新闻追踪板块,以维护民生民利为主题,以"热点追踪、监督推动"为基本形式,围绕人民群众最关心、最直接、最现实的利益问题,利用电视、网络等全媒体平台和"百姓事马上办"等民生问题交办系统,全方位倾听民声民意,关注热点难点,畅通群众利益诉求渠道,拓展舆论监督方式。全年播出相关报道300多篇,推动了新埭虹桥路新修路有落差等多个民生问题的解决。做好文化引领。加大社会主义核心价值观、文化、文明方面的典型宣传力度,《民生直通车》常规栏目"身边的正能量"改版升级为"身边好人",全年播出相关报道近百篇;电台专题节目《当湖书院》加强线上线下活动互动,赢得不同层面的听众的广泛赞誉,被市委宣传部评为2014年度"好栏目";新闻中心策划大型新闻公益活动《"小候鸟"午餐去哪儿?》。

二是以创新机制为手段,增强品牌影响力。节目创优取得好成绩。业务作品获省级二等奖5件,三等奖1件;嘉兴市级新闻奖、政府奖一等奖6件,二等奖5件,三等奖14件。电视节目《金色田野》和广播节目《今日平湖农村》在2014年度全省广播电视对农节目服务工程建设考核中双双获得优秀栏目称号,为全省仅有的6家获得电视电台考核双优县级台之一,其中《金色田野》连续八年获全省考核优秀。在2014年嘉兴市镇(街道)广播电视站广播自办节目抽评中,新埭、独山港、乍浦广电站选送的节目分获第二、第四、第六名,跻身"十佳"节目行列,广陈、钟埭广电站选送节目获鼓励奖,总成绩位居嘉兴各县(市、区)榜首。对外宣传取得新突破。中央电视台、浙江电视台等媒体播出一大批有关平湖经济、社会、文化等建设方面的重大题材新闻。全年中央电视台用稿32篇,浙江卫视用稿70篇,获省广播电视新闻协作电视三等奖,嘉兴台用稿721篇,排名第2;截至11月底,中央人民广播电台用稿13件(其中专题2档),青少专题3档;省电台用稿163篇,居全省15名;截至12月底嘉兴电台用稿2516件。电视电台全年多篇重要稿件在上级媒体播出,其中市委书记翁建荣谈学习习总书记兰考讲话精神3月22日在央视《新闻联播》中播出;省卫视播出《平湖:破除"中梗阻"600多名干部集体竞岗》《平湖:通报4起腐败案件》《党风廉政建设一票否决》等多篇重点稿件;配合完成市委书记翁建荣到经视、市长朱林森到浙江之声有关结构调整机制创新的访谈节目。媒体融合取得新进展。按照以传统电视载体为主,微博、微信等新媒体并进的思路,优化平台建设,完善西瓜网及其附属页面架构、功能设置,加快微信公众平台建设,推出西瓜网微信公众平台"乐享平湖”,进一步提升手机客户端功能和体验舒适性,“无线平湖”更名为“智慧平湖”,并升级为二代手机客户端架构。

三是以全业务经营为抓手,不断增强产业竞争力。2014 年,平湖华数公司全年互动电视大众用户净增 7215 户,完成率 180%;宽带大众用户净增 19951 户,完成率 100%;数字电视商业用户净增 2888 端,完成率 577%;互动电视商业用户净增 208 端,完成率 100%;集团宽带用户净增 52 条,完成率 104%。截至 2014 年 12 月底,共拥有数字电视有效客户数 166938 户,数字电视终端 285767 端,其中广播式 259757 端,互动 26010 端。平湖华数大众市场互动完成率全省第一名,互动业务渗透率全省同级单位第一名、互动终端数第三名。2014 年,平湖华数年度经营责任书考评得分为 100.1 分(含加分),获全省大众市场关键指标优胜奖(全省第四名,同级单位第一名)。建立一体化绩效考核。全市营业窗口考核统一,乡镇分公司和城区营业厅实行同一考核标准;员工考核标准统一,按岗位考核,打破身份差别,无论是原事业编制员工、公司合同制员工还是劳务派遣员工,只要是在营业窗口,均按同一考核标准。开展业务发展竞赛。对各镇(街道)分公司设置团队竞赛奖和达标奖,主要考核关键指标完成率、渗透率、达标率,通过争先移位、创先争优等,对规模、基础条件不同的各分公司进行分层次的竞赛,并给予重奖,在奖金分配时,向分公司经理、一线营销人员倾斜。加快网络改造进度。公司利用农村宽带发展三年黄金期的契机,制订网改计划,加快双向网络改造。2014 年度共完成 27 个小区(超过全年任务数 2 个)18 个村(超过全年任务数 3 个)的有线电视网络 860 兆改造和双向网 EOC 改造工作。涉及城区用户 9883 户,农村用户 13347 户。平湖华数获全省运行维护先进单位(区县市)。注重品牌和产品宣传推广。加强营销队伍建设,拓展直销团队,通过创新营销手段,推进窗口营销、现场营销、电话销售、活动销售、全员销售、中介销售等措施。利用台内自有宣传资源,如两台、导视频道、图文频道的音视频、图文、游字、大屏、EPG 广告等,加大户外广告的投放力度,特别是社区广告,如小区道闸、电梯、横幅、公交车身广告、农村电杆旗帜广告等。开展为期一个月的“三进”活动,宣传华数产品,提高用户知晓率。建成平湖华数微信平台,至 2014 年底,累计粉丝 7000 个,开展各类线上活动 15 次。平湖华数市场部获省公司三季度大众市场宣传推广奖。

四是以内部管理为核心,增强工作执行力。2014 年,进一步完善分配奖励激励机制,分别修订、完善、下发部门、镇(街道)广电站年度目标责任制考核办法。深化人事管理机制。台本级各部门所有中层干部全部重新竞争上岗。继续实施员工素质提升计划,加强员工业务素质学习培训,强化队伍作风建设,提高人才队伍建设水平。全系统共撰写专业技术论文、调研报告 115 篇,29 人获高一级技术职称,7 人获高一级学历,63 人次获各类资格证书、专业技能证书,发表论文 4 篇。2014 年,进一步深化安全责任机制。坚持“发展是第一要务,安全是第一责任”的安全播出理念,重视安全工作,加大工作力度,从工作实际出发,增强安全责任意识,积极防范各类生产安全事故,2014 年 6 月和 8 月,组织两次安全大检查。8 月,台、公司对发射机房、播出机房、网络前端机房、乡镇机房、网站等部位全方位的检查,共排摸出 10 个方面的 70 个问题,整改完成 55 个问题,基本完成制度执行及制度上墙类问题 6 个,3 个动环监测系统问题正在建设中,非编系统改造列入改造计划。

五是以提升效能为目标,增强队伍凝聚力。按照不想腐败、不能腐败、不敢腐败的方针,做好全年党风廉政工作。通过举办专题教育讲座,组织开展全台性党风廉政警示教育,重点风险岗位人员现场实地警示教育等多项活动,强化教育效果。组织开展对网络市场拓展部、各镇(街道)广电站2013年机顶盒销售情况和网络市场拓展部BOSS系统充值情况的内部审计工作。对内审中发现的问题,召开专题会议进行通报,提出整改意见,相关部门整改落实。11月中旬,组织对相关问题落实情况进行回头看,强化内审工作的实效性。根据市委统一安排,开展群众路线教育实践活动,通过党组带头学、支部广泛学、个人网络自学等多种形式,抓好学习实效。坚持开门搞活动,台党组共征求到意见建议249条次,其中四风问题227条次,市督导组反馈台领导班子"四风"问题意见建议25条(94条次)。在听取群众意见基础上,领导班子成员结合各自分管的工作,按照即知即改、边整边改的要求,坚持严要求、高标准抓好整改,既整改个人存在的问题,也整改分管工作中存在的问题。对于具备整改条件的,即知即改。开展办公用房清理,对超标的办公用房进行整改;10月1日起,正式实行车改。台主要领导与班子成员之间、台班子成员相互之间、台班子成员与分管部室(站)负责人之间、班子成员与普通党员群众之间等开展了90多人次的谈心谈话,立足把问题谈开、思想谈通、意见谈好。制订合同制员工薪酬管理办法、职称管理等7个涉及广大职工切身利益的相关制度。加强单位人文建设。连续第二年举办"年度最具成就感的一件事"演讲比赛活动,组织开展"广电人价值观"系列活动,强化广电人"价值观、责任感"教育。组织举办广电系统第二届职工运动会,全系统200名职工参赛。

【加强应急广播建设】 2014年,市政府印发《关于推进全市农村应急广播体系建设的实施意见》,分两年完成覆盖全市85个村(不含乍浦镇9个村)的应急广播体系建设,建设1261个终端,到2015年12月底,实现各村应急广播全覆盖。2014年,完成57个村502个终端建设。平湖华数广电网络有限公司负责运行维护,政府以购买服务方式按年度拨付平湖华数公司租赁费用。以5年租赁期测算,农村应急广播所总建设及维护资金合计为886.6万元(不含乍浦镇),平均年付租赁费177.32万元。

【新闻助推治水拆违】 2014年,市广播电视台先后推出"三改一拆进行时""我家门前那条河""治水拆违曝光台"等多个大型主题宣传专栏,配合全市"三改一拆""五水共治"工作。

【加快媒体融合】 2014年,市广电台加快新媒体发展进度,初步形成三屏融合的宣传新格局。按照以传统电视载体为主,微博、微信等新媒体并进的思路,优化平台建设,完善西瓜网及其附属页面架构、功能设置,网站架构更加合理,功能更加多样;加快微信公众平台建设,推出西瓜网微信公众平台"乐享平湖",积极探索并大胆实践内容和渠道创新;提升手机客户端功能和体验舒适性,"无线平湖"更名为"智慧平湖",并升级为二代手机客户端架构。截至2014年底,网站点击量累计达到2599776次,日均7142次,最高单日点击量达到71407人次(10月20日),独立访客总量344509人,日均946人,最高单日达到4899人(9月15日)。手机端用户13378位。

(江凯丽)

2014 年广播作品获奖表

作品名称	类别及等次	颁奖部门
七旬老农的微营销传奇	广播社教专题 中广协会二等奖	中国广播电视协会
成长	青少节目 中广协会二等奖	中国广播电视协会
心愿	青少节目 中广协会三等奖	中国广播电视协会
仙居和世界分享	广播类 中广协会城市台二等奖	中国广播电视协会
光盘的声音最好听	广播公益广告 省政府二等奖	省新闻出版广电局
悬念“琵琶冢”	广播文艺 省政府三等奖	省新闻出版广电局
悬念“琵琶冢”	广播文艺 嘉兴政府奖一等奖	嘉兴市文广新局
平海寇碑	广播播音 嘉兴政府奖一等奖	嘉兴市文广新局
光盘的声音最好听	广播公益广告 嘉兴政府奖一等奖	嘉兴市文广新局
小巷总理在忙啥	广播评论 嘉兴新闻奖　政府奖二等奖	嘉兴市记协 嘉兴市文广新局
平湖发现我国迄今最早原始文字	广播短消息 嘉兴新闻奖　政府奖三等奖	嘉兴市记协 嘉兴市文广新局
农村困难户拎包入住公寓房	广播长消息 嘉兴新闻奖　政府奖三等奖	嘉兴市记协 嘉兴市文广新局
平湖吟咏	广播文艺 嘉兴政府奖三等奖	嘉兴市文广新局
老板娘的大赠送	广播公益广告 嘉兴政府奖三等奖	嘉兴市文广新局

2014 年电视新闻、专题作品获奖表

作品名称	奖别及等次	颁奖部门
魅力仙居采风行	电视类 中广协会城市台三等奖	中国广播电视协会
给小巷总理松绑	电视评论 浙江新闻奖二等奖、省政府二等奖	省记协 省新闻出版广电局
阵痛中的生猪养殖业	电视新闻创新奖(热点引导) 浙江新闻奖二等奖	省记协
金色田野	对农栏目 省政府二等奖	省新闻出版广电局
我的治水故事	电视重大主题报道 嘉兴新闻策划创新奖	嘉兴市记协
给小巷总理松绑	电视评论 嘉兴新闻奖　政府奖一等奖	嘉兴市记协 嘉兴市文广新局
生活 1 + 1	电视服务类 嘉兴政府奖二等奖	嘉兴市文广新局
阵痛中的生猪养殖业	电视热点引导 嘉兴新闻创新二等奖	嘉兴市记协
笑对人生	电视短纪录片 嘉兴政府奖三等奖	嘉兴市文广新局
平湖发现中国最早原始文字	电视短消息 嘉兴新闻奖　政府奖三等奖	嘉兴市记协 嘉兴市文广新局
政策遭遇对策两楼盘销售起纷争	电视长消息 嘉兴新闻奖　政府奖三等奖	嘉兴市记协 嘉兴市文广新局

作品名称	奖别及等次	颁奖部门
民生直通车	电视播音 嘉兴政府奖三等奖	嘉兴市文广新局
笛子老师	电视公益广告 嘉兴政府奖二等奖	嘉兴市文广新局
我们将何去何从	电视公益广告 嘉兴政府奖三等奖	嘉兴市文广新局
四季东湖	电视文艺 嘉兴政府奖三等奖	嘉兴市文广新局

• 嘉兴日报社平湖分社 •

【概况】 2014 年,共出版《嘉兴日报 · 平湖版》248 期(总第 2875—3122 期),每周出 5 期(周一、二、三、四、五)。全年共发行 2473552 份,平均每期 9974 份。

【提升新闻报道策划能力】 围绕全市产业结构调整机制创新省级试点等重点,加强重点工作宣传策划;围绕"五水共治""四换三名""三改一拆"等中心工作,加强深度报道策划;按照中央"八项规定"要求,运用集中报道、系列报道、综述报道、理论评论等手段,加强报道形式创新策划。

嘉兴日报社平湖分社 2014 年度部分新闻作品获奖表

题　目	体　裁	奖项	奖级
职工家里无违建 企业奖励 500 元	消息	2014 年度嘉兴新闻奖(日报新闻)	二等奖
聋哑女孩的篮球梦	典型报道	2014 年度嘉兴新闻奖(日、晚报新闻创新奖)	三等奖
"垃圾积分兑换"唤醒市民环保意识	消息	2014 年度浙江省县市区域报新闻奖	一等奖
平湖"零审批"改革扬帆起航	消息	2014 年度浙江省县市区域报新闻奖	二等奖
"五水共治"写入村规厂规	消息	2014 年度浙江省县市区域报新闻奖	三等奖
职工家里"无违建" 企业奖励 500 元	消息	2014 年度浙江省县市区域报新闻奖	三等奖
一粒米的"机器换人"轨迹	消息	2014 年度浙江省县市区域报新闻奖	三等奖
村干部的"三次牵手"	消息	2014 年度浙江省县市区域报新闻奖	三等奖
聋哑女孩的篮球梦	通讯	2014 年度浙江省县市区域报新闻奖	三等奖
用好"有形之手" 让企业唱主角	评论	2014 年度浙江省县市区域报新闻奖	三等奖
出版商与出版家	副刊	2014 年度浙江省县市区域报新闻奖	一等奖
钻石婚"秀"恩爱	摄影	2014 年度浙江省县市区域报新闻奖	二等奖
报社		2014 年度浙江省县市区域报新闻奖	新媒体建设优胜奖
"垃圾积分兑换"唤醒市民环保意识	消息	2014 年度中国地市报"走转改"作品评选	二等奖
农田杀虫用上太阳能	消息	2014 年度中国地市报"走转改"作品评选	三等奖
妈妈	通讯	2014 年度中国地市报"走转改"作品评选	三等奖
出版商与出版家	言论	2014 年度中国地市报"走转改"作品评选	一等奖
记者在一线	专栏	2014 年度中国地市报"走转改"作品评选	二等奖
钻石婚"秀恩爱"	摄影	2014 年度中国地市报"走转改"作品评选	三等奖

【新闻创优外宣量质并举】 在做好本级报纸宣传的基础上，梳理好的题材、优秀作品向上级媒体推荐，助力外宣工作，唱响平湖好声音。2014 年，《平湖对症下药锤炼干部作风》《平湖软环境发展指数嘉兴第一》《平湖建“四换三名”服务中心》等多篇稿件在《浙江日报》《嘉兴日报》等上级报刊发表。

• 平湖网 •

【概况】 2014 年，平湖网以宣传党的主张、通达社情民意、倾情服务网民、建好新兴媒体为目标，发挥地方新闻门户网站在新闻宣传和网络文化建设中的作用。2014 年，平湖网被评为年度浙江创新支站。官方微信“微博平湖”获年度“中国优秀政务微博”。

【提升新闻宣传力】 一、优化提升“第一播报”栏目品牌价值。平湖网发挥即时性的优势和特点，在首页显著位置开设“第一播报”栏目，发布由记者在新闻现场第一时间发回的新闻信息。2014 年，“第一播报”发布新闻 1400 余条。二、网站专题助推中心工作。平湖网围绕市重点工作，制作《平湖群众路线网》《聚焦 2014 平湖两会专题》《2014 中国平湖西瓜灯文化节专题》《报庆 20 周年专题》等专题，推进全市城市文化和城市形象建设。三、加强与总站合作做好特色外宣。平湖网依托浙江在线支站这一优势，做好地方新闻内容推送。在浙江在线推送新闻 1200 多条，其中在浙江在线首页显示的新闻 20 多条，被评为浙江在线月度明星支站。

【扩大媒体影响力】 以平台建设为基础，加快全媒体建设步伐。平湖网继续拓展平台，加快全媒体建设步伐，在网站、论坛、户外频道、手机报、官方微博、微信公众号的基础上，全新打造的新闻客户端于 2014 年 11 月正式上线。七大平台充分发挥各自优势，与报纸平台加强融合，进一步提升了影响力和传播力。

【增强媒体综合服务能力】 一、开展民生服务。利用网络平台服务民生，微博、微信、论坛、手机报服务热线、手机客户端等平台每天都会接收到大量的咨询和求助类信息。为了及时答复和帮助解决这些问题，一方面由微博工作人员利用媒体自身资源了解相关信息后答复解决，另一方面积极借助微博聚集的网民力量，以网民答复网民的形式开展互动，成效显著。二、举办大型活动。2014 年开展了一系列增强网络影响力的活动，“西瓜灯文化节大型集体婚典”“我们相爱吧”主题系列相亲活动等，提升了平湖网的知名度。三、助推网络问政。利用新媒体搭建起了解民情、倾听民声、收集民意、纾解民困的网络平台，参与市政府“百姓事马上办”平台的问题收集反馈及新闻宣传报道工作，为政府网络问政奠定基础。 （高　珺）

• 市委报道组 •

【概况】 2014 年，嘉兴市级以上纸质主流媒体介绍平湖经济社会发展各类报道 300 余篇，一些亮点受到人民日报、新华社、浙江日报等主流媒体关注。围绕平湖产业结构调整机制创新试点，嘉兴市级以上主流媒体共刊发相关报道 28 篇。作为“当湖十局”的故乡，平湖市迎来了围棋界的盛事——“古李十番棋”大战。2 月 23 日，新华社和人民日报连续刊发 3 篇文章报道该盛事。2014 年，平湖市在《浙江日报》和《嘉兴日报》头版分别刊发正面报道 11 篇和 70 篇，位居各县（市、区）首位。市委报道组被浙江日报社和嘉兴日报社分别评为年度先进（优秀）报道组。

2014 年国家级报刊有关平湖市的新闻报道选目

报　　刊	标　　题	时间	版面	体裁
人民日报	十番赛李世石 2：0 领先	2. 23	15 版	消息
人民日报	变电战线父子兵	4. 4	10 版	消息
人民日报	20 老人单车进京倡环保	4. 42	6 版	消息
新华社	围棋——古李十番棋第二局对决在平湖进行	2. 23		消息
新华社	古李十番棋平湖再战	2. 23		消息

（任迎春）

卫 生

•综述•

【概况】 2014年,深化公立医院改革、推进基本药物制度,建设以需方为导向、以健康促进为中心、以质量效益为内涵的卫生事业,巩固省卫生强市创建成果、完善覆盖城乡的公共卫生和医疗服务体系。2014年末,全市有医疗卫生机构171家,其中市、镇两级医疗卫生机构20家,门诊部2家,社区卫生服务站101家,民营(个体)医疗机构39家(其中民营医院2家),医务室9家。全市实有标准床位2484张,有卫生技术人员3164人,其中执业医师1013人,执业助理医师132人;注册护士1204人。按户籍人口计算,平均每千人拥有病床5.05张,拥有卫技人员6.44人、执业(助理)医师2.33人、注册护士(师)2.45人(2014年末全市户籍总人口为49.14万人)。

市、镇两级医疗机构总收入85796.01万元,同比增长16.0%;门急诊总量341.97万人次,与上年基本持平;出院病人59363人次;健康检查27.38万人次;三家市级医院住院手术11970台次,病床使用率97.96%。

【卫生强市督查】 8月6日,由省卫计委副主任包保根带队的浙江省卫生强市督查组,对平湖成功创建省卫生强市两年多来的巩固提升工作进行专项督查。督查主要涉及深化医疗卫生体制改革、公共卫生资源配置、公共卫生管理水平、城乡医疗技术水平、城乡居民健康素质、城乡生活环境卫生等卫生强市考评标准的15个大项77个小项以及2014年新增的5项重点指标。

【党的群众路线教育实践活动】 2月下旬起,结合行业特点深入开展党的群众路线教育实践活动,围绕"照镜子、正衣冠、洗洗澡、治治病"的总要求,有机结合医疗卫生中心工作、行风建设年活动,以解决问题为目的,以提高群众满意度为标准,以形成长效机制为落脚点;坚持开门纳谏,广泛征求上级部门、兄弟单位、下属单位和服务对象的意见建议,聚集系统"四风问题",坚持即知即改。局领导带头抓作风,深入调研找问题,参与"最后一公里"体验活动,开展解决"一线服务站点设施和服务不能满足群众需求"等十大难题的集中行动,局机关和医疗卫生单位向社会公布年度"重点工作和创新破难承诺",突显"为民务实"这一主题,推进卫生工作创新发展。

【构建区域"医联体"】 根据国家卫计委《关于进一步深化城乡医院对口支援工作的意见》和省政府《关于推进城市优质医疗资源下沉实施意见的通知》等文件精神,11月,市卫生局、人力社保局、财政局联合出台《平湖市医疗联合体工作实施意见》,市卫生局同时印发《平湖市医联体工作实施细则》,探索构建以医疗联合体为基础和平台的新型城乡医疗服务体系,全面提升医疗技术和服务水平。全市医联体构建工作以坚持公益性质和政府主导地位、坚持市级医院和基层卫生院主体地位、坚持因地制宜和多元探索、坚持分级诊疗和双向转诊为基本原则,以重点学科及特色专科建设、区域医疗技术中心建设、专科人才培养为抓手,在现有基础上建立和深化市级医院与沪杭三级医院、基层卫生院间全面托管式、重点托管式、科室共建等合作办医和技术支援;“上挂争取外援”“下联主动支援”“横向搭建平台”多措并举,增强县级医院的医疗实力和区域医疗龙头地位,强化卫生院医院的综合医疗公卫服务能力和基层卫生网底作用,整合区域卫生资源、提高医疗资源使用效能,逐步建立和完善基层首诊、分级诊疗、双向转诊的就医诊疗制度,方便群众就医。同时,建立经费补助机制并完善相关政策配套推进医联体工作:三家市级医院与上级三级医院对口支援与技术合作经费由市财政根据合作协议予以专项补助;对医联体内进行支援合作的市级医院进行经费补助,派驻基层卫生院的市级医院人员服务期间,由市财政按每人每天100元的标准予以专项补助,给予派出医院每人每天50元的工作补助。

【“省慢病综合防控示范区”创建】 4月,市政府办公室印发《平湖市创建浙江省慢性非传染性疾病综合防控示范区工作实施方案》,全市组建起由疾病预防控制、临床医疗、妇幼保健、精神卫生、口腔防治等多领域专家构成的技术指导专家组,为创建工作提供技术指导、业务培训和工作督查。加快推进“全民健康生活方式行动”,开展慢性病社区诊断、规范化访视和健康干预工作,完成居民健康状况、慢性病居民漏报、居民健康知识知晓率、慢性病危险因素等专项调查。

【卫生人才队伍建设】 3月,出台《关于加强卫生人才队伍建设的若干意见》,设立每年300万元的卫生人才队伍建设专项资金,对引进的高层次及紧缺型卫技人才给予9~20万元的购房补助;对在学术创新、医疗研究、引进运用新技术等方面取得显著成果,经济社会效益明显的按级别分别给予5~12万元的专项补助。注重打造专业领军人才和青年骨干,实施优秀人才和重点学科建设奖励扶持政策,进一步激发卫技人才干事创业的热情。同时,鼓励本地人才回流,对第一批正式录取的医学类紧缺专业平湖籍应届毕业生,到本市医疗卫生单位工作并签订5年及以上就业协议的,取得执业医师资格后按定向培养本科社区医生补助标准给予补助。全年招聘卫技人才131名,引进高层次人才3名、紧缺型人才7名。

【卫生信息化建设】 5月,市编办批准平湖市财政支付(核算)中心卫生分中心增挂平湖市卫生信息中心牌子,增加人员编制3名。年内,完成区域医院管理系统建设,统一疾病、诊疗与药品三大基础目录数据标准;实现慢性病与传染病电子报卡,并与省疾控中心慢病直报系统对接。开展住院电子病历系统建设,统一病历模板与流程,提升住院病历质量管理水平。投入近250万元推进区域影像系统建设,完善区域检验和双向转诊系统建设,配合嘉兴卫生局完成远程诊疗项目建设。全市建立规范化城乡居民健康档案460263份,建立规范化电子健康档案449563份。钟埭街道社区卫生服务中心、市妇保所等单位先后推出微信公众号,利用现代通信平台拉近与服务对象之间的距离,助力健康知识传播。6月,市疾控中心以全市8万多名免疫规划应种儿童的家长为目标人群,自主研发“平湖健康关注”APP。

【中医工作】 9月初,市中医院主任中医师周富明主编的《肾病诊治发微》一书由浙江科学技术出版社出版发行。同月,林埭卫生院“中医堂”建成启用,面积262平方米,内设中医内科、中医骨伤科等。11月,当湖中心医院设立中医药综合服务区,其中严氏针灸、小儿推拿科、戈氏小儿内科、皮肤科中药熏蒸治疗带状疱疹等都享有较好的口碑。年内,市中医院成立周富明全国名老中医药专家传承工作室，组建14人的传承工作室团队。2014年，全市基层卫生院开具饮片处方13.7万余张，中药饮片收入2810万元，占药品收入的25%；分别比上年增长11.4%、19.8%和4个百分点。

【省卫计委主任杨敬调研】 5月27日，省卫生与计划生育委员会主任杨敬到平湖调研卫生计生工作重点、医药卫生体制改革工作。杨敬一行实地查看了钟埭街道社区卫生服务中心、走访部分社区居民，了解基层医务人员待遇、辖区内计划免疫、妇幼保健管理等情况。并通过座谈会，了解平湖卫生系统第二批教育实践活动开展情况、学习省皮防所上柏住院部医疗活动开展情况，及推进全省卫生计生重点工作医药卫生体制改革的新进展。

【市精神康复中心建设】 2014年，平湖市精神康复中心建设列入省重点建设项目。年内，主体建筑三层综合楼(门诊，行政)、四层住院楼、两层后勤保障楼全面完成土建工程，建筑面积9008平方米。10月起，市精神康复中心在市第一人民医院、中医院、新埭镇医院开设精神科门诊，方便患者就诊。

【医疗资源整合】 8月，挂靠市一院成立市临床病理诊断中心，负责对全市各医疗机构送检的标本进行病理检验，主要包括常规病理检验、免疫组化、疑难病理会诊、特殊染色及冰冻快速病理检查。12月，成立市医学影像诊断中心，全市放射影像诊断能力得到加强。

【院前急救体系建设】 5月，独立设置市急救站，核定人员编制6名。年内，市急救站120指挥调度平台共受理各类求助电话29090余人次，接受急救医疗咨询3231人次；调度执行各类任务9372起(其中响应市社会应急联动任务占44.14%)，救治病人8547人次(不含在院病人转送)，同比增长7.95%、13.99%。急救空诊率8.80%，急救回车率为零，均较上年度有明显下降。

【嘉兴市急危重病学术年会】 6月19—21日，2014年嘉兴市急危重病学术年会在平湖召开。嘉兴市五县二区150多名急危重病专业医务人员参加。中华医学会重症医学主任委员邱海波、省医学会重症医学分会主任委员严静、省护理学会重症监护专业委员会主任委员庄一渝等专家到会，21场专题学术讲座带来了急危重病学科建设的新理念、新技术，给与会人员学习交流提供了良机。

【社会资本办医】 鼓励和引导社会资本办医，积极引进规模以上民营医疗机构，做好建设指导，促进医疗市场多元化。年内，新增民营医疗机构7家，至年底全市共有民营医疗机构39家，经营性质均为营利性医疗机构。其中2014年6月开业的平湖新华医院，可开放床位280张；9月开业的平湖仁爱医院，可开放床位80张，全市民营医疗机构床位数实现了零的突破。4月初，利用第一人民医院住院部原址和资产，通过公开招标和综合评标引进平湖绿康老年康复护理院，年内完成装修工作。

【基层党组织建设】 调整基层党组织设置。当湖街道社区卫生服务中心党支部升格为党总支，下设2个党支部；平湖市第一人民医院党总支原下设5个党支部调整为9个。10月，市卫生局党委召开系统基层党组织集中换届动员会，下属市一院、中医院、疾控中心、妇保所等9个基层党组织集中换届工作全面展开，局党委组成4个指导组对各选举单位进行指导。至11月中旬，集中换届工作顺利完成,调整、补充党组织班子成员8名,基层党组织建设进一步得到加强。

【局工会第五次代表大会】 9月4日,平湖市卫生局工会第五次代表大会召开,64人参加会议。会议要求卫生系统各级工会组织以改革创新精神加强自身建设,努力提高工会服务科学发展、服务职工群众的能力和水平;把维护职工权益和社会稳定作为工会工作的主要任务;完善"院务公开"等一系列基层民主制度,保障职工享有更多更切实的民主权利;带领全系统干部职工不断提高道德素养和技术水平,开拓创新,锐意进取,促进全市卫生事业再上一个新台阶。会议选举产生由11人组成的卫生局工会第五届委员会,张越任工会主席,马赞骏、张爱观任副主席;选举产生由3人组成的局工会第五届经费审查委员会,钟金女任主任;提名通过由9人组成的局工会第五届女职工委员会,钟金女任主任,吴海勤、徐静华任副主任。会议同时选举产生12名出席平湖市工会十六次代表大会代表。

【嘉兴市卫生强镇复评】 11月20日,广陈镇代表平湖接受嘉兴市卫生强镇复评考核。考核组通过听取汇报、现场踏勘,对广陈镇在卫生强镇巩固提升工作中领导重视、服务网络健全、基础设施改善,尤其在财政相对薄弱的情况下确保医疗卫生投入表示充分肯定。

【"中国梦·美在身边"摄影比赛】 纪念建党93周年,举办卫生系统"中国梦·美在身边"摄影比赛,共收到各单位工会选送的优秀摄影作品69件,评出一等奖作品2件、二等奖4件、三等奖5件;其中市中医院袁海燕的《特殊的生日》用镜头生动记录了该院医务人员捧着生日蛋糕为血液透析患者徐女士过生日的感人画面,钟埭社区卫生服务中心盛华明的《心凝》捕捉到了医务人员专心致志为幼儿注射疫苗的场景,获一等奖。

【行风建设年活动】 连续第5年开展行风建设年活动,2014年重点开展"服务一线、服务群众""减负增效、减负惠民"和"正风肃纪、正风塑形"三大专项行动共11项具体工作,集中解决"四风"问题,改进工作作风。实行卫生行风"九不准",将执行"九不准"的情况列入医护人员年度考核、医德考评和医师定期考核的重要内容。开展经常性行风巡查,由局正风肃纪工作小组每周对各医疗卫生单位开展一次暗访,同时委托局行风特邀监督员开展不定期飞行检查,有效的强化了行风作风建设。年内,对部门职责和权力事项进行梳理,形成并公开权力清单和责任清单,推进行政审批"两提两减"。

•社区卫生服务•

【概况】 继续强化镇、村医疗一体化管理,巩固基本药物制度,提升社区卫生服务水平。年末,全市共有社区卫生服务中心10个,社区卫生服务站101个;共有职工1185人,其中卫技人员1096人。2014年,全市10家社区卫生服务中心门急诊212.52万人次,出院8856人次,业务总收入22807.53万元,分别比上年增长6.73%、9.7%、16.77%;基层医疗机构门诊量占全市门诊总量的62.15%,住院人数占全市总量的14.84%,社区卫生服务能力居全省前列,越来越多的居民群众感受到了就医的便捷与实惠。第三方调查显示,居民就诊期间对基层卫生院医疗服务环境、服务质量、服务态度的满意度率达到94.64%。

钟埭街道社区卫生服务中心成功创建全国示范社区卫生服务中心后,持续提升医疗服务能力,以优质服务奉献社会,11月,被省基层卫生协会命名为“群众满意的社区卫生服务机构”。年内，曹桥街道社区卫生服务中心异地迁建工程完成选址、立项。

【甲等卫生院创建】 林埭卫生院完成改扩建工程后，对照《浙江省乡镇卫生院等级评审标准(试行)》，从基本医疗、公共卫生、行政管理等方面积极准备，2014 年 12 月成功创建为甲等卫生院。至此全市 7 家卫生院全部创建为甲等卫生院，平湖在全省率先实现甲等卫生院全覆盖，形成了体系健全、网络完善、队伍专业、管理规范的基层卫生服务新格局。

【基层特色专科建设】 对 4 家基层卫生院的 5 个特色专科建设加强指导和考订评估，经过重点培育和扶持，病历书写、合理检查、合理治疗、规范操作、新技术应用、科研水平等医疗质量指标明显提升。2014 年 1 月，当湖中心医院(当湖街道社区卫生服务中心)口腔科、眼科列入嘉兴市首批基层医疗机构特色专科(专病)名单。12 月，新仓镇医院中医科、乍浦镇医院中医科列入嘉兴市第二批基层医疗机构特色专科(专病)名单。

【服务站规范化建设】 2014 年，社区卫生服务站规范化建设继续列入市政府实事项目，给予新建站每平方米 800 元、改扩建站每平方米 600 元的财政补助。经协调推进，全年共开工建设标准化服务站 25 个，完工启用 20 个。除当湖街道外，全市规范化服务站建设全面完成，面积均在 150 平方米以上，并配备有尿分仪、快速血糖检测仪、居民健康管理系统及液晶电视、健康宣教设备。

【“健康小屋”建设】 “健康小屋”建设列入政府实事项目，投入资金 240 万元，在 9 个社区卫生服务中心和市行政服务中心建成“健康小屋”10 个。各“健康小屋”面积 30 ~ 50 平方米不等，统一风格、标识，统一配备电子视力检测仪、超声骨密度检测仪、人体成份检测仪、身高体重(BMI)仪、血糖测量仪、血压检测仪、中医体质辨识仪等设备；年内全面完成建设和设备安装并投入使用。各社区卫生服务中心配备专业人员指导居民完成自助检测，并提供健康咨询和个性化健康指导，培养居民自我管理健康的意识。

• 卫生防疫 •

【概况】 2014 年，全市报告法定传染病 18 种，3494 例，发病数较上年上升 51.06%，传染病总发病率 510.12/10 万，其中乙类 831 例，较上年下降 3.60%；丙类报告 2663 例，较上年上升 83.53%；无甲类传染病发生。乙类传染病中病毒性肝炎、肺结核发病、梅毒发病数分列前三位。丙类传染病中发病数前三位分别为手足口病、其他感染性腹泻和流行性腮腺炎。查阅各医疗卫生单位病人登记 1757421 人次，传染病报告率 100%。

【肠道传染病预防控制】 全市 14 家医疗单位开设肠道门诊 12 个，落实各项工作措施，开展霍乱、肠出血性大肠杆菌 O157: H7 感染性腹泻、细菌性痢疾、伤寒副伤寒和病毒性肝炎监测。共诊治腹泻病人 5330 人次，采样送检率 100%，检测到霍乱阳性病例 1 例(南湖区)。检测幼教机构饮食行业、食堂工作人员等重点人群 21170 人次，检出 6 份沙门菌阳性。市一院采集监测病人粪标本 1520 份，未检出肠出血性大肠杆菌 O157: H7 病原；检测疑似伤寒病人 60 例，检出阳性 1 例。5—10 月，每月一次对各类水体外环境进行采样监测，均未检出霍乱弧菌。

【呼吸道传染病监测】 全市 12 家医疗机构

常年开设发热门诊,对发热病例进行分诊分治。2家流感样病例哨点医院,全年监测相关科室门诊病例256011人次,监测到流感样病例6286例,共报告流感13例,实验室诊断12例,其中B型4例、A型8例。无不明原因肺炎病例报告。无非典疫情警报病例。

【结核病控制】 全年新登记肺结核病人235例,痰检率100%;其中新发涂阳病人129例。全年转诊肺结核病人及可疑病人415人次,到位401人次。签订督导协议189份。上年登记的110例新发涂阳病人治愈95例,治愈率86.36%.

【艾滋病控制】 继续对暗娼、流动人口、吸毒人员、性病病人、男男性行为者等人群进行艾滋病高危干预,建立男男工作站,开展同伴教育工作。全年共计发放艾滋病宣传资料25697份、安全套29637个,对娱乐场所进行艾滋病高危行为干预527场次,流动人口面对面干预126822人次。市疾控中心、妇保所、市二院3家艾滋病免费检测咨询点(VCT)共接受咨询1049人次。全市共检测HIV血清样本71440份,新确诊阳性17例。全市累计检测到HIV感染者91例,随访到79例,对符合治疗指针的67名病人进行抗病毒治疗。年内发生两起艾滋病职业暴露事件,经监测未感染。

【新发传染病防控】 年内,报告新发传染病4种,分别为:人感染H7N9禽流感、登革热、人感染猪链球菌病、诺如病毒感染性腹泻。病例发生后,市疾控中心立即开展流调、密切接触者监测、疫点消毒及感染源溯源等工作,根据不同疫情特点,相关部门采取果断措施关闭活禽交易市场、防蚊灭蚊、防鼠灭鼠和学校停课等措施,疫情得到有效控制。

【免疫规划管理】 全年共接种各类疫苗27种219099人次,比上年减少5942人次。其中基础免疫接种100796人次,加强免疫接种40693人次,二类疫苗接种16种70551人次;应急接种和查漏补种845人次。调查显示全市儿童免疫规划"五苗"接种率为99.42%。全年共报告接种副反应41例,无严重异常反应。乍浦、当湖、林埭3家社区卫生服务中心成功创建五星级预防接种门诊;新埭、广陈创建为三星级预防接种门诊。年内,42名预防接种人员接受系统的上岗培训。全市首个免疫规划教学基地(当湖街道社区卫生服务中心预防接种门诊)建成,首批6名新上岗接种人员接受实践技能操作培训。

【血吸虫病防治】 对全市134个历史血吸虫病流行村中的33个村开展轮查,在101个村设置监测点。查螺投工3646工,查螺面积160.859万平方米。共发现有螺面积250平方米,捕获钉螺1040只,未发现感染性钉螺。采用药物喷洒和环境清理相结合进行灭螺,共投入328工,灭螺面积250平方米,反复扩大灭螺面积45100平方米。开展血吸虫病传染源监测,共查3159人,其中流动人口3033人。血清学检查阳性率0.70%,无粪检阳性病例。对48名省核准的晚血病人实施内科治疗救助,救助金额171786元,经省复核,确认新增救助对象6名。

【手足口病防制】 联合市教育局做好幼儿园、民办托幼机构手足口病防制工作,市疾控中心、卫生监督所对11家医疗机构和10所小学、19家托幼儿机构开展手足口病防控工作督导检查。全年共报告手足口病2348例,重症病例9例,无死亡病例。采样63例,实验室诊断37例,其中EV71病毒9例、Cox A16病毒13例、其他病毒15例。

【慢性病管理】 2014年度全市各级医疗卫生单位报告慢性病6445例。其中糖尿病2611例,报告发病率530.95/10万;肿瘤1777例,报告发病率361.36/10万;脑卒中1829例,报告发病率371.93/10万;冠心病228例,报告发病率为46.36/10万。

2014年,全市登记在册高血压病人70737人,登记率、规范管理率、控制率分别为63.40%、43.11%、33.92%;糖尿病病人登记14301人,登记率、规范管理率、控制率分别为50.84%、32.98%、22.49%;重性精神障碍患者检出1822人,检出率3.71‰,管理1758人,管理率96.49%。

【学生健康】 开展学生健康检查、常见病监测和防治工作,共检查中小学生48587人,占全市在校生总数的99.30%。其中血红蛋白监测12952人,合格12708人,合格率98.12%,未合格的244人为轻度贫血。7107名小学生近视率30.59%,19119名中学生近视率75.41%。查出沙眼和可疑沙眼318人、恒牙龋齿12829人。小学生完全健康人数5309人,完全健康率22.85%,比上年上升0.97%;中学生完全健康人数3526人,完全健康率13.91%,比上年上升7.92%。开展学生免费窝沟封闭1977人。

【实验室建设管理】 投入59.2万元购置流动注射分析仪、1/10万分析天平、固相萃取装置等设备。实验室A类仪器设备36类、104台,配备率92.3%;B类108台,配备率82.3%。检测能力A类113项,占卫生部规定标准的95.8%;B类51项,占标准的83.6%。全年共开展项目217个,完成样品数49601份,获得数据112094个,出具检测报告1180份。年内,通过计量认证复查/扩项评审,共取得14大类330个申请项目检测能力的资质,检测项目数比原来提升63%。

【食源性疾病监测和食品风险评估】 按婴幼儿食品、饮用水、膨化食品、餐饮食品、流动食品、流动早餐十二大类,共采样品267份,开展有害元素、环境污染物、食品添加剂、非法添加物质等指标检测。采样率和检测项目率均达100%;在规定时间内上报,上报率、报告完整率100%。

【居民死因分析】 2014年,全市居民人均期望寿命81.08岁,其中男性77.43岁、女性83.39岁。全年报告平湖户籍死亡病例3440例,死亡率700/10万,比上年下降15.31/10万。死因前三位依次为恶性肿瘤、脑血管疾病、呼吸系统疾病。

• 卫生行政执法 •

【概况】 坚持依法行政,围绕省、市卫生监督重点工作,以创建“国家卫生城市”为目标,坚持“民本卫生、和谐卫生、法治卫生”的理念,突出重点、强化监管,维护人民群众健康权益。完善执法装备和取证工具,加大现场快速检测设备配备及使用,提升突发事件应急处置和移动执法能力。强化卫生监督队伍建设,每名卫生监督员完成不少于30学时的卫生监督员网络培训,2名人员参加局组织的现场流行病学培训班,另有54人次专业人员参加省、市组织的28期培训。对45名助理监督员开展业务培训4期;组织开展洪涝灾害水质污染应急演练,确保全市重大公共卫生安全。

【卫生监督协管】 开展省级卫生监督协管示范创建工作,通过自查整改、督查提升、平湖初评、嘉兴复评、省级抽查等阶段,乍浦、林埭、广陈、新埭、当湖5家医院(卫生院、社区卫生服务中心)取得“省级卫生监督协管示范单位”铜牌。通过卫生监督协管工作交流群、借助卫生监督协同管理信息系统,实现卫生监督协管工作信息化。共举办卫生监督协管员培训班4期,强化卫生监督协管意识,提升协管技能,200人次参加培训。

【行政许可与处罚】 进一步调整、规范不同类型公共场所经营单位许可审查工作,特别是当湖街道创卫区域。加大许可审查的技术指导,制订公共场所现场核查笔录模板并培训使用,实施公共场所卫生许可证先照后证后,进一步清理和规范行政许可审批程序和办理流程,完善行政许可项目依法公示、许可审查资料一次性告知、现场卫生技术指导等制度。2014年共审查发放公共场所卫生许可证422张。对行政许可和注销情况继续在平湖卫生网上进行公示。

2014年共办结行政处罚案53件,其中一般程序38件、移送公安7件、公安直接介入1件、简易程序7件;全年移送公安追究刑事责任为历年之最,也超历年总数。全年无行政诉讼和行政复议案件。

【强化法制卫生理念】 通过开展许可案卷评查、优秀处罚案卷评比、推行“办案思路会诊”机制、推进说理性执法文书的使用,进一步强化“法治卫生”理念和“六五”法制宣传教育活动。共评查许可案卷114份,稽查行政处罚案件30起,表彰优秀案件6起;对监督员工作纪律、着装规范进行6次稽查,未发现违规问题。2014年度再次获得市依法行政工作先进单位。

【打击非法行医】 出台《平湖市打击非法行医综合治理暂行办法》《平湖市打击非法行医日常巡查和回访复查工作暂行规定》,进一步落实所卫生监督员在打击非法行医方面的责任区域,严格落实《行政机关移送涉嫌犯罪案件的规定》,坚决移送涉刑案件。全年出动各类执法力量400余人次、执法车辆200多辆次,检查各类机构、场所170户次,查处各种无证行医案件27起、取缔27起;立案处罚25起,其中移送公安机关案件7起,行政处罚案件17起,罚款11.9万元,没收非法所得2.6893万元,没收药品器械1458公斤,价值5.32万元。开展“依法执业守护健康”回头看活动,对165家医疗机构开展检查620户次,对发现的问题督促医疗单位及时整改,情节严重的对负责人进行约谈,对违法行为进行行政处罚。全年共出具整改意见书35户次,作出行政处罚10起,罚款1.55万元。开展医疗美容行业专项检查,将1家非法开展医疗美容的生活美容场所业主和从业人员移交公安机关追究刑事责任;另1家作出没收器械,罚款5000元的行政处罚。

【传染病防控监督】 组织开展预防接种、传染病疫情报告、传染病疫情控制、消毒隔离制度执行情况、医疗废物处置、病原微生物实验室生物安全等检查,涉及医疗机构、学校、托幼机构等400余户次。加大医疗机构消毒隔离制度和医疗废物处置管理,全市除曹桥街道社区卫生服务中心外镇以上医疗单位均建立医疗废物在线监控,新装监控探头101个、设置监控终端32个。开展餐饮具集中消毒企业示范创建活动,全市有3家单位安装电子监控系统,1家已被省评为示范企业,1家已通过省级现场考核。立案查处无证生产消毒餐具企业1家。

【公共场所监管】 通过开展游泳场所夏季保健康专项行动、旅游风景区住宿场所“333”专项治理、沐浴场所等重点公共场所整治,推行公共场所卫生管理员制度和推进量化分级管理制度,加大公共用品监测力度,落实防艾措施，全面开展公共场所卫生监督工作。2014年开展住宿、游泳、沐浴等重点公共场所卫生管理员培训7次，培训人员312人次，发放卫生管理员手册218份。

【量化分级管理】 继续推行公共场所量化分级管理，住宿、游泳、沐浴、美容美发场所应量化839家，量化率100%，其中A级3家，B级42家，C级794家；其他公共场所应量化336家，均为C级，量化率100%；3家水厂量化分级为A、B、C级各1家。

【职业卫生监管】 出台《关于调整职业健康检查有关区域的通知》，进一步明确3家职业健康体检单位的责任区域，组织开展职业健康检查机构规范化建设提升工作，3家机构全部进入嘉兴市优秀职业健康检查机构名单。会同相关部门对69家印染、造纸、制革、化工等危害企业进行治理。2014年开展职业卫生审查验收70家，其中预评价19家、控制效果评价51家；督促230家用人单位开展作业场所危害因素检测；督促234户次用人单位17049人进行职业健康检查，检出职业禁忌症280人，调离人数280人；发现疑似职业病12人，诊断为职业病人3例。

【放射卫生监管】 下发《平湖市医疗机构创建放射防护管理规范化医院工作方案》，通过邀请专家培训、自查整改、检查指导、督促提高，经审核12家医疗单位基本达到规范化管理要求上报嘉兴市复核。督促医疗机构及时进行放射建设项目卫生审核，申办《放射诊疗许可证》。16家医疗机构《放射诊疗许可证》持有率、场所检测合格率，39台放射诊疗设备性能检测合格率，77名放射工作人员体检率、培训率、个人剂量监测率均达100%。

【卫生监测】 以生活饮用水、集中消毒餐具、消毒产品、医院消毒效果、公共场所微小气候和公共用具等为重点，加大卫生监督抽检工作。共抽检水源水12份、出厂水48份、管网水321份，出厂水合格率83.3%、管网水合格率93.46%；全年抽检二次供水59份、现制现售饮用水30份、集中消毒餐具160份、消毒产品96份及空气样品33份、医院消毒效果样品102份，并对50家公共场所微小气候和公共用具进行抽检，另有82家规模以上公共场所开展第三方检测，总体监测结果合格率较高。

•妇幼保健•

【概况】 全市妇幼保健网络进一步健全，连续16年未发生本市户籍孕产妇死亡。2014年，全市孕产妇总数3700人，孕产妇系统管理率96.25%，住院分娩率100%，高危孕产妇管理率100%。发放出生医学证明5727例。开设孕妇学校419期，培训11099人。开展节育手术15652例。全市7岁以下儿童数25859人，儿童系统管理率97.22%。5岁以下儿童死亡率3.48‰；婴儿死亡率2.41‰，出生缺陷发生率24.85‰。12月，市妇保所张永杰被国家卫计委授予“妇幼健康服务先进个人”称号。

【控制剖宫产率】 加强机构和人员准入管理，强化目标管理，建立剖宫产手术分析报告制度，规范妇产科病历书写，邀请上级专家到平开展技术指导和示教查房，努力降低剖宫产率。全市业务接生5190例，其中剖宫产2479例，剖宫产率47.76%，其中市级医院剖宫产率49.15%，镇（街道）医院剖宫产率37.70%，平湖户籍产妇剖宫产率达57.64%，仍处于较高水平。

【孕产妇住院分娩补助】 继续开展妇女增补叶酸预防神经管缺陷和孕产妇住院分娩补助二项重大公共卫生服务项目。全年新增叶酸应服用对象3540人,实增服用对象3540人。服用依从3005人,服药依从率84.89%。叶酸知识调查859人,知晓率100%。向3222名农村孕产妇发放分娩补助经费161.10万元,其中生育保险补助2717人。

【流动人口孕产妇管理】 作为卫生部—联合国儿童基金会“城市流动人口妇幼保健服务”项目试点县市,通过强化管理和督查、开展健康知识讲座等措施提升流动人口妇幼保健服务水平,受到国家督导组充分肯定。2014年在平湖分娩的2259名流动人口产妇中,2100名建立了围产保健册,建册率92.96%。流动人口孕产妇系统管理率40.36%,早孕建册率42.07%,住院分娩率99.96%,均较上年有所提升。围产儿死亡率7.48‰。

【优生检测】 全年产前筛查3601例,筛查率97.32%,查出高风险162例,产前诊断2575例。新生儿疾病筛查5103人,筛查率98.15%。听力筛查5079人,筛查率97.69%,确诊听力异常7人。强化孕产妇艾滋病、梅毒、乙肝检测,检测率达100%。预防母婴传播,对阳性孕产妇均落实相应干预措施。

【婚前保健】 推进“两免”(免费婚前医学检查和免费孕前优生检测)工作,婚前医学检查8494人,婚检率93.26%,疾病检出率14.96%。每月婚检名册及检出的疾病情况及时下发到各社区卫生服务中心,便于针对性开展随访管理、健康教育,使孕期保健工作关口前移,确保优生优育及母婴健康安全。

【妇女病普查及“两癌”筛查】 对全市20—64周岁的81250女性进行2年一次的妇女病普查,检查率93.81%;查出各种疾病33095人,疾病检出率43.42%,其中乳房癌16例、宫颈癌11例,均及时进行治疗,未查出卵巢癌。完成国家级任务数2591例宫颈癌和400例乳腺癌筛查任务,完成省级及平湖市级的28438例宫颈癌和19400例乳腺癌筛查任务,其中检出宫颈癌11例、乳腺癌11例,及时做好随访工作。

【托幼园所卫生保健】 2014年,全市40家托、幼园所在园儿童13178人,建档率100%;视力检查10373人,检出弱视207人。氟化泡沫护齿1065人,龋齿数5317人,龋齿患病率40.35%。4735名儿童接受入园体检,检出肝功能异常5人。1212名托幼机构工作人员体检率100%。39名保健人员中,专职16人、兼职23人。其中执业医师5人。

【儿童健康管理免费政策】 2014年为本辖区内0—6岁儿童(包括本地和流动)按系统管理要求提供免费保健服务,共发放儿童健康检查免费券6735人,其中流动儿童3192人,大龄儿童门诊免费化验血常规9475人,其中流动儿童1557人。对全市40家幼儿园13178名儿童进行免费的体检和血常规检查。继续开展户籍新生儿免费疾病筛查工作,2014年有2812名儿童享受免费先天性代谢病筛查,2860名儿童享受先天性听力障碍筛查。

•医疗机构•

【市第一人民医院】 2014年底,有工作人员914名,其中卫技人员780名,设病床700张。全年门急诊总量599361人次,比上年减少17250人次,减少2.8%;健康检查67478人次。出院病人26396人次,各类手术7177例。业务总收入33217.13万元,其中药品收入占36.26%,医疗收入占61.87%。

1月6日,浙江医院首期合作团队11人抵达医院坐诊、会诊、指导、授课;同月,与平湖电视台合办健康宣教节目《健康第一线》开播;4月,成立全市首家PICC导管门诊;7月24日,浙江医院糖尿病中心平湖分中心正式挂牌成立;7月26日,与上海市儿童医院签订医疗技术协作协议,着重在新生儿科、儿科重症、儿童呼吸、儿童心内等专科等方面接受技术扶持;8月,举办医院第三届青年医务人员技能知识竞赛;9月,全面更新医院信息系统,成功完成首例口腔种植牙手术,引进西门子1.5T磁共振系统投入使用;同月,被评为2014年省健康促进医院;10月,与浙江医院成功开展首例远程会诊业务,11月,与浙江医院建成全省首家"基于卫生专网的对口医院信息共享平台";12月,全科医学/肾内科成立开诊,高压氧治疗中心投入使用,医院通过档案目标管理工作的省二级认定。年内开展种植牙、睡眠呼吸监测、OCT等新技术、新项目16项。投入约1597万元,购置磁共振成像系统、光干涉断层扫描仪、多导睡眠记录仪、动脉硬化检测仪等设备。

【市第二人民医院】 2014年底,有工作人员299名,其中卫技人员270名,设病床位230张。全年门急诊总量210036人次,较上年增长15031人次,增7.71%;健康检查17325人次。出院病人6928人次,各类手术1642例。业务总收入7900万元,其中药品收入占36.25%,医疗收入占62.14%。

1月,产生新一届领导班子,供应室全自动清洗消毒机投入使用;3月,对三个内科专科进行重新整合划分,成功实施首例腹腔镜下全子宫切除术;4月,开通嘉兴地区医保异地结算服务,新开设疼痛门诊;8月,开通官方微信平台;10月,正式启动二期工程建设;11月,由上海市东方医院全面托管,同时增挂"上海市东方医院嘉兴港区医院"牌子;12月,新开设康复科门诊。年内,投入152万元购置彩色多普勒超声诊断仪、无创双水平呼吸机、康复医学科设备等。

【市中医院】 2014年底,有工作人员560名,卫技人员493名,设病床450张。全年门急诊量485102人次,同比增长10.8%;健康检查30896人次;出院病人17184人次,各类手术4125例;业务总收入首次突破2亿元大关,达到22005.81万元,其中药品收入占42.23%,医疗收入占55.81%。

5月,成立颈肩腰腿痛治疗中心;9月,上海龙华医院肺胸肿瘤专家来院定期坐诊;10月,供应室实现"手——供一体化"模式;11月,开设"膏方养生门诊";12月,启动全市首个"银医通"合作项目,优化就医流程;12月,成为嘉兴市第二医院协作医院;年内开展新技术7项,启动建设医用液氧系统并完工启用。全年购置各种专业设备125台,价值1050万元。开展第六届中医文化节和以"优化服务流程,提高服务质量"为主题的第八届感动式服务暨"三好一满意"活动,评选产生"优胜科室"2个,"星级员工"8名。

•医教科研•

【医学教育】 加强继续医学教育工作,规范学分管理。2014年继续实行定期申报审批公布制度,协助举办省级继教项目2项,197人次参加;嘉兴市级继教项目14项。继续医学教育对象(中、高级职称卫技人员)达标率99.6%。年内293人参加心电、检验、B超、放射等各类岗位培训,其中心电培训22人、社区护士38人、乡村医生培训169人。做好浙江省基层卫生适宜技术推广应用工作,全年完成特色技术推广应用36项。新模式住院医师规范化培训62人(西医53人,中医类9人),其中赴嘉兴培训27人。系统选派卫技人员赴上海、杭州等上级医院进修深造81人次,短期培训1138人次;邀请沪杭专家到平讲学培训36场次,4949人次听讲;邀请上级专家到平门诊、会诊、查房986次,诊治患者9852人次、手术1084例次。

2014年底,市卫校共有教职工22人,其中在编20人。开设在职职工函授班6个,有学生188人。其中护理、药学等专业在职职工大专函授班4个,有学生67人;护理本科函授班2个,有学生121人。

【人才引进和培养】 组织各医疗卫生单位开展校园专场招聘,直接签约或落实签约意向应届毕业生67名;全年累计招聘录用各类卫生专业技术人才131名。新招录定向培养临床医学、预防医学专业农村社区医生28名;对2011年定向培养的36名毕业生进行工作分配。

年内,53人通过高级职称评审,其中正高级10名,副高级20名,社区副高级23名。至年末,系统共有在职正高级卫技人才31名,副高级201名,中级786名;中、高级职称卫技人才占系统卫技人员总数32.2%,居嘉兴各县市区前列。

12月,市中医院赵金龙获评“南湖百杰”优秀人才。市中医院王文锐等7人入选嘉兴市“1030人才”“351”人才工程,其中青年重点科技人才1名,学科带头人1名,优秀青年人才5名。入选人员由所在单位分别给予每人每月1000元到300元不等的优秀人才津贴。同月,市卫生局命名斯一夫等23人为平湖市卫生系统第三批学科带头人,刘柏林等38人为第三批学科骨干,郭彦等50人为第三批医坛新秀。实施青年卫技人才成长导师制。评选确定导师58名。年内,新提拔院级正职领导1名、副职5名,职务调整13名;出台《平湖市卫生系统党政领导班子后备干部选拔培养管理暂行办法》,选拔培训后备干部51名。

【重点学科建设和科研管理】 推进市级医院重点学科建设,加强考核管理,做好中期评估相关工作。省级重点学科(基层优势类)建设单位市中医院中医结合心内科在省中管局中期评估中,获专家好评。全年在省卫计委立项1项;在市科技局立项23项,其中重点项目3项。金桥工程项目立项7项,其中重点项目4项。年内有19项科研项目和6项金桥工程项目通过评审验收。获嘉兴市科技进步三等奖1项;平湖市科技进步二等奖2项,三等奖6项。获金桥工程二等奖2项。全年引进应用新技术42项;发表学术论文197篇,其中国家级杂志28篇,省级杂志137篇。

•红十字会•

【概况】 2月底,市红十字会召开第二届理事会第五次会议,表决通过拟更换和增补的理事、常务理事、副会长名单。现有会长1名、副会长7名、理事44名。在镇(街道)红十字会实现全覆盖以及38所中小学校全部成立红十字会的基础上,5月初成立嘉兴学院平湖校区红十字会,12月成立新埭镇鱼圻塘村红十字会。开展红十字文化传播工作,提高社会公众对红十字事业的知晓率和参与度。做好红十字会网页更新、维护工作,及时发布捐赠和工作信息。

【赈灾募捐】 贯彻实施《平湖市红十字会自然灾害和突发公共事件应急预案》,进一步完善红十字会应急工作体系,为云南鲁甸地震灾区及其他灾区募得善款62416元。全年共募集捐赠款263497.15元,比上年增加20%;其中募捐箱爱心捐赠5591.15元,卫生系统“爱心一日捐”95390元。及时开具捐赠票据,网上公布爱心捐赠榜单,接受群众监督。

【无偿献血】 2014年1月1日《浙江省实施〈中华人民共和国献血法〉办法》修订后正式施行,平湖市取消用血互助金制度。获国家无偿献血奉献奖的献血者,可以免费游览政府投资主办的公园、旅游风景区等场所,到非营利性医疗机构就诊免交门诊诊查费,免费乘坐城市公共交通工具。平湖市首批28人,2014年3月率先享受“三免”政策。1月,平湖市被省卫计委、省红十字会授予“2010—2011年度浙江省无偿献血先进县(市、区)”,平湖市无偿献血办公室被授予“2010—2011年度无偿献血促进奖”。全年4194人次无偿献血1371.22升,献血人次、献血量分别比上年增长0.67%、0.96%。公民自愿献血率100%,无偿献血占临床用血的111.3%。红细胞使用率99.94%,成份输血率99.97%。一次献血300毫升以上者4104人,占总献血人数的97.85%。血液报废率2.7%,远低于省4%标准。无偿献血应急队伍发挥积极作用,2285人次献血719.11升,占全市献血人次的54.48%、献血量的52.44%。

【志愿捐献】 做好无偿捐献宣传工作,全年新采集造血干细胞捐献志愿者血液样本51份,累计采集383人份。年内成功捐献角膜1例、遗体2例;办理遗体捐献志愿登记14例、器官捐献志愿登记5例。累计登记遗体捐献志愿者37人,器官捐献志愿者16人,角膜捐献志愿者18人。共实现遗体捐献8例,角膜捐献2例。

【红十字救助项目】 继续实施“红十字爱心病房”救助项目,全年救助3名贫困患者(每人3000元)。进一步做实“红十字博爱送万家”活动项目,加大对弱势群体的救助力度,共向全市9个镇(街道)270户低保户家庭发放慰问款13.5万元。

【卫生救护培训】 进学校、社区、供电部门等企事业单位开展应急救护知识培训,宣传“红十字急救掌上学堂”的下载使用方法。开展普及救护知识培训2208人次;开展救护员发证培训1577人次,比上年增加135%。在“5·8世界红十字日”活动现场摆放心肺复苏操作模拟人,让市民学习和体验救护技能。举办教育系统救护培训师资班,新增救护培训师资41名。

•爱国卫生•

【概况】 2014年,城区以国家卫生城市创建为重点,加强城市公共卫生基础设施建设,开展市容环境卫生整治、病媒生物防制和健康教育工作;农村以开展美丽乡村建设、“五水共治”“三改一拆”“清三河”“四位一体”环卫保洁等活动,着力美化环境卫生。以创建卫生镇、卫生村为抓手,把农村改厕和农村饮用水质卫生监测作为农村爱国卫生工作的重点,通过系列整治活动,整体改善镇容镇貌,提高全市卫生城镇长效管理工作水平,全市爱国卫生工作健康发展。“爱卫月”期间,各镇(街道)领导2652人次、干部群众5.86万人次参加爱卫活动,清除垃圾867吨、清理各类卫生死角486处、清理河道漂浮物102吨。10月,市爱卫办联合当湖街道办事处在市少年宫广场举办“平湖市全民健康生活方式行动启动仪式”,来自各社区的10支代表队进行了健康操表演;年内,建成启用首条健康步道——葛家塘健康步道;9家单位开展健康示范创建工作,其中当湖街道吉方桥社区、永丰社区成功创建健康示范社区;市公安局和市广播电视中心为健康示范单位;市行政服务中心食堂和水务局食堂、港航管理处食堂为健康示范食堂;新三伍大酒店和南海渔村大酒店成功创建健康示范餐厅。

【卫生创建】 城区继续开展争创国家卫生城市活动,逐步完善卫生基础设施;进一步落实任务分解和目标责任,基本完成2013年全国爱卫办技术评估中提出的问题整改要求。乍浦镇、新仓镇2013年成功创建为国家卫生镇后,结合实际,巩固创建成果,多次接受省、市爱卫办领导的督查。新埭镇在巩固省级卫生镇的基础上,加大集镇市政基础设施建设,提高集镇环境卫生管理水平,启动国家卫生镇创建工作。年内,全市新创建浙江省卫生先进单位2个,嘉兴市卫生先进单位2个,平湖市卫生先进单位3个;按照省爱卫办要求,做好第二批省级卫生先进单位等复查工作,市民政局等15个省级卫生先进单位、新仓镇秦沙村等7个省级卫生村通过复核。注销省级卫生先进单位2个。

【农村改水改厕】 农村改厕工作借力"五水共治",与农村生活污水治理、美丽乡村建设、疾病预防控制紧密结合,全面推动无害化三格式化粪池新建改造工程。2014年共新建改建农村无害化卫生厕所9449户(其中自然村落3838户,农村新社区4583户,小集镇1028户),总投入超过2800万元,其中中央、省、市、镇(街道)各级投入超过1500万元。到2014年底全市累计建设卫生厕所9.32万户,建成率98.68%;其中无害化卫生厕所8.59万户,无害化卫生厕所普及率达92.17%,位居嘉兴前列;对改善人居环境,保障人民群众的身心健康起到了积极的作用。继续推进城乡自来水供水一体化,到2014年底,全市改水工作农户受益率达100%。经对全市3个水厂(含乍浦镇)的13个农村饮用水水质监测点调查和采样检测,各项指标全部合格,自来水卫生状况良好。

【病媒生物防制】 根据《浙江省爱卫办关于加强四害密度监测工作的通知》,修订《平湖市四害密度监测方案》,各镇(街道)爱卫办按照要求,继续以本辖区为单位开展蚊、蝇、蟑、鼠病媒生物监测工作,制订监测工作计划,落实人员、设备和经费,确保了病媒生物监测方案的顺利实施,为有效开展本辖区除四害工作提供了科学的依据。市爱卫办按照"条块结合,以块为主,标本兼治,治本为主"的原则,继续会同农经局、卫生局等有关部门开展了大规模的春季城乡灭鼠统一运动,确保城乡鼠密度控制在全国爱卫会规定的标准内。6至9月在全市乡镇开展夏季灭蟑、灭蝇、灭蚊活动,年内,新仓镇成功创建嘉兴市灭鼠灭蟑先进镇区;新埭镇、独山港镇通过灭鼠灭蟑先进镇区复核;林埭镇、广陈镇通过灭蟑先进镇区复核。

【健康教育】 年内,继续以"金平湖健康讲坛""百场活动""企业健康大讲堂"等五项健康教育"品牌产品"为引领,全面加强学校、社区、机关、医院、企业、公共场所、大众媒体健康教育工作,居民基本健康知识知晓率86.08%,重点防病知识知晓率83.83%,健康行为形成率达到82.12%。全市城区6处健康长廊总长度超过160米;全年编印《金平湖健康报》4期,每期11000份;制作糖尿病防治、防治肠道传染病健康生活方式等宣传海报23种6750张;印发控烟及慢病预防等宣传折页6种10万张;编印《员工健康与安全手册》1万册。全年发送手机健康知识短信68万多条(次),通过"健康平湖"新浪微博发布健康知识5340条。针对重点卫生节日制作展板106块,开展咨询服务活动13次。市健康教育专家讲师团和健康素养宣讲团开展宣讲活动110场,受益听众8883人次。举办“金平湖健康系列讲座”6场,听众700余人。在全省率先将职业健康教育纳入企业安全资证培训,在全市1000余家企业新上岗安全管理员培训中,安排“职业危害防范与员工健康管理”课程;各镇(街道)组织举办“企业健康大讲堂”11场,听讲员工1360余人。2014年,平湖市创建浙江省健康促进与教育综合示范区工作顺利进入终期评估,综合评分87.8分,得到省健康教育所领导和专家的高度评价,认为“平湖的健康教育工作在全省起到了标杆作用”。

【控烟工作】 联合市文明办、机关党工委、市机关事务局开展创建无烟机关单位的专项行动,并通过暗访通报,切实提高机关单位环境卫生状况与控烟工作水平。年内共有中共平湖市委统战部等9家机关单位成功创建无烟机关,另有一家企业(景兴纸业股份有限公司)和一个社区(当湖街道如意社区)创建成无烟单位。

(赵勤仙)

社会·生活

·人民生活·

【城市居民生活】（根据2013年城乡一体化住户抽样调查新口径）据对城镇居民家庭的抽样调查，2014年，城镇居民人均可支配收入43192元，比上年增长8.9%。其中工资性收入28879元，增长8.5%；经营净收入5985元，增长12.3%；财产净收入1865元，增长10.1%；转移净收入6463元，增长7.4%。

2014年，城镇居民人均消费性支出21948元，比上年增长8.7%。其中食品支出7428元，增长14.4%；衣着支出1501元，增长4.2%；居住支出3700元，增长5.6%；生活用品及服务支出1007元，增长4.9%；交通通信支出3380元，下降4.2%；教育文化娱乐服务支出2430元，增长26.5%；医疗保健支出1770元，增长9.8%；其他用品和服务支出732元，增长1.0%。全年恩格尔系数33.8%（上年同口径为32.2%）。

【职工工资】 2014年末，全市单位从业人员（城镇单位以及规模以上私营企业）总数为24.63万人，其中女性人数为10.43万人。单位从业人员劳动报酬为116.54亿元。2014年，全市在岗职工（城镇单位以及规模以上私营企业，包含劳务派遣人员）平均工资为48108元，比上年增长12.0%，其中企业在岗职工平均工资45195元，增长12.6%。从分行业来看，工资水平较高的行业是金融业，电力、燃气及水的生产和供应业，卫生和社会工作，在岗职工平均工资分别为141531元、108135元和89294元；工资水平最低的行业是居民服务、修理和其他服务业26636元，最高行业是最低行业的5.3倍。

【农村居民生活】（根据2013年城乡一体化住户抽样调查新口径）据对农村住户抽样调查，2014年，农村居民人均可支配收入24758元，比上年增长10.1%。其中工资性收入19238元，增长9.2%；经营净收入4239元，增长13.2%，包括第一产业经营净收入1482元、增长0.8%，第二产业经营净收入838元、增长28.0%，第三产业经营净收入1919元、增长18.6%；财产净收入445元、增长10.7%；转移性收入836元、增长15.1%。

2014年，农村居民人均消费支出16314元，比上年增长28.7%。其中食品支出4740元，增长20.5%；衣着支出709元，增长18.1%；居住支出3533元，增长27.8%；生活用品及服务支出1023元，增长41.6%；交通通讯支出3540元，增长33.3%；教育文化娱乐支出1331元，增长34.9%；医疗保健支出1141元，增长52.7%；其他商品和服务支出为297元，增长13.4%。全年恩格尔系数为29.1%（上年同口径为31.0%）。

（纪海亚）

·人口和计划生育·

【概况】 2014年，平湖市人口和计划生育工作，紧密结合党的群众路线教育实践活动，求真务实，真抓实干，计划生育各项主要指标执行情况良好。“三叶草”社工服务组织介入计生特殊家庭帮扶工作得到国家、省和嘉兴市级人口计生部门的充分肯定，经验和做法还在各级人口计生系统大会上作交流并在嘉兴市推广；流动人口计划生育基本公共服务均等化工作接受了省督查组的检查,得到一致好评。

2014 年全市共上报出生 4440 人,比上年同期增加 1152 人,其中计划外出生 25 人,计划生育率 99.44%,比上年同期提高 0.66 个百分点。年度出生人口性别比 107.78,达到嘉兴市考核要求。没有发生恶性案件、重大突发性事件和行政诉讼案件。

【依法行政】 全面落实"单独两孩(指一方是独生子女的夫妇可以生育两个孩子的政策,2014 年 1 月 17 日起实施)"政策。及时做好"单独两孩"政策解读,引导群众合理安排生育时间,避开生育高峰,防止扎堆生育;严格政策条件,规范审批程序,简化办事手续,提高办事效力,全年共批准"单独两孩"再生育 949 对。

【打击"两非"】 5 月,集中开展以"关爱女孩,打击'两非'(指非医学需要的胎儿性别鉴定和非医学需要的人工终止妊娠行为)"为主题的出生人口性别比偏高治理宣传稽查月活动,开展联合执法行动,地毯式的突击检查医疗保健机构、计生服务机构、零售药店,督促落实"健全孕妇跟踪服务、凭证终止妊娠、实名分娩、信息共享、B 超管理"等五项制度,严厉打击非法行医和"两非"行为,取缔非法行医 27 家、查处违规经营 5 家。

【完善计生利导机制】 拓展计生家庭系列保险,共为全市 75396 个独生子女购买"相伴成长"平安保险,有 14 个独生子女家庭获得理赔 37.8 万元,并为全市 367 名失独特扶对象购买了安康保险。提高计划生育手术费报销标准,对实行计划生育手术但未纳入生育保险范围的育龄夫妇,按照生育保险报销标准给予报销。适当提高报销额度,其中住院流产从 150 元提高至 1000 元。

【提高计生特殊家庭帮扶力度】 提高特扶标准。独生子女死亡的特扶对象,特别扶助金标准由每人每月 250 元提高到每人每月 750 元;独生子女伤病残的特扶对象,由每人每月 200 元提高到每人每月 700 元。全年共有 737 人符合特扶政策,发放特扶金 527.28 万元。建立救助基金。建立由计划生育公益金、市慈善基金和社会捐助金组成的计生特殊家庭救助基金,每年筹集资金不少于 40 万元。全年共对 33 户因大病、意外事件等原因造成特别困难的计划生育特殊家庭,发放救助金 42.60 万元。引入社工帮扶。建立"三叶草"社工服务中心,介入帮扶计生特殊家庭,通过开展心理疏导,调适精神情感,结对帮扶解决实际困难,提升应对家庭困境能力,使其增强生活信心,重燃生活希望。"三叶草"全年开展各类活动 60 多场次,个案跟踪服务重点计生特殊家庭 21 户,现已有 20 户家庭重塑生活信心。 (姚美萍)

•社会救助•

【概况】 2014 年,民政(社会)工作围绕市委、市政府中心工作,发挥民政保障基本民生、优化社会服务、创新社会治理的重要职能作用,完成各项工作目标任务。先后被省民政厅列为省级"救急难"工作试点、"三社联动"示范观察点、全省现代社会组织体制建设创新示范观察点和省级养老服务业综合改革试点,获全省民政工作先进县(市、区)、省双拥模范城、全省水库移民工作优秀县(市、区)等称号,在嘉兴市考评中,连续第 9 次被评为民政(社会)工作优秀市。

【完善社会救助家庭经济状况核对机制】 稳步开展社会救助申请家庭经济状况核对工作。核查低保申请家庭 141 户(247 人),有

67户(128人)申请家庭不符合救助条件被退回。核查廉租房申请家庭36户;经济适用房申请家庭381户;复核享受廉租房、经济适用房住房补贴家庭200户。核查医疗救助申请家庭(三类)38户,有19户申请家庭不符合救助条件被退回。同时,核对其他家庭财产状况2批。

【推进低保规范化建设】 进一步推进城乡低保规范化建设,全市现有低保对象2953户,4698人;低保边缘对象1360户,3722人。年内实现了城乡低保标准的一体化,城乡低保标准统一调整为588元/月,年增幅分别为12.0%和43.4%。城乡人均补差分别为490.9元和503.4元,达到低保标准的83.5%和85.6%,共发放低保金2171万元。发放春节慰问费164.64万元,基本生活价格补贴90.84万元。开展“人情保”“错保”问题专项整治活动,全面复核低保家庭,推进长期公示,促进低保政策公开、公正、透明。

【开展“救急难”省级试点】 省民政厅确定平湖市为首批“救急难”地区之一,并向民政部推荐为国家试点单位。根据《浙江省“救急难”工作试点方案》,出台《社会救助“一门受理、协同办理”实施办法》,完善升级社会救助信息平台,将民政、社保、教育、地税等14个部门单位的救助信息统一纳入系统,实现各部门救助信息的及时交换和自动比对。

【加强医疗救助力度】 市财政按户籍人口14元/人的标准,安排专款用于医疗救助,制订实施新《困难人员医疗救助办法》,放开救助病种限制,全部实行按费用救助,最高救助封顶额度不分普通病和重特大疾病,一律提高到12万元,低保户、低保边缘户以及三类人员医疗救助比例从原来的60%、55%和50%分别提高到80%、70%和60%。简化医疗救助程序,困难群众到17家定点医院看病,均可享受同步结算、同时兑付的便利。全年为19113人次的困难群众支出医疗救助金753.17万元。

【抓好专项救助落实】 市本级按户籍人口3元/人标准筹集130万元临救资金,各镇(街道)同步予以配套落实,全年向3575户10922人次发放临时救助金259.26万元。根据新《社会救助暂行办法》《浙江省社会救助条例》,修订出台《平湖市临时救助办法》。为低保和低保边缘户发放节日慰问金、价格补贴合计255.48万元。妥善处理流浪乞讨人员救助件41起,救助流浪乞讨人员61名,接收2名平湖籍在外流浪乞讨人员返乡。

【做好防灾减灾工作】 根据全市冬春受灾实情,下拨灾害救助金13万元。按照防灾减灾最新要求,重新确定公布避灾安置场所市级3个、镇(街道)级16个、村(社区)级133个。统一设置规范标识,对市级救灾仓库进行整修,分类添置救灾储备物资。指导新仓镇中华村创建为“全国综合减灾示范社区”,当湖街道梅兰苑社区、独山港镇金沙村创建为“省级综合减灾示范社区”。组织开展第6个“防灾减灾日”宣传活动,组织各类救灾应急演习、预演10余次,制作宣传图版百余块,印发知识手册10000份,参加活动人员超5万人次。

(张亚英)

•慈善事业•

【三次会员代表大会】 2014年6月26日,市慈善总会召开第三次会员代表大会。嘉兴市慈善总会和市“四套班子”的领导参加会议并分别作了重要讲话。大会听取、审议平湖市慈善总会二届理事会工作报告和财务报告,听取、审议并通过《平湖市慈善总会章程》和《平湖市慈善总会资金募集及使用管理办法》;选举产生第三届理事会。金玉珍当选为新一届会长,谢龙华等15名成员当选副会长,王亚萍为秘书长,并聘任市委书记、市长、市人大主任、市政协主席、市委副书记为市慈善总会的名誉会长;聘任名誉理事、副秘书长。会议授予施振泉、徐士元、吕继村、张志培四位老同志慈善贡献奖。大会还举行了爱心企业认捐仪式,会上有23名热爱慈善事业的企业家现场认捐"助医、助困、助学"等的慈善冠名资金1908万元。

【募集慈善资金】 2014年,慈善总会共募集到善款1405.8万元,其中冠名捐款397.15万元,企业定向捐款171.17万元,一般日常捐款109.45万元,慈善爱心一日捐87.55万元,慈善工作站捐款638.70万元,义卖捐款1.78万元。

【开展社会救助】 2014年社会救助共支出690.28万元,其中1、资助困难学生1222人,支出253.78万元;2、资助困难人员872人,支出141.13万元;3、助医困难人员419人,支出63.45万元;4、春节慰问困难家庭1192户,支出48.83万元;5、资助尿毒症血透病人108人,支出29.24万元;资助妇女"两癌"病人3人,支出0.29万元;6、资助孤寡老人、孤儿、残疾人565人次,支出25.24万元;7、资助7个村工作站助困128.32万元。

【慈善义工活动】 2014年9月26日,平湖市慈善总会"金平湖义工"成立暨重阳送温暖活动,宣告平湖市慈善总会"金平湖义工"成立,并开展了第一次义工活动。截止12月底,"金平湖义工"登记义工成员400余人,团体单位4个。11月15日,省慈善总会在嘉兴举办的"浙江慈善20周年·义工嘉年华"活动中,市慈善总会"金平湖义工"组织的"便民服务"和"国家级非物质文化遗产平湖钹子书表演"项目参加活动。11月,"金平湖义工"为全市9家敬老院每位老人送去保暖围巾和棉裤;平安夜,"金平湖义工"带着慰问品向市区范围内的流浪人员送去温暖,并劝说他们结束街头乞讨流浪生活,回家找份工作过日子。春节前夕,义工带着节日慰问品给全市140户困难家庭和140位养老服务中心的特困老人送去温暖。12月下旬,"金平湖义工"长红应急救援中心分队开展"慈善冬衣"活动,为民工子弟学校的学生送去了800余件羽绒服装。

【慈善网络建设】 2014年全市开展"千村(社区)慈善帮扶基金工程竞赛活动",村(社区)慈善工作站创建工作顺利推进。至2014年底,全市131个村(社区)全部建立村(社区)慈善工作站,募集村级慈善帮扶资金638.70万元,村(社区)慈善工作站各类救助支出128.32万元。村(社区)慈善工作站的全覆盖,不仅是慈善工作职能的延伸,更是慈善组织三级网络建设的进一步健全完善,真正使慈善职能纵到底,慈善工作横到边,为全民参与慈善事业提供了平台。 (王亚萍)

·优待抚恤·

【加大优抚保障力度】 按照优抚标准自然增长机制,从4月1日起,再次提高优抚对象优待抚恤和生活补助标准。其中:分散安置的三、四级因病残疾军人护理费,由上年度的每月1096元,调整为1218元,增幅11.13%。完善重点优抚对象医疗费用"一站式"结算服务平台,已有70人次重点优抚对象享受医疗补助费13.8万元。全年为162名优抚对象下拨抚恤补助资金195.32万元,为享受优待的214名重点优抚对象发放优待金186.98万元;组织四批120名重点优抚对象赴省荣军医院集中参加疗休养。为853位现役义务兵父母免费进行健康体检。做好60周岁以上无社会保障或自费购买社会养老保险退伍军人生活补助审批和发放工作,新增96人,取消3人,目前全市实际在册964人。通过"烈士褒扬管理信息系统"和重新梳理档案资料,校对平湖籍抗美援朝烈士名录共计34人,新增4人。

【落实退役士兵安置政策】 2013年冬接收安置退役士兵227人(其中城镇80人、农村147人),发放安置补偿金650万元。组织开展退役士兵职业技能培训,根据退役士兵要求和当前用人单位需求,开设创业培训(SYB)以及数控车工、维修电工、挖掘机和电焊等专业培训。退役士兵参加各类短期职业技能培训的,其培训费、职业技能鉴定费继续由政府全额负担,并按实际受训时间给予每人每月300元的生活补贴和300元的交通费。接收2014年春季转业士官12人、二等功退役士兵1人。出台退役士兵经济补助新标准,义务兵优待金从上年的每人每年16500元,提高到17800元。第一次组织开展退役士兵集中返乡欢迎活动。做好复退军人维稳和优抚信访工作,接待来访咨询800人次,保持全市复退军人群体总体稳定局面。

• 双拥工作 •

【组织双拥系列活动】 在元旦、春节、亚信峰会、八一建军节期间,市党政领导率领社会各界,广泛开展走访慰问海军东海舰队、驻平各部队和参与亚信安保部队等系列活动。清明、国家公祭日期间,组织市四套班子领导和各界群众代表,隆重开展祭扫烈士陵园、缅怀先烈遗志活动。

【民企拥军形成特色】 组织举办解放路"双拥一条街"军民共建签约活动,10支驻平部队全部参与共建签约。完成新一届民营企业拥军协会理事会换届,并依托民企拥军协会会员多、资源多的优势,连续第五年举办面向退役军人、军嫂的专场招聘会,推出机械加工、人事管理、会计等752个就业岗位,现场达成就业意向130多人。开展农技、科普、卫生、法律、文化进军营系列活动,成立市双拥文化艺术协会,举办庆"八一"双拥文艺晚会暨双拥工作表彰大会。

• 社会福利事业 •

【加快普惠型儿童福利体系建设】 出台《关于加快推进适度普惠型儿童福利体系建设的实施意见》,社会散居孤儿基本生活费发放标准调整为780元/月,全年向35名社会散居孤儿发放基本生活费42.55万元。从10月起向705名困境儿童每月发放156~234元/人不等的基本生活费补贴,发放48.98万元。

【落实水库移民后期扶持工作】 向691名大中型水库移民发放直补资金41.46万元;按人均15元标准,以户为单位,为每户移民送去一套农技科普书籍。

【推进福彩公益行动】 "福彩助我行"公益救助活动累计接收社会捐赠物品3000余件,及时送至"五保""三无"(由民政部门收养的无生活来源、无劳动能力、无法定扶养义务人的公民)人员和贫困学生手中。

【福利企业管理】 落实《浙江省福利企业管理办法》,向38家福利企业(含1家工疗机构)发放2013年度超比例安置残疾人就业奖励资金102.6万元。启动福利企业无障碍设施建设工作,并召开现场推进会。

·基层自治组织管理·

【开展“基层自治”专项建设】 共疏理出城乡社区依法履责事项27项、协助政府工作事项39项,形成《村社区工作事项准入制度》《部门工作进村社区指导准入目录》。探索破解基层“负担过重”难题,制订出台《关于开展解决基层“负担过重”问题集中行动的工作方案》,提出清考核评创、清各类台账、清机构牌子、清工作事项、清社区盖章、清上墙制度、清工作用房、规范公款消费以及提升工作实效建设的“七清一规范一提升”工作措施。134个村(社区)共摘除各类机构牌子2561块,清理上墙制度2850块,腾空工作用房2961.8平方米。

【提升社区干部服务水平】 联合市委组织部对上年换届选举后产生的新一届52位社区党组织书记、居委会主任开展社区党建、群众路线教育实践活动、“五水共治”、社区建设及社区社会工作等方面的系统辅导培训,为提高社区干部的履职能力和服务水平奠定思想和业务基础。组织84名村委会主任参加嘉兴市新一届村委会主任培训班。

·社工人才和服务体系·

【推进社工人才队伍建设】 做好全国社会工作者职业水平考试组织发动工作,有119人通过全国社会工作者职业水平考试报名审核,新报考人数同比增长91.9%。2014年度分别有19人和64人取得国家、嘉兴二级社工资格证,全市持证社工达到421名(嘉兴市级351人、国家级70人)。举办党政干部“三社建设与创新社会治理”专题研讨班,启动开展“本土社会工作督导人才培养”和“专业督导团队建设”项目,推动实施“全国社会工作督导人才培养计划”。在华东理工大学举办“三社建设与创新社会治理”专题研讨班,50名科级领导干部参加培训。

【规范政府购买公益性服务工作】 严格按照政府采购审批流程操作,全年政府购买社工(公益)服务项目经费203万元。探索建立社会工作服务评估体系,引入第三方评估团示范带动考核评估小组的方式,对7个政府购买社工(公益)服务项目进行专业评估。

【推进全国志愿服务记录制度试点工作】 “志愿平湖”网站、“公益储蓄银行”和《志愿服务信息记录簿》等志愿服务“三个一”平台建设顺利推进,试点工作在民政部志愿服务记录制度试点推进会上作经验交流。全市现有注册登记或备案的志愿服务、公益慈善及社会服务类组织236个,注册志愿者2.8万余名,志愿者参与志愿服务26.5万人次,累计服务时间58万小时。

·社会组织·

【加大社会组织培育扶持力度】 改革社会组织登记管理制度,对行业协会商会类、科技类、公益慈善类、城乡社区服务类社会组织实行直接登记,全市现有注册登记社会组织211家,备案社区社会组织1059家。探索开展社会组织建设市、镇(街道)、村(社区)三级联动创新,积极实施“三纳入双孵化三步走”工作机制,成立社会组织综合党委。在钟埭街道成立第一个镇(街道)级“社会工作者协会”;在新仓社区成立第一个正式注册的村(社区)级社会组织。指导钟埭街道新建集社区便民服务、社会组织培育、社工人才实训“三社互动”为一体,面积2000平方米的睦邻生活馆。市和谐家庭社工事务所创建为全国社会工作服务标准化建设示范单位,并获李嘉诚“大爱之行”基金会项目资助。

【规范运作社会组织创益园】 市社会组织创益园入驻11家公益社会组织和社工机构,第一批孵化壳内外公益机构(项目)15个。开展第一届公益创投活动,征集到公益创投项目65个,公益“金点子”35个,最终有39个项目成功签约,资助总额75万元。编制服务型社会组织党组织标准建设指导目录,建立市社会组织创益园党总支。按照规范化运作要求,成立创益园联合工会及团组织。

【加强社会组织监管】 继续加强社会组织评估力度,依托社会组织促进会,对45家社会组织开展等级评估,全市评估率85.6%。开展社会组织财务审计工作,协同财政、发改、审计、会计师事务所等,抽查24家社会组织的财务规范化建设工作,出具审计报告,对审计中发现的问题,要求有关社会组织及时更改,并抄报相关业务主管指导单位。

•社会事务管理•

【殡葬服务设施建设】 不断提高殡葬服务设施建设水平,市殡仪馆改扩建工程正式开工建设,完成2000万元的年度投资计划,改扩建总工程量完成率达到40%。投入149.56万元完成新埭、独山港两个镇新建寄存堂工程,新增7478个骨灰存放格位。

【落实殡葬管理惠民政策】 继续落实殡葬惠民政策,市殡仪馆免除殡葬四项基本服务项目收费294.56万元。市福陵园公墓公益性生态节地墓区免费向有需求的市民提供,向参加第五次集中海葬活动的9户家庭(10具骨灰)提供每具遗体2000元的补助。加快殡葬事业改革步伐,出台殡葬改革宣传、党员干部带头移风易俗等多个推进殡改工作开展的组合政策规定,冬至期间开展散葬乱埋建筑性坟墓集中整治行动。

【深化民政窗口服务】 进一步巩固国家3A级婚姻登记机构创建成果,依法办理结婚、离婚登记,证件补发和出具无婚姻登记记录证明等近12000件;完成1970年以来婚姻登记历史数据的核对、补录工作。抓好行政服务中心民政窗口服务效能建设,实施延时、预约服务等便民服务措施,共办理收养登记60件。市96345社区服务中心成为平湖市机关事业单位中第一个省级工人先锋号集体,市老年公寓被评为嘉兴市级巾帼文明岗,市老年与妇女活动中心全年接待老年人活动突破10万人次。

•老龄工作•

【加快城乡居家养老服务圈建设】 结合市情,出台《关于加快发展养老服务业的实施意见》和《平湖市人民政府关于发展民办养老产业的若干意见》,围绕城乡二十分钟养老服务圈布局,指导全市村(社区)居家养老服务照料中心新建或升级,全市城乡居家养老服务照料中心已分别建成40个和60个,占城乡社区(村)总数的85%和69%。组织开展城乡社区居家养老服务照料中心建设等级化评定和管理,30个照料中心被评为3－5A级居家养老服务照料中心,4个5A级照料中心委托专业社会组织进行管理运行,并开展民生实事“十个一”——居家养老服务照料中心示范创建活动。探索推进社会化居家养老服务,培育成立“夕阳红养老护理服务中心”“曙光应急救援中心”“新仓乐聚芦川合作服务中心”“钟埭白马堰社区蒲公英社工服务社”等为老服务社会组织,每月对4个已开展居家养老社会化运作试点的社区进行督查和评价。落实《养老服务补贴实施办法》,全市享受政府养老服务补贴老年人1897人,年发放补助金357.38万元。

【加大养老机构建设力度】 钟埭、广陈、曹桥养老服务中心新建工程有序推进,兴平颐养园、平湖绿康老年康复护理院两家民办养老机构相继开业,新增机构养老床位625张。全市(不含乍浦)共有养老床位4051张,其中护理型床位1530张,占总床位数的37.77%。高度重视养老机构安全运行监管,开展"打非治违"专项行动、"九九消防平安行动"、农村五保供养机构管理服务专项整治工作等系列活动。

【提升养老服务队伍素质】 落实"社会养老服务人才队伍素质提升工程三年实施计划",由市养老护理员培训基地和"夕阳红养老护理服务中心"分别举办养老护理员、失能半失能老人家庭护理员、居家养老服务人员职业技能培训班,参训人数2600余人。开展"养老护理员"职业技能竞赛,24名选手通过比赛获养老护理员中级工资格,3名选手晋升为养老护理员高级工资格,全市现有181人获养老护理员职业资格证书。出台实施《关于落实养老护理专业技术人员职称补贴待遇的意见》,按养老护理员职业资格职称等级给予100~500元/月的补贴。为422名居家养老专业服务人员购买人身意外伤害保险,免除其后顾之忧。

【完成智慧养老工程建设】 "智慧养老"服务平台建设列入市政府2014年重点项目,依托市96345社区服务中心,拓宽"数字民政"建设新渠道,建立"老年人数据库",新增"一键通"固话、智能手机用户201户,招募为老服务社会组织、企业9家,为老年人提供紧急呼叫、GPS定位、送餐送药、陪聊等服务项目,累计受理老年人服务需求570件。

【结对协作】 与遂昌县结为养老服务协作与对口支援县市,出台了以人员培训、技术指导、设备支持和工作交流等为主要内容的《实施方案》,资助遂昌县居家养老服务照料中心建设经费10万元,并两次派出养老专业管理和技能人员到遂昌县开展养老服务工作交流活动,为遂昌县900余名养老护理员开展技能培训。

【为老服务活动丰富多彩】 重阳节前夕,举办第23届老年文艺汇演,走访各类老年人2000人,送上慰问金、慰问品价值总计48.34万元。各村(社区)"寸草心"志愿者服务队联合爱心联盟、96345社区服务中心,开展为老便民服务进社区活动200多场次。完成基层老年人协会换届工作,补助每个村(社区)老年人协会工作经费4000元/年。市老年电大分校被评为省老年电大先进分校,完成市老年电大分校实体化办学,春秋二季共招收老年学员30400人次。办理老年人优待证8988张,老年人公交IC卡7805张。开展关爱"独居老人暖巢行动",为1700多名农村独居老人提供各类暖心服务。

2014年平湖市百岁老人统计表

姓名	性别	出生年月	住址
钱全珍	女	1913.5.9	当湖街道百步桥新村10幢3单元201室
高宠宝	女	1913.12.10	林埭镇徐家埭村15组
叶慎勉	男	1914.3.6	当湖街道建国门社区
叶蔚青	女	1914.5.30	当湖街道园乐社区
高四宝	女	1914.6.16	钟埭街道沈家弄村12组
王　炎	男	1914.12.8	当湖街道南河头社区
倪阿四	男	1914.12.26	独山港镇运港村8组

注:不含嘉兴港区。

·地名工作·

【加强地名标志体系建设】 以创建“全国地名公共服务示范县(市)”为契机,加强地名标志体系建设力度。开展全市集镇门牌清理整顿,完成5316块缺号、损毁门牌更换安装。完善路牌指向网络,新增单杆式与基座式路牌149块,全市所有路牌上全部标注门牌号段。完善地名标志维护管理,开展定期检查和随机抽查,及时补充更新地名标志56块、加固32块。全年完成地名命名更名31处,制作各类门牌27821块、打印门牌证22540本。

【推进地名边界管理】 开展“平安边界”创优工作,完成涉界镇(街道)“平安边界”共建协议书签订,完成第三轮“沪浙线金山与平湖段”“盐平线” 联检。

【编制出版《平湖市地图册》】 编制出版全省第一本以村(社区)为单位编制的大比例尺地图册——《平湖市地图册》,共收录政区城区图、各村(社区)区域图、交通水利专题图等地图165幅。 (张亚英)

·关心下一代工作·

【开展“中国梦”宣传教育活动】 3月,市关工委牵头相关职能部门在全市“五老”和青少年中开展“争做最美平湖人,老少共筑中国梦”主题教育活动。召开“我心中的中国梦”中小学学生代表座谈会。7月中旬,组织部分学生参观嘉兴五四文化博物馆和科技馆。“九·一八”前夕,联合市直机关关工委,组织机关部分年轻干部到“侵华日军登陆处”和“百人坑”旧址前进行爱国主义教育。9月中下旬,围绕“践行核心价值观,争做合格接班人”主题,组织讲师团7位老同志分别到全市21所中学(包括职业类学校)进行宣讲,受教育学生11000多人。市直机关关工委讲师团到社区、学校宣讲40场次,受教育6800多人。教育局关工委组织讲师团9名老同志到全市18所小学,以“学习师德楷模,争做最美教师”为主题对青年教师开展宣讲。交通运输局、文广新局关工委召开老少共话中国梦、践行核心价值观座谈会。嘉兴学院平湖校区关工委组织7位老教师结对校团支部,向团员进行热爱党、热爱祖国、热爱人民“三热爱”教育。供销社关工委离休干部夏成宝到林埭、黄姑两所中心小学讲革命战斗故事,进行爱国主义和核心价值观教育。市委办的“忘年交老少互助组”老干部与年轻干部一起到基层村(社区)开展调研。粮食局关工委对外来大学生员工实行一对一“传帮带”。

【开展家庭教育】 2014年,林埭镇、独山港镇、新仓镇、广陈镇、平湖经济技术开发区(钟埭街道)、曹桥街道先后举行家庭教育节活动;5月下旬,原省人大副主任、省关工委主任徐宏俊参加独山港镇首届家庭教育节开幕式。市关工委会同市妇联、教育局,组织讲师团心理健康教育服务组老同志和家庭教育专家先后到林埭镇中心幼儿园、钟埭中心小学、伊思佳制衣、广陈悦来春毛衫、独山港镇得盛制衣企业等,开展家庭教育咨询服务活动。其中讲师团老同志田懋清全年为15名学生和40多名家长开展心理疏导和家庭教育的个案服务。

【检查监督营业性网吧】 市、镇(街道)两级关工委组织“五老”人员,继续加强对营业性网吧的检查和监督。6月下旬,市关工委召开城乡17个“五老”义务网吧监督组长会议,交流和部署工作任务。8月下旬会同文广新局、行政执法大队，对全市营业性网吧进行全面突击检查。年底，召开全市“五老”义务网吧监督组长会议，总结交流一年工作。

【加强企业关工委工作】 市关工委领导先后到新秀集团、景兴集团调研；8月，编印全市民营企业关工委工作典型材料；10月下旬，在平湖经济技术开发区召开企业关工委工作经验交流会，对企业关工委稳步组建和发挥作用提出要求。至年底，全市民营企业已建关工委组织112家。

【关爱青少年】 开展全市第六批优秀资助生评选活动，评出40名优秀资助生，发放奖金2万元。5月下旬，组织老同志与育新小学扶行校区的16名学生代表举行老少书画联谊活动。独山港镇关工委会同慈善机构资助贫困生285名，资助金额42万元。新埭镇关工委会同群团组织发动村（社区）、学校、企业为患重病学生累计捐款7万多元。曹桥街道关工委会同相关部门、机关干部为行知小学38名学生的“微心愿”圆梦。卫生局关工委组织资深医生为育新学校的45名初中女生作“青春期生理卫生保健知识讲座”。各镇（街道）关工委与所在司法所一起对归正或矫正青年签订帮教协议。当湖街道关工委集中100多名矫正、归正人员，请检察院老领导上法制课。公安局关工委组织退休干警与看守所在押青少年结对，进行一对一谈心帮助。2014年，15名法制副校长上法制课92场次，1万多名学生接受法制教育。国庆节前夕，市关工委和司法局领导到省少管所对平湖籍未成年在押犯进行帮教。各基层关工委协助职能部门，利用暑假开展“春泥计划”活动，涌现出于照法、沈耕明辅导站，“李云观青少年成长驿站”等新事物。独山港镇各村选择开展书香浸润、“五水共治、环保同行”等活动。平湖经济技术开发区利用村文化礼堂组织学生听村史讲座、开展书画培训、观看优秀影片等。乍浦镇组织青少年听取《感受乍浦镇人文历史》讲座，参观乍浦记忆展示馆。“六一”前夕，市关工委慰问新埭镇3名重度残疾儿童家庭。教育局关工委、新仓镇关工委组织发动捐书活动。规划建设局关工委与局共青团、妇女组织联合举行“迎六一”家长与子女共同参观学习活动。

【开展科技扶农】 市关工委农业老专家科技咨询服务组发挥自身技术优势，到钟埭街道大力村、新埭镇牌楼村与农户座谈，传授植保知识，发放技术资料，帮助解决农户在生产中的技术难题；到有关学校上课，宣讲科普知识，撰写调研报告，送市相关部门供研究参考。

【加强自身建设】 经市委同意，对市关工委班子作了调整。市水利局新建了关工委，全市系统关工委增至14家。4月初，在市委党校举行关心下一代工作骨干培训会，对50多名关工委骨干进行十八届三中全会精神和践行社会主义核心价值观专题辅导。选派9名骨干参加嘉兴市关工委举办的骨干培训班。组织讲师团成员参观嘉兴“五四文化”博物馆、中日甲午战争纪念展和邓小平生平展览展，组织各镇（街道）、系统关工委负责人参观长兴县青少年实训基地和新四军苏浙司令部旧址，接受爱国主义和革命传统教育。全年市关工委办公室编印学习资料5期，供各级关工委同志学习参考。出刊纪念市关工委成立25周年的宣传画册《共创明天》。

2014年，嘉兴交通学校法制副校长徐照根被评为全国青少年普法教育先进个人，市关工委被评为全省关心下一代工作先进集体，于照法、金玉珍被评为全省关心下一代工作先进个人。独山港镇关工委被命名为省第六批“青少年维权岗”。 （姚秀平）

•民族·宗教•

【少数民族概况】 2014年,全市常住少数民族人口1672人,涉及28个少数民族。其中人数在100人以上的民族有5个:壮族620人、土家族252人、苗族142人、布依族133人、满族114人。流动人口中有少数民族11899人,涉及40个少数民族,人数居前五位的民族及人数有:土家族4062人、苗族2235人、壮族1589人、彝族760人、布依族728人。

平湖市职业中专自2011年开始承办新疆中职班。2014年6月首届新疆中职班59名学生顺利毕业。9月,在校学生共137人,其中高三38人、高二44人、高一55人,少数民族学生112人,主要来自新疆维吾尔族、哈萨克族、回族、柯尔克孜族、藏族等6个民族。

【全市宗教概况】 全市有宗教团体4个,分别是平湖市天主教爱国会、平湖市佛教协会、平湖市基督教“三自”爱国运动委员会和平湖市基督教协会。全市登记开放宗教活动场所22处,其中基督教6处、天主教5处、佛教10处、道教1处;另有筹备设立场所1处、保留烧香点6处。全市宗教教职人员共有92人,其中天主教3人(神甫1人、修女2人)、基督教20人(其中牧师2人、教师1人、长老7人、传道人10人)、佛教62人(其中比丘33人、比丘尼3人、沙弥26人)和道教道士7人。天主教信众3967人,基督教信众3080人,佛教、道教信众约50000人,伊斯兰教信众87人。

【开展民族团结进学校工作】 指导市职业中专和育新小学2所试点学校开展民族团结进步宣传活动。市育新小学先后开展民族知识竞赛、民族团结一家亲迎国庆联欢活动和以“民族团结”为主题的学生板报绘画比赛,市职业中专组织全体高一、高二年级3000多名学生举办8个场次的民族文化知识竞赛。

【做好民族成份审核认定工作】 践行热心、细心、耐心的“三心”服务理念,规范做好少数民族成份变更和中高考优惠加分政策等工作。为参加中、高考和成人考试的少数民族考生提供证明34份,审核办理民族成份变更8人。

【完成市基督教团体换届工作】 4月28日,平湖市基督教召开第五次代表会议,听取并审议上届基督教“两会”工作报告,修改并通过平湖市基督教“两会”章程,选举产生第五届平湖市基督教“两会”领导班子,周灵洁当选为平湖市基督教三自爱国运动委员会主席、彭耀华当选为平湖市基督教协会会长。审议并通过基督教第五次代表会议有关决议。

【完成市佛教协会换届工作】 5月22日,平湖市佛教协会召开第二次代表会议,会议听取并审议第一届理事会工作报告、财务报告,修改并通过《平湖市佛教协会章程》,选举产生第二届理事会领导班子,释广旭法师当选为新一届平湖市佛教协会会长,第一届佛协会长释广能(方丈)被聘为名誉会长。

【第一次举办汉传佛教讲经交流活动】 6月5日,平湖市佛教协会在报本禅寺举办以“寻梦中国·正言正行”为主题的首届汉传佛教讲经交流会,来自全市佛教寺院的8位法师参加讲经,其中7位是寺院负责人。本次讲经交流会设一、二、三等奖和鼓励奖,新仓镇法华禅寺常林法师获一等奖。

【开展宗教政策法规学习月活动】 6月,市民宗局编印下发《宗教政策法规汇编》,举办以“发挥正能量,共筑中国梦”为主题的宗教政策法规学习月活动集中培训,开展“培育和践行社会主义核心价值观”“宗教场所规划浅析”“加强宗教用地管理”等3个专题培训,全市宗教团体成员、宗教活动场所负责人和宗教活动场所民主管理组织成员120多人参加培训。全市各宗教团体和宗教活动场所结合实际开展内容丰富、形式多样的学习活动,增强全体宗教教职人员的国家意识、公民意识、法律意识。

【配合嘉兴市完成回民墓迁移工作】 根据嘉兴市民宗局的部署要求,市民宗局成立专项工作领导小组,召开镇(街道)统战委员会议,明确目标任务,落实工作职责,通过开展户籍调查、上门走访,全面掌握回民墓主家属分布情况。会同当湖街道召开回民墓主家属代表会议,做好回民墓主家属思想工作,发挥民族界代表人士作用,借力宣传引导,取得墓主家属理解和配合,涉及的坟墓17座、备穴7座全部按时完成迁移工作。

【开展宗教活动场所重大火灾隐患集中整治工作】 市民宗局会同市公安局消防大队在全市22处宗教活动场所开展重大火灾隐患集中整治活动,针对宗教活动场所重点检查和解决疏散通道和安全出口不畅、消防设施器材和消防安全标志未保持完好有效、违章用火用油用气用电、消防安全责任制及防火巡查检查不落实、人员教育培训和灭火应急疏散预案制定演练不落实等问题,9月中旬,举办全市宗教界消防知识技能培训,通过培训达到“三懂三会”要求,即:懂基本消防知识、懂消防设施器材使用方法、懂逃生自救技能,会查火灾隐患、会扑救初起火灾、会组织人员疏散,切实提高场所自防自救能力。

【常态化抓好宗教三个专项工作】 一是开展宗教教职人员认定备案工作,对宗教活动场所新增的7位教职人员开展认定工作,其中佛教4人、道教3人。二是做好教职人员社会保障工作,指导宗教团体落实社保政策,对新增宗教教职人员做到“应保尽保”。三是加强宗教活动场所财务监督管理工作,深化宗教团体财务委托管理专项调研,指导宗教团体进一步完善财务管理制度,在佛教界推进宗教活动场所固定资产登记管理工作。

【开展“五水共治·宗教同行”公益慈善活动】 市民宗局引导全市宗教界围绕市委、市政府中心工作,倡议开展“五水共治·宗教同行”活动。全市宗教团体、宗教活动场所发动宗教教职人员和信教群众,积极参与活动,共募集捐款29.6万元,重点助推钟埭街道新群村“五水共治·同心园工程”项目建设。该项目位于钟埭街道宏建路与兴平四路交叉口的新群新村龙梢浜,包括对龙梢浜进行清淤、护岸驳筑、修筑景观带等,进一步优化该村生态环境。

【推进“三改一拆”涉及宗教违法建筑处置工作】 根据全省“三改一拆”涉及宗教违法建筑处置工作会议精神,组织开展全市民间信仰调查摸底,掌握全市民间信仰活动点的面积、建筑、活动等基本情况。市民宗局会同相关部门和有关镇(街道),根据各自职能,及时联系商讨办法,齐心协力落实处置工作,共拆除涉及宗教违法建筑11处、662平方米。同时协助嘉兴港区拆除省第二批督查项目——乍浦镇汤山山顶的违法建筑“文昌阁”。全市“三改一拆”涉及宗教领域违法建筑处置工作平稳、有效,嘉兴市有关部门为此发了表扬信。嘉兴市委副书记胡海峰和平湖市委书记翁建荣作了批示肯定。

【主要宗教活动】 2014年,全市宗教团体和宗教活动场所依法依规开展宗教活动,严格落实活动安全保卫预案,确保宗教活动合法、安全、有序。全年主要宗教活动有:基督教协会举办的义工培训班,城关耶稣堂、钟埭耶稣堂、新埭耶稣堂、新仓耶稣堂等基督教堂点举办的春节、五一、国庆培灵会、节日聚会和庆祝圣诞活动等,天主教举行的庆祝圣诞活动,报本禅寺举办的大年夜进香活动、水陆法会,法华禅寺举办的新年祈福法会、水陆法会,海林寺举办的天妃圣诞法会,普照寺举办的药师佛开光法会,刘公祠举办的重阳节传统庙会等活动。 (金国林)

• 新居民事务 •

【概况】 2014年,平湖市新居民管理服务工作按照"控总量、提素质、优结构、促融入"的总体目标,以突出助推转型发展、促进和谐稳定为主线,着力在疏导有序、管理有方、服务有效和优化素质、优化结构、优化机制的工作重点上下功夫求实效,全市新居民管理服务工作获嘉兴市目标责任制考核一等奖,承办嘉兴市新居民文化艺术节系列活动闭幕式暨嘉兴市新居民歌唱比赛,经验做法多次在浙江省流口办、嘉兴市两办工作交流刊登。截止2014年底,全市登记在册新居民251042人(其中儿童20051人),同比下降6.34%。登记发证率、人户一致率、人走注销率、基础信息采集准确率均达到上级考核要求。

【夯实基础建设】 根据嘉兴市对各县(市、区)目标责任制考核要求,以"控量提质"为主线,制订出台《2014年度平湖市新居民管理服务工作镇(街道)考核办法》,进一步完善考核评价体系,细化、量化目标任务。继续贯彻落实《关于进一步加强镇(街道)新居民服务管理组织队伍建设和经费保障工作的意见》文件精神。继续实行专职协管员实名制月报送制度,截至12月底,全市专职协管员总数为224人,配备比例为1070∶1。完善协管员星级化考核、教育培训管理机制和优秀协管员评选制度,协管员整体素质得到提升。

【强化精准管理】 将日常抽查与专项行动紧密结合,在周通报、月抽查的基础上,开展全市新居民基础信息百日排查、"人走注销"重点排查及"抓注销、强精准"提升基础信息质量等专项行动。推动新居民信息采集移动终端建设,目前各镇(街道)均配备到位,有效提升了协管员工作效率及基础信息质量。按照省厅在嘉兴等地开展新居民居住证制度改革试点工作的要求,全市完成前期部署、软硬件准备、培训对接、督查指导等工作,顺利进入试点期居住证申领及发放程序。落实居住出租房屋环境整治助推"五水共治"行动,2014年,全市共排摸确定涉及居住出租房屋周边环境卫生"脏乱差"及存在安全隐患点共1521个,已初步整治1476个,完成率97%。

【改善公共服务】 正式实施《平湖市新居民积分制管理办法(试行)》,建立积分制信息管理系统,率先在新居民子女入学方面积极稳妥推进新居民积分制管理,2014年在平新居民子女就读人数15450人,占全市义务教育阶段总人数的37.32%。其中在公办学校就读的有13203人,在新居民学校就读的有2247人。新居民子女在公办学校就读比例达85.45%。2014年为新居民育龄妇女开展免费查孕、查环、查病服务3.3万人次,免费报销手术及奖励费7.5万元。已建新居民职工、人才公寓、集体宿舍等356处,总建筑面积63.142万平方米,有三分之一的新居民住进公寓房。

【推动和谐融入】 2014年,为700名在平务工、经商的汶上籍新居民已婚育龄妇女提供免费计生技术服务。更加密切与广西、贵州等地的劳务协作,引进技术工人200余人。全市登记在册的308名新居民党员全部编入基层党支部,19.58万新居民加入工会组织。继续将新居民纳入城乡居民临时救助体系,为17户新居民家庭提供共计1.5万元救助金。先后开展春节期间志愿服务活动、“星期六义务劳动”、2014新居民专场招聘周活动、“邻里守望”志愿服务等各项关爱新居民活动。

【提升整体素质】 制订《2014年全市新居民法制宣传教育活动方案》,结合新居民道德讲堂、新居民教育讲师团建设,通过各类新居民法制宣传活动,不断增强新居民法律意识和法治理念。在新居民群体中开展法制宣传和道德教育。2014年全年累计举办各类招聘会52场、技能培训240期,为新居民提供就业岗位3.92万个;承办2014嘉兴市新居民文化艺术节暨“新居民歌唱新家园”决赛;组织新居民积极参与征文、书画、方言听译比赛等活动,新居民书画长卷《美丽东湖纵横居图》获上海大世界基尼斯之最。(全潮英)

人力资源和社会保障

•综述•

【概况】 2014年,全市人力资源和社会保障工作以党的十八大、十八届三中四中全会精神为指导,紧紧围绕市委"三年"活动,以"保障民生、促进和谐,强化支撑、服务发展"为主线,以"创新破难、走在前列"为要求,打造工作新亮点,实现新突破,各项目标任务圆满完成。2014年,平湖市获嘉兴市人力资源和社会保障工作考核优秀单位称号,市人力资源和社会保障局获全省人力资源社会保障宣传工作先进单位等12项平湖市级以上荣誉。

•人才工作•

【主动出击引才】 认真组织实施精英引领计划,全年引进嘉兴市级以上领军人才21名。积极参加上海、嘉兴、苏州等地大型人才交流活动,邀请600多人次高层次人才到平考察。组织10批次63家企业到北京、上海、武汉等地招纳人才。年内,通过多种渠道引进各类人才6300名,其中高层次人才460名。引进海外专家、退休工程师13名,实现企业海外引才"零的突破"。支持、鼓励机关事业单位引进硕士研究生26名,赴高校直接招聘教育、卫技紧缺人才105名。

【三方协作引智】 建立政校企三方协作机制,开展"百名博士平湖行"系列活动,组织40多名国内知名高校教授与市内80家企业面对面对接,帮助企业解决技术难题。与6家高校长期合作,开展"校园引才"招聘活动。组织17名名校研究生到市内企业社会实践。推进实施名校优生引才计划,继续做好清华大学专场招聘会。

【考培结合育才】 以企业需求为导向,开展"订单式"培训,全年共办培训班344个,人数1.52万名;技能鉴定386批,人数1.71万名。职业技能鉴定发证13769人,新增高技能人才6664名,实施SYB培训1219人。审批新增独立开展工种等级职业技能培训的办学机构4家,并新设技校、职业中专和交通学校3家职业技能鉴定所,探索鉴定所独立鉴定工作模式。组织开展平湖市职业技能竞赛,积极参加嘉兴市职业技能竞赛,取得九项前三,48名选手获得高技能证书,市职业中专选手入选第43届世界技能大赛《时装技术》项目国家集训队。坚持以考促训,建立三校联考、成校同考制度,组织954人参加全国、全省职业技能统考。在31家企业开展技能人才自主评价,技能鉴定针对性更强、机制更优。

【优化环境聚才】 加大支持引才育才力度,出台教育、卫生、企业技能人才队伍建设意见,制订人才项目管理办法和平湖市紧缺人才目录。落实人才政策,发放人才发展资金3048万元、职业技能培训鉴定补贴706万元。强化人才项目服务,实施项目推进例会、绩效评估和定期走访制度,帮助23个人才项目注册落户,嘉兴领军企业销售收入亿元以上1家、超千万元10家、超百万元11家。新增嘉兴市重点创新团队1家,获评嘉兴市级技能大师工作室2家,"南湖百杰"高技能人才2名。韩其芳技能大师工作室获省考评优秀等级。评选表彰市十大首席技师、十家技能大师工作室、首届企业优秀人才8名，平湖市重点创新团队5家，平湖市领军人才项目10个。进一步建立和完善相关制度，做好人才公寓一期管理和二期推进工作。

•就业创业•

【开展就业服务】 认真梳理各项就业创业政策，编印宣传册，开展"政策进企业""政策进社区"和"政策进农户"等走访活动。出台《平湖市畜禽养殖退养人员就业和社会保障工作的实施细则》，助推全市中心工作。全面落实就业创业政策，全年发放各类补贴2894.41万元。优化服务体系，推进业务延伸，2014年，基层平台已正常开展单位、灵活就业人员参保，医疗费报销受理等34项服务业务。突出平台建设，新招聘91名基层人力社保专职工作人员，开展业务培训，统一管理制度、业务项目和服务标准等，实现村（社区）人力社保专职员全覆盖，形成配置到位、信息共享、宣传到底、服务便捷的基层公共服务体系。开展人力资源调查，全市共采集并输入信息系统的本市户籍人员信息42.93万条（不含乍浦），其中劳动力信息25.32万条。积极完善浙江省公共就业信息系统，做好市本级数据中心建设，实现镇（街道）、村（社区）公共就业联网以及与省就业局的数据上传，提高就业信息化水平。

【强化供需对接】 健全以市人力资源市场为主、镇（街道）分市场为辅、职业中介机构为补充的市场服务体系，开展"就业援助月""高校毕业生服务月""周四常态招聘会"等公共就业服务，全年举办各类招聘会56场次，进场招聘企业3325家次，推出就业岗位4.24万个，达成求职意向1.34万人。新受理外籍人士（含港澳台）就业许可149人，外籍人士在平就业人数850人。开展企业用工调查分析，对全市144家企业用工情况进行动态监测和定期沟通，每月采集企业基本生产情况、用工情况、岗位变化情况、裁员信息，分析当前企业用工形势和今后发展趋势，及时把握经济形势对就业的影响。全市新增就业1.4万人，城镇登记失业率2.9%。推进家庭服务业发展，共计固定资产投资达5100万元。

【强化创业扶持】 深入实施创业人才培育行动计划、小额担保贷款推进行动计划、创业基地建设行动计划等八大行动计划以及"大学生创业圆梦行动"，全面推进平湖市创业型城市建设，当湖街道、新仓镇、独山港镇等6个镇（街道）获"嘉兴市创业型镇（街道）"称号；中国童车生产基地、平湖市科技创业基地等8个创业基地获"嘉兴市创业基地"称号。新评选出创业典型10名，新认定创业基地7个、大学生创业园4个、电商实训基地1个。成立市镇二级创业指导服务队伍，举办创业师资班1期，培训师资21名，开展SYB创业培训24期，参训学员651人，电子商务培训班8期，培训电商人才124人。发放创业补助31.8万元，小额创业贷款额421万元。全市新增个体工商户2807户，带动就业1.1万人。

【高校毕业生就业创业工作】 强化政策落实，全年发放68名大学生见习补贴7万元，170名大学生社保补贴49.69万元，4名"985""211"大学生岗位补贴1.49万元。新增见习基地7家，累计53家，安排大学生见习141人，为1200余名应届毕业生鉴证就业协议书。认真做好应届高校毕业生就业报到和档案委托管理工作，全年接收各类人才档案2701份，为1399名应届毕业生办理人事代理手续。拓展大学生到基层公共服务岗位就业，在高校毕业生中招聘大学生村官、基层医务人员、基层教师、安全专管员、文化专管员等300余名。实施“大学生创业圆梦”行动,完善创业补贴、创业培训、创业服务、创业贷款等一系列创业扶持政策。举办大学生电子商务培训和电子商务创业大赛,推动大学生网络创业,培育大学生创业典型。

【就业困难人员帮扶】 依托镇(街道)平台,加强对城乡各类就业困难人员的就业援助,通过落实各项扶持政策、政府购岗托底安置等办法,帮助就业困难人员实现就业。出台《公益性岗位开发管理办法》,公益性岗位由原先的保洁、保绿、保安扩大到8大类27种。全年新开发公益性岗位109个,公益性岗位总数达420个,其中村级公益性岗位186个,公益性岗位进村率达100%,发放公益性岗位补贴306.1万元。对7660名灵活就业人员发放社保补贴1503.96万元。全年帮助失业人员再就业4620人,其中就业困难人员1770人,“零就业家庭”动态归零。

【农村劳动力转移就业】 以被征地人员、生猪退养人员为重点,推进农村劳动力转移就业。全年有1.24万劳动力转移就业,其中征地人员0.34万人,生猪退养人员0.90万人。发挥农村劳务合作社吸纳闲散劳动力的作用,支持发展农村来料加工,盘活农村闲散劳动力资源,促进农村劳动力就近就地转移。全年新增农村劳务合作社8家,累计41家,社员5197人,发放扶持资金21.2万元。

•社会保险•

【推进应保尽保】 开展全民参保登记,建立全民参保登记信息管理系统,推进参保基础数据精准化,全民参保登记率达75.78%。坚持把扩大参保作为实现普惠共享的关键,以本地户籍人员、城镇个体工商户、灵活就业人员和建筑施工企业务工人员为重点,合理调整征收比例,推进参保扩面。全市职工基本养老、基本医疗、失业、工伤和生育保险净增人数分别为2.6万人、1.4万人、0.7万人、1.4万人、1.6万人,累计参保人数分别为38.4万人、30.5万人、18.8万人、28.6万人、21.9万人。城乡居民社会养老保险、合作医疗保险分别参保11.7万人、22.2万人。社会养老、医疗保障覆盖率均保持在99%以上,各类人群养老保障待遇发放率100%。全年累计征收各项社会保险基金264588.86万元。其中基本养老保险基金151767.10万元,基本医疗保险基金49430.58万元,失业保险金收入11969.92万元,工伤保险基金7416.11万元,生育保险基金2322.99万元;城乡居民基本养老保险基金25506.26万元;被征地农民基本生活保障(基本生活补助)基金16175.90万元。2014年共受理社会保险关系异地转移3495人,实际办理转移3392人(其中转入1372人,转出2020人),社会保险异地转移基金3040.82万元。

【完善社保政策体系】 进一步完善社会保险政策,推进“老农保”与城乡居保并轨,实现不同养老保险之间的有效衔接,严格落实社会保险费申报缴纳管理规定,强化社会保险费申报;制订出台《关于实行工伤保险浮动费率的通知》,在全市参加工伤保险的企业单位、有雇工的个体工商户中,实行工伤保险缴费浮动费率,促进工伤预防,发挥工伤保险基金的调控作用。完善城乡居民合作医疗保险政策,建立大病补充医疗保险。

【社保待遇调整发放】 根据上级文件精神,从2014年1月起,调整企业退休人员基本养老金,人均每月增加244元,涉及退休人员6.79万人,总调资额为1657万元,调资后月基本养老金平均额1873元;对2014年新增的2406名企业退休人员进行基本养老金待遇计发。认真做好城乡居保15类人群待遇调整,对符合政策条件的529人待遇重新调整计发,城乡居保基础养老金由每人每月100元调整为每人每月125元。城乡居保参保人员一次性丧葬费补贴提高到2500元。全年共为6.14万名享受待遇人员发放城乡居保养老金18336.77万元。城乡居保月人均养老金264元,同比增加40元,实现逐年递增。对参加基本生活保障制度且选择公寓房安置的被征地人员,其基本生活保障金由每人每月580元调整为620元;对参加基本生活保障制度且选择自建房安置的被征地人员,其基本生活保障金由每人每月525元调整为585元;对参加基本生活补助制度且按规定缴纳个人费用的被征地人员,其基本生活补助金由每人每月440元调整为500元;对参加基本生活补助制度而无力缴纳个人费用的被征地人员,其基本生活补助金由每人每月370元调整为440元。还对1146名遗属、长临工和精简等三类人员的基本生活补助进行了调整。2014年医疗总费用达81125.82万元,医保费用56636.89万元。全年共为12010人次失业人员发放失业保险金1197.08万元,代缴城镇职工医疗保险费106.88万元,为2253名"农合工"发放"农合工"一次性生活补助费692.94万元。工伤报销审核7465人次,基金支出5772.62万元。生育保险累计审核支付3942人次,基金支出3077.70万元。

【城乡居民合作医疗】 2014年,城乡居民合作医疗保险参保对象为:1、本地户籍未参加职工基本医疗保险的城乡居民;2、非本地户籍,在户籍地未参加新型农村合作医疗、城镇居民基本医疗保险以及在本市未参加职工基本医疗保险的,持有《浙江省居住证》的新居民及其子女;3、嘉兴学院平湖校区在校大学生;4、参加市职工基本医疗保险但处于中断状态或考验期的人员。人均筹资716元,其中:本地户籍参保对象个人出资240元,中央、省财政补助71元,市财政补助202.5元,镇(街道)财政补助202.5元;非本地户籍参保对象个人出资标准与本地户籍参保对象相同,其余部分(476元)由个人或所在单位出资(企业出资部分税前列支),其中父母双方或一方持有《浙江省居住证》并在本地就学的中小学生,享受本地户籍学生同等补助;嘉兴学院平湖校区在校大学生个人出资240元,其余部分由省财政、嘉兴市财政补助。建立大病补充医疗保险,在一个合作医疗保险结算年度内,参保人员发生的住院医疗费用按合作医疗保险政策规定报销后,对其个人累计自负医疗费用超过1.5万元以上部分,按上不封顶的累进比例进行补偿。具体补偿办法:1.5万元(不含)至5万元的按50%比例补偿;5万元(不含)至15万元的按60%比例补偿;15万元(不含)以上部分按70%比例补偿。2014年年初总参保人数为220717人,其中农民参保144201人,参保率99.38%;城镇居民参保75964人,参保率99.64%;新居民326人,大学生79人,新疆班147人。中途新增参保2435人,全年共参保223152人,总参保率99.72%。2014年,总补偿2007936人次,同比增加82488人次;医疗费用总额39178.95万元,补偿总额18846.27万元,同比增加2233.42万元。2014年,全市参合居民健康体检122851人,其中60岁以上老人45105人、儿童16648人、中小学生39308人、其他成人21790人,60岁以上老人体检率73.4%,儿童体检率为99.68%,中小学生体检率为100%。

【健全经办服务体系】 全年办理退休审批5914人,审核各类社保资格条件1506人,受理工伤认定5175起,认定工伤5046起,按时结案率100%。健全疑难案件讨论分析机制,实现工伤认定案件行政复议、诉讼维持,胜诉率100%。开发建设社保自助服务一体机制,在市行政服务中心大厅、各镇(街道)便民服务中心和4家市级医院共放置14台社保自助查询打印设备,提供个人社保权益信息查询、业务流程介绍、政策法规查询、市民卡管理、社保证明打印等功能。探索拓展网上办事服务项目,全市3530家企业开通社保网上申报业务,累计经办各项社保业务100余万笔。启用微信公众服务号"浙江平湖社保",开通市民卡网上申报服务。扎实推进社保"一卡通"建设,实现省内一卡通医保异地就医实时结算。全市已制作社会保障市民卡33.09万张,涉及制发卡单位8942家,完成发卡32.84万张,发放率99%以上,基本实现参保人员全覆盖,并新增市民卡公共自行车租赁功能。2014年邮寄发放参保人员社会保险个人权益帐单21.4万张。

【保障基金安全】 围绕"受理、初审、复核、审批"四个环节,形成参保登记、基金征缴、待遇支付、基金管理等各环节监督制约机制。加强社会保险基金预决算管理,定期开展各项社保基金运行情况分析,并按规定做好社会保险信息公开和披露工作。推进"社银互联",实现社保待遇转账支付。加强"两定单位"管理,检查发现违规并拒支付医保基金7.9万元。成立医保定点药店行业协会,建立行业自律机制。积极开展医保"反欺诈"亮剑行动,查处5起骗取医保基金案件,涉案金额169万元。对5000元以上合作医疗医药费补偿实行公示制和电话随访制。定期开展各项社保基金运行情况分析,完善基金风险预警机制。

•人事管理•

【规范考录工作】 坚持公开、公平、公正、择优,2014年全市计划公开招考公务员(含参照公务员法管理的事业单位工作人员,下同)96名、嘉兴市公安局面向公安院校统招后分配至平湖市5名,共计101名。经过组织报名、资格初审、笔试、资格复审、面试、体检、考察、公示等环节,录用100名公务员并办理报到手续;1名考生因怀孕暂缓录用。2014年事业单位计划招聘工作人员72名。经过组织报名、资格初审、笔试、资格复审、面试、体检、考察、公示等环节,核销计划10名,通过全市公开招聘,录用60名工作人员并办理报到手续;另有2名考生因怀孕暂缓录用。同时,核准、指导招聘卫生专技人员133名、教师104名、妇联下属幼儿园教师2名;组织部公开招聘引进高层次、紧缺人才1名;共计240名;接收民政局政策性帮扶安置退役士官1名。另外,公开招聘建设、交通系统下属具有行政职能的事业单位高层次、紧缺人才10名。严格执行新录用人员服务年限规定,保障机关、事业单位工作人员相对稳定。

【强化培养激励】 精心组织为期三周的新录用公务员初任培训,并安排一周入企锻炼;初任培训结束后,安排新录用公务员到基层单位或服务窗口进行实践锻炼,时间六个月。开展新聘用事业单位人员岗前培训。组织全市公务员参与《危机管理与舆论引导》更新知识培训和专业技术人员继续教育,组织机关事业人员应知应会知识测试。开展全市机关中层干部全员竞岗和一般干部双向选择工作,此次竞岗工作从3月中旬启动,4月中旬基本完成,在全市镇(街道)、市属机关部门(单位)在职在编的公务员(含参公人员)中进行,各单位所有中层岗位重新实行竞争上岗,以此优化干部资源配置,推进干部交流。

完善专业技术资格评审,做好专业技术带头人考核、管理、服务工作。

【优化考核管理】 办理公务员及参公单位工作人员登记109名;审批晋升非领导职务219名;办理公务员、参公人员转任61名、事业单位工作人员交流77名。严格公务员考核,2013年,全市参加年度考核的一般公务员1979人(含参公事业494人)。全市一般公务员考核确定优秀等次380人、称职等次1500人、基本称职等次4人、不称职1人、参加考核不确定等次94人;未参加考核2人。列入事业单位工作人员考核1767人。经过各单位的考核、上报,考核末位处理工作领导小组审定,最终确定考核末位人员152名,确定考核末位告诫对象23名。严格按照“五个一批”处理办法对“末位干部”开展教育管理,即末位告诫一批,末位谈话一批,末位学习一批,轮岗交流一批,末位淘汰一批。3月24日,举办2013年度末位告诫对象培训班暨作风建设专题培训班,23名末位告诫对象进行为期5天的集中专题培训及测试。开发事业单位人事管理系统,为全市8000多名事业单位工作人员建立电子档案,实行动态管理。全面实施事业单位绩效工资制度,出台事业单位岗位聘期考核管理办法,指导事业单位开展第二轮岗位聘用,全市5355人完成第一轮聘期考核并办理第二轮聘用。做好机关事业退休人员的管理服务工作。加强编外用工管理,对涉及的在编不在岗人员进行清理规范,全市17个机关事业单位存在在编不在岗人员63人。清理规范后,原长病假人员33人中,5人返回原单位工作、解聘1人、27人经主管部门同意继续给予长病假;原长期外借人员12人中,4人返回原单位工作、2人解聘并办理相关手续、6人办理借用手续;原停薪留职人员18人中,10人返回原单位工作、8人解聘并办理相关手续。

【开展军转安置解困】 在机关、参公单位安置军队转业干部5名,货币化安置3名随迁家属。积极协调落实军转干部经济适用房。根据上级政策,进一步提高企业军转干部待遇,定期组织走访慰问,累计发放慰问费和生活补贴72万元。有选择、有重点加强联系,掌握思想动态,保证全市军转干部总体稳定。

•和谐劳动关系•

【强化基础建设】 深入开展“双爱”活动,举办“双爱”活动推进培训班8期,850余家企业参加,规上企业全部签订“企业关爱职工,职工热爱企业”共同约定书。加大政策法规宣传力度,组织开展“送法上门”“现场咨询”“培训讲座”等活动,提高守法、维权意识。全面落实劳动合同制度,用人单位劳动合同签订率99.8%,已建工会企业集体合同签订率100%。加强劳动关系三方协调机制及企业调解组织建设,全市535家规上企业已全部建立企业劳动争议调解委员会,各企业调解组织按照规定挂牌并设立调解室,有49家小微企业建立企业劳动争议调解委员会。2014年5月,平湖市率先在服装、箱包、童车三个行业协会成立劳动争议调解委员会。依法严格审核,规范劳务派遣行为。

【严格执法维权】 坚持预警防控,以工资支付为重点,定期组织劳资隐患排摸,在“两节”期间重点开展农民工工资支付情况专项检查,共处理较大规模劳资纠纷10起,为1199名职工追讨回2834.4万元工资;2月中旬集中开展清理整顿人力资源市场秩序“春雷”专项行动,检查职介场所和用人单位104家,取缔“黑职介”3家,没收非法招工信息宣传资料1300余份,拆除各类非法招工广告牌3块;5月中旬开展为期一个月的整治打击非法使用童工违法犯罪专项行动,共查处3家用人单位非法使用童工3名;7月至9月开展规范企业用工专项行动,主动监察检查企业989家,发出限期整改指令书26份,行政处罚15件,责令补签劳动合同700份,为1042人追讨664.24万元工资,排摸隐患企业45家,涉及职工2127人。全年主动监察用人单位3169家,书面审查7716家,责令限期改正违法行为116起,给予行政处罚41起。全年妥善化解群体性劳资纠纷27起,处理举报投诉案件639起,责令支付职工工资5322.1万元。建立联动调处机制,会同建设部门下发《关于进一步加强建设工程项目解决拖欠民工工资问题的通知》,加大建筑施工企业的用工监管。加大欠薪逃逸打击力度,移交公安部门立案处理欠薪逃逸案件11起,已追逃归案3人,判刑2人。

【依法办案调处】 推进阳光仲裁,依法公正办案。建立9项仲裁便民措施。坚持仲裁、调解两手抓,联合法院、劳动监察、基层组织、行业协会等各方面力量,形成相互配合、相互协调的争议纠纷调处机制。全年受理、办结劳动争议案228起,涉及职工277人,涉及金额1008.92万元,结案率100%,其中裁决40起、调解173起、撤诉15起。2014年,全市镇、街道劳动争议调解委员会共调处劳动纠纷488起,涉及职工2862人,涉及金额2935.19万元。全市72.08%的劳动争议由镇(街道)劳动争议调解委员会调处。2014年6月,经市机构编制委员会同意,平湖市人事劳动仲裁院更名为平湖市劳动人事争议仲裁院。

【注重源头化解】 健全纠纷信息、网络舆情采集、报送、研判和预防制度。重视信访调处,加强矛盾纠纷、利益诉求的分析梳理和政策研究,从源头上化解和减少不稳定因素。全年接待来访群众2980人次,受理群众来信88件、市长电话139件、信访接待日及日常接待交办68件、民生办理系统交办66件、网上业务咨询(含局长信箱)586件,"12333"电话咨询3.1万个,平安建设目标责任落实到位。 (陈广平)

镇·街道

•当湖街道•

【概况】 当湖街道是中共平湖市委、市人民政府驻地，区域面积49.02平方公里，耕地面积29582亩。2014年末，下辖24个城市社区、3个社区筹建组，18个村及类似组织（2个农村（社区），9个村，3个撤建制村，4个村股份经济合作社）。有133个村民小组、586个居民小组，38638户、111032人。新居民登记在册人数40781人。2014年，全街道生产总值919602万元，比上年增长7.4%。财政总收入28372万元，其中一般公共预算收入16569万元。城镇居民人均可支配收入43192元，农民人均所得23188元，同比分别增长4.68%和9.05%。计划生育率99.47%。

第三产业 2014年，全街道服务业投资101115万元，其中房地产投资87511万元。服务业列入市重点项目13项，完成投资73864万元。耀江海德城二期、万孚尊园、新世界置业（平湖）有限公司城市中心广场等项目顺利推进。楼宇经济发展势头良好。通过盘活楼宇资源，引导楼宇业主共同招商，培育出世纪商业中心、龙湫湾公园休闲街、平湖市外贸大楼、汇银大楼、东湖商业文化广场等特色楼宇多处。平湖汽车商贸城建设不断加快，已落户诚信、万国、百悦别克、禾众誉德等4S店11家，其中10家已经营业。商贸流通企业规模不断扩大，金融、旅游、信息、中介、文体健身、科技研发等现代服务业均得到较快发展。2014年底，全街道共有注册企业法人1840户，比上年增长16.68%，个体工商户新增947户。全年实现三产增加值72.93亿元。

工业 2014年末，全街道工业企业415家，从业人员10392人。全年完成工业生产性投入11349万元，实现工业增加值14.44亿元。全街道24家主营业务收入2000万元以上工业企业实现工业总产值168079万元，同比增长9.8%，主营业务收入165463万元，利税总额9446万元，同比增长111.6%，其中利润3292万元。全年合同利用外资488万美元，实到外资872万美元，引进内资实到24212万元。全年完成进出口总额21406万美元，其中出口20202万美元。加大节能减排力度，规模以上工业企业万元增加值综合能耗下降9.6%。加快"两退两进"步伐，完成腾退低效用地80亩。出台政策扶持企业科技创新，全年申报省级科技项目2项、平湖市级科技项目3项，申报浙江省科技型企业3家、省级新产品计划18项，申报嘉兴、平湖市领军人才项目6个，平湖市重点创新团队2个，引进硕士以上高层次人才16名。天龙机械、远大重工、胜花绿化等企业被认定为市级研发中心。完成专利申报229件，其中发明专利31件，实用新型36件，外观设计162件。

农业 2014年，全街道实现农业增加值1.01亿元，农业总产值14315万元。粮食生产保持面积和总产稳定，全年粮食播种面积26470亩，总产量11345吨。油菜籽种植面积2584亩，总产量474吨。棉花种植面积112亩，总产量9吨。蔬菜复种面积5899.7亩，总产量12452.9吨。西瓜种植面积823亩，总产1798吨。水产品总产1405吨。生猪减量提质和违章猪禽舍拆除成效显著，生猪年末存栏439头，肉猪年内出栏6722头，仔猪出栏74445头，分别比上年下降

97.16%、48.17%和13.43%。家禽年末存栏52806羽,年内出栏49225羽。精心培育蘑菇、芦笋、精品果蔬、花卉苗木四大产业。全街道芦笋种植面积655亩,采用套棚的生产技术芦笋提早上市,实现亩产14020多元;秋菇新增面积322万平方尺,食用菌总产量4463吨。引进工商资本投资农业,发展农业规模化经营,新增40亩以上农业经营主体2户。加快农田水利基础设施建设,发展喷滴灌面积86.52亩、疏通地下灌道6.425公里。加快绿化建设,全年植树造林417.4亩,虹霓村成功创建为省森林村庄。

社区建设　加强"三社"(社区、社团、社工)建设,深入开展社区"一区一品"品牌化建设,探索开展"三点半学堂"等特色服务活动。创建嘉兴市"五星级"和谐示范社区11个,南市东村(社区)成为全国社会工作服务示范社区。成立南环路社区、三港新城社区筹建组。开展示范性社工服务站创建,示范性社工服务站建成率26%。社区工作者数量与居民户数比达到1:235。开展社区工作者持证上岗,持证率达70%。加快培育公益性社会团体组织,落实公益创业投资项目,探索开展政府购买服务工作,新增社团组织7个。推进农村拆迁安置小区物业市场化管理,规范部分自建房小区有序停车管理,做好小区基础设施的日常维护维修和绿化管理工作。健全物业服务联动机制,及时办理和反馈民生问题。完成启元、东升南区、新华东村等小区业主委员会换届工作。积极做好"国家卫生城市"创建各项工作,全面落实长效管理制度。依托创卫管理网络,深化创卫的宣传教育,推进和巩固"三乱"整治成效。开展创卫工程回头看,进一步完善基础设施建设。积极做好创卫民生问题集中办理工作。

新农村建设　积极推进"五水共治",完成二级污水管网建设12.14公里,农村生活污水治理收集910户,企业污水入网74家。明确"一河一长"和"一河一策"制度,落实"河长制"治水保证金,"三河"整治全部完成,共77条42.31公里,清理河道淤泥4万多立方米、垃圾1000多吨。开展中小河流治理和市区河道整治,完成河道疏浚33.08公里。全面深化"两新"工程,加快推进"十个一"示范创建,住房改造集聚910户。加快钱家、塘桥等新社区建设,虹霓村在全市率先创建为省级农房改造建设示范村。加强东升三港圩区修缮和塘桥圩区工程长效管护,加快推进"新庄"圩区建设。实施村级集体经济抱团发展,七村联建项目顺利投入使用。加快推进15村集体公共用房(当联大厦)等强村项目的前期工作。至2014年末,全街道村级集体经济总资产2.78亿元,同比增长30%。土地确权试点工作取得阶段性成果,完成家庭承包经营户调查3327户,完成确权登记面积12974亩。规范土地承包经营权,新增农村土地流转1174亩。深化国有、农村集体资产交易管理,国有、农村集体资产年租金分别比上轮增长39.8%和7.69%。申报2014年省级"一事一议"财政补助项目6个,涉及资金401.45万元,受益人口9611人。

社会事业　实施农村劳动力素质培训工程,全年举办各村(社区)教育培训活动300多场次。通过嘉兴市卫生强镇(街道)复评,街道社区卫生服务中心率先创建为全市首批省五星级预防接种门诊。强化市民文明素质提升工程,开展"善美当湖"主题道德实践活动,成功举办第三届社区文化艺术节。倡导志愿服务,实现城市社区志愿服务站点全覆盖。加强文化阵地建设和文体队伍建设,7个村达到嘉兴市级文化中心标准。吉方桥社区、松枫社区成功创建为省社区体育健身俱乐部,长胜路社区、永丰社区通过省城市体育先进社区复评。加快通界村和黄家浜村文化礼堂建设,积极打造特色,在文化礼堂开展一系列文化、礼仪、宣教活动。

民生工作　进一步完善分层分类和动态管理救助体系建设，及时调整低保对象，累计支出低保金529.11万元。扩大医疗救助覆盖面，做好困难群众临时救助，全年发放各类救助金合计149.43万元。推进社会养老保险，2014年，全街道城乡养老保险参保总人数8182人。抓好合作医疗参保工作，合作医疗参保27456人，参保率99.57%。做好人力资源与社会保障工作，新增城镇就业人员2400余人，帮助城镇失业人员实现再就业1000余人。做好双拥工作，发放慰问金175.47万元。实现村（社区）慈善工作站全覆盖。开展村（社区）居家养老服务照料中心等级评创工作，建成率90%，创建3A及以上等级中心9个，长胜路社区居家养老服务照料中心在全市率先启动社会化运作。完成村（社区）老年人协会和残疾人协会换届工作。

社会管理　完善重大决策社会稳定风险评估，对8起重大事项开展风险评估和跟踪督办，有效推进重大项目顺利实施。打造"最具安全感"街道，全年无重大恶性案件发生，当湖派出所连续第三次被公安部授予"全国执法示范单位"称号。开展"六五"普法工作，组织大型法制宣传活动12次。进一步加强法律援助工作站建设。如意社区、吉方桥社区分别获得省级和嘉兴市级平安创建工作先进单位。凤凰社区和长胜路社区分别创建为省级和嘉兴市级"民主法治社区"。加强应急管理体系建设，加强人防规范化社区建设，开展应急疏散演练，梅兰苑社区获浙江省综合减灾示范社区称号。完善全员维稳工作机制，做好重大矛盾纠纷的稳控工作，化解积案4起，初步建立社区居民与周边建设项目矛盾调处和化解机制。全年受理矛盾纠纷228起，人民调解达成协议金额400余万元。受理群众来信、来访249批（件）/989人次，信访按时报结率为100%。承办市长电话交办件640件，按时反馈率100%，服务态度满意率100%，办理结果满意率92.9%。成立街道婚姻家庭调解委员会，及时调解家庭矛盾纠纷。构建和谐劳动关系，"双爱活动"开展顺利。进一步落实企业安全生产主体责任，安全生产事故起数、死亡人数、直接经济损失三项指标继续实现"零增长"，连续九年被评为"嘉兴市平安街道"。

【当湖街道跻身国家级生态乡镇】　近年来，当湖街道实施平原水乡绿化、污水管网覆盖、畜禽减量提质和城乡环卫保洁等环境提升工程，农村生态环境和居民生活环境质量均得到显著改善。2005年以来，街道共实施发展生态农业项目17项，蘑菇废料综合利用率99%，秸秆焚烧现象明显减少；推广普及无公害生产技术，实施标准化生产。修订完善科技政策，加快推进节能减排项目的实施，加快企业污水入网工作，2014年规上工业企业万元工业增加值综合能耗下降9.6%。12家重点用能企业完成节能目标的有8家，完成率66.67%，全市排名第一。实施平原绿化工程，7个村通过嘉兴市级生态村创建，分别有10个、3个、8个社区通过了省级、嘉兴市级及平湖市级绿色社区创建。2014年10月8日，当湖街道成功入选环保部评选的2012—2013年度国家级生态乡镇。

【当湖街道土地确权登记工作取得阶段性成果】　完成钱家村省级农村土地承包经营权登记试点后，2013年，当湖街道被列为全国农村土地承包经营权登记试点街道，明确将试点范围扩大至街道下属所有村。2014年，街道工作组上门与农户核实确认，并将农户承包地成图、登记、造册，明确承包土地的面积、空间位置和权属。此次确权共抽调相关工作人员68人，完成调查摸底家庭承包经营户3327户，实际确权3016户，核实田块

11390 块;完善 240 户,新签、补签、变更合同 230 户,新发、补发、变更、收回、注销权证 240 户;完成确权登记面积 11343.36 亩,实测面积 12201.8 亩,增加面积 858.44 亩。

【当湖街道与宁波庵东镇建立跨杭州湾“创二代”合作框架】 7 月 13 日,当湖街道“新生代”企业家联谊会与宁波杭州湾新区庵东镇“创二代”联谊会正式结成友好联盟,共同签订了跨杭州湾“创二代”(新生代)友好结盟的协议,发表《跨杭州湾“创二代”崇孝尚德宣言》,成功搭建起跨越杭州湾两岸的经济合作交流平台。本次结盟后,当湖街道将充分利用“人才、资金、技术、信息”等要素集散地的优势,积极打造会员交流学习平台、联谊合作平台、服务成长平台、创业创新平台,为民营企业的顺利“交班”、转型和发展提供有益借鉴,深化双方在招商引资、科技创新等领域的交流合作,为区域经济发展注入新的活力。

【长胜路汽贸商区更名为平湖汽车商贸城】 当湖街道在长胜路两侧着力打造平湖市首个汽车贸易集聚商区。12 月,长胜路汽贸商区正式更名为平湖汽车商贸城,进一步显现了产业集聚优势,打响了区域品牌。截至年底,共落户 4S 店 11 家,其中营业 10 家,实现年销售总额 8.97 亿元,销售汽车 7517 辆,附属产品实现销售额 0.71 亿元,同比分别增长 14.56%、15.76% 和 26.76%,销售额、销售量均创历史新高。街道着力完善汽贸城配套产业,引进启德快修、米其林轮胎等汽车销售相关企业 2 家、车城餐厅等商业配套 1 家,改善了消费环境。

【当湖街道建立居民议事会议制度】 8 月 21 日,当湖街道在全市率先建立居民议事会议制度。前期,由各村(社区)、企事业单位及有关部门在党代表、人大代表、政协委员、企业家、普通居民中推荐产生首批 45 名议事员,分为经济、农业、社会管理 3 个专业小组,网上公示名单接受社会监督。议事会议每届 3 年,一般每年举行 1 次全体会议。闭会期间由人大街道工委组织议事员开展有关检查调研活动,收集、整理、反馈群众对街道工作的意见建议。居民议事会议定期听取街道办事处对本行政区域内经济社会发展、重点项目安排以及财政预算执行情况的通报,组织讨论并提出意见建议。建立议事员意见建议办理相关机制,保障工作落到实处。2014 年共收到议事员意见建议 12 件,全部办结。

【当湖街道获评浙江省内部审计先进】 当湖街道充分发挥内部审计“免疫系统”功能,在所属单位开展财务收支、经济效益、村级组织届满、内管干部离任经济责任和企事业单位工作人员年终经济(岗位)责任制考核等各项审计工作,不断加强审计监督力度。2011 年以来,共有 6 个内审项目获得嘉兴市优秀项目,4 篇论文、2 篇案例分别在嘉兴市、浙江省内审协会获奖。6 月,当湖街道获 2011—2013 年度“浙江省内部审计先进集体称号,为嘉兴市唯一获该奖项的镇(街道),也是当湖街道连续第二次获此荣誉。

【南市东村(社区)获评首批全国社会工作服务示范社区】 南市东村(社区)结合社区社会工作发展实际,制订一系列推进“三社互动”的工作细则。依托社区社工服务站,以七彩书屋、亲子乐园、拼搏吧等社会组织为基点,建立文化、活力、公益三大俱乐部,组织专业社工经常性提供为老服务、青少年帮教等服务项目。该社区每年开展各类服务活动 20 余次,受益居民 800 余户、2300 余人。2014 年 1 月,当湖街道南市东村(社区)被民政部评为全国首批社会工作服务示范社区

(单位)。

【朝阳路社区获评全国社区侨务工作明星社区】 朝阳路社区内有归侨1户,侨眷40户,留学生家属13户。社区以“服务侨眷,服务居民”为原则,扎实开展侨眷服务工作,密切与侨眷、海外侨胞的沟通交流。社区基层侨务工作站和侨联小组成立10余年来,每月组织侨眷学习交流,积极参与社区各项文明创建活动。侨联小组人员多次代表社区参加社区文化艺术节、邻居节及城乡结对送戏下乡等文艺演出。先后获”全国侨法宣传角“、浙江省”五星级侨界之家“等荣誉。2014年12月19日,朝阳路社区获国务院侨务办公室评选的2014年度全国社区侨务工作明星社区荣誉,成为全省两个获此荣誉的基层居委会之一。

【通界村获全国人口和计划生育基层群众自治示范村称号】 通界村有女性1369人,育龄妇女664人,已婚育龄妇女513人,独生子女领证353人,流动人口1000余人,连续五年计划生育率100%。近年来,通界村规范村人口学校、会员之家、村计生服务室建设,落实包片联干制度和联席会议制度。经常性开展上门随访服务,了解婚孕育情况。同时主动争取上级共建单位、社会志愿团体、村内中小企业等的惠民资源,开展“人口文化进家园”示范工作、“爱心家园”关爱工程等活动,传递健康计生、文明共建的理念。先后获得浙江省人口和计划生育基层群众自治示范村、计划生育示范协会等荣誉。2014年11月,通界村获得中国计划生育协会授予的“第五批全国人口和计划生育基层群众自治示范村”称号,成为平湖市唯一获此荣誉的村(社区)。

【全市首家社会化运作居家养老服务照料中心建立】 12月29日,当湖街道长胜路社区居家养老服务照料中心正式启动社会化运作模式,这是平湖市首家社会化运作的居家养老服务照料中心。该照料中心严格按照平湖市5A级居家养老服务中心建设要求,配备日托室、休息室、棋牌活动室、健身室、康复室、舞蹈室、阅览室、电教室、谈心室、影音室、医疗室、食堂等各类活动场所。通过政府向社会组织长红孝德公益文化发展中心购买服务进行运作,为日托老人提供集生活照料、健康服务、精神慰籍、文化娱乐为一体的系统性服务,让众多老年人在家就能享受到贴心的养老服务,解决老年人的后顾之忧。

【网络民生台账服务中心正式运行】 在民生台账运行多年的基础上,大力整合服务资源,探索建立网络民生台账服务中心,即“网络民生台账+民生问题办理服务中心”二合一机制。网络民生台账服务中心自2014年8月1日起正式运行,由村(社区)将问题录入平台,由街道办事处主任将问题签发给各分管领导,街道纪委全程监督,进行督办和反馈。通过建立网络民生台账服务中心,强化了对职能部门(单位)办理各类民生问题的组织、协调、联动和监督,有效推进了民生问题的解决。当年共收集民生问题5280个,办结率95%以上。

【涉农征收拔钉清障加快推进】 2014年,在走访排摸基础上,根据征收对象家庭情况、人员构成及心理期望与政策规定的差距,制订“一户一档”“一户一策”和“一人一策”,开展政策宣传、心理引导和工作攻坚。开展征收“百日攻坚”行动,每周排定计划,实行倒逼机制,落实工作组和分管领导、办公室及所在村(社区)二级责任追究机制。全年完成时间跨度长、影响市重大工程项目建设的15户征收工作(最长一户历时10年),累计签约历史遗留户108户。加快推进杭平申线航道拓宽工程,44户被征收户全部拆除房屋;曹兑村3个小组模拟拆迁95户,签约93户,签约率97.89%;塘桥村6个小组预撤建制324户,办理基本生活保障319户,完成率98.46%。

【开展“法治、德治、自治”建设试点】 2014年,围绕“有事依法办、文明一起创、家园共同建”目标,实施“法治扬正道”“德治创新风”“自治凝合力”三大行动,深化“网格化管理、组团式服务”,确保民意及时征集、民忧及时解决。在村、社区成立“法治服务团”“德治评议团”“自治议政团”,助推“生猪减量提质”“无违建创建”等中心工作。6月12日、13日,嘉兴市和平湖市“三治”建设工作推进会上分别推广当湖街道经验。

【在全市率先开展基层减负工作】 2014年,当湖街道在全市首先全面开展“基层减负”工作。在40个村(社区)完成摘牌等清理工作,共摘牌811块,清理上墙制度594项,清理事务工作33项。同时,街道对村(社区)在街道一级的各类台账、报表进行分门别类、科学整合,取消整合台账16项,清理报表资料25项。完善村(社区)印章使用规定,减少证明类盖章项目33项。压缩村(社区)参会,合并简化会议48次,压缩率24%。在减负的基础上,探索建立长效机制,确保基层干部更好地为群众服务,以大胜村为试点推行“星级走访”,以南市东村、如意、梅兰苑等社区为代表,深入开展“社区建设、社团建设、社工建设”的“三社”工作。6月,街道“基层减负”工作在浙江卫视新闻联播中被专题报道,7月,街道代表平湖市接受嘉兴市关于解决基层“负担过重”问题集中行动工作的督查,受到嘉兴市副市长祝亚伟的肯定。

(张　婕)

•钟埭街道•

【概况】 平湖经济技术开发区(钟埭街道)位于市境西北部,南与当湖街道接壤,西界嘉兴市南湖区,北与嘉善县相邻,东北与广陈镇、新埭镇相连。区域面积63.59平方公里,耕地面积48405亩。2014年末,辖6个村民委员会、11个社区居委会。有126个村民小组、14129户、46595人。新居民登记在册人数71068人。全年完成生产总值965901万元,同比增长13.6%;实现财政总收入211229万元、同比增长31.51%,其中一般公共财政收入82671万元、同比增长24.76%;农民人均所得23427元,增长9%。计划生育率100%。平湖经济技术开发区(钟埭街道)连续两年蝉联平湖市工作目标绩效考核一等奖。

农业 2014年,全街道实现农业增加值13152万元,农业总产值19818万元。农村经济总收入3494366万元,比上年增加6%。粮食播种面积61761亩,总产量26761吨。蔬菜播种面积7812亩,总产量16762吨。油菜籽种植1569亩,总产量267吨。西瓜种植609亩,总产量1224吨,甜瓜种植185亩,总产量371吨。豆类种植523亩,总产量90吨。生猪年末存栏744头,肉猪年内出栏29492头。家禽年末存栏40618羽,年内出栏31214羽。水利建设进展有序,全年完成河道综合整治57.86公里,完成市任务的228%。新塘圩区建设工程初具规模,投资1620万元,完成14座新建闸站、1480米防洪墙,实现圩区汛期正常运行。“五水共治”成效显著,全街道32条黑河、臭河、垃圾河清理工作全面完成,全程11.613公里,全部通过市治水办验收并成功销号,成为全市首个“清三河”达标镇(街道)。年度水质考核优秀。街道获浙江省首批治水美镇·浙江样本

的称号。“三改一拆”稳步开展,截止12月,全区已拆除违章建筑4073户、总面积28.49万平方米,其中拆除违章猪舍3414户,共计21.74万平方米。通过政策激励、强化考核等多项举措,生猪减量工作取得突破性进展,生猪养殖户从年初1802户减少到58户,生猪年末存栏量从19686头减少到744头,全年发放转产补助2669万元,退养户再就业补助229万元,生活补助268万元,合作医疗补助271万元。

工业　2014年末,全街道工业企业2098家,从业人员91950人。全年实现工业增加值772232万元,比上年增长15.9%。全年固定资产投资438602万元,其中工业生产性投资332008万元,比上年分别增长18.7%和15.8%。178家主营收入2000万元以上工业企业实现工业总产值3160778万元,同比增长13.3%,占市本级的40.98%;实现主营业务收入3138333万元、同比增长13.7%,实现利税总额281212万元、同比增长43.3%,利润187093万元、同比增长59%。全年实现进出口总额279292万美元,其中出口193880万美元,同比分别增长7.7%和12%。

第三产业　2014年实现第三产业增加值164287万元。

城乡建设　2014年,完成新明路、新群路、新凯路与平兴公路交叉口工程;钟埭工业园区、中兴工业园和曙光工业园污水管道工程竣工;新兴一路、新兴二路北段、平成路等道路的改造及亮化工程稳步推进;加快平成路、新凯路、兴工路等14条道路亮化工程建设步伐;完成兴工路两侧、独黎公路南侧、兴平三路等共64万平方米绿化建设及绿化补植工程。2万平方米永兴大厦文体中心、9千平方米公安大楼地上建筑工程方案已审定。白马幼儿园完成初步设计评审。樱花公园、枫叶公园工程稳步推进。新增大力新社区、中南花园、新群新村东区3个两新布点;梳理三家村两头浜、白荡浜、董家浜3个特色自然村落保留点。建成“两新”社区650亩,落实用地320亩。全力推进征迁工程。全年完成征收285户(包括企业),其中历史遗留户55户、企业户16家。完成旧厂区改造、城中村改造、旧住宅区改造面积达38.5万平方米。全力推进安置房建设。时代福臻一期、福臻新村二期2.8万平方米安置房均开始主体建设;中南花园一期及二期11.5万平方米安置房完成桩基工程,开始砖胎膜制作、垫层浇筑、承台地梁钢筋制作,整个深基坑开挖至12月底完成;北国之春一期安置房进行预算及前期准备,二期开始建筑方案论证。

社会事业　重视社会文化发展,2014年,开展送戏下乡、入企、进校园36场;数字电影放映276场;送书下乡1000册;开展迎元旦文体骨干联欢会、元宵猜灯谜、迎“三八”妇女健康知识讲座、庆国庆村村演活动等重大节庆活动15场;开展各类慰问演出3场;承办上级各类活动、讲座、培训,如“平湖市基层好声音宣讲活动”“嘉兴市道德模范人物宣讲活动平湖专场”等12场;下基层辅导(包括文化礼堂建设、体育创强、活动实施等)20余次。开展读书活动,全年街道图书分馆新办借阅证548张,接待借书3500多人次,外借图书10997册次。新建成沈家弄村及钟埭村文化礼堂。开设文化站直属农民画工作室,坚持农民画培训活动常态化。协助西林寺社区、城西社区、新群村等村(社区)完成全民健身广场等各类体育活动创建工作,培养全民健身意识,完善健身设施,举办开发区首届残疾人运动会、开发区乒乓球、羽毛球、篮球、足球、门球等赛事8场。联合老年体协举办开发区老年人莲湘大赛、老年人健步走大联动活动等老年人体育活动30次。

民生工作　推动全区企业、机关等慈善公益事业发展,与8家企业协商为村级发展和公益事业募集资金1000多万元。合作医疗参保率进一步提高,2014年参保人数为19088人,参保率99.62%,全街道城乡居民养老保险参保人数增至10137人,新增235人。农村部分计划生育家庭奖励扶助实际享受851人,每人960元,合计发放816960元;新增对象336人,享受特别扶助金69人,其中,独生子女死亡31人,发放279000元,独生子女伤残疾38人,发放319200元,共计598200元。2014年元旦春节慰问困难群众260户,共发慰问金16.68万元;群众路线教育期间,向393户低保困难家庭发放慰问金11.79万元(每户300元);暑假期间开展慈善爱心助学,帮助18名高中生和26名大学生解决了上学难的问题,有4名大学生获得企业爱心结对助学;开展困境儿童救助,除72名低保和低保边缘户的儿童外,还申请了15名其它困难家庭的儿童;另外申报了2名福彩公益金资助的重症儿童医疗救助。抓好养老服务机构建设,街道60岁以上老人10654人,按每百名老人拥有养老床位3张算,街道应有319张,现实有321张(养老服务中心106张、兴平颐养园215张)。养老机构中有护理床位130张。新建的街道养老服务中心9月20日正式启用,改善了辖区特困老人集中供养的条件,内部的设施和环境都领先于全市。全市第一家民营养老机构兴平颐养园于4月18日正式开业,2014年吸纳社会老人67名。加快居家养老服务照料中心建设,城市社区居家养老服务照料中心覆盖率达到81.8%,农村社区居家养老服务照料中心覆盖率达到71.4%。2014年,城西新村社区、三友社区、福臻村三家居家养老服务照料中心被评定为3A级居家养老服务照料中心;新群社区居家养老服务照料中心被评定为4A级居家养老服务照料中心;白马堰社区、花园村、红建花苑社区、沈家弄村4个居家养老服务照料中心被评定为5A级居家养老服务照料中心。平湖市7家5A级居家养老服务照料中心,钟埭街道占4家。

社会管理　全年办理各类信访212件/581人次,办理市长电话636件,办结率100%。排查及调解各类矛盾纠纷536起,化解成功率100%;受理各类报警7893起,其中刑事案件1481起,同比下降9.4%;受理各类劳资纠纷328起,涉及人数775人,工资金额1037.77万元,调处化解率100%;妥善处理各类群体性劳资纠纷14起及因工死亡疑难劳资纠纷4起,为企业提供法律咨询346起。强化安全消防。全年专职消防队接警出动137次,均无较大火灾及人员伤亡;检查768家企业、事业单位消防设备,处理消防行政处罚案件24起。坚持推行“5+2”及“白+黑”的全员值班制度和“办公无休日”制度,确保工作处理及时,问题解决到位。强化工作效能,提升服务质量,重视社区工作者队伍建设,坚持高效率、高质量、高水平的社区服务,全力推进社区、社团、社工“三社”联动,积极筹备2000平米睦邻生活馆,切实发挥村(社区)服务效能。

【钟埭街道获国家级生态乡镇称号】　钟埭街道将生态、绿色系列创建作为推进生态环保工作的重要抓手,牢固树立“绿水青山就是金山银山”的发展理念,实施平原水乡绿化、污水管网覆盖、畜禽减量提质、城乡环卫保洁、联动治气治霾、落后产能淘汰、河道生态修复、绿色低碳畅行、拆违控违推进和固废集中处置等环境治理提升工程,持续有效改善生态环境和居民生活环境质量。9月,国家环境保护部授予钟埭街道为国家级生态乡镇称号。

【钟埭街道社会服务中心配套工程获省“优秀园林工程”金奖】　9月,浙江省风景园林学会下发《关于公布2014年度浙江省“优秀园林工程”获奖项目的通知》,其中钟埭街道经济社会服务中心配套工程项目获省“优秀园林工程”金奖,这是平湖市获得全省最高级别的园林工程奖项。

【钟埭街道成为省级标准化气象为农服务乡镇】 钟埭街道切实加强现代农业气象服务体系建设,不断创新防御举措,落实“政府主导、部门联动、社会参与”的气象防灾减灾工作机制,努力提升基层农村气象防灾减灾能力。加强与农业大户联系,建立气象服务联系卡制度,制订服务农业大户工作方案,免费提供气象预警信息,遇紧急异常天气及时提供针对性提醒服务。开展气象为农服务科普培训,有重点的在村(社区)开展农业生产实用气象科技知识培训。及时开展气象灾情调查工作,指导开展灾后补救措施。11 月,浙江省气象局授予钟埭街道“省级标准化气象为农服务乡镇”称号。

【钟埭村成为浙江省森林村庄】 钟埭村以村庄周围、房前屋后、道路、河道、绿地等为重点,以乔木树种为主,着力营造立体绿化、森林公园、生态绿化、村庄片林和环村林带,推动多边增绿,改善人居环境,将村庄绿化作为改善农村生态环境的重点,大力开展“森林村庄”建设,提升农村生态质量。12 月,在浙江省关注森林组织委员会命名的第五批“浙江省森林村庄”中,钟埭村榜上有名。

【花园村获全省农村文化礼堂群众文艺展演活动金奖】 12 月,由浙江省文化厅和浙江日报报业集团共同主办,浙江省文化馆和浙江日报新闻发展有限公司承办的 2014 年浙江省农村文化礼堂成果展暨首届“浙江省小城镇大文化示范样本”颁奖活动在杭州西湖文化广场隆重举行,花园村的广场舞节目应邀参加活动并获演出金奖。本次演出的 32 个节目是从全省 93 个农村文化礼堂业务建设示范点和 10 个“浙江省小城镇大文化示范样本”中层层选拔而来,均为代表当地文化特色的优秀节目,1100 多名来自全省各地的农民演员以文化传承、歌舞表演、小戏小品、器乐表演、视觉艺术等表现形式综合展示。花园村的广场舞节目作为整台节目中序篇章的高潮部分亮相舞台,为整场演出增光添彩。

【陆家桥社区便民服务中心成为省级示范便民服务中心】 陆家桥便民服务中心的“一站式”服务大厅将众多服务事项集中到大厅来办,变分散服务为集中办公,中心便民服务事项由少到多、服务能力由弱到强、服务效能由低到高。2013 年,村级便民服务中心进一步推进规范化、标准化建设,部分审批事项可直接通过网上办结,实现办事提速,让村民办理事项不出村,实现“村民不出村、便能办成事”的服务目标。2014 年 1 月,省纪委、监察、民政、人力社保、国土、住建、农业、计生八部门联合发文授予陆家桥社区便民服务中心为省级示范便民服务中心。

【钟埭街道获评省级“春泥计划”实施工作先进乡镇】 2014 年,依托镇级文化礼堂、村级文化礼堂、道德讲堂以及村级图书馆,就地取材,统筹兼顾,资源共享,为未成年人开辟了具有大教室、图书室、活动室等功能的校外活动中心,保障“春泥计划”试点工作的顺利开展,使“春泥计划”课程更“丰满”。为满足不同年龄段学生的兴趣爱好,课程设置更结合特色。各村在延续多年传统班的基础上,新增农民画班、剪纸班、外语班、器乐班等,开设防溺水知识班、科普知识宣传课堂以及“做一个讲文明有梦想的平湖经开人”课堂。8 月,省文明办授予钟埭街道省级“春泥计划”实施工作先进乡镇称号。

【钟埭街道成人文化技术学校成为省级企业职工培训示范基地】 钟埭街道成人文化技术学校为提高区内企业干部和职工整体素质,提升专业技术水平,开展职工技能培训,开办了初、中、高级班,电工焊工班和电脑初、中、高级班,选择重点企业,充分发挥职工之家的阵地作用,开展相关培训活动,与工会、劳动保障、安监、综治等部门联合在各大广场、工业区,发放宣传资料5000余份。9月,钟埭街道成人文化技术学校被浙江省教育厅办公室、浙江省财政厅办公室认定为2014年省级企业职工培训示范基地。

【钟埭街道社区卫生服务中心成为省级群众满意社区卫生机构】 街道社区卫生服务中心坚持保证医护质量、优化服务流程、提高医疗效率、改善诊疗环境作为工作重点,紧紧围绕健康从这里起航的工作目标,积极实施新的绩效管理方案,以优质服务奉献社会。11月,社区卫生服务中心被省卫生协会授予省级"群众满意的社区卫生服务机构"称号。

【街道幼儿园成为全国新教育实验优秀实验学校】 该园以教师专业发展为基点,以"营造书香校园、构筑理想课堂、师生共写随笔"为途径,全面实施新课程改革,推进素质教育。在办学理念、学校管理、德育工作、课堂教学改革、特色学校创建工作等各方面形成鲜明的办学特色,7月,被评为全国新教育实验优秀实验学校。

【街道两所学校在第十六届中国上海国际艺术节上获莲湘邀请赛金银奖】 11月,在第十六届上海国际艺术节长三角地区莲湘邀请赛上,苏、浙、沪两省一市共11支团队参加。比赛规定每支参赛队伍既要有3到5分钟的传统莲湘表演,也要有3到5分钟的创新莲湘表演展示。钟埭街道幼儿园队、钟埭中心小学队所表演的节目节奏欢快明朗、地域特色鲜明、文化内涵丰富,赢得评委与观众的一致好评,获金奖、银奖。

【平湖市首家民办养老机构举行开园典礼】 4月16日,位于钟埭街道的平湖市首家民办养老机构——兴平颐养园举行开园典礼。该民办机构总投资2200万元,占地面积2670平方米、建筑面积4845平方米。为满足老年人对活动场所的需求,设计的全程均很注重人性化,6楼的餐厅边上,设计露天小花园,每层楼都腾出面积70平方米至80平方米的空间,用作老年人休闲活动场所。

【钟埭街道村级平均经常性收入达200万元】 2010年至2014年,钟埭街道申报的"强村项目"累计超过12个,总投资达1.3亿元,至2014年年底,已有10个项目完工。2014年,大力村和新群村综合服务用房两个"强村项目"竣工并于年底投入使用;总投资6500万元的综合办公合体用房"花园村大厦"正在建设中;沈家弄新社区配套用房二期也进入设计论证阶段。2014年,全街道6个村村级平均经常性收入达200万元。

【平湖新华医院开业】 6月,坐落于钟埭街道的平湖新华医院开业。该医院是一所集医疗、康复、保健、急救、科研教学为一体的按二级医院标准设置的综合性医院。总占地面积2.073万平方米,建筑面积1.85万平方米。设置床位300张,一期开放100张。设置的科室有内科、外科、骨科、中医科、妇科、儿科、耳鼻咽喉科、口腔科、急诊科、麻醉科、医学检验科、医学影像科(放射、超声、心电等)、内窥镜室以及中西药药房等20多个科室。

【新群村与台湾竹丰村签订结对协议】 7

月，第四届平湖南投“两岸邻里节”活动欢迎仪式在钟埭街道新群村举行。市委常委、统战部长姚田宝出席活动。欢迎仪式上，新群村与台湾南投县鹿谷乡竹丰村签订《两岸邻里友好结对交流协议书》，双方约定要经常开展“村民互访”“节日互动”等活动。这是平湖市与台湾地区首次签订村级友好结对协议。

【新四军北撤司令部遗址完成修缮】 钟埭街道老街和盎桥的南侧，平湖市新四军北撤司令部遗址完成修缮。据史料记载：1945年10月，新四军浙东纵队1000多人从宁波方向北撤，由司令员何克希、副司令员张俊升率领。部队渡过钱塘江后在海盐澉浦经历了和国民党军队的一次反围剿之战，突围后于10月7日来到钟埭。经安排，司令部当晚驻扎在镇长彭兴家的房子内，“彭氏老宅”成了新四军北撤途中的司令部驻地。2004年老宅成为市文物保护点，2010年成为市级文物保护单位。2014年初，在相关单位的协调下启动修缮工作，这是该遗址自2004年公布后10年来的首次完整修缮。 （缪东良）

•曹桥街道•

【概况】 曹桥街道位于平湖市西南，东与当湖街道相连，西南与海盐县元通街道相接，西北与嘉兴市南湖区接壤，区域面积40.83平方公里，耕地面积37091亩。2014年末，辖10个村民委员会、1个社区居委会，有141个村民小组，8643户，31222人。新居民登记在册人数9700人。2014年，全街道实现生产总值219887万元，按可比价格计算比上年增长7.3%。财政总收入27437万元，其中公共财政预算收入11554万元。农民人均所得23059元，同比增长8.9%。计划生育率99.16%。

农业 2014年，实现农业增加值14006万元，农业总产值21443万元。全街道粮食播种面积48750亩，油菜籽种植面积5868亩，蔬菜复种面积6549亩。全年粮食总产量21662吨，油菜籽总产量898吨，蔬菜总产量15006吨。生猪年末存栏13951头，肉猪年内出栏36410头。家禽年末存栏29532羽，家禽年内出栏151027羽。加快农业“两区”建设。粮食生产功能示范区建设加快推进，新启动孔家堰村粮食功能示范区建设。蘑菇优势产业进一步壮大，曹桥蘑菇精品园种植面积322.68万平方尺，产值2400万元，成功列入省级特色农业精品园创建点。发展芦笋新兴产业，种植面积210亩，产值252万元。加快生猪减量提质。开展清理违章猪舍百日会战行动，街道范围内违章猪舍得到全面清理，共拆除违章猪舍31.09万平方米，完成市下达任务189%，总量居全市第一，累计发放生猪养殖业转型发展补助4600万元。通过强势拆违、政策引导、鼓励转产转业等综合措施推进生猪减量，生猪存栏量大幅度减少，全年净减7.7万头，居全市第一，章桥、百寿2个村年末生猪存栏量减至500头以内，生猪减量提质工作考核获全市第一。加快现代农业发展，提升农民素质，在全市率先出台《曹桥街道加快现代农业转型升级推进特色经济发展的若干政策意见》，培育新型农业经营主体。农业社会化服务水平得到提升，深化农业公共服务中心建设，加快高标准农田建设，完成机械插秧面积1898.7亩，秸秆还田450亩，统防统治面积4363亩。加强农产品质量安全监管，签订蘑菇、果蔬安全生产承诺书61份，完成农产品农药残留监测484个样品，检测合格率100%，接受省、市农产品安全监管部门抽检20个批次，全部符合安全标准。加大农技推广和培训力度，开展各类技术培训25次，培训人员2000多人，发放资料5000多份。加强农畜产品安全监管、动植物疫病防控和气象防灾减灾等工作。深入实施“强村计划”,村级集体经济不断壮大,村级集体经济经常性收入同比增长15.2%,全面完成经济薄弱村转化提升工作。加强农村“三资”管理,完善农村产权交易分中心和集体资产交易平台建设,2014年进入集体资产交易平台交易54件,成交49件,成交合同金额443885元。

工业　2014年末,全街道有工业企业399家,从业人员11404人。全年实现工业增加值127254万元。全街道42家主营业务收入2000万元以上工业企业实现工业总产值708187万元,同比增长15.6%;主营业务收入601984万元,同比增长16.3%;利税总额32422万元,同比增长7.9%,其中利润15943万元,同比增长25.4%。全年实现进出口总额20262万美元,其中出口9765万美元,同比分别增长12.3%、48.5%。招商引资取得突破。在西瓜灯节上成功签约外资项目2个,内资项目2个。全年新批市外内资项目6个,总投资8.53亿元,注册资本3.2亿元;新批外资项目5个,总投资2670万美元,注册资本2830万美元。全面完成招商引资任务。全年合同利用外资2066.1万美元,完成全年工作目标165.29%;实际利用外资1005.67万美元,完成全年工作目标111.74%。实际引进市外内资23110万元,完成全年工作目标115.6%。浙商回归项目实到外资862万美元,完成全年工作目标172.4%;浙商回归项目实到省外内资21811万元,完成全年工作目标145.4%。工业平台建设不断加强。加快园区征迁步伐,葛家宅基三期征迁加快推进,全年投入资金1800万元,征用土地85亩,拆迁房屋29户。加快园区基础设施建设,完成九场公路和景兴一路维修工程,实施九场路绿化提升工程,园区承载能力进一步增强。启动光机电产业创业中心建设,完成首期100亩开发建设,进驻企业4家。项目推进扎实有力。全年列入市重点的6个工业投资项目,开工率达100%,超额完成年度投资计划。完成固定资产投资126650万元,同比增长15.91%,完成年度计划的101.3%;完成工业生产性投入106000万元,同比增长19.4%。景兴纸业6.8万吨高档生活用纸项目第一条生产线进入试生产阶段。深入推进“四换三名”,开展企业用地绩效评价,加快落后产能淘汰,推进“腾笼换鸟”,完成“两退两进”项目4个,腾退建设用地181.9亩,完成目标任务151.6%。鼓励企业实施技改项目、提高生产效率,开拓市场,完成“空间换地”项目9个、“机器换人”项目6个、“电商换市”项目3个。实施挖潜节地项目23个,完成新增投资32792万元,盘活土地213.83亩,完成年度目标任务。转型升级取得进展。加大“个转企”实施力度,完成“个转企”61家。加大规上企业培育力度,完成“小升规”5家,年末规上企业总数达到42家,工业总产值亿元以上企业8家。重视节能减排工作。做好企业清洁生产项目推荐上报工作,年内实施并通过清洁生产企业2家。扎实做好节能降耗的统计、分析和监管工作,严格执行能耗限额指标,全街道万元工业增加值综合能耗下降12.3%,完成市下达目标任务。浙江景兴纸业股份有限公司成为国家首批节水标杆企业。科技创新能力明显提升。全街道研发经费占GDP比重达到2.8%,工业新产品产值占工业产值的比重为45.3%,街道财政全年科技奖励资金达到21.55万元。做好科技项目申报,全年列入平湖市级科技项目1项,申报省级新产品31项,立项24项。浙江景兴纸业股份有限公司研发中心被认定为浙江省级研发中心,平湖光明机械设备制造有限公司、平湖市全球塑料制品有限责任公司和平湖热电厂被认定为浙江省科技型企业。全年申请专利342件,其中发明27件、实用新型105件、外观设计

210件。浙江红马铸造有限公司成为国家首批符合《铸造行业准入条件》企业,被评为浙江省著名商标。平湖市通力机械有限公司被认定为平湖市级专利示范企业,并获得全市专利产业化项目一等奖。抓好招才引智,引进硕士研究生3名,申报嘉兴市创业创新领军人才2名。

第三产业　2014年,全街道实现第三产业增加值74261万元,比上年增长4.5%。引进服务业市外内资5623万元,完成全年目标任务161%。全年完成投资19000万元,完成全年目标任务,其中重点项目推进实现投资2240万元,完成全年目标任务131.8%。

城乡一体化建设　城乡规划建设不断深化。调整完善街道土地利用总体规划和曹桥片区控制性详规,马厩村省级农房改造建设示范村规划报市政府批准。加快农村新社区建设,按照"1+5+4"布局模式,加快农村新社区基础设施建设,完成了邱家湾、北庄桥、陶家浜、金家浜等社区共44个宅基地的三通一平基础设施建设。农房改造集聚有序推进,新集聚农房29户,共安置宅基地120户,其中联排60户。切实加强农房建设管理,管控农房原宅翻建,加强对个体工匠的监管和培训。开展城镇区域内危旧房排查工作,完成农村困难群众危旧房改造5户共计470平方米。加强农村公路和桥梁养护,完成九场线至丁店公路、曹丰路西段等道路路面维修,共排查桥梁43座,组织实施一事一议村组道路建设15.7公里。三改一拆强势推进。开展"无违建街道"创建,推进"无违建"创建系列攻坚行动。全年拆除各类违章建筑33.04万平方米,完成市下达任务163%。拆除主要公路两侧各类违建56767平方米,"一户多宅"得到全面处置。完成"三改"面积5.04万平方米,完成市下达任务112.05%。完成24宗卫片图斑整改任务。土地综合整治和开发造地有序开展。完成土地复垦106.89亩,完成市下达任务的125.8%;新编制土地整治项目2个,面积152亩,完成市下达任务的108.6%;开发造地67亩,完成市下达任务。生态环境建设取得成效。推进"五水共治",进一步落实"河长制"管理,开展"清三河"专项行动,共整治黑河、臭河、垃圾河72条,基本达到境内"三河"全部消灭的目标。综合推进畜禽养殖污染、工业污水和生活污水治理。加强畜禽"三废"收集处置服务,率先建成启用病死猪贮藏冷库。污水管网建设和污水入网全面完成任务,建成污水管网8公里,新增入网企业20家,农村生活污水治理受益1395户。启动"五水共治"示范片区建设,圩区建设工程加快推进,完成河道清淤疏浚24.5公里。境内河道水质改善明显,全年水质考核优秀。加快城乡环境卫生整治,落实创卫长效管理,全面推行"四位一体"环卫保洁机制,深化"四边三化"工作,整治取缔废品收购点29家。加强大气污染防治,秸秆禁烧工作取得明显成效,淘汰黄标车226辆。深化美丽乡村建设,大力开展绿化建设,新增绿化面积469.8亩。着力提升美丽乡村西线节点建设水平,启动马厩村省级农房改造示范村和美丽生态野马村等项目建设,取得阶段性成效。扎实推进生态街道创建,成功创建成为浙江省生态街道。

社会事业　加快文化建设,丰富群众性文体活动,成功举办第六届行知文化节和第三届全民运动会,开展各类文艺巡演25场,完成送电影下村120场,送书下村1000余册。开展"文化村村乐"少儿舞蹈大赛、民间故事大赛、农民戏曲大赛、农民剪纸大赛、农民书法赛等赛事活动9场。手马灯荣获第三十一届北京龙潭庙会民间花会大赛金奖和最佳编导奖、最佳道具奖、最佳表演奖。由村文化专管员团队编排的《接亲》获平湖西瓜灯节演出金奖、嘉兴农民文化艺术周开幕式演出银奖。加快文化礼堂建设,百寿、勤安两个村文化礼堂完成软硬件提升,新建成野马、严家门两个村文化礼堂。平湖市级文保单位沈庄桥启动维修。积极开展省文明市创建工作,深化农村"十星级文明户"评创活动。重视教育工作,坚持弘扬陶行知教育思想,推进多元化生活教育,努力探索"教学做合一"的实践与研究,成功举办第四届家庭教育节,深入开展"春泥护花"行动,开展行知小学建校百年系列纪念活动。抓好群众性科普活动,深入开展科技(科普)活动周、科普日等活动,申报金桥工程项目2项、科普惠农项目2项和平湖市科协重点课题1个,争取科普项目(活动)补助资金3万元,群众科学素质得到提升。深化基层医疗机构运行机制改革,优化基层医疗服务,夯实公共卫生工作基础,深入开展居民健康教育宣传,加快推进街道社区卫生服务中心迁建和村级社区卫生服务站规范化建设工作,石龙、马厩、百寿等3个村标准化社区卫生服务站建成启用。加强殡葬管理,开展建筑性坟墓集中整治。

民生工作　民生项目加快建设,横河北村公寓房安置工程首期结顶,野丁路拓宽改造和杭平申线拓宽改造工程进入扫尾阶段,街道养老服务中心开工建设,民生实事"十个一"项目建设取得进展。强化民生服务,抓好"百姓事马上办"事项办理。抓好就业工作,拓宽就业渠道,加快生猪养殖退养户转产转业,新增就业人数310人,开展创业培训300人次,新建设创业基地1个。加强就业援助服务,完成4050就业困难人员社保补贴发放320人,受理失业登记112人、就业援助登记89人。扎实推进农村社会养老保险工作,年内新增参保582人,参保总人数11278人。年内新增征地撤建制后基本生活保障人员206人,生活补助转保障8人,享受普惠制养老金和城乡居保领养人员5343人,月发放134.67万元。2031人办理退养手续,发放生活补贴166.22万元。农村合作医疗保险稳步推进,参保人数16686人,参保率99.8%。办理社保补贴335人,补贴金额62.94万元,新办理公益性岗位9人。加强低保动态管理,抓好177户低保家庭333人低保金发放,全年发放低保金136.57万元。社会救助水平不断提高,上报医疗救助37人,争取救助资金16.53万元。发放困境儿童补助资金5.4万元。健全农村"五保"对象长效管理机制,集中供养率保持100%。"双拥"工作得到加强,全年发放义务兵优待金62.25万元、退伍安置费23.53万元、各类抚恤补助172.4万元。深化老龄工作,完成石龙、马厩、百寿3个村居家养老服务照料站升级工作,勤安村养老服务照料中心升级为4A级居家养老服务照料中心。

社会管理　深化全员维稳责任制,落实重大事项风险评估机制,强化不稳定因素排查和联动调处,各类矛盾和一些信访积案得到有效化解。全年排摸调处各类矛盾纠纷143起,调处143起,调处成功率100%;受理信访总量49批108人次,其中来信9件9人次,来访40批99人次;受理网上信访3件;受理市长电话243件;信访和市长电话办结率均达到100%。深化平安建设,开展平安宣传"十个一"活动,开办"屠警长有话说"宣传栏目,举办平安综治宣传10场次,受教育人数16205人次。开展社会治安重点整治专项行动和低小散企业集中整治行动,完成重点区域社会治安重点整治,整治低小散企业12家,其中关停3家、整改9家。强化防范体系建设,推广并安装摄录一体机308台,勤安村郑家汇新村创建为"零发案"示范小区。全面推进"大调解"阵地建设,成立婚姻家庭纠纷人民调解委员会。强化基层法律服务,成立街道公共法律服务站。加强社会管理服务中心规范化建设,推进"网格化管理、组团式服务”，全面完成重点网格、一般网格的联挂制度。深入开展“法治、德治、自治”建设，营造了“有事依法办、文明一起创、家园共同建”的和谐活力氛围。加强安全生产和消防动态监管，强化重点行业安全生产综合监管力度，开展危化品和喷涂行业安全生产专项整治，完成省级安全生产标准化创建2家、嘉兴市级安全生产标准化创建27家，被评为平湖市安全生产和消防工作先进集体。依法规范企业工资支付行为，全年监察用人单位160户，有效防范和妥善处置欠薪事件，进一步落实租赁企业欠薪保证金制度。构建和谐劳动关系，推进小企业劳动合同制度覆盖，企业劳动合同签订率稳定在99%以上，劳动纠纷处置率达到100%。成立曹桥市场监管所，切实加强食品药品安全监管和市场监管等工作。完善社会应急联动机制，加强交通安全管理工作。

【曹桥街道被命名为省级生态街道】 2014年，曹桥街道被浙江省环境保护厅命名为第六批省级生态街道。曹桥街道大力推进“四区两创”总战略，加快省级生态街道创建步伐，2013年起连续两年获得街道主要河流上下游水质考核优秀，街道综合环境面貌显著提升。强化环境专项整治，重点开展畜禽养殖污染和清理违章猪舍专项整治、废塑料造粒和造纸、印染、电镀等行业整治、工业园区环境整治、废品收购点专项整治、“清三河”专项行动，拆除违章猪舍50万平方米，生猪减量14万头，取缔废塑料造粒企业26家、废品收购点112家、整治“三河”72条。加快环境工程建设，建成工业污水处理设施4座，景兴纸业投资8000万元建成中水回用项目，实施野马圩区和生态河道建设工程，建成污水管网24公里，启动“五水共治”示范片区和中小河流综合治理项目建设。抓好各类创建，共创建成嘉兴市级生态村6个、各级绿化示范村7个，2012年完成整街道整治并成为嘉兴市第一批“美丽乡村”建设先进镇之一。

【民间舞蹈“手马灯”获全国优秀民间花会展演金奖】 2月7日，曹桥街道民间舞蹈“手马灯”荣获第三十一届北京龙潭庙会民间花会大赛金奖、最佳编导奖、最佳道具奖和最佳表演奖四项荣誉，成为获奖最多的节目之一。北京龙潭庙会是国内最顶尖的庙会，全国各地的民间艺术都以能上该庙会展示为荣。1月30日上午，第三十一届春节龙潭庙会在北京盛大开幕，曹桥手马灯团队一马当先，手持红、黑、黄、粉四色马状道具，身着相应的驯马服，踏着锣鼓声奔跑出场，为庙会拉开序幕。群马欢腾的热闹场面，加上马年舞“马”的口彩，吸引了众多海内外媒体的镜头，获现场观众的阵阵掌声，在春节表演期间更是赢得了专家评审组的一致好评。曹桥“手马灯”是马厩庙会文化的一种形式，相传为纪念齐景公功德，仿照马的形状，制作马灯，在马厩庙会上表演跑马戏，至乾隆年间，“手马灯”广为流传和兴盛。2002年，经曹桥文化站挖掘整理和精心编排，已经中断了几十年的“手马灯”舞再现艺术生命。“手马灯”于2006年列入平湖市第一批非物质文化遗产代表作名录，后又列入第二批嘉兴市非物质文化遗产扩展项目名录。

【景兴纸业成为国家首批节水标杆企业】 12月，国家工信部公布国家第一批12家节水标杆企业和标杆指标，浙江景兴纸业股份有限公司以箱板纸6.38t/t、瓦楞原纸6.28t/t的标杆指标成为国家节水标杆企业。此次国家设立节水标杆企业，旨在深入推进节水型企业建设，引导企业加强节水管理和技术进步，加快转变工业用水方式。12家标杆企业涉及钢铁、纺织、造纸、饮料四个行业，经各地工业和信息化、行政主管部门推荐，专家评审及现场核验,由国家工信部节能与综合利用司筛选而产生的,造纸行业中仅有4家企业入选。浙江景兴纸业股份有限公司通过建立节水合理化建议采集和应用体系、优化节水考核及数据分析管理措施以及采用深度双膜法处理废水等,有效促进节水效能的持续提升。

【红马铸造成为国家第一批符合《铸造行业准入条件》企业】 3月6日,国家工信部发布2014年第15号公告,公布符合《铸造行业准入条件》的企业名单(第一批),全国共406家,浙江红马铸造有限公司名列其中,成为嘉兴市唯一入选的企业。浙江红马铸造有限公司主要生产工程及矿山类铸钢件、船用钢件等产品,拥有省级高新技术企业研发中心,配置有德国斯派克光谱仪、万能材料试验机、冲击试验机、超声波、磁粉探伤仪等理化检测设备。公司从原来生产单一的铸造毛坯件发展到重型机械精加工、破碎机整机装配的完整生产线,得到产业链的延伸。该公司是“中国铸造协会理事单位”“全国工程用铸钢件重点生产企业”“全国铸造行业专、特、精、新优秀企业”“中国铸造行业千家重点骨干企业”“浙江省知名商号”企业、“嘉兴市名牌产品”企业。

【曹桥供销专业合作社成为国家农民专业合作社示范社】 11月22日,农业部等九部委联合公布国家农民合作社示范社名单,曹桥供销专业合作社获“国家农民专业合作社示范社”称号,这是平湖市供销系统首家获得“国家农民专业合作社示范社”称号的单位,也是嘉兴市供销系统在此次评选中获此荣誉的2家单位之一。曹桥供销专业合作社是一家由供销社与农技部门联手组建的农业社会化服务型合作组织,年销售收入500多万元,每年为农户供应化肥1500多吨、农药农资70多吨,提供水稻机插秧服务1600多亩,统防统治服务4000多亩。近年来,曹桥供销专业合作社先后获得“平湖市示范性农民专业合作社”“嘉兴市规范化农民专业合作社”“浙江省示范性农民专业合作社”“中国50佳合作社”和中华全国供销合作总社颁发的“全国农民专业合作社示范社”等称号。

【曹桥蘑菇精品园通过省级特色农业精品园创建点验收】 8月25日,浙江省粮食安全和推进农业现代化工作协调小组农业“两区”办公室对通过考核验收的26个省级主导产业示范区创建点和56个特色农业精品园创建点进行了公示,曹桥蘑菇精品园成为省级特色农业精品园创建点。曹桥蘑菇精品园建设规模面积248.15万平方尺,2013年实现蘑菇总产量3375吨,总产值2111.7万元,总效益987.6万元,辐射带动周边镇(街道)蘑菇产业发展。考核验收组围绕精品园建设规模、基础设施、科技应用、产业化水平和综合效益五方面的建设重点,通过看现场、听汇报、查创建台账资料等,在对曹桥蘑菇精品园开展全面的检查考核后一致认为,曹桥蘑菇精品园创建符合农民分散经营需求实际,生态循环好,市、街道对该产业扶持力度大。曹桥蘑菇精品园最终以92分的高分通过验收。

【李伟峰获第三批嘉兴市“南湖百杰”暨嘉兴市工业创新人才奖】 12月15日,嘉兴市委、市政府公布第三批嘉兴市“南湖百杰”优秀人才和2012—2014年嘉兴市人才工作先进单位名单,浙江红马铸造有限公司副总经理李伟峰获第三批嘉兴市“南湖百杰”暨嘉兴市工业创新人才奖。近年来,红马铸造公司进入了一个快速发展、管理创新的重要转型时期。作为分管副总经理,李伟峰以“外拓市场,内抓管理,调整产业结构,构建以人为本的和谐企业文化”作为公司管理转型时期的重要经营战略思想，通过技术改造、管理创新，扩大产品市场占有率，提高企业整体素质，充分发挥全体员工的潜能和积极性，打响了品牌知名度，取得经济效益与社会效益双丰收。红马铸造公司获国家高新技术企业、全国铸造行业排头兵企业和百强企业等荣誉，并跨入首批全国铸造行业准入认定企业行列。

【曹桥街道启动美丽生态野马村建设】 4月9日，曹桥街道召开美丽生态野马村建设工作会议，讨论通过《曹桥街道美丽生态野马村建设实施方案》，标志着美丽生态野马村建设正式启动。为深入贯彻落实党的群众路线教育实践活动要求，践行“为民、务实、清廉”的宗旨意识，真正把野马村打造成为环境治理、转型发展和转产增收的典型和亮点，带动引领现代新农村的发展，曹桥街道和野马村计划利用2—3年时间，通过实施“清水防洪、美丽野马、转型兴农、富民强村”四大工程，努力把野马村建设成为农业转型升级样板村、农民转产增收示范村和美丽野马生态村。2014年，野马村拆除违章猪舍5.4万平方米，生猪存栏量减少1.4万头，全面完成村域内“三河”整治，完成河道清淤疏浚5公里。野马村标志建筑“腾飞野马”雕塑于11月13日落成揭幕，成为野马村新地标。全年完成土地流转1200亩，土地流转率达到54%，引进规模种植户5家。全年通过劳务专业合作社业务拓展、提供公益性岗位、举办专场招聘会等方式，帮助200多人就业，并通过引进工商资本发展效益农业，向农户提供阶段性用工1万余人次。

【举办第六届行知文化节】 10月11日，2014中国·平湖曹桥行知文化节暨曹桥街道第二届小品大赛隆重开幕，这是曹桥街道第六届行知文化节。此次文化节以“传递正能量 和谐乐万家”为主题，时间跨度从10月到12月，共安排街道第二届小品大赛、第三届全民运动会、全国陶行知教育思想研修论坛、“走近身边好人，感受好人力量”主题宣传、乡村文化走亲、村歌创作演唱赛等10项活动。文化节历时3个月，参与人数近千人，为全街道群众送上了一份文化盛宴。

（沈　健）

•乍浦镇•

【概况】 乍浦镇地处杭州湾北岸，位于平湖市东南部，东面、北面分别与独山港镇、林埭镇、当湖街道交界，西面与海盐县接壤。全镇行政区域面积54.46平方公里，耕地面积30539亩。2014年末，辖9个村民委员会、12个居民委员会。有93个村民小组、17159户、55998人，其中非农人口32876人。新居民登记在册人数46550人。2014年，全镇生产总值902210万元（含港区，不含嘉兴发电厂，下同）。财政总收入191708万元，同比下降5.8%，其中一般公共预算收入103112万元，同比增长11.2%。农民人均所得23803元，同比增长10.1%。计划生育率99.66%。2014年，乍浦镇被嘉兴市委、市政府列为市级小城市培育试点镇，获省“春泥计划”实施工作先进乡镇、嘉兴市平安镇、嘉兴市社会管理综合治理先进集体、嘉兴市工业强镇建设进步奖、嘉兴市质量强市先进镇、嘉兴市充分就业镇、嘉兴市人口计生阳光统计示范镇等荣誉。

农业　2014年，全镇粮食播种面积32724亩，总产14201吨。油菜籽种植2309亩，总产452吨。棉花种植471亩，总产48吨。西瓜种植393亩，总产530吨。蔬菜复种面积2741亩，总产4336吨。生猪年末存栏634头，肉猪年内出栏3669头。家禽年末存栏10355羽,家禽年内出栏5894羽。不断提升农业产业化水平,规范农业专业合作社建设,完善农技体系制度,抓好省级中低田综合培肥示范区项目,粮油作物产量保持稳定。大力发展生态循环农业和农产品加工业,注重培育品牌。加大对农产品监测和农业投入品的监管力度,确保出入市场的产品质量安全。切实加强农村集体"三资"管理,建立农村产权交易分中心,规范农村产权交易行为。村级集体资产改革稳步推进,完成王店桥村集体资产改革。全年实现农业增加值5670万元,农林牧副渔总产值9473万元。

工业　2014年末,全镇工业企业496家,从业人数10921人。全镇全年工业生产性投入353052万元,实现工业增加值616927万元。全镇77家主营业务收入2000万元以上工业企业实现工业总产值4371579万元,同比增长2.7%;主营业务收入4590113万元,同比增长0.7%;利税总额231137万元,同比下降20.6%,其中利润106466万元,同比下降51.1%。全年完成进出口总额285823万美元,同比增长7.1%,其中出口40346万美元,进口245477万美元。2014年,产业结构加快调整,以开展"转型升级加速年"活动为抓手,实施"四换三名"工程,扎实推进企业转型升级。开展企业经营状况调查,有序淘汰落后产能,兑现企业转型升级奖励资金,引导企业转型升级。推进企业技改项目实施,带动产业升级,嘉兴市康士达不锈钢有限公司和浙江高端紧固件有限公司"机器换人"项目稳步推进,浙江多凌药用包装材料有限公司、平湖市多凌线带有限公司技改项目顺利进行。开展居民小区内无证加工作坊专项整治行动,取缔非法加工场所,建立长效管理机制。注重搞好企业服务。开展企业管理诊断服务,引导企业扎实有序开展管理创新。推动安全生产标准化创建,开展安全生产月系列活动,组织企业全员安全生产培训。加大企业劳动监察和安全检查力度。搞好企业规范用工秩序整治,建立劳资纠纷应急调处机制。

第三产业　2014年,全镇实现第三产业增加值246388万元。商贸流通业、住宿餐饮业加速发展,全年服务业营业收入1174200万元,其中批发、零售业994820万元,同比增长6.7%;住宿餐饮业6896万元。全年房地产开发投资175782万元,营业收入1337万元。

城乡建设　基础设施不断完善,农贸市场提升改造(一期)工程顺利竣工,开张营业;农村"户户通"二期、三期工程顺利完工,亭建公路、赵亭公路西段等路面整修改造工程按期完成,安置小区停车位改造分期分步进行,部分老旧住宅区和城中村改造、环境综合整治扎实推进。人居环境不断优化。实施环境卫生"四位一体"长效保洁工作机制,环境卫生保洁水平不断提升。扎实开展"五水共治","清三河"专项行动取得阶段性成效,彻底消灭垃圾河,黑河、臭河治理成效显著。抓好平湖市中小河流重点县综合整治及水系连通工程乍浦项目区工程的实施,完成河道疏浚26.2公里,生态护岸11.7公里。2014年,全镇完成造林693.5亩,完成任务数的161.3%,绿化总投资3373万元(含港区)。乍浦镇八字村和亭子桥村成功创建嘉兴市绿化示范村。实施工业企业污水全入网工程,牌楼头污水管网改造、雅山新村生活污水收集处理等工程扎实推进。推进征迁、"三改一拆"工作,服务港区开发建设,保障重点项目建设。镇村合力,全年完成签协356户,完成港区下达的年度目标任务。随着"三改一拆"扎实推进,"无违建镇"创建通过嘉兴考核验收,全年拆除违法建筑面积1.29万平方米,全年无新增"两违"建筑。成功创建无猪镇,所有村均达到"无猪村"创建标准,共拆除违章猪舍2.98万平方米。

社会事业　文体事业繁荣发展。加强基层文化阵地和文化队伍建设,拓展镇文化博览中心公共服务功能,乍浦记忆展示馆建成开放。镇文化服务活动中心、平湖图书馆乍浦分馆装修工程按期完成。雅山新村文体休闲健身广场工程顺利完工,天妃东苑、天妃西苑活动中心装修工程顺利推进。组织开展群众文化活动,开展群众文艺汇演,组织送戏、送电影下乡57场。巩固"体育强镇"创建成果。做好室外体育运动器材养护维修工作。新增健身路径10条、维修17条。有效整合学校体育设施资源,5所学校的体育场地和设施对外开放。教育优质均衡发展。创新联合办学模式,杭州师范大学附属乍浦实验学校正式挂牌成立。加强教师队伍素质提升,实施绩效工资制度,深化基础教育课程改革,完成校级领导班子换届工作。中、高考工作圆满完成。实施校安工程,完成乍浦小学异地迁建主体工程,天妃幼儿园中山分园建成开园。健全公共卫生体系。加强公共卫生服务,整合村卫生室(社区卫生服务站)资源。推动医院发展创新,上海市东方医院嘉兴港区医院揭牌成立。

民生工作　社会救助和福利体系不断完善。最低生活保障应保尽保,城乡居民社会养老保险累计参保人数4368人。村(社区)慈善工作站实现全覆盖,各类困难人员得到有效救助。全年发放最低生活保障金189.83万元;医疗救助90人次,救助金额38.65万元;临时生活救助388人次,发放救助金额20.446万元。养老服务中心二期工程顺利竣工,村(社区)养老服务照料中心完成设施改造,系列养老惠民服务得到群众好评。

社会管理　平安乍浦建设深入推进。严格落实治安防控体系建设,配合搞好"七网"建设,构筑"由专业巡逻包面、警务站包片、村级义务巡防"的三级治安防范网络。加大物防、技防投入,老小区试点安装楼道监控系统,新增街面治安监控探头362个,不断提高重点部位技防覆盖率。挤压犯罪空间,降低治安、刑事发案率,提高人民群众的安全感、满意度。做好信访维稳工作。落实信访工作责任制,实行信访积案领导包案制,严格每月接访日制度,群众的合理诉求得到较好解决。深入开展矛盾纠纷大排查,发挥"老娘舅、和阿姨"等基层调解队伍作用,全力化解各类矛盾纠纷。全年接待群众来访63批289人次,承办市长(主任)电话94个、信访接待日交办件95项,受理群众来信来电17件,化解信访积案16件。共调解纠纷152件,成功率99.2%,办理法律援助案件23件。社会治理举措不断创新。开展"社会治理创新年"活动,推进基层"法治、德治、自治""三治"并举的社会治理模式,形成政府主导、社会参与、多元投入、共建共享的社会治理良好局面。开展"六五"普法宣传,举办平安综治双月宣传、法律宣传月、禁毒宣传月等专题宣传咨询活动。加强"五类特殊群体"管理教育,完善重大事项社会稳定风险评估机制和全员维稳工作责任制,深化"网格化管理、组团式服务"工作格局。不断优化社区管理工作。规范拆迁安置小区物业管理,完善基础设施建设。加强社工队伍建设,成立社工服务室、社区居家照料服务中心和社区活动中心等。完成中山花苑小区安置房的交接工作。加大食品安全监管力度,食品安全百日严打行动成效明显。

【乍浦记忆展示馆开放】　1月28日,乍浦记忆展示馆正式对外开放。这是平湖市第一个乡镇级的记忆展示馆。该馆位于乍浦镇汤山公园乍浦文化艺术博览中心,面积400多平方米,以记述历史、传承文明、激励后人、建设未来为主题。记忆馆首次展出内容为"山海乍浦、海运口岸、军事重镇、红色档案、古镇文化、乡贤名人、百姓记忆、今日乍浦”等八个篇章的21块展板和大量实物资料。至年底,先后接待来自上海、嘉兴等地的1万名观众。

【上海东方医院嘉兴港区医院正式挂牌成立】 见第274页【上海市东方医院全面托管平湖二院】。

【公共自行车系统正式运行】 9月29日,嘉兴港区乍浦公共自行车系统正式启动。公共自行车项目是2014年“十大民生实事”工程,总共设立32个自行车服务点,投放1200辆左右的公共自行车。一期18个点主要沿天妃路、建港路两侧的老城区为主,二期9个点将扩展到乍浦塘西侧化工园区内,三期5个点主要完善外围工作。每个服务点的存放车辆在20至30辆,公共自行车成为滨海新城又一道靓丽的风景线。

【中山花苑安置小区交付使用】 8月28日,中山花苑正式交房。中山花苑安置房工程于2010年12月28日开工建设,是乍浦镇启动城乡统筹、农房集聚搬迁工作后的一项民生实事工程,也是全新尝试高层安置、入住居民最密集、社区规模最大的一项工程,此次向1750户入住居民交付安置房近4000套,改善居住环境、提升居住品质。

【成功创建“无猪镇”】 2014年,乍浦镇围绕上级政府提出的生猪减量提质工作目标任务,针对养殖量大、生猪减量任务重的现状,早谋划、早落实,以减量提质为目标,积极推进生猪产业转型升级。截止2014年底,全镇生猪养殖户数压减到41户,养殖总量仅为622头,达到“无猪镇”创建标准。全镇涉及创建无猪村的10个村全部经过初步验收,符合“无猪村”创建的考核验收标准,通过率为100%。

【乍浦建港路施工工地出土六门铁炮】 5月中旬,乍浦镇建港路施工工地出土清代铁炮。铁炮外表已生锈,共4门完整的铁炮,另外两门铁炮断裂成4段,最短炮身长1.5米,最长的为1.7米,炮首直径为21厘米,炮尾直径为36厘米,炮膛直径为9厘米。这些铁炮年代属于清朝中后期,主要作用为护城,一次出土6门极为少见。乍浦作为沿海军事重镇,在抗击外来侵略者方面发挥重要作用,这些铁炮对研究当时的军事装备有很大帮助。

【杭州师范大学附属乍浦实验学校挂牌成立】 9月1日,杭州师范大学附属实验学校揭牌仪式在原九龙山小学举行。乍浦初级中学与九龙山小学合并成为九年一贯制学校,与杭州师范大学合作,成为杭师大附属乍浦实验学校。此次合作,将进一步推进港区教育人才的培养工作。

【天妃幼儿园中山分园建成】 9月,天妃幼儿园中山分园正式启用。天妃幼儿园中山分园按照浙江省一级幼儿园的办园标准建设,总占地面积4441平方米,园内设施一流,配备齐全。园内配置美术创意室、幼儿阅览室、多功能厅、角色游戏室等辅助用房。幼儿园坚持“用心聆听童声,用情解读童真”的办园宗旨,不断优化内部管理,逐步建立科学、规范、有效的管理机制,努力创建优质、规范、特色幼儿园。 (张晓滢)

•新埭镇•

【概况】 新埭镇位于市境东北部,毗邻上海市金山区,是全国重点镇,浙江省中心镇。全镇区域面积77.2平方公里,耕地面积67833亩。2014年末,辖9个村民委员会、2个社区居民委员会,有192个村民小组、14180户、

50489人,其中非农业人口3759人。新居民登记在册人数35518人。2014年,全镇生产总值327765万元,比上年增长6.4%;财政总收入37108万元,其中一般公共预算收入15409万元,分别增长18%和29%;农民人均所得23081元,增长9.04%。计划生育率98.76%。

农业　2014年,完成农业投资7106万元,全年农业增加值34401万元,发放各类涉农补贴资金2121.16万元。以发展工业的理念推进农业"四换三名",实施一批"稻鱼共育"生态养殖等"空间换地"项目,推广"万元千斤"等高效农业生产模式5000多亩;探索用机器代替人工处理芦笋母茎作业的"机器换人"项目,推广机械插秧、翻耕、秸秆还田2万多亩,打响"金平湖"绿色大米、星秀芦笋、西瓜、泖南梨、泖南豇豆等一批农业名产品。全年粮食播种面积93434亩,粮食总产38600吨。油菜种植面积1000亩,油菜籽总产165吨。西瓜种植3278亩,西瓜总产6133吨。食用菌总产1867吨。生猪减量工作取得突破性进展,年底存栏26932头,同比减少34548头;肉猪年内出栏92801头。加快水利设施建设,姚浜圩区投入运行,鱼圻塘圩区、泖河圩区基本建成;旧埭、泖河、兴旺、牌楼等村小型农田水利设施改造完成。新广现代农业园区1.6万亩标准农田质量得到提升,落实水稻病虫害统防统治14988亩,新埭现代农业科技园区被评为省现代农业科技园区。大力实施"强村计划",加快土地流转,新增流转土地1502亩,累计流转31712亩,占全镇耕地面积的46.52%。全镇9个村集体经常性收入达到1655.45万元,同比增长9.11%,其中鱼圻塘村以520.25万元,位居全市首位。

工业　2014年末,全镇有工业企业892家,从业人员33384人,全年实现工业增加值19.37亿元。72家主营业务收入2000万元以上工业企业实现工业总产值642199万元,增长2.7%;主营业务收入602069万元,增长1.1%。利税总额30391万元,利润总额11345万元,分别下降23.2%和38.3%。张江长三角科技城(上海张江平湖科技园)总体规划取得平湖市政府批准。基础设施建设全面铺开,张江园区一期征收工作稳步推进,签约324户,完成98%以上;张江快速路和连接线酒城大道完成报批工作,被列为浙江省重点项目。园区对外宣传及招商选资工作初显成效,成功引进智能可穿戴设备移动医疗产业园等一批重大项目。全年实现合同外资4655万美元,实到外资2605万美元,引进市外内资50855万元,注册资本到位27440万亿元,市外浙商回归资金34820万元。狠抓有效投入,全年完成社会固定资产投资16.5亿元,同比增长20.7%,其中工业生产性投入12.2亿元,同比增长24.02%。完成个转企11家,小升规4家。实施"四换三名",开展"机器换人",全年技改投资7.284亿元,减少低端用工650人,淘汰落后设备140台(套)。加快"两退两进",全年腾退低效建设用地149.99亩、直接回收50.39亩。推进企业科技创新,新增省科技型中小企业5家、市级研发中心8家,平湖市专利示范企业1家,专利638件。注重招才引智,全年引进硕士以上人才12人,新培育"嘉兴领军人才"1人。全年实现进出口总额43074万美元,其中出口41330万美元,同比分别增长2.4%和4.4%。

第三产业　全年服务业引进市外内资7886万元,其中浙商回归项目6361万元。服务业重点项目立项审批1个,开工1个,服务业完成固定资产投资35779万元,同比增长5.5%,2014年全镇第三产业增加值9.27亿元。

新农村建设　加快农房集聚,2014年新扩建6个社区,可建农房537户,新增集聚农户433户,至年底进新村建房127户,虹桥公寓房安置14户,全镇入住新社区农户已达1727户,公寓房103户,其中拎包入住16户。积极推进"五水共治",集中开展"清三河"行动,治理垃圾河28条、黑臭河92条,清淤疏浚河道97条、42.46公里,河道水质明显改善,行政交接断面水质考核获得优秀。推进生猪养殖减量提质,拆除违章猪舍22.74万平方米。统筹推进"三改一拆""无违建"镇创建,全年"三改"24.59万平方米、拆违28.51万平方米,拆后利用土地20.19万平方米;全面清除"一户多宅"。加快污水管网建设,新建二级管网26.8公里,完成农村生活污水治理2345户,工业企业等污水入网整治136家。建设"美丽乡村",推进"四边三化",新增绿化造林面积1067.7亩,村庄、河道、公路和集镇面貌明显改善,成功创建为国家级生态乡镇。

社会事业　加快现代化教育建设,推进成人职业教育,镇成人文化技术学校被评为"全国职工教育培训优秀示范点"。改善城乡医疗卫生条件,开展居民健康体检,完善健康档案。加强殡葬管理,扩建南桥安乐堂,开展建筑性坟墓集中整治。丰富群众文化生活,举办第六届泖水文化节、第二届全民运动会、新埭杯老年门球赛,建成镇级文化礼堂。6月,召开创建国家卫生城镇动员大会,部署创建国家卫生城镇工作任务和要求,对创建国家卫生城镇工作进行全面动员。利用新埭镇医院区域HIS系统优势,改纸质慢病报告卡为网络电子直报,确保慢病传报无遗漏,使糖尿病、肿瘤、心脑血管病的随访工作及时跟进。

民生工作　继续实施低收入家庭奔小康工程,全年累计发放低保金236.58万元,帮扶困难群众1159户。实施残疾人共享小康工程,被评为嘉兴市服残助残爱心镇。社会保险持续扩面,养老保险参保总人数18218人,当年新增1218人,城乡居民社会养老体系参保率98.6%,合作医疗参保率99.71%。社会养老服务体系不断完善,镇养老服务中心扩容提升工程稳步推进,农村五保、城镇三五对象集中供养率实现100%。加强住房保障,16户困难家庭拎包入住公寓房。

社会管理　加强和创新社会治理,推进德治、法治、自治建设。健全重大决策社会稳定风险评估机制,开展矛盾纠纷化解专项行动,完成11项重大决策风险评估,调处各类纠纷矛盾77起、调处成功率100%。深化平安建设,加快社会治安防控体系建设,新增街面视频探头467只,实现嘉兴市"平安镇"十连冠。结合"民情导航图",深化"网格化管理、组团式服务",细化社会管理,开展低小散企业、出租房、社会治安等专项整治,保障经济社会健康发展。全面开展安全生产大排查、大整治,积极防范并严厉打击处置欠薪逃逸。加强安全生产、食品安全和消防安全的宣传教育和督促检查,"三个安全"的责任进一步落实,责任主体更加明确,全社会的安全意识和重视程度明显增强。加强食品药品安全监管,开展食品安全百日严打、桶装饮用水产品专项整治、企业食堂安全专项整治行动和"食品药品安全宣传周"活动,利用横幅、电子屏等形式加大宣传。全年未发生重大责任事故。

【新埭(兴旺、姚浜)生态循环农业示范区获省级认定】　1月2日,通过省农业厅、发改委、财政厅、环保厅联合检查验收,平湖市新埭生态循环农业示范区获省级生态循环农业示范区认定。在示范区内的平湖新联生猪专业合作社也同时获省级生态循环农业示范企业认定。平湖市新埭生态循环农业示范区,位于兴旺、姚浜两村,连片面积5638亩。

【新埭箱包产业园入选首批嘉兴特色产业

园】 1月,经市经信部门推荐,嘉兴市工业园区建设领导小组办公室审核认定,新埭镇箱包产业园获“嘉兴市箱包产业园”称号,成为平湖市唯一入选首批嘉兴市特色产业园的单位。2013年,全镇箱包行业实现工业总产值31.2亿元,实现产品销售收入29.7亿元,税金12700万元。

【新埭手机版“民情导航图”出炉】 3月18日,新埭镇通过广大干部深入走访,结合家庭档案、公共信息平台等,完成了集全镇207个村民小组、303家企业、13825家农户、50871名群众地理位置和信息的移动终端版“民情导航图”的开发,实现了手机实时导航和企业、农户信息查询,使干部做到对服务对象的家庭信息、周边环境和地理位置等情况了如指掌,在服务“三改一拆”“水环境治理”等中心工作上发挥了重要作用。

【新埭全面启动张江平湖科技园土地征收工作】 根据规划,上海张江平湖科技园园区要启动张江大道、酒城路西延伸段、创强路西延伸段和界河景观路“三横一纵”四条道路等一批重大基础设施建设,以推进园区开发建设取得实质性进展。4月11日,新埭镇召开土地征收工作动员会,正式启动上海张江平湖科技园一期启动区块的土地征收工作。此次征收范围包括东到平兴公路,南到泖河口,西至庄观塘,北至界河大泖塘,涉及1.66平方公里,其中耕地面积1400亩。至年底签约322户,完成93.3%。

【鱼圻塘村成为省级重点农村文化礼堂样板村】 4月,鱼圻塘村成功创建为省级重点农村文化礼堂样板村。鱼圻塘村自2013年7月开始将农村文化礼堂建设纳入重点工作之一,至年底,建成了集学教、礼仪、娱乐于一体,具有地域特色的村级文化礼堂。文化礼堂建成后,把礼堂、讲堂以及村史廊、文化廊等融入其中,突出文化、学习、传承等六大功能,在丰富村民精神文化生活的同时,也促进了村民对村里历史文化的了解,提升了村民素质。

【上海张江平湖科技园引进第一个零审批项目】 4月21日,港商独资艾博母线有限公司年产6万米母线槽项目完成零审批承诺,并经市经信局、市环保局、市气象局、市规划建设局等部门审核通过,成为了上海张江平湖科技园第一个零审批项目。项目占地39.8亩,总投资18300万元,预计2015年2月竣工投产。

【新埭成为全市首批建成“法治文化园”的镇(街道)】 4月22日,新埭镇成功创建“法治文化园”,成为平湖市首批建成“法治文化园”的镇(街道),为群众奉上了多种法治文化大餐。

【新埭镇政法综治维稳工作实现平安建设“九连冠”】 新埭镇党委政府加强和创新社会管理服务,健全政法委员会议事规则、重大事项议决、社会稳定形势定期研判等制度,开展平安宣传活动,不断提升人民群众对平安建设的知晓率、参与率和安全感满意率,维护社会安全稳定。4月29日,新埭镇被嘉兴市委、市政府授予“2013年度平安镇”称号,新埭镇政法综治维稳工作实现平安建设“九连冠”。

【新埭镇首创嘉兴地区“农易分”贷款业务】 5月6日,新埭镇与平湖市农业银行新埭支行合作开发了“农易分”惠农土地承包经营权流转专项租金分期业务(简称“农易分”分期业务),帮助种养大户解决土地流转租金一次性交付难问题。此举在解决承包大户

"融资难"问题同时,也解决了村经济合作社"收款难"问题,使土地流转资租金一次性到位。截止2014年底,"农易分"分期业务已为新埭农户提供土地流转租金贷款120余万元。

【新埭率先试用晚稻机械精量穴直播技术】5月,新埭镇率先引进水稻穴直播机械,试验示范晚稻机械化精量穴直播技术,减轻种粮大户的劳动强度。水稻机械精量穴直播技术在浙江省还是首次试验示范。这一技术不但省工、省种,每亩还能增加产量10%左右。

【平湖农业废弃物处置中心投入使用】 7月11日,嘉兴市首个采用热解炭化工艺的农业废弃物处置中心,在平湖新埭落成并正式投入使用。平湖农业废弃物处置中心项目总投资1600万元,设计每年处理农业废弃物1800多吨。整个项目于3月动工,6月进入试运行。

【上海张江平湖科技园签约智能穿戴设备移动医疗产业园项目】 7月22日,中先联园—易厂网(上海)工业投资顾问有限公司与平湖市临沪产业园管理委员会签署协议,在位于平湖新埭的上海张江平湖科技园投资建立浙江首个智能穿戴设备移动医疗产业园。智能可穿戴设备产业链主要包括设计研发、生产制造、交易物流及联动延伸的相关现代服务业,智能可穿戴设备产业园将形成一带多的效应,带动相关联动产业发展,提供多种平台辅助服务与功能,带动区域资源和经济进一步发展和服务能级提升。

【新埭镇入选全国重点镇】 8月,国家住建部、发改委等7部委共同发布了最新一批全国3675个重点镇名单,浙江共有137个镇入选,新埭镇名列其中。此次全国重点镇评比包括人口规模、区位优势、经济潜力、服务功能、规划管理水平、科技创新能力等6项内容。

【新埭镇引进嘉兴首台全自动秸秆打捆机】11月,新埭镇投资11万元购进嘉兴市首台全自动秸秆打捆机,有效的解决了秸秆捆扎费时费工的难题,杜绝了秸秆焚烧。一亩水稻一般产生秸秆约300公斤,全自动秸秆打捆机只需30分钟即能完成全部打捆作业,打捆24捆左右,而依靠人工收集秸秆则需要半天时间。打捆后的秸秆将作为菌菇、芦笋种植的肥料,进行生态利用。

【鱼圻塘村成立全市首个村级红十字会】12月31日,平湖市首个村级红十字会新埭镇鱼圻塘村红十字会正式成立。鱼圻塘村红十字会立足本村实际,广泛开展医疗救助、扶贫帮困、志愿服务等社会公益事业,积极传播"人道、博爱、奉献"的红十字精神。

(程兴国)

·新仓镇·

【概况】 新仓镇位于平湖市东北部,毗邻上海金山区,是浙江省首批中心镇、嘉兴市首批小城市培育试点镇。全镇区域面积57.6平方公里,耕地面积56939亩。2014年末,辖8个村民委员会、1个社区居民委员会,有205个村民小组、12050户、39810人,其中非农人口4220人。新居民登记在册人数17264人。全年全镇实现生产总值291728万元,比上年增长14%。财政总收入29042万元,增长2.4%,其中一般公共预算收入12195万元,增长2.5%。农民人均所得23356元,增长9.0%。计划生育率99.4%。2014年,新仓镇获镇(街道)工作目标绩效考核市一等奖,成为全国重点镇,连续五年入围嘉兴市十强新市镇。

农业　2014年，大力推进全国中小河流治理重点县工程建设，新仓南片一期工程基本完成，二期工程相继启动。农村圩区加快建设，杉青港圩区主体工程基本建成。全年新增土地流转面积2300亩，全镇土地流转总量达到29791亩，流转率66.35%，列全市第一。申报新品种、新技术项目3个，平湖市创新食用菌专业合作社成功申报为平湖市农业科技示范基地，2个家庭农场创建为平湖市示范性家庭农场。全年全镇完成农业投资额3700万元，实现农业增加值24886万元，农林牧渔业总产值33945万元。全年农作物播种面积115153亩，其中粮食播种面积73848亩，粮食总产33282吨，亩产451公斤；油菜籽种植面积7467亩，油菜籽总产1478吨，亩产198公斤；蔬菜复种面积28016.9亩，蔬菜总产42778.2吨；瓜类播种面积2424亩，瓜类总产5374吨，其中西瓜2284亩，总产5112吨。全镇食用菌种植面积760万平方尺，总产6678吨。粮经面积比64.1∶35.9。年末生猪存栏4962头，肉猪年内出栏23484头；家禽年末存栏39314羽，家禽年内出栏104418羽。

工业　2014年末，全镇有工业企业1178家，从业人员25392人，全年实现工业增加值172560万元。全镇54家主营业务收入2000万元以上工业企业实现工业总产值681489万元，主营业务收入661169万元，同比分别增长24.1%、21.5%；利税总额35141万元，其中利润20729万元，同比分别增长4.6%、33.9%。全年进出口总额47414万美元，同比下降11.9%，其中出口38111万美元，同比下降10.1%。坚持驻点招商、以商引商和产业招商并举。全年合同利用外资54万美元，同比下降97.39%，实际利用外资2039万美元，同比增长193.85%；引进市外内资51550万元，同比增长25.2%。一批重点项目加快推进，茉织华印刷、一玻机电、海亮有机饲料、银证纸业、鸿禧能源40MW分布式能源等重点项目均如期投产；冠豪新材料等项目进入全面施工阶段。全年实现全社会固定资产投资171719万元，其中完成工业生产性投资130444万元，占全社会固定资产投资的75.96%，同比分别增长24.92%、32.49%。11个市重点项目全部开工，实际完成投资9.39亿元。规模以上企业万元工业增加值能耗下降9.2%。实施“两退两进”项目6个，完成企业挖潜节地示范点3个。全年累计腾退土地182.97亩，完成年度任务102%。加快园区污水管网、绿化绿道、高压线路、道路硬化亮化等项目的建设，省工业循环经济示范园区形象进一步提升。大力实施“四换三名”专项行动，完成“机器换人”项目20项，“空间换地”项目16项，“腾笼换鸟”项目7项，参与“电商换市”企业24家。

第三产业　2014年，实现全社会服务业投入37575万元，同比增长2.8%。加快公建项目和房地产项目的开发建设，开发建设房地产项目1个，开发面积14408.5平方米。5个重点服务业项目全部开工，实际完成投资7790万元。全年完成第三产业增加值87932万元，同比增长16.89%。

新市镇建设　完成城镇总体规划修编，小城市建设试点工作扎实推进，在2014年度嘉兴市小城市培育考核中获得优秀奖。完成“十个一”示范创建任务；“两新”工程稳步推进，完善“1+X+n”村庄规划布点；完成土地综合整治复垦125亩、土地开发120亩、流转土地2300亩，新增农房集聚198户，全面制止了原宅翻建，全面完成农村宅基复垦整治任务。依法推进“三改一拆”，全年累计拆除各类违法建筑117456平方米，其中拆除违章猪舍83192平方米，违章猪舍“应拆尽拆”进度列全市9个镇(街道)第二，其他违法建筑拆除34264平方米。全面清除“一户多宅”，注重拆改用结合,拆后复垦土地124010平方米,顺利通过省市两级“无违建”镇创建现场考核。加快实施工业污水全入网和城乡一体化污水收集工作,新建集镇及农村污水管网15.2公里,新增入网企业(单位)92家,农村生活污水治理受益新增1870户。

新农村建设　新农村生态治理成效明显。强势推进“五水共治”,全面完成“清三河”年度任务,治理垃圾河、黑河、臭河62条20.82公里,河道清淤疏浚52公里,建立一支76人的河道保洁专职队伍,配置全自动保洁船1艘,铁皮保洁船8艘,水泥打捞船46艘,全面开展“四位一体”长效保洁工作。河道水质明显改善,行政交接断面水质考核合格,部分河道水质已达Ⅳ类水标准。强化农业面源污染治理,推进生猪减量提质。全镇养殖户整户退养率82.2%、退养总量2.3万余头,年末生猪存栏总量保持在5000头以内,超额完成年初提出的生猪减量提质任务,5个村成功创建“无猪村”。联动推进治气治霾,加强秸秆禁烧工作力度,淘汰黄标车290辆。顺利推进嘉兴市绿化示范村工作,全年完成绿化面积1136.9亩,完成市下达任务数的144.6%,全镇林木覆盖率21.1%。

社会事业　2014年,科技工作不断推进,科技经费支出283万元,占财政一般预算支出的5.16%。加大人才引进力度,全年引育嘉兴领军人才1名,平湖重点创新团队1个。引进硕士以上人才12名,高正高分子企业博士郑泓获评嘉兴领军人才。新增省级创新型企业1家、科技型企业2家,企业研发中心4家,专利申请436项,其中发明专利申请56项。新增专利示范企业2家。其中茉织华印刷有限公司申报为国家级示范印刷企业。新增嘉兴市名牌产品1个。教育事业成效显著,义务教育入学率达到100%,初升高比例99.18%。文化建设全面推进,继续举办芦川文化节、企业文化节和家庭教育节,打造镇村两级文艺品牌和特色文艺队伍,非遗精品舞蹈节目“着癞子”获韩国亚洲音乐舞蹈艺术节金奖,创新建立嘉兴全市首个镇域文化音响广播系统。

民生工作　2014年财政用于民生支出6180万元,占公共财政预算支出的75%。实施低收入家庭创业就业帮扶行动计划。城乡居民合作医疗参保人数22213人,参保率99.3%。城乡居民社会养老保险参保人数12980人,参保率98.93%。全年各类社会救助和拥军优抚累计支出724.59万元,慈善分会共募集企业冠名资金75.5万元。全镇10个社区卫生服务站全部达到浙江省新一轮社区卫生服务站标准化建设标准,20分钟便民医疗服务圈基本形成。创新成立“乐聚芦川综合合作服务中心”民办社会组织,强化服务基层工作。创新社会服务管理,落实“网格双联”制度,完善“三民”服务机制。完成镇十三届人大五次会议上确定的杭浦高速公路连接线路灯亮化工程、农业综合开发项目、杉青港圩区工程、全国中小河流综合治理一期工程、集镇生活污水集中收集管网建设工程、道路畅通与交通设施改善工程、社会治安“天网工程”、新仓中学风雨操场项目等8件政府实事项目。

社会管理　深化“平安新仓”创建。强化全员维稳机制,提升治安防控能力,依法妥善化解各类矛盾纠纷135件,信访积案1件,刑事警情数同比下降4.5%,成功抓捕欠薪逃逸企业主2人。全年受理来信来访248批次,“百姓事马上办”50件,市长电话327件,办结率100%。开展“三治”建设,抓好安全生产和食品药品监管工作,全年无各类重特大安全生产事故和食品药品突发性事件发生。

【全镇生活污水管网建设步伐加快】　2014年4月启动新仓、新庙集镇4标段工程建设,管网总长度9.6公里,总投资600余万元。7月启动建设企业围墙外2级接3级管网工程,总长2.6公里,总投资170万元,实现92家企业(单位)生活污水全入网。截止12月底,完成集镇二级污水管网建设里程16.4公里,完成市下达任务数的126.15%。2014年,新仓镇先后启动三叉河、中华、石路、秦沙等村农村生活污水收集治理工程,全年完成1870户农户生活污水入网工程,其中新社区927户,自然村落943户,完成全年任务数的107.8%。

【上海九星(平湖新仓)童车城一期开业】 10月25日,上海九星(平湖新仓)童车城一期举行开业典礼。上海九星(平湖新仓)童车城是九星实施"走出去"战略进程中的重要一步,一期总投资6000多万元,于2010年开工建设,占地面积2.8万余平方米。自2012年启动招商工作以来,上海九星(平湖新仓)童车城一期有95家商户入驻,以童车装配和童车电子商务为主,包含家用电器、餐饮、建材等配套商业。2014年平湖西瓜灯文化节期间,上海九星(平湖新仓)童车城二期进行签约,预计该项目总投资8亿元。

【茉织华印刷成为"2014年国家印刷示范企业"】 2014年10月,国家新闻出版广电总局公布的"2014年国家印刷示范企业"名单中,位于新仓镇的浙江茉织华印刷有限公司成为嘉兴地区唯一入选的企业。国家印刷示范企业评选主要从企业规模效益、技术装备、创新研发、管理体系、绿色环保和人才队伍等评审指标进行综合考量,浙江茉织华印刷有限公司以3.09亿元资产总额、2.48亿元销售收入排名第14位列其中(本批示范企业共30家)。浙江茉织华印刷有限公司是成立于上世纪90年代初的一家中外合资企业,凭借二十多年出色的产品质量、高效的全程服务和良好的市场信誉,已形成金融票据、财政税务票据、物流运单票据、数据打印、航空凭证、出口业务及其他商业票据等千余种产品的印刷规模,在防伪票据特种印刷方面占有一席之地。同月,公司董事长管政明被评为嘉兴市第三届十大风云人物,获"十大工业转型发展风云人物"称号。

【全市首个农业产业合作组织综合党委成立】 为进一步发挥党组织在农民专业合作社、农业行业协会、农业龙头企业等农业产业合作组织生产经营中的政治引领和助推发展作用,新仓镇党委经积极探索,在组建供销合作、专业合作、信用合作的"三位一体"新型合作经济基础上,2014年12月成立新仓镇农业产业合作组织综合党委,成为平湖市首个农业产业合作组织综合党委。综合党委将紧紧围绕"合作求发展、联合兴三农"的精神,深化"新仓经验",促进农业产业的发展、农民增收和新农村建设。

【新仓镇乐聚芦川合作服务中心揭牌】 12月9日,平湖市新仓镇乐聚芦川合作服务中心举行揭牌仪式,这是平湖市首个正式注册的村(社区)级社会组织。新仓社区于2014年初提出成立乐聚芦川合作服务中心的申请,旨在通过发挥民办非企业单位的作用,凝聚民间各方力量,开展社会管理和服务工作,8月30日正式获市民政局批准。乐聚芦川合作服务中心主要设立3个服务社,分别为家加乐劳务社、夕阳乐服务社、新苗乐爱心社,每个社下面设有组、队,配备社工7名、志愿者35人,分别为新仓社区失地农民通过技能培训实现再就业,为空巢独居老人提供为老帮扶,为新居民子女开展关爱活动等。新仓镇新仓社区以优化社区平台、扶持社会组织、培育社工队伍为着力点,推进"社区、社工、社会组织"三社联动管理体系建设,谱好

"三社联动"三部曲,从而形成服务百姓合力。

【三叉河村成为省级重点农村文化礼堂样板村】 2014 年 2 月,三叉河村开始筹建省级样板村文化礼堂,该礼堂占地面积 250 平方米,投入 23 万元资金,于 2014 年 9 月建成并投入使用。三叉河村文化礼堂的一大特色是"棉作文化长廊",展示着从棉花的种植生产过程到棉花制作成品,棉籽、营养钵机、羽纱篮、梭、丫削头、芦蓆布等,每一个环节都有实物供参观者了解。通过文化礼堂的平台,可以让年轻人了解棉作文化这种本土的传统特色。三叉河村文化礼堂自投入使用以来,该村还组织送戏下乡、各种节庆、草根达人秀、农业技能培训等惠民文化活动。

【新仓"着癞子"获亚洲音乐舞蹈艺术节金奖】 8 月 18 日,新仓非遗精品舞蹈"着癞子"走出国门远赴韩国参加亚洲音乐舞蹈艺术节,一举获得舞蹈类金奖。着癞子是平湖市民间的传统习俗。每逢正月十五,淳朴的农民便会点上火把,绕着农田奔跑,祈祷新一年的庄稼丰收。新仓镇根据这一传统习俗,创作出了文艺精品"着癞子",借此弘扬新仓传统文化,将中国民间艺术带到海外。

(马勤琴)

• 独山港镇 •

【概况】 独山港镇位于平湖市东南部,东接上海金山(石化),南濒杭州湾,西邻乍浦、林埭两镇,北界新仓、广陈两镇,是浙江省第二批中心镇,平湖接轨上海的"桥头堡",平湖"L"型城市的重要组成部分和城市副中心。区域面积 93.4 平方公里,耕地面积 79770 亩。2014 年末,下辖 22 个村民委员会、3 个社区居委会,有 548 个村民小组、22810 户,户籍人口 83750 人,其中非农业人口 7459 人。新居民登记在册人数 40547 人。2014 年全镇完成生产总值 551226 万元,可比增长 9.4%。完成财政总收入 78498 万元,其中一般公共预算收入 32471 万元,同比分别增长 12% 和 6.5%。农民人均所得 23251 元,增长 9%。计划生育率 99.47%。

农业　2014 年,全镇实现农业增加值 26111 万元,农业现价总产值 39173 万元。全年粮食播种面积 112117 亩,总产量 50722 吨。油菜籽种植 11142 亩,总产量 1975 吨。棉花种植 1338 亩,总产量 104 吨。生猪年末存栏 10466 头,肉猪年内出栏 46400 头。家禽年末存栏 49278 羽,家禽年内出栏 44278 羽。水产品总产量 2062 吨。新增粮食功能区 2 个,面积 2007 亩,累计已完成粮食生产功能区建设任务 10711 亩,其中省级粮食功能区 3 个,面积 4675 亩。依托农业龙头企业和农民专业合作社,积极推进农业规模经营,新增流转土地面积 2000 亩。加强征而未用土地管理,共发包土地 10510.03 亩。培育科技示范户 70 户,完成农业专业技能培训 985 人次。加快水利重点工程建设,周圩圩区完工投入运行,跃进圩区主体工程基本完成。开展惠农补贴 4 项,涉及农户 3 万户,补助面积 27 万亩,发放惠农补贴 858 万元。稳步推进"强村计划",规范农村集体资产管理,建立独山港镇农村集体产权交易中心,认真开展村级组织换届选举审计,对各村 2011—2013 年的任期财务情况进行审计。

工业　2014 年末,全镇工业企业 2303 家,从业人员 42479 人,全年实现工业增加值 356413 万元。全镇 111 家主营业务收入 2000 万元以上的工业企业实现工业总产值 1758464 万元,主营业务收入 1689540 万元,利税总额 69853 万元,其中利润 20803 万元,同比分别增长 35.5%、32.9% 和下降 3.9%、23.5%。全年完成合同外资 16381 万元,实到外资3666万元。引进市外内资146695万元,其中实到浙商回归内资51727万元、外资5792万美元。主攻有效投入,完成固定资产投资512891万元、增长11.8%,其中工业生产性投入360815万元、增长18.3%。大力发展民营经济,鼓励传统产业转型升级,新增认定(复审)国家高新技术企业3家、省科技型企业5家、省级研发中心2家、嘉兴市级研发中心3家、平湖市级研发中心6家,申请专利514件。完成"个转企"57家。全面完成四大行业整治,涉及化工行业企业2家、造纸1家、印染1家,新增污水入网企业86家。

第三产业　2014年,第三产业实现增加值151580万元。口岸开放获得国务院批复同意,大力发展现代港口物流业,全年完成服务业投入19.3亿元,增长25%。建成万吨级以上码头9个,在建3个,在批5个,港口货物吞吐量1384万吨,集装箱9万标箱。11个服务业重点项目全部开工建设,浙能嘉兴独山煤炭中转码头、白沙湾原油商业储备基地(二期)工程等4个服务业项目列入省海洋经济重大项目。

城乡一体化建设　完成路网、黄线、绿线规划和《小城市培育试点三年行动计划》编制方案。完成港城、虎啸集镇、全公亭集镇3个单元控规调整方案,启动编制村庄布点规划、周圩集镇建设规划和港城核心区城市设计。加快推进疏港道路建设,海河路西段拓宽、通港路一期、卫星路等3条道路已竣工,中山路一期一标段、振港路、凤舞路二期等8条道路正在加快建设。完善公用设施配套,化工公共管廊一期、特勤消防站竣工投入使用,工业水厂投入运行。完成学生接送车途经路段全衙路改造工程,完成6座桥梁改造。投资2332万元建设污水管网2.3万米,完成市下达任务的116%。加快新社区基础设施建设,总投资910万元,新进社区建房85户。加强农村建房管理,稳妥推进农房向新社区集聚,南中、紫云、周圩佳苑初具形象。加快推进安置房建设,绿洲花苑总建筑面积17.5万平方米、共1522套全部完工并通过竣工验收;龙吟花苑总建筑面积17.5万平方米、共1598套,一期330套已完成竣工验收,二期1268套通过竣工初验;文丰花苑总建筑面积22.65万平方米、共1606套正在加快建设中。

新农村建设　重点抓好房屋搬迁安置区块、工业平台、道路基础设施建设涉及户的征迁扫尾工作,稳步有序推进白沙湾区域搬迁,全年启动搬迁421户,其中已评估405户,已签约312户。投资1473万元完成农村安全饮水三级管网改造主体工程。全年完成"三改"面积14.1万平方米,拆除违法建筑24万平方米,农村"一户多宅"得到全面清理扫尾,"截污清源"重点户8户已全部拆除,处置违章搭建86起。"四位一体"长效保洁工作不断完善,投入2400万元购置一批环卫设施,新建7座垃圾收集房、改建7座公厕,建成河道垃圾中转码头、垃圾压缩房。绿化工作不断推进,加强苗圃基地建设,做好道路节点绿化设计改造,投入3500万元,绿化面积915亩,完成市下达任务的160%,完成中山路绿化隔离带、海港路绿化等工程。

社会事业　深入开展爱卫创建工作,扎实做好食品药品安全工作。韩庙等4个村级社区卫生服务站投入使用,黄姑卫生院迁建进入前期准备阶段,黄姑幼儿园迁建工程进入评审阶段,周圩菜场投入使用。开展海洋文化节、体育运动会、家庭教育节等群众性文化活动28项。

民生工作　2014年底全镇城乡居民养老保险参保总人数23127人。低保实现动态管理下的应保尽保,全镇低保对象382户583人,发放低保金254万元,慰问费16万元。低保边缘户230户674人,发放补助金10万元。加强养老服务中心管理,提升管理服务水平。成立独山港镇老年人协会和红十字会。做好双拥工作,发放优抚补贴321.14万元。提高残疾人生活水平、发放补助金122万元,全面推进康复进社区工作,扎实推进残疾人共享小康工程。

社会管理　“三治建设”全面推进,积极做好边界维稳工作,妥善处置边界环保纠纷,加强社会矛盾隐患的排查和化解,从源头上预防和减少群体性事件的发生。全年刑事警情数473起、下降13%,共受理各类矛盾纠纷160起、调解成功率99%。承办市长电话交办件574件、满意率91%,处理群众来信来访83件,办结率100%。加强隐患企业重点排摸,及时妥善处置劳资纠纷12起,严格落实安全生产责任制,全年未发生重大安全生产事故。

【韩其芳走上“国家电网浙江省电力公司培训中心”讲台】　1月23日,浙江晨光电缆股份有限公司高级技师、省首届首席技师韩其芳应国家电网浙江省电力公司培训中心湖州分中心邀请,前往该中心对33名学员作电缆专题知识讲述。湖州分中心主要承担国家电网公司配电带电作业培训及浙江省电力公司系统内配电、用电、基础管理等员工培训,满足不同层次电网人员培训及技能鉴定。韩其芳,1995年3月,经过选拔和培训,被选派到当时世界先进的诺基亚电缆生产线跟班学习。只有高中学历的他克服了理论基础知识的不足,抓住一切机会向芬兰工程师请教技术难题。回到晨光电缆公司后,他很快在技术工人中脱颖而出,成为技术带头人,为提高电缆企业整体能力,完善自身业务素质做贡献。

【“金丝娘”获评浙江省著名商标】　1月1日,独山港镇金丝娘水果专业合作社的“金丝娘”商标成为浙江省著名商标,该称号有效期为6年。

【独山港镇便民服务中心被评为省级示范乡镇行政服务中心】　1月,平湖市独山港镇便民服务中心被评为省级示范乡镇行政服务中心。2014年该便民服务中心创建“AB岗”制度,安排对口窗口的工作人员在周末值班,共涉及计划生育、社会保障、村镇规划和企业服务5个窗口。

【独山港镇司法所获评浙江省社区矫正先进集体】　7月,独山港司法所被评为全省社区矫正工作先进集体,是嘉兴市唯一获此荣誉的司法所。该所认真贯彻《社区矫正实施办法》,从加强日常监管、做好教育矫正、严格请假制度、提高业务素质、定期分析汇报、规范解矫程序等6方面着手,抓好矫正对象的接收、登记、学习教育、公益劳动、考核、解矫等工作,为深化“平安独山港”建设作出积极贡献。

【穗轮村被命名为省“农民工文化家园”】　12月18日,独山港镇穗轮村被命名为2014年浙江省“农民工文化家园”。该村有新居民2600余人,通过依托独山港镇总工会、穗轮村联合工会,不断整合资源,积极构建“农民工文化之家”,丰富外来务工人员的精神生活。穗轮村拥有包括文化礼堂、多媒体活动室、会议室、图书室、活动室等1000平方米的室内活动场所,配有电脑、音响设备、投影仪等;2000平方米的室外文化休闲广场,设有篮球场、体育场、乒乓球台、演出舞台等文娱设施,每年投入2万元,确保文体活动的正常开展。

【晨光电缆公司及员工金金元获多个嘉兴市奖项】　7月、8月浙江晨光电缆股份有限公司分别获嘉兴市首届“红船杯”工业设计大赛创新设计奖、嘉兴市科学技术进步奖二等奖,该公司员工金金元获浙江省民营企业科技工作者创新奖、嘉兴市“杰出职工”、嘉兴市首届“红船杯”工业设计大赛十佳设计师、嘉兴市第三批“南湖百杰”优秀人才、嘉兴市第六批新世纪专业技术带头人等5项个人奖项。

【孙在珍上榜“浙江孝贤”成嘉兴唯一人】 4月15日,独山港镇丰荡村农妇孙在珍光荣上榜,成嘉兴市唯一获此殊荣的人。孙在珍55岁,当嫁入第一任丈夫家时,就对婆婆的照顾无微不至。后其丈夫意外离世,除要独自承受内心的悲伤外,孙在珍还要承担起照顾家中老人、孩子的责任。在孙在珍的努力下,他们的日子慢慢回到了正轨,她的婆婆也走出了失去儿子的阴影。在和第二任丈夫重新组织家庭时,孙在珍唯一的要求就是带着婆婆一起改嫁。30多年来,孙在珍对自己的婆婆照顾得无微不至,尽到了作为媳妇的责任,为村民树立了良好的榜样,传递了社会正能量。孙在珍还曾多次获“最美嘉兴人·十佳嘉禾女性道德典范”“嘉兴市第四届道德模范”“平湖市十佳孝星”等称号。

【平湖市首家民间应急救援机构正式挂牌成立】 5月13日,平湖市曙光应急救援中心在独山港镇韩庙村举行挂牌仪式,这标志着该市首家正式注册的民间公益应急救援机构正式成立。该中心拥有一套完整的组织体系,上设决策机构理事会,下设搜救、医疗、后勤、培训、宣传5个行动组,拥有队员143名,覆盖全市各个镇(街道),主要开展免费户外救援,并协助有关部门展开灾难救助等志愿服务工作。

【平湖市首宗海域使用权成功公开挂牌出让】 8月5日,平湖市嘉兴港独山港经济开发区A区3号区块海域(海域面积为6.0218公顷,海域使用权年限为50年)使用权经公开挂牌出让,最终由平湖中航油港务有限公司竞得。3号码头投资估算达2.48亿元,建成后石油液体化工品的年吞吐量达150万吨。这也是平湖市首宗海域使用权公开挂牌出让,实现了海域资源的增值保值,为全市进一步规范经营性用海秩序,发挥海域资源效益最大化奠定坚实基础。 (柯孟青)

·广陈镇·

【概况】 广陈镇位于平湖市东北部,南与独山港镇相邻,东与新仓镇接壤,西与当湖街道相邻,北与新埭镇交界。区域面积54.9平方公里,耕地面积57022亩。2014年末,辖11个村民委员会、1个社区居委会,有183个村民小组、10440户、37788人,其中非农人口1310人,新居民登记在册人数8053人。全年全镇实现生产总值152508万元,比上年增长9.5%。财政总收入10924万元,其中一般公共预算收入4132万元,比上年分别增长0.6%和9.4%。农民人均所得22708元,比上年增长9%。计划生育率99.64%。

农业 2014年,全镇实现农业增加值26447万元,农业总产值37512万元。粮食播种面积82427亩,油菜籽种植面积5124亩,西瓜种植面积565亩。粮食总产35141吨,油菜籽总产852吨,西瓜总产1192吨。蔬菜复种面积12028亩。水产养殖面积3400亩,水产品总产量7325吨,总产值6842万元。生猪年末存栏18449头,肉猪年内出栏76873头,苗猪出栏94116头。家禽年末存栏55953羽,家禽年内出栏188993羽。长毛兔年末存栏2310只,全年兔毛产量1698公斤。全面加快新广省级现代农业综合区集约化规模发展,新增投资2820万元,新增土地流转815亩。农业综合开发项目、粮食生产功能区建设和千亿斤粮工程稳步推进,完成2个万亩高标准农田建设项目。完成农业专业技能培训350人次。建成龙兴、龙萌圩区并投入使用,山塘、山华、龙兴圩区主体工程基本完成,高新圩区开工建设。规范村级集体“三资”管理,产权交易中心累计交易项目159个,成功交易141个,成交金额640.51万元。推进强村计划项目建设,龙山创业中心、联鑫综合楼项目完成主体工程。申报省级“一事一议”项目7个,工程建设基本完成并进入结算阶段。

工业　2014年末,全镇有工业企业314家,从业人员12023人。全年实现工业增加值69473万元。32家主营业务收入2000万元以上工业企业全年实现工业总产值190373万元,主营业务收入174430万元,利税总额9020万元,其中利润总额2587万元。全年新引进工业项目10个,总投资7.9亿元。引进市外内资2.24亿元,其中注册资本1.2亿元;完成合同外资1389万美元,实到外资923万美元。全年实现进出口总额5942万美元,其中出口5872万美元,同比分别增长29.5%和31.3%。完成全社会固定资产投资6.2亿元,同比增长27.7%,其中工业生产性投入4.58亿元,同比增长3.81%。完成市重点工业项目投资1.7亿元。实施“浙商回归”项目8个,累计投资1.86亿元。实施“两退两进”项目14个,盘活土地80.53亩。实施“四换三名”专项行动,机器换人项目13个,淘汰落后设备148台;空间换地项目10个,新增建筑面积1.56万平方米;电商换市项目6个。企业科技投入不断加大,申报国家级科技星火计划1项、省级科技成果转化项目2项;申请国家专利192件,其中发明专利14件;申报省级新产品计划30项。顺利通过“科技服务中心规范化建设”试点工作验收。引进硕士学历人才4名;申报嘉兴领军人才2名,成功入选1名。

第三产业　2014年,服务业项目总投资14000万元,成功引进浙江爱晚健康产业园项目、太平洋百联电子商务第三方托管和物流项目,总投资分别为63.07亿元和3200万美元。全年实现第三产业增加值54665万元。

新农村建设　以“规划引领”为抓手,加快多规融合,全面启动新一轮“1+X+N”村庄布点规划,委托省规划设计院对广陈镇总体规划和控制性详细规划进行了重新编制。完成土地复垦86亩,土地开发93.5亩,启动2个农业综合开发项目,拆旧区总面积186亩。完成农房集聚80户,启动曹港等4村(社区)扩建工程。加快工业园区剩余农房和镇重点地块征收,签订征迁协议36户,完成镇政府门口历史遗留2幢楼房拆除工作。加大绿化投入,完成绿化造林463亩。全年拆除违法建筑345129平方米,其中“百日会战”以来拆除违章猪舍296025平方米,“三改”完成6.2万平方米。狠抓生猪减量提质,加快养殖业转型升级,年末生猪存栏削减70916头,收取生猪养殖污染处置费42.5万元。完成散葬乱埋建筑性坟墓集中整治706个。制止和拆除新出现违章建筑面积4865平方米。积极开展捐资认河,合计捐款额175.3万元;广陈商会44家企业认领河道44条。全面完成“清三河”治理工作,其中垃圾河97条,“黑、臭河”10条,“三河”治理率100%,共计109.9公里;完成清障110.7公里,新建永久性拦污栅83道。封堵排污口435个,疏浚河道22.52公里。完善“四位一体”环卫保洁体系,落实保洁人员161人,全镇清运垃圾7300吨。开展小新村断面周边水环境整治和“五水共治”示范片区建设,2014年3—12月出境断面水质按月考核,2014年3月至12月实现“十连优”。完成污水二级管网15.08公里,新增企事业单位入网91家,沿街商铺生活污水纳管1629户。

启动和加快戴王浜乡村园、孟坚文化园、农民公园等一批"美丽乡村"重要节点建设和杨树港生态河道建设。加快基础设施建设，完成广陈集镇公共停车场建设。开展"最美广陈人"评选和"十星级文明户""村村争五星"等活动。龙萌村"优美庭院"创建工作通过嘉兴市级验收。

社会事业　广陈计生服务站获嘉兴市服务民生满意站所，镇"三优"指导中心被评为省级示范站。广陈中学中考重点中学录取率继续名列全市乡镇中学第一，中心小学"和美乡土文化教育"被评为市特色学校项目，中心幼儿园被评为市特色幼儿园；镇成校改造工程顺利推进，并通过省标准化成校验收。文化惠民不断深入，开展各类主题送戏下乡30多场，送电影下乡132场。完成村级文化礼堂建设5个，三红、山塘文化礼堂已投入使用。

民生工作　启动民生实事"十个一"示范项目8个，竣工6个。加快推进村组道路硬化和危桥改造，全年投入520万元，改造危桥4座，道路硬化28公里。完成广山路校道拓宽工程主体工程和平广路平朱线亮化工程，启动平广路两侧拓宽绿化工程。完成镇中心幼儿园二期土建和敬老院二期扩建工程。不断提升公共卫生服务水平，完成60岁以上农民体检6291人，妇女病普查6496人，两癌筛查6134人。2014年全镇城乡居民养老保险参保人数15203人，合作医疗参保率99.05%。全年发放低保、临救、医疗、大病等救助400多万元，慰问救济困难残疾人150人，发放慰问金15万元。5个村通过市居家养老服务照料中心星级评定，民主村养老服务中心建成并投入使用。

社会管理　积极推进"三治"建设，12个村(社区)全部成立"法制服务团、德治评议团、自治议政团"组织。继续深化"网格双联"工作和"平安广陈"建设，配备指导员进驻12个重点网格破解管理难题。对1个重点整治单位、1个重点整治区域和9家低小散企业开展集中整治，降低消防隐患和劳资纠纷发生风险。新增社会治安动态视频监控探头100个，前港鑫港花苑创建为"零发案"社区。受理调处矛盾纠纷334起，调处成功率100%；受理市长电话交办338件，办结率100%，按时反馈率100%；受理"百姓事马上办"交办单56件，办结率100%；受理群众上访102批次142人次；广前路商住楼纠偏等3件信访积案得到化解结案及稳控。加强安全生产和劳动保障，处理劳资纠纷21起计378人，调处率100%。创建安全生产标准化达标企业28家，达标率列全市第一。食品药品安全等市场监管工作不断强化，出动执法检查268人次，检查经营户985户，开展专项整治行动10余次。企业食堂持证率100%，列全市第一。

【"草仙子无花果"获第七届中国义乌国际森林产品博览会金奖】　广陈镇草仙子无花果专业合作社创办于2010年，以无花果生产为主营项目，2013年被评为平湖市名牌产品、平湖市著名商标。合作社坚持以绿色食品标准生产无花果，2014年通过了绿色食品验收，11月在第七届中国义乌国际森林产品博览会上，经过各展团推荐、专家评审和组委会审定，获得金奖。

【龙萌村乡村记忆馆示范基地通过省级验收】　龙萌村乡村记忆馆建于2013年10月，总投资14.86万元，建筑面积150平方米。馆内展陈内容划分为村史村情、乡风民俗、崇德尚贤、美好家园、后记及农耕农具等版块。该记忆馆展示了龙萌村60余年的发展历程和成就，运用档案文化的展示宣传教育功能，将村文化的精华记录保存下来，打造村落文化的传承地、乡风文明的弘扬地、新型农民的培育地,促进乡村精神文明建设和村域经济的发展。2014年6月通过乡村记忆馆示范基地省级验收。

【广陈镇公路养护站成为省级规范化乡级农村公路管理站】 广陈镇农村公路管理站成立于2008年1月,隶属于镇社会事业服务中心。该站承担镇域内镇级公路(乡道)和重点养护的村级道路(路宽5米以上)的养护和管理工作。全站有干部职工3人,养护保洁单位养护人员7人,全镇16条农村公路均由镇农村公路管理站统一设置公路养护公示牌。2014年11月,该站成功创建为浙江省规范化乡级农村公路管理站。

【在全市率先开展农业废弃物规范化处置试点工作】 2014年4月,广陈镇按照“保本土、保基本、保安全”的基本思路,在全市范围内率先开展废弃农药包装物回收处理工作,累计发放回收标签37.3万只,回收各类农药废弃包装物25.8万只,其中移交市丰达农资连锁有限公司回收处理23.3万只,支付回收补助款4.5万元,实现废弃农药包装物全回收,以进一步改善农村生态环境,加快推进美丽乡村和生态文明建设。

【广陈镇卫生院创建为“省级卫生监督协管服务示范点”】 广陈镇卫生院创建于1958年,占地面积17亩,建筑面积5000余平方米。院内环境整洁,绿树成荫,独广公路从院前经过,地理位置优越,交通十分便利。近年来,医院不断强化软硬件两方面建设,继2012年全面完成医院改扩建项目后,又启动了新一轮规范化社区卫生服务站建设。医院现已成为一所功能齐全的综合性乡镇卫生院和区域社区卫生服务中心,2014年8月成功创建为省卫生监督协管服务示范点。

【浙江旭马机械有限公司被评为浙江省科技型企业】 浙江旭马机械有限公司成立于2010年6月,是一家专业设计、生产施工升降机的企业。公司拥有雄厚的技术力量和先进的施工设备,配置了逆变焊接机、数控冲床等一批世界水平的先进设备。企业坚持“确保产品质量、追求顾客满意、持续改进管理”的质量方针,依靠科技进步,不断研制开发新产品,2012年以来,已向国家知识产权局成功申请了5项专利产品并全部获得通过。2014年10月被评为浙江省科技型企业。

【平湖“悦莱春”羊毛衫获2014年浙江省名牌产品称号】 12月,“悦来春”羊毛衫被评为浙江省名牌产品。平湖市悦春毛衫制衣有限公司创建于1996年,公司位于平湖市广陈工业园区,已拥有三家子公司,标准房38000多平方米,职工1800多人。公司先后获得浙江省著名商标、中国名牌产品等称号。“悦莱春”以纯自然、纯感受为设计理念与宗旨,不断开发时尚、流行、实用的羊毛衫等系列针织服饰,赢得了消费者青睐和爱戴。2014年实现产值23737万元,利税总额2270万元。

【广陈镇实施项目化帮扶低收入家庭增收】

2012年,广陈镇按照市委对低收入家庭帮扶三年行动计划的要求,实施“勤耕农场大棚种植帮扶项目”和“郎德鹅养殖创业扶持项目”2个项目。实施项目帮扶以来,全镇90户低收入农户通过养殖郎德鹅增加收入,40户无劳动能力的低收入家庭获每年蔬菜大棚年终帮扶分红。2014年,20户低收入家庭获每户2000元的分红补助。

【龙萌村创建为浙江省民主法治村】 广陈镇龙萌村位于平湖市东北,全村有13个村民小组,农户539户,总人口1984人;2014年全村经济总收入19750万元,人均纯收入

24352元。龙萌村属省级现代农业园区新广核心区,区内已落户农业项目十多家。近年来,该村先后被授予浙江省卫生村、浙江省特色旅游村、浙江省森林村庄、浙江省全面小康农村新社区等称号。该村始终坚持和完善农村基层党组织的建设和村民自治制度,保彰人民群众依法行使民主权利。在成功创建嘉兴市民主法治示范村基础上,加强组织建设,阵地建设和制度建设,将创建工作列入村重要议事日程,建立完善村务公开和治保调解两本台账,使村务管理更加规范,民主决策更加合理,民主监督更加有效。2014年2月被省委、省政府授予"民主法治村"称号。

(丁 吕)

•林埭镇•

【概况】 林埭镇位于平湖市境南部,南接乍浦镇,东临独山港镇,北与当湖街道相接。全镇区域总面积48.5平方公里,耕地面积48171亩。2014年末,辖11个村民委员会,1个居民委员会。有150个村民小组、9864户、34695人,其中非农业人口1962人。新居民登记在册人数8060人。全年全镇实现生产总值175960万元,可比增长13.5%。财政总收入33192万元,其中一般公共预算收入13107万元,分别增长64.7%和46.7%。农民人均所得22450元,可比增长9%。计划生育率99.05%。

农业 2014年全镇农业总产值31599万元,农业生产总值21857万元。传统粮油生产保持稳定,粮食播种面积76526亩,油菜籽种植面积9361亩,棉花种植面积1079亩,西瓜种植面积1134亩,蔬菜复种面积8349亩。全年粮食总产量33996吨,棉花总产量87吨,油菜籽总产量1691吨,西瓜总产量2795吨,蔬菜总产量20751吨。大力实施特色农业园区建设,初步建成以四季水产养殖基地为窗口的南美白对虾养殖水产精品园,水产养殖业优势得到巩固。生猪减量提质取得明显成效,生猪年末存栏9842头,比上年减少80.1%;肉猪年内出栏27162头;家禽年末存栏38297羽,家禽年内出栏50793羽,禽蛋总产量102吨。大力推进"五水共治",全面完成"清三河"年度工作任务,32条"三河"治理完成率、验收通过率、水质合格率均达到100%,治水工作得到嘉兴市、平湖市两级领导的充分肯定,并在全市河道保洁考核中保持优秀。大力实施农村圩区建设,农跃、新庄圩区基本建成,有利、徐家埭圩区年内启动建设。积极实施"一事一议"筹资筹劳项目,全年申报奖补项目7个,总投资742.46万元,其中争取上级补助494.98万元。全面启动新一轮"强村计划"三年行动,三个跨村联建抱团发展项目进展顺利,村级集体经济不断壮大。加强农资信用体系建设和动物防疫工作,实现农产品和农资生产经营安全无事故。四季水产、"阿奴"杜瓜子、"阿美"珍珠进一步打响品牌。

工业 2014年末,全镇有各类工业企业818家,从业人员12758人。全年实现工业增加值9.87亿元,可比增长24.4%。全镇36家主营业务收入2000万元以上规模工业企业实现工业总产值237182万元;主营业务收入250948万元元;利税总额44668万元,其中利润31262万元,同比分别增长10.9%、24.5%、134.4%和190.2%。全年实现进出口总额10903万美元,其中出口8402万美元,同比分别增长14.5%和2.2%。实施规模企业培育工程,全年新增规模以上企业2家;工业总产值超亿元企业7家,较上年增加2家。落实稳增长措施,继续扩大有效投入,全年完成固定资产投资6.66亿元,其中工业生产性投资5.16亿元,同比分别增长22.9%和24.2%。狠抓项目落地,加快推进项目建设,全年在建工业项目25

个,年内完工14个,其中市级重点项目7个,计划总投资3.72亿元,全年完成投资2.61亿元。加快工业平台建设,抓好工业园区东扩征收工作,全年东扩征地178亩。加快推进园区道路等配套基础设施建设,园区工业项目环评率达到100%,“三同时”执行率达到95%。加快推进园区产业集聚,开展企业转型升级绩效评价工作,园区内汽车零部件、机械装备等特色产业集群逐步形成,集聚企业达到60余家。招商引资成效明显,全年合同利用外资1911万美元,同比增长8.5%,完成年度目标的152.91%;实到外资903万美元,同比下降17.3%,完成年度目标的100.37%;引进市外内资23027万元(其中,注册资本1.16亿元),完成年度目标的115.1%。浙商回归到位资金8180万元。全年完成“个转企”27家。推进节能减排,全镇规模以上工业企业万元工业增加值综合能耗下降4.2%。

第三产业　加快推动服务业发展,三产经济日趋彰显活力。全年完成服务业投资1.21亿元,同比增长21.3%,超额完成年度目标任务。引进服务业市外内资项目取得重大进展,全年引进服务业项目3个,总投资1.1亿元。列入市服务业重点推进项目的平湖市洲嘉勒置业有限公司住宅用房项目年内完成主体施工,预计2015年中期竣工验收。中正置业龙晟家园二期住宅用房项目进展顺利。集镇商贸功能进一步完善。2014年全镇实现第三产业增加值53651万元,可比增长6%。

新农村建设　城乡基础设施日益完善。投入近400万元,全面完成林埭、徐家埭两个集镇综合整治工作。实施虹霓大桥西入口、平廊公路北入口等入镇口改造提升工程及镇区主要道路、立面绿化、亮化、美化工程,加快建设集镇文化广场、停车场、农贸市场等公共配套设施,集镇公共服务功能和形象明显提升。继续实施农村公路路肩整治工程,加快通组达户公路建设和危桥改造进程,提升道路整体通行能力,全年完成路肩路网改造15.8公里、通村道路硬化12.7公里、危桥改造13座、村级垃圾房改造11个,新增绿化647.5亩。加大污水治理力度,全年新建一、二级污水管网14.8公里,新增污水收集6.5万吨,完成42家企事业单位和1194户农村家庭污水入网。开展“美丽乡村”建设,推进“三改一拆”违建清理和“四位一体”大环卫保洁工作。全年拆除各类违建18万平方米,拆后土地利用率达到60%以上;完成旧住宅区改造1.3万平方米、旧厂区改造1.1万平方米、城中村改造1.3万平方米。创新完善“四位一体”大环卫保洁机制,实施保洁员定位管理,探索推行村级垃圾房桶换桶密闭收运模式,实现“一户一垃圾桶”全覆盖。全面完成民生实事“十个一”示范创建。加快推进“1+X”农村新社区建设。“无违建”创建、嘉兴市“美丽乡村先进镇”建设顺利通过考核验收。

社会事业　大力推进素质教育,中考重点中学录取率、幼儿入园率、小学毕业统测、成人教育继续领先全市乡镇同类学校,中心幼儿园成功通过省二级复检,成功举办第六届家庭教育节暨未成年人思想道德教育活动。完成农村劳动力培训1832人次,完成三年扫盲任务。继续保持稳定适度的低生育水平,成功创建为“嘉兴市人口计生依法行政示范镇”。深入推进文化产业发展,完成“九彩龙”嘉兴市级品牌商标认定,成功举办第九届龙文化艺术节,5个村建成“文化礼堂”。成功创建为“嘉兴市文明镇”。全镇农民上网户数达到6300余户。自来水入户数进一步增加,达到8797户,入户率99%。新便民服务中心、镇中心小学行政教学楼和中学拆装式游泳池建成并投入使用。

民生工作　社会保障体系日益完善。

2014年全镇有13503人参加城乡居民社会养老保险,全年新增参保人员335人;20892人参加新型合作医疗保险,参保率99%。健全社会救助、双拥优抚工作机制,关心关爱弱势群体,年末全镇五保孤寡老人112人。全年发放各类救助资金449.96万元、抚恤金和生活补助费77.12万元。健全养老服务体系建设,成功创建一家村级4A级居家养老照料中心。加快推进残疾人社会保障体系建设,实施残疾人共享小康工程,开展免费上门为残疾人送康复服务试点工作。重视发展慈善事业,拓展冠名企业3家。

社会管理　以建设"平安林埭""法治林埭"为目标,深入开展"三治"建设,推进"六五"普法,深化"网格化管理、组团式服务"工作,首创以"孝文化"助推社会综合治理。大力实施徐家埭集镇治安重点地区挂牌整治行动并通过嘉兴市考核验收。全年受理信访511件次,调处矛盾纠纷94起,按时反馈率、矛盾化解率均达到100%。全年处理治安警情数553起、刑事警情数160起,分别较上年下降3.2%和14.9%,高压打击了各类违法犯罪行为。全面加强安全生产、食品药品安全监管等工作,全年未发生安全生产事故。

【《平湖庄桥坟遗址刻画符号图集》出版】
3月27日,由浙江省文物考古研究所和平湖市博物馆联合编辑的《平湖庄桥坟遗址刻画符号图集》正式出版。作为全国重点文物保护单位的庄桥坟遗址是迄今为止已发现的最大良渚文化墓地之一。经过多年的发掘和整理,在其中的240多件器物上发现了刻画符号及原始文字,使庄桥坟遗址成为目前已发现刻画符号最多的良渚文化遗址。《平湖庄桥坟遗址刻画符号图集》按器物类别,详细介绍了器物和刻符的照片、拓片等资料。图集制作精美,清晰周详。庄桥坟遗址的这些珍贵史料为研究中国古文字起源、发展、演变等提供了重要的实物资料,同时对良渚文化的研究,特别是良渚时期文字的产生、文明的进程、古国的形成等课题研究也有着重要价值。

【庄桥坟遗址发现原始文字座谈会召开】　7月6日,由浙江省文物考古研究所、平湖市文广新局主办的"平湖庄桥坟遗址发现原始文字座谈会"在平湖市召开。国家文物局考古专家组成员、故宫博物院原院长、教授张忠培,国家夏商周断代工程首席专家、北京大学考古文博学院教授李伯谦,故宫博物馆研究员杨晶,浙江大学文化遗产研究院常务副院长、教授曹锦炎,复旦大学出土文献与古文字研究中心主任、教授高蒙河,复旦大学人文学院副院长、教授刘钊,安徽大学人文学院副院长、教授徐在国等来自全国各地的10多位古文字研究专家,以及省文物考古研究所、良渚博物院、嘉兴市文物局等单位的专家、领导和有关媒体记者参加了座谈会。会上,专家们听取了平湖庄桥坟遗址考古领队、浙江省文物考古研究所研究员徐新民的论述,围绕平湖庄桥坟遗址出土的两件石钺上刻划连续的一组符号是否是良渚文字进行了广泛深入的研讨。与会专家一致认为,平湖庄桥坟遗址石钺上的刻符当属良渚原始文字,但究其根源尚有待进一步探究。

【新居民阿优作品荣获省农民读书征文比赛一等奖】　2014年10月,林埭镇新居民阿优所著《租房里的书柜》一文在浙江省农民读书征文比赛中获一等奖。阿优原名解好此且,彝族人,1985年生于四川省普格县,2007年到林埭镇务工,现为平湖市作家协会会员、林埭镇文联会员、平湖市总工会职工联谊会会员。其作品《漂泊的灵魂》曾获2012年"非常梦想——四川省首届农民工原创文艺作品大赛”诗歌二等奖,诗歌《阿优诗十首》和散文《爱,在工厂的夹缝》曾获2014年“新工人杯”文艺大奖赛优秀奖。

【陈匠村成为全市首个“浙江书法村”】 10月29日,“浙江省书法村(社区)”授牌仪式在嘉兴市南湖区建设街道百福弄社区举行,林埭镇陈匠村被评为“浙江书法村”,这是平湖市首个“浙江书法村”。陈匠村书法底蕴深厚,建有书法协会,经常性开展书法活动并具有一定的文化辐射力。村书法协会会长张富根曾开办个人书画展,会员王老虎、沈小观等人均参加过市级、镇级书法展览。每年春节,陈匠村书法协会的会员们均会开展为村民送春联等公益活动,在全村营造了浓厚的书香氛围。

【林埭镇创建为“嘉兴市人口计生依法行政示范镇”】 2014年6月,嘉兴市人口计生委通报表彰“人口和计划生育依法行政示范镇(街道)”,林埭镇榜上有名。近年来,林埭镇人口和计划生育依法行政工作坚持以机制建设为抓手,以深入宣传为手段,以优质服务为依托,从文件合法、普法深入、执法规范、服务便民、奖励落实、保障有力等方面,扎实推进各项工作有序开展,计划生育率连续3年达到98.5%以上,群众满意率达到95%以上。

【“平湖九彩龙”获首个文化类“嘉兴市著名商标”称号】 3月23日,林埭镇综合文化站获嘉兴市工商行政管理局颁发的“嘉兴市著名商标”证书。平湖九彩龙艺术团成立于2007年,2010年注册“平湖九彩龙”文化商标。“平湖九彩龙”作为浙江省级非遗项目,是平湖传统民间艺术瑰宝,也是平湖对外宣传的金名片,在海内外艺术表演领域中具有较高的声誉和社会影响力。

【林埭镇成立全市首个村级艺术团】 9月30日,林埭镇在共和村文化礼堂成立平湖市首个村级艺术团——林埭共和艺术团。该艺术团是经林埭镇综合文化站、林埭镇共和村村民委员会同意成立的文艺社会团体,由共和村喜爱文学、音乐、舞蹈、曲艺、体育的民间艺人组成,首批团员30余人。艺术团聘请嘉兴市歌舞团副团长翟许梁担任艺术顾问,积极组织村内文艺骨干,利用业余时间为广大群众开展义务演出,着力丰富人民群众的精神文化生活,助推农村精神文明建设。

【林埭镇成立全市首个社区矫正帮教讲师团】 1月,林埭镇创新工作方法,成立平湖市首个社区矫正帮教讲师团。该讲师团由镇司法所所长任组长,司法助理员、社区民警、法律顾问、社区矫正工作者、村(社区)矫正帮教工作站站长等为成员,组成人员专业性较强。讲师团成立后,丰富了教育学习内容,发挥了司法所矫正办和村(社区)矫正帮教工作站的作用,提升了工作成效。(屠臻晟)

2014年全市镇(街道)经济社会主要指标一览表

	当湖街道	平湖经济开发区(钟埭街道)	曹桥街道	乍浦镇(含港区)	新埭镇	新仓镇	独山港镇(含独山港区)	广陈镇	林埭镇
地区生产总值(万元)	919602	965901	219887	902210	327765	291728	551226	152508	175960
其中:第一产业	10090	13152	14006	5670	34401	24886	26111	26447	21857
第二产业	180219	788462	131620	650152	200664	178910	373535	71396	100453
第三产业	729293	164287	74261	246388	92701	87932	151580	54665	53651
全社会固定资产投资(万元)	499317	438602	126650	655921	165010	171719	512891	61991	66588
工业生产性投资(万元)	11349	332008	106000	353052	122125	130444	360815	45804	51604
合同利用外资(万美元)	488	26152	2066	21778	4655	54	16381	1389	1911
实际利用外资(万美元)	872	15099	1006	11091	2605	2039	3666	923	903
引进市外内资(万元)	24212	57577	23110	135575	50855	51550	146695	22417	23027
进出口总额(万美元)	21406	279292	20262	285823	43074	47414	107128	5942	10903
其中:进口	1204	85412	10497	245477	1744	9303	57802	70	2501
出口	20202	193880	9765	40346	41330	38111	49326	5872	8402
财政总收入(万元)	28372	211229	27437	191708	37108	29042	78498	10924	33192
一般公共预算收入(万元)	16569	82671	11554	103112	15409	12195	32471	4132	13107
合作医疗参保率(%)	99.57	99.62	98.97	99.7	99.71	99.3	98.5	99.05	99
城乡居民社会养老保险累计参保人数(人)	8182	10137	11278	4368	18218	12980	23127	15203	13503
计划生育率(%)	99.47	100	99.16	99.66	98.76	99.40	99.47	99.64	99.05
农民人均所得(元)	23188	23427	23059	23803	23081	23356	23251	22708	22450

说明:镇(街道)生产总值为当年价快报数。

人物·名录

·新任市领导人简历·

盛付祥 1967年11月生，浙江海盐人，大学本科学历，1990年8月参加工作，1988年3月加入中国共产党。1986年9月至1990年8月在重庆建筑工程学院燃气专业学习；1990年8月至1992年6月任嘉兴市公用事业管理处干部；1992年6月至1992年12月任嘉兴市城建委办公室干部；1992年12月至1995年10月任嘉兴市城建委系统团委书记；1995年10月至1998年10月任嘉兴市城建委办公室副主任、团委书记（其间：1997年10月至1998年10月下派嘉善县西塘镇任党委副书记）；1998年10月至2000年3月任嘉善县杨庙镇党委副书记、镇长（1996年12月至1998年9月在杭州大学经济管理专业研究生课程进修班学习）；2000年3月至2004年4月任嘉兴市委办公室副主任（其间，2001年10月至2002年7月在美国新泽西州立肯恩大学公共管理专业研究生班学习，2001年3月至2001年7月在浙江大学经济学院公共管理硕士学位预备班学习）；2004年4月至2006年11月任平湖市委副书记、纪委书记，市委党校校长（2006年4月至2006年10月挂职担任省国土资源厅执法局副局长）；2006年11月至2006年12月任平湖市委副书记，市委党校校长；2006年12月至2007年1月任嘉兴市国资委党委书记、市委企工委书记，平湖市委党校校长；2007年1月至2008年7月任嘉兴市国资委主任、党委书记，市委企工委书记；2008年7月至2010年2月任嘉兴市国资委主任、党委书记；2010年2月至2010年3月任嘉兴市国资委主任、嘉兴市秀洲区委副书记；2010年3月至2014年10月任嘉兴市秀洲区委副书记、区长；2014年10月任平湖市委书记。

梁晓英 女，1970年12月生，浙江绍兴人，省委党校在职研究生学历，1987年7月参加工作，1996年3月加入中国共产党。1987年7月至1994年10月任嘉善味精厂团总支书记；1994年10月至1998年4月任共青团嘉善县委副书记，1997年7月任党组成员；1998年4月至1999年11月任嘉善县范泾乡党委副书记、纪委书记（1995年9月至1998年7月在中央党校函授学院经济管理专业大专班学习）；1999年11月至2000年7月任嘉善县干窑镇党委副书记、纪委书记；2000年7月至2003年1月任嘉善县天凝镇党委副书记、镇长（1998年8月至2000年12月在中央党校函授学院党政管理专业本科班学习）；2003年1月至2004年2月任嘉善县妇联主席、党组书记；2004年2月至2006年12月任嘉善县委组织部常务副部长（正科长级）（2003年8月至2004年7月在复旦大学工商管理高级研修班学习）；2006年12月至2014年12月任嘉善县委常委、宣传部长（2006年3月至2009年1月在湖北师范学院汉语言文学专业本科学习，2009年

3月至2009年6月在省委党校春季中青年干部培训一班学习,2009年9月至2012年7月在省委党校政治学理论专业在职研究生班学习);2014年12月任平湖市委常委、组织部长,市委社会工作委员会副书记。

何敏伟 1969年11月生,浙江海宁人,在职大学本科学历,1987年10月参加工作,1990年6月加入中国共产党。1987年10月至1989年9月任南京军区后勤部通信营战士;1989年9月至1992年7月在重庆通信学院通信电源专业学习;1992年7月至1994年1月任南京军区后勤部通信营干部,历任一连三分队技术员、九分队分队长、技术员等职;1994年1月至1995年10月任南京军区后勤部通信站干部,历任网络质量管理室技术员、通信训练队副队长、助理工程师等职;1995年10月至1997年9月任南京军区后勤部司令部通信处副连职参谋(1993年9月至1996年6月在解放军南京理工大学通信工程专业大学本科学习);1997年9月至1999年11月任南京军区后勤部通信站通信训练队政治指导员;1999年11月至2006年12月任南京军区联勤部司令部通信处干部,历任正连职参谋、副营职参谋、正营职参谋;2006年12月至2009年3月任南京军区联勤部司令部通信处副团职参谋;2009年3月至2010年6月任南京军区空军司令部通信处副团职参谋;2010年6月至2011年3月任南京军区联勤部司令部通信处正团职参谋;2011年3月至2014年4月任平湖市人武部部长;2014年4月任平湖市委常委、市人武部部长。

严　政 1966年9月生,浙江金华人,省委党校在职大学学历,1986年8月参加工作,1999年3月加入中国共产党。1986年8月至1989年12月任浙江省建筑安装职工中等专业学校教员;1990年1月至2000年4月在浙江省土地管理局建设用地管理处、土地市场管理处工作;2000年4月至2002年6月在浙江省国土资源厅土地利用管理处工作;2002年6月至2011年1月任浙江省国土资源厅土地利用管理处副处长;2011年1月至2011年3月任浙江省国土资源厅耕地保护处副处长;2011年3月至2014年6月任浙江省国土资源厅耕地保护处处长;2014年6月至2014年8月任平湖市委常委;2014年8月至2014年11月任平湖市委常委,市人民政府副市长(挂职);2014年11月任平湖市委常委,市人民政府副市长、党组成员(挂职)。

杨晓鹏 1969年10月生,陕西长安人,中央党校在职大专学历,1988年7月参加工作,1998年11月加入中国共产党。1988年7月至1996年6月任青海省格尔木市实验小学教师;1996年6月至2000年4月任共青团格尔木市委干部;2000年4月至2004年3月任青海省格尔木市河西街道办事处副主任、主任、书记;2004年3月至2007年11月任青海省格尔木市西城区行委副书记;2007年11月至2008年4月任青海省天峻县委宣传部副部长;2008年4月至2009年11月任青海省德令哈市河东街道工委书记、办事处主任;2009年11月至2012年3月任青海省

德令哈市经济发展改革委员会主任;2012 年 3 月至 2014 年 4 月任青海省德令哈市人民政府副市长;2014 年 4 月任平湖市人民政府副市长(挂职)。

•先进名录•

工作目标绩效考核奖

(一)镇街道

一等奖

平湖经济技术开发区(钟埭街道)、当湖街道、林埭镇、新仓镇

二等奖

曹桥街道、新埭镇、独山港经济开发区(独山港镇)、广陈镇

(二)部门(单位)

优秀市级机关部门(单位)

市委办(政研室、信访局)、市府办(法制办、机关事务局、金融办、外事办、杭州联络处、口岸办)、政法委(新居民事务局)、组织部(老干部局、编委办)、政协机关、宣传部(文明办)、法院、人力社保局、水利局、经信局、发改局、统战部(台办、民宗局、侨办、侨联)、纪委(监察局)、总工会、国土资源局、农办(农经局)、水务集团、民政局、财政(地税)局(国资局)、环保局、检察院、规划建设局、公安局(交警大队)、综合执法局、审计局、统计局、国税局

优秀金融类单位

农村合作银行、交通银行、工商银行、农业发展银行、中国银行

良好市级机关部门(单位)

人大机关、行政服务中心、妇联、城投集团(农投公司)、教育局、商务局(招商局、上海办事处〈上海外商投资联络处〉)、卫生局、交通运输局、机关党工委、团市委、广电台、质监局、人口计生局、文广新局(书画院、文联)、科技局、市场监管局、安监局、报社、科协、人民银行、供电公司

良好金融类单位

建设银行、农业银行、嘉兴银行、中信银行

工作特别奖

当湖街道在农村征迁工作中成绩突出,国土资源局在向上争取土地指标中成绩突出,水务集团在治水工作中成绩突出,财政局、水利局、交通运输局、浙商办在向上争取资金中成绩突出,市场监管局在推进机构改革中成绩突出,口岸办在独山港口岸开放获批工作中成绩突出,金融办在防范金融风险工作中成绩突出,分别给予工作特别奖。

固定资产投资考核奖

(一)固定资产投资先进集体

镇街道

一等奖:独山港经济开发区(独山港镇)

二等奖:平湖经济技术开发区(钟埭街道)、新仓镇

三等奖:曹桥街道、新埭镇、广陈镇

部门(单位)

一等奖:城投集团

二等奖:九龙山度假区、交通运输局

三等奖:水务集团、教育局、水利局

(二)工业生产性投资工作先进单位

一等奖:平湖经济技术开发区(钟埭街道)

二等奖:独山港经济开发区(独山港镇)、新仓镇

三等奖:曹桥街道、广陈镇、新埭镇

(三)项目推进服务优秀单位

国土资源局、环保局、商务局、规划建设局、行政服务中心、统计局

(四)项目推进先进个人

林国华(当湖街道)、钟立新(公安局)、吴永明(新埭镇)、金玉明(财政局)、邵辉(新仓镇)、朱炯烨(国土资源局)、戴伟良(独山港经济开发区〈独山港镇〉)、张磊(规划建设

局)、吴炜(独山港经济开发区〈独山港镇〉)、张喜林(综合执法局)、赵其华(广陈镇)、于立新(交通运输局)、胡家跃(林埭镇)、赵良明(农经局)、万喜林(平湖经济技术开发区〈钟埭街道〉)、胡静雅(水利局)、沈叶娟(平湖经济技术开发区〈钟埭街道〉)、赵水生(商务局)、周鼎(曹桥街道)、卢平(卫生局)、倪琦根(九龙山度假区)、潘云峰(环保局)、屠海兵(城投集团)、陶林花(统计局)、沈飚(城投集团)、陈建康(人防办)、杨妙凤(水务集团)、杨隽(安监局)、姚春元(市府办)、陈路(行政服务中心)、顾隽彦(宣传部)、晏翔(供电公司)、顾晓鸣(发改局)、阮剑飞(滨海供电分局)、罗婷(经信局)、何铁军(市场监管局)、沈迪(教育局)、俞克平(公安消防大队)、胡其根(科技局)、金玉山(市重大项目推进办)

招商引资(招才引智)工作考核奖

(一)招商引资工作先进集体

先进奖:平湖经济技术开发区(钟埭街道)、新埭镇、城投集团、曹桥街道

鼓励奖:林埭镇、当湖街道、广陈镇

(二)招才引智工作先进集体

平湖经济技术开发区(钟埭街道)、经信局、科技局、商务局

(三)优秀招商员

柳平(平湖经济技术开发区〈钟埭街道〉)、朱伟明(独山港经济开发区〈独山港镇〉)、宋丹红(平湖经济技术开发区〈钟埭街道〉)、戈敏(城投集团)、倪琦根(九龙山度假区)、赵健(新埭镇)、金健(新仓镇)、钱学勤(当湖街道)、赵振宁(曹桥街道)、俞其琛(林埭镇)、庄志浩(广陈镇)

(四)优秀招才员

沈兴华(商务局)、俞乐君(独山港经济开发区〈独山港镇〉)、赵振宁(曹桥街道)、王耀明(平湖经济技术开发区〈钟埭街道〉)、张斌(新仓镇)、赵健(新埭镇)、袁卫平(经信局)、高国营(组织部)、高超(科技局)、金晓弟(人力社保局)

(五)支持浙商创业创新工作先进集体

镇街道

一等奖:平湖经济技术开发区(钟埭街道)、新埭镇、九龙山度假区、新仓镇

二等奖:广陈镇、曹桥街道、当湖街道

三等奖:城投集团、林埭镇、独山港经济开发区(独山港镇)

部门

一等奖:发改局(合作办)、经信局、商务局、工商联

二等奖:组织部(人才办)、纪委(监察局)、宣传部、财政(地税)局、统计局、科技局、教育局、市场监管局(工商局)

三等奖:市委办、市府办、国土资源局、规划建设局、行政服务中心、人力社保局、金融办、统战部(侨办、台办)

(六)支持浙商创业创新工作先进个人

庄志浩(广陈镇)、俞其琛(林埭镇)、陈建仿(广陈镇)、吴永明(新埭镇)、沈叶娟(平湖经济技术开发区〈钟埭街道〉)、张良发(新埭镇)、万喜林(平湖经济技术开发区〈钟埭街道〉)、吴炜(独山港经济开发区〈独山港镇〉)、方歆芸(工商联)、施君君(曹桥街道)、李布(九龙山度假区)、赵振宁(曹桥街道)、金跃华(九龙山度假区)、李良伟(发改局)、鲁育(城投集团)、胡侃(商务局)、戈敏(城投集团)、袁卫平(经信局)、徐春晓(新仓镇)、姜永峰(广陈镇)、胡家跃(林埭镇)、张隽(当湖街道)

"两退两进"工作考核奖

(一)先进集体

一等奖:平湖经济技术开发区(钟埭街道)、曹桥街道

二等奖:独山港经济开发区(独山港镇)、林埭镇

三等奖:新埭镇、当湖街道、广陈镇、新仓

镇

优秀部门:发改局、国土资源局、经信局、财政(地税)局、规划建设局、环保局、国税局、统计局、供电公司、城投集团

(二)先进个人

张隽(当湖街道)、穆运安(独山港经济开发区〈独山港镇〉)、曹佳妮(新埭镇)、周肖斌(新仓镇)、金建东(广陈镇)、胡家跃(林埭镇)、沈其华(曹桥街道)、沈水良(平湖经济技术开发区〈钟埭街道〉)、徐海飞(城投集团)、郭海滨(九龙山度假区)、方保中("两退两进"办)、于晨哲("两退两进"办)

城乡环境整治综合考核奖

(一)新农村建设先进镇街道

平湖经济技术开发区(钟埭街道)、新仓镇、新埭镇

(二)统筹城乡发展工作先进集体

一档:市委办、市府办、组织部、财政(地税)局、国土资源局、规划建设局、水务集团

二档:宣传部、交通运输局、水利局、综合执法局、卫生局、环保局、人力社保局、政法委、妇联

(三)新农村建设先进个人

沈鑫平(农办)、杨玉锐(供电公司)、阮建芬(统计局)、沈华君(农村合作银行)、徐娉(发改局)、金琳芳(农办)、宋红伟(民政局)、俞建忠(曹桥街道)、居中中(司法局)、徐红梅(当湖街道)、林金连(粮食局)、王纪明(独山港经济开发区〈独山港镇〉)、胡郸平(市场监管局)、沈云其(广陈镇)、王祥富(教育局)、李垚(林埭镇)、徐勤昌(商务局)、李俊(新仓镇)、杨根文(文广新局)、宋振宇(新埭镇)、杨光明(供销社)、陈海根(平湖经济技术开发区〈钟埭街道〉)、姚真言(档案局)

(四)土地综合整治先进集体

广陈镇、平湖经济技术开发区(钟埭街道)、独山港经济开发区(独山港镇)

(五)"四位一体"长效保洁先进集体

一等奖:平湖经济技术开发区(钟埭街道)

二等奖:新仓镇、林埭镇

(六)"四位一体"长效保洁先进个人

沈金良(广陈镇)、高树华(当湖街道)、戈文弟(新埭镇)、陈全根(新埭镇)、倪新华(新仓镇)、董碧颖(新仓镇)、曾凡茂(独山港经济开发区〈独山港镇〉)、朱根华(林埭镇)、张国林(独山港经济开发区〈独山港镇〉)、叶颖(商务局)、张红梅(平湖经济技术开发区〈钟埭街道〉)、陆也好(农办〈农经局〉)、周弟明(平湖经济技术开发区〈钟埭街道〉)、唐华龙(曹桥街道)、金玉明(财政局)、夏敏莉(综合执法局)、沈珺(水利局)、张勋(交通运输局)、张喜林(市环卫处)、鲁国宝(市环卫处)

(七)"十个一"创建先进集体

一等奖:平湖经济技术开发区(钟埭街道)

二等奖:新仓镇、新埭镇

三等奖:当湖街道、独山港经济开发区(独山港镇)、林埭镇

(八)"村村争五星"创建奖

五星村:新埭镇姚浜村,新仓镇芦湾村,广陈镇龙萌村,钟埭街道新群村、沈家弄村,曹桥街道野马村

四星村:当湖街道通界村、钱家村,新埭镇鱼圻塘村、旧埭村,新仓镇三叉河村、秦沙村,独山港镇穗轮村、优胜村、小营头村,广陈镇三红村、泗泾村,钟埭街道花园村,曹桥街道百寿村

(九)创建国家卫生城市先进集体

优秀单位:平湖经济技术开发区(钟埭街道)、规划建设局、城投集团、综合执法局、当湖街道、卫生局、水务集团、水利局

先进集体:公安局、广电台、农办(农经局)、曹桥街道、教育局、检察院、市场监管局、人力社保局、交通运输局、财政(地税)

局、总工会、供销社

创卫网格式管理协同部门先进集体：政协机关、档案局、残联、机关事务局、邮政局、组织部、商务局、陆维钊书画院、报社、公积金中心、粮食局、科技局、安监局、机关党工委、统战部

（十）创建国家卫生城市先进个人

李莉（财政〈地税〉局）、曹笑薇（检察院）、陈伟（当湖街道）、倪晔（当湖街道）、沈正荣（当湖街道）、马小英（当湖街道）、彭国良（当湖街道）、戴瑛（当湖街道）、李凤琴（当湖街道）、陆永忠（平湖经济技术开发区〈钟埭街道〉）、彭美芳（当湖街道）、邹勤良（平湖经济技术开发区〈钟埭街道〉）、郑金根（当湖街道）、周凯（平湖经济技术开发区〈钟埭街道〉）、蒋亚芬（当湖街道）、何红芳（平湖经济技术开发区〈钟埭街道〉）、林灏（烟草局）、戴俊（平湖经济技术开发区〈钟埭街道〉）、李寿林（曹桥街道）、童文忠（曹桥街道）、顾伟慧（法院）、谢永勤（供销社）、丁峰（市场监管局）、胡郸平（市场监管局）、高存军（交通运输局）、孙荣根（人力社保局）、胡国华（交通运输局）、杨雯（规划建设局）、张奕（卫生局）、顾富良（规划建设局）、吴云昉（卫生局）、郑报剑（教育局）、唐伟良（农办〈农经局〉）、朱金根（国税局）、王斌（发改局）、顾玉平（广电台）、胡晓蕾（经信局）、申任忠（水务集团）、俞晨（国土资源局）、陆叶（水务集团）、刘俊（文广新局）、周大为（总工会）、严健（民政局）、韩彬（综合执法局）、张海萍（公安局）、褚永良（综合执法局）、郭建光（交警大队）、留研微（创卫办）、冯磊（水利局）、顾国强（创卫办）、屠慧林（水利局）、崔斌（环保局）、谢振茂（城投集团）、应杰（城投集团）、邱阳（审计局）、俞国良（供电公司）、王利燕（治水办）、陈燕（“三改一拆”办）

“五水共治”工作考核奖

（一）水环境综合治理工作先进集体

优秀镇街道：平湖经济技术开发区（钟埭街道）、钟埭街道、林埭镇、当湖街道

良好镇街道：新仓镇、独山港经济开发区（独山港镇）、广陈镇、新埭镇、曹桥街道

（二）治水工作先进个人

最给力河长：富国勤（当湖街道）、陆冬良（广陈镇）、毛建明（当湖街道）、沈连明（广陈镇）、冯超（新埭镇）、陈照明（林埭镇）、徐金华（新埭镇）、顾美中（林埭镇）、蒋付根（新仓镇）、孔丽群（平湖经济技术开发区〈钟埭街道〉）、徐国军（新仓镇）、汤建萍（平湖经济技术开发区〈钟埭街道〉）、陆玉娟（独山港经济开发区〈独山港镇〉）、陆跃明（曹桥街道）、钱永炳（独山港经济开发区〈独山港镇〉）、严洪芳（曹桥街道）

治水先锋：符勤华（当湖街道）、徐明荣（广陈镇）、倪健良（新埭镇）、林怀根（林埭镇）、金根良（新仓镇）、范定英（平湖经济技术开发区〈钟埭街道〉）、张国林（独山港经济开发区〈独山港镇〉）、袁利强（曹桥街道）、周国华（纪委〈监察局〉）、汪洵（组织部）、彭建伟（宣传部）、马亮春（统战部）、屈士明（政法委）、陶跃中（国土资源局）、温治平（发改局）、潘冲根（规划建设局）、童时省（规划建设局）、周新根（科技局）、方富强（经信局）、吴坚（财政局）、毛晓巍（财政局）、傅林宏（民政局）、寿钢军（水利局）、周斌（水利局）、刘翠翠（环保局）、吴勤华（环保局）、王聪聪（农办）、王建良（农经局）、汪次平（交通运输局）、徐跃忠（交通运输局）、冯岚（综合执法局）、盛明军（水务集团）、纪海平（广电台）、徐文燕（报社）、陈旭东（“三改一拆”办）、刘顺标（“五水共治”办）、王甘翔（农村治污办）、张耘翔（创卫办）、林瑞平（畜禽养殖污染治理办）

优秀治水指导员：顾加平（当湖街道）、陈冲明（广陈镇）、周玉良（新埭镇）、顿海清（林埭镇）、金伟（新仓镇）、朱俭（平湖经济技

术开发区〈钟埭街道〉)、朱惠元(独山港经济开发区〈独山港镇〉)、许跃生(曹桥街道)

最美河道保洁员:李明生(当湖街道)、时宝法(广陈镇)、严全法(新埭镇)、范长根(林埭镇)、查火生(新仓镇)、吴秀林(平湖经济技术开发区〈钟埭街道〉)、林士明(独山港经济开发区〈独山港镇〉)、王雪根(曹桥街道)、邵长根(平湖市联合河道保洁管理有限公司)、张永良(平湖市联合河道保洁管理有限公司)

(三)农村生活污水治理先进集体

优秀镇街道:平湖经济技术开发区(钟埭街道)、新仓镇、林埭镇

良好镇街道:广陈镇、当湖街道、新埭镇

(四)农村生活污水治理先进个人

方健(曹桥街道)、李建强(农经局)、徐良飞(当湖街道)、叶恩霖(财政局)、钱永斌(独山港经济开发区〈独山港镇〉)、童时省(规划建设局)、王建良(广陈镇)、宋长育(卫生局)、吴列峰(林埭镇)、刘翠翠(环保局)、陶今林(新仓镇)、李道汀(水务集团)、姚文虎(新埭镇)、吴纯(农村治污办)、曹高飞(平湖经济技术开发区〈钟埭街道〉)、许震海(治水办)

(五)农村圩区建设工作先进单位

一等奖:林埭镇

二等奖:新仓镇、广陈镇

(六)农村圩区建设工作先进个人

张明根(当湖街道)、陈贵兵(发改局)、吴亚芳(平湖经济技术开发区〈钟埭街道〉)、徐立华(财政局)、丁根法(曹桥街道)、朱中联(审计局)、徐军(独山港经济开发区〈独山港镇〉)、金朝晖(供电公司)、沈玉根(新埭镇)、沈雷(水利局)、沈跃其(广陈镇)、张建中(水利局)、沈中良(林埭镇)、孙守松(水利局)、金峰(新仓镇)

(七)污水管网建设及入网先进集体

优秀镇街道:平湖经济技术开发区(钟埭街道)、广陈镇、新仓镇

良好镇街道:新埭镇、独山港经济开发区(独山港镇)、林埭镇、当湖街道、曹桥街道

优秀部门:环保局、水务集团

良好部门:综合执法局、农办(农经局)、财政局、发改局

(八)污水管网建设及入网先进个人

张国跃(规划建设局)、吴海勤(综合执法局)、徐田观(当湖街道)、朱海高(新埭镇)、戚红炳(广陈镇)、王春卫(新仓镇)、全利强(独山港经济开发区〈独山港镇〉)、冯建强(曹桥街道)、钟慧耀(平湖经济技术开发区〈钟埭街道〉)、沈志坚(林埭镇)

"三改一拆"工作考核奖

(一)先进集体

一等奖:平湖经济技术开发区(钟埭街道)、当湖街道、新仓镇、林埭镇

二等奖:广陈镇、曹桥街道、独山港经济开发区(独山港镇)、新埭镇

(二)优秀部门

市委办、市府办、人大办、政协办、法院、政法委、经信局、公安局、水务集团、广电台、报社

(三)先进个人

李华平(当湖街道)、叶永平(当湖街道)、杜芳(新埭镇)、蒋连英(新埭镇)、金卫(新仓镇)、马宝平(新仓镇)、姜晓良(独山港经济开发区〈独山港镇〉)、戚红炳(广陈镇)、沈志凤(广陈镇)、徐雪军(独山港经济开发区〈独山港镇〉)、沈志坚(林埭镇)、屠林华(林埭镇)、施夏明(曹桥街道)、许方观(平湖经济技术开发区〈钟埭街道〉)、高峰(曹桥街道)、俞国华(平湖经济技术开发区〈钟埭街道〉)、纪灵(国土资源局)、汤永平(国土资源局)、张国跃(规划建设局)、张国平(规划建设局)、沈卫民(综合执法局)、李军(综合执法局)、徐海飞(城市征收指挥部)、王水良(城市征收指挥部)、沈德胜(市畜禽养殖污

染治理小组)、方周庭("三改一拆"办)、曹宗华(市畜禽养殖污染治理小组)、朱国琴(督考办)、张建文("三改一拆"办)、邱志根(水利局)、徐晓亮(信访局)、吴俞全(城投集团)、冯玉明(纪委)、费祥华("两退两进"办)、陶航(宣传部)、张志方(农经局)、刘斌(消防大队)、周琪根(安监局)、施雪根(人力社保局)、徐琳琳("两违"整治办)、钟健(当湖街道)、章纯勇(创卫办)、张保法(新埭镇)、章圣祥(环保局)、顾春雷(新仓镇)、丁峰(市场监管局)、徐红梅(独山港经济开发区〈独山港镇〉)、陈国岩(治水办)、张雪平(广陈镇)、沈坚(法制办)、程建忠(林埭镇)、岳在观(组织部)、俞群(平湖经济技术开发区〈钟埭街道〉)、赵松(经信局)、徐齐根(曹桥街道)、凌园(财政局)、曹笑薇(检察院)、沈永锦(司法局)、金国林(民宗局)、方卫东(交通运输局)

目标管理责任制考核奖

(一)节能降耗工作先进集体

一等奖:新仓镇、曹桥街道

二等奖:当湖街道、独山港经济开发区(独山港镇)

鼓励奖:广陈镇

优秀部门:供电公司、滨海供电分局、机关事务局、统计局

(二)节能降耗先进企业

嘉兴丰裕箱业有限公司、平湖美嘉保温容器工业有限公司、浙江鸿禧能源股份有限公司、浙江景兴纸业股份有限公司、平湖市景泰服饰有限公司、嘉兴海虹金属制品制造有限公司、平湖市利德富箱包有限公司、浙江欧迪恩传动科技股份有限公司、嘉吉食品科技(平湖)有限公司

(三)节能降耗先进个人

张峻(平湖经济技术开发区〈钟埭街道〉)、胡永华(经信局)、王卫弟(曹桥街道)、温治平(发改局)、戚金良(新仓镇)、方鹿跃(环保局)、陆佳杰(独山港经济开发区〈独山港镇〉)、韩铭(统计局)、曹佳杰(广陈镇)、俞春峰(当湖街道)、郑国权(林埭镇)、陆栋梁(机关事务局)、杨玉锐(供电公司)、姚昊峰(滨海供电分局)、佘震宇(浙江鸿禧能源股份有限公司)、黄建中(嘉兴日升金瑞电力开发有限公司)、高崇江(嘉吉食品科技〈平湖〉有限公司)

(四)污染减排工作先进集体

优秀镇街道:平湖经济技术开发区(钟埭街道)

良好镇街道:当湖街道、曹桥街道

鼓励奖:新埭镇、林埭镇、新仓镇、广陈镇、独山港经济开发区(独山港镇)

优秀部门:规划建设局、统计局、公安局、水务集团

(五)污染减排先进个人

方贞(环保局)、叶永平(当湖街道)、钱晓辉(环保局)、王盛(平湖经济技术开发区〈钟埭街道〉)、沈栋梁(经信局)、龚华锋(曹桥街道)、胡小斌(规划建设局)、于正良(新埭镇)、邵宏海(农经局)、胡在华(新仓镇)、俞善根(公安局)、金林弟(独山港经济开发区〈独山港镇〉)、毛左华(统计局)、陈建仿(广陈镇)、胡秋华(水务集团)、冯荣华(浙江荣晟环保纸业股份有限公司)、谭云(水务集团)、朱伟(平湖市独山港区环保科技有限公司)、陈忠耀(林埭镇)、司海峰(杰森石膏板〈嘉兴〉有限公司)

(六)食品药品安全目标管理责任制考核先进集体

优秀镇街道:平湖经济技术开发区(钟埭街道)、新仓镇、广陈镇

良好镇街道:当湖街道、曹桥街道、新埭镇、独山港经济开发区(独山港镇)、林埭镇

优秀部门:农经局、教育局

良好部门:公安局、卫生局、综合执法局

金融工作考核奖

(一)金融支持地方经济发展先进集体

一等奖:农村合作银行、交通银行

二等奖:工商银行、农业发展银行

三等奖:中国银行、浦发银行、兴业银行

(二)政府融资平台建设先进集体

一等奖:城投集团、国土资源局、金融办

二等奖:独山港区发展公司、经开集团、国资局、规划建设局、发改局

三等奖:交投集团、水务集团、农投公司、财政(地税)局、市场监管局、水利局、人民银行

(三)政府融资平台建设先进个人

姚金根(交投集团)、孔明其(城投集团)、陈晓东(独山港区发展公司)

转型升级工作考核奖

(一)争创工业强镇街道工作先进单位

平湖经济技术开发区(钟埭街道)、新仓镇

(二)服务业发展工作先进集体

一等奖:独山港经济开发区(独山港镇)

二等奖:城投集团、当湖街道

三等奖:九龙山度假区、新埭镇、平湖经济技术开发区(钟埭街道)

优秀部门:科技局、统计局、交通运输局、财政(地税)局、旅游局

(三)服务业发展工作先进个人

沈杰(当湖街道)、姚吉吉(教育局)、徐仁林(平湖经济技术开发区〈钟埭街道〉)、张玉良(国土资源局)、童文忠(曹桥街道)、张国平(规划建设局)、陶剑浩(新埭镇)、戴铭(商务局)、沈华元(新仓镇)、陆龙根(卫生局)、马驰峰(独山港经济开发区〈独山港镇〉)、钱浩亮(市场监管局)、张良根(广陈镇)、丁瑶(质监局)、刘华杰(林埭镇)、万里杨(人民银行)、金跃华(九龙山度假区)、夏红强(城投集团)

(四)现代农业发展工作先进集体

当湖街道、广陈镇

(五)粮食生产责任目标考核奖

平湖经济技术开发区(钟埭街道)、广陈镇

创新破难工作考核奖

一等奖

1. 市委办:实施部门绩效考评个性化、项目化考核机制

2. 市府办:探索建立政务工作部署落实提速增效新机制

3. 人大机关:加强对政府实事项目和重大投资项目跟踪监督

4. 组织部:全体“起立”全员竞岗,破解机关干部“中梗阻”顽症

5. 纪委(监察局):建立廉情预警平台,抓早抓小关心关爱干部

6. 平湖经济技术开发区(钟埭街道):攻坚破难抓招商,转型升级上台阶

二等奖

1. 经信局:建立健全资源要素科学分配和有偿使用机制

2. 财政(地税)局:开展调整城镇土地使用税政策,促进土地集约节约利用

3. 政协机关:加强和改进民主监督工作,助力市重点工作和民生工程实施

4. 法院:强化环保案件审执工作,依法助推我市“五水共治”

5. 发改局:健全服务业发展机制,提升服务业竞争能力

6. 教育局:实施普通高中教师全员岗位聘用制度试点

7. 人力社保局:实施高技能人才“振兴工程”,助推经济转型升级

8. 机关党工委:开展“一支部一品牌”创建活动

9. 宣传部:平湖市身边好人选树传递最美新风

10. 环保局:完善总量控制制度,推进产业结构调整

11. 当湖街道:开展“法治、德治、自治”,助推中心工作

三等奖

1. 公安局:建立重大项目警官制

2. 政法委(新居民事务局):整治“低、小、散”产业,倒逼经济转型升级

3. 农经局:农村生活污水治理

4. 行政服务中心:平湖市一般工业企业投资项目零审批制度改革

5. 总工会:探索安全生产劳动保护评估分级亮牌新模式

6. 国土资源局:国土“一张图”工程建设

7. 水利局:建立平湖市农村圩区工程运行管理机制

8. 综合执法局:实现排污未入网企业案件突破,巩固我市水环境治理成果

9. 民政局:完善社会救助系统平台

10. 商务局:实施“电商换市”,推进贸易方式的转型升级

11. 编委办:推进基层综合行政执法体制改革

12. 规划建设局:创新建筑工程政府监管模式

13. 交通运输局:内河航运水污染防治系统

14. 统计局:深化统计监测预警分析,助推全市经济转型发展

15. 水务集团:服务民生,打造水务业务受理新时速

16. 新埭镇:实施农业“四换三名”,推进农业转型升级的实践与探索

目标责任制考核奖

(一)党政领导科技进步与人才工作目标责任制先进集体

平湖经济技术开发区(钟埭街道)、独山港经济开发区(独山港镇)、曹桥街道、经信局、财政(地税)局、商务局、统计局、科协

(二)党政领导科技进步与人才工作目标责任制先进个人

沈杰(当湖街道)、庄志浩(广陈镇)、赵宏(独山港经济开发区〈独山港镇〉)、邵守平(教育局)、周虹(统战部)、宋红伟(民政局)、陆龙根(卫生局)、高忠燕(环保局)、邵洁(农经局)、全俊(科技局)

(三)人口和计划生育工作优秀单位

当湖街道、平湖经济技术开发区(钟埭街道)、林埭镇、曹桥街道,公安局、民政局、财政(地税)局、卫生局、新居民事务局

(四)耕地保护责任制考核先进镇街道

平湖经济技术开发区(钟埭街道)、广陈镇、当湖街道

党建高地工作综合考核奖

(一)党建工作先进集体

平湖经济技术开发区(钟埭街道)党工委、当湖街道党委、新仓镇党委、机关党工委、公安局党委、教育局党委、城投集团党委、卫生局党委、人力社保局党委、水务集团党委、市场监管局党委

(二)推进惩防体系建设和落实党风廉政建设责任制先进单位

平湖经济技术开发区(钟埭街道)、广陈镇、新埭镇、检察院、审计局、机关党工委、人力社保局、报社、民政局、公安局、国税局、国土资源局

平安创建暨综治工作考核奖

(一)平安建设工作先进单位

纪委、宣传部、法院、司法局、公安局、信访局、妇联、统计局、卫生局、安监局

(二)综治工作先进镇街道

林埭镇、平湖经济技术开发区(钟埭街道)、曹桥街道

(三)综治工作先进单位

教育局、市场监管局、总工会、广电台、供电公司、电信公司、交通运输局、消防大队、当湖街道大胜村、当湖街道北河漤社区、当湖街道凤凰社区、钟埭街道福臻村、钟埭街道大力

村、独山港镇社区戒毒(康复)办、独山港镇运港村、新埭派出所、新仓镇友联村、曹桥派出所、林埭镇徐东村、广陈司法所

(四)综治工作先进个人

徐超(综治办)、徐成校(团市委)、黄利忠(规划建设局)、曹奕(广电台)、盛龙根(市保安公司)、陆钰铭(经信局)、朱健(新居民事务局)、姜威丰(人力社保局)、俞海林(当湖街道塘桥村)、王祝炯(当湖街道综治办)、马连中(钟埭街道综治办)、倪晔(当湖街道百花社区)、陈明华(钟埭街道红建社区)、宋美恩(钟埭街道陆家桥社区)、李建华(嘉兴新诚达时装有限公司)、韩毅(独山港镇综治办)、纪弟连(独山港镇金沙村)、沈晓建(独山港镇虎啸桥村)、黄利民(新埭派出所)、周芳蕾(新埭镇大齐塘村)、肖忠华(新仓镇芦湾村)、刘花(新仓镇综治办)、沈国兴(曹桥街道综治办)、高雪峰(曹桥街道)、徐庆华(平湖市欧瑞服饰有限公司)、王萍(林埭镇司法所)、陈雪康(广陈镇山塘村)、褚伟锋(广陈镇综治办)、毛林峰(当湖派出所)、于振华(当湖司法所)

(五)维护社会稳定工作先进集体

规划建设局、独山港经济开发区(独山港镇)、新埭镇、广陈镇、当湖派出所

(六)维护社会稳定工作先进个人

周颖怡(法院)、刘洪(人力社保局)、袁知峰(公安局)、姚知群(综合执法局)、肖吉春(维稳办)、毛明芳(新仓镇)、陆海生(新埭镇)、万良才(独山港经济开发区〈独山港镇〉)、朱亦林(广陈镇)、周祖飞(平湖经济技术开发区〈钟埭街道〉)

(七)信访工作先进集体

新埭镇、曹桥街道、纪委、组织部、政法委、公安局、人力社保局、民政局、司法局、国土资源局

(八)市长电话办理工作先进集体

当湖街道、平湖经济技术开发区(钟埭街道)、独山港经济开发区(独山港镇)、规划建设局、交通运输局、环保局、农经局、卫生局、综合执法局、水务集团

(九)信访工作先进个人

郑忠勤(文广新局)、周颖怡(法院)、周祖飞(平湖经济技术开发区〈钟埭街道〉)、朱亦林(广陈镇)、姚明鹏(供销社)、王金观(九龙山度假区)、张冯跃(法制办)、过卫东(规划建设局)、崔斌(环保局)、黄跃(综合执法局)、吴巍(城投集团)、盛玲敏(新仓镇)、胡中华(独山港经济开发区〈独山港镇〉)、杨爱平(林埭镇)、施跃明(信访局)

(十)市长电话办理工作先进个人

童江坤(创卫办)、褚卫国(市场监管局)、胡晓蕾(经信局)、李正光(供电公司)、许珏文(纪委〈监察局〉)、吴明华(市政府信息中心)、蒋海忠(人力社保局)、高仿明(公安局)、郑报剑(教育局)、顾玉平(广电台)、戈明根(当湖街道)、潘二明(新埭镇)、王锃栋(报社)、毛照法(城市征收指挥部)、汪怡(市长电话受理中心)

养殖业转型发展工作先进集体

(一)生猪减量提质工作先进镇街道

当湖街道、平湖经济技术开发区(钟埭街道)

(二)生猪减量提质工作先进村

当湖街道:钱家村、塘桥村、通界村、金家村、虹霓村、三北村、黄家浜村

新埭镇:兴旺村、姚浜村

新仓镇:双红村、芦湾村、杉青港村、中华村、石路村

独山港经济开发区(独山港镇):前进村、建中村、穗轮村、金桥村、三八村、优胜村、虎啸桥村、金沙村、小营头村、秀平桥村、运港村、聚福村、渡船桥村、海塘村

广陈镇:曹港村、三红村、前港村

林埭镇:保丰村、徐东村、双庙村、群丰村

平湖经济技术开发区(钟埭街道):钟南

村、福臻村、花园村、新群村、大力村、钟埭村、沈家弄村

曹桥街道:章桥村、百寿村

(三)养殖业转型发展工作先进个人

莫忠海(人大办)、顾荣华(治水办)、李峰(市府办)、肖金勇("三改一拆"办)、吴亮(宣传部)、刘国华(市畜禽养殖污染治理小组)、沈保中(公安局)、肖士观(当湖街道)、吴俊英(财政局)、张勤良(新埭镇)、褚杰(国土资源局)、范娟华(新仓镇)、严红冰(环保局)、沈峰(独山港经济开发区〈独山港镇〉)、王云根(水利局)、王晓平(广陈镇)、阮晓峰(农经局)、吴佳萍(林埭镇)、胡健(综合执法局)、范丽敏(平湖经济技术开发区〈钟埭街道〉)、李中利(畜牧兽医局)、杨加丰(曹桥街道)、李钢("两违"整治办)、王晓平(乍浦镇)

依法行政工作考核奖

(一)先进单位

烟草局、文广新局、人力社保局、审计局、统计局、人口计生局、综合执法局、财政(地税)局、卫生局、国税局、新仓镇、林埭镇

(二)先进个人

熊音(市场监管局)、纪惠杰(交通运输局)、周晓(司法局)、沈叶(新埭镇)、冯东风(公安局)、张大好(环保局)、俞华(档案局)、沈木根(平湖经济技术开发区〈钟埭街道〉)、沈希(经信局)、黄利忠(规划建设局)、盛渊(独山港经济开发区〈独山港镇〉)、褚杰(国土资源局)

创新型镇街道

平湖经济技术开发区(钟埭街道)、曹桥街道、独山港经济开发区(独山港镇)

"四敢一不怕"优秀干部

王祥甫(财政局)、李志超(人力社保局)、司索(平湖经济技术开发区〈钟埭街道〉)、周其明(市治水办)、朱亦林(广陈镇)、胡泓恬(独山港经济开发区〈独山港镇〉)、许铉(当湖街道)、徐海飞(城投集团)、吴佳萍(林埭镇)、袁知峰(公安局)、寿钢军(水利局)、顿海清(民政局)

金桥工程

(一)组织奖

独山港镇科协、浙江景兴纸业股份有限公司科协、医学会、水利学会

(二)项目奖

一等奖:

1. 大型燃煤锅炉提高除尘效率技术应用研究,主要完成单位:浙江浙能嘉兴发电有限公司、嘉电科协,主要完成者:叶飞、钱晓峰、周何敏、楼坚鸣

2. 稻鱼混养区水稻安全用药技术示范,主要完成单位:平湖市植保土肥技术推广站、农学会,主要完成者:潘秋波、李建群、杨强、陈锦其

二等奖:

1. 220kV 智能测温电力电缆的研发,主要完成单位:浙江晨光电缆股份有限公司、晨光电缆科协,主要完成者:岳振国、金金元、冯高喜、钱朝辉

2. 视频火灾报警软件开发,主要完成单位:浙江慧谷信息技术有限公司、钟埭街道科协,主要完成者:周旭楚、林巍峣、张弘强、陈秀金

3. 浙桂 1 号南美白对虾选育良种的引进与推广,主要完成单位:平湖市港海水产开发有限公司、广陈镇科协,主要完成者:王建中、陈冲明

4. 治疗性 ERCP 在胆胰疾病的临床应用,主要完成单位:平湖市第一人民医院、医学会,主要完成者:俞进、王明友、胡震宇、斯一夫

5. 中药肾区离子导入治疗慢性肾衰竭的临床应用,主要完成单位:平湖市中医院、中医药学会,主要完成者:韦先进、周富明、丁伟伟、夏国珍

6. "居家型"班集体构建的路径设计与实践研究,主要完成单位:平湖市实验小学、教育学会,主要完成者:芮金良、胡兰兰、李萍、李燕

三等奖:

1. 废水处理高效好氧技术研究,主要完成单位:浙江景兴纸业股份有限公司、景兴纸业科协,主要完成者:丁明其、程正柏、赵炳军、戴军

2. 曲面镜清洗设备技术研究,主要完成单位:浙江大明玻璃有限公司、独山港镇科协,主要完成者:屠有军、罗军民、屠以诺、汪渊渊

3. 刮刮卡不干胶贴膜技术项目开发运用,主要完成单位:浙江茉织华印刷有限公司、新仓镇科协,主要完成者:李鹏飞、徐志强、沈宇东、金卫

4. 多普勒流速仪在平原感潮河段的应用与研究,主要完成单位:平湖市水文站、水利学会,主要完成者:邱保忠、王建良、马佳良、王云根

5. 蘑菇增产素的应用探索,主要完成单位:平湖市当湖街道振云食用菌种植园、当湖街道科协,主要完成者:殷勤、张健、高小弟、叶永平

6. 鸡腿菇栽培技术开发与示范,主要完成单位:平湖市九鲜菌菇专业合作社、钟埭街道科协,主要完成者:朱元弟、蔡为明、朱沁炜、陈秀金

7. 稻蟹共生技术推广,主要完成单位:平湖市新埭镇星绿农场、新埭镇科协,主要完成者:张秀良、马旭洲、朱双喜

8. 内镜下粘膜剥离术治疗大肠侧方生长型息肉,主要完成单位:平湖市第一人民医院、医学会,主要完成者:苗 华、郭丽艳、缪宗原、斯一夫

市长质量奖

嘉吉食品科技(平湖)有限公司、浙江伊思佳服饰有限公司

科技进步奖

一等奖:

1. 1kV 异形预扭绞合交联聚乙烯绝缘电力电缆,完成单位:浙江晨光电缆股份有限公司,主要完成人员:金金元、岳振国、钱朝辉、杨士东、张金林、王勤良、陈建平、陈继忠、姚叶军

2. 新型分段背电极设计结构的高效太阳能光伏电池片,完成单位:浙江鸿禧光伏科技股份有限公司,主要完成人员:王庆钱、时利、刘香飞、方智、周兵、王建树、赵桂梅

3. 真空镀膜复合材料项目,完成单位:浙江瀚森应用材料有限公司,主要完成人员:曾鸿斌

二等奖:

1. 用于机械振动的偏心块及其原料制备方法,完成单位:平湖市海特合金有限公司,主要完成人员:周海石、陆彩娟、陆跃良、屠良高

2. 太阳能电池背板 HY－FTP－33,完成单位:平湖市华源光伏材料有限公司,主要完成人员:路胜利、顾建平、褚夏、龚叶

3. 长周期光纤光栅 Q 开关脉冲式光纤激光器,完成单位:合波光电通信科技有限公司,主要完成人员:高伟、吕张勇、钟砚超、谢文明

4. 多功能笼式成缆机的关键技术研究及开发应用,完成单位:平湖迪工机械制造有限公司、杭州电子科技大学,主要完成人员:陆兴观、赵治栋、沈明辉、厉龙观、刘富祥、朱建国、施宝龙、孟炳生

5. 平湖市农田地下灌溉渠道清淤技术的应用推广,完成单位:水利局、农业排灌技术推广站、农村水利管理站,主要完成人员:何贤康、刘叶军、谢如望、屠慧林、朱浩杰、吴亚芳、郑金根、朱惠元

6. 人工肱骨头置换术治疗肱骨近段三、

四部分骨折的疗效分析,完成单位:平湖市第一人民医院,主要完成人员:王觅格、李炳楠、雷云龙、陈跃忠

7. 溺毒清合剂延缓慢性肾功能衰竭的实验研究,完成单位:平湖市中医院,主要完成人员:周富明、李玉卿、成信法、陈华、韦先进、费德升、张忠贤、张雪峰

三等奖:

1. 带除渣分拣收尘功能的散包机,完成单位:平湖市青云建材机械有限公司,主要完成人员:周龙飞、周彩明、程沈中、金根良、史吕良

2. 新型环保纱管原纸,完成单位:浙江景兴纸业股份有限公司,主要完成人员:廖昌吕、唐金军、徐清凉、朱忠明、朱勋辉

3. 无花果良种优化与繁育技术研究,完成单位:平湖市草仙子无花果专业合作社、浙江省农业科学研究院,主要完成人员:钟伟珍、龚佩珍、徐勤忠、吴江、张子德

4. 学生营养午餐食谱设计与制作方法研究,完成单位:平湖市学生营养与健康促进会,主要完成人员:胡承康、华金中、杨敏、章荣华、高鲁平

5. 卫生洁具行业职业安全卫生风险评估与管理对策,完成单位:卫生监督所、洁具卫浴行业协会,主要完成人员:刘翠翠、沈永伟、沈定尧、张根明、杨慎涛

6. Rt－pa 联合羟乙基淀粉治疗急性脑梗死,完成单位:平湖市第一人民医院,主要完成人员:秦承辉、刘小北、斯一夫、黄龚春、吴艳平

7. 慢性心力衰竭中医证型相关客观指标的研究,完成单位:平湖市中医院,主要完成人员:赵金龙、李大锋、管益国、徐建初、朱芳芳

8. 经伤椎椎弓根螺钉固定治疗胸腰椎爆裂性骨折的临床应用,完成单位:平湖市第一人民医院,主要完成人员:杨文峰、吴琴明、曲广宇、朱金强、范宝平

9. 阴式不脱垂子宫切除术的临床应用,完成单位:平湖市中医院,主要完成人员:王勤萍、曹宠华、傅小雁、杨英、聂清英

明星(功勋)企业、优秀(功勋)企业家

(一)明星企业

津上精密机床(浙江)有限公司、日本电产新宝(浙江)有限公司、川源(中国)机械有限公司、南六企业(平湖)有限公司、日本电产汽车马达(浙江)有限公司、浙江上方生物科技有限公司、平湖美嘉保温容器工业有限公司

(二)功勋企业

日本电产芝浦(浙江)有限公司、德西福格汽车配件(平湖)有限公司、浙江依爱夫游戏装文化产业有限公司、浙江莎普爱思药业股份有限公司、浙江欧迪恩传动科技股份有限公司、平湖华城茂麓制衣有限公司

(三)优秀企业家

唐东雷(津上精密机床〈浙江〉有限公司)、山下和幸(日本电产新宝〈浙江〉有限公司)、谢宏炅(川源〈中国〉机械有限公司)、郑德明(南六企业〈平湖〉有限公司)三河寿则(日本电产汽车马达〈浙江〉有限公司)、王晋源(浙江上方生物科技有限公司)、邱靖涛(平湖美嘉保温容器工业有限公司)

(四)功勋企业家

小山利贞(日本电产芝浦〈浙江〉有限公司)、李劲宏(德西福格汽车配件〈平湖〉有限公司)、汪维佳(浙江依爱夫游戏装文化产业有限公司)、陈德康(浙江莎普爱思药业股份有限公司)、李秀蓉(浙江欧迪恩传动科技股份有限公司)、张祥林(平湖华城茂麓制衣有限公司)

转型升级十佳企业

平湖市帝漫特制衣有限公司、浙江汇诚通用印务有限公司、东精计量仪(平湖)有限公司、浙江依爱夫游戏装文化产业有限公司、

浙江莎普爱思药业股份有限公司、日本电产新宝（浙江）有限公司、浙江银座箱包有限公司、浙江华盛服饰有限公司、茉织华印务股份有限公司、浙江晨光电缆股份有限公司

民营企业资源利用绩效先进企业

平湖市帝漫特制衣有限公司、浙江莎普爱思药业股份有限公司、嘉兴雪飞制衣有限公司、平湖佳纺服饰辅料有限公司、平湖黑伟环保设备有限公司、浙江依爱夫游戏装文化产业有限公司、平湖市中顺实业有限公司、平湖市南桥箱包有限公司、茉织华印务股份有限公司、浙江茉织华印刷有限公司

年度纳税大户

日本电产芝浦（浙江）有限公司、浙江莎普爱思药业股份有限公司、日本电产（浙江）有限公司、津上精密机床（浙江）有限公司、日本电产新宝（浙江）有限公司、浙江依爱夫游戏装文化产业有限公司、农村合作银行、平湖市诚泰房地产有限公司、平湖市万城房地产有限公司、浙江鑫达建设有限公司

重点创新团队

平湖英厚机械企业技术中心（平湖英厚机械有限公司）、普英特研究开发团队（平湖普英特高层设备有限公司）、浙江星月药物化学研发团队（浙江星月药物科技股份有限公司）、高效节能泵创新团队（川源〈中国〉机械有限公司）、茉织华印刷创新团队（浙江茉织华印刷有限公司）

“强平工程”企业销售规模奖、企业财政贡献奖

（一）销售规模奖

科世科汽车部件（平湖）有限公司（首超5亿元）、德西福格汽车配件（平湖）有限公司（首超5亿元）、浙江国利汽车部件有限公司（首超5亿元）、浙江欧迪恩传动科技股份有限公司（首超5亿元）

（二）财政贡献奖

日本电产芝浦（浙江）有限公司（首超2000万元）、津上精密机床（浙江）有限公司（首超2000万元）、浙江莎普爱思药业股份有限公司（首超2000万元）、浙江依爱夫游戏装文化产业有限公司（首超500万元）、科世科汽车部件（平湖）有限公司（首超500万元）、日本电产东测（浙江）有限公司（首超500万元）

企业优秀人才

黄晓光（嘉兴华丽非织布制品有限公司）、林保成（浙江汉声精密机械有限公司）、俞建英（平湖白金汉爵大酒店有限公司）、丁明其（浙江景兴纸业股份有限公司）、邱伟东（浙江红马铸造有限公司）、王庆钱（浙江鸿禧能源股份有限公司）、王立军（浙江欧迪恩传动科技股份有限公司）、朴昌龙（浙江卫星能源有限公司）

村社区示范便民服务中心

（一）5A级示范村社区便民服务中心

新埭镇牌楼村便民服务中心、独山港镇黄姑社区便民服务中心、钟埭街道白马堰社区便民服务中心、曹桥街道勤安村便民服务中心

（二）4A级示范村社区便民服务中心

广陈镇曹港村便民服务中心、林埭镇陈匠村便民服务中心、钟埭街道花园村便民服务中心、当湖街道大胜村便民服务中心、新仓镇新仓社区便民服务中心

（三）3A级示范村社区便民服务中心

新埭镇新埭社区便民服务中心、新仓镇双红村便民服务中心、当湖街道园乐新村社区便民服务中心、曹桥街道野马村便民服务中心

慈善村（社区）、慈善爱心奖

（一）慈善村（社区）

钟埭街道钟埭社区、城西社区、白马堰社区、三友社区、西林寺社区、五一社区、陆家桥社区、红建花苑社区，曹桥街道章桥村，新仓镇石路村，林埭镇东方红村

（二）慈善爱心奖

浙江源兴商贸有限公司、嘉兴昌正箱包制造有限公司、平湖市福陵园公墓有限公司

优秀社会组织

平湖市服装行业协会、平湖市慈善总会、平湖市金融学会、平湖市青年企业家协会、平湖市紧固件五金行业协会、平湖市老科技工作者协会、平湖市和谐家庭社工事务所、平湖市长红孝德公益文化发展中心、平湖市社会组织培育发展中心、平湖市生命阳光社工服务社

优秀粮食经营企业

平湖市新埭米业有限公司、平湖市红旗米业有限责任公司

·主要组织机构及负责人·

中国共产党平湖市委员会

书　　记　翁建荣（～2014.9.22）
　　　　　盛付祥（2014.10.27～）
副 书 记　朱林森　潘川弟
常　　委　翁建荣（～2014.9.22）
　　　　　盛付祥（2014.10.27～）
　　　　　朱林森　潘川弟
　　　　　姚田宝（女）
　　　　　梁晓英（女，2014.12.11～）
　　　　　徐春华　王道平
　　　　　魏　飙（～2014.4.29）
　　　　　曹国良（～2014.12.11）
　　　　　傅金明　陈敏红（女）
　　　　　何敏伟（2014.4.29～）
　　　　　严　政（挂职，2014.6.16～）
委　　员　马红观（～2014.1.14）
　　　　　王木根　王道平　朱林森
　　　　　朱　健　许　静（女）
　　　　　肖建华　吴云昉　邱志根
　　　　　何　健　沈小平　沈伟强
　　　　　沈炳兴　沈祥根
　　　　　陈引发（～2014.10.25）
　　　　　陈敏红（女）　金玉珍（女）
　　　　　周玉根　周弟明　赵　阳
　　　　　胡水良　胡志梁
　　　　　俞雪琴（女）　姚田宝（女）
　　　　　钱勇彪
　　　　　徐卫林（～2014.1.3）
　　　　　徐春华　徐春林
　　　　　翁建荣（～2014.9.22）
　　　　　唐华荣
　　　　　曹国良（～2014.12.11）
　　　　　傅金明　潘　贤　潘川弟
　　　　　魏　飙（～2014.4.29）
　　　　　何敏伟（2014.4.29～）
　　　　　盛付祥（2014.10.27～）
　　　　　梁晓英（女，2014.12.11～）
　　　　　严　政（挂职，2014.6.16～）
候补委员　郑忠勤　周其明　钱学勤
　　　　　严周萍（女）　周新根
　　　　　张国跃　沈　强

市委工作部门

办公室

主　　任　马红观（～2014.1.14）
　　　　　沈伟强（2014.1.14～）
副 主 任　王郁春　唐卫华（女）
　　　　　周其明（兼）　陶熠旻
　　　　　潘加林

政策研究室

主　　任　王郁春
副 主 任　刘小丰（～2014.1.14）
　　　　　盛琴琴（女，2014.1.14～）
　　　　　林士良（2014.11.22～）

市委、市政府信访局

局　　长　唐卫华（女）
副 局 长　董碧颖（女，～2014.1.14）
　　　　　陈志明　顾仿良
　　　　　孙林英（女，2014.1.14～）

机要局

局　　长　沈金明

组织部

部　　长　曹国良(~2014.12.30)
　　　　　梁晓英(女,2014.12.30 ~)
常务副部长　沈伟强(~2014.1.14)
副 部 长　沈全英(女,兼)
　　　　　潘　贤(兼)
　　　　　肖建华(兼,2014.1.14 ~)
　　　　　林国平　高敏芬(女)
　　　　　沈　健(2014.1.14 ~)

新经济与新社会组织工作委员会

书　　记　林国平
副 书 记　杨金平　杨永明(兼)
　　　　　赵　松(兼)
　　　　　宋红伟(女,兼)
　　　　　张　园(女,兼)
　　　　　褚卫国(兼)

宣传部

部　　长　陈敏红(女)
常务副部长　吴东伟
副 部 长　计福明(兼)
　　　　　钱卫中(2014.1.14 ~)
　　　　　曹　亮　潘跃碧(兼)

互联网信息办公室

主　　任　曹　亮
副 主 任　邢　伟
　　　　　杨天生(兼,2014.1.14 ~)
　　　　　马卫锋(兼,2014.1.14 ~)

市委、市政府农业和农村工作办公室

主　　任　周玉根
副 主 任　姚真言(女, ~2014.1.14)
　　　　　黄海其
　　　　　方丽娟(女,2014.1.14 ~)

统一战线工作部

部　　长　姚田宝(女)
副 部 长　张永良　钟　菲(女)
　　　　　杨永明　周　虹(女)

政法委员会

书　　记　潘川弟
副 书 记　王道平(2014.1.14 ~)
　　　　　傅金明(兼)　王木根
　　　　　马雪明　褚寿明　曹龙弟

直属机关工作委员会

书　　记　周其明
副 书 记　褚吴虹(女)　任文云

老干部局

局　　长　沈全英(女)
副 局 长　李鹰梅(女)　费祥华

城镇企业工作委员会

书　　记　刘皆安
副 书 记　金志元(~2014.1.14)
纪工委书记　胡晓蕾(女)

机构编制委员会办公室

主　　任　沈伟强(~2014.1.14)
　　　　　肖建华(2014.1.14 ~)
副 主 任　沈海良

平湖市人民代表大会常务委员会

主　　任　胡水良
副 主 任　刘耀明(女)　方向明
　　　　　李　仁　周建安　陶明方
　　　　　陈引发(~2014.3.25)
委　　员　方　方
　　　　　刘　平(~2014.1.21)
　　　　　沈跃田(~2014.12.25)
　　　　　张远方　张祥林　陆为民
　　　　　周盛专　叶金华　李　明
　　　　　朱洪宝　刘中源
　　　　　严周萍(女)
　　　　　沈伟强(~2014.1.21)
　　　　　张洪琪　金在良　金导耕
　　　　　黄德荣　赵宝元

市人大常委会工作部门

办公室

主　　任　刘中源
副 主 任　金在良　毛原华　邹　群
　　　　　莫忠海　王亚英(女)

王国忠(2014.1.21～)

法制工作委员会

主　　任　李　明

副 主 任　桂振中　沈跃田(兼)

教科文卫工作委员会

主　　任　陆为民

副 主 任　王亚英(女,～2014.1.21)

王国忠(2014.1.21～)

方　方(兼)

代表工作委员会

主　　任　周盛专

副 主 任　马抱瑾(女)　沈伟强(兼)

财政经济工作委员会

主　　任　刘　平(～2014.1.21)

梁晓军(2014.1.21～)

副 主 任　沈邵燕(女)　邹　群

张祥林(兼)

城乡建设农村经济工作委员会

主　　任　赵宝元

副 主 任　吴建林(～2014.1.21)

毛原华(2014.1.21～)

叶金华(兼)

平湖市人民政府

市　　长　朱林森

副 市 长　王道平

严　政(挂职,2014.8.27～)

顾玉峰　胡志梁

金玉珍(女)　钱勇彪

钱　陈(挂职)　蔡国平

杨晓鹏(挂职,2014.4.30～)

市政府工作部门

办公室

主　　任　何　健

副 主 任　蒋美玲(女)　童江坤(兼)

吴跃根　步晓燕(女)

沈永良　姚春元　吴　平

周　峰(～2014.1.14)

金　一　柯　跃

钟健鸣(2014.1.14～)

姚震峰

法制办公室

主　　任　何　健(～2014.12.30)

富国权(2014.12.30～)

副 主 任　倪　杰

突发公共事件应急管理办公室

主　　任　何　健(～2014.12.30)

富国权(2014.12.30～)

副 主 任　屠显中

市委、市政府接待办公室

主　　任　步晓燕(女)

副 主 任　陆栋梁　雷　耘(女)

机关事务管理局

局　　长　步晓燕(女)

发展和改革局

局　　长　徐锦连

副 局 长　史玉良

金小弟(2014.1.14～)

陶剑浩(～2014.1.14)

姜忠良(2014.1.14～)

倪建锋

林士良(～2014.11.22)

党组书记　徐锦连

纪检组组长　潘在龙

服务业发展局

局　　长　徐锦连

副 局 长　林士良(～2014.11.22)

合作交流办公室

主　　任　史玉良

经济和信息化局

局　　长　刘皆安

副 局 长　马伟伟(～2014.1.14)

赵　松　杨天生

沈栋梁　程传保

党委书记　刘皆安

副 书 记　金志元(～2014.1.14)

纪检组组长　胡晓蕾(女)

教育局

局　　长　韩云付

副 局 长　邵守平　王永初

张　杰(～2014.1.14)

陈付林

宋怡玲(女,2014.1.14～)

党委副书记　韩云付　邵守平　蔡　杰

纪检组组长　蔡　杰

科学技术局

局　　长　邹勤良(～2014.1.21)

周新根(2014.1.21～)

副 局 长　朱良华

姜忠良(～2014.1.14)

柳　春(～2014.1.14)

朱立军(2014.1.14～)

范士波

党组书记　邹勤良(～2014.1.14)

周新根(2014.1.14～)

纪检组组长　朱良华

公安局

局　　长　傅金明

督 察 长　傅金明(2014.11.22～)

政　　委　夏中良

常务副局长　李中华

副 局 长　李寿林(2014.12.30～)

朱勤明　张跃明　马卫峰

副 政 委　华国庆

党委书记　傅金明

副 书 记　夏中良　李中华

政治处主任　王剑蓉(女)

纪委书记　华国庆

监察局

局　　长　俞雪琴(女)

副 局 长　钟卫红(女)　龚超群

民政局

局　　长　谢龙华

副 局 长　曹　俊　俞祥华

宋红伟(女)

叶保龙(2014.1.14～)

党组书记　谢龙华

纪检组组长　傅林宏

司法局

局　　长　蔡哲斌

副 局 长　胡跃奇　潘照其　沈永锦

党组书记　蔡哲斌

财政局

局　　长　唐华荣

副 局 长　梁晓军(～2014.1.14)

丁根林(2014.1.14～)

沈幼锋

财税局党委

党委书记　唐华荣

副 书 记　全　骏

纪检组组长　全　骏

国有资产管理局

局　　长　唐华荣

副 局 长　梁晓军(～2014.1.14)

丁根林(2014.1.14～)

钱道明

人力资源和社会保障局

局　　长　潘　贤

副 局 长　施雪根

徐勤昌(～2014.1.14)

沈　强　戴良英(女)

吴忠平

刘　洪(2014.1.14～)

党委书记　潘　贤

副 书 记　彭凯伦(女)

纪检组组长　彭凯伦(女)

住房和城乡规划建设局

局　　长　张国跃

副 局 长　刘顺标(～2014.9.28)

戴忠伟　张国平

潘冲根(2014.1.14～)

吕　江(2014.11.22～)

总规划师　方　华(女)

党委副书记　张国跃
刘顺标（～2014.9.28）
郭继林（～2014.1.14）
纪检组组长　郭继林（～2014.1.14）
黄利忠（2014.1.14～）

交通运输局
局　　长　姚金根
副 局 长　金小弟（～2014.1.14）
方卫东　汪次平
党委书记　姚金根
副 书 记　黄建峰
纪检组组长　黄建峰

农业经济局
局　　长　周玉根
副 局 长　张云华（～2014.1.14）
童江坤（～2014.1.14）
朱　浩（2014.1.14～）
俞卫平　王建良
陈云华（～2014.1.14）
刘国华（2014.1.14～）
党委书记　周玉根
副 书 记　张云华（～2014.1.14）
朱　浩（2014.1.14～）
方丽娟（女，～2014.1.14）
纪检组组长　方丽娟（女，～2014.1.14）
龚方明（2014.1.14～）

林业局
局　　长　周玉根

海洋与渔业局
局　　长　周玉根
副 局 长　王建良

畜牧兽医局
局　　长　刘国华
党支部书记　黄雪良（2014.1.14～）

水利局
局　　长　邱志根
副 局 长　钟春发　任伟良　柯　杰
党委副书记　邱志根　钟春发　顾国富
纪检组组长　顾国富

商务局
局　　长　肖建华（～2014.1.21）
屠保林（2014.1.21～）
副 局 长　李惠明　张　园（女）
沈兴华
徐勤昌（2014.1.14～）
庄建良（2014.3.1～）
钱葛良
党组书记　肖建华（～2014.1.14）
屠保林（2014.1.14～）
副 书 记　李惠明
纪检组组长　张　园（女）

招商服务局
局　　长　肖建华（～2014.1.14）
屠保林（2014.1.14～）
副 局 长　李惠明　张　园（女）
沈兴华
徐勤昌（2014.3.1～）
庄建良（2014.3.1～）
吴跃根（2014.5.24～）

文化广电新闻出版局（体育局）
局　　长　郑忠勤
副 局 长　孙晓云（女）　肖成华
朱立军（～2014.1.14）
张　军
张　杰（2014.1.14～）
党委书记　郑忠勤
副 书 记　孙晓云（女）
纪检组组长　金晓彤

卫生局
局　　长　吴云昉
副 局 长　金　伟（～2014.1.14）
王国忠（～2014.1.14）
许　敏（女）
陈纬国（2014.1.14～）
党委书记　吴云昉（2014.1.14～）
副 书 记　吴云昉（～2014.1.14）

金　伟(~2014.1.14)
王国忠(~2014.1.14)
张　越
纪检组组长　张　越

人口和计划生育局

局　　长　杨晓东
副 局 长　顾小英(女, ~2014.10.26)
党组书记　杨晓东
副 书 记　张根生
纪检组组长　张根生

审计局

局　　长　沈祥根
副 局 长　刘　平(2014.1.14 ~)
曹海平　刘永华
党组书记　沈祥根
副 书 记　刘　平(2014.1.14 ~)
曹海平(~2014.1.14)
纪检组组长　曹海平
总审计师　贝　艳(2014.1.14 ~)

环境保护局

局　　长　毛小弟
副 局 长　吴敏奇　王玉冰
张大好(女)
党组书记　毛小弟
副 书 记　梁志强
纪检组组长　梁志强

统计局

根据平委发〔2014〕9 号文件,建立中国共产党平湖市纪律检查委员会驻平湖市统计局纪检组。

局　　长　顾利鹤
副 局 长　袁　法　顾栋梁
总统计师　杨在忠
党组书记　顾利鹤
纪检组组长　诸建林(2014.1.14 ~)

安全生产监督管理局

局　　长　周琪根
副 局 长　刘　洪(~2014.1.14)
马云峰(~2014.11.22)
顾建良(2014.1.14 ~)
马伟伟(2014.1.14 ~)
党组书记　周琪根
副 书 记　谢晓东
纪检组组长　谢晓东

民族宗教事务局

局　　长　张永良
副 局 长　叶保龙(~2014.1.14)
朱新达(2014.1.14 ~)

综合行政执法局

根据平委发〔2014〕40 号文件,撤销中国共产党平湖市城市管理行政执法局党组,建立中国共产党平湖市综合行政执法局党组;撤销中国共产党平湖市纪律检查委员会驻平湖市城市管理行政执法局纪检组,建立中国共产党平湖市纪律检查委员会驻平湖市综合行政执法局纪检组。根据《平湖市人民政府关于印发平湖市全面开展综合行政执法工作方案的通知》(平政发〔2014〕201 号)精神,平湖市城市管理行政执法局更名为平湖市综合行政执法局,并挂平湖市综合行政执法大队牌子,同时在各镇街道建立平湖市综合行政执法大队镇街道中队,作为派出机构。

局　　长　吴海勤(2014.12.25 ~)
副 局 长　褚双龙(2014.11.22 ~)
王跃平(2014.11.22 ~)
马云峰(2014.11.22 ~)
张跃明(兼,2014.11.22 ~)
王国炎(兼,2014.11.22 ~)
陆海生(兼,2014.11.22 ~)
毛明芳(兼,2014.11.22 ~)
杨少峰(兼,2014.11.22 ~)
朱亦林(兼,2014.11.22 ~)
俞锡梁(兼,2014.11.22 ~)
周祖飞(兼,2014.11.22 ~)
高雪峰(兼,2014.11.22 ~)
党组书记　吴海勤(2014.11.22 ~)

副 书 记 姚知群(女,2014.11.22~)
纪检组组长 姚知群(女,2014.11.22~)

城市管理行政执法局

局 长 吴海勤(~2014.12.25)
副 局 长 褚双龙(~2014.11.22)
李 钢(~2014.8.26)
杨树春(~2014.11.22)
张跃明(兼,~2014.11.22)
王国炎(兼,~2014.11.22)
党组书记 吴海勤(~2014.11.22)
副 书 记 姚知群(女,~2014.11.22)
纪检组组长 姚知群(女,~2014.11.22)

市场监督管理局

根据平委发〔2014〕22号文件,撤销中共平湖市食品药品监督管理局党组,中共平湖市食品药品监督管理局纪检组,建立中共平湖市市场监督管理局委员会,中共平湖市纪律检查委员会驻平湖市市场监督管理局纪检组。平政发〔2014〕35号文件,根据全省统一部署,工商局、质监局由垂直管理调整为市政府管理。保留质监局,为市政府工作部门。整合工商局、食品药品监管局的机构和职责,并划入质监局承担的食品安全监管职责,组建市场监督管理局,为市政府工作部门,统一行使食品药品监督管理、工商行政管理职能,挂工商局、食品药品监管局牌子。原工商局和食品药品监管局下属事业单位划转到市场监督管理局。市场监督管理局同时承担食品安全委员会的具体工作,挂食品安全委员会办公室牌子。

局 长 王惠明(2014.3.25~)
副 局 长 陆建芳(2014.3.1~)
褚卫国(2014.3.1~)
郑正方(2014.3.1~)
郎晓东(2014.3.1~)
马 坚(2014.3.1~)
党组书记 陆建芳(2014.3.1~)
副 书 记 王惠明(2014.3.1~)
俞 彪(2014.3.1~)
纪检组组长 汤喜良(2014.3.1~)

工商行政管理局

局 长 王惠明(2014.3.1~)

食品药品监督管理局

局 长 王惠明(2014.3.1~)

食品安全委员会办公室

主 任 王惠明(2014.3.1~)

食品药品监督管理局

局 长 陆建芳(~2014.3.25)
副 局 长 诸建林(~2014.1.14)
郑正方(~2014.3.1)
党组书记 陆建芳(~2014.3.1)
纪检组组长 汤喜良(~2014.3.1)

食品安全委员会办公室

专职副主任 郎晓东(~2014.3.1)

质量技术监督局

根据平委发〔2014〕9号文件,建立中国共产党平湖市纪律检查委员会驻平湖市质量技术监督局纪检组。

局 长 彭星华(2014.3.25~)
副 局 长 陆丹恩(2014.3.1~)
朱劲松(2014.3.1~)
党委书记 彭星华(2014.3.1~)
纪委书记 黄利忠(~2014.1.14)
纪检组组长 鲍一琼(女,2014.1.14~)

人民防空办公室(民防局)

主 任(局 长) 徐在法
副 主 任(副局长) 黄锡云 顾喜观
党组书记 徐在法
纪检组组长 顾喜观

中国人民政治协商会议平湖市委员会

主 席 徐春林
副 主 席 王华根 柯卫明 方晓烈
俞明祥 邱其良
许 静(女)
秘 书 长 俞鑫岗(2014.1.13~)

副秘书长　钟　菲(女)　陆　跃
宋怡玲(女,2014.1.27～)

市政协工作机关

办公室

主　　任　俞鑫岗
副 主 任　宋怡玲(女,～2014.1.27)
靳南军(2014.1.27～)
张继军

提案委员会

主　　任　吴美芳
副 主 任　费瑞瑞(女,2014.1.27～)
施雪根(兼)

经济科技委员会

主　　任　徐家祺
副 主 任　张健良
屠云飞(兼)
姚真言(女,兼,～2014.1.27)
杨永明(兼,2014.1.13～)
方丽娟(女,兼,2014.1.27～)

文教卫体与文史委员会

主　　任　张海明
副 主 任　高玉其　张　杰(兼)
许　敏(女,兼)
朱立军(兼,～2014.1.27)
宋怡玲(女,兼,2014.1.27～)

社会法制与港澳台侨联谊委员会

主　　任　陆玉其
副 主 任　钟　菲(女,兼)
褚寿明(兼)

委员工作委员会

主　　任　宋怡玲(女,～2014.1.27)
靳南军(2014.1.27～)
副 主 任　缪志方(兼)
高敏芬(女,兼)
叶保龙(兼,～2014.1.27)
朱新达(兼,2014.1.27～)

中国共产党平湖市纪律检查委员会

书　　记　徐春华
副 书 记　俞雪琴(女)　缪志方
常　　委　徐春华　俞雪琴(女)
缪志方　冯玉明　宋雪忠
钟卫红(女)　周海林

平湖市人民武装部

部　　长　何敏伟
政　　委　魏　飙(～2014.2)
刘祥志(2014.2～)
副 部 长　金福明
党　　委第一书记　翁建荣(～2014.9.22)
盛付祥(2014.10.27～)
党委书记　魏　飙(～2014.2)
刘祥志(2014.2～)
副 书 记　何敏伟

平湖市人民法院

院　　长　赵　阳
副 院 长　何建平　李云林
周颖怡(女)
党组书记　赵　阳
副 书 记　何建平
纪检组组长　邹　虹
政治处主任　陆　民

平湖市人民检察院

检 察 长　沈小平
副检察长　崔　进　许政强　陆永立
党组书记　沈小平
副 书 记　崔　进
纪检组组长　崔小春
政治处主任　沈　洪
反贪局局长　马卫兵

民主党派和工商联

中国民主同盟平湖市总支委员会

主任委员　张洪琪
副主任委员　王祥甫　姜忠良　陆　跃

中国民主促进会平湖市委员会

主任委员　顾玉峰
副主任委员　宋怡玲(女)　郭杰光

钱秀林(2014.5.4~)

中国农工民主党平湖市总支委员会

主任委员 胡跃奇

副主任委员 方 方 汤建萍(女)

富建国

平湖市工商业联合会

主 席 朱在龙

副 主 席 杨永明(驻会)

王春玲(女,驻会)

王邱平(驻会,2014.2.25~)

王泉平 方晓东 朱水良

李士林 李玉观 吴其法

张保根 张祥林 陈 聪

施继红 费永华 徐保龙

陶国健 黄德荣

石华杰(2014.8.20~)

平湖市总商会

会 长 朱在龙

副 会 长 杨永明(驻会)

王春玲(女,驻会)

王邱平(驻会,2014.2.25~)

王泉平 方晓东 朱水良

朱 强 李士林 李玉观

吴其法 张余林

张丽萍(女) 张来喜

张保根 张祥林 陈 聪

林华荣

柳剑峰(~2014.8.20)

施继红 费永华 姚仁法

顾照根 徐永法 徐保龙

陶国健 黄德荣

石华杰(2014.8.20~)

平湖市工商业联合会(总商会)

党组书记 杨永明

群众团体

平湖市总工会

主 席 许 静(女)

副 主 席 朱洪宝 严学贤

曹新萍(女)

党组书记 许 静(女,~2014.1.14)

朱洪宝(2014.1.14~)

副 书 记 朱洪宝(~2014.1.14)

共青团平湖市委员会

书 记 沈 强

副 书 记 夏洁弘(女) 徐成校

党组书记 沈 强

平湖市妇女联合会

主 席 严周萍(女)

副 主 席 俞爱华(女,~2014.1.14)

傅祎慧(女)

卫忠勤(女,2014.1.14~)

党组书记 严周萍(女)

平湖市科学技术协会

主 席 屠云飞

副 主 席 张洪琪

龚方明(~2014.2.24)

陈云华(2014.2.24~)

王永初(兼)

王国忠(兼,~2014.2.24)

方丽娟(女,兼)

沈兴华(兼,~2014.2.24)

朱立军(兼,2014.2.24~)

陈纬国(兼,2014.2.24~)

党组书记 屠云飞

平湖市残疾人联合会

理 事 长 钱 平

副理事长 任朝晖 陆晓燕(女)

党组书记 钱 平

平湖市文学艺术界联合会

根据平委发〔2014〕10号文件,建立中国共产党平湖市文学艺术界联合会党组。

主 席 郑忠勤(~2014.2.17)

金 伟(2014.2.17~)

副 主 席 张 宏(~2014.5.13)

金 勇

党组书记 金 伟(2014.1.14~)

平湖市归侨侨眷联合会
主　　席　方晓烈
副 主 席　周　虹(女,驻会)
沈　飚　宓伟毅

平湖市红十字会
会　　长　顾玉峰
常务副会长　陈纬国(~2014. 3. 4)
王建军(2014. 3. 4 ~)

市直属机构

党校
校　　长　潘川弟(兼)
常务副校长　沈世芳
副 校 长　金治平　沈民忠

行政学校
校　　长　王道平(2014. 1. 14 ~)
常务副校长　沈世芳
副 校 长　金治平　沈民忠

社会主义学校
校　　长　姚田宝(女,兼)
常务副校长　沈世芳
副 校 长　金治平　张永良　沈民忠

史志办公室
主　　任　陈仕栋
副 主 任　郭杰光　唐建明

行政服务中心管理委员会
主　　任　曹正华
副 主 任　庄建良(~2014. 1. 14)
杨品明　吴增观
党委书记　曹正华
副 书 记　高　卫(~2014. 6. 28)
杨品明
纪检组组长　高　卫(~2014. 6. 28)

公共资源交易管理委员会办公室
主　　任　曹正华
副 主 任　杨品明

粮食局
局　　长　林金连
副 局 长　陈小平
吴建林(2014. 1. 14 ~)
党委书记　林金连(2014. 3. 1 ~)
副 书 记　林金连(~2014. 3. 1)
施玉琦(~2014. 4. 28)
纪委书记　施玉琦(~2014. 1. 14)
俞爱华(女,2014. 1. 14 ~)

供销合作社联合社
主　　任　周国权
副 主 任　刘金平　屠孝忠　姚明鹏
党委书记　周国权
纪委书记　陆伟华(女)

广播电视台
台　　长　计福明
副 台 长　周　谧(女)　施志伟
党组书记　计福明
纪检组组长　孙　昉

嘉兴日报社平湖分社
社　　长　潘跃碧
副 社 长　蔡美兴　徐迪兰(女)
党组书记　潘跃碧
纪检组组长　蔡美兴(~2014. 1. 14)
陈茵茵(女,2014. 1. 14 ~)

九龙山旅游度假区管委会
主　　任　沈力行
副 主 任　倪琦根　林建浩
党工委书记　沈力行
副 书 记　王金观

旅游局
局　　长　钱卫中(~2014. 1. 14)
沈海良(2014. 1. 14 ~)
副 局 长　方国平　季小英(女)
党组书记　钱卫中(~2014. 1. 14)
沈海良(2014. 1. 14 ~)

中共平湖经济技术开发区工作委员会
书　　记　周弟明
副 书 记　张照明(~2014. 1. 14)
邹勤良(2014. 1. 14 ~)
张东阁(女)　俞四龙

周祖飞(挂职)
纪工委书记　俞四龙

中共平湖市委钟埭街道工作委员会

书　　记　周弟明
副 书 记　张照明(~2014.1.14)
　　　　　邹勤良(2014.1.14~)
　　　　　张东阁(女)　俞四龙
　　　　　周祖飞(挂职)
纪工委书记　俞四龙

平湖经济技术开发区管理委员会

主　　任　周弟明
常务副主任　张东阁(女,2014.1.14~)
副 主 任　张照明(~2014.1.14)
　　　　　邹勤良(2014.1.14~)
　　　　　张东阁(女, ~2014.1.14)
　　　　　沈木根　范丽敏(女)
　　　　　陆瑞玮
　　　　　周　峰(2014.1.14~)
　　　　　金　卫(2014.1.14~)

中共平湖市委独山港经济开发区工作委员会

根据平委发〔2014〕37号文件,撤销中共平湖市委独山港区开发建设工作委员会,建立中共平湖市委独山港经济开发区工作委员会。

书　　记　冯中海(2014.11.22~12.30)
　　　　　戴建忠(2014.12.30~)
副 书 记　胡泓恬(2014.11.22~)
　　　　　王海余(2014.11.22~)
　　　　　王伟明(2014.11.22~)
　　　　　杨少峰(挂职,2014.11.22~)

中共平湖市委独山港区开发建设工作委员会

书　　记　冯中海(~2014.11.22)
副 书 记　丁根林(~2014.11.22)
　　　　　胡泓恬(2014.1.14~11.22)
　　　　　朱忠良(~2014.5.24)
　　　　　王海余(~2014.11.22)
　　　　　金　球(~2014.1.14)
　　　　　王伟明(~2014.11.22)

浙江独山港经济开发区管委会

根据《浙江省人民政府办公厅关于设立浙江独山港经济开发区的复函》(浙政办函〔2014〕76号),经市政府研究决定,将"独山港区开发建设管委会"更名为"浙江独山港经济开发区管委会"。

主　　任　冯中海(2014.11.22~12.30)
　　　　　戴建忠(2014.12.30~)
副 主 任　胡泓恬(2014.11.22~)
　　　　　陈　欣(2014.11.22~)
　　　　　沈建林(2014.11.22~)
　　　　　陈晓东(2014.11.22~)
　　　　　穆运安(2014.11.22~)
　　　　　王学斌(2014.11.22~)

平湖市独山港区开发建设管理委员会

主　　任　冯中海(~2014.11.22)
常务副主任　丁根林(~2014.1.14)
副 主 任　胡泓恬(2014.1.14~11.22)
　　　　　陈　欣(~2014.11.22)
　　　　　陈晓东(~2014.11.22)
　　　　　沈建林(~2014.11.22)
　　　　　穆运安(~2014.11.22)
　　　　　王学斌(2014.1.14~11.22)

档案局

局　　长　沈建荣(~2014.1.14)
　　　　　姚真言(女,2014.1.14~)
副 局 长　华根琪　陆曹珺(女)
党组书记　沈建荣(~2014.1.14)
　　　　　姚真言(女,2014.1.14~)

陆维钊书画院

院　　长　郑忠勤(兼,2014.1.14~)
副 院 长　许　栋(2014.1.14~)

市政府驻上海石化办事处

主　　任　丁根林(~2014.1.14)
　　　　　沈建林(2014.11.22~)

市政府驻上海办事处(上海外商投资联络处)

主　　任　李惠明

市政府驻杭州联络处

主　　任　钱葛良

市政府驻深圳联络处

主　　任　庄建良(2014.1.14～)

市政府金融工作办公室

主　　任　蒋美玲(女)

副 主 任　宋丽梅(女)　张立帆

市政府口岸管理办公室

主　　任　周　峰(兼,～2014.1.14)

钟键鸣(兼,2014.1.14～)

副 主 任　倪玲青(女)

市政府房屋征收办公室

副 主 任　顾林其

交警大队

大 队 长　吴建明

教 导 员　李希祥

港航管理处

主　　任　徐跃忠

党支部书记　缪跃忠

公路运输管理所

所　　长　史云忠

党支部书记　沈　荣

公路管理段

段　　长　邵永根(～2014.11.22)

党支部书记　曹学彪

财政支付(核算)中心

主　　任　王祥甫

嘉兴市住房公积金管理中心平湖市分中心

主　　任　曹思明

新居民事务局

局　　长　马雪明

副 局 长　马卫良　朱勤明(兼)

杨树春(2014.11.22～)

中共平湖市城市新区开发建设工作委员会

根据平委发〔2014〕8号文件,撤销中国共产党平湖市城市新区开发建设工作委员会。

主　　任　王道平(～2014.1.14)

常务副主任　李寿林(～2014.1.14)

副 主 任　靳南军(～2014.1.14)

富国权(～2014.1.14)

全陈杰(～2014.1.14)

顾春林(～2014.1.14)

顾建良(～2014.1.14)

党工委书记　王道平(～2014.1.14)

副 书 记　李寿林(～2014.1.14)

靳南军(～2014.1.14)

富国权(～2014.1.14)

全陈杰(～2014.1.14)

顾春林(～2014.1.14)

城市发展投资(集团)有限公司

董 事 长　李寿林

副董事长　顾春林(～2014.1.14)

顾建良(～2014.1.14)

徐海飞(2014.1.14～)

张云华(2014.1.14～)

孔明其

党委书记　李寿林

副 书 记　徐海飞(2014.1.14～)

纪委书记　曹冬梅(女)

总 经 理　顾春林(～2014.1.14)

徐海飞(2014.1.14～)

水务投资(集团)有限公司

董 事 长　富国权(～2014.12.30)

副董事长　全陈杰　杨继抗

党委书记　富国权(～2014.12.30)

副 书 记　全陈杰(2014.1.14～)

纪委书记　申任忠

浙江省、嘉兴市垂直管理部门

平湖市国家税务局

局　　长　王新华

副 局 长　朱永强　董志明　邱晓峰

朱晔东

党组书记　王新华

副 书 记　朱永强

纪检组长　邬利明(女)

平湖市地方税务局
局　　长　唐华荣
副 局 长　孙彭跃　朱方亭
稽查局局长　徐剑霖
直属分局局长　王玉华
平湖市工商行政管理局
局　　长　王惠明(～2014.3.1)
副 局 长　褚卫国(～2014.3.1)
朱　浩(～2014.3.1)
马　坚(～2014.3.1)
党委书记　王惠明(～2014.3.1)
纪委书记　喻　彪(～2014.3.1)
平湖市国土资源局
局　　长　陶跃中
副 局 长　高浩健　高建平
徐海飞(～2014.1.28)
金志元(2014.1.28～)
党委书记　陶跃中
副 书 记　高浩健
纪委书记　毕建元
平湖市供电局
局　　长　晏　翔
副 局 长　李正光　郑　涛
潘　锋(～2014.12.11)
冯跃亮
党委书记　李正光
副 书 记　晏　翔　周　杰
纪委书记　周　杰
中国电信股份有限公司平湖分公司
总 经 理　王务中
副总经理　陆　跃
沈勇敏(2014.1.3～)
党委书记　王务中
纪委书记　陆　跃
平湖市邮政局
局　　长　韩志伟(2014.6.15～)
副 局 长　韩志伟(主持工作,～2014.6.15)
刘盛华
党委书记　韩志伟(2014.6.15～)
副 书 记　韩志伟(主持工作,～2014.6.15)
平湖市烟草专卖局(分公司)
局　　长(经　理)　杨建勇
副 局 长　王力夫
副 经 理　庄学杰
党组书记　杨建勇
纪检组组长　王力夫
平湖市气象局
局　　长　沈省中
副 局 长　许华清
李　明(～2014.2.8)
党组书记　沈省中
平湖市盐务管理局
局　　长　陈引初
党支部书记　陈引初
中国人民银行平湖市支行
行　　长　裴洁萍(女)
副 行 长　吴志强　王耀亮
党组书记　裴洁萍(女)
中国银行业监督管理委员会嘉兴监管分局平湖办事处
主　　任　鲁家鹏
副 主 任　陶礼敏
中国工商银行股份有限公司平湖支行
行　　长　张晓峰
副 行 长　吴骏奔
朱惠辛(女,～2014.11.23)
麻朝晖(2014.5.8～)
党总支书记　张晓峰
中国农业银行平湖市支行
行　　长　胡　晓(女)
副 行 长　李　华　姚永忠
陈晓红(女)
潘红梅(女,2014.12.15～)
党委书记　胡　晓(女)
副 书 记　李　华(2014.10.31～)

平湖农村合作银行
董 事 长　何雪根
行　　长　朱颂华
副 行 长　张伟中　沈华君
监 事 长　陈家平
党委书记　何雪根
纪委书记　陈家平
中国建设银行股份有限公司平湖支行
行　　长　富晓建(2014.9.4~)
副 行 长　富晓建(主持工作,~2014.9.4)
孙　萍(女)　冯建明
许　骏
魏青峰(2014.11.25~)
中国银行股份有限公司平湖支行
行　　长　徐海峰
副 行 长　潘春文(~2014.4.14)
王洪强
张晓川(女,2014.4.14~)
中国农业发展银行平湖市支行
行　　长　朱寿明
副 行 长　江　汀(~2014.8.26)
中信银行嘉兴平湖支行
行　　长　陆亚明(~2014.5.26)
丁晓强(2014.5.26~)
副 行 长　王艳萍(女)　胡红杰
蒋　华(女)
嘉兴银行股份有限公司平湖支行
行　　长　姚云天
副 行 长　张仿根　柳　晓(女)
交通银行股份有限公司嘉兴平湖支行
行　　长　许　萍(女)
副 行 长　黄　坚
张晓蓉(女,2014.1.27~)
浦发银行平湖支行
行　　长　王海华(女)
副 行 长　黄建明
兴业银行股份有限公司嘉兴平湖支行
行　　长　叶　雷
党支部书记　陶宏伟(女)
中国人寿保险股份有限公司平湖市支公司
经　　理　朱鹤良
副 经 理　盛亚明(~2014.9.2)
中国人民财产保险股份有限公司平湖支公司
总 经 理　金　一(2014.3.13~)
副总经理　金　一(主持工作,~2014.3.13)
褚叶明
党组书记　张　艳(女,~2014.3.13)
金　一(2014.3.13~)
副 书 记　金　一(~2014.3.13)
中国太平洋财产保险公司平湖市支公司
经　　理　蒋仲虎(~2014.8.5)
郁　斌(临时,2014.11.20~)
副 经 理　赵　鑫(主持工作,2014.8.5~11.20)
杨晓燕(女)
中华联合财产保险股份有限公司平湖支公司
经　　理　朱亚平
副 经 理　沈逸明(~2014.1.30)
中国移动通信集团浙江有限公司平湖分公司
总 经 理　姜洪飞
副总经理　胡　嵩
中国联合网络通信有限公司平湖市分公司
总 经 理　沈红祥(~2014.4.29)
副总经理　许国锋(主持工作,2014.4.29~)
纪　明

镇、街道

当湖街道
党委书记　屠保林(~2014.1.14)
钱学勤(2014.1.14~)
副 书 记　陈　伟　陈　击
许　铉(挂职)
徐海飞(2014.1.14~)
马云峰(兼,2014.11.22~)
纪委书记　陈　击
人大工委主任　张远方
副 主 任　曹付法
办事处主任　陈　伟

副主任　韩国强（~2014.1.14）
沈　杰（2014.1.14~）
符勤华（女）　张建平
袁秀其

钟埭街道

人大工委主任　汤建萍（女）
副主任　陈全根
办事处主任　张照明（~2014.1.14）
邹勤良（2014.1.14~）
副主任　张冬阁（女）　范丽敏（女）
金　卫
周　峰（2014.1.14~）
许　涛

曹桥街道

党委书记　钱学勤（~2014.1.14）
张照明（2014.1.14~）
副书记　李寿林（~2014.12.30）
陈群伟（2014.12.30~）
程佳俊
范　俊（挂职，~2014.1.14）
高雪峰（挂职，2014.1.14~）
纪委书记　程佳俊
人大工委主任　金导耕
副主任　蔡金华
办事处主任　李寿林（~2014.12.30）
陈群伟（2014.12.30~）
副主任　赵振宁　袁利强　高　峰
张自力
政协联络室副主任　严洪芳

乍浦镇

党委书记　姚水华（~2014.11.21）
钟伟华（2014.11.21~）
副书记　钟伟华（~2014.11.21）
姚水华（2014.11.21~）
杨　燕（女）　黄华林
纪委书记　杨　燕（女）
人大主席　沈跃田
副主席　李　霞（女）
镇长　钟伟华
副镇长　张　良　毛亚良　王晓平
祝怡歆

新埭镇

党委书记　沈炳兴
副书记　徐　炯
胡泓恬（~2014.1.14）
陶剑浩（2014.1.14~）
金　茜（女）　陆海生
纪委书记　金　茜（女）
人大主席　李良观
副主席　朱锡铭
镇长　徐　炯
副镇长　肖　杰　李　东
杜　芳（女）　潘永其

新仓镇

党委书记　朱　健
副书记　戴　振　邵秀俊（女）
毛明芳（挂职）
张　阳（挂职，2014.11.22~）
纪委书记　邵秀俊（女）
人大主席　王利民
副主席　胡付法（~2014.4.28）
黄金良（2014.2.28~）
镇长　戴　振
副镇长　邵　辉　蒋付根　沈华元
黄金良（~2014.2.28）
董碧颖（女，2014.2.28~）

独山港镇

党委书记　冯中海（~2014.12.30）
戴建忠（2014.12.30~）
副书记　丁根林（~2014.1.14）
胡泓恬（2014.1.14~）
金　球（~2014.1.14）
王伟明（2014.1.14~）
杨少峰（挂职，2014.11.22~）
纪委书记　金　球（~2014.1.14）

王伟明(2014. 1. 14 ~)
人大主席　王海余
副 主 席　何鑫华(~2014. 2. 25)
谢建龙
镇　　长　丁根林(~2014. 2. 25)
胡泓恬(2014. 2. 25 ~)
副 镇 长　沈建林　穆运安　缪支农
盛　渊

广陈镇

党委书记　周新根(~2014. 1. 14)
沈志凤(女,2014. 1. 14 ~)
副 书 记　沈志凤(女, ~2014. 1. 14)
顾春林(2014. 1. 14 ~)
曹月平　朱亦林(挂职)
纪委书记　曹月平
人大主席　柳永良
副 主 席　钱勤法
镇　　长　沈志凤(女, ~2014. 2. 25)
顾春林(2014. 2. 25 ~)
副 镇 长　王邱平(~2014. 2. 25)
庄志浩(2014. 2. 25 ~)
陈照明(~2014. 2. 25)
王晓平(2014. 2. 25 ~)
戚红炳　鲁跃华

林埭镇

党委书记　戴建忠(~2014. 12. 30)
副 书 记　沈海良(~2014. 1. 14)
金　球(2014. 1. 14 ~)
徐凤英(女)　俞锡梁
纪委书记　徐凤英(女)
人大主席　邬妤琼(女)
副 主 席　郭　忠
镇　　长　沈海良(~2014. 2. 27)
金　球(2014. 2. 27 ~)
副 镇 长　钟健鸣(~2014. 2. 27)
胡家跃(2014. 2. 27 ~)
陆爱民　沈志坚　姚良弟

文件选录

中共平湖市委　平湖市人民政府 关于印发平湖市推进“五水共治、治污先行” 工作实施意见的通知

平委[2014]25号

各镇街道，平湖经济技术开发区、独山港区，市级机关各部门，市属各单位：

《平湖市推进“五水共治、治污先行”工作实施意见》已经市委、市政府同意，现印发给你们，请认真贯彻执行。

中共平湖市委

平湖市人民政府

2014年3月21日

平湖市推进“五水共治、治污先行”工作实施意见

为贯彻落实省委、省政府和嘉兴市委、市政府关于“五水共治、治污先行”的战略部署，扎实推进生态文明建设，有效改善我市水环境质量，切实保障人民群众的环境权益，加快推进省产业结构调整机制创新试点工作，促进经济社会全面协调可持续发展，现就加快推进我市“五水共治、治污先行”工作提出如下意见。

一、指导思想

深入贯彻落实科学发展观，按照“两富”现代化和生态文明建设的总要求和安全饮水、科学调水、有效节水、治理污水的工作要求，以产业结构调整机制创新试点为契机，以“清三河（整治黑河、臭河、垃圾河）、两覆盖（实现城乡污水处理、生活垃圾收集处理覆盖）、两转型（工业和农业转型）和两提升（防洪能力和排涝能力提升）”为主要内容，坚持“绿水青山就是金山银山”发展理念，以“五水共治”倒逼转型升级，依法治水、科学治水、全民治水，落实治水责任，完善工作机制，动员全民参与，持续改善水环境质量、维护水生态安全，着力打造水乡绿城，为加快建设和谐幸福的现代化“金平湖”提供强有力的环境安全保障。

二、工作目标

2014－2016年：到2014年底，消灭垃圾河，黑河、臭河消灭50%以上，全市年生猪存栏量控制在26万头以内，新增农村生活污水处理受益农户12075户。到2015年底，工业污水确保全入网，黑河、臭河消灭80%以上。到2016年底，巩固“清三河”成效，基本实现“水清、流畅、岸绿、景美”的河容河貌；城区污

水处理率达到90%,建制镇污水处理率达到80%;农村生活污水处理农户受益率达到80%;生活垃圾实现全收集全处理。在上游来水稳定改善的基础上,力争好于五类水体的比例逐步提高,行政交接断面水质考核良好以上。

2017－2018年:城区污水处理率达到95%,建制镇污水处理率达到85%;农村生活污水处理农户受益率达到85%;深化生活垃圾全收集全处理,一般固废再利用全处置。2019－2020年:城区污水处理率达到98%,建制镇污水处理率达到90%;农村生活污水处理农户受益率达到90%;巩固提升生活垃圾、一般固废处理处置,推进危险固废规范化处置。全市水质明显改善,河网自净能力逐步恢复,水乡绿城风貌基本显现。

三、主要内容

(一)全面开展"清三河"行动

1. 全面整治黑河、臭河、垃圾河。结合"金平湖·美丽乡村"建设,着力构建优美的农村生态环境。加强河道保洁工作,提高河道保洁的机械化、专业化、市场化水平,重点清理河面漂浮物、非法渔网、打捞病死畜禽、打捞沉船。加强源头控制,加大河岸堆积、抛撒垃圾的清理和乱搭建的整治力度。逐步推进市级主要航道保洁,巩固镇村河道保洁成效,全面提高河道保洁质量。强化源头治理,重点推进排污口封堵、截污纳管工作,有效改变河道水体黑臭现象。实施水利建设"活水"工程,科学推进小河支流、断头浜整治,调整优化河网布局,加快水体流动速度,提高河道自净能力。(责任单位:城管执法局、水利局、环保局、农经局)

2. 大力推进河道综合治理。强化河道生态建设理念,突出小河小浜和骨干河道支流的清淤疏浚,突出镇、村及水环境问题重点区域河道,建立河道淤积监测和轮疏机制。推广河道清淤先进施工工艺,不断提高清淤除污效率。采取种植水生植物、设置生态浮岛等人工强化手段,改善水生态系统。到2018年,完成市级骨干河道治理42公里,面上河道疏浚整治1000公里,基本完成镇、村河道新一轮疏浚。全力配合南排平湖塘延伸拓浚工程和杭平申线平湖段航道改造工程建设。(责任单位:水利局、交通运输局)

(二)全面开展"两覆盖"行动

3. 加快城乡污水工程建设。完成平湖市污水规划修编工作,制订出台污水集中处理管理办法。提标改造东片污水处理厂,出水水质执行一级A标准。建设东西两片污水处理系统互通工程。实施中心城区污水治理专项行动,着力改善东湖水质。在一级污水管网覆盖建制镇区、工业功能区的基础上,向老集镇、农村新社区扩展,二级污水管网覆盖面与收集率挂钩,毛细管网理顺打通,实现污水管网建一线收一片。切实保证污水工程施工质量,实行实测实量、通球试验、CCTV(管道内窥检测系统)专项竣工验收。建设GIS系统管理平台,实现信息动态更新、共有共享。对现有污水管网收集利用情况开展"回头看",重点整改有管无水、有水无量、雨污互通等问题,切实解决污水入网最后1米问题,发挥污水处理设施最大集污功用。加快推进老城区、建制镇雨污分流。加强污泥的管理和处置,落实和规范污泥综合利用处置场所,严格防止二次污染。到2015年,新建一级管60公里、二级管150公里、提升泵站8座以上,全面推进毛细管网建设,新增2万吨/日以上污水收集处理能力。(责任单位:规划建设局、环保局、城管执法局、水务集团)

4. 加强农村生活污水治理。结合"四边三化"、"三改一拆"、"双清"行动,以农村改厕、生活污水治理为重点,深入推进农村环境连片整治。因地制宜选择适用的生活污水治理模式,污水管网覆盖的,生活污水必须纳管排放;污水管网难以覆盖的,按照《平湖市农村生活污水处理技术管理要求》，就地建造集中型、联户型生态化污水处理设施。完善农村生活污水处理工程的质量管理、考核督查、运行养护、资金补助等制度，规范农村生活污水处理系统的建设和运行。（责任单位：农办、规划建设局、环保局、城管执法局、水务集团）

5. 严格饮用水水源保护。积极开展水源地生态保护与修复，严格排查饮用水水源地安全隐患，坚决取缔饮用水源保护区内所有违章建筑，2014 年一级保护区内违章建筑全部拆除，完成物理隔离攻坚任务。禁止一切可能污染饮用水水源的活动，杜绝网箱养殖、渔业养殖、农家乐等活动。加快建设广陈、古横桥两个水厂的原水联网工程，确保供水安全。（责任单位：环保局、农经局、水务集团）

6. 完善“四位一体”保洁机制。积极探索农村垃圾减量化、资源化处理的有效途径，实现农村生活垃圾日产日清。按照“一个领导统筹、一个平台管理，一支队伍保洁、一个标准作业，一个盘子统筹、一个体系监管”的工作思路，建立以条线管理、属地负责、以块为主涵盖城镇、公路、河道、村庄的“四位一体”城乡环境卫生保洁机制，有效提高人财物统筹能力，消除管理盲区，实现“一把扫帚扫到底”，不断改善城乡环境卫生面貌。（责任单位：城管执法局）

（三）全面开展“两转型”行动

7. 健全环境准入机制。按照空间、总量、项目“三位一体”环境准入制度，进一步细化环境准入要求，严格环境准入标准，严把新建项目环保准入关。严守生态红线，对饮用水水源保护区等重要生态敏感区依法实施强制性保护。对不符合产业政策、产业规划的“两高一资”（高耗能、高污染和资源性）项目坚决实行一票否决，建设项目不符合排污总量削减、替代比例或准入条件的，一律不予批准建设。（责任单位：环保局）

8. 整治提升重点行业。严格落实国家、省落后产能淘汰要求，标准先行、执法跟进、问责到位，切实加强对重污染企业的监管，巩固整治成果，严防污染反弹。坚持以治促调、有保有压、腾笼换鸟，对印染、造纸、化工等重点行业进行整治提升，关停淘汰一批，整合入园一批，规范提升一批。强化政策引导，建立倒逼机制，对工业企业的用电、排污、税收贡献进行核算排序，强化资源综合调控手段，对排名靠后的企业依法实施综合整治措施。坚决淘汰不符合国家产业政策和节能减排要求的落后产品、技术和工艺设备，促使产业结构趋于合理、区域布局趋于优化。（责任单位：环保局、经信局、水务集团）

9. 推进工业企业污水治理。实行工业企业全覆盖、生产废水全入网、生活污水全处理。对有生产废水的企业，目前未在污水收集管网覆盖范围但在“十二五”区域污水收集管网建设规划覆盖范围的，委托有资质单位处理入网或自行处理达标后转运入网，并在管网覆盖时实现达标入网；目前未在污水收集管网覆盖范围且未纳入“十二五”区域污水收集管网建设规划覆盖范围的，在 2015 年 10 月前搬迁至管网覆盖区域，实现达标入网，或者关停产生生产废水的工艺。所有污水排放企业均应先行实施雨污分流改造，设置标准化污水排放口、采样井等设施。（责任单位：规划建设局、城管执法局、环保局、水务集团）

10. 实施生猪养殖减量提质。实施畜牧业转型升级发展规划，调整优化畜牧业区域布局，发展农牧紧密结合的生态畜牧业。按照“应拆尽拆”原则，继续推进违章猪舍清理，依法限期拆除“低、小、散、乱”养殖场，全面完成禁养区、占用基本农田、市级河道两侧 200 米、镇级河道两侧 50 米范围内违章猪舍拆除工作。严格控制并逐步削减畜禽存栏总量，落实市、镇、村三级区域总量控制目标。全面禁止占用河道养殖水禽。加强生态渔业建设,加大增殖放流力度,加快修复水域生态系统。清理外荡水产养殖,坚决取缔无证养殖行为。禁止占用基本农田挖塘养殖。(责任单位:农经局、国土资源局)

11. 加强畜禽养殖污染治理。制定养殖污染防治规划,加快“两分离三配套”、三格式化粪池等治污设施建设和排污口封堵进程。结合粪便无害化处置中心布点建设,开展沼液收集处理入网工作。健全社会化服务机制,提高畜禽粪便的集中收集率和综合利用率,畜禽排泄物综合利用率达97%以上。健全病死动物无害化收集处理长效机制,加快建设死亡动物无害化集中处理设施,2014年建成并投入使用病死动物无害化处理中心,逐步淘汰现有公共无害化处理池并做好土地整治复垦。进一步健全和落实长效监管机制,加强对治理设施运行情况的监管和执法。(责任单位:农经局、环保局)

12. 发展生态循环农业。结合农业“两区”建设,以标准农田质量提升土壤培肥、高标准农田建设和沃土工程项目为依托,大力发展生态循环农业,开展农业废弃物资源化利用。加快推广测土配方施肥技术,引导农民科学施肥,鼓励施用有机肥,减少农田化肥氮磷流失。大力推广统防统治和病虫害绿色防治、精准施药等技术,引导农民使用生物农药或高效、低毒、低残留农药,切实降低农药对土壤和水环境的影响。健全化肥、农药销售登记备案制度,建立农药废弃包装物和废弃农膜回收处理体系。到2015年,主要农作物测土配方施肥技术覆盖率80%,化肥利用率提高5%;示范应用农作物病虫害绿色防控技术0.5万亩,开展农作物病虫害统防统治8万亩,农药减量控害面积20万亩。(责任单位:农经局、供销社)

13. 加强船舶污染防治。做好船舶生活垃圾的回收处理,积极推进生活垃圾袋装上岸收集。严格控制船舶油污污染,配备符合规范要求的污油水舱(柜)或油水分离器,港口码头设置污油水回收桶,接收处理船舶含油污水。加快船舶生活污水贮存(舱)柜或处理装置的安装推广,船舶码头产生的生产生活污水主动接入管网系统,禁止直排航道。继续做好环保船舶推广应用,大力推广船型标准化,加快高能耗老旧、小吨位船舶的拆解淘汰。(责任单位:交通运输局)

14. 提高社会用水效率。围绕水资源开发、利用、节约和保护,强化用水需求和用水过程管理,建立并实施水资源管理“三条红线”,即建立水资源开发利用控制红线,实行用水总量控制;建立用水效率控制红线,遏制用水浪费;建立水功能区限制纳污红线,控制入河排污总量。发挥市场在水资源配置中的杠杆作用,继续推进水价综合改革,实行取水、给水、排水、回用水全程计价,继续完善排污、污水处理费征缴机制,深化排污权有偿使用和交易,促使排污单位积极治理污水。加强节约用水管理,加快节水技术改造,推进节水型社会建设。严格水功能区监督管理,推进水生态系统保护与修复。全面完成省水功能区限制纳污红线试点任务。积极开展节水型社会建设标准化县创建,到2015年基本达到节水型社会建设标准,全市用水总量控制在2.52亿立方米以内,万元GDP用水量和万元工业增加值用水量较2010年下降25%,农业灌溉水有效利用系数提高到0.68以上。(责任单位:水利局、规划建设局、水务集团)

(四)全面开展“两提升”行动

15. 全面推进农村圩区工程建设。加快实施圩区建设规划,到2017年底,建成并投入运行27个圩区、保护面积21.55万亩,基本解决严重受淹区块的防洪排涝问题。到2020年,建成圩区36个、保护面积28.03万亩,总投资约10亿元;农村地区防洪标准达到20年一遇,排涝标准达到10年一遇,基本解决农村地区受淹问题。(责任单位:水利

局)

16. 全力开展城市防洪完善工程建设。加快南市圩区工程建设,尽早完成南市新区防洪包围圈封闭,扩展城市防洪工程保护范围;启动城市防洪以路代堤达标工程建设,按照防洪要求加固加高堤防(道路);加快“菲特”台风期间东湖区受淹地块防洪排涝设施建设,严格新建工程地面高程控制和地下空间建设监管;开展城市防洪管理能力建设,编制应急预案,完善超标准洪水应对机制,全面提升城市防洪减灾能力。(责任单位:水利局)

17. 启动一线海塘加固工程建设。加快水口至白沙湾一线海塘防御标准从50年一遇提升至100年一遇加固工程建设,进一步增强钱塘江北岸堤防应对台风暴潮能力,2017年完成工程建设,切实提高对后方企业和居民的保障能力。(责任单位:水利局)

四、有关要求

(一)强化组织领导。各级各部门要把水环境治理摆到更加突出的位置,切实加强领导、落实责任、完善措施,扎实推进各项工作。全市成立“五水共治”领导小组,由市委、市政府主要领导担任组长,市人大、市政协主要领导担任顾问,市委、市人大、市政府、市政协分管领导担任副组长,负责“五水共治”重大规划编制、部门区域协调、重大问题研究等工作。领导小组下设办公室,负责领导小组有关工作的落实。各镇街道要成立相应的组织机构,完善体制机制,明确责任主体,加强统筹协调,形成整体合力。全面深化“河长制”,将“五水共治”作为“河长”治水的重要内容。市级河长切实承担包干河道治理工作的指导、协调和监督职能,河长牵头部门协助河长履行指导、协调和监督职能,各河长部门(单位)作为“段长”分段包干,开展日常巡查,发现问题,及时处置。(责任单位:“五水共治”办)

(二)强化要素保障。“五水共治”是一项长期实施的系统工程,要严谨编制总体规划和相关专业规划,明确进度表、项目表、责任表,指导工作有序推进。要加强治水的政策研究,形成有利于治水的激励机制、惩戒机制和要素保障机制。要建立长效、稳定的投入机制,按照环保投入增长幅度高于经济增长速度的要求,不断加大公共财政的投入力度,每年“三公”经费节约部分全额用于“五水共治”工作;积极争取国家、省重点流域水污染防治专项资金,争取各类金融机构更多支持,积极吸引民间投资,进一步督促各类污染主体加大污染治理设施的投资力度。2014－2016年,完成“五水共治”项目建设投入40亿元。实行项目化治理,加快建设改造提升基础设施,集中安排一批大项目、重点工程、应急项目,着力在促进区域性水质明显提升上取得成效。注重治水工程质量,做到有据可依、有责可查,经得起时间的检验。提高科学治水能力,加强与大专院校和科研单位的合作,聘请专业技术人员指导各镇街道开展治水工作。有计划地开展“体检式”监测,掌握主要河道及其支流的水质变化关系,为治理工作提供技术支持。开展治水业务培训,形成一支专业的治水队伍。(责任单位:“五水共治”办、发改局、规划建设局、财政局、环保局、水务集团)

(三)强化监督考核。将“五水共治”作为各镇街道、各部门目标责任制考核的重要内容,加强日常督查和年度考核,动态通报各镇街道、各部门工作落实情况。充分发挥人大、政协民主监督作用,积极回应人大代表、政协委员和广大人民群众的意见建议、投诉举报,将群众满意度作为“五水共治”成效的重要检验标准。强化治水司法保障,严厉打击涉水违法犯罪行为。对治水不力的单位及个人,追究相应责任。(责任单位:“五水共治”办、督考办、纪委、公安局)

(四)动员全民参与。充分发挥新闻舆论的引导和监督作用,报刊、广播、电视、网络等新闻媒体要广泛持久地开展多层次、多形式的水环境治理宣传教育活动,加强对先进典型的总结和推广。结合党的群众路线教育实践活动,开展“千名干部联千河”活动,机关干部带头积极参与水环境治理。开展“千企联千河”活动,引导企业履行社会责任,自觉防治污染,积极推行清洁生产,大力发展循环经济。广泛发动和组织人民群众参与“五水共治”,发挥工青妇等人民团体和社会各界作用,发挥民间环保组织和环保志愿者的积极作用,开展企事业单位“门前三包”活动,强化村规民约约束力,提高“五水共治”社会参与度,形成全社会关心、支持、参与和监督水环境治理的良好氛围。(责任单位:宣传部、组织部、工商联、团市委)

中共平湖市委
关于深入贯彻省委“两美”建设决定
打造“江南水乡美丽金平湖”的实施意见

2014年7月31日中共平湖市委十三届六次全体(扩大)会议通过

平委[2014]34号

为深入贯彻党的十八届三中全会和省委十三届五次全会、嘉兴市委七届八次全会精神,根据《中共浙江省委关于建设美丽浙江创造美好生活的决定》和《中共嘉兴市委关于深入贯彻省委“两美”建设决定打造江南水乡典范的实施意见》,结合平湖实际,现就全面建设“江南水乡美丽金平湖”提出如下实施意见。

一、建设“江南水乡美丽金平湖”的重大意义、总体要求和主要目标

(一)重大意义。党的十八大、十八届三中全会明确提出建设美丽中国的目标任务,并把加快生态文明制度建设作为全面深化改革的重要内容。省委和嘉兴市委也分别作出“建设美丽浙江,创造美好生活”和打造“江南水乡典范”的重要战略决定。近年来,我市坚持把生态文明建设放在突出位置,在保护中发展,在发展中保护,生态建设和环境保护取得明显成效,为打造“江南水乡美丽金平湖”奠定了坚实基础。但也要看到,当前粗放型的经济增长方式并没有根本转变,资源要素约束不断加剧,生态环境形势依然严峻。人民群众对生态环境的关注度越来越高,要求治理污染、改善环境的要求更加强烈。为贯彻落实上级部署要求,不断满足人民群众的新期盼,结合平湖实际,全市上下要从全局和战略的高度,牢固树立“绿水青山就是金山银山”的发展理念,把建设“江南水乡美丽金平湖”作为当前和今后一段时期的奋斗目标;作为贯彻落实科学发展观的重要举措;作为建设美丽中国和美丽浙江在平湖的生动实践;作为重要的民生工程和民心工程,贯穿于经济社会发展全过程,加快在更高层次上实现人与自然、经济社会与资源环境和谐发展。

(二)总体要求。坚持以邓小平理论、“三个代表”重要思想、科学发展观为指导,认真贯彻党的十八大、十八届三中全会和习近平总书记系列重要讲话精神,坚持生态立市战略,把生态文明建设融入经济建设、政治

建设、文化建设、社会建设各个方面和全过程，深化改革创新，推动转型升级；加快“五水共治”，加强环境治理；优化空间布局，统筹城乡发展；弘扬水乡文化，提升公民素养；坚持以人为本，持续改善民生，充分展现科学发展、自然生态、人居环境、人文行为、和谐幸福之美，努力打造“和谐幸福、宜业宜居”的“江南水乡美丽金平湖”。

（三）主要目标。建设“江南水乡美丽金平湖”是一项系统性、长期性、艰巨性的历史任务，需要确定具体工作目标，有步骤分阶段推进。

到2016年，“江南水乡美丽金平湖”建设的各项基础性工作扎实开展，基本建立比较完善的体制机制和组织领导保障体系。市第十三次党代会确定的生态环境质量、人民生活品质、社会文明程度等目标基本完成。

生态空间格局持续优化。按照“多规融合、生态优先”的要求，基本完成国土（海洋）空间规划体系和主体功能区、环境功能区布局。“一核一主三次四片区”市域空间结构规划和六大类环境功能区不断优化，科学合理的生产、生活和生态开发格局初步形成。三次产业发展更加协调，产业集群、集约发展特征更加明显。

生态产业体系更加完善。“四换三名”工程深入推进，经济转型升级取得明显成效，全省县域经济转型升级先行区建设任务基本完成。构建绿色循环低碳的生态产业体系取得较大进展，单位地区生产总值综合能耗年均下降4%，全面完成上级下达的节能减排任务。

生态环境质量明显提升。全市水质显著改善，河网自净能力逐步恢复，全面消灭黑河、臭河、垃圾河。在上游来水稳定改善的基础上，确保水质类别不低于上游，行政交接断面水质考核良好以上，基本实现“水清、流畅、岸绿、景美”的河容河貌。大气环境质量有效改善，PM2.5浓度较2013年下降20%以上，空气环境质量优良天数达到250天以上。工业固废、生活垃圾、建筑垃圾、餐厨垃圾、农业废弃物、危险废物等处置体系基本健全，实现利用处置全覆盖。

生态文明理念深入人心。全市生态文化培育取得显著成效，生态市和绿色创建全面开展。生态文明行为习惯在全社会积极养成，全民节约资源、保护环境的观念显著增强，低碳生活和绿色消费成为社会时尚，人民生活品质、社会文明程度不断提升。

到2020年，初步形成比较完善的生态文明制度体系，以水、大气、土壤和森林绿化美化为主要标志的生态系统初步实现良性循环，全市生态环境面貌得到根本性改观，生态文明建设主要指标和各项工作走在全省前列。城乡统筹发展指数、城乡居民收入、居民健康指数、生态环境指数、文化发展指数、社会发展指数、社会保障指数、农民权益保障指数等达到预期目标，初步建成“和谐幸福、宜业宜居”的“江南水乡美丽金平湖”。

二、建设“江南水乡美丽金平湖”的主要任务

（一）深化改革创新，推动转型升级，展现科学发展之美

1. 突出转型升级，优化产业布局。严格按照市域总体规划和环境功能区划要求，统筹谋划产业发展布局，以平湖经济技术开发区、独山港区、上海张江平湖科技园和九龙山旅游度假区为重点，加快推进产业平台功能完善、空间拓展和服务提升，全面提高平台承载能力、提升创新驱动活力、增强产业集聚引力。完善投资项目准入标准动态调整机制，推动三次产业融合发展，加快构建高产出、低排放、可持续的生态产业体系。做大做强主动力产业，加快改造升级传统产业，全面推进工业化和信息化“两化”融合发展。深入实施服务业发展“五大工程”，大力推进港口物

流、专业市场、电子商务等生产性服务业发展。加快现代农业园区和粮食生产功能区建设,积极稳妥推进农村土地流转,提升发展休闲观光农业。

2. 突出“四换三名”,调整产业结构。以推进“四换三名”为总抓手,深入实施产业结构调整机制创新省级试点,着力抓好产业“增量优化、存量调整、监管服务”三大方面的机制创新,通过实施精准化的筛选诊断,差别化的政策引导和社会化的专业服务,每年组织实施“机器换人”、“空间换地”、“电商换市”项目各100项,淘汰改造高能耗、重污染、低附加值工业企业30家,加快推进低、小、散企业整治。完善工业激励政策,大力推进“强平工程”建设,突出优势产业提升和龙头企业扶持,加快培育“名企、名品、名家”,到2016年,全市力争拥有省级以上品牌的企业达到70家以上。

3. 突出创新驱动,提升发展内涵。全面实施创新驱动发展战略和金平湖英才计划,围绕创新型城市建设“826”工作目标,以现代产业、技术创新、成果转化、创新平台、人才支撑和环境保障“六大体系”建设为抓手,加快打造新兴产业集聚区、与沪同城先行区和创业创新引领区。有效实施节能环保重大科技专项,加快突破关键共性技术瓶颈,坚持政府投入引导与政策措施激励并举,鼓励和推动企业开展产学研合作,加快推进科技、金融、产业融合发展。加强与上海自贸区全方位对接,积极推进上海张江平湖科技园建设。到2016年,全市R&D经费支出占GDP比重达到2.7%左右,高新技术企业超过75家,高新技术产业产值超过600亿元,创业创新领军人才项目超过100个,率先建成创新型城市。深入推进节能减排、绿色发展,积极培养和引进适应生态文明建设需要的各类人才。大力推进涉及人口健康、食品药品安全、防灾减灾、安全生产、生态环境和应对气候变化等领域的科技创新。

(二)加快“五水共治”,加强环境治理,展现自然生态之美

4. 坚持治污先行。完善水环境综合整治规划,大力实施“清三河”行动,彻底整治黑河、臭河、垃圾河。加快城乡污水管网工程建设,加强农村生活污水治理,到2016年,确保城区生活污水处理率达到90%,建制镇达到80%,农村生活污水处理农户受益率达到80%,在上游来水稳定改善的基础上,好于五类水体的比例逐步提高。全面落实“河长制”和项目化管理,实行最严格的水环境监管制度,动员全社会力量参与水环境治理。提高河道保洁的机械化、专业化、市场化水平,全面推进市级主要航道保洁,巩固镇村河道保洁成效,提高河道保洁质量。强化河道生态建设理念,积极开展水源地生态保护与修复,坚决取缔饮用水水源保护区内所有违法排污口,完成一级保护区物理隔离。

5. 推进联动治水。坚持防洪水、排涝水、保供水、抓节水联动推进。加快供水管网更新改造,继续推进水价综合改革,提高全社会用水效率,争创节水型城市。实施水利建设“活水”工程,科学推进小河支流、断头浜整治,调整优化河网布局,提高河道自净能力。加大水利设施建设力度,全面推进农村圩区工程建设,到2016年,力争建成圩区36个,基本解决农村地区受淹问题。全力开展城市防洪完善工程建设,探索东湖新区防洪,尽早完成南市新区防洪包围圈封闭,启动城市防洪以路代堤达标工程建设。加快一线海塘加固工程建设,增强钱塘江北岸堤防应对台风暴潮能力,不断提升防洪排涝能力。着力推进内河水运复兴重大基础设施项目建设,加快实施杭平申航道平湖段改造、乍嘉苏航道养护工程。加大海洋生态保护力度,完善海域环境和海洋资源保护体系,加强海洋蓝色生态屏障建设。

6. 治理农业面源污染。实施畜牧业转型升级发展规划，深入推进违章猪舍清理，调整优化畜牧业区域布局，严格实施“分类禁养”、“总量限养”政策，切实控制并逐步削减畜禽存栏总量，推动生猪养殖业向标准化和生态化转型。全面推行生猪养殖“三个一”制度，健全畜禽养殖废弃物、病死动物及其产品无害化收集处理与长效监管机制。全面推广测土配方施肥技术，加大有机肥替代化肥推进力度，加快推进病虫害绿色防控技术和专业化统防统治，有效控制主要农产品产地土壤污染，建立完善废弃农药包装物回收处置机制。加大绿色生态屏障建设力度，全面推进平原绿化工程，不断提高林木覆盖率，每年新增绿化1万亩以上。

7. 狠抓环境综合治理。深入实施大气污染防治行动，推进无煤区建设、能源结构调整、工业废气治理、生活服务业废气治理、机动车尾气防治、城市扬尘整治、禁止秸秆焚烧、落后产能淘汰等八大工作，建立大气污染防治新机制。扎实推进脱硫脱硝工程、燃煤锅炉淘汰和煤改气工作。建立重污染天气监测预警及应急处置体系，加快推进秸秆还田和多元化利用，依法查处各类大气环境违法行为。加强餐厨垃圾收运体系建设，促进垃圾规范处置。推进土壤环境保护和综合治理，实现土壤环境监测网络全覆盖，基本消除重大土壤环境安全隐患。加快污泥资源化利用和危废无害化处置项目建设，完善工业固废收集处置体系，建立覆盖危险废物和污泥产生、贮存、转运及处置的全过程监管体系，基本解决本地污泥和危废处置问题。

（三）优化空间布局，统筹城乡发展，展现人居环境之美

8. 优化城乡空间布局。以“十三五”规划编制为契机，积极推动经济社会发展规划、城乡规划、土地利用规划、环境功能区划等多规融合，坚持生态优先、一体发展，形成定位清晰、功能互补、统一衔接的空间规划体系。优化“一核一主三次四片区”市域空间结构规划，做强“一心五区两园”产业集聚平台，严格开发建设中的生态环境监管，加大对重要生态功能区、生态环境敏感区和脆弱区的保护力度，加快形成市域空间有机、协调、可持续发展的新格局。不断完善各类规划和功能区划调整机制，加快建立一体化的规划统筹管理机制。坚持城乡统筹发展，推进扩权强镇，统筹城乡综合配套改革，加快推进城乡经济社会一体化发展。

9. 加快美丽城市建设。坚持“品质平湖”理念，提高城市建设标准，充分挖掘山海湖资源，按照现代亲水城市要求，着力营造“湖在城中、城在水中、水在绿中、人在景中”的城市风貌，彰显水乡特色和城市品质。加快南市新区和东湖新区建设，加大城市基础设施建设力度，积极推进城市有机更新，做到新区开发与老城更新相呼应。推进交通治堵，加强区域骨干交通网络和城乡便捷交通网络建设，加快生态绿道建设，倡导步行、公共自行车等绿色低碳慢行交通，加大地下空间开发力度。用科学态度、先进理念、专业知识深化城市高标准建设、精细化管理，推进文明执法，提高城市管理水平，规范各级市场经营秩序。巩固创卫成果，强化市容环境管理，提升城市形象。加快“数字平湖”地理空间框架建设，延伸拓展“数字城管”系统，建设“智慧平湖”。

10. 提升美丽乡村建设水平。充分发挥镇、村两级组织活力和干部能力，因地制宜加大新市镇培育力度，创新新市镇发展模式，加快推进生态人文小城市试点，建设江南“风情小镇”。坚持集聚方向，以土地综合整治为抓手有序推进农房搬迁集聚，鼓励做大镇区中心社区、做优城乡一体新社区。结合省级农房改造建设示范村试点和历史文化村落培育，保留和优化一批具有一定规模、底蕴深

厚、生态较好的自然村,科学规划形态布局,稳步推进农房改造,融入村落人文特色,积极打造美丽乡村精品村、特色村。深入开展农村环境综合整治,全面推行城乡环境“四位一体”长效保洁,推进路边、河边、屋边的洁化、绿化、美化,提高农村环境长效管理水平。

(四)弘扬水乡文化,提升公民素养,展现人文行为之美

11. 培育水乡生态文化。推进文化强市建设,注重发扬“开放、亲水、崇文、报本”的水乡文化理念和人文情怀。推进自然优美的亲水生态景观建设,加大南河头街区、新埭古镇以及新仓、乍浦等临水而居的历史建筑的保护力度,传承尊重自然、顺应自然、保护自然的水乡历史文脉。结合浙江生态日、世界环境日等纪念活动,通过“基层好声音”宣讲团、生态文明宣讲团等载体,进学校、进社区、进企业,广泛开展群众性生态文明教育和科普宣传。积极开展“水乡之美”主题文艺创作,突出江南水乡亲水特质,着力构建包括学校、社区、家庭、企业和社会公益教育体系等在内的教育网络体系。

12. 提升公民人文素养。培育和激发广大群众建设“江南水乡美丽金平湖”的主体意识,大力推进志愿服务制度化,推动养成与生态文明建设相适应的思想品德、职业道德、社会公德和家庭美德。积极培育和践行社会主义核心价值观,大力弘扬“平和报本、勇猛精进”的新时期平湖城市精神。广泛开展形式多样的道德典型评选活动,加大对“道德模范”、“最美人物”、“身边好人”、“星级文明户”的宣传力度,切实推动农村文化礼堂建设,引领社会文明风尚。大力倡导文明殡葬,积极引导城乡居民移风易俗。增强公民法治观念和科学人文素养,提高全社会节约资源、保护环境的自觉意识,大力开展节俭养德全民节约行动,在全社会营造厉行节约、拒绝浪费的浓厚氛围。

(五)坚持以人为本,持续改善民生,展现和谐幸福之美

13. 加强民生事业建设。深化收入分配制度改革,建立完善居民收入与经济社会发展相适应的增长机制,不断扩大中等收入群体,提升城乡居民生活质量,力争到2016年城乡居民收入在2010年基础上实现翻番。鼓励创业创新,推进充分就业,加大社会保险覆盖力度,稳步提高城乡居民最低生活保障和中低收入群体收入水平。协调推进就业、教育、医疗卫生、住房、食品、交通、劳动关系、安全生产等与百姓生活密切相关领域工作,合理分配社会存量资源,妥善解决基本民生诉求,促进社会公平、公正、和谐。加大公共服务投入力度,加快基础民生设施配套建设,让全市人民群众共享发展成果。

14. 提高社会治理能力。坚持系统治理、依法治理、综合治理和源头治理,强化“网格化管理、组团式服务”,推进“法治、德治、自治”建设,实现“以法治定分止争、以德治春风化雨、以自治化解矛盾”。健全民生问题快速反应反馈机制,完善“百姓事马上办”平台,畅通和规范群众诉求表达、利益协调和权益保障渠道,积极防范和化解社会矛盾纠纷。大力推进生态领域专业性调解组织建设,发挥社会力量积极作用,妥善化解因生态环境问题引发的矛盾纠纷,有效预防化解“邻避效应”。积极搭建党和政府、责任主体、群众之间的协商平台,对涉及环境问题的重大决策,切实做到应评尽评。强化社会应急联动体系建设,妥善处置各类涉及生态领域的突发事件。

15. 维护社会和谐稳定。深化“平安市”建设,继续推进社会服务管理中心规范化建设,全面实施重大决策社会稳定风险评估。着力推进“一体化警务”,严厉打击各类违法犯罪行为,强化行政执法和刑罚处置,加大责任追究和违法惩治力度。完善矛盾纠纷排查

和风险隐患评估机制，推进信访“三无”镇街道、村社区创建活动，有效提高积案化解工作。健全环境保护政策体系，完善跨区域生态环境联动执法机制。强化对行政执法活动的监督，推动相关执法机关加大执法力度、创新执法方式、规范行政行为。

三、建立完善“江南水乡美丽金平湖”的体制机制

（一）建立完善“源头严控”的体制机制

16. 实施环境功能区划。全面实施《平湖市环境功能区划》，针对不同功能区划特点，因地制宜制定阶梯式管控措施和负面清单，实行差别化的环境准入条件、差别化的污染减排任务和差别化的排污权交易价格。严守生态红线，对饮用水水源保护区等重要生态敏感区依法实施强制性保护。以解决水、大气、土壤突出环境问题为目标，严守环境质量安全底线。明确土地资源、水资源、能源等为重点的利用上线和管控要求，建立资源利用上线与生态功能保护、环境质量要求相结合的协调联动机制。

17. 健全环境准入机制。全面推行经济社会发展规划、区域发展规划及重大政策措施的战略环评，严格落实专项规划环评制度。实行空间、总量、项目“三位一体”环境准入制度，推行环评审批制度改革，构建公开透明、公正高效的审批体系。推进环评备案监督制，完善环评监管体系，健全环评中介机构考核机制，严格实行环评承诺与责任追究制度。建立环境保护重大决策听证、重要决议公示和重点工作通报制。

18. 加强排污总量控制。深入实施能源消费总量和能源消耗强度“双控制”，探索推进用能预算化管理制度。全面实施化学需氧量、氨氮、二氧化硫、氮氧化物、烟粉尘、重金属、挥发性有机物等七类污染物总量控制和平衡制度，推进行业性和区域性污染物总量控制。完善排污许可证制度，理顺排污许可证与环境影响评价、总量控制、“三同时”、排污收费、排污权证等污染源管理制度关系，探索制定污染源“一证式”管理制度。实行污染物总量控制激励机制，建立排污权指标基本账户，加快刷卡排污系统建设。

（二）建立完善“过程严管”的体制机制

19. 推进环境监管制度改革。建立完善严格监管所有污染物排放、独立进行环境监管和行政执法的环境保护管理制度。完善行政综合执法体制，推进环保行政执法与民主监督、公众监督、舆论监督、司法监督结合，加大监管力度，提高监管实效。建立环境执法司法联席会议制度，完善环境执法联动协作机制，切实形成工作合力。加强环境监测能力建设，突出应急监测能力，完善空气、水质、噪声自动监测网络。

20. 深化资源要素市场化配置改革。健全企业综合绩效评价体系，建立资源差别化使用激励约束机制、低效企业退出激励机制和新增项目选优机制，探索构建资源要素高效流动的市场体系。深化土地要素配置体制改革，加强工业用地差别化管理。实行最严格的水资源管理制度，探索中水回用、再生水利用激励机制。建立环境资源市场化配置机制，完善排污权交易制度，积极开展用能权、碳排放权及水权交易，培育发展要素资源二级市场。培育第三方专业化环保运行组织和机构，探索建立“污染者付费，专业化治理”新模式，完善污染源在线监测第三方运营机制，推行重污染行业环境污染第三方治理工作。建立污染物治理设施建设与运营的长效监督机制。

21. 完善生态环境管理制度。加快自然资源及其产品价格改革，健全全面反映资源稀缺程度、生态环境治理修复成本的资源环境价格形成机制。健全以污染物排放量和浓度为基础的排污收费制度，在省定标准的基础上，进一步提高排污收费价格。对分散燃

煤锅炉使用单位、排放挥发性有机废气的大气污染企业，大幅提高排污费征收标准，倒逼落后产能淘汰和清洁能源替代。探索建立生态文明考核评价机制，在饮用水源保护区所在镇试行生态补偿，建立与生态环境质量、绿色发展水平、生态建设行动相挂钩的财政奖惩机制。建立以治水治气为核心的产业生态评价体系。

（三）建立完善“恶果严惩”的体制机制

22. 建立环境损害责任终身追究制度。对污染环境、破坏生态行为“零容忍”，强化行政执法和刑罚处置，探索环保部门对违法排污单位及时叫停和强制执行制度，加大责任追究和违法惩治力度。建立健全环境问题约谈制度，对政府决策、执行失误以及不作为导致的环境损害问题建立责任终身追究机制。

23. 建立环境损害惩治制度。建立以环境损害赔偿为基础的环境污染责任追究体系，对造成生态环境损害的责任者严格实行赔偿制度，加大行政强制及行政处罚力度，对重点环境违法行为实行专案查办制度，加大政府责令关闭或停产整顿等的力度，构成犯罪的，依法追究刑事责任。探索建立环境污染损害赔偿责任风险基金，鼓励推行环境污染损害责任保险制度，对高风险企业实行环境污染强制责任保险。建立完善环境违法单位金融制约制度。健全环境保护领域执法司法机制，完善纪检监察、公安、环保等多部门参与的环境执法联动协作、信息通报与共享等工作制度，依法打击污染环境、破坏生态、损害社会公共利益的行为。

四、切实强化建设“江南水乡美丽金平湖”的组织保障

（一）完善组织领导。将市生态市建设工作领导小组调整为市委、市政府美丽平湖建设领导小组，发挥牵头抓总作用，统筹协调和指导监督建设“江南水乡美丽金平湖”的重大事项，落实建设“江南水乡美丽金平湖”的决策部署，将推进“两美”建设，打造“江南水乡美丽金平湖”的新要求纳入“十三五”经济社会发展规划。加强人大对生态文明建设的监督工作，强化生态环保预算审查监督和执法检查监督，依法行使好重大事项决定权。市政府要认真研究制定实施配套政策，全面推进工作，加大财政投入力度，强化行政执法。支持政协充分发挥协商、监督、咨政、民意和群众工作机构功能，动员社会力量在建设过程中献计献策。各级各部门要立足自身职能，结合实际，相互协调配合形成合力，共同推进“江南水乡美丽金平湖”建设。

（二）加强法治保障。结合法治平湖建设，切实强化法治思维、完善依法治理体系、提高依法治理能力，不断提升生态文明建设的法治化水平，打造环境监管最严的县市。深入贯彻环境保护法和相关法律法规，严格依法审理，加大执法力度，加强法律法规实施的监督检查和主体功能区规划实施等的有效监测，并积极协调配合跨区域生态环境执法和司法实践。利用我市率先实施环境功能区划的优势，健全生态环境管理制度，完善环境准入标准。积极推行行业与企业社会责任标准和企业环境信用等级评价，逐步建立企业环保社会责任认证体系，增强企业保护生态环境的社会责任感。

（三）推动多元投入。紧密结合生态文明建设战略重点，合理调整和整合各类生态环保专项资金，积极开展财政专项资金竞争性分配改革。积极发挥财政资金引导作用，吸引带动社会资本和各类创业投资、股权投资参与建设，积极发展环保社会公益基金。建立环保资金使用绩效评估考核机制和专项审计制度。探索构建“绿色金融体系”，调整优化信贷结构，加快发展直接融资，充分利用多层次资本市场，多渠道扩大融资规模。创新发展林权、水权、排污权、碳排放权、用能权

等绿色金融产品,促进企业自觉节能减排。探索生态保护金融创新,研究支持自然生态红线区保护工作的金融配套体系。

(四)严格考核考评。建立健全反映建设"江南水乡美丽金平湖"要求的区域发展绩效评价体系,修订完善镇街道党政领导班子和领导干部综合考核考评实施办法及其指标体系,进一步完善生态文明建设评价体系。根据不同区域主体、功能要求和目标定位,实行发展要求、评价指标和权重不同的差异化考核,引导差异化发展。加强实绩综合分析,突出"既看发展成果,又看发展成本与代价"、"既注重考核显绩,更注重考核潜绩"的考核导向,严格考评结果运用,奖优罚劣,形成正确的工作导向和用人导向。

(五)强化社会协同。坚持正确的舆论导向,充分利用网络、电视、广播、报刊等宣传平台,营造全民共建"江南水乡美丽金平湖"的浓厚氛围。要宣传报道优秀典型,对在生态环境保护建设方面有突出贡献的个人、团体进行表彰,鼓励更多的人成为环境保护的参与者、生态建设的志愿者、美丽平湖建设的践行者。按照"透明环保"的理念,加强环境信息公开,及时回应公众关心关注的热点环境问题。发挥民间公益环保组织作用,积极推进"江南水乡美丽金平湖"志愿者队伍和监督员队伍建设。

平湖市第三次经济普查主要数据公报
(第一号)

平湖市统计局
平湖市人民政府第三次经济普查领导小组办公室
2015 年 7 月 27 日

根据国务院、省政府、嘉兴市政府关于开展第三次经济普查工作的统一部署和《平湖市人民政府关于在全市开展第三次经济普查的通知》(平政发〔2013〕116 号)要求,平湖市进行了第三次经济普查。这次普查的标准时点为 2013 年 12 月 31 日,普查时期资料为 2013 年年度资料。普查对象是在我市境内从事第二产业和第三产业的全部法人单位、产业活动单位和个体经营户。通过这次普查,摸清了我市第二产业和第三产业的发展规模及布局,摸清了我市产业组织、产业结构、产业技术的现状以及各生产要素的构成,查实了服务业、战略性新兴产业、小微企业和高技术产业(制造业)、个体经营户的发展状况。

根据《全国经济普查条例》,现将第三次全国经济普查的主要综合数据公报如下。其他普查数据将随着普查资料开发应用的进度,以不同方式陆续公布。

一、单位基本情况

2013 年末,全市共有从事第二产业和第三产业活动的法人单位 10553 个,比 2008 年末(2008 年是第二次经济普查年份,下同)增加 3052 个,增长 40.7%;产业活动单位 11771 个,增加 3162 个,增长 36.7%;个体经营户 39948 个,其中有证个体经营户 16340 个(详见表 1 - 1)。

2013 年末,在第二产业和第三产业法人单位中,位居前三位的行业是:制造业5435个,占51.5%;批发和零售业2348个,占22.2%;公共管理、社会保障和社会组织547个,占5.2%。在个体经营户中,位居前三位的行业是:批发和零售业18208个,占45.6%;交通运输、仓储和邮政业6550个,占16.4%;制造业5603个,占14.0%(详见表1-2)。

表1-1　单位数与个体经营户数

	单位数(个)	比重(%)
一、法人单位	10553	100
企业法人	9470	89.7
机关、事业法人	439	4.2
社会团体和其他法人	644	6.1
二、产业活动单位	11771	100
第二产业	5826	49.5
第三产业	5945	50.5
三、个体经营户	39948	100
第二产业	6691	16.7
第三产业	33257	83.3

表1-2　按行业分组的法人单位与个体经营户

	单位数(个)	个体经营户(个)
合计	10553	39948
制造业	5435	5603
电力、热力、燃气及水生产和供应业	29	-
建筑业	254	1203
批发和零售业	2348	18208
交通运输、仓储和邮政业	254	6550
住宿和餐饮业	75	3265
信息传输、软件和信息技术服务业	48	15
金融业	10	-
房地产业	286	340
租赁和商务服务业	539	326
科学研究和技术服务业	163	117
水利、环境和公共设施管理业	68	27
居民服务、修理和其他服务业	101	3286
教育	118	87
卫生和社会工作	43	35
文化、体育和娱乐业	125	649
公共管理、社会保障和社会组织	547	-

注:表中法人单位合计数含从事农、林、牧、渔服务业和兼营第二、三产业活动的农、林、牧、渔业法人单位110个;个体经营户合计数含从事农、林、牧、渔服务业活动的个体经营户237个。

2013年末,全市共有第二产业和第三产业的企业法人单位9470个,比2008年末增加2941个,增长45.0%。其中,内资8983个,占94.9%;港、澳、台商投资199个,占2.1%;外商投资288个,占3.0%。内资中,国有17个,占全部企业法人单位的0.2%;私营8333个,占88.0%(详见表1-3)。

表1-3　按登记注册类型分组的企业法人单位

	企业法人单位(个)
合　计	9470
内资	8983
国有	17
集体	57
股份合作	8
联营	2
有限责任公司	491
股份有限公司	14
私营	8333
其他	61
港、澳、台商投资	199
外商投资	288

二、从业人员

2013年末,全市第二产业和第三产业法人单位从业人员32.69万人,比2008年末减少0.37万人,下降1.1%。个体经营户从业人员9.25万人,其中有证个体经营户从业人员4.51万人。

在法人单位从业人员中,位居前三位的行业是:制造业23.26万人,占71.2%;建筑业3.33万人,占10.2%;批发和零售业1.13万人,占3.5%。在个体经营户从业人员中,位居前三位的行业是:批发和零售业3.58万人,占38.7%;制造业2.03万人,占21.9%;住宿和餐饮业1.10万人,占11.9%(详见表1-4)。

表1-4 **按行业分组的法人单位与个体经营户从业人员**

	法人单位从业人员(人)	个体经营户从业人员(人)
合计	326941	92484
制造业	232647	20265
电力、热力、燃气及水生产和供应业	3384	–
建筑业	33345	5302
批发和零售业	11314	35786
交通运输、仓储和邮政业	5445	7898
住宿和餐饮业	3242	11024
信息传输、软件和信息技术服务业	569	20
金融业	636	–
房地产业	4109	514
租赁和商务服务业	5536	765
科学研究和技术服务业	1243	374
水利、环境和公共设施管理业	1652	72
居民服务、修理和其他服务业	1906	7950
教育	7092	327
卫生和社会工作	3393	172
文化、体育和娱乐业	1567	1678
公共管理、社会保障和社会组织	9231	–

注:法人单位从业人员合计数含从事农、林、牧、渔服务业和兼营第二、三产业活动的农、林、牧、渔业法人单位从业人员630人;个体经营户从业人员合计数含从事农、林、牧、渔服务业活动的个体经营户从业人员337人。

三、企业资产总计

2013年末,全市第二产业和第三产业企业资产总计3207.37亿元。其中,第二产业企业资产总计占全部企业资产总计的50.3%,第三产业企业资产总计占49.7%。

四、小微企业

2013年末,全市共有第二产业和第三产业的小微企业法人单位9113个,占全部企业法人单位86.4%。其中,位居前三位的行业是:工业5318个,占全部企业法人单位50.4%;批发业1672个,占15.8%;零售业606个,占5.7%。

小微企业从业人员15.57万人,占全部企业法人单位从业人员47.6%。其中,位居前三位的行业是:工业12.56万人,占全部企业法人单位从业人员38.4%;批发业0.63万人,占1.9%;租赁和商务服务业0.47万人,占1.4%。

小微企业法人单位资产总计2038.45亿元,占全部企业法人单位资产总计63.6%。其中,位居前三位的行业是:工业845.30亿元,占全部企业法人单位资产总计26.4%;租赁和商务服务业708.68亿元,占22.1%;房地产开发经营162.58亿元,占5.1%(详见表1-5)。

表1-5 按行业分组的小微企业法人单位、从业人员和资产总计

	企业法人单位(个)	从业人员(人)	资产总计(亿元)
合计	9113	155677	2038.45
工业	5318	125580	845.30
建筑业	232	3993	9.62
交通运输业	202	4106	52.30
仓储业	31	542	36.37
邮政业	16	157	0.21
信息传输业	5	29	2.39
软件和信息技术服务业	28	207	0.31
批发业	1672	6341	144.24
零售业	606	2286	8.31
住宿业	23	594	1.88
餐饮业	47	1209	6.60
房地产开发经营	71	851	162.58
物业管理	51	1738	1.31
租赁和商务服务业	427	4719	708.68
其他未列明行业	377	3219	58.19

注:表中小微企业法人单位合计数含从事农、林、牧、渔服务业和兼营第二、三产业活动的农、林、牧、渔业小微企业法人单位7个,从业人员106人,资产总计0.17亿元。

五、主要经济结构的变化情况

2013年末,在全市第二产业和第三产业法人单位中,企业法人单位占89.7%,比2008年末提高了2.7个百分点;机关、事业法人单位占4.2%,下降了1.7个百分点;社会团体和其他法人占6.1%,下降了1个百分点。企业法人单位从业人员占全部法人单位从业人员的93.0%,下降了个1.2百分点;机关、事业法人单位占5.9%,提高了0.7个百分点;社会团体和其他法人占1.1%,提高了0.4个百分点。

在法人单位中,第二产业占54.0%,比2008年末下降了6.1个百分点;第三产业占46.0%,提高了6.1个百分点。第二产业法人单位从业人员占全部法人单位从业人员的82.4%,比2008年末下降了4.1个百分点;第三产业法人单位从业人员占17.6%,提高了4.1个百分点。

在个体经营户中,第二产业占16.7%,比2008年末提高了3.6个百分点;第三产业占83.3%,下降了3.6个百分点。个体经营户从业人员中,第二产业占27.4%,比2008年末提高了6.4个百分点,第三产业占72.6%,下降了6.4个百分点。

平湖市第三次经济普查主要数据公报（第二号）

根据第三次经济普查结果，现将我市第二产业的主要数据公布如下：

一、工业

（一）法人单位数和从业人员

2013年末，全市共有工业法人单位5464个，比2008年末增长25.6%；从业人员23.60万人，比2008年末下降9.9%。

在工业法人单位中，内资5075个，占92.9%；港、澳、台商投资155个，占2.8%；外商投资234个，占4.3%。内资中，国有3个；集体7个，占0.1%；私营4921个，占90.1%。

在工业法人单位从业人员中，内资占63.6%，港、澳、台商投资占11.5%，外商投资占24.9%。内资中，国有占全部的0.2%，私营占54.8%（详见表2-1）。

在工业法人单位中，制造业5435个，占99.5%；电力、热力、燃气及水生产和供应业29个，占0.5%。

在工业法人单位的从业人员中，制造业占98.6%，电力、热力、燃气及水生产和供应业占1.4%。在工业行业大类中，纺织服装服饰业、皮革毛皮羽毛及其制品和制鞋业、电气机械和器材制造业从业人员数位居前三位，分别占33.4%、12.6%和8.4%（详见表2-2）。

表2-1 按登记注册类型分组的工业法人单位和从业人员

	法人单位（个）	从业人员（人）
合计	5464	236031
内资	5075	150119
国有	3	432
集体	7	77
股份合作	4	271
联营	2	2
有限责任公司	129	14304
股份有限公司	8	5686
私营	4921	129346
其他	1	1
港、澳、台商投资	155	27148
外商投资	234	58764

表2-2 按行业分组的工业法人单位和从业人员

项目	法人单位（个）	从业人员（人）
合计	5464	236031
农副食品加工业	41	781
食品制造业	19	963
酒、饮料和精制茶制造业	10	238
纺织业	468	8631
纺织服装、服饰业	1228	78744
皮革、毛皮、羽毛及其制品和制鞋业	373	29761
木材加工和木、竹、藤、棕、草制品业	36	783
家具制造业	113	2820
造纸和纸制品业	182	6573
印刷和记录媒介复制业	109	2087
文教、工美、体育和娱乐用品制造业	365	6963
石油加工、炼焦和核燃料加工业	7	369
化学原料和化学制品制造业	107	8668
医药制造业	14	2151
化学纤维制造业	15	370
橡胶和塑料制品业	434	7499
非金属矿物制品业	163	7693
黑色金属冶炼和压延加工业	45	3443

有色金属冶炼和压延加工业	22	678
金属制品业	460	9680
通用设备制造业	672	14666
专用设备制造业	181	4561
汽车制造业	93	6466
铁路、船舶、航空航天和其他运输设备制造业	18	393
电气机械和器材制造业	141	19703
计算机、通信和其他电子设备制造业	37	5588
仪器仪表制造业	21	1255
其他制造业	27	729
废弃资源综合利用业	16	323
金属制品、机械和设备修理业	18	68
电力、热力生产和供应业	12	2752
燃气生产和供应业	5	159
水的生产和供应业	12	473

(二)资产总计

2013年末,工业法人单位资产总计1542.25亿元,比2008年末增长117.4%(详见表2-3)。

表2-3 **按行业分组的工业法人单位资产总计**

项目	资产总计(亿元)
合计	1542.25
农副食品加工业	8.03
食品制造业	10.32
酒、饮料和精制茶制造业	0.91
纺织业	38.85
纺织服装、服饰业	137.46
皮革、毛皮、羽毛及其制品和制鞋业	42.35
木材加工和木、竹、藤、棕、草制品业	4.38
家具制造业	15.22
造纸和纸制品业	115.60
印刷和记录媒介复制业	11.81
文教、工美、体育和娱乐用品制造业	15.73
石油加工、炼焦和核燃料加工业	18.11
化学原料和化学制品制造业	419.55
医药制造业	10.76
化学纤维制造业	2.10
橡胶和塑料制品业	34.04
非金属矿物制品业	57.95
黑色金属冶炼和压延加工业	70.40
有色金属冶炼和压延加工业	3.89
金属制品业	36.93
通用设备制造业	97.70
专用设备制造业	23.09
汽车制造业	27.99
铁路、船舶、航空航天和其他运输设备制造业	2.33
电气机械和器材制造业	105.07
计算机、通信和其他电子设备制造业	22.30
仪器仪表制造业	6.84
其他制造业	2.36
废弃资源综合利用业	1.52
金属制品、机械和设备修理业	0.10
电力、热力生产和供应业	176.89
燃气生产和供应业	4.58
水的生产和供应业	17.08

(三)资产贡献率

2013年,规模以上工业企业法人单位总资产贡献率为9.3%(详见表2-4)。

表2-4 **按行业分组的规模以上工业企业法人单位总资产贡献率**

	总资产贡献率(%)
合计	9.3
农副食品加工业	2.7
食品制造业	6.1
酒、饮料和精制茶制造业	19.6
纺织业	7.7
纺织服装、服饰业	10.2

皮革、毛皮、羽毛及其制品和制鞋业	15.6
木材加工和木、竹、藤、棕、草制品业	3.2
家具制造业	1.3
造纸和纸制品业	4.6
印刷和记录媒介复制业	9.3
文教、工美、体育和娱乐用品制造业	7.8
石油加工、炼焦和核燃料加工业	25.4
化学原料和化学制品制造业	7.5
医药制造业	28.9
化学纤维制造业	16.6
橡胶和塑料制品业	7.3
非金属矿物制品业	4.5
黑色金属冶炼和压延加工业	1.4
有色金属冶炼和压延加工业	2.9
金属制品业	13.9
通用设备制造业	2.5
专用设备制造业	9.0
汽车制造业	9.9
铁路、船舶、航空航天和其他运输设备制造业	-2.0
电气机械和器材制造业	6.3
计算机、通信和其他电子设备制造业	13.0
仪器仪表制造业	13.7
其他制造业	14.9
废弃资源综合利用业	6.1
电力、燃气及水的生产和供应业	19.7
电力、热力生产和供应业	21.6
燃气生产和供应业	8.1
水的生产和供应业	-0.6

(四)企业研发活动

2013 年,在规模以上工业企业法人单位中开展研究与试验发展(简称 R&D,下同)活动的企业法人单位 197 个,比 2008 年下降 19.3%,占全部规模以上工业企业法人单位的 32.4%。

2013 年,规模以上工业企业法人单位 R&D 人员折合全时当量 3879.3 人年。

2013 年,规模以上工业企业法人单位 R&D 经费支出 10.70 亿元,比 2008 年增长 95.7%;R&D 经费投入强度为 0.89%,与 2008 年持平。规模以上工业企业法人单位分行业 R&D 经费支出及投入强度情况见表 2-5。

2013 年,规模以上工业企业法人单位全年专利申请量 1227 件,其中发明专利申请 140 件,分别比 2008 年增长 88.8% 和 66.7%;发明专利申请所占比重为 11.4%,比 2008 年下降 1.5 个百分点。

表 2-5　**按行业分组的规模以上工业企业法人单位 R&D 经费支出及投入强度情况**

	R&D 经费支出(亿元)	R&D 经费投入强度(%)
合 计	10.70	0.89
制造业	10.30	0.96
农副食品加工业	0.01	0.09
酒、饮料和精制茶制造业	0.02	4.78

纺织业	0.08	0.38
纺织服装、服饰业	0.44	0.32
皮革、毛皮、羽毛及其制品和制鞋业	0.31	0.58
木材加工和木、竹、藤、棕、草制品业	0.11	4.19
家具制造业	0.03	0.72
造纸和纸制品业	1.14	1.86
印刷和记录媒介复制业	0.09	1.68
文教、工美、体育和娱乐用品制造业	0.16	1.01
化学原料和化学制品制造业	2.74	0.74
医药制造业	0.14	2.05
化学纤维制造业	0.00	0.24
橡胶和塑料制品业	0.20	1.10
非金属矿物制品业	0.40	1.29
黑色金属冶炼和压延加工业	0.06	0.11
有色金属冶炼和压延加工业	0.04	1.71
金属制品业	0.27	1.32
通用设备制造业	0.95	2.16
专用设备制造业	0.16	2.44
汽车制造业	0.20	0.92
电气机械和器材制造业	2.52	2.25
计算机、通信和其他电子设备制造业	0.11	0.55
仪器仪表制造业	0.10	1.73
电力、热力、燃气及水生产和供应业	0.41	0.30
电力、热力生产和供应业	0.41	0.31

二、建筑业

(一)法人单位数和从业人员

2013年末,全市共有建筑业法人单位254个,从业人员3.33万人,分别比2008年末增长60.8%和38.3%。

建筑业法人单位中,内资251个,占98.8%;港、澳、台商投资1个,占0.4%;外商投资2个,占0.8%。内资中,集体3个,占1.2%;私营237个,占93.3%。

建筑业法人单位从业人员中,内资占99.9%。内资中,集体占0.1%,私营占98.5%,有限责任公司占1.3%(详见表2-7)。

表2-7 按登记注册类型分组的建筑业法人单位和从业人员

	法人单位(个)	从业人员(人)
合计	254	33345
内资	251	33319
集体	3	27
有限责任公司	10	453
私营	237	32834
其他	1	5
港、澳、台商投资	1	13
外商投资	2	13

建筑业法人单位中,房屋建筑业占

18.5%,土木工程建筑业占20.1%,建筑安装业占22.0%,建筑装饰和其他建筑业占39.4%。

建筑业法人单位从业人员中,房屋建筑业占81.7%,土木工程建筑业占9.9%,建筑安装业占3.2%,建筑装饰和其他建筑业占5.2%(详见表2-8)。

表2-8　**按行业分组的建筑业法人单位和从业人员**

	法人单位(个)	从业人员(人)
合计	254	33345
房屋建筑业	47	27228
土木工程建筑业	51	3316
建筑安装业	56	1073
建筑装饰和其他建筑业	100	1728

(二)资产总计

2013年末,建筑业法人单位资产总计71.30亿元,比2008年末增长210.2%(详见表2-9)。

表2-9　**按行业分组的建筑业法人单位资产总计**

	资产总计(亿元)
合计	71.30
房屋建筑业	50.86
土木工程建筑业	9.01
建筑安装业	7.88
建筑装饰和其他建筑业	3.55

平湖市第三次经济普查主要数据公报(第三号)

根据平湖市第三次经济普查结果,现将我市第三产业的主要数据公布如下:

一、批发和零售业

(一)法人单位数和从业人员

2013年末,全市共有批发和零售业法人单位2348个,从业人员1.13万人,分别比2008年末增长98.6和43.2%。

在批发和零售业法人单位中,批发业占73.6%,零售业占26.4%。在批发和零售业法人单位从业人员中,批发业占66.3%,零售业占33.7%(详见表3-1)。

表3-1　**按行业分组的批发和零售业法人单位和从业人员**

	法人单位(个)	从业人员(人)
合计	2348	11314
批发业	1727	7499
农、林、牧产品批发	38	185
食品、饮料及烟草制品批发	105	613
纺织、服装及家庭用品批发	455	2216
文化、体育用品及器材批发	48	197
医药及医疗器材批发	7	36
矿产品、建材及化工产品批发	738	2703
机械设备、五金产品及电子产品批发	244	1139
贸易经纪与代理	6	24
其他批发业	86	386
零售业	621	3815
综合零售	20	809

食品、饮料及烟草制品专门零售	149	424
纺织、服装及日用品专门零售	57	173
文化、体育用品及器材专门零售	27	138
医药及医疗器材专门零售	93	839
汽车、摩托车、燃料及零配件专门零售	63	687
家用电器及电子产品专门零售	90	386
五金、家具及室内装饰材料专门零售	89	246
货摊、无店铺及其他零售业	33	113

在批发和零售业法人单位中，内资占98.5%，港、澳、台商投资占0.7%，外商投资占0.8%。内资中，国有企业占法人单位的0.1%，集体占0.6%，有限责任公司占3.3%，私营占92.0%。

在批发和零售业法人单位从业人员中，内资占94.3%，港、澳、台商投资占5.1%，外商投资占0.6%(详见表3－2)。

表3－2 **按登记注册类型分组的批发和零售业法人单位和从业人员**

	法人单位(个)	从业人员(人)
合计	2348	11314
内资	2314	10666
国有	2	59
集体	15	86
有限责任公司	79	1213
私营	2160	9017
其他	58	291
港、澳、台商投资	16	582
外商投资	18	66

(二)资产总计

2013年末，批发和零售业法人单位资产总计194.61亿元，比2008年末增长1.67倍。其中，批发业法人单位资产总计179.36亿元，零售业法人单位资产总计15.25亿元，分别比2008年末增长1.71倍和1.31倍(详见表3－3)。

表3－3 **按行业分组的批发和零售业法人单位资产总计**

	资产总计(亿元)
合计	194.61
批发业	179.36
农、林、牧产品批发	1.76
食品、饮料及烟草制品批发	4.72
纺织、服装及家庭用品批发	22.66
文化、体育用品及器材批发	1.38
医药及医疗器材批发	0.09
矿产品、建材及化工产品批发	135.07
机械设备、五金产品及电子产品批发	7.30
贸易经纪与代理	0.56
其他批发业	5.82
零售业	15.25
综合零售	2.64
食品、饮料及烟草制品专门零售	1.55
纺织、服装及日用品专门零售	0.53
文化、体育用品及器材专门零售	1.00
医药及医疗器材专门零售	1.34
汽车、摩托车、燃料及零配件专门零售	5.99
家用电器及电子产品专门零售	1.18
五金、家具及室内装饰材料专门零售	0.85
货摊、无店铺及其他零售业	0.18

二、住宿和餐饮业

(一)法人单位数和从业人员

2013年末，全市共有住宿和餐饮业法人

单位75个,从业人员0.32万人,分别比2008年末增长25.0%和9.9%。

在住宿和餐饮业法人单位中,住宿业占34.7%,餐饮业占65.3%。在住宿和餐饮业法人单位从业人员中,住宿业占43.4%,餐饮业占56.6%(详见表3-4)。

表3-4 **按行业分组的住宿和餐饮业法人单位和从业人员**

	法人单位(个)	从业人员(人)
合计	75	3242
住宿业	26	1406
旅游饭店	10	1293
一般旅馆	15	103
其他住宿业	1	10
餐饮业	49	1836
正餐服务	21	1407
快餐服务	7	58
饮料及冷饮服务	1	30
其他餐饮业	20	341

在住宿和餐饮业法人单位中,内资占92.0%,港、澳、台商投资占4.0%,外商投资占4.0%。内资中,国有企业占法人单位的1.3%,集体占2.7%,有限责任公司占9.3%,私营占78.7%。

在住宿和餐饮业法人单位从业人员中,内资占79.3%,港、澳、台商投资占7.7%,外商投资占13.0%(详见表3-5)。

表3-5 **按登记注册类型分组的住宿和餐饮业法人单位和从业人员**

	法人单位(个)	从业人员(人)
合计	75	3242
内资	69	2572
国有	1	1
集体	2	10
有限责任公司	7	698
私营	59	1863
港、澳、台商投资	3	248
外商投资	3	422

(二)资产总计

2013年末,住宿和餐饮业法人单位资产总计为16.48亿元,比2008年末增长69.5%。其中,住宿业法人单位资产总计6.45亿元,比2008年末下降4.6%,餐饮业法人单位资产总计10.03亿元,比2008年末增长2.39倍(详见表3-6)。

表3-6 **按行业分组的住宿和餐饮业法人单位资产总计**

	资产总计(亿元)
合计	16.48
住宿业	6.45
旅游饭店	6.16
一般旅馆	0.29
其他住宿业	-
餐饮业	10.03
正餐服务	9.36
快餐服务	-
饮料及冷饮服务	-
其他餐饮业	0.60

三、房地产开发经营业

2013年末,全市共有房地产开发经营法人单位97个,从业人员为0.13万人。全市房地产开发经营法人单位的资产总计为286.97亿元,比2008年增长1.48倍。

四、其他服务业

(一)其他房地产业

2013 年末,全市共有除房地产开发经营以外的其他房地产业企业法人单位 175 个。其中,物业管理企业 52 个,中介服务业 18 个。

2013 年末,全市除房地产开发经营以外的其他房地产业企业法人单位的从业人员为 0.27 万人。其中,物业管理企业 0.21 万人,中介服务业 0.01 万人(详见表 3-7)。

2013 年末,全市除房地产开发经营以外的其他房地产业企业法人单位的资产总计为 33.82 亿元。其中,物业管理企业 1.39 亿元,比 2008 年增长 3.35 倍,中介服务业 0.19 亿元,比 2008 年下降 15.7%(详见表 3-8)。

表 3-7 **按行业分组的其他房地产业企业法人单位数和从业人员**

	企业法人单位(个)	从业人员(人)
合计	175	2711
物业管理	52	2080
房地产中介服务	18	110
自有房地产经营活动	96	458
其他房地产业	9	63

表 3-8 **按行业分组的其他房地产业企业法人单位资产总计**

	资产总计(亿元)
合计	33.82
物业管理	1.39
房地产中介服务	0.19
自有房地产经营活动	18.59
其他房地产业	13.66

(二)交通运输、仓储和邮政业

2013 年末,全市共有交通运输、仓储和邮政业企业法人单位 250 个,从业人员 0.52 万人,分别比 2008 年末增长 93.8% 和 55.4%。

在交通运输、仓储和邮政业企业法人单位中,内资占 95.6%,港、澳、台商投资占 1.2%,外商投资占 3.2%。

在交通运输、仓储和邮政业企业法人单位从业人员中,内资占 90.3%,港、澳、台商投资占 0.6%,外商投资占 9.1%(详见表 3-9)。

2013 年末,交通运输、仓储和邮政业企业法人单位资产总计 90.30 亿元,比 2008 年末增长 1.97 倍(详见表 3-10)。

表 3-9 **按登记注册类型分组的交通运输、仓储和邮政业企业法人单位和从业人员**

	企业法人单位(个)	从业人员(人)
合计	250	5217
内资	239	4713
国有	1	15
集体	1	6
有限责任公司	41	1218
股份有限公司	1	93
私营	195	3381
港、澳、台商投资	3	29
外商投资	8	475

表 3-10 **按行业分组的交通运输、仓储和邮政业企业法人单位资产总计**

	资产总计(亿元)
合计	90.30
道路运输业	10.03
水上运输业	36.50
装卸搬运和运输代理业	7.19
仓储业	36.37
邮政业	0.21

(三)信息传输、软件和信息技术服务业

2013 年末,全市共有信息传输、软件和信息技术服务业企业法人单位 33 个,从业人员

0.02 万人，分别比 2008 年末下降 54.8% 和 37.6%。

在信息传输、软件和信息技术服务业企业法人单位中，内资占 97.0%，外商投资占 3.0%。

在信息传输、软件和信息技术服务业企业法人单位从业人员中，内资占 98.3%，外商投资占 1.7%（详见表 3－11）。

2013 年末，信息传输、软件和信息技术服务业企业法人单位资产总计 2.70 亿元，比 2008 年末增长 80.0%（详见表 3－12）。

表 3－11 **按登记注册类型分组的信息传输、软件和信息技术服务业企业法人单位和从业人员**

	企业法人单位（个）	从业人员（人）
合计	33	236
内资	32	232
有限责任公司	3	87
私营	29	145
港、澳、台商投资	－	－
外商投资	1	4

表 3－12 **按行业分组的信息传输、软件和信息技术服务业企业法人单位资产总计**

	资产总计（亿元）
合计	2.70
互联网和相关服务	2.39
软件和信息技术服务业	0.31

（四）金融业

2013 年末，全市共有金融业企业法人单位 9 个，从业人员 0.06 万人，金融业企业法人单位资产总计 196.89 亿元。（详见表 3－13）。

表 3－13 **按行业分组的金融业企业法人单位资产总计**

	资产总计（亿元）
合 计	196.89
货币金融服务	196.86
保险业	0.03

（五）租赁和商务服务业

2013 年末，全市共有租赁和商务服务业企业法人单位 506 个，从业人员 0.53 万人，分别比 2008 年末增长 1.28 倍和 9.5%。

在租赁和商务服务业企业法人单位中，内资占 97.8%，港、澳、台商投资占 1.2%，外商投资占 1.0%。

在租赁和商务服务业企业法人单位从业人员中，内资占 98.8%，港、澳、台商投资占 0.1%，外商投资占 1.1%（详见表 3－14）。

2013 年末，租赁和商务服务业企业法人单位资产总计 722.61 亿元，比 2008 年末增长 2.46 倍。

表 3－14 **按登记注册类型分组的租赁和商务服务业企业法人单位和从业人员**

	企业法人单位（个）	从业人员（人）
合计	506	5278
内资	495	5212
国有	4	20
集体	18	65
有限责任公司	118	3120
私营	249	1631
其他	106	376
港、澳、台商投资	6	7
外商投资	5	59

（六）科学研究和技术服务业

2013 年末，全市共有科学研究和技术服务业企业法人单位116个,从业人员0.09万人,分别比2008年末增长36.5%和12.6%。

在科学研究和技术服务业企业法人单位中,内资占94.0%,港、澳、台商投资占0.8%,外商投资占5.2%。

在科学研究和技术服务业企业法人单位从业人员中,内资占95.5%,港、澳、台商投资占0.1%,外商投资占4.4%(详见表3-15)。

2013年末,科学研究和技术服务业企业法人单位资产总计5.59亿元,比2008年末增长25.3%;行政事业及非企业法人单位年末资产1.80亿元(详见表3-16)。

表3-15 按登记注册类型分组的科学研究和技术服务业企业法人单位和从业人员

	企业法人单位(个)	从业人员(人)
合计	116	895
内资	109	855
国有	5	60
集体	5	9
有限责任公司	14	70
私营	79	706
其他	6	10
港、澳、台商投资	1	1
外商投资	6	39

表3-16 按行业分组的科学研究和技术服务业企业法人单位资产总计

	资产总计(亿元)
合 计	5.59
研究和试验发展	2.30
专业技术服务业	2.59
科技推广和应用服务业	0.70

(七)居民服务、修理和其他服务业

2013年末,全市共有居民服务、修理和其他服务业企业法人单位99个,从业人员0.19万人,分别比2008年末增长2.67倍和2.09倍。

居民服务、修理和其他服务业企业法人单位100%为内资企业(详见表3-17)。

2013年末,居民服务、修理和其他服务业企业法人单位资产总计1.33亿元,比2008年末下降65.1%(详见表3-18)。

表3-17 按登记注册类型分组的居民服务、修理和其他服务业企业法人单位和从业人员

	企业法人单位(个)	从业人员(人)
合计	99	1864
内资	99	1864
有限责任公司	2	12
私营	97	1852
港、澳、台商投资	-	-
外商投资	-	-

表3-18 按行业分组的居民服务、修理和其他服务业企业法人单位资产总计

	资产总计(亿元)
合 计	1.33
居民服务业	0.43
机动车、电子产品和日用产品修理业	0.68
其他服务业	0.22

(八)水利、环境和公共设施管理业

2013年末,全市共有水利、环境和公共设施管理业法人单位68个。其中,行政事业及非企业法人单位17个。水利、环境和公共设施管理业从业人员0.17万人。其中,行政事业及非企业法人单位0.08万人。

2013年末,水利、环境和公共设施管理业

企业法人单位资产总计 28.82 亿元,行政事业及非企业法人单位年末资产 0.85 亿元。

(九)教育

2013 年末,全市共有教育法人单位 118 个。其中,行政事业及非企业法人单位 102 个。教育从业人员 0.71 万人。其中,行政事业及非企业法人单位 0.67 万人。

2013 年末,教育企业法人单位资产总计 2.13 亿元,行政事业及非企业法人单位年末资产 14.2 亿元。

(十)卫生和社会工作

2013 年末,全市共有卫生和社会工作法人单位 43 个。其中,行政事业及非企业法人单位 41 个。卫生和社会工作法人单位从业人员 0.34 万人。其中,行政事业及非企业法人单位 0.34 万人。

2013 年末,卫生和社会工作企业法人单位资产总计 0.03 亿元,行政事业及非企业法人单位年末资产 10.49 亿元。

(十一)文化、体育和娱乐业

2013 年末,全市共有文化、体育和娱乐业法人单位 125 个。其中,行政事业及非企业法人单位 26 个。文化、体育和娱乐业从业人员 0.16 万人。其中,行政事业及非企业法人单位 0.05 万人。

2013 年末,文化、体育和娱乐业企业法人单位资产总计 20.04 亿元,行政事业及非企业法人单位年末资产 1.35 亿元。

(十二)公共管理、社会保障和社会组织

2013 年末,全市共有公共管理、社会保障和社会组织法人单位 547 个。其中,行政事业及非企业法人单位 547 个。公共管理、社会保障和社会组织法人单位从业人员 0.92 万人。其中,行政事业及非企业法人单位 0.92 万人。

文 件 选 目

平委发

文件号	文件标题
〔2014〕1 号	中共平湖市委、平湖市人民政府关于 2014 年深化农村改革推进统筹城乡融合发展的实施意见
〔2014〕2 号	中共平湖市委、平湖市人民政府 2014 年工作要点
〔2014〕4 号	中共平湖市委、平湖市人民政府关于印发 2014 年经济社会发展主要任务及市政府实事项目责任分解的通知
〔2014〕5 号	关于批转平湖市人大常委会 2014 年工作要点的通知
〔2014〕6 号	关于批转政协平湖市委员会 2014 年工作要点的通知
〔2014〕7 号	批转市关工委关于 2014 年平湖市关心下一代工作要点的通知
〔2014〕8 号	关于撤销市城市新区开发建设党工委的通知
〔2014〕9 号	关于建立市纪委驻市统计局等纪检组和诸建林等同志任职的通知
〔2014〕10 号	关于建立市文学艺术界联合会党组和金伟等同志任职的通知

〔2014〕11 号 中共平湖市委、平湖市人民政府 平湖市人民武装部关于表彰2013年度武装工作先进单位和先进个人的通报

〔2014〕12 号 中共平湖市委、平湖市人民政府关于表彰2013年度先进集体和先进个人的决定

〔2014〕13 号 中共平湖市委、平湖市人民政府关于开展经济转型提升年活动的实施意见

〔2014〕14 号 中共平湖市委、平湖市人民政府关于开展人居环境优化年活动的实施意见

〔2014〕15 号 中共平湖市委、平湖市人民政府关于开展作风建设深化年活动的实施意见

〔2014〕16 号 中共平湖市委、平湖市人民政府关于表彰2013年度考核优秀等次领导干部、公务员和给予俞雪琴等同志记三等功的决定

〔2014〕17 号 中共平湖市委、平湖市人民政府关于表彰2013年度“四敢一不怕”优秀干部的通知

〔2014〕18 号 关于扎实开展党的群众路线教育实践活动的实施意见

〔2014〕19 号 中共平湖市委、平湖市人民政府关于成立平湖市“五水共治”工作领导小组的通知

〔2014〕20 号 中共平湖市委、平湖市人民政府关于命名表彰2013年度平安单位和平安建设示范单位的决定

〔2014〕21 号 关于印发市委常委会带头扎实开展党的群众路线教育实践活动实施方案的通知

〔2014〕22 号 关于撤销市食品药品监督管理局党组、纪检组和建立市市场监督管理局党委、市纪委驻市市场监督管理局纪检组及陆建芳等同志任职的通知

〔2014〕23 号 中共平湖市委、平湖市人民政府关于表彰平湖市下村挂职干部(农村工作指导员)工作先进单位先进工作者和优秀下村挂职干部(农村工作指导员)科技特派员的决定

〔2014〕25 号 中共平湖市委、平湖市人民政府关于印发平湖市推进“五水共治、治污先行”工作实施意见的通知

〔2014〕26 号 中共平湖市委、平湖市人民政府关于开展创建省文明市活动的实施意见

〔2014〕27 号 关于加强新形势下人民政协工作的意见

〔2014〕28 号 中共平湖市委、平湖市人民政府关于明确市委市政府2014年度考核表彰项目和进一步规范考评工作的通知

〔2014〕29 号 中共平湖市委、平湖市人民政府 关于印发2014年度镇街道和市级机关部门(单位)工作目标绩效考评办法的通知

〔2014〕31 号 关于印发平湖市建立健全惩治和预防腐败体系2013—2017年工作方案的通知

〔2014〕32 号 关于表彰平湖市“十佳村社区书记”的决定

〔2014〕33 号 中共平湖市委、平湖市人民政府、平湖市人民武装部关于表彰平湖市双拥工作先进单位和先进个人的决定

〔2014〕34 号 关于深入贯彻省委“两美”建设决定打造“江南水乡美丽金平湖”的实施意见

〔2014〕35 号 关于调整部分市委常委分工的通知

〔2014〕36 号 关于印发平湖市委常委班子整改方案的通知

〔2014〕37 号 关于撤销市委独山港区开发建设党工委和建立市委独山港经济开发区党工委的通知

〔2014〕38 号 中共平湖市委、平湖市人民政府关于进一步加强安全生产工作的实施意见

〔2014〕40 号 关于撤销市城市管理行政执法局党组、市纪委驻市城市管理行政执法局纪检组和建立市综合行政执法局党组、市纪委驻市综合行政执法局纪检组的通知

〔2014〕41 号 关于建立市社会组织综合党委和谢龙华等同志任职的通知

〔2014〕44 号 中共平湖市委、平湖市人民政府关于创新发展“新仓经验”深化“三位一体”农民合作经济组织体系建设的实施意见

〔2014〕46 号 关于落实党风廉政建设党委主体责任和纪委监督责任的意见(试行)

平委办发

文件号	文件标题
〔2014〕1 号	市委办公室、市政府办公室关于建立“三年”活动领导小组和“九大专项”行动推进组的通知
〔2014〕3 号	市委办公室、市政府办公室关于表彰平湖市“群众满意基层站所(办事窗口)”的通知
〔2014〕4 号	关于召开 2014 年度党管武装工作会议的通知
〔2014〕5 号	市委办公室、市政府办公室关于成立平湖市产业结构调整机制创新试点工作领导小组的通知
〔2014〕6 号	关于印发 2014 年全市人才工作要点的通知
〔2014〕7 号	市委办公室、市政府办公室关于召开全市三级干部大会暨产业结构调整机制创新试点动员大会的通知
〔2014〕8 号	关于市委办公室领导班子成员分工的通知
〔2014〕9 号	关于召开全市党的群众路线教育实践活动暨深化作风建设部署会议的通知
〔2014〕10 号	市委办公室、市政府办公室关于切实加强春季水环境综合整治集中行动的通知
〔2014〕11 号	市委办公室、市政府办公室转发浙委办发〔2013〕83 号文件建立健全公务支出公款消费审计制度的通知
〔2014〕12 号	市委办公室、市政府办公室关于调整平湖市支持浙商创业创新促进平湖发展工作领导小组成员的通知
〔2014〕13 号	市委办公室、市政府办公室关于成立平湖市农村生活污水治理工作领导小组的通知
〔2014〕14 号	市委办公室、市政府办公室关于印发全面推行“四位一体”长效保洁实施意见的通知

〔2014〕15 号　市委办公室、市政府办公室关于表彰 2013 年度全市新居民管理服务工作先进单位的通知

〔2014〕16 号　市委办公室、市政府办公室关于在全市开展“清三河百日会战”行动的通知

〔2014〕17 号　市委办公室、市政府办公室关于印发平湖市农村生活污水治理实施意见的通知

〔2014〕20 号　关于做好党委(党工委、党组)履行党风廉政建设主体责任情况报告工作的通知

〔2014〕21 号　关于印发市委常委会带头扎实开展党的群众路线教育实践活动实施方案工作计划书的通知

〔2014〕22 号　市委办公室、市政府办公室关于做好《平湖年鉴》(2014 卷)撰稿工作的通知

〔2014〕23 号　关于召开中共平湖市纪委十三届四次全体(扩大)会议的通知

〔2014〕25 号　市委办公室、市政府办公室关于公布市领导和市级机关部门(单位)挂钩联系名单的通知

〔2014〕26 号　关于印发平湖市乡科级协理员“二次择岗”实施办法(试行)的通知

〔2014〕27 号　关于印发平湖市机关中层干部全员竞岗和一般干部全员双向选择工作实施方案的通知

〔2014〕28 号　关于印发 2014 年市委干部教育培训主体班次计划的通知

〔2014〕29 号　关于调整充实市委人才工作领导小组成员的通知

〔2014〕30 号　关于表彰 2013 年度平湖市“五好”服务型镇街道的决定

〔2014〕31 号　市委办公室、市政府办公室关于公布 2014 年度市领导挂钩联系“三个一”重大项目名单的通知

〔2014〕32 号　关于表彰平湖市“星级文明家庭示范户”的决定

〔2014〕33 号　市委办公室、市政府办公室关于表彰 2013 年度党政办公室工作先进集体、先进个人的通报

〔2014〕34 号　市委办公室、市政府办公室关于成立平湖市重要工作和重点项目执行力指数评估领导小组的通知

〔2014〕35 号　市委办公室、市政府办公室关于印发平湖市重要工作和重点项目执行力指数评估实施办法的通知

〔2014〕36 号　市委办公室、市政府办公室关于全市 2013 年度领导干部经济责任审计情况的通报

〔2014〕37 号　市委办公室、市政府办公室关于印发 2014 年全市水环境治理工作要点的通知

〔2014〕38 号　市委办公室、市政府办公室关于印发平湖市 2014 年“河长制”考核办法的通知

〔2014〕39 号　市委办公室、市政府办公室关于印发平湖市 2014 年镇街道水环境综合治理工作考核办法的通知

〔2014〕40 号　市委办公室、市政府办公室关于印发平湖市低收入农户收入倍增计划实施意见(2013—2017 年)的通知

〔2014〕41 号　市委办公室、市政府办公室关于印发 2014 年农民素质提升培训工作实施意见的通知

〔2014〕42 号　市委办公室、市政府办公室印发关于开展镇街道民生实事“十个一”

〔2014〕43 号　市委办公室、市政府办公室关于开展“无猪镇街道、无猪村”创建活动的通知

〔2014〕44 号　市委办公室、市政府办公室关于印发进一步加强畜禽养殖污染治理推进生猪养殖业转型发展实施意见的通知

〔2014〕45 号　市委办公室、市政府办公室关于开展 2014 年度清理违章猪舍百日会战行动的通知

〔2014〕46 号　市委办公室、市政府办公室关于印发平湖市开展“村村争五星”活动实施意见的通知

〔2014〕47 号　市委办公室、市政府办公室关于印发 2014 年全面开展农村生活污水治理深入推进“金平湖・美丽乡村”建设意见的通知

〔2014〕48 号　市委办公室、市政府办公室关于印发平湖市“无违建”市创建活动实施意见的通知

〔2014〕49 号　市委办公室、市政府办公室关于上报 2014 年领导干部调研课题的通知

〔2014〕50 号　市委办公室、市政府办公室关于调整平湖市督查考评工作委员会组成人员的通知

〔2014〕51 号　市委办公室、市政府办公室关于印发 2013 年度经济社会发展主要任务及政府实事项目完成情况的通知

〔2014〕52 号　市委办公室、市政府办公室关于 2013 年度落实党风廉政建设责任制检查考核情况的通报

〔2014〕53 号　关于启用中共平湖市市场监督管理局委员会等印章的通知

〔2014〕54 号　关于印发 2014 年市委理论学习中心组学习计划的通知

〔2014〕55 号　市委办公室、市政府办公室关于在全市农村开展“十星级文明户”评创活动的实施意见

〔2014〕57 号　市委办公室、市政府办公室关于印发平湖市党政机关办公用房清理工作实施细则的通知

〔2014〕59 号　市委办公室、市政府办公室关于印发平湖市产业结构调整机制创新试点实施方案的通知

〔2014〕60 号　市委办公室、市政府办公室关于公布 2014 年镇街道、部门党政主要负责人调研课题的通知

〔2014〕61 号　关于组织党员领导干部下村兼任“第一书记”的通知

〔2014〕62 号　市委办公室、市政府办公室关于印发 2014 年度平湖市党政信息工作考核办法的通知

〔2014〕63 号　市委办公室、市政府办公室关于印发平湖市 2014 年度人口和计划生育目标管理责任制考核实施方案的通知

〔2014〕64 号　市委办公室、市政府办公室关于印发 2014 年平湖市公众科学素质工作要点的通知

〔2014〕66 号　市委办公室、市政府办公室关于调整充实市委、市政府督查专员的通知

〔2014〕67 号　市委办公室、市政府办公室关于进一步完善督查专员工作机制的实施意见

〔2014〕68 号　市委办公室、市政府办公室关于开展 2014 年重点工作专项督查的通知

〔2014〕69 号　市委办公室、市政府办公室关于成立 2014 中国・平湖西瓜灯文化节组委会的通知

〔2014〕70 号　关于开展 2014 年全市机关事业干部应知应会知识测试的通知

〔2014〕71 号　市委办公室、市政府办公室关于印发 2014 年度落实党风廉政建设责任制考核办法的通知

〔2014〕72 号　市委办公室、市政府办公室关于印发 2014 年度镇街道和市级机关有关部门党政领导科技进步与人才工作目标责任制考核办法的通知

〔2014〕73 号　市委办公室、市政府办公室关于重新公布部分议事协调机构和撤销部分议事协调机构的通知

〔2014〕74 号　关于开展纪念中国共产党成立 93 周年系列活动的通知

〔2014〕75 号　市委办公室、市政府办公室关于印发平湖市 2014 年度作风和效能建设考核办法的通知

〔2014〕76 号　市委办公室、市政府办公室关于印发平湖市村社区工作事项准入制度的通知

〔2014〕79 号　市委办公室、市政府办公室关于印发 2014 年统筹城乡和新农村建设工作考核办法的通知

〔2014〕80 号　市委办公室、市政府办公室关于印发 2014 年市级领导牵头调研改革发展重点课题分工方案的通知

〔2014〕81 号　市委办公室、市政府办公室关于印发平湖市 2014 年重点推进改革项目的通知

〔2014〕84 号　市委办公室、市政府办公室关于印发平湖经济技术开发区管理体制改革工作实施方案的通知

〔2014〕85 号　市委办公室、市政府办公室关于开展“八一”期间双拥系列活动的通知

〔2014〕86 号　市委办公室、市政府办公室关于印发 2014 中国・平湖西瓜灯文化节总体方案的通知

〔2014〕87 号　关于召开中共平湖市委十三届六次全体(扩大)会议的通知

〔2014〕88 号　市委办公室、市政府办公室关于开展服务企业、服务项目、服务招商百日攻坚专项行动的通知

〔2014〕89 号　市委办公室、市政府办公室关于成立平湖市“十三五”规划编制工作领导小组的通知

〔2014〕90 号　关于印发翁建荣、朱林森同志在市委十三届六次全体(扩大)会议上的讲话的通知

〔2014〕91 号　关于印发《中共平湖市委理论学习中心组学习制度》的通知

〔2014〕92 号　关于建立分类分层大走访制度健全联系服务群众长效机制的意见

〔2014〕93 号　市委办公室、市政府办公室关于印发平湖市“无违建”市创建百日攻坚系列行动实施意见的通知

〔2014〕94 号 市委办公室、市政府办公室关于印发《精简和规范文件简报暂行办法》和《精简和规范会议活动暂行办法》的通知

〔2014〕95 号 关于启用中国共产党平湖市独山港镇委员会印章的通知

〔2014〕96 号 市委办公室、市政府办公室关于改进调研作风提升调研质量的意见

〔2014〕97 号 市委办公室、市政府办公室关于印发平湖市建设“江南水乡美丽金平湖”环境治理提升十大工程的通知

〔2014〕98 号 关于启用中国共产党平湖市纪律检查委员会驻平湖市统计局纪检组等印章的通知

〔2014〕99 号 市委办公室、市政府办公室关于进一步加强殡葬管理工作的意见

〔2014〕100 号 市委办公室、市政府办公室转发市总工会关于平湖市职工医疗互助保障实施办法(试行)的通知

〔2014〕101 号 市委办公室、市政府办公室关于印发 2014 年平湖市党风廉政建设和反腐败工作组织领导与责任分工的通知

〔2014〕102 号 市委办公室、市政府办公室关于印发 2014 年招商引资(引智)、“两退两进”和固定资产投资整合考核办法的通知

〔2014〕103 号 市委办公室、市政府办公室关于下达 2014 年军队转业干部和随调家属安置计划的通知

〔2014〕104 号 关于启用中共平湖市委独山港经济开发区工作委员会印章的通知

〔2014〕105 号 市委办公室、市政府办公室关于印发平湖市“十三五”规划前期研究重大调研课题分工方案的通知

〔2014〕106 号 市委办公室、市政府办公室关于公布《平湖市 2014 年度部门工作进村社区目录》的通知

〔2014〕107 号 市委办公室、市政府办公室关于印发平湖市建立完善人民调解、行政调解、司法调解相衔接大调解联动工作机制实施方案的通知

〔2014〕108 号 市委办公室、市政府办公室关于印发平湖市海域“一打三整治”专项执法行动实施方案的通知

〔2014〕109 号 关于召开全市领导干部会议的通知

〔2014〕110 号 关于印发平湖市建立健全惩治和预防腐败体系 2013—2017 年工作方案责任分解和制度建设任务分解的通知

〔2014〕112 号 市委办公室、市政府办公室关于调整部分议事协调机构领导成员的通知

〔2014〕113 号 市委办公室、市政府办公室关于召开市委读书会暨经济形势分析会的预备通知

〔2014〕114 号 市委办公室、市政府办公室关于召开市委读书会暨经济形势分析会的通知

〔2014〕115 号 关于转发市史志办《平湖市改革开放新时期党史专题征编规划》的通知

〔2014〕116 号 市委办公室、市政府办公室关于开展 2014 年度落实党风廉政建设责任制检查考核工作的通知

〔2014〕117 号 市委办公室、市政府办公室关于落实好加强社区矫正相关工作的通知

〔2014〕119 号 市委办公室、市政府办公室关于印发平湖市做好新形势下档案工作实施意见的通知

平政发

文件号	文件标题
〔2014〕1 号	关于印发平湖市"十二五"现代农业发展规划的通知
〔2014〕2 号	关于明确市政府领导分工的通知
〔2014〕3 号	关于同意实施平湖市污水专业规划近期建设规划〔2013－2015〕的批复
〔2014〕5 号	印发关于深化科技金融扶持科技型企业发展实施意见〔试行〕的通知
〔2014〕6 号	关于同意收回浙江川电钢板加工有限公司国有土地使用权的批复
〔2014〕7 号	关于公布平湖市第九届文艺"金平湖"奖〔2008－2012，文学、民间文艺〕获奖作品及人员名单的通知
〔2014〕8 号	关于2014年度市区国有土地上房屋征收补偿和补助奖励办法适用2013年度有关规定的通知
〔2014〕11 号	关于印发平湖市工业强市建设规划〔2013－2016年〕的通知
〔2014〕13 号	关于同意平湖市林地保护利用规划〔2010－2020〕的批复
〔2014〕17 号	关于严厉打击随意弃置倾倒病死动物等违法犯罪行为的通告
〔2014〕20 号	关于明确平湖市当湖区块土地储备整理项目实施有关事项的意见
〔2014〕25 号	关于同意平湖市农业技术推广基金会理事、监事人员组成的批复
〔2014〕26 号	关于将平湖市保障房及基础设施BT项目回购资金列入回购年度市级财政预算的报告
〔2014〕28 号	关于印发浙江省重要海岛开发利用与保护规划平湖市实施方案的通知
〔2014〕29 号	关于印发平湖市公路水路交通运输"十二五"发展规划的通知
〔2014〕34 号	关于公布2013年度农业丰收奖获奖项目的通知
〔2014〕35 号	关于改革完善食品药品监管和工商质监行政管理体制的实施意见
〔2014〕36 号	关于同意批准当湖街道虹霓村农房改造建设示范村规划成果的批复
〔2014〕37 号	关于公布取消和调整行政许可事项目录的通知
〔2014〕43 号	关于印发平湖市行政审批中介机构管理办法〔试行〕的通知
〔2014〕44 号	关于公布非行政许可审批和管理服务事项目录的通知
〔2014〕45 号	关于印发平湖市2014年政府投资项目计划的通知
〔2014〕47 号	关于印发2014年有效投入专项行动实施方案的通知

〔2014〕48 号　关于印发 2014 年法制工作要点的通知

〔2014〕49 号　关于印发加快现代农业转型升级推进城乡融合发展若干政策意见的通知

〔2014〕55 号　关于印发平湖市 2013 年行政诉讼、非诉行政执行、行政复议情况通报的通知

〔2014〕56 号　关于印发平湖市服务业发展五大工程 2014 年行动计划的通知

〔2014〕57 号　关于平湖市“十二五”规划纲要实施情况中期评估报告审议意见贯彻落实情况的报告

〔2014〕59 号　关于表彰 2013 年度安全生产工作先进集体和先进个人的决定

〔2014〕61 号　关于加快电子商务发展的若干意见

〔2014〕62 号　关于印发平湖市工业企业污水治理三年计划实施方案的通知

〔2014〕63 号　关于同意实施长三角科技城〔平湖区块〕总体规划的批复

〔2014〕67 号　关于推行政府部门权力清单制度的意见

〔2014〕68 号　关于调整部分市政府领导分工的通知

〔2014〕69 号　关于粮油附营业务停息挂账占用贷款处置的意见

〔2014〕71 号　关于同意杭平申线〔浙江段〕航道改造工程平湖段建设用地征地补偿安置方案的批复

〔2014〕80 号　关于印发平湖市 2014 年度“电商换市”专项行动方案的通知

〔2014〕81 号　关于印发平湖市 2014 年度“机器换人”专项行动方案的通知

〔2014〕88 号　关于印发平湖市危旧房大排查工作实施方案的通知

〔2014〕90 号　关于支持龙头骨干企业发展加快实施“三名”工程的若干意见

〔2014〕91 号　关于实施“四换三名”工程推进工业创新发展的若干政策意见

〔2014〕92 号　关于同意实施平湖市市域农村生活污水治理规划的批复

〔2014〕93 号　关于印发平湖市 2014 年度“空间换地”专项行动方案的通知

〔2014〕94 号　转发浙江省人民政府关于嘉兴市开展行政审批层级一体化改革试点批复的通知

〔2014〕95 号　关于印发平湖市服务业项目准入评价实施办法〔试行〕的通知

〔2014〕96 号　关于公布全市行政许可事项目录的通知

〔2014〕97 号　关于开展工业企业综合绩效评价推进要素资源差别化配置的意见〔试行〕

〔2014〕98 号　关于公布 2014 年度国有土地上房屋征收计划的通知

〔2014〕100 号　关于印发平湖市工业投资项目准入评价实施办法的通知

〔2014〕101 号　关于印发 2014 年平湖市城市道路交通治堵工作方案的通知

〔2014〕102 号　关于印发平湖市大气污染防治行动实施方案〔2014 – 2017 年〕的通知

〔2014〕103 号　关于严厉打击非法捕捞行为的通告

〔2014〕110 号　关于同意建立钟埭街道福臻社区居委会的批复

〔2014〕111 号　关于印发平湖市地震应急预案的通知
〔2014〕112 号　关于调整被征地人员基本生活保障金和基本生活补助金标准的通知
〔2014〕113 号　关于印发平湖市畜牧业专项规划的通知
〔2014〕114 号　关于印发 2014 年金融支持地方经济发展考核办法的通知
〔2014〕127 号　关于成立平湖市市域外引水工程分指挥部的通知
〔2014〕130 号　关于同意实施平湖市绿地系统规划〔2013 – 2020〕的批复
〔2014〕134 号　关于加快发展养老服务业的实施意见
〔2014〕135 号　关于发展民办养老产业的若干意见
〔2014〕136 号　关于表彰 2013 年度征兵工作先进单位和先进个人的通报
〔2014〕137 号　关于印发平湖市机动车停放服务收费管理办法的通知
〔2014〕146 号　关于表彰平湖市第十一批市长电话热心市民的决定
〔2014〕147 号　关于进一步加强防震减灾工作的意见
〔2014〕151 号　关于推动企业股改上市利用资本市场发展的若干意见
〔2014〕153 号　关于做好 2014 年海域使用论证有关工作的批复
〔2014〕154 号　关于实行最严格水资源管理制度的实施意见
〔2014〕155 号　关于印发平湖市农村生活污水治理项目建设资金管理办法的通知
〔2014〕157 号　关于印发 2014 年市级政府融资平台融资工作考核办法的通知
〔2014〕158 号　关于印发平湖市创新型镇街道考核办法的通知
〔2014〕169 号　关于同意 2014 年度计划第一批次建设用地征地补偿安置方案的批复
〔2014〕170 号　关于公布全市最低工资标准的通知
〔2014〕197 号　关于在广陈镇开展生态补偿试点的实施意见
〔2014〕201 号　关于印发平湖市全面开展综合行政执法工作方案的通知
〔2014〕202 号　关于做好 2014 年进疆艰苦地区兵员征集工作的通知
〔2014〕203 号　关于进一步明确市政府领导分工的通知
〔2014〕204 号　关于印发平湖市市域农村生活污水治理规划的通知
〔2014〕204 号　关于印发平湖市市域农村生活污水治理规划的通知
〔2014〕205 号　关于将独山港区管委会更名为浙江独山港经济开发区管委会的通知
〔2014〕206 号　关于授予高野和行等四人东湖之友奖章的决定
〔2014〕207 号　关于平湖市中小微企业贷款周转金管理工作补充意见的通知
〔2014〕208 号　关于授予管政明等两人平湖招商功勋奖章的决定
〔2014〕209 号　关于聘请李劲宏等两人为平湖市人民政府高级经济顾问的决定
〔2014〕211 号　关于印发进一步提升服务业发展的若干政策意见的通知

〔2014〕212 号 关于同意成立杭州师范大学附属乍浦实验学校的批复
〔2014〕224 号 关于印发平湖市市长质量奖评审管理办法的通知
〔2014〕226 号 关于明确平湖市城市发展投资〔集团〕有限公司土地资产开发安排的通知
〔2014〕231 号 关于市级部门行政权力清单的公告
〔2014〕232 号 关于印发平湖市事业单位机构编制管理暂行办法的通知
〔2014〕236 号 关于印发 2015 年平湖市城乡居民合作医疗保险实施意见的通知
〔2014〕237 号 关于重新公布行政执法主体的公告
〔2014〕245 号 关于印发平湖市临时救助办法的通知
〔2014〕246 号 关于印发平湖市建筑垃圾管理办法〔试行〕的通知
〔2014〕247 号 关于印发平湖市困难人员医疗救助办法的通知
〔2014〕248 号 关于印发平湖市大气重污染应急预案的通知
〔2014〕249 号 关于公布 2014 年度平湖市科学技术进步奖奖励项目的通知
〔2014〕252 号 关于综合行政执法行政处罚权事项调整和划转的公告
〔2014〕261 号 关于印发进一步完善房地产顺位抵押工作若干意见的通知
〔2014〕264 号 关于市级部门责任清单的公告
〔2014〕274 号 关于同意平湖市低效用地再开发专项规划的批复
〔2014〕278 号 关于同意实施平湖市污水专业规划的批复
〔2014〕279 号 关于同意实施平湖市排水〔雨水〕防涝综合规划的批复
〔2014〕280 号 关于同意实施平湖市城市节约用水规划的批复
〔2014〕281 号 关于同意实施平湖市城乡供水安全保障规划的批复

平政办发

文件号	文件标题
〔2014〕1 号	关于成立平湖市人民政府办公室党的群众路线教育活动领导小组的通知
〔2014〕2 号	扎实开展党的群众路线教育实践活动的实施方案
〔2014〕3 号	关于开展嘉善塘钟埭段治理工程有关工作的通知
〔2014〕4 号	关于开展 2013 年度平湖市明星企业、优秀企业家等评选的通知
〔2014〕5 号	关于公布平湖市第一人民医院〔浙江医院平湖分院〕理事会、监事会名单的通知
〔2014〕6 号	关于成立平湖市人感染 H7N9 禽流感防控工作指挥部的通知
〔2014〕7 号	关于成立平湖市海洋功能区划修编工作领导小组的通知
〔2014〕8 号	关于印发平湖市印染行业停产整治工作的通知
〔2014〕9 号	转发嘉兴市人民政府办公室关于切实加强人感染 H7N9 禽流感防控工作的通知
〔2014〕10 号	关于印发加强垦造耕地后续种植和地力培肥工作实施意见的通知

〔2014〕11 号　关于印发平湖市今冬明春第二次“清剿火患”战役实施方案的通知
〔2014〕13 号　关于印发平湖市整治黑河臭河垃圾河专项行动方案的通知
〔2014〕14 号　关于进一步加强全市农村宅基地有序管理的紧急通知
〔2014〕15 号　关于印发加快主城区公交候车亭和电子站牌建设实施意见的通知
〔2014〕16 号　关于印发平湖市 2014 年水利建设计划的通知
〔2014〕17 号　关于成立平湖市政府投资项目 BT 建设工作领导小组的通知
〔2014〕18 号　关于成立市农副产品综合批发市场扩建改造工程建设协调小组的通知
〔2014〕19 号　关于印发平湖市环境违法行为有奖举报暂行办法的通知
〔2014〕20 号　转发浙江省人民政府办公厅关于进一步加强政府信息公开回应社会关切提升政府公信力实施意见的通知
〔2014〕21 号　转发市经信局市规划建设局关于加快发展新型墙体材料实施意见的通知
〔2014〕22 号　关于促进小微企业转型升级为规模以上企业的意见
〔2014〕23 号　关于认真做好 2013 年政府信息公开工作年度报告公布工作的通知
〔2014〕24 号　平湖市人民政府办公室 2014 年工作要点
〔2014〕25 号　转发市民政局市财政局市统计局关于公布平湖市 2014 年度农村五保对象供养标准的通知
〔2014〕26 号　转发市卫生局市人力社保局市财政局关于加强卫生人才队伍建设若干意见的通知
〔2014〕27 号　转发市教育局市人力社保局市财政局关于加强教育人才引进培养管理若干意见的通知
〔2014〕28 号　关于印发平湖市 2014 年河道保洁工作实施意见的通知
〔2014〕29 号　关于表彰 2013 年度水利工作先进单位和先进个人的决定
〔2014〕30 号　关于印发培育发展家庭农场实施意见的通知
〔2014〕31 号　关于公布 2014 年平湖市“强平工程”企业名单的通知
〔2014〕32 号　关于印发 2014 年支持浙商创业创新促进平湖发展工作目标任务的通知
〔2014〕33 号　关于印发平湖市创建浙江省慢性非传染性疾病综合防控示范区工作实施方案的通知
〔2014〕34 号　关于印发平湖市 2014 年度国有建设用地供应计划的通知
〔2014〕35 号　关于表彰 2013 年度全市消防工作先进集体和先进个人的通知
〔2014〕36 号　关于进一步加强老年体育工作的通知
〔2014〕37 号　转发市人力社保局关于切实做好 2014 年人力资源和社会保障工作意见的通知
〔2014〕38 号　印发关于加强城市管理相对集中行政处罚工作部门执法协作意见〔试行〕的通知
〔2014〕39 号　关于启用平湖市市场监督管理局印章的通知

〔2014〕40 号　转发国务院办公厅关于印发 2014 年政府信息公开工作要点的通知
〔2014〕41 号　关于印发平湖市 2014 年公务支出公款消费专项审计工作方案的通知
〔2014〕42 号　转发市残联关于开展第二十四次"全国助残日"活动意见的通知
〔2014〕43 号　关于印发平湖市政府投资项目建筑方案设计征选办法的通知
〔2014〕44 号　关于印发平湖市废弃农药包装物回收处理试点工作实施方案的通知
〔2014〕45 号　关于公布第十三批市级重大火灾隐患整改单位和市级区域性火灾隐患的通知
〔2014〕46 号　关于成立平湖市海防委员会的通知
〔2014〕47 号　关于印发平湖市基层防汛防台体系规范化建设实施方案的通知
〔2014〕48 号　关于印发平湖市"十二五"高标准基本农田建设实施方案的通知
〔2014〕49 号　关于印发平湖市重大项目推进全程监督管理办法的通知
〔2014〕50 号　关于公布 2013 年度企业挖潜节地优秀项目的通知
〔2014〕51 号　关于印发平湖市要素资源交易市场建设方案的通知
〔2014〕52 号　关于印发平湖市 2014 年度全市规划编制计划的通知
〔2014〕53 号　关于进一步完善政策性农业保险工作的通知
〔2014〕54 号　关于印发平湖市 2014 年度全市向上争取工作计划的通知
〔2014〕56 号　关于开展印染行业整治关停处置"零点行动"的通知
〔2014〕57 号　转发市法制办市司法局关于全面推行法律顾问制度意见的通知
〔2014〕58 号　关于成立乍浦中转库改造建设工程领导小组的通知
〔2014〕59 号　关于印发平湖市 2014 年度"腾笼换鸟"专项行动实施方案的通知
〔2014〕60 号　关于开展政府投资项目竣工验收专项行动的通知
〔2014〕61 号　关于公布 2014 年度农业丰收计划项目的通知
〔2014〕62 号　关于印发平湖市政府投资项目后评价管理办法〔试行〕的通知
〔2014〕63 号　关于继续开展供而未用土地消化利用促进扩大有效投资专项行动的通知
〔2014〕64 号　转发嘉兴市住房公积金管理中心平湖市分中心关于企业〔单位〕2014 年度住房公积金缴存工资基数调整工作的通知
〔2014〕65 号　转发嘉兴市住房公积金管理中心平湖市分中心关于机关事业单位 2014 年度住房公积金缴存工资基数调整意见的通知
〔2014〕66 号　关于印发平湖市中心城区房屋违规装修应急处置方案的通知
〔2014〕67 号　关于表彰 2013 年度市级政府投融资平台融资工作先进集体的通知
〔2014〕68 号　关于印发平湖市违法用地立案销号全程监管处理办法的通知

〔2014〕69 号 关于印发平湖市陆维钊书画院主要职责内设机构和人员编制规定的通知

〔2014〕70 号 关于印发平湖市市场监督管理局主要职责内设机构和人员编制规定的通知

〔2014〕71 号 关于印发平湖市 2014 年度农村土地综合整治工作考核办法的通知

〔2014〕72 号 关于印发平湖市工业用能管理办法等文件的通知

〔2014〕73 号 关于印发平湖市质量技术监督局主要职责内设机构和人员编制规定的通知

〔2014〕74 号 关于公布 2014 年度平湖市级农业龙头企业名单的通知

〔2014〕75 号 关于加快推进适度普惠型儿童福利体系建设的实施意见

〔2014〕76 号 关于重新公布部分议事协调机构和撤销部分议事协调机构的通知

〔2014〕77 号 印发关于进一步加强工业用地差别化管理促进产业结构调整的实施意见的通知

〔2014〕78 号 关于印发 2014 年招商引资专项行动实施方案的通知

〔2014〕79 号 关于印发 2014 年镇街道企业股改上市〔挂牌〕工作考核办法的通知

〔2014〕80 号 关于印发平湖市排污权交易办法的通知

〔2014〕81 号 关于印发平湖市 2014 年度服务业工作考核办法的通知

〔2014〕82 号 关于规范土地出让金特殊政策的通知

〔2014〕83 号 关于抓好 2014 年粮食产销工作的通知

〔2014〕84 号 关于印发平湖市农村圩区工程运行管理办法〔试行〕的通知

〔2014〕85 号 关于印发平湖市 2014 年接轨上海工作实施方案的通知

〔2014〕86 号 关于印发 2014 年平湖市污染减排工作考核办法的通知

〔2014〕87 号 关于印发平湖市城市绿线管理实施办法的通知

〔2014〕88 号 关于印发平湖市第二批城市绿线名录的通知

〔2014〕89 号 关于印发平湖市农业投资项目准入管理办法〔试行〕的通知

〔2014〕90 号 关于印发平湖市主要污染物总量控制和平衡办法的通知

〔2014〕91 号 印发关于工业企业用水实行差别化水价和超计划加价实施意见〔试行〕的通知

〔2014〕92 号 印发关于复合计收工业企业污水处理费实施意见〔试行〕的通知

〔2014〕93 号 关于印发平湖市社会矛盾调解工作“一案一补”实施办法的通知

〔2014〕94 号 关于做好 2014 年度退役士兵安置工作的通知

〔2014〕95 号 关于调整残疾人医疗康复服务有关补助政策的通知

〔2014〕96 号 关于印发平湖市拟上市〔挂牌〕后备库企业培育管理暂行办法的通知

〔2014〕97 号 关于印发平湖市城镇低效用地再开发试点工作实施方案的通知

〔2014〕98 号 关于印发平湖市国民经济和社会发展第十三个五年规划编制工作方案

〔2014〕99号 关于印发2014年平湖市节能降耗工作考核办法的通知

〔2014〕100号 关于开展曹兑港南段、大寨河广陈新埭段治理工程有关工作的通知

〔2014〕101号 关于开展计算机审计工作的通知

〔2014〕102号 关于印发平湖市政府投资预算管理实施办法的通知

〔2014〕103号 关于开展外荡水域养殖(捕捞)行为专项整治行动的通知

〔2014〕104号 关于成立平湖市高速公路沿线广告专项整治工作领导小组的通知

〔2014〕105号 关于成立市全民健身馆〔游泳馆〕新建工程领导小组的通知

〔2014〕106号 转发市教育局关于开展庆祝第30个教师节活动意见的通知

〔2014〕107号 关于成立平湖市创建“无传销市、无传销镇街道、无传销村社区”工作领导小组的通知

〔2014〕108号 关于印发促进平湖市物业服务业健康发展实施意见的通知

〔2014〕109号 关于调整离休退休劳动模范荣誉津贴标准的通知

〔2014〕110号 关于推进“个转企”提质扩面暨长效机制建设工作的意见

〔2014〕111号 关于印发平湖市旅游景区环境百日专项整治行动实施方案的通知

〔2014〕112号 关于启用浙江独山港经济开发区管理委员会印章的通知

〔2014〕113号 关于印发平湖经济技术开发区〔钟埭街道〕开展集中行政审批工作实施方案的通知

〔2014〕114号 关于印发促进平湖市房地产市场平稳健康发展意见的通知

〔2014〕115号 关于抓好工业经济稳增长工作的若干意见

〔2014〕116号 关于印发平湖市海洋灾害应急预案的通知

〔2014〕117号 转发民政局财政局关于推进骨灰寄存堂改造提升管理办法的通知

〔2014〕118号 关于印发优化完善村庄布点规划指导意见的通知

〔2014〕119号 关于印发平湖市加强行政审批层级一体化改革事中事后监管实施意见的通知

〔2014〕121号 关于印发平湖市广场舞活动管理办法的通知

〔2014〕124号 关于开展金融服务实体经济专项活动的通知

〔2014〕125号 关于印发市区机关事业单位内部停车场错时对外开放实施方案的通知

〔2014〕126号 关于加快推进创业创新中心建设的实施意见

〔2014〕127号 关于印发配备安全生产网格化协管员实施方案的通知

〔2014〕128号 关于明确市府办〔法制办、应急办〕正副主任分工的通知

〔2014〕129号 关于开展小额贷款保证保险工作的实施意见〔试行〕的通知

〔2014〕130号 关于印发平湖市2015年度绿化工作实施意见的通知

〔2014〕131 号　关于开展 2014 年度耕地保护责任目标考核工作的通知
〔2014〕132 号　关于印发平湖市调整完善农村土地综合整治激励政策意见的通知
〔2014〕133 号　关于印发平湖市行政事业单位国有资产管理暂行办法的通知
〔2014〕134 号　关于印发平湖市行政事业单位国有资产处置管理暂行办法的通知
〔2014〕135 号　印发关于支持个体工商户和已转型企业升级为公司制企业若干意见〔试行〕的通知
〔2014〕136 号　关于印发平湖市淘汰黄标车专项行动方案的通知
〔2014〕137 号　关于印发平湖市农作物秸秆综合利用和禁烧工作实施意见的通知
〔2014〕138 号　关于公布 2014 年度平湖市专利示范企业名单的通知
〔2014〕139 号　关于印发平湖市科技型企业认定管理办法的通知
〔2014〕140 号　关于公布 2014 年平湖市气象灾害防御重点单位的通知
〔2014〕141 号　关于组织开展外贸转型发展"百日服务"活动的通知
〔2014〕142 号　关于印发平湖市综合行政执法局主要职责内设机构和人员编制规定的通知
〔2014〕143 号　关于印发平湖市涉渔"三无"船舶船主转产就业生活困难补助奖励政策的通知
〔2014〕144 号　关于印平湖市第二次全国地名普查补查与资料更新实施方案的通知
〔2014〕145 号　关于转发市财政局进一步深化财政国库集中支付改革调整会计集中核算模式实施意见的通知
〔2014〕146 号　关于印发开展调整城镇土地使用税政策促进土地集约节约利用试点工作实施意见的通知
〔2014〕147 号　关于印发平湖市基本农田保护补偿机制实施细则的通知
〔2014〕148 号　关于建立平湖市统计工作联席会议制度的通知
〔2014〕149 号　关于印发平湖市燃煤锅炉"煤改气"工程实施方案的通知
〔2014〕150 号　关于做好部门责任清单编制工作的通知
〔2014〕151 号　关于成立平湖市信息进村入户试点工作领导小组的通知
〔2014〕152 号　关于加快推进全国新增千亿斤粮食生产能力规划项目建设工作的通知
〔2014〕153 号　关于启用平湖市土地管理委员会印章的通知
〔2014〕154 号　关于启用平湖市人民政府土地审批专用章的通知
〔2014〕155 号　转发市总工会市财政〔地税〕局关于平湖市工会经费〔筹备金〕拨缴管理暂行办法的通知
〔2014〕156 号　关于提高燃煤废气排污费征收标准的通知
〔2014〕157 号　关于印发平湖市蘑菇及蘑菇大棚保险试点工作方案的通知
〔2014〕158 号　关于建立平湖市社会救助工作联席会议制度的通知

〔2014〕159 号　关于印发平湖市国有资产清理整治专项行动实施方案的通知

〔2014〕160 号　印发关于推进全市农村应急广播体系建设实施意见的通知

〔2014〕161 号　关于进一步加强畜禽、蘑菇废弃物收集处置利用意见的通知

〔2014〕162 号　关于成立工业企业综合绩效评价工作领导小组的通知

〔2014〕163 号　关于加强税收征管保障工作实施意见的通知

〔2014〕164 号　关于明确平湖市畜牧兽医局诊疗服务职能整体划转相关事项的通知

〔2014〕165 号　关于印发平湖市农村绿化造林若干政策意见的通知

〔2014〕166 号　关于印发平湖市 2015 年水利建设计划的通知

〔2014〕167 号　关于加快建立废旧商品回收体系的实施意见

〔2014〕168 号　关于印发平湖市开展“浙江制造”培育试点实施意见的通知

〔2014〕169 号　关于进一步加强住房保障工作的通知

〔2014〕170 号　关于印发平湖市开展民间融资管理试点工作若干意见的通知

国民经济统计资料

2014年国民经济统计资料选刊

人口、自然和生活环境统计表

项　　目	单位	2014年	2013年
年末总人口	人	491379	489628
总人口中非农业人口	人	240435	238424
全年人口出生率	‰	9.35	7.48
全年人口自然增长率	‰	2.37	0.41
人口密度	人/平方公里	915	912
土地面积	平方公里	537	537
其中:耕地面积	万亩	45.46	45.73
年平均气温	℃	16.6	17.6
年极端最高气温	℃	34.4	39.9
年极端最低气温	℃	-5.3	-4.4
年降水总量	毫米	1438.0	1194.2
年雨日	天	128	121
年雪日	天	5	11
年日照时数	小时	1556.7	2122.8
年无霜期	天	244	224
园林绿地面积	万平方米	1114	965
建成区绿化覆盖率	%	36.68	41.7
全社会用电量	亿千瓦时	57.16	52.52
其中:城乡居民生活用电	亿千瓦时	3.58	4.06
城市建成区面积	平方公里	27.8	18.8
年供水总量	万立方米	3184.76	3379.68
其中:居民家庭用水	万立方米	1100.21	1078.38
人均日生活用水量	升	131.58	131.58
供液化石油气总量	吨	7664	8639
其中:家庭用量	吨	2606	2838
用气人口	万人	12.04	12.74
供天然气总量	万立方米	1770.00	1337.13
其中:家庭用量	万立方米	244.00	164.05
用气人口	万人	4.20	2.61

说明:人均日生活用水量采用建制镇数据。

国民经济主要指标统计表

项目	单位	2014年	2013年
年末从业人员	万人	44.55	44.92
生产总值	万元	4782103	4521281
第一产业	万元	164822	171482
第二产业	万元	2896938	2763308
第三产业	万元	1720342	1586491
工农业总产值(按现价计算)	亿元	1467.03	1366.21
农业总产值	亿元	26.01	26.82
工业总产值	亿元	1441.02	1339.39
主要农产品产量			
粮食	吨	248517	246660
其中:谷物	吨	239152	237098
棉花	吨	427	443
油菜籽	吨	8252	10371
蚕茧	吨	0.91	1.02
西瓜	吨	21094	23073
食用菌	吨	21738	22183
畜禽产品			
肉类总产量	吨	23300	25310
其中:猪肉产量	吨	21462	22441
禽肉产量	吨	1486	2422
禽蛋产量	吨	2426	5220
水产品产量	吨	25173	30364
其中:海水产品	吨	978	3058
淡水产品	吨	24195	27306
交通、邮电			
全社会货运量	万吨	3389	3061
货物周转量	万吨公里	421051	393653
全社会客运量	万人	1350	1451
旅客周转量	万人公里	43799	45901
嘉兴港货物吞吐量	万吨	6880	6605
邮政业务总量	万元	6849	6902

续表

项　　　目	单位	2014 年	2013 年
全市固定资产投资合计	万元	2972787	2530384
城镇项目投资	万元	1828354	1563714
农村项目投资	万元	532827	457881
房地产开发投资	万元	611606	508789
社会消费品零售总额	万元	1496601	1336250
进出口总额	亿美元	82.13	79.12
其中:出口总额	亿美元	40.73	38.33
财政总收入	万元	904052	846462
其中:一般公共预算收入	万元	456780	422233
一般公共预算支出	万元	449179	430837
城乡居民储蓄存款余额	亿元	336.46	305.85
居民人均储蓄存款余额	元	68594	62509
学校数	所	89	93
其中:普通高中	所	4	4
初　　中	所	13	13
小　　学	所	21	24
在校学生数	人	75149	76061
其中:普通高中	人	7243	8284
初　　中	人	14040	14814
小　　学	人	27354	27688
图书馆藏书	册·件	701163	637415
电视台发射机功率	千瓦/部	1/1	1/1
卫生机构数	个	171	173
其中:医院(包括卫生院、门诊部等)	个	18	16
医院床位数	张	2484	2027
卫生技术人员数	人	3164	2967

注:学校数中不含成人文化技术学校9所。

国民经济主要比例关系表

单位:%

项　　目	2014 年	2013 年
生产总值		
第一产业	3.4	3.8
第二产业	60.6	61.1
第三产业	36.0	35.1
工农业总产值		
工业	98.23	98.07
农业	1.77	1.93
工业总产值中轻重工业比重		
轻工业	32.74	32.19
重工业	67.26	67.81
工业总产值在各类型企业中比重		
内资企业	54.00	55.50
港澳台商投资企业	13.57	12.38
外商投资企业	32.43	32.12
农业总产值中各业比重		
农业	55.84	55.20
林业	0.49	0.43
牧业	21.39	22.08
渔业	14.00	15.06
农林牧渔服务业	8.28	7.23

说明:工业总产值,在工农业比重中按总计数,在轻重工业和各类型企业比重中按年主营业务收入 2000 万元以上工业企业的合计数计算。

年主营业务收入2000万元以上工业企业主要指标完成情况

指 标 名 称	单 位	2014年	2013年
企业数	个	635	610
其中:亏损企业	个	144	145
工业总产值	万元	12985665	11954825
新产品产值	万元	4100279	4093218
工业销售产值	万元	12661415	11851412
资产合计	万元	14666226	12739110
流动资产合计	万元	7529517	6625430
产成品	万元	570706	494708
固定资产原价	万元	8344842	7165518
累计折旧	万元	3014241	2597290
本年折旧	万元	511510	436701
固定资产净值	万元	5330601	4568228
负债合计	万元	8869982	7552228
流动负债合计	万元	7510298	6195923
长期负债合计	万元	1222930	1167354
所有者权益合计	万元	5774602	5153670
主营业务收入	万元	12943148	12041417
主营业务成本	万元	11388321	10540627
主营业务税金及附加	万元	73274	68930
营业费用	万元	260353	223239
管理费用	万元	511024	484632
财务费用	万元	216574	157443
利息支出	万元	241418	220462
利润总额	万元	580565	653779
本年应交增值税	万元	356682	292948
亏损企业亏损额	万元	121198	86457
利税总额	万元	1012205	1017193

年主营业务收入2000万元以上工业企业部分产品产量

产　品　名　称	计量单位	2014年	2013年
大米	吨	13603	14773
饲料			
其中:配合饲料	吨	86491	86839
饮料酒	千升	6729	6987
白酒(折65度,商品量)	千升	276	295
纱	吨	8176	8166
棉纱	吨	2019	1315
布	万米	2183	290
棉布	万米	1996	26
印染布	万米	9887	12354
服装	万件	23059	22471
梭织服装	万件	20427	20387
针织服装	万件	2632	2084
皮革服装	万件	220	154
家具	件	2247191	2380752
木质家具	件	18750	22525
金属家具	件	2228441	2358227
机制纸及纸板	吨	1249973	1170573
箱纸板	吨	979827	940898
纸制品	吨	927514	475204
瓦楞纸箱	吨	800102	377508
水泥	吨	1275589	983718
散装水泥	吨	1023521	751495
商品混凝土	立方米	2131346	1634783
平板玻璃	重量箱	4547991	3674147
橡胶轮胎外胎	条	12678942	12584635
塑料制品	吨	48603	46194
滚动轴承	万套	7923	6322
电力电缆	千米	79185	42788
发电量	万千瓦小时	2330638	2910660

浙江省十六县(市、区)

	行政区划面积(平方公里)	其中:建成区面积(平方公里)	年末总人口(万人)	常住人口(万人)	生产总值(亿元)	第一产业增加值(亿元)
柯桥区	1066	52.80	64.98		1138.08	32.92
萧山区	1163	82.27	125.54	154.20	1727.63	61.60
余杭区	1222	63.43	92.54	121.17	1101.23	45.54
慈溪市	1361	44.50	104.59	148.91	1109.41	48.48
余姚市	1527	49.24	83.67	102.93	804.36	41.34
海宁市	668	46.57	67.38	82.31	669.09	22.75
桐乡市	727	41.07	68.68	82.76	614.36	29.19
上虞区	1406	30.00	78.00		681.03	41.36
温岭市	836	33.00	121.80		797.21	58.29
鄞州区	1346		85.20	138.00	1296.64	39.34
诸暨市	2311	41.89	108.04		981.12	49.09
瑞安市	1350	22.60	123.11		676.88	18.96
义乌市	1105	102.00	76.66	125.10	971.47	21.19
乐清市	1367	22.02	128.73		724.69	19.99
平湖市	537	27.80	49.14	68.36	478.21	16.48
富阳市	1808	25.27	66.61	72.82	601.47	39.93
永康市	1047	36.13	59.17	74.15	459.51	8.78

统计信息网络年度交流指标(一)

第二产业增加值(亿元)	其中:工业增加值(亿元)	第三产业增加值(亿元)	第三产业占 GDP 比重(%)	人均生产总值(户籍)(元)	规模以上工业总产值(亿元)
630.69	556.29	474.47	41.69	176077	3546.74
928.27	852.69	737.77	42.70	138255	4151.56
441.25	400.83	614.45	55.80	120439	1492.28
637.93	587.95	423.00	38.13	106186	1983.14
467.73	422.34	295.29	36.71	96227	1335.42
379.81	329.92	266.53	39.84	99647	1401.86
320.35	281.62	264.82	43.10	89718	1367.10
372.09	319.09	267.58	39.29	87342	1618.72
369.86	315.59	369.06	46.29	65653	728.56
761.82	710.33	495.48	38.21	153254	2361.93
533.32	454.47	398.71	40.64	90976	2341.40
322.66	292.26	335.26	49.53	55168	853.86
369.93	316.60	580.34	59.74	127280	855.86
388.45	363.51	316.25	43.64	56501	1227.29
289.69	276.63	172.03	35.97	97494	1298.57
316.59	291.78	244.95	40.73	90809	1297.47
281.65	263.51	169.09	36.80	78078	913.28

浙江省十六县(市、区)

	固定资产投资额(亿元)	社会消费品零售总额(亿元)	全社会客运量(万人)	全社会货运量(万吨)	一般公共预算收入(亿元)	一般公共预算支出(亿元)
柯桥区	576.95	210.25	6787	3121	82.01	71.42
萧山区	850.85	515.65	8714	6774	133.85	120.20
余杭区	786.15	349.43	393	1845	148.80	137.12
慈溪市	636.07	484.86	1380	1584	100.02	107.89
余姚市	515.62	388.08	325	1610	64.81	80.47
海宁市	448.16	304.01	2541	1742	60.03	60.68
桐乡市	372.33	268.66	1003	3145	49.19	52.42
上虞区	409.05	243.85	1385	1788	46.56	50.01
温岭市	339.61	430.54	4565	2946	47.84	64.51
鄞州区	593.33	404.96	1097	5224	166.22	131.90
诸暨市	568.77	316.18	2343	2890	66.34	74.14
瑞安市	434.97	298.94	3889	4130	48.44	55.31
义乌市	438.18	466.58	1830	2279	69.68	72.23
乐清市	485.90	273.39	4955	1293	55.65	61.35
平湖市	297.28	149.66	1350	3389	45.68	44.92
富阳市	350.07	170.79	1744	1342	49.60	57.70
永康市	182.52	161.11	2014	1459	38.85	40.60

统计信息网络年度交流指标(二)

实际利用外资(万美元)	出口总额(海关数)(万美元)	进口总额(海关数)(万美元)	金融系统年末存款余额(亿元)	其中:城乡居民储蓄存款(亿元)
21003	1100265	159405	1468.52	620.87
125852	999287	385536	3106.86	1209.26
107800	557858	43506	1821.71	823.52
43717	937140	198352	1678.70	879.94
39133	708408	208899	1200.92	612.75
44007	508467	94801	1080.66	536.37
33123	306322	122335	886.79	514.65
22025	330851	42924	912.97	444.71
5811	384573	16818	1177.89	646.14
55752	1207326	257363	1752.67	769.92
10045	491438	73746	1158.61	588.32
2016	337702	37638	1011.68	615.97
6034	2370934	47547	2393.56	1176.82
9258	214215	7886	994.66	572.08
45098	407706	414011	726.64	338.15
25681	137170	147810	876.07	354.74
2012	489665	49199	935.69	464.47

浙江省十六县(市、区)统计信息网络年度交流指标(三)

	金融系统年末贷款余额(亿元)	城镇居民人均可支配收入(元)	农村常住居民人均可支配收入(元)	全社会用电量(亿千瓦时)	其中:工业用电(亿千瓦时)
柯桥区	1285.19	46809	26743	138.58	123.00
萧山区	2849.58	47195	26758	207.86	173.97
余杭区	1305.61	45329	26581	74.58	47.40
慈溪市	1757.84	43526	25222	111.69	89.62
余姚市	1245.41	41921	24312	73.30	57.72
海宁市	836.61	44887	25786	70.59	57.80
桐乡市	740.83	41438	25195	76.64	64.77
上虞区	790.55	43569	23018	44.65	35.51
温岭市	933.02	41225	21786	51.87	33.42
鄞州区	1575.74	46324	26682	77.09	54.21
诸暨市	1111.24	45790	25583	73.37	59.37
瑞安市	945.61	43208	21682	63.61	44.23
义乌市	1946.87	51899	25963	74.72	47.75
乐清市	1062.14	42610	22668	49.78	29.24
平湖市	549.22	43192	24758	57.16	48.99
富阳市	890.93	39954	22840	71.16	60.49
永康市	904.77	39432	19849	38.97	29.90

索　引

说　明

1. 本索引采用主题分析方法，按主题首字汉语拼音字母顺序排列；同音字按声调顺序排列。
2. 栏目、分目用黑体字标明；标引词后的数字表示内容所在页码。
3. 为了使索引主题不引起歧义，便于读者检索，单位和事件前面的“平湖”或“市”一般予以省略。
4. 条目标引词后有多个页码表示该条目参见内容所在位置。
5. 本年鉴的“特载”“专记”“大事记”“名录・人物”“文件选编”“国民经济统计资料”均未作索引。

数字

A

C

D

E

F

G

H

F

J

K

L

M

N

P

Q

R

S

T

W

X

Y

Z

平湖市水务集团

△ 修理输水管理

△ 铺设输水管道

△ 古横桥水厂改造工程

△ 古横桥水厂

平　湖　九　龙　山

△ 西沙湾景观配套二期工程奠基仪式

△ 美巡中国赛九龙山站记者发布会

平湖九龙山旅游度假区一直致力于打造运动休闲、大众旅游、会议会展等基地，开展了马球、游艇、赛车、赛马、高尔夫等高端运动项目，正在筹建自行车、野外拓展等大众运动休闲项目。先后举办了2014首届长三角运动休闲体验季浙江九龙山站活动、浙江九龙山全国速度赛马骑师邀请赛暨驭马文化节、2014美巡赛中国系列赛九龙山公开赛、九龙山马球俱乐部青少年骑术学校夏令营、2015上海&华东自行车联赛等一系列有影响力的赛事活动。

2015年，九龙山度假区再次被省体育局认定为“浙江省运动休闲基地”，这是全省以县域以下为申报单位的首个运动休闲基地。

△ 2014首届长三角运动休闲体验季

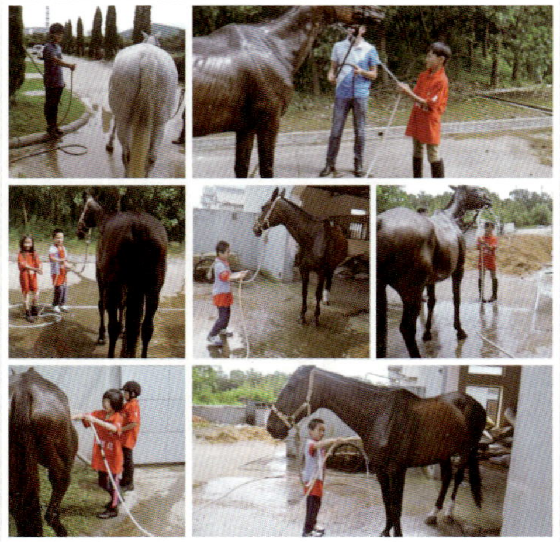

△ 九龙山骑术学校夏令营

△ 2014驭马文化节

旅　游　度　假　区

△ 浙江首个专业灯光泳池落户九龙山

△ 2015上海&华东自行车联赛九龙山站

△ 2015上海&华东自行车联赛九龙山站

△ 美巡中国赛合影

平湖市烟草专卖局（分公司）

△ 市委常委、副市长严政一行前来调研指导工作

平湖市烟草专卖局、浙江省烟草公司平湖市公司成立于1991年8月。2008年8月，取消县级公司法人资格，更名为平湖市烟草专卖局、嘉兴市烟草公司平湖分公司，行政隶属于嘉兴市烟草专卖局（公司），承担平湖市境内专卖管理、卷烟销售工作。2004年5月，局（公司）新大楼落成并投入使用，总占地面积14563平方米，硬件设施设备得到更新完善。

党团组织设有党组、党支部、工会、团支部。行政机构设有办公室（监察科、法规科）、专卖科（内管组、稽查大队）、业务科、财务科四个职能科室，下设稽查中队、当湖管理所、滨海管理所、新仓（广陈）管理所、市场部、车队六个基层部门，现有职工85人。

平湖烟草成立二十多年来，在嘉兴市烟草专卖局（公司）和平湖市委、市政府的双重领导下，牢固树立“两个至上”行业共同价值观，以“卷烟上水平”为主要任务，以提高客户满意度为目标，坚持五项职能：抓专卖、做市场、带队伍、管资产、保稳定，使企业朝着又好又快的方向不断迈进。

△ 全省烟草、工商部门协作会议暨联合整治卷烟市场专项行动工作部署会在平湖召开

△ 与新仓镇中华村举行“双百结对 共创文明”结对仪式

△ 联合多部门取缔“抓烟机”

△ 开展“担当负责 破难创新 弘扬职场正能量”全员拓展训练

平湖市乍浦镇

2014年是全面深化改革的开局之年，是实施“十二五”规划承前启后的关键之年，也是我镇经济社会发展攻坚克难的一年。全镇广大干部群众在港区党工委、管委会的坚强领导下，按照“社会发展、社会治理、社会稳定”三大任务，围绕“服务港区开发建设”这一中心，以党的群众路线教育实践活动为主线，深入开展“转型升级加速年、社会管理创新年、作风效能提升年”三个年活动，着力推进“活力乍浦、人文乍浦、和谐乍浦、幸福乍浦”建设，全镇经济运行稳中有进，社会事业协调发展，兴镇富民的氛围也越来越浓，乍浦在全面深化改革的道路上迈出了坚实的一步。

2014年，全镇实现区域生产总值123.1亿元。全镇完成公共财政预算总收入6.61亿元，同比增长7.99%，其中地方公共财政预算收入2.86亿元，同比增长8.49%。实现工业总产值35.2亿元。实现工业增加值3.3亿元。完成固定资产投资2.63亿元，同比增长4.9%，其中完成工业生产性投资1亿元。实现服务业营业收入117.42亿元，同比增长3.4%。城镇居民人均可支配收入43192元，同比增长8.9%；农民人均纯收入24758元，同比增长10.1%。主要约束性指标完成上级下达的任务。在经济快速平稳发展的同时，社会各项事业得到了均衡协调优质发展。2014年，我镇被嘉兴市委、市政府列为市级小城市培育试点镇，获得嘉兴市工业强镇建设进步奖、社会管理综合治理先进集体、无邪教镇创建工作先进单位、消防工作先进单位、新居民服务管理工作先进集体、扶残助残爱心镇、优秀镇志愿者服务站等荣誉，连续第十年被评为嘉兴市平安镇。

△ 乍浦镇中山花苑顺利交付

△ 乍浦镇公共自行车启用

△ 乍浦镇机关事业干部参加“五水共治”义务劳动

△ 乍浦镇连续十年被评为嘉兴市平安创建工作先进单位

△ 乍浦镇深入开展“五水共治”工作，河道整治效果明显

平　湖　经　济

△ 7月16日，省委副书记、省长李强一行来到平湖经济技术开发区日本电产芝浦（浙江）有限公司进行调研。李强对开发区在“机器换人”、企业研发中心建设、传统产业转型升级、“腾笼换鸟”、名企培育等方面的工作给予充分肯定

△ 1月21日，省委常委陈德荣一行来到平湖经济技术开发区，就经济发展、产业结构调整机制创新、“两新”工程建设等工作情况进行调研。

△ 4月24日，副省长熊建平一行赴平湖经济技术开发区进行调研。考察了开发区内的联祥电镀厂和乍沙漾港，对开发区有效利用土地资源和污水处理设备提升改造工作给予充分肯定。

△ 11月5日，省政府党组副书记、省政府顾问王建满来到沈家弄花苑社区、钟埭老集镇等，就“五水共治”、生猪减量提质、农村生活污水治理等进行实地调研。

△ 2月26日，副省长梁黎明一行参观考察了开发区津上精密机床（浙江）有限公司和三星精密不锈钢（平湖）有限公司。

△ 嘉兴市委书记鲁俊一行来到平湖经济技术开发区好侣（中国）有限公司项目建设现场、乍沙漾港“五水共治”精品河道和解放西路延伸段地块改造现场进行考察。

技术开发区

△ 9月19日，省委书记夏宝龙考察浙江依爱夫游戏装文化产业有限公司。

△ 9月15日，举行日清食品项目签约仪式

2014年是平湖经济技术开发区经济发展扩容提质的转型之年，又是行政管理体制改革的创新之年。在这一年里，开发区168家规模以上企业累计完成工业总产值311.2亿元，销售产值达到308.7亿元，分别同比增长12.2%和12.8%；实现财政总收入21.1亿元，同比增长31.5%，占平湖的30%，位列嘉兴五县两区各镇街道第二，实现了市里对开发区提出的“增长中高速、质量中高端”的经济新常态。同时，全年开发区共审批外资项目24个，总投资40497万美元，合同外资26152万美元，完成全年任务的140.6%，同比增加17.1%，占全市合同外资的49.2%；实到外资15099万美元，完成全年任务的109.4%，占全市实到外资的39.9%。成功签约世界500强投资项目日新华新顿精密特殊钢项目和引进世界方便面龙头企业日清食品方便面等一大批优质项目，为开发区经济社会平稳有序发展提供了有效保障。

△ 11月18日，举行新华新顿精密特钢项目奠基仪式

△ 4月15日，举行杰富意项目竣工典礼

△ 10月18日，中国虫草博物馆开馆

△ 9月27日，“伊佳林开心梦工厂”开业

平　湖　市

△ 街道领导视察河道

△ 当湖商会“新生代”企业家联谊会与宁波杭州湾新区“创二代”联谊会结成友好联盟

2014年，当湖街道党委、办事处在市委、市政府的正确领导下，在街道上下的共同努力下，按照市“三年”活动、“九大专项”行动工作要求，紧紧围绕年初确定的工作目标，大力弘扬“四敢一不怕”精神，深入践行群众路线，解放思想、凝心聚力、创新实干、攻坚克难，圆满完成嘉兴市“三治”建设试点、居民议事会议制度和基层减负工作试点。全街道全年实现生产总值92亿元，公共财政总收入2.84亿元，其中地方公共财政预算收入1.66亿元。城镇居民人均可支配收入43192元，农民人均所得23188元。

2014年，当湖街道坚持科学发展，综合实力稳步增强，招商引资有新突破，各项指标全部提前1个月完成或超额完成了全年任务，“三服务”工作、要素保障、项目推进、“四换三名”、污染减排等工作扎实开展，精品农业做大做强。坚持统筹发展，“五水共治”、“三改一拆”、生猪减量提质、涉农征收强势推进，人居环境不断优化，城乡面貌持续改善。坚持协调发展，社区服务管理、创卫长效管理、文明创建、公共事业、文体事业蓬勃发展，社会事业全面进步。坚持和谐发展，社会治理模式得到创

△ “最美当湖人”颁奖仪式

当　湖　街　道

△ 浙江旎莱雅服饰有限公司

△ 平湖汽车商贸城蓬勃发展

△ 新农村建设稳步推进（和合花苑）

新，平安建设不断推进，基层政法工作基础进一步夯实。

2014年，当湖街道获得了国家生态街道等国家级荣誉1项，嘉兴市平安镇（街道）、嘉兴市社会管理综合治理先进集体、嘉兴市“生猪减量提质”工作先进集体、嘉兴市创建法治镇（街道）工作先进单位、嘉兴市无邪教镇（街道）创建工作先进单位、嘉兴市政务信息工作先进集体、嘉兴市充分就业街道等嘉兴市级荣誉7项。

△ 善美当湖骑行宣传活动

△ “五水共治”成效凸显（金家村庙浜）

平　湖　市

△ 省委宣传部副部长唐中祥来新埭调研

△ 7月18日下午，嘉兴市委书记鲁俊，市委副书记、市长肖培生等嘉兴市四套班子领导来新埭镇视察全国首个跨省（市）合作园区——上海张江平湖科技园项目的推进情况

△ 8月1日，嘉兴市委副书记、市长肖培生来新埭调研青阳汇断面周边环境整治情况

新埭镇位于市境东北部，毗邻上海市金山区，是浙江省中心镇。全镇区域面积77.2平方公里，耕地面积68165亩。2014年末，辖9个村民委员会、2个社区居民委员会。有192个村民小组、14180户、50489人，其中非农业人口3749人。新居民登记在册人数39876人。2014年，全镇生产总值327765万元，比上年增长6.4%。公共财政总收入37107.51万元，其中地方公共财政预算收入15408.99万元。农民人均所得23081元，增长9.04%。计划生育率99.44%。

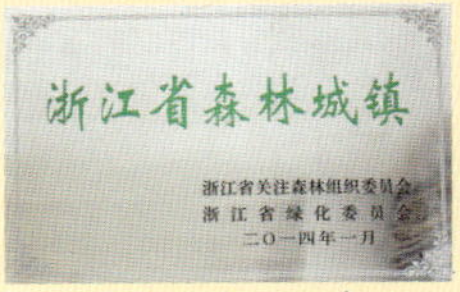

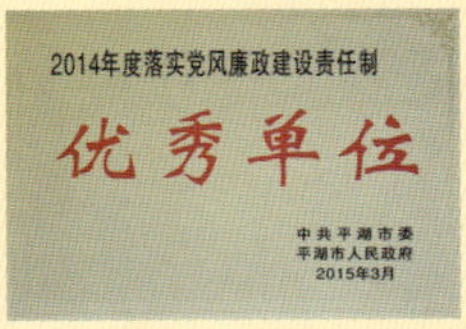

△ 镇十六届人大五次会议召开

新　埭　镇

△ 开展“清三河见行动”集体义务劳动

△ 驻村干部和村干部助力拆违

新埭镇表彰“五型”干部

△ 开展“五水共治”宣传演出

△ 全镇开展志愿者创卫义务劳动

△ “最美新埭人”颁奖典礼

△ 泖水文化节开幕

平　湖　市

△ 团省委副书记苗伟伦来新仓镇调研“双网互动”工作

△ 新仓镇“三社联动”编织为民服务网

△ 新仓镇农业合作组织综合委员会成立

△ 上海九星（平湖新仓）童车城开业

△ 农村新社区

新　仓　镇

△ 第六届"芦川文化节"开幕式

△ 光伏企业

△ 童车产品

独山港经济开发区

△ 独山港经济开发区揭牌

△ 11月26日，嘉兴“双推”观摩浙江国利汽车部件有限公司

2014年，是全面贯彻落实党的十八届三中全会精神、全面深化改革的第一年，也是实施“十二五”规划、推进港区新一轮开发建设的关键一年。独山港经济开发区（独山港镇）以“构筑大平台、引进大项目、培育大产业”为中心，抓重点、破难点、创亮点，经济社会实现平稳较快发展。全年实现生产总值55.1亿元，可比增长9.4%。完成公共财政预算总收入7.8亿元，其中地方公共财政预算收入3.2亿元，同比分别增长12%和6.5%。农民人均纯收入23251元，增长9%；全年完成合同外资1.6亿美元，实到外资3666万美元，引进市外内资28.8亿元，浙商回归内资8.9亿元、外资5792万美元；完成固定资产投资56.1亿元、增长22%，其中工业生产性投入36.6亿元，服务业投入19.3亿元、分别增长20%和25%。实现工业总产值192.4亿元、增长28.5%，其中规上工业总产值171亿元，增长32%，销售收入164亿元，新增规上企业10家。2014年8月，正式升级为省级经济开发区，更名为“浙江独山港经济开发区”；12月，口岸开放通过国务院审批，获批岸线15.2 公里，共17个泊位。

△ 紫云花苑自建房小区

（独山港镇）

△ 第三届海洋文化节文艺演出

△ 4月2日，副省长熊建平现场查看环保科技公司

△ 9月26日，旗滨玻璃投产剪彩仪式

△ 独山港第二届体育运动会

△ 运营中的独山港务码头

平　湖　市

△ 市长朱林森调研“美丽乡村”建设

△ 浙江省治水巡查组调研“五水共治”工作

2014年，广陈镇在市委、市政府的正确领导下，按照“三年”活动、“九大专项”行动工作要求，以“产业强镇、生态立镇、和谐兴镇”为发展路径，千方百计谋发展、优环境、惠民生、改作风，全面建设江南水乡和谐幸福新广陈。全年实现生产总值15.3亿元，增长9.5%；完成公共财政总收入10923.63万元，其中地方财政收入4131.76万元；农民人均纯收入22708元，同比增长9%。

经济发展稳步向前。26家规上企业实现工业总产值17.53亿元，同比增长6.2%，主营业务收入15.96亿元，同比增长8.4%。全年引进工业项目10个，完成市外内资2.24亿元，其中注册资金1.2亿元，完成合同外资1389.3万美元，实到外资922.91万美元。完成全社会固定资产投资6.2亿元，其中工业生产性投入4.55亿元。实施“浙商回归”项目8个，“两退两进”项目14个，万亩高标准农田建设项目2个，机器换人项目13个，空间换地项目10个，电商换市项目6个。顺利通过了“科技服务中心规范化建设”试点工作验收。

城乡面貌日益改观。推进“三改一拆”，拆除各类违法建筑约36万平方米，“三改”完成6.2万平方米，削减生猪约8万头，收取生猪养殖污染处置费42.5万元。全面完成97条垃圾河，10条“黑、臭河”治理工作，计109.9公里。建成污水二级管网15.08公里，新增企事业单位入网91家，完成沿街商铺生活污水纳管1629户。开展全市农业废弃物规范处置试点工作，收回各类农药

△ 市农村生活污水治理工作现场会

△ 非物质文化遗产钹子书进课堂

广　陈　镇

废弃包装物约12.76万只。完善落实“四位一体”环卫保洁机制，小新村出境断面水质考核优秀。

社会事业均衡发展。申报省级“一事一议”项目7个，完成危桥改造4座，道路硬化28公里，镇中心幼儿园二期土建和敬老院二期扩建工程基本完成，顺利启动龙萌村省级农房改造试点和特色村落试点项目以及曹港、三兴、龙兴3个自然村落搬迁试点工作。全年受理调处矛盾纠纷334起，调处成功率100%。广陈计生服务站获嘉兴市服务民生满意站所，镇“三优”指导中心被评为省级示范站。5个村通过市居家养老服务照料中心星级评定，民主村养老服务中心建成并投入使用。泗泾等5个村建成文化礼堂。

自身建设切实加强。以党的群众路线教育实践活动为契机，组织开展“孟坚讲坛”等活动，大力实施“联村进组入户到点”大走访活动，全面落实干部考学、末位告诫、机关中层干部全员竞岗和一般干部双向选择制度、重点工作责任制，实行重点工作周例会、周排名、周通报制度。

当年，顺利通过嘉兴市“美丽乡村”先进镇考核验收，获得了嘉兴市平安镇、嘉兴市卫生强镇、嘉兴市学前教育先进镇等多项荣誉。

△ 广陈镇首家文化礼堂启动仪式

△ 戴王浜美丽乡村园规划图

△ 乍浦塑料有限公司在广陈镇举行开工典礼

平 湖 市

△ 平湖市委书记翁建荣到林埭镇走访调研

△ 市长朱林森到林埭镇调研“三改一拆”工作

△ 组织党员社工开展“小手拉大手共绘美丽家园”活动

△ 建党93周年主题演讲赛暨青年干部论坛

△ 全民参与“五水共治”

2014年，林埭镇在市委、市政府的正确领导下，团结依靠全镇广大干部群众，按照工业新镇、水产强镇、文化名镇“三镇”建设总体目标，实施重点项目推进年、环境整治突破年、干部作风提升年“三年”活动，实现了经济社会平稳、健康、快速发展。全镇实现生产总值17.596亿元，可比增长13.5%；公共财政总收入36895万元，其中地方财政预算收入13107万元，分别增长53.7%和46.7%；农村居民人均纯收入22450元，增长9%。

坚持以经济建设为中心，产业结构不断优化

积极应对日益复杂的宏观形势和日趋加剧的发展压力，着力扩大有效投入，加快发展汽车零部件、机械装备等特色产业，工业经济实现平稳运行，各项主要指标提前或超额完成年初目标任务。不断加快现代农业发展步伐，大力实施农村圩区建设工程，保障农业生产和农民生活，水产养殖等传统特色农业产业优势得到巩固深化。加快推动服务业发展，着力引进服务业市外内资项目，发展集镇商贸，三产经济逐步彰显活力。

坚持以积累后劲为关键，发展前景持续看好

抓住主城区开发和重大基础设施建设契机，着力挖掘区位、空间、土地资源优势与潜力，加快实施“两退两进”、农村土地综合整治、征地拆迁工程，为重点项目落地、经济发展奠定良好基础。加大改革创新力度，大力实施“四换三名”工程，帮助企业实施技术研发、引进优秀人才，促进企业转型、高效发展。强化平台承载能力，加

林　埭　镇

△ 省委政法委政治部主任朱巧湘一行到林埭镇调研政法维稳工作

△ 省“五水共治”督查组到林埭镇督查“清三河”工作

快工业园区基础设施建设和产业集群步伐，不断优化投资环境。

坚持以治水拆违为抓手，城乡面貌日益改善

大力推进“五水共治”，全面完成“清三河”年度工作任务，治水工作得到嘉兴、平湖两级领导充分肯定，并在全市河道保洁考核中保持优秀。深入实施“三改一拆”，创新完善“四位一体”大环卫保洁机制，“无违建”创建、嘉兴市“美丽乡村先进镇”建设顺利通过上级考核验收。强化农业污染治理，深入推进生猪减量提质工作，养殖业污染得到有效防治。全面完成林埭、徐家埭两个集镇综合整治工作。

以服务民生为根本，社会事业全面发展

深入实施“平安林埭”、“法治林埭”建设，首创以“孝文化”助推社会综合治理，徐家埭集镇治安重点地区挂牌整治行动顺利通过嘉兴市考核验收。健全社会保障体系，养老保险和合作医疗制度日趋完善，参保率进一步提高，成功创建村级4A级居家养老照料中心。中小学、幼儿教育继续位居前列，家庭教育节、龙文化艺术节、“九彩龙”品牌得到巩固深化。成功创建为“嘉兴市文明镇”和“嘉兴市人口计生依法行政示范镇”。新便民服务中心、小学行政教学楼和中学游泳池建成并投入使用。

坚持以群众路线为准绳，自身建设得到加强

全面开展党的群众路线教育实践活动，深入实施服务型党组织、服务型政府建设。进一步弘扬“厚德务实、龙腾图强”的林埭精神，打造作风正、素质高、能力强干部队伍。自觉加强党风廉政建设，突出政府投资、农村“三资”、“三公”消费，健全财务管理制度，严格落实监管举措，实现“三公”经费同比大幅下降。进一步加强干部日常监督管理，完善工作人员动态管理系统，严格实行上下班、值班电子签到和工作日志制度，加大督查力度，各类违纪违规行为得到严肃查处。

△ “秀在清溪·成就梦想”龙乡达人秀

△ 龙乡端午龙舟赛

平　湖　市

△ 2014年11月6日，嘉兴市委常委、秘书长孙贤龙到曹桥街道开展“双千双百”走访服务活动，图为孙贤龙一行在参观浙江柏瑞汽配有限公司生产车间

△ 2014年4月25日，曹桥街道野马村车花浜被列入平湖市重点工作观摩会“五水共治”、“三改一拆”观摩点

△ 2014年2月，曹桥街道民间舞蹈“手马灯”荣获北京第三十一届春节龙潭庙会全国优秀民间花会展演金奖

2014年，曹桥街道按照全市“三年”活动、“九大专项”行动总体部署，全街道党员干部深入开展党的群众路线教育实践活动，解放思想、凝心聚力、攻坚克难、勤廉务实，带领群众加快推进街道“四区两创”总战略，经济社会保持平稳较快的发展态势。实现生产总值21.99亿元、工业总产值80.06亿元、规上工业总产值68.96亿元；实现地方财政总收入2.74亿元、公共财政预算收入1.15亿元；农民人均纯收入23059元。

经济发展实现新跨越。招商引资全面完成，合同利用外资突破2000万美元、实际利用外资突破1000万美元，创历史新高；完成固定资产投资12.67亿元、工业生产性投资10.6亿元。腾退建设用地181.9亩，实现“小升规”5家，完成“个转企”61家。街道光机电产业创业中心建设完成首期开发建设。环境建设呈现新亮点。大力推进“三改一拆”和“五水共治”工作，拆除违法建筑33.04万平方米，其中拆除违章猪舍31.09万平方米；“清三河”和生猪减量成效明显，72条“三河”得到全面整治，生猪存栏量净减少7.7万头，减量达85%；全年水质考核连续优秀。马厩村省级农房改造示范村和美丽生态野马村建设加快推进。社会事业取得新发展。深入推进“法治、德治、自治”三治建设，“平安曹桥”基础进一步夯实。成功举办第六届行知文化节和第四届家庭教育节，手马灯荣获第三十一届北京龙潭庙会民间花会大赛金奖。横河北村公寓房、野丁路拓宽改造工程等民生实事项目加快建设，教育、民政、社保、老龄、残疾人等社会事业取得进步。

2014年，街道成功创建为浙江省生态街道，荣获嘉兴市平安街道、平湖市招商引资工作先进奖、“两退两进”工作考核一等奖、创新型镇街道等平湖市级以上多项荣誉。

曹 桥 街 道

△ 2014年3月4日，曹桥街道召开党的群众路线教育实践活动动员大会

△ 2014年9月26日，曹桥街道光机电产业中心重大项目嘉兴陈达箱柜有限公司年产20万套箱柜项目开工

△ 2014年12月17日，党的群众路线教育实践活动省市联合督导组组长龚震源调研美丽生态野马村建设工作

△ 2014年5月20日，浙江省司法厅党委委员、副厅长陈钟带领省“三改一拆”督查组一行来到曹桥街道督查违章猪舍拆除和农户转产转业情况

△ 2014年3月13日，平湖市委书记翁建荣到曹桥街道野马村第六驻组工作站调研驻组工作

△ 2014年10月14日，市党代表曹桥代表小组成员视察“五水共治”工作，图为党代表视察一里泾闸站运行情况

△ 2014年10月11日，曹桥街道第六届行知文化节开幕

国网平湖市供电公司

△ 获得平湖市市长质量奖

△ 嘉兴市文明办副主任施俊法，平湖市委常委，宣传部部长陈敏红检查文明单位创建情况

2014年，国网平湖市供电公司公司在平湖市委市政府和省市供电公司的坚强领导下，按照“一牢固，二建设，三提升”的工作思路，积极主动承担社会责任，圆满地完成各项年度任务，运行效率、队伍素质和整体面貌焕然一新，经营和管理水平实现突破。供电量21.4亿千瓦时，同比增长1.73%；售电量20.8亿千瓦时，同比增长2.14%，城镇供电可靠率99.99%；农网供电可靠率99.94%，综合电压合格率99.63%。累计安全生产日超过3400天。

电网建设有序推进。全年投产中压线路97.42千米、低压线路56.28千米、配变257台共5.67万千伏安。开展配电网投资效益评价，搭建电网短期负荷预测平台。营销服务优质规范。全面构建“一口对外”业扩报装服务模式，完成高压客户装表接电246户，低压客户装表接电10097户。累计并网运行光伏项目22个。管理水平再上新台阶。完成县供电企业管理提升工程79项指标，完善绩效考核办法，开展“两级共建”“双岗服务”，群众路线教育实践活动成果丰硕。

△ 6月20日，青年志愿者到育新小学传授安全用电知识

△ 11月10日，市供电公司用电检查人员主动前往位于新仓镇的浙江佳佳童车有限公司排查用电设备隐患，保障“双十一”期间电商正常用电

△ 在新埭镇跃进河闸站安装配变，提高防洪抗洪能力

△ 开展跨越高速公路、高铁线路拆除改接工作

浙江省平湖市公路管理段

△ 2015年1月20日，平湖市公路管理段组织开展安全生产专项检查，平湖市交通运输局副局长方卫东带领相关工作人员参与检查指导并对检查结果提出相关建议

△ 2014年1月9日上午9点，平湖市公路管理段组织全体干部职工开展“慈善爱心一日捐”活动，共筹得善款3004元

浙江省平湖市公路管理段是平湖市交通运输局的下属事业单位之一。承担着平湖市境内省道、县道公路的养护管理和路政管理职能，并负责指导乡、镇、村公路的管养工作。截止目前，平湖市养护里程数总共为1227.988公里。

近年来，在上级主管部门的正确领导下，坚持贯彻"预防为主，防治结合"、"以养好路面为中心，加强全面养护"、"依法行政，文明执法"等方针，在公路管理工作、文明创建工作和内部管理工作等方面狠下功夫，并取得了一定的成绩，被授予省文明公路管理段、省级卫生先进单位、嘉兴市级文明单位、平湖市先进基层党组织、平湖市安全工作先进单位等多项荣誉称号。

△ 2014年6月20日下午，平湖市公路管理段联合市消防大队，在S101省道超限运输检测站组织开展一次消防安全应急演练活动

△ 2014年5月4日至6日，为净化公路通行环境，结合公路“三化”行动，路政执法人员对缠绕在公路两侧电线杆上的横幅进行一次集中清理，共清理广告横幅20余处

△ 2014年10月16日下午，01省道平湖段乳化沥青就地冷再生”四新 ”技术现场会在乍浦召开，图为参会人员先来到工地参观施工现场

△ 2014年11月26日，平湖公路段及时组织人员对平兴公路（约16K+700至17K+200）实施了应急小修工程，对其非机动车道实施沥青填铺

△ 2015年1月5日，嘉兴市公路管理局对平湖市公路管理段进行年度考核检查

平湖市公路运输管理所

平湖市公路运输管理所为副科级的监督管理类全民事业单位，隶属平湖市交通运输局和嘉兴市道路运输管理局双重领导。单位主要职责是贯彻落实国家法律、法规和规章，具体实施对我市道路客货运输、车辆维修、驾驶员培训等行业进行管理，下设1个省级检查站，内设办公室、客运管理科、货运和安全管理科、维修驾培管理科、法规稽查科和稽查大队等部门。

近年来，平湖运管所在上级有关部门的关心指导下，以科学发展为统领，以公正执法为原则，以执政为民为宗旨，以队伍建设为后盾，不断规范并创新发展全市道路运输行业，取得了明显成效。我所先后被评为嘉兴市文明单位、全省交通系统群众满意站所、全省交通系统行风评议先进单位、创建省级文明行业先进单位、全省运管系统诚信市场建设先进单位、嘉兴市“三星级”服务民生群众满意基层站所和平湖市先进基层党支部等荣誉称号。

△ 省运管局领导视察平湖市运管96520信息服务中心

△ 台风过后，该所干部职工积极开展扶树行动

△ 该所历年所获荣誉缩影

△ 运管所大楼

△ 执法人员在酷暑中参加执法培训

平湖市港航管理处

2014年，平湖市港航管理处紧紧围绕“以港兴市”战略和“五水共治”中心工作，深化改革创新，大力实施内河水运复兴行动计划，精心谋划港航大格局，加快建设水运大通道，优先发展港口大物流，以法治和科技的手段，努力打造监管智慧型、服务高效型、安全和谐型、环境友好型的现代化港航，港航转型升级保持良好势头。杭平申线平湖段改造工程全年完成投资4.05亿元，继续领跑嘉兴航区；建成内河航运水污染防治系统，绿色水运建设向前迈出一大步；圆满完成上海“亚信会”、南京“青奥会”水上安保工作，水上交通安全形势保持稳定；深化行政执法改革，清理完成“权力清单”和“责任清单”，法治港航建设稳步推进；深入开展党的群众路线教育实践活动，港航文明形象进一步提升。

△ 2014年5月12日，省委副书记王辉忠到平湖督查“亚信会”水上安保工作

△ 2014年6月13日，平湖港航党员参观南湖革命纪念馆

△ 2014年4月16日，省交通运输厅厅长郭剑彪到平湖督查杭平申线航道改造工程

△ 2014年2月21日，平湖港航开展“五水共治”捐款

△ 2014年3月17日，平湖港航开展党的群众路线走访调查活动

△ 2014年12月4日，平湖港航开展首个国家宪法日宣传

浙江省平湖市盐务管理局
浙江省盐业集团平湖市盐业有限公司

△ 防治碘缺乏病日宣传

△ 丰富多彩的盐产品

2014年，平湖盐业紧紧围绕转型升级、提质增效工作主线，主动应对复杂多变的市场环境，稳步推进机制体制改革，大力调整产品结构，加大市场监管力度，全力保障盐产品安全供应，各方面工作都取得了新的成效。

全市销售各类盐产品6955吨。其中：小包装碘盐2347吨，不加碘食盐2853吨，工业盐1405吨，水产养殖盐350吨。实现总营业收入1526万元，实现利税238.5万元。

△ 开展盐政执法检查

△ 配送中心

平湖消防大队

△ 支队王洪裕政委出席2014年平湖消防知识竞赛暨119宣传月启动仪式

△ 总队王新建政委春节慰问

平湖消防大队始建于1974年3月，成立之初位于解放西路东湖电影院旁，1986年12月搬迁至城北路市公安局内，2001年1月搬迁至现在的当湖西路320号。辖区总面积约537平方公里，下设3个街道、5个乡镇，共有7支专职消防队，共同担负着保卫平湖的消防安全重任。

大队现为正营级建制单位，共有官兵30人，文职外聘15人，其中干部9人（大队干部6人，中队干部3人），士官12人（其中三级士官2人、二级士官2人、一级士官8人），义务兵9人；大队占地面积9817.9平方米，建筑面积5378.75平方米；现有执勤消防车8辆（其中，博浪涛32米登高车1辆，奔驰32米高喷消防车1辆，16米中联高喷车1辆，五十铃重型水罐车1辆，曼抢险救援车1辆，德国曼底盘重型水罐车1辆，卢森宝亚泡沫水罐车1辆，曼A类泡沫水罐车1辆），消防行政车4辆。

近年来，大队先后被评为平湖市“双拥工作先进单位”、嘉兴市“文明单位”、嘉兴市“青年文明号”、嘉兴市“群众满意基层站所”，省级“卫生先进单位”和省级“拥政爱民模范单位”等称号。被省消防总队荣记集体三等功3次，被平湖市政府荣记集体二等功2次，4人被政府荣记个人二等功、23人次荣记个人三等功。2014年，中队团支部被总队评为先进基层团支部，1名同志被总队评为优秀共产党员；大队2名同志被支队嘉奖。

△ 平湖消防中队与贫困学生结对子，帮扶七年多

△ 省厅督察组莅临平湖督察火灾防控和劳动密集型企业专项治理工作

△ 平湖大队召开“创人民满意消防队伍”活动动员部署会

△ 平湖市举办“九九消防平安行动”启动仪式，百余老人同享消防盛宴

△ 平湖大队召开独山港消防中队单编制执勤试点推进会

平湖市陆维钊书画院

△ 陆维钊书画院

平湖市陆维钊书画院：是以收藏、展示、传承中国高等书法教育创始人，二十世纪书画大家陆维钊先生书画艺术为主体的专业艺术馆。

院占地10000平方米，建筑面积2580平方米。主楼（展览楼）内设陈列室、第一展览厅、第二展览厅、文物库房；副楼（综合楼）设书画创作室、培训教室及行政办公室等。陆维钊（1899—1980）原名子平，字微昭，晚年自署劭翁，浙江平湖人，中国美术学院（原浙江美术学院）教授。早年毕业于南京高等师范文史地部，曾任王国维先生助教，后任教于上海圣约翰大学、浙江大学和杭州大学，潜心中国文学研究，尤于汉魏六朝文学及清词有专攻。陆维钊先生晚岁书法，溶篆、隶、草于一炉，圆熟而精湛，凝练而流动，所创结体人称“陆氏蜾扁”，在书坛独树一帜，蜚声海内外。

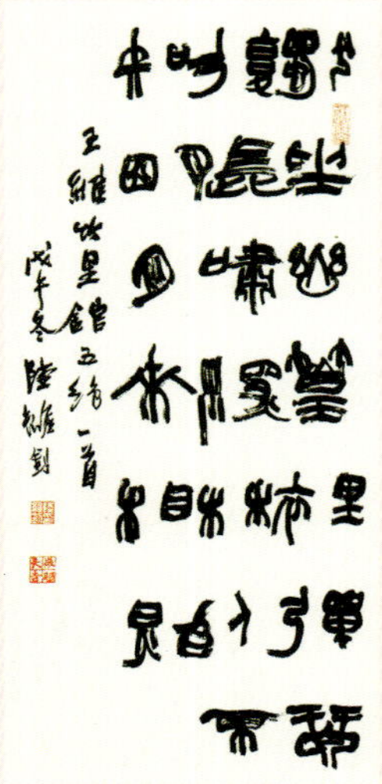

△ 篆书　王维五绝诗

△ 磐石

△ 行书　天地关山五言联

△ 梅竹

平湖市莫氏庄园

△ 莫氏庄园春晖堂

△ 莫氏庄园将军厅

莫氏庄园坐落于平湖市当湖街道南河头东隅，始建于清光绪二十三年（1897年），是全国重点文物保护单位，国家三级博物馆，国家五级旅游资源地，国家AAA级旅游景区，浙江省爱国主义教育基地，嘉兴市文明旅游景点。

庄园占地面积四千八百平方米，大小房屋七十余间，主体结构为左、中、右三组，前后四进，布局对称而又不失灵活。雕刻精美的梁檐构件、华丽多变的廊前挂落，精湛细腻的砖雕、壁画、脊塑等俯拾间比比皆是，在陈设上，集家具、字画、古玩器皿于一体，浓缩江南文化精华。其完整的建筑，丰富的实物，典型的风格，堪称江南独步，有"江南故宫"之美称。自一九八一年以来已有《红楼梦》等近千部集电影、电视在这里拍摄。昔日豪族的华屋已成为今日休闲娱乐、文化旅游的极好去处。

△ 老夫人莫葛氏卧室

地址：浙江省平湖市当湖街道人民西路39号
联系电话：0573-85022020 85022058
传真：0573-85562225
电子信箱：phmscj@126.com
网址：www.phmszy.com

△ 莫氏庄园鸟瞰图

△ 莫氏庄园正门

平湖市东湖景区

国家AAAA级旅游景区、中国人居环境范例奖——浙江省平湖市东湖景区，位于市区东侧，主要景点有：南村书堆、案山晓翠、北原牧唱、塔影垂虹、西浦鱼罾、鹉湖春色、含珠凝晖、九龙戏珠，以及（南东湖）龙湫桂香、（北东湖）东迎云帆。“水乡”“人文”“休闲”“生态”的东湖景区是一个集休闲、生态、文化、观光于一体的江南水乡旅游胜地，全年免费开放。

△ 北原牧唱

△ 南村书堆

East Lake SCENIC SPOT 东湖

地址：浙江省平湖市环城东路南村书堆

电话（传真）：0573-85135667

网址：www.phdhjq.com

△ 东湖全景

旅游发展有限公司

△ 夜景

△ 含珠凝晖

△ 案山晓翠

△ 鹉湖春色

东湖景区微信号

平湖市职业中等专业学校

在学校发展历史上，2014年度是具有里程碑意义的一年；是学校国家中职改革发展示范校建设的“收官”之年；是学校办学的三十而立之年。学校在全国职业教育工作会议精神的鼓舞下，凝心聚力创示范，顺利通过了省级验收；三十而立重头越，学校隆重举行了三十华诞庆典活动。示范校创建和三十年校庆两项重大活动，为学校的发展提供了强劲的动力，推动了学校各项事业的快速发展。

△ 国家中等职业教育改革发展示范校验收现场

△《三十年薪火传承 职教园百花争艳》学校办学30周年汇演

△ “五维十段”校企交替育人模式的长短学期制探索深入推进

△ 开设45门微课程供学生选择

△ 校国旗护卫队

△ 学校3D打印工作室

△ 伊佳林开心梦工场童装工作室

△ 热转印工作室电脑教学

△ 智能机器人工作室

△ 服装专业绣印烫钻工作室

△ 金象裤袜创意工作室

△ 学校迎来第四届新疆内职班学生

浙江东港律师事务所

浙江东港律师事务所是一家根据《律师法》规定组建，经浙江省司法厅审核批准的合伙制律师事务所。自1992年1月成立以来，至今已有22年历史。现有专职律师19名，业务涵盖刑事辩护，民事经济案件代理，劳动仲裁和行政案件代理，非诉讼法律事务代理，房地产、知识产权、商标、破产案代理等众多法律领域。担任了包括市人民政府、平湖经济开发区、人力资源和社会保障局、独山港镇人民政府、伴宇实业集团股份有限公司、荣晟环保纸业股份有限公司、华城茂麓制衣有限公司、多凌控股集团有限公司等100余家政府机关和企业的常年法律顾问。

浙江东港律师事务所坚持“专业、敬业、诚信”的执业理念，以“执业为民”为宗旨，恪尽职守，努力提供优质高效的法律服务，为平湖经济社会发展作出了积极贡献。

浙江东港律师事务所承担社会责任，积极开展法律援助、免费法律咨询、捐款捐物、结对帮扶经济贫困家庭、低偿为村（社区）提供法律顾问服务等社会公益活动，营造和树立良好的社会形象。

浙江东港律师事务所在各级领导和社会各界的关心支持下，得到了持续健康发展。先后被嘉兴市人民政府授予“十佳法律服务单位”“法律服务工作先进集体”称号，被嘉兴市司法局党委授予“先进党支部”称号，被嘉兴市司法局、嘉兴市律师协会命名为“四星级律师事务所”，被省高级人民法院评定为“浙江省人民法院破产案件社会中介机构管理人”，被省中小企业局评定为“浙江省中小企业服务机构”。在服务经济发展、社会和谐中，在开展“创先争优”活动中，涌现出诸多优秀律师，主任俞国华当选平湖市党代会代表和嘉兴市人大代表，获得嘉兴市“十佳专业律师”、嘉兴市“十佳法律服务工作者”、“全省律师行业创先争优活动党员律师标兵”、“浙江省律师行业模范党员律师”、“浙江省服务中小企业优秀律师”、平湖市“优秀党员”、“优秀党务工作者”等殊荣。副主任钱林华获得“嘉兴市十佳法律援助律师”、平湖市首届“十佳法律服务工作者”、平湖市司法局“优秀党员、先进工作者、法律援助先进个人”等荣誉。

中　国　电　信

△ 3月12日，省公司党群部蔡主任来平湖调研

△ 1月22日，平湖分公司召开2014年度工作会议暨四届二次职工（会员）代表大会

中国电信平湖分公司是中国电信股份有限公司所属分公司。其前身为平湖电信局。公司主要经营移动通信业务(2G、3G、4G)；固定电信网络与设施；经营基于固定电信网络的话音、数据、图像及多媒体通信与信息服务；经营与通信及信息业务相关的系统集成、技术开发、技术服务；通信产品的销售、设计、安装等。

近年来，公司相继获得了省级文明单位、嘉兴市级文明行业，蝉联平湖市消费者信得过单位、嘉兴市消费者信得过单位，获得第九届“浙江省消费者信得过单位”等称号；建国北路营业厅先后被评为嘉兴市二十佳文明礼仪示范窗口、平湖市十佳文明岗位、嘉兴市文明示范窗口、平湖市群众满意基层站所（办事窗口）；网络维护中心被评为嘉兴市青年文明号；网络运营部、客户支撑中心被评为平湖市工人先锋号。

中国电信平湖分公司依据省市分公

△ 股份制承包签约

△ 拥军慰问

平　湖　分　公　司

司的要求，持续推进市场化变革，进一步深化“划小承包”，通过优化绩效激励、资源配置，持续提升团队的凝聚力与战斗力，服务一线，加强倒三角支撑工作，培育有利于企业发展的内外部环境，形成更加开放的经营理念和经营模式，精确管理，减少内耗，全面提升企业运营能力。

近年来，中国电信平湖分公司勇担社会责任、加大投入，加快网络优化与建设，着力建设宽带、4G网络相结合的一个“有线与无线相互补、移动与固网相融合”的无所不在、无时不快的精品网络，并充分挖掘行业企业应用需求，以固网、宽带、4G等网络资源为保障，利用固定与移动融合的全业务经营优势，为各类客户推出量身定制的一站式信息化服务，为推动我市经济转型跨越发展和民生改善作出应有贡献，在平湖智慧城市建设的各个领域发挥了领头羊的作用。

△ 2014平湖社会治安监控项目签约

△ 9月28日，平湖分公司朗讯5ESS交换机正式下电退网。

△ 客户送来锦旗

中　国　移　动

△ 平湖移动公司、平湖市职业中专“两创”实践活动启动仪式

中国移动平湖分公司下设综合、市场、政企、网络四个部门及城区、新埭、独山港、乍浦四个区域营销部，营业厅11家，公司员工150余人。

2014年，公司完成运营收入3.68亿元，用户数突破54万。围绕“发展创优、转型创先”的目标思路，公司上下统一认识，坚定信心，在4G网络建设和用户发展，全业务经营，信息化建设等方面均取得了显著的发展业绩，实现了公司持续健康发展。

△ 坚持每年开展慈善一日捐活动

证　书

中国移动集团浙江有限公司平湖分公司
平湖网络QC小组

荣获2014第九届“海洋王”杯全国QC小组成果发表赛一等奖，特此证明。

中国质量协会
二〇一四年五月

△ 平湖移动公司网络QC小组荣获2014年第九届“海洋王”杯全国QC小组成果发表赛一等奖

△ 移动蓝色梦想帮帮团主题活动

平　湖　分　公　司

△ 组织开展道德讲堂活动

△ 丰富多彩的职工文体活动

△ 开展“3.15”消费者权益保护日现场资询会活动现场

△ 组织开展公益骑行活动

中国人民财产保险股份

△ 副省长朱从玖调研政策性农业保险

△ 客户增值服务——红酒品鉴会

△ 2014年度表彰大会

△ 理赔团队

2014年，中国人民财产保险股份有限公司平湖支公司紧紧围绕“以提升盈利能力，保持经营稳定性和可持续性”的总体目标，严格按照“促发展、保效益、防风险”的工作要求，顽强拼搏，扎实工作，在业务经营、队伍建设、企业文化等建设方面都取得了优异的成绩和长足的发展。公司目前已开办机动车辆保险、财产保险、货物运输保险、工程保险、保证保险、责任保险、意外伤害保险等百余个险种。经过全体员工的齐心协力和共同努力下，公司全年完成实收保费18256万元，利润2804.8万元，其中车险保费共计13435万元。保费收入已连续4年超过亿元大关，遥遥领先于市场同业。在系统内荣获嘉兴市级先进单位，荣获平湖市金融学会先进会员单位称号。

在业务经营上紧盯市场，完善管理机制，强化经营渠道，进一步巩固市场主导地位。车险业务以超越市场增速为目标，以提升车险市场份额、加强车险成本管控为着力点，抓存量，提增量，实现了业务高速发展。非车险业务以拓展经营渠道、加快业务发展为出发点，在做好大客户续保的同时，努力挖潜、密切关注政府民生工程。借助保险新“国十条”出台东风，着眼于拓展保险服务功能，推动保险服务经济结构的调整。

作为全市政策性农业保险的首席承保人，2014年以全面提升保险对“三农”的保障能力，充分调动农村地区现有资源，统一规划、统一布局、统一管理，建立健全“覆盖全面、管理清晰、运行规范、服务到位”的“三农”保险服务体系，全力支持农村经济社会发展。该支公司承保了水稻、小麦、油菜

有限公司平湖支公司

等中央政策性农业保险品种和大麦、大棚、大棚蔬菜、露地西瓜、农房五个地方特色农业保险品种，保费收入共计1169.09万元，农户参保率为100%，为全市农业生产提供了21.16亿元的保险保障。

在服务管理上树立标准，优化服务，以客户价值责任担当凸显品牌形象。对所有承保、理赔服务环节的标准化建设薄弱环节进行重点纠正、矫正，全面巩固、深化、提升服务标准化建设成果。同时开展好“携手中国人保 共创美好生活”为主题的客户节活动，期间举办了“客户节在行动”之客户经理关怀季活动、车友俱乐部葡萄酒品鉴讲座、组织客户观影活动、进社区宣讲活动、开展“多快好省”客户节理赔专项培训和做好重要客户拜访工作。

此外，紧抓企业文化建设，强化工会组织的力量，落实好“员工幸福感工程”，扎实推进党的群众路线教育实践活动。期间开展了两季“绕东湖慢跑活动”、自行车骑游活动、组织全体员工进行体检、组建了职工篮球队、节假日期间慰问退休员工等，同时做好每月两次以以“业务发展”为主题的晨夕会。以此激发广大员工融入公司大家庭的热情，兑现员工幸福感工程承诺，形成以凝聚人心、依靠人心促发展的良性循环，为公司各项工作稳步推进打牢基础。

△ 雪天查勘

△ 团员青年创卫活动

△ 客服出单分中心

平湖中国人寿

中国人寿作为国内最大的寿险公司，连续12年入选《财富》杂志“全球500强”排行榜，2014年位列98位，首次跨入前100强，在入选的中国保险企业中蝉联第一，并连续11年入选世界品牌实验“中国最具价值品牌”排行榜，2014年位列第5位，品牌价值高达1745.36亿元。

作为民族寿险业的领航者，中国人寿拥有了比肩全球顶尖保险企业的雄厚实力。分别于2003年12月17日、18日及2007年1月9日在纽约、香港和上海三地上市。同时，中国人寿还是中国最大的机构投资者之一，并通过控股的中国人寿资产管理有限公司成为中国最大的保险资产管理者。与共和国同龄的

△ 图片1

△ 图片2

中国人寿，一直坚持“以人为本，关爱生命，服务社会”的企业价值观，发扬“厚重诚信，自强致远”的企业品格，与时俱进，争创一流，艰苦创业，服务社会，为建立完美国家社会保障体系作出了应有的贡献。

携手并进 共创辉煌

△ 中国人寿保险公司办公大厅

△ 中国人寿保险公司大楼正门

CHINA LIFE
中国人寿

中华联合财产保险股份有限公司

△ 理算岗位实务操作

△ “同血脉 共冷暖”——“感恩情，送大礼”幸运奖

△ 参与创卫生文明城镇社区劳动

中华联合财产保险股份有限公司，是经中国保监会批准，于2006年12月由中华联合保险控股股份有限公司发起设立 全国性财产保险公司。其前身是由国家财政部、农业部专项拨款，新疆生产建设兵团组建成立的新疆兵团保险公司，成立于1986年7月15日，是我国第二家具有独立法人资格的保险公司。经中国保监会审批，公司注册资本金达到146.4亿元，偿付能力充足率达到177%，达到偿付能力充足II类公司标准。

2014年，中华联合财产保险股份有限公司平湖支公司根据控股公司“长三角”战略发展规划指导，认真贯彻落实上级公司“卓越工程”项目工作要求，紧紧围绕“坚守依法合规经营底线，加快价值发展”的工作主线，承保管控水平日益提升，经营效益理念深入人心，业务发展根基扎实，品牌影响力进一步提高。

全年保费达1912.53万元，赔款支出1241.95万元。为平湖地区百姓生产、生活和企业经营发展保驾护航。

电话：0573-85133500　网址：http://www.cic.cn
传真：0573-85131551　电销专线：4001999999
24小时报案电话：95585　地址：平湖市城南西路680号

浙江平湖工银村镇银行

浙江平湖工银村镇银行成立于2009年12月，下设一家滨海支行。在各级领导和各有关部门的关心支持下，该行始终坚持“服务三农，服务小微企业，服务城乡居民”的市场定位和“惠农、惠小、惠民”的服务宗旨，立足平湖、服务城乡，努力打造“面向百姓、普惠底层、服务快捷、雪中送炭”的经营模式，以“创新、专营、灵活”服务客户，以诚实守信的办行方针、方便快捷的服务特色、灵活适应的金融产品，赢得市场，赢得客户。

△ 2014年5月8日，工银村镇银行举行送金融服务下乡座谈会，浙江工行副行长吴翔江出席座谈会

△ 2014年2月21日，工银村镇银行与杭州中新力合签署合作协议

△ 2014年8月26日，工银村镇银行召开支农信息联络员座谈会

△ 2014年3月15日，工银村镇银行通过设摊等方式开展金融消费权益宣传活动

△ 2014年10月11日，工银村镇银行员工冒雨参加清三河整治义务劳动

△ 2014年8月27日，工银村镇银行举行首届员工趣味运动会

湖州银行嘉兴平湖支行

△ 标准化服务

△ 整洁的营业大厅

2014年，湖州银行嘉兴平湖支行以打基础、求立足、拓市场、谋发展为目标，以切实履行社会责任、支持地方经济社会发展为己任，努力开拓市场，创新服务和产品。在坚持支小、支农市场定位的同时，择优支持市政府“五水共治”、提升城市形象的社会公益项目3个，授信项目贷款和中长期流贷1.5亿元。同时，通过与万向信托公司合作，创新乡镇平台融资渠道，通过农村合作医疗保险信托计划，为新仓镇、新埭镇共筹集资金6300多万元，有力地支持了新农村建设，支行各项业务得到稳步发展，社会效益和自身形象同步提升。

△ 湖州银行嘉兴平湖支行大楼

营业地址：平湖市人民东路138号　咨询电话：0573-85827888

平湖国际箱包城

△ 项目鸟瞰图

平湖国际箱包城位于平湖市区福臻路958号，占地242亩，总建筑面积约40万平方米，总投资达20亿。项目依托以平湖为核心的长三角地区深厚的箱包皮具产业基础，由箱包领军名企新秀集团牵头爱美德、银座箱包等行业龙头，商业地产开发及运营专家——颐高集团，携手浙江第一、全国第五的天堂硅谷创立开创产业基金共同打造。

平湖国际箱包城颠覆产业格局，树立行业标杆，打造“长三角箱包服装原辅料交易中心”、“品牌箱包区中国馆、国际馆”、“中国旅行箱包之都大厦”、“SOHO创业中心”、“长三角箱包行业总部基地”、“平湖市国际电子商务产业园”、“国际星级酒店”，形成全球一站式箱包皮具产业展贸平台。平湖国际箱包城集合线上线下批发零售、展览展示、品牌孵化、培训交流四大核心功能，设立创意研发中心、产品检测中心等外包服务提升中小企业软实力，并提供物流仓储、金融服务等多项配套功能，创建一个包括政府、企业、商家、金融机构乃至消费者共赢的财富引擎，助推长三角箱包皮具企业转型升级，是平湖建设全球旅行箱包交易中心的核心项目。

△ 旅行箱包之都大厦中国馆国际馆效果图

△ 国际电商产业园效果图

△ 原辅料交易中心效果图

△ 项目总体效果图

平湖市温州商会

△ 平湖市温州商会第三次会员大会顺利召开

△ 平湖市温州商会三届二次理事会活动

2015年1月23日，平湖市温州商会第三次会员大会顺利召开。全体会员听取并审议了商会第二届理事会工作报告、财务报告、换届筹备报告、新一届理事会人选的基本情况，选举产生了新一届理事会领导班子，浙江爱美德旅游用品有限公司总经理孙忠明当选平湖市温州商会第三届理事会会长。会后，新一届领导班子十分重视制度建设、会员服务、走访慰问、大楼建设、党建建设，并开展了一些列活动。

△ 新当选会长孙忠明讲话

△ 平湖市温州商会召开会长会议

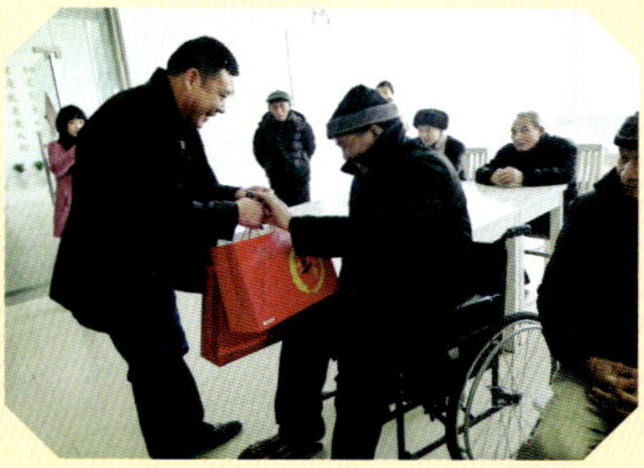

△ 副会长刘世殿看望当湖街道五保老人

△ 平湖市温州商会第三次会员大会与会人员合影

伊诺华橡胶

△ 领导视察

伊偌华独资设立伊诺华橡胶（平湖）有限公司。平湖厂除了作为生产厂以外亦成立伊诺华橡胶研发中心发展新技术及新产品。投资总额美金3000万元。土地面积5万7千平米；建筑面积2万平方米。

经管理念

立足中国——放眼世界——永续经营

伊诺华股份有限公司追求一个永续经营的大环境，此环境即是利用大陆充沛的人力、物力结合台湾的管理、技术能力，生产在国际市场具高度竞争之品质及价位的产品。

△ 部分产品

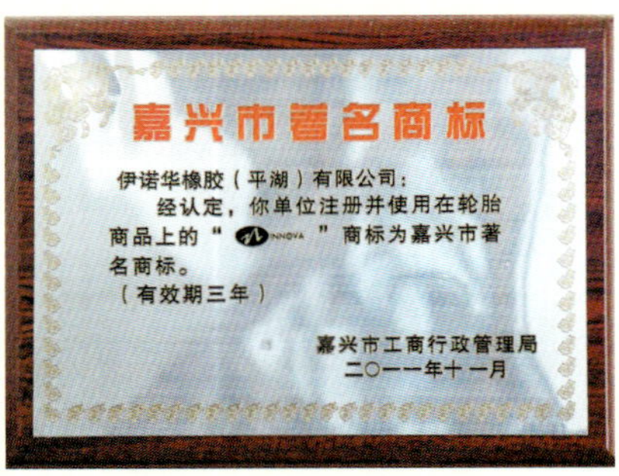

（平湖）有限公司

为使伊诺华工厂更具品质的完备性及品质的稳定性。伊诺花绩引进新的品管制度并通过了一系列认证：ISO-9001：2008版认证3C认证EMARK认证DOT认证（美国交通部认证）

伊诺华公司秉持开发及创新的精神，陆续开发各式轮胎的新花纹、新结构、新产品及新用途，在成立16年间已先后取得大量的新式样及新发明专利案件。大胆且持续的研发结果，保护客户的权益，将使伊诺华公司每年均能推出创新产品以满足客户的需求及期望。

浙江鑫达建设有限公司

△ 马保龙董事长

△ 平湖市景乐雅苑项目

浙江鑫达建设有限公司始建于1952年6月，前身为“嘉兴市港区东方建筑有限责任公司”，2008年6月公司资产重组更名为“浙江鑫达建设有限公司”。公司目前注册资金8180万元，总资产逾2亿元，具有国家房屋建筑工程施工总承包壹级等资质。

公司一直重视人才的引进和培养，注重“老、中、青”的结合和继承“传、帮、带”的优良作风。公司现有员工2000多人，各类专业技术人员360人（其中高级职称14人，中级职称82人），一级建造师12人，二级建造师26人。

公司拥有各种建筑机械设备300多台，年施工能力200万平方米以上，具备承建各类大、中型建筑工程的施工能力和多种专业工程技术力量。积极开拓建筑市场，在立足于发展本地建筑市场的同时，努力发展市外、省外建筑市场，近年来相继承建了如平湖国际箱包城一期A标段工程（建筑面积78077㎡，合同造价8932.3377万元）、中国归谷孵化中心1~3#楼、4#楼工程（建筑面积19586.53m^2，合同造价2106.86万元）、港区中山花苑东区工程（建筑面积345000m^2，合同造价85779万元）、平湖市金色港湾三期工程（建筑面积223330.57m^2，合同造价32000万元）等一大批有规模、有品牌的大中型工程，2011年工程产值9.27亿元，2012年工程产值突破10亿元，稳居平湖当地建筑业企业年产值第一位，工程项目通过多个嘉兴市、平湖市安全文明施工标化工，获得多项“南湖杯”、“当湖杯”荣誉，并积极向更高的“钱江杯”荣誉努力。

工程业务量不断攀升，社会影响力不断提高，近年来公司通过国家ISO900质量认证体系，国家环境、职业健康安全管理认证体系，获得“浙江省工商企业信用AAA级‘守合同重信用’单位”称号，多次获得嘉兴市、平湖市建筑业重点企业、嘉兴市、平湖市先进建筑业企业称号，公司注册商标获得平湖市著名商标称号，董事长马保龙被中共平湖市委、市人民政府评为“第四届优秀社会主义事业建设者”、“2008~2012年度平湖市劳动模范”称号，2013年度嘉兴市第三届“十大风云人物”系列“十大城建行业风云企业家”。

公司秉承“科学管理第一流，技术装备第一流，经济效益第一流”的经营思路，以科学发展观为指导，坚持可持续发展，倡导科学的人性化管理，努力创建和谐企业、和谐工地，不断增强企业凝聚力，提高公司的亲和力，愿与广大业主、客户携手创造美好的未来，让鑫达建设的明天更加灿烂辉煌，为社会再做出更大的贡献。

△ 中国人保平湖支公司营业用房工程

△ 平湖市诚泰金色港湾项目

平湖市南桥建筑工程有限公司

平湖市南桥建筑工程有限公司坐落于平湖经济开发区，为国家房屋建筑总承包贰级企业，经营范围包括：建筑施工总承包、基础工程、打桩、水电安装、装饰、装潢、市政工程等。公司注册资本5008万元。拥有各类专业技术人员168人，一、二级建造师、项目经理105人，下设8个职能部门和3个办事机构，年施工能力50万平方米以上。企业资信等级AAA级。

公司以建筑施工为主，近年来积极拓宽业务领域，开展多元化经营，以扩大业务总量和提高工程质量为主要目标，积极参与市场竞争。企业业务不断拓展，企业实力不断壮大，施工产值逐年提增，工程施工质量得到进一步提升。几十年来，公司所有竣工的工程一次性竣工合格率100%，在行业内树立了良她的品牌形象。在行业内率先全面实施ISO9001质量管理体系。公司先后获得了平湖市级当湖杯优质工程奖多项，嘉兴市级南湖杯优质工程奖多项。积极创建平湖市级、嘉兴市级以及浙江省级标准化工程。连续多年被政府评为“先进建筑业企业”“安全生产先进集体”“诚信民营企业”等。是浙江省工商企业信用AAA级“守合同重信用单位”、浙江省知名放心推荐单位，浙江省质量服务信誉无投拆推荐单位，全国建筑行业质量合格服务放心信誉良好企业。

“以诚为本，以质取胜”为本企业宗旨，通过几十年“南桥”人的不断努力和执着追求，形成了和谐的团队精神和企业文化。内强管理，外树品牌，在公司经营，项目施工，以及行政、财务等各方面实行全方位的标准化、规范化、现代化的管理。

多元发展，铸就百年。在巩固和扩大建筑施工企业的同时，公司坚持走可持续发展道路，以多元经营为方针，发展建筑上下游产业，积极寻求新的发展空间。

展望未来，“南桥建筑”将一如既往地与社会各界真诚合作，携手共进，开拓进取，励精图治，为把企业进一步做大、做优、做强而不懈努力。

△ 新埭新南路

△ 浙江茉织华印刷有限公司

△ 新天地广场

虹桥景苑公寓房（二期）工程设计

△ 阳光嘉苑高层透视图

浙江省平湖市景乐房地产有限公司

浙江省平湖市景乐房地产有限公司，于2002年5月成立，注册资本为2000万元。公司集房地产开发、工业厂房开发和市政基础设施开发等业务于一身，作为平湖市五强房地产企业，开发资质上佳，实力雄厚。

历经十三年，景乐为平湖缔造多个品质住区，载誉无数。2002—2015年，十三年岁月铸就了景乐务实创新、开拓进取的精神，在“有品质才有市场，有改善才有进步，景乐房产让我们住得更好”的经营宗旨指导下，景乐房产始终以开发优质人居为己任，在实现企业持续健康发展的同时，为平湖创造文明、和谐、温馨、优雅的人居环境，为城市和历史留下一个个经典建筑。

△ 景乐雅苑沿河

△ 景乐雅苑平面

△ 景乐雅苑鸟瞰

△ 景乐雅苑半鸟瞰

平湖市上扬集团(浙江上扬商业设备有限公司)

上扬集团创立于1996年，主要产品有超市展示设备、仓储设备、专卖店展示设备等。目前集团旗下拥有浙江上扬商业设备有限公司、嘉兴上扬仓储设备有限公司、新加坡上扬国际私人有限公司、印尼上扬国际有限公司、浙江欧捷商用设备有限公司等5家控股公司和10多个国家的经销商，拥有铁质、木制、塑料制三大主材系列的设计、生产、服务的团队和完善网络，为客户提供整体解决方案和一站式服务。

△ 全球销售区域网络图

△ 酒柜

△ 香港展会

△ 上扬集团鸟瞰图